STEFFI SCHMITT

SHANGHAI-PROMENADE

SPAZIERGÄNGE ZWISCHEN DEN ZEITEN

Bibliografische Information der Deutschen Nationalbibliothek
Die Deutsche Nationalbibliothek verzeichnet diese Publikation in
der Deutschen Nationalbibliografie; detaillierte bibliografische
Daten sind im Internet über http://dnb.d-nb.de abrufbar.

© 2009 Abera Verlag Markus Voss
2. vollständig überarbeitete und ergänzte Auflage

Alle Rechte vorbehalten. Kein Teil des Werkes darf in irgendeiner Form (durch Fotografie, Mikrofilm, Fotokopie oder ein anderes Verfahren) ohne schriftliche Genehmigung des Verlages reproduziert oder unter Verwendung elektronischer Systeme verarbeitet, vervielfältigt oder verbreitet werden.
Weitere Informationen erhalten Sie beim Abera Verlag: contact@abera.de

Satz und Layout: Abera Verlag.
Printed in Germany.

ISBN 978-3-934376-78-6

»*Die Stadt Schanghai, Chinas lebendiges Herz,*
verspürte jeden Atemzug, den das weite Land tat;
aus den tiefsten Fernen des Territoriums (...) flossen die Blutgefäße,
wie Kanäle, nach der Riesenstadt zusammen,
wo das Schicksal von China sich entscheiden sollte.«

(Malraux, Conditio Humana)

INHALT

Was ich schon immer über Shanghai wissen wollte Vorwort zur ersten Auflage	13
Dieses Buch ist wie die Stadt – es wird nie fertig Vorwort zur zweiten Auflage	16
Für Sprinter	18
Im Zeitraffer	21

FÜR GEISTIGE MARATHONLÄUFER

Als die Welt noch in Ordnung war	27
Von Hu und Shen und Shang	27
Karl Gützlaff – einer der ersten Deutschen in Shanghai	30
Exkurs: Han-bao und Shanghai	32
Shanghai wird schanghait	35
Die Ausländer kommen	35
Der Tag, an dem die Hunde nicht zu bellen wagten	35
Gründung der ausländischen Niederlassungen	41
Shanghai Municipal Council – SMC	47
Die Taiping-Rebellen erschüttern das Land	54
Die Kleinen Schwerter ergreifen die Herrschaft in der Chinesenstadt	56
Die Geburt der Lilongs	60
Chinas Abstieg – Shanghais Aufstieg	68
Shanghai wird zur führenden Handels- und Industriemetropole	68
Vom Menschen- und Opiumhandel	68
Erster Boom und Stabilisierung	70
Zweiter Boom – das »Goldene Zeitalter«	73
Die Shanghaier Gesellschaft	78
Materialismus und Progressivität	78
Weiße und Chinesen – zwei Welten	80

Die großen jüdischen »Nobelhäuser«	85
Von Kirchen, Schulen und Reis-Christen	93
Exkurs: Die deutschen Wurzeln der Tongji-Universität	106
Shanghais Stadtplaner vor großen Aufgaben	113
Modellstadt Shanghai	114
Der deutsche Beitrag im architektonischen Völkerwettkampf	117

Shanghai zwischen Revolte und Glamour 121

Die Song-Dynastie	121
Charlie Song – der verdrängte Revolutionär	121
Die zweite Generation	125
Qinglings Sonderweg	129
China wird Republik	134
Die Revolution von 1911 stürzt Shanghais Stadtmauer	134
Yuan Shikai oder das Ende eines Traums vom Neuanfang	137
Die Grüne Bande – Du Yuesheng, der Pate von Shanghai	141
Die russische Flüchtlingswelle und wie die Ausländer ihr Gesicht verloren	148
Shanghai – das Zentrum der chinesischen Intellektuellen	152
Nora oder der Aufbruch der chinesischen Frauen in die Gleichberechtigung	153
Shanghais Literaturszene setzt Maßstäbe	161
Shanghais Kunstszene der 30er oder »Wellen peitschten von Westen gegen den ›Bund‹«	174
Arbeiterelend und High-Society	177
Ku li – Bittere Kraft	178
Reichtum schändet nicht	179
Villen im Grünen	183
Die blutigen Machtkämpfe der 20er-Jahre	187
Der Kommunismus fasst Fuß – Gründung der KPCh 1921	187
Shanghai wird »Schlachthof des modernen Imperialismus« – Die 30.-Mai-Bewegung 1925	188
Chiang Kaishek inszeniert das Shanghai Massaker von 1927	193

Shanghai – Paris des Ostens der 20er- und 30er-Jahre 197

Architektenwettstreit am Bund	197
Britisches Konsulat bis Yokohama Specie Bank	198
Bank of China bis Bank of Communication	206

Zollamt und Hongkong and Shanghai Banking Corporation	215
China Merchants' Steam Navigation Company bis Wettersignalstation	224
Kein Paris ohne Vergnügen	228
Shanghaier Clubleben – eine geschlossene Gesellschaft	229
… und die chinesische Alternative	230
Theater und Vergnügungstempel	235
Höchste Hurendichte der Welt	240
Die Shanghaier Filmindustrie	242
Shanghai im Krieg	250
Der »Shanghai Zwischenfall« 1932	250
Little Tokyo	250
Die Vorboten des »Shanghai Zwischenfalls«	251
Die Schlacht um Zhabei 1932	253
Eine Stadt trotzt den Zeitläufen	255
Krieg von der Proszeniumsloge	255
Shanghai schwelgt im Art-Deco	255
Funktionalistische Architektur gewinnt an Boden	259
Der Kampf im Untergrund	264
Shanghai als Agitationsschwerpunkt linker Spione	264
Der heimliche Bürgerkrieg zwischen Guomindang und chinesischen Kommunisten	272
Bildung der 2. Einheitsfront	275
Die japanische Besetzung von 1937 bis 1945	276
Bomben auf Shanghai	277
Japanische Truppen erobern das Internationale Settlement	279
Shanghai bietet jüdischen Flüchtlingen Rettung	283
Kriegsende – die Jahre bis 1949	290
Die Zeit nach 1949	298
Die KPCh sieht Shanghai als Herausforderung	299
Die Spuren des Imperialismus werden getilgt	299
Die »Umerziehung« nimmt ihren Lauf	302
Bauen nach dem Vorbild der Sowjetunion	305
»Mehr, schneller, besser, wirtschaftlicher« – Minhang, Chinas erste sozialistische Satellitenstadt	306

Shanghais Reise in dunkle Nacht – die Kulturrevolution	308
Die Akteure	309
Die Roten Garden	313
Die Opfer	316
Shanghais Wirtschaft krankt, die Stadt wird grau	318
Landverschickung	321
Das Ende der Kulturrevolution	322
Phönix aus der Asche	324
Die Lebensqualität steigt wieder, Ausbau der städtischen Infrastruktur	326
Exkurs: Shanghais Disneyland oder warum sind viele chinesische Städte so hässlich?	330
Pudong – ein Blick in Shanghais Zukunft	335
Exkurs: Der Transrapid oder »Sind Sie heute schon geschwebt?«	345

Das 21. Jahrhundert – Shanghai strebt zur Weltspitze — 352
Gewinner und Verlierer — 352
Über die Leiden des Hukou-Systems — 354
Shanghai als »Kunst- und Kulturstadt« — 356
Shanghai als »Museum der Weltarchitektur« — 363
Shanghai als »Vorreiterin im Umweltschutz« — 367
»Wasser, überall Wasser, aber kein Tropfen zu trinken« — 370
Imageschaden durch Stromsparen? — 375
Shanghai als »Herausforderung für Architekten« — 377

Geographische Spaziergänge

Spaziergang 1 – Der Bund – die Prachtstraße ... — 387
Schnelldurchlauf oder »Hardcore«-Programm – ganz nach Wunsch

Spaziergang 2 – ... und ihr Hinterzimmer — 395
Von der Union Church zum »ersten deutschen Eck«
Exkurs: »Das erste deutsche Eck« — 406

Spaziergang 3 – Nanjing Lu und Volksplatz — 410
Viel Geschichte, Kunst und Kultur

Spaziergang 4 – Vom Volksplatz zum Jing-An-Tempel 431
Lilongs, Villen, Glaspaläste

Spaziergang 5 – Um die Yan'an Zhong Lu 441
Nicht abschrecken lassen!

Spaziergang 6 – Um die Ohel-Moishe-Synagoge 451
Besuchen Sie das jüdische Ghetto in Hongkou, solange es noch steht!

Spaziergang 7 – Die Vierländer-Route 456
Von der Chinesenstadt bis nach Little Tokyo

Spaziergang 8 – Die Literatur- und Filmroute 474
Zwischen Lu Xun und Butterfly Hu

Spaziergang 9 – Die Revolutionsroute 481
Von Sun Yatsen bis zur Gründung der Kommunistischen Partei

Spaziergang 10 – Die Maoming Lu 493
Sehen und Gesehen werden

Spaziergang 11 – Die Shaanxi Lu 499
Vom Jadebuddha-Tempel zur Cité Bourgogne

Spaziergang 12 – Um die Longhua-Pagode 511
Chinesische Klassik neben modernem Grauen

Spaziergang 13 – Die Huaihai Lu 521
Quer durch die Französische Konzession auf der Avenue Joffre

Spaziergang 14 – Alt-Shanghai 535
Innerhalb der alten Stadtmauergrenzen

Literaturverzeichnis 550

Sonnenaufgang vom Dach des POS Plaza. Blick nach Osten auf den New Century Park, das Shanghai Science and Technology Museum und auf das Shanghai New International Expo Center

Blick nach Westen auf die Shiji Dadao, das Jinmao Building, den Fernsehturm und die Börse

WAS ICH SCHON IMMER ÜBER SHANGHAI WISSEN WOLLTE

Vorwort zur ersten Auflage

Einer meiner Lieblingsplätze in Shanghai ist der Hubschrauberlandeplatz auf dem Dach des POS Plaza im Stadtteil Pudong. Das POS Plaza ist 148 Meter hoch und liegt fast am Ende der etwa in Höhe des Fernsehturms beginnenden und rd. 5 Kilometer langen Century Avenue (Shiji Dadao). Von hier bietet sich in freier Luft ein atemberaubender Blick auf die Rückseite der Glitzer-Skyline des Shanghaier Finanzdistrikts Lujiazui – insbesondere bei Sonnenaufgang. Für meine Besucher ist dies Pflichtprogramm – vorausgesetzt, sie sind gewillt, früh genug aufzustehen, darüber hinaus gut zu Fuß und nicht zuletzt schwindelfrei, denn die letzten Meter sind nur über die Nottreppe zu erreichen. Das Dach ist eigentlich nicht öffentlich zugänglich (und entsprechend schlecht gesichert). Gefunden habe ich diesen Aussichtspunkt allein deshalb, weil sich im POS Plaza mein Büro befindet.

Vieles, was ich in diesem Buch zusammengetragen habe, sind solche Fundstücke. Ich habe sie aufgelesen, weil sie mich persönlich besonders interessiert haben. Auslöser war eine Bemerkung meiner Assistentin Ma Yongyan, es gebe »überhaupt kein richtiges Buch über Shanghai«. Das stimmt natürlich nicht. Es gibt sogar eine breite Palette an – und zum Teil sehr guter – Shanghai-Literatur. Doch während Reiseführer ihrer Natur nach an vielen Stellen oberflächlich bleiben müssen, beschränken sich Monografien auf eine bestimmte Thematik (z.B. Architektur der Kolonialzeit) oder Periode (z.B. die 20er-/30er-Jahre des 20. Jahrhunderts). Die logische Schlussfolgerung aber war: »Dann muss ich eben selbst ein Buch schreiben – und in dieses Buch schreibe ich alles hinein, was ich schon immer über Shanghai wissen wollte.« Um es gleich vorwegzunehmen: Geschafft habe ich das nicht. Dafür ist diese Stadt einfach zu groß und zu bunt, dafür sind auch die Informationsquellen zu schlecht bzw. zu wenig zugänglich. Auch schwebt in einer Stadt wie Shanghai, die täglich ihr Gesicht verändert, über allem der Fluch der Aktualität. Trotzdem ist einiges zusammengekommen.

Dieses »Einiges« ist eine Zusammenstellung aus Geschichte und Geschichten. Als roter Faden dient die chronologische Abfolge von Ereignissen, die sich in Shanghai abgespielt haben oder die für die Stadt bedeutend waren. Um sie möglichst lebendig darzustellen, habe ich regelmäßig zeitgenössische Berichte von Reisenden, Journalisten oder Schriftstellern eingefügt – und den Faden immer wieder neu geknüpft mit Hinweisen auf Spuren im heutigen Shanghai. Die prickelnde Frage im Hintergrund hieß stets: »Was ist daraus geworden – und was kann man heute davon noch sehen?« Auf den ersten Blick wirkt eine solche Herangehensweise vielleicht etwas verwirrend. Im Grunde spiegelt sie aber nur konsequent die Verschiedenartigkeit und Intensität der Einflüsse wider, denen Shanghai in den letzten 150 Jahren ausgesetzt war und die die Stadt mehr als einmal zum Kristallisationspunkt chinesischer und weltgeschichtlicher Entwicklungen werden ließen.

Das Ergebnis ist eine in China einzigartige Mixtur aus Alt und Neu, Ost und West, eine geballte Ladung chinesisch-westlicher Moderne vermischt mit Zeugnissen aus jener Zeit, als Teile Shanghais unter ausländischer Verwaltung standen. Nach den herben Rückschlägen, die Shanghai in den ersten Jahrzehnten nach Gründung der Volksrepublik China erleiden musste, spielt die wichtigste chinesische Wirtschaftsmetropole heute wieder eine Vorreiterrolle im Modernisierungsprozess des Landes – und ich betrachte mich als wahres Glückskind, in dieser spannenden Zeit an diesem aus meiner Sicht faszinierendsten Standort leben zu dürfen, den mein Arbeitgeber, die Bundesagentur für Außenwirtschaft (bfai), zu bieten hat.

Ich habe mich nach bestem Wissen um Genauigkeit bemüht. Es wird trotzdem Fehler geben. Für Hinweise jeder Art bin ich daher sehr dankbar. Wer wie ich in China lebt, wird wissen, dass es manchmal gar nicht so einfach ist, gute und exakte Informationen zu erhalten. Chinesische Quellen beschränken sich häufig auf sehr allgemeine Hinweise – z.B. das Gebäude XY stammt aus der Qing-Dynastie – diese reichte von 1644 bis 1911. Als Ma Yongyan einmal bei dem Betreiber eines Kinos anrief, um von ihm das Baujahr des Hauses zu erfahren, sagte er, es sei »mindestens hundert Jahre« alt (naja, damals gab es eben noch gar kein Kino). Als ich eine Studentin der Shangda-Universität nach Ding Ling befragte (eine berühmte und zu ihrer Zeit höchst umstrittene Schriftstellerin, Hauptwerk »Tagebuch der Sophia« von 1928), die ebenfalls dort studiert hatte, lautete die Gegenfrage: »Junior student or senior student?«. Kommentar ihres sehr beschämten Großvaters: »She is too young.« Es gibt auch andere Beispiele. So ist ein Gespräch mit Herrn Wang Faliang von der Ohel-Moishe-Synagoge immer ein Erlebnis. Fast an ein Wunder grenzte für mich das Telefonat mit dem über 80jährigen ehemaligen Studenten von Ma Xiangbo, dem Gründer der Fudan-Universität. Wie wir ersteren gefunden haben, würde ganze Seiten füllen ...

An dieser Stelle möchte ich all jenen danken, die mir bei der Fertigstellung dieses Buches geholfen habe, allen voran Ma Yongyan für ihre Übersetzungen chinesischer Quellen, dem »wandelnden Lexikon« Tang Weijie und Torsten Weise für seine sachlichen Hinweise sowie Joachim und Heike Wiebring für den »Tritt in den Hintern«, endlich zu einem Schluss zu kommen – es könnte ja auch noch eine zweite Auflage geben, diese sei schon dick genug. Meinen Lesern und

Leserinnen wünsche ich auf diesem langen Spaziergang durch Shanghais kurze Geschichte viel Freude und keine Blasen an den Füßen!

Shanghai, im November 2003				Steffi Schmitt

Anmerkung: Bei Zitaten habe ich die dort verwendeten Umschriften der chinesischen Eigennamen übernommen. Diese stimmen oft nicht mit der heute üblichen Pinyin-Schreibweise überein (z.B. »Beijing« in Pinyin statt alt »Peking« oder Mitglieder der Familie Song wie »Song Meiling« statt alt »Soong Meiling«). Ausnahmen von Pinyin habe ich bei Eigennamen gemacht, welche im Deutschen unter dem Begriff der chinesischen Hochsprache eher unbekannt sind (d.h. Chiang Kaishek statt Jiang Jieshi oder Sun Yatsen statt Sun Zhongshan).

DIESES BUCH IST WIE DIE STADT – ES WIRD NIE FERTIG

Vorwort zur zweiten Auflage

Frühling 2004, Sonntag morgen in Shanghai, Schäfchenwolken zieren den blauen Himmel. Mein Mann – auf einem seiner viel zu seltenen Shanghai-Besuche – und ich sitzen im leider nicht mehr existierenden Bonomi Café am Bund. Außer uns sind keine weiteren Gäste da – und wir genießen die ebenfalls viel zu seltenen Momente der Ruhe, die wir gemeinsam haben. Plötzlich geht die Tür auf, ein Ehepaar kommt herein, »mein« Buch unter dem Arm. Die beiden strahlen: »Ach, wie ist das schön hier, so etwas erwartet man ja gar nicht!« Da entdecken sie uns. »Schau mal, da sitzt ja die Autorin. Wissen Sie, wir gehen heute ihren Spaziergang 1 nach – und es macht uns solchen Spaß. An den nächsten Wochenenden wollen wir die anderen machen.« Sprachen es – und schon waren sie wieder verschwunden. Günter meinte nur ganz trocken: »Nicht wahr, die hast du bestellt?!«

Das hatte ich natürlich nicht. Aber glücklich hat mich dieses Erlebnis gemacht – so wie auch die vielen anderen positiven Äußerungen zur ersten Auflage meiner »Shanghai-Promenade« (manchmal wünschte ich, meine bfai-Berichte würden mit einer eben solchen Freude gelesen, aber mit Themen wie Fahrzeugelektronik oder Farben, Lacke und Beschichtungen konnte ich bislang keine vergleichbare Euphorie erzielen). Umso peinlicher fand ich es, dass mit den Monaten der Errata-Zettel, den ich dem Buch beilegte, immer länger wurde.

Offenbar bewahrheitete sich meine Befürchtung aus dem Vorwort zur ersten Auflage: Trotz größtmöglicher Sorgfalt hatte sich der eine oder andere Fehler eingeschlichen – angefangen beim Handelshaus C. Melchers, das ich um hundert Jahre »verjüngt« hatte (Gründungsjahr 1806, nicht 1906) bis hin zu Lenin, den ich 1824 statt 1924 sterben ließ. Hinzu kam, dass mir immer neues Material zugänglich wurde, Lebenserinnerungen von Shanghai-Deutschen beispielsweise, oder Literatur, die ich vorher nicht gekannt hatte. Auch hat sich in den letzten vier Jahren wieder so vieles in Shanghai verändert, dass ich eigentlich kontinuierlich damit beschäftigt war, mein Manuskript umzuschreiben und anzupassen.

Bald war klar: Eine zweite Auflage, korrigiert, erweitert, aktualisiert – und nach Möglichkeit mit Kartenmaterial und auf besserem Papier – das wäre ein Traum. Dass dieser Traum Wirklichkeit geworden ist, dafür danke ich allen, die mich unterstützt haben, allen voran Hans-Peter Cortum, Hartmut Oertel und Peter Borger für ihre persönliche Hilfe, meinen Sponsoren, den Firmen Gerb Schwingungsisolierungen GmbH & Co. KG, Rickmers-Linie, C. Melchers &

Co. sowie der Shanghaier Hamburg-Repräsentanz, Siemens Ltd., China, und Jan Siefke für seine Fotos, Hans Baum für sein scharfes lektorisches Auge, das nicht nur den »Väterlichen Verdienstorden der DDR« verhinderte – und den vielen, vielen Ungenannten, die mich mit Hinweisen und Informationen versorgt haben. Vieles konnte ich verwenden, manches habe ich mit viel Herzblut wieder gestrichen (wie viele Seiten kann man eigentlich einem Leser zumuten, noch dazu, wenn er das Buch beim Promenieren mit sich herumschleppen soll?), anderes lagert noch in meinem Archiv. Aber wer weiß? Vielleicht gibt es ja noch eine dritte Auflage – denn eines habe ich gelernt: Dieses Buch ist wie die Stadt – es wird nie fertig.

Shanghai, im Frühjahr 2009　　　　　　　　　　　　　　　　　Steffi Schmitt

Zu viel der Ehre

Im Tilanqiao-Gefängnis soll es eine Gedenkstätte geben, wofür ist mir nicht bekannt. Als ich meine chinesische Kollegin dort nachfragen ließ, um einen Besichtigungstermin zu vereinbaren, wurde ihr beschieden, diese sei allein für VIPs und Kader geöffnet. Ausländer könnten sich allenfalls über die Ausländerbehörde (das »Waiban«) anmelden. Daraufhin rief Frau Ma dort an. Die Antwort versetzte sie in Schrecken: »Was, wer will die Gedenkstätte sehen, ihre Chefin? Die hat doch dieses Buch geschrieben über Shanghai. Nein, die lassen wir diese Gedenkstätte nicht besuchen, wer weiß, was sie darüber wieder schreibt ...«

FÜR SPRINTER

Shanghai, Stadt in Ostchina, in etwa auf dem gleichen Breitengrad wie Kairo oder New Orleans; Fläche circa 6.340 Quadratkilometer; lt. Statistik Ende 2006 etwa 18,2 Mio. Einwohner, davon ungefähr 13,7 Mio. ordnungsgemäß Registrierte und 4,5 Mio. Wanderarbeiter

BEVÖLKERUNGSENTWICKLUNG SHANGHAIS	
1267	100.000
1291	300.000 bis 350.000
1680	200.000
1810	520.000
1852	540.000
1910*	ca. 1 Mio.
1930*	ca. 3 Mio.
1935*	ca. 3,5 Mio.
1949	7,8 Mio.
1952	8,5 Mio.
1957	10,1 Mio.
1964	10,8 Mio.
1967	12,0 Mio.
1971	10,7 Mio.
1974	10,7 Mio.
1978	11,0 Mio.
1980	11,5 Mio.
1991	13,4 Mio.
2001	16,0 Mio.
2002	16,7 Mio.
2003	17,1 Mio.
2004	17,5 Mio.
2005	17,8 Mio.
2006	18,2 Mio.

Quellen: bis 1852: Shanghai Baike Quan Shu (Shanghai Lexikon); 1949 bis 1994: Shanghai. Tor zur Welt; ab 2001: Shanghai Statistical Yearbook; * andere

ZAHL DER AUSLÄNDISCHEN EINWOHNER IN SHANGHAI					
Nationalität	2000	2003	2004	2005	2006
Japan	12.270	17.409	22.563	27.812	29.326
Taiwan/China	10.522	11.818	11.818*	k.A.	k.A.
Südkorea	3.294	7.135	9.441	14.047	17.020
USA	6.354	8.248	10.695	14.329	15.877
Hongkong/China	4.121	3.505	3.505*	k.A.	k.A.
Singapur	2.808	3.263	4.472	5.547	6.336
Deutschland	1.511	2.541	3.496	4.591	5.636**
Frankreich	k.A.	k.A.	3.133	4.181	5.437
Kanada	1.361	2.352	3.189	4.279	4.572
Malaysia	1.278	1.955	2.520	3.480	4.097
Australien	6.420	2.499	2.891	3.729	3.927
Großbritannien	2.357	1.627	2.135	2.904	3.725
Andere	7.724	10.543	10.551	15.112	23.923
Insgesamt	60.020	72.895	90.409	110.011	119.876

* Andere Quellen gehen von einem Vielfachen dieser Zahl aus; deshalb wurden 2004 die Angaben von 2003 wiederholt und Taiwan bzw. Hongkong 2005 nicht mehr ausgewiesen. Quelle: Shanghai Statistical Yearbook
** Das deutsche Generalkonsulat geht für 2006 von 8.000 in Shanghai lebenden Deutschen aus.

Klima

»Das Klima Shanghais darf, trotz der Nähe des Meeres, als ein exzessives angesehen werden; obwohl im Winter das Quecksilber selten unter -4° C sinkt, so machen doch die um diese Jahreszeit herrschenden starken NO-Winde die Kälte besonders empfindlich; Sommertemperaturen bis 38°, bei kontinuierlicher Nässe und allen Insektenplagen, welche die Flussniederung mit sich bringt, wirken erschlaffend und aufregend zugleich und machen den erschöpften Körper für die verschiedensten Krankheiten empfänglich. Die Mittelzahlen – denen wir nur ungern irgendeinen Wert zugestehen, soweit es sich um die Erträglichkeit eines Klimas handelt – ergeben in einer achtjährigen Beobachtungsreihe 18,2 als Jahresmittel, nämlich 10,5° für den Frühling, 25,6° für den Sommer und 14,8° für den Herbst, endlich 3,9° für den Winter, bei 124 Regentagen mit 32,5 Zoll engl. Regenfall.« (Jerolim von Benko, 1892).

Sehenswürdigkeiten

Alt: Longhua-Pagode, Yu-Garten
Kolonial: Bund (besonders die Schalterhalle der Hongkong and Shanghai Banking Corporation, Dachgarten des Peace Hotels)
Exkurs: Jüdisches Ghetto in Hongkou
Neu: World Financial Centre und Jinmao Dasha (mit 492 bzw. 420 Metern in der Riege der weltweit höchsten Gebäude ganz oben), Volksplatz mit Shanghai Museum, Shanghai Grand Theatre
Vision: Stadtplanungsmuseum (Stadtmodell!) und Grundstück Z3-2 (gegenwärtig eine Golfanlage) in unmittelbarer Nachbarschaft des Messegeländes der Expo 2010, wo mittelfristig ein weiterer deutlich höherer Turm errichtet werden soll, die Spekulationen reichen in Höhen bis über 700 Metern.

Berühmte Söhne und Töchter

Anstelle einer Aufzählung: Der von 1995 bis 2001 amtierende Shanghaier Bürgermeister **Xu Kuangdi** (geb. 1936) wurde einmal gefragt, ob es wahr sei, dass die klügsten Köpfe aus Shanghai kämen. Er wiegte mit dem Kopf: Die klügsten Köpfe kämen nicht aus Shanghai, die klügsten Köpfe gingen nach Shanghai, sagte er.

IM ZEITRAFFER

618-907	Fischerdorf Hu Du (Tang-Dynastie)
1280	Ersterwähnung Shanghais als «Shanghai«
1292	Shanghai wird zur Kreisstadt erhoben
1554	Bau der Stadtmauer
1832	Hugh Hamilton Lindsay versucht vergeblich, Shanghai für den internationalen Handel zu öffnen
1840-1842	Erster Opiumkrieg
19. Juni 1842	Britische Kanonenboote »entern« Shanghai
14. Oktober 1843	Shanghai wird Treaty Port, Gründung des britischen Settlements
1848	Gründung der amerikanischen »Missionsniederlassung«
1849	Gründung der Französischen Konzession
1851-1864	Taiping-Bürgerkrieg; 1853 bis 1855 übernehmen die »Kleinen Schwerter« die Herrschaft über die »Chinesenstadt«
1854	Bildung des Shanghai Municipal Council (SMC)
1861	»Freundschafts-, Handels- und Schifffahrtsvertrag zwischen den Staaten des Deutschen Zoll- und Handelsvereins, den Großherzogthümern Mecklenburg-Schwerin und Mecklenburg-Strelitz, sowie den freien Hansestädten Lübeck, Bremen und Hamburg und dem Kaiserreiche China«
1863	Zusammenschluss des Internationalen Settlements aus britischer und amerikanischer Niederlassung; »polussia treaty pidgeon« – Handelsvertrag zwischen China und Preußen
1864	Gründung des Jiangnan-Arsenals als erstem modernen Shanghaier Industriebetrieb
1865	Gasbeleuchtung auf Shanghais Straßen; Gründung der Hongkong and Shanghai Banking Corporation
1872	Gründung der China Merchants' Steam Navigation Company
1874	Erste Rikscha auf Shanghais Straßen
1875	Erstes Wasserwerk
1882	Erstes Elektrizitätswerk
1889	Gründung der ersten modernen Shanghaier Baumwollfabrik
1895	Der Frieden von Shimonoseki ermöglicht die Errichtung ausländischer Industriebetriebe

1901	Die ersten beiden Autos
1905	Erste Massendemonstration auf der Nanjing Lu
1908	Die erste Straßenbahn; die Nanjing Lu erhält festen Straßenbelag
1911	China wird Republik; Abriss der Shanghaier Stadtmauer als Zeichen des Neubeginns
1914	Erstmals chinesische Räte im französischen Stadtrat
1919	4.-Mai-Bewegung für Chinas territoriale Unversehrtheit; Generalstreik
1921	Gründung der Kommunistischen Partei Chinas (KPCh)
1923	Shanghai Radio sendet
1925	30.-Mai-Bewegung, Sturm des Louza-Polizeihauptquartiers, erste Zugeständnisse des SMC über chinesische Mitverwaltung
1927	Eroberung Shanghais durch die Guomindang (GMD) und blutige Ausschaltung der Kommunisten; Deklamation eines »Groß-Shanghai«
1928	Der SMC nimmt erstmals chinesische Ratsmitglieder auf
1932-1937	Schwere japanisch-chinesische Kämpfe; Auslöser ist der »Shanghai Zwischenfall« 1932
1937	Japanische Besetzung der chinesischen Stadtteile
1941	Besetzung des Internationalen Settlements durch japanische Truppen
1942	Großbritannien, die USA und Frankreich erklären ihre Rechte auf Exterritorialität für erloschen; Shanghai verliert Freihafen-Status
1945	Ende des 2. Weltkrieges; Rückzug der Japaner
1945-1949	Kriegerische Auseinandersetzungen zwischen GMD und KPCh
27. Mai 1949	Shanghai ist »befreit«
1958	Erweiterung der Shanghaier Stadtfläche auf knapp 6.200 Quadratkilometer
1959	Errichtung Minhangs als erste sozialistische Satellitenstadt in China
1966-1976	Kulturrevolution
1972	US-Präsident Nixon unterzeichnet das »Shanghai Kommunique«; Wendepunkt in der chinesischen Außenpolitik
1978	Beginn der wirtschaftlichen Reformpolitik
1986	Städtepartnerschaft mit Hamburg

1987 und 1989	Studentendemonstrationen gegen Korruption und Nepotismus, für Demokratie und Menschenrechte
1990	Pudong wird Sonderwirtschaftszone (bis 2000); Eröffnung der Shanghaier Börse
1992	Nanpu-Brücke
1993	Yangpu-Brücke; Inbetriebnahme der ersten Shanghaier U-Bahn-Linie
1994	Fertigstellung des Shanghaier Fernsehturms
1995	Shanghais Stadtregierung bezieht ihr neues Rathaus am Volksplatz
1996	Eröffnung des Shanghai Museums am Volksplatz
1997	Xupu-Brücke
1998	Einweihung des Jinmao Buildings
1999	Erste Bauphase des Pudong International Airport abgeschlossen
2002	Shanghai erhält Zuschlag für die Welt-Expo 2010
2003	Einweihung des Transrapid; Ausbruch der Lungenseuche SARS; Lupu-Brücke
2004	Städtepartnerschaft zwischen Weimar und Jiading; Shanghai feiert Formel-1-Premiere
2005	Einweihung des Shanghai General Bus Station, größter Fernbus-Bahnhof in Asien; Eröffnung des Schulneubaus der Deutschen Schule und des neuen German Centre
2006	Einweihung der Shanghai South Railway Station; Arrestierung des Shanghaier Parteichefs Chen Liangyu
2007	Ein Kurssturz an der Shanghaier Börse führt zu einer deutlichen Korrektur der internationalen Aktienmärkte; Shanghai ist Austragungsort der Damen-Fußballweltmeisterschaft sowie der Special Olympics; Beginn der Bund-Untertunnelung
2007/8	Dreharbeiten zum Film »John Rabe«, der bislang größten deutsch-chinesischen Gemeinschaftsproduktion
2008	Härtester Wintereinbruch seit 1978 mit tagelangen Schneefällen; Fertigstellung des 492 Meter hohen World Financial Center

Für geistige
Marathonläufer

... und

Für mein bestes Biberle, den ich in der Fuxing Lu am 3. Tag ganz allein mit dem Fahrrad »ausgesetzt« habe: 1,3 Milliarden Chinesen und ein Günter

ALS DIE WELT NOCH IN ORDNUNG WAR

Archäologische Zeugnisse der Grabungsstätten von Fuquan Hill im Stadtbezirk Qingpu belegen eine Besiedlung des Raums um Shanghai ab 4000 v. Chr. Die Wurzeln des historischen Shanghai reichen nicht ganz so weit, aber doch sicherlich bis in das Königreich Wu am unteren Yangtze-Delta zurück, welches sich im 11. vorchristlichen Jahrhundert zu bilden begann. Das älteste architektonische Zeugnis auf Shanghaier Stadtgebiet (über dem Boden) ist der 9,30 Meter hohe Rest einer Säule mit buddhistischen Motiven aus dem Jahr 859 in Songjiang. Sie steht im Schulhof der Zhong-Shan-Grundschule.

Fast alle chinesischen Städte verwirren ihre Besucher »gerne« mit einer Vielzahl von Namen, die ihnen im Laufe der Jahrhunderte zugeeignet wurden. Shanghai bildet dabei keine Ausnahme:

Von Hu und Shen und Shang

Als Fischerdorf »Hu Du« entstand Shanghai erst während der Tang-Dynastie (618-907). Hu Du lokalisieren die Forscher im heutigen Distrikt Jiading. »Hu« (沪) bezeichnete die Bambusstöcke, mit denen die Fischer ihre Netze im Schlamm befestigten. Die Einheimischen hängen bis heute an vieles, was sie mit Shanghai in Verbindung bringen, die Silbe »Hu« an. So heißt etwa die lokale Form der Oper »Hu-Oper« (Hu ju).

Überdies verwenden die Shanghaier das Schriftzeichen »Hu« sehr häufig als Abkürzung für ihre Stadt, etwa auf den

Säulen-Rest, ältestes architektonisches Zeugnis über der Erde in Shanghai, 859 n. Chr.

Das Schriftzeichen »Hu« (沪) als Abkürzung für Shanghai

Shanghaier Autokennzeichen. Neben dem rustikalen »Hu« steht das mythische »Shen« (申), der zweite »Beiname« Shanghais. Er findet sich im Titel der einst renommierten Shanghaier Tageszeitung »Shenbao«. Die Schifffahrtslinie von Shanghai nach Hankou/Hubei heißt »Shen Han Line«. Auch glauben die Shanghaier im Verbindungsteil der Inneren und Äußeren Ringstraße das Schriftzeichen »Shen« wiederzuerkennen.

Der Name Shanghai als der »Stadt über dem Meer« tauchte erst 1280 n. Chr. auf. Begünstigt wurde ihr Aufstieg durch die zentrale Lage an der chinesischen Ostküste, nur 14 Meilen vom Yangtze entfernt und über ein ausgedehntes Kanalsystem angeschlossen an die großen Wasserwege im Landesinnern. Die Umgebung war fruchtbar. Der Volksmund nannte sie das »Land aus Fisch und Reis« (yu mi zhi xiang).

Ausländische Begehrlichkeiten blieben nicht aus – und ab 1553 umgab sich die Stadt mit einem 3,5 Meilen langen Befestigungsring gegen japanische Piraten. Sie durfte das, denn mittlerweile war Shanghai zur Kreisstadt aufgestiegen. Mehr spirituellen Schutz bot der daoistische Stadtgott-Tempel (vgl. Spaziergang 14, S. 541 f.). Ansonsten lassen sich allerdings die traditionell chinesischen Baudenkmäler quasi an einer Hand abzählen: Neben dem Stadtgott-Tempel gehören dazu der Longhua-Tempel mit der berühmten Pagode (vgl. Spaziergang 12, S. 510 ff.), der Jing-An-Tempel (vgl. Spaziergang 4, S. 439), kleine Stadtmauerüberbleibsel (vgl. Kapitel »Die Revolution von 1911 stürzt Shanghais Stadtmauer«, S. 134 ff.), der Konfuzius-Tempel sowie der Yu-Garten (alle Spaziergang 14, S. 542 ff.) – sie alle datieren aus jener »glücklichen Zeit«, als die »weißen Teufel« noch nicht Besitz von der Stadt über dem Meer ergriffen hatten. Wohl ältestes erhaltenes Wohnhaus ist das ruinöse Shuyinlou-Gebäude (1736-1795) südlich der Fuxing Lu (No. 77, Tiandeng Lane). Jüngeren Alters sind der ebenfalls im traditionellen Stil gehaltene Jadebuddha-Tempel (vgl. Spaziergang 11, S. 499 ff.)

Vom Flutenbezwinger Chun Shen

Es war die Zeit der Streitenden Reiche (475 bis 221 v. Chr.). Eines Tages erhielt Prinz Chun Shen, einer der vier Söhne des Königs von Shu, ein Stück Land am Taihu-See geschenkt. Zu jener Zeit hatte der Taihu drei Ausflüsse: Lou, Wusong und Dong. Alle drei Flüsse führten große Mengen Schwemmsand mit sich, ganz besonders der Wusong. Weil das Wasser deshalb in der Regenzeit nicht schnell genug abfließen konnte, trat der Taihu regelmäßig über die Ufer und verwandelte das Umland in eine Seenlandschaft. So sehr die Bauern bei Regen unter den Überschwemmungen litten, so sehr fehlte ihnen das Wasser in den Trockenperioden.

Prinz Chun Shen sann auf Abhilfe. Unter großer Mühe ließ er Bewässerungskanäle durch die Berge und zu den Feldern anlegen, und es gelang ihm, die Fluten unter Kontrolle zu bringen. Dies war für die Landwirtschaft eine überaus große Erleichterung. Das Volk pries den Prinzen als seinen Retter und benannte ihm zu Ehren den Dong-Fluss um in »Huang Xie Pu« oder kurz »Huangpu«, denn Chun Shens eigentlicher Name war Huang Xie. Die Einheimischen sagten aber auch »Shen Jiang« (sprich Shen-Fluss).

sowie der bescheidene daoistische Tempel der Weißen Wolke (vgl. Spaziergang 14, S. 548). Gerade Klostergründungen hatten sich stärker auf die Nachbarregion zwischen Suzhou und Hangzhou konzentriert, wo wohlhabende Gutsbesitzer als Stifter auftraten. Darüber hinaus sind in den Shanghaier Randbezirken (wie Songjiang oder Jiading) ältere Baureliktе erhalten, wie etwa die 6°52'52" schiefe Huzhu-Pagode (1039) oder die ebenfalls aus dem 11. Jahrhundert stammende Qinglong-Pagode.

Seit der zweiten Hälfte des 16. Jahrhunderts ermöglichten qualitative Verbesserungen in der Seiden-, Baumwoll- und Porzellanherstellung eine Produktion größeren Stils. In den Städten Suzhou und Hangzhou, schließlich auch in Shanghai selbst entstanden regelrechte Großbetriebe. Bis 1830 hatte sich Shanghai zum größten kommerziellen Zentrum im Yangtze-Delta mit über 500.000 Einwohnern entwickelt. Es traf somit mitnichten zu, dass die Europäer und Amerikaner, als sie hier ihre Niederlassungen gründeten, schlichtweg unwirtliches Sumpfgelände vorfanden, wie vielfach zu ihrer Legitimation behauptet wurde. Der als »der rasende Reporter« bekannt gewordene **Egon Erwin Kisch** (1885-1948) kommentierte 1933: »Die Anwälte der Fremdherrschaft über China weisen auf Shanghai hin: Wir sind es, die einen sumpfigen Winkel am Hwangho zur stolzen Großstadt gemacht haben, und es beweist die Minderwertigkeit der Chinesen, dass sie diese Tatsache nicht dankbar anerkennen.« Fast genau hundert Jahre vor ihm, 1832, hatte **Karl Gützlaff** (1803-1851) analysiert: »Es muss bemerkt werden, dass die Stadt Shanghai der Stadt Kanton an Wichtigkeit nicht viel nachsteht. Hier wird ein sehr lebhafter Handelsverkehr getrieben, welcher bedeutend zunehmen würde, sobald es einmal den Europäern gestattet wäre, diesen Seehafen zu besuchen.«

Karl Gützlaff – einer der ersten Deutschen in Shanghai

Karl Friedrich August Gützlaff wurde 1803 in Pyritz im preußischen Pommern geboren. Nach dem Besuch einer Missionsschule in Berlin studierte er in Rotterdam für die niederländische Missionsgesellschaft. Die Begegnung mit dem Briten Robert Morrison, der lange in Kanton gelebt hatte, weckte sein Interesse an China. 1826 ging die Reise jedoch zunächst nach Batavia, dem heutigen Jakarta. In Batavia begann Gützlaff, Chinesisch zu lernen. Als nächste Station folgte die malaiische Insel Bintan. »Auf Bintan geriet Gützlaff endgültig in den mentalen Sog Chinas. Er begann sofort, auch Kantonesisch und Mandarin, die klassische Hochsprache zu erlernen (die chinesischen Kaufleute in Batavia sprachen vorwiegend Fujian-Dialekt). Im Tagebuch notierte er, dass er durch »Führung der Vorsehung« genötigt wurde, sich ganz der China-Mission zu widmen. Schon auf Bintan folgte er dem Beispiel der katholischen Jesuiten-Missionare in Peking, die sich durch Namen, Kleidung und Lebensform der fremden Gesellschaft vollständig angeglichen hatten. Gützlaff ließ sich von der Seefahrer-Familie **Kuo** adoptieren und nahm den Vornamen **Shi-li** an.« (Scharlau)

Gützlaffs Wunsch, in China tätig zu werden, wurde von der niederländischen Missionsgesellschaft abgelehnt. Das Land übersteige ihre Kräfte, lautete die Begründung. Karl Gützlaff ließ sich dennoch nicht abhalten. Er beschloss, seiner Berufung als »Freimissionar« zu folgen, also ohne finanziellen Rückhalt einer Missionsgesellschaft, aber auch unabhängig von deren Weisungen. Über einen Mangel an Mittelzuflüssen konnte sich der geschickte »Öffentlichkeitsarbeiter« indessen nicht beklagen.

Nach längerem Aufenthalt in Bangkok reiste der pommersche Missionar 1831 als einer der ersten Deutschen über Fujian nach Shanghai – und weiter nach Nordchina bis Tianjin. Von Shanghai schreibt er bei dieser ersten Reise nur wenig: »Am 20. August (1831) erreichten wir die Mündung des Yangtse-Flusses, an dessen Ufer die Stadt Shanghai liegt, dieser große Handelsplatz von Nanking und der Provinz Jiangnan. Sie mag wohl für den inländischen Handel die größte Handelsstadt des Reiches sein. Shanghai ist mit viel Geschmack angelegt, die Götzentempel sind sehr zahlreich, die Häuser niedlich und bequem. Die Einwohner sind gebildet, obgleich etwas Knechtisches in ihrem Benehmen ist. Mehr als tausend kleine Schiffe ziehen mehrmals im Jahr nach dem Norden hinauf, führen Seiden- und andere Manufakturwaren aus, bringen dafür Erbsen und Materialwaren zurück.«

Gützlaffs Biograph Scharlau urteilte: »Der Bericht über diese ungewöhnliche und riskante Expedition in die Seehäfen des verschlossenen Chinas machte die Fahrt des deutschen Missionars Gützlaff zu einem historischen Ereignis. (... Er) hat China, seine Menschen und sein ökonomisches Potenzial mit einem Schlag in das Bewusstsein nicht nur der Gelehrten und der gebildeten Leser, sondern einer großen Öffentlichkeit im Westen gebracht. (...) Die missionarischen Visionen blieben Träume (...). Die daraus erwachsende China-Begeisterung (...) löste (jedoch) eine Kettenreaktion aus, die China entzauberte und am Ende zum Objekt westlicher Imperialmächte werden ließ.« Genauso schrieb Christian Schmidt-Häuer 1998 in der »Zeit« über das »Marketing- und Sprachgenie« Gützlaff: »Seine Reisen als verkleideter Passagier in das den Fremden verbotene Reich waren so verwegen, wie seine Missionspläne – China noch zu Lebzeiten zu christianisieren – an Größenwahn grenzten. (...) Seine Reiseberichte verbanden Sympathie und präzise Beobachtung auf eine Weise, dass sie damals zu ›Welt-Bestsellern‹ wurden und die westliche Öffentlichkeit – besonders Amerika – für China, die Missionstätigkeit und die imperiale ›Erschließung‹ des fernen Reiches begeisterten.«

Die erste Ausgabe der »Reise in die Seeprovinzen« erschien 1833 auf Englisch, später folgten weitere Ausgaben, auch in Deutschland. Die Begeisterung – vor allem bei den protestantischen Gemeinden in den USA – war enorm. »Die schnelle und dauerhafte Popularisierung der China-Mission in Amerika ist das bleibende Werk des deutschen Missionars Gützlaff, der dabei eine emotionale Kraft freigesetzt hat, die bis in die Gegenwart hineinwirkt und allein erklären kann, warum die amerikanische Öffentlichkeit die kommunistische Revolution 1949 als ›Verlust Chinas‹ empfunden hat.«

Gützlaff sah sich als Mittler zwischen Ost und West. Er gründete u.a. die Fachzeitschrift »Tung-Hsi-yang« (»Ost-West-Monatsmagazin«), welche dem chinesischen Leser Grundkenntnisse über Europa vermitteln sollte. Sie erschien von 1833 bis 1839. Bis heute prägen seine Transkriptionen ausländischer Begriffe die chinesische Sprache, z.B. »Han-bao« für Hamburg.

Nach einem rastlosen Leben starb der »Apostel der Chinesen«, wie Gützlaff seinerzeit tituliert wurde, 1851 im Alter von nur 48 Jahren in Hongkong. Sein Tod gab seinen zahlreichen Gegnern Gelegenheit, von Gützlaff das einseitige Bild eines Sonderlings und Dolmetschers im Dienste der Opiumhändler zu kolportieren (vgl. Kapitel »Der Tag, an dem die Hunde nicht zu bellen wagten«, S. 35 ff.) – wenn sein Name nicht überhaupt gänzlich in Vergessenheit geriet. In Shanghai erinnerten bis zur kommunistischen Machtübernahme der Gutzlaff Signal Tower (S. 228) und das Gutzlaff-Island im Yangtze-Delta an den rührigen Pommern.

Exkurs: Han-bao und Shanghai

Etwa ein halbes Jahrhundert vor Gützlaff, 1789, erreichte der Hamburger **Martin Jürgen Spanjer** mit seiner Mannschaft auf der »Catharina & Anna« Shanghai; und genau hundert Jahre vor Gützlaffs erstem China-Aufenthalt, 1731, hatte das erste mit chinesischen Waren beladene Schiff im Hamburger Hafen festgemacht. Ob die unter preußischer Flagge segelnde »Appolon« aber tatsächlich bis Shanghai gekommen ist, ist nicht bekannt.

Im 19. Jahrhundert entwickelte sich Hamburg zur Drehscheibe des deutsch-chinesischen Handels. Zu dessen Absicherung wurde 1829 der englische Kaufmann **John MacVicar** im damaligen Kanton zum ersten Hamburger Konsul in China ernannt. Eine Hamburger Vertretung in Shanghai gab es erstmals 1846 mit dem Engländer **William Hogg** als Konsul. Einer seiner Nachfolger war **Rudolph Heinsen** von der Firma Siemssen & Co., 1859.

Ein wichtiger Schritt für den Austausch mit China bildete der am 2. September 1861 abgeschlossene »Freundschafts-, Handels- und Schifffahrts-Vertrag zwischen den Staaten des Deutschen Zoll- und Handelsvereins, den Großherzogthümern Mecklenburg-Schwerin und Mecklenburg-Strelitz, sowie den freien Hansestädten Lübeck, Bremen

Fahrplan der Rickmers-Linie 1926, Quelle: Kludas; zum Vergleich: 2005 lief etwa alle 14 Tage ein Schiff der Rickmers-Linie Shanghai an.

und Hamburg und dem Kaiserreiche China«. Er gestand u.a. den Hansestädten weiterhin das Recht zu, sich durch eigene Konsulate diplomatisch vertreten zu lassen. Tatsächlich florierte der Handel mit dem Reich der Mitte – und insbesondere die Hansestädte Hamburg und Bremen mischten dabei kräftig mit (vgl. Spaziergang 3 – »Carlowitz, Siemssen und Melchers – drei große deutsche Namen im traditionellen China-Handel«, S. 414 ff.). 1871 fuhr der erste Hamburger Dampfer nach Shanghai, und 1896 nahm die Hamburger Rickmers-Linie den regelmäßigen Dienst zwischen Hamburg, China und Japan auf; 1896 folgte die Konkurrentin Hamburg-Amerika-Linie.

Der 1. Weltkrieg brachte den Handel mit Deutschland dann zwar zum Erliegen – allerdings nur vorübergehend (vgl. Spaziergang 5, S. 444 f.) – und 1922 wurde mit der »Sophie Rickmers« erstmals wieder ein deutsches Schiff in der Yangtze-Mündung gesichtet. Dieser Dampfer nahm übrigens 1940 ein spektakuläres Ende, als ihn seine Mannschaft selbst versenkte, um der Beschlagnahme durch die Niederländer vor Sabang/Indonesien zu entgehen. Die ursprünglich in Bremerhaven ansässige und später aus geschäftlichen Erwägungen nach Hamburg verzogene Rickmers-Linie war 1834 von **Rickmer Clasen Rickmers** (1807-1886) gegründet worden. Bis 1932 hatte sich die Reederei durch die Firma Siemssen & Co. in Shanghai vertreten lassen, dann aber eigene Büros eröffnet, zuerst No. 9, Avenue Edward VII, dann No. 620, Szechuan Road. Eine »moderne« Niederlassung gibt es wieder seit 1986. Sie befindet sich – nach ersten Anfängen im Peace Hotel – seit 2005 am Volksplatz.

Tatsächlich war dem Aufschwung der 20er- und 30er-Jahre nach dem 2. Weltkrieg die große Ernüchterung gefolgt. Die Volksrepublik China schloss sich mehr oder weniger vom Ausland ab – und erst die Reformpolitik ab Ende der 70er-Jahre ermöglichte eine erneute Intensivierung der Kontakte zwischen Hamburg und Shanghai. Am 29. Mai 1986 unterzeichneten der damalige Hamburger Bürgermeister **Klaus von Dohnanyi** und sein Shanghaier Amtskollege, der spätere chinesische Staatspräsident **Jiang Zemin** (geb. 1926), den Partnerschaftsvertrag zwischen beiden Städten. Die Hamburg-Shanghaier-Städtepartnerschaft feierte 2006 ihr 20-jähriges Jubiläum.

Aus Carl Crow: Vierhundert Millionen Kunden

Der Verkauf von Hamburger Hufeisen

Von Zeit zu Zeit hat man früher fast jede erdenkliche Art von Waren nach China gesandt, lediglich auf die ungewisse Aussicht hin, dass irgendjemand Verwendung dafür finden und dass man auf solche Art einen Markt aufbauen könnte. In den Zeiten, da die Segelschiffe halb leer einliefen und voll mit Tee und anderen chinesischen Waren zurückkehrten, war jede Ladung, die einen entsprechenden Ballast darstellte, willkommen und wurde kostenlos oder zu sehr niederen Sätzen verfrachtet. Unter den sonderbaren Gegenständen, die zu jener Zeit nach China kamen, war auch eine Schiffsladung alter Hufeisen aus Hamburg – Hufeisen, die schon so dünn geworden waren, dass man sie nicht mehr verwenden konnte. Der Absender hoffte, sie noch irgendwie verwerten zu können, obwohl er sich kaum im Klaren war, wofür. Er wusste nur, dass die chinesischen Schmiede aus jedem möglichen Alteisen noch manche brauchbaren Dinge hämmern konnten, und hoffte, sie würden dies auch mit den Hufeisen tun. (...) Die Hoffnungen, die jener Mann auf seine Hufeisen gesetzt hatte, rechtfertigten sich bald, denn die Schmiede entdeckten, dass diese abgelegten Hufeisen, wenn man sie in zwei Teile schnitt, ein ideales Material für die Erzeugung chinesischer Rasiermesser ergaben, die in Wirklichkeit nichts anderes sind als sehr fein geschliffene Messer mit dickem und gebogenem Rücken. Bald herrschte große und ständige Nachfrage nach diesen Rasiermessern, und Hamburger Hufeisen wurden ein wesentlicher Bestandteil des chinesischen Marktes.

Nun hatten in vielen anderen Städten Alteisenhändler große Mengen von alten Hufeisen, die sie gerne losbekommen hätten, und bald wurden Hufeisen von New York, Liverpool, Paris und vielen anderen Orten nach China verschickt. Aber die chinesischen Schmiede lehnten es einmütig ab, solchen Ersatz zu kaufen. Sie behaupteten, die Größe und das Gewicht der deutschen Zugpferde und das tägliche Abschleifen der Hufeisen auf dem Granitpflaster Hamburgs gebe dem Eisen den Schliff, der gerade für die Erzeugung von Rasiermessern notwendig und in keiner anderen Stadt gleichwertig sei. Hamburg wurde so zum Weltzentrum für alte Hufeisen, und wenn diese nicht von Hamburg aus verschickt wurden, fanden sie keinen Absatz. Am Ende langten in Hamburg die Hufeisen der ganzen Welt an und wurden von dort nach China verhandelt.

Anmerkung der Verfasserin: das Hamburger Hufeisen verlor seine dominante Position zu Republik-Zeiten an das in Japan erzeugte Sheffielder Rasiermesser.

SHANGHAI WIRD SCHANGHAIT

schanghaien (von Englisch »to shanghai«, nach der chinesischen Stadt Shanghai), Seemannssprache: Seeleute betrunken machen, in diesem Zustand anheuern bzw. gewaltsam an Bord schaffen und zum Dienst verpflichten; übertragen: jemanden mit unlauteren Methoden zu einer Leistung zwingen.

Die Ausländer kommen

Die Legende besagt, dass an jenem 19. Juni 1842, als die »langnasigen, rothaarigen Barbaren«, wie die Chinesen die Briten nannten, Shanghai mit ihren Kanonenbooten eroberten, selbst die Hunde von dem diabolischen Geist, der von ihnen ausging, ergriffen wurden, den Schwanz einzogen und nicht zu bellen wagten. Dagegen betrachtete die chinesische Politik die Fremden an der Küste eher als marginales Problem. Sie unterschätzte die Dynamik, welche der britische Expansionsdrang nach sich ziehen würde. Die Entscheidungsträger waren vielmehr von ihrer zivilisatorischen Überlegenheit überzeugt und gingen davon aus, »die weißen Teufel« durch Inkorporation allmählich zu absorbieren.

Der Tag, an dem die Hunde nicht zu bellen wagten

»Wir besitzen alles. Ich lege keinen Wert auf fremdländische Dinge und brauche nicht, was in Ihrem Land hergestellt wird«, hatte Kaiser **Qianlong** (Chien Lung, 1711-1799, reg. 1736-1796) König **Georg III.** von Großbritannien (1738-1820, reg. 1760 bis 1820) beschieden, als dieser 1793 über Gesandte um die Aufnahme von Handelsbeziehungen zwischen beiden Staaten nachgefragt hatte.

Dieser als Macartney-Mission bekannt gewordene Vorstoß war somit gescheitert. Doch das Problem blieb. Das britische Königreich war auf der Suche nach neuen Märkten, umgekehrt wollte es Tee und Seide aus China beziehen. 1832 entsandte die Britische Ostindien-Kompanie eine weitere Delegation, um China, respektive Shanghai für den ausländischen Handel zu öffnen. Leiter war **Hugh Hamilton Lindsay**. Ihm diente der wenige Wochen zuvor, im Dezember 1831, von seiner ersten Chinareise glücklich zurückgekehrte Karl Gützlaff als rechte Hand und Dolmetscher. Zur Erinnerung an die erste Einfahrt eines westlichen Handelsschiffes nach Shanghai nannte Lindsay eine der Inseln in der Yangtze-Mündung »Gutzlaff Island«.

Während Lindsay in seinem Bericht das große Wirtschaftspotenzial Shanghais hervorhob, lehnten die chinesischen Behörden ihrerseits das Ansinnen der Europäer erneut ab. Offenbar führten die Briten nicht die geeigneten Waren im

Aus Winfried Scharlau (Hrsg.): Gützlaffs Bericht über drei Reisen in die Seeprovinzen Chinas 1831-1833

Missionar Gützlaffs zweite Reise nach China

19. Juni 1832. Wir erreichten heute die Ufer des Yangtse-Flusses, welche bei seichtem Wasser sehr weit ins Meer auslaufen. Das umliegende Land liegt so tief, dass wir dasselbe lange nicht zu Gesicht bekamen. Unsere Bemühungen, von den zahlreich umherschwimmenden Fischerbooten einen Steuermann zu erhalten, um uns durch die gefährlichen Mündungen dieses Flusses in den Hafen hineinzubringen, waren vergeblich und uns blieb daher nichts übrig, als den Dschunken nachzusegeln, welche gegen den Shanghai-Fluss hinsteuerten, der sich gleichfalls in diesen Busen mündet. Erst um Mittag kam uns die niedere Küste zu Gesicht, welche mit Bäumen dicht besetzt ist. Das Einlaufen in diesen Hafen wird so lange für größere Schiffe gefährlich sein, bis sich zuverlässige Lotsen in der Umgebung finden lassen; aber ein so bedeutender Marktplatz, wie dieser ist, verdient die Aufmerksamkeit der Schifffahrer, und wir dürfen hoffen, bald zum Besitz einer guten Seekarte für diese Gewässer zu gelangen.

Die Gestalt des Landes ist eine ganz andere, als wir dieselbe in der Provinz Zhejiang gefunden haben. Alles Land umher ist eine gut angebaute, fruchtbare Ebene, welche sich kaum über die Oberfläche des Meeres emporhebt und auf der nirgends eine Erhöhung zu finden ist. Nicht selten richten hier Überschwemmungen der Flüsse furchtbare Verheerungen an, da die lockeren Ufer dem Drang des Wassers nicht zu widerstehen vermögen. Wiesenboden ist hier so selten, dass die Einwohner nicht einmal den Namen dafür kennen; umso tauglicher ist der Boden für den Anbau von Reis, der von den Einwohnern mit der größten Sorgfalt betrieben wird, indem sie sich vortrefflich darauf verstehen, die stehenden Gewässer vom Sumpfboden abzuleiten und ihren Pflanzungen den Grad von Feuchtigkeit zu bewahren, den das Gedeihen des Reises erfordert. Da sie nach Butter und Milch nicht fragen und auch um die Zucht des Schlachtviehs sich nicht kümmern, so würde sie der Wiesenbau nichts nützen. Desto mehr Fleiß verwenden sie auf die jährlich gedoppelte Ernte von Reis und Weizen, um nicht nur ihr eigenes Lebensbedürfnis damit zu versorgen, sondern auch mit diesem Ertrag des Bodens ihre schweren Steuern an die Regierung abzuliefern. (...)

Bald hatten wir den Verdruss, Kriegsboote von allen Seiten herbeieilen zu sehen, um unser Einlaufen im Hafen zu verhindern. (...) Da aber unser Boot ein guter Segler war, so liefen wir ihnen immer voraus und gelangten am Nachmittag um 4 Uhr zur Stadt Schanghai. Schon hatten sich Menschenhaufen am Ufer aufgestellt, um uns zu sehen. (...) Die Stadt ist auf der linken Seite des Flusses erbaut; ihre Häuser sind niedrig, die Straßen enge und meist mit Kramläden besetzt; auch hier gibt es einige prachtvolle Tempel, und das Menschengewühl ist ausnehmend groß. Unser Besuch war den Mandarinen sehr unangenehm. (...) Der Zhixian dieses Distriktes, ein Mandarine mit einem goldenen Knopf, kam bald herbei, um uns über unser Herkommen bittere Vorwürfe zu machen. Wir bemerkten ihm ruhig, dass den Gebietern des himmlischen Reiches die Höflichkeit gar wohl anstehe und kehrten jetzt zu unserem Quartier zurück, das wir in dem Tempel bei unserem Landungsplatze genommen hatten. (...) Es währte nicht lange, so wurde uns von zahlreichen Polizeidienern, die uns umgaben, die Ankunft des Daotai verkündet.

(...) Es dauerte mehr als eine halbe Stunde, bis die Zeremonie, ob die Zusammenkunft sitzend oder stehend abgemacht werden soll, beantwortet war. Endlich entschloss sich der Daotai bei unserm Hereintreten aufzustehen, und auch wir machten daher die Sache stehend mit ihm. Warum gehet Ihr nicht nach Kanton, um dort Handel zu treiben? Fragte er uns alsbald mit kecker Stimme; es ist etwas ganz Unerhörtes, dass je ein Schiff nach Shanghai gekommen ist. Richtet euch nach den bestehenden Gesetzen des himmlischen Reiches und setzt uns durch eure Anwesenheit nicht länger in Verlegenheit. Herr Lindsay gab hierauf zur Antwort: »Alle eure Schiffe von Shanghai haben die Erlaubnis, unsere indischen Seehäfen besuchen zu dürfen, und darum halten wir es für billig, dass auch wir mit unseren Schiffen zu euch kommen die Genehmigung haben.« Hierauf wurde der Daotai sehr ergrimmt und sagte: »Ihr braucht ihnen keineswegs zu erlauben, eure Häfen zu besuchen; jagt sie nur geradezu fort, wenn sie zu euch kommen.« – Dies können wir nicht tun, versetzte Herr Lindsay. – Warum nicht? Fragte er. – Aus dem einzigen Grunde, war die Antwort, weil unsere Regierung nach Grundsätzen der Vernunft handelt und keine Unbilligkeit gegen andere Völker verüben will. – Nach langem Streit ging er wieder fort, und unsere Bittschrift wurde uns zurückgesendet.

Einige Priester von der Dao-Sekte hatten sich unserer leiblichen Bedürfnisse angenommen und uns ein reichliches Abendessen zubereitet. Wirklich konnten wir uns über niemanden als über die Mandarinen beschweren, welche alles versuchten, um unser Umhergehen in der Stadt zu verhindern. Als wir ihnen aber unseren ernstlichen Entschluss, dies zu tun, entgegensetzten, so ließen sie bald von ihren Vorkehrungen ab. (...)

Juni 30. (...) Wir besuchten die Festung auf der linken Seite des Flusses und sahen die inneren Einrichtungen ihrer Verteidigungsbauten. Die Mauern der Festung sind zwar sehr massiv, aber da sie schlecht gebaut sind, so bedürfte es eben keiner großen Anstrengung, um sie zugrunde zu richten. (...) Das Geschütz derselben ist so beschaffen, dass es ohne allen Zweifel dem, der es zu bedienen hätte, größeren Schaden zufügen würde als dem Feind, auf welchen es gerichtet würde. (...)

Dem ungeachtet fällt es dem aufmerksamen Beobachter schwer, der Mittel gewiss zu werden, durch welche dieses ungeheure Reich zusammengehalten wird. Wer auch nur ein wenig mit den Anstalten dieses Landes bekannt ist, wird sich nie

> zu Sinn kommen lassen, diesen Erfolg der Weisheit seiner bürgerlichen Einrichtungen zuzuschreiben. Viele ihrer Staatsgesetze lesen sich auf dem Papier vortrefflich, aber sie lassen sich keineswegs verwirklichen, weil sie den Umständen der Gegenwart ganz und gar nicht angepasst sind. Andere derselben werden von den Mandarinen wie vom Volk mit Füßen getreten, und nur wenige dieser Gesetze werden genau beachtet. Ebensowenig lässt sich diese politische Erscheinung der inneren Kraft der Regierung zuschreiben. (...)
>
> Das Hauptmittel, durch welches die Verwaltung des Reiches zusammengehalten wird, scheint in Geldbestechungen zu liegen, welche im Überfluss an diejenigen gespendet werden, welche geneigt sein dürften, das Ansehen der Regierung in Anspruch zu nehmen und einige Macht besitzen könnten, diesen Anspruch geltend zu machen. (...) Solange es den Beherrschern Chinas gelingt, mit den Mächten Europas nur Papierkriege zu führen, solange mag dieser Zustand genügen; vielleicht dauert derselbe noch lange genug fort, da die Regierung jedes Vorsichtsmittel anwendet, die Sache nicht zu einem Versuche mit dem Schwerte kommen zu lassen.

Angebot. Das änderte sich, als die Britische Ostindien-Kompanie Opium ins Spiel brachte. Zwar war das Rauchen von Opium in China schon seit langem verboten und 1800 ein Edikt erlassen worden, das auch den Verkauf und den Import unter Strafe stellte. Doch Opium bildete das lukrativste, kommerziell nutzbare Agrarprodukt der Zeit: kompakt und unverderblich, sicherer Absatz bei steigender Nachfrage. Trotz kaiserlichen Verdikts konnten nur wenige chinesische Händler angesichts der mit dem Opiumgeschäft verbundenen Gewinnerwartungen der Verlockung widerstehen.

Unter den wichtigsten Opiumhändlern auf britischer Seite standen zwei Schotten an erster Stelle: **William Jardine** (1784-1843) und **James Matheson** (1796-1887). Ihre 1828 gegründete Firma, Jardine, Matheson & Co. – oder auch kurz: Jardine's –, sollte der mächtigste Handelskonzern in Asien werden und größte Konkurrentin der Ostindien-Kompanie, ausgerüstet mit Waffen, die jeden Hafen im Fernen Osten erreichen konnten, und mit ihren »Fingern« in jedem Erfolg versprechenden Geschäft. Jardine's konzentrierte sich nicht allein auf die Schifffahrt oder überhaupt auf das Transportgewerbe, sondern baute eigene Produktionen auf und engagierte sich im Bergbau. Von Shanghai aus, dem künftigen Hauptsitz der Firma (S. 205 bzw. Spaziergang 1, S. 391), sollte Jardine, Matheson & Co. über fast 150 Jahre hinweg die chinesische Industrie und den Handel mit China dominieren.

Der Konflikt mit dem chinesischen Kaiserhof war unausweichlich. 1839 konfiszierte der kaiserliche Beamte **Lin Zexu** (1785-1850) in Guangzhou die Opiumbestände der britischen Kaufleute und zerstörte sie. Der Vorfall lieferte

Jardine, Matheson & Co. und anderen britischen Opiumhändlern einen willkommenen Vorwand, London zum Einschreiten aufzufordern. Jardine's bestückte die Regierung mit strategischen Hinweisen, wie die militärische Kampagne aussehen könnte – britsche Schiffe sollten die chinesische Küste blockieren, nach Beijing vorstoßen und die Öffnung einer Reihe von Häfen fordern. Vorgeschlagen wurden just die fünf Häfen, die Gützlaff etwa sieben Jahre zuvor unter Lindsay besucht und in seinem Reisebuch beschrieben hatte.

Das britische Parlament nahm die Resolution mit einer knappen Mehrheit von fünf Stimmen an. Jardine, Matheson & Co. stellte die besten Schiffe, Kapitäne und Dolmetscher in den Dienst der Flotte und bezahlte sogar die Rechnungen des Quartiermeisters in London. Bald nahmen 16 Kriegsschiffe, ausgerüstet mit 4.000 Soldaten und 540 Gewehren, Kurs auf China. Als die britische Streitmacht in Hongkong vor Anker ging, besuchte die Führung als erstes die Niederlassung von Jardine's – und als sie die Küste weiter entlang fuhr, folgten ihr sozusagen im Schlepptau die Frachtschiffe der Firma, beladen mit Opiumkisten und Plakaten für den Verkauf auf dem chinesischen Festland.

Am 19. Juni 1842 überfiel eine Flotte britischer Kriegsschiffe die chinesische Kreisstadt Shanghai. Unter ihrem Admiral **Chen Huacheng** (1776-1842) versuchten die chinesischen Verteidiger von ihrer Festung in Woosong alles in ihren Kräften stehende. Doch gegen Schiffe »hoch wie Häuser« blieb ihr Kampf aussichtslos. Chen selbst fiel (Gedenkstätte im Linjiang Park, einschließlich alter Kanonen, täglich 9 bis 16 Uhr, No. 1, Youyi Lu, Baoshan District, Tel. 66 78 63 77). Die britischen Truppen konnten ungehindert einmarschieren und schlugen ihr Hauptquartier symbolträchtig im Shanghaier Stadtgott-Tempel (vgl. Spaziergang 14, S. 541 f.) auf. 3 Mio. Silberdollar mussten die Einwohner zahlen, um eine Zerstörung ihrer Stadt zu verhindern.

Ein paar Wochen später schon drohten die »rothaarigen Barbaren« die alte Ming-Hauptstadt Nanjing anzugreifen. Aus Sorge und Verzweiflung bat Kaiser **Daoguang** (Tao-Kuang, geb. 1782, reg. 1821-1850) um Frieden und sandte drei kaiserliche Emissäre nach Nanjing. Am 29. August 1842 unterzeichneten diese an Bord eines britischen Kanonenbootes, die »Ungleichen Verträge von Nanjing«. Die Verträge verlangten von China u.a. die Zahlung der gewaltigen Summe von 21 Mio. Silberdollar, die Abtretung Hongkongs an die britische Krone, niedrige Zollsätze für den Import ausländischer Güter und die Öffnung von fünf chinesischen Hafenstädten für ausländischen Handel und als Wohnsitz für Ausländer: Shanghai, Amoy (Xiamen), Ningbo, Fuzhou und Guangzhou. Damit legte Nanjing die Grundlage für das britische Treaty-Port-System, von dem Shanghai ein integraler Teil werden sollte (bis 1917 gab es 92 Vertragshäfen an Chinas Küsten und wichtigsten Flüssen). Mit Blick auf den britischen Sieg forderten die

Ehemaliger Hauptsitz von Jardine, Matheson & Co.

anderen westlichen Mächte, allen voran Frankreich und die USA, ähnliche Zugeständnisse von Beijing – und der Kaiser gab nach.

Als perfekter Dolmetscher stand den Briten u.a. wiederum Karl Gützlaff zur Seite. Der Missionar sah, solange es der Verbreitung des Christentums half, keinen Interessenskonflikt darin, seine Kenntnisse in den Dienst der Britischen Ostindien-Kompanie oder der Opiumhändler William Jardine und James Matheson zu stellen.

Gründung der ausländischen Niederlassungen

1843 erwirkten die Engländer in einem Zusatzvertrag zu Nanjing Exterritorialrechte für ihre Handelsniederlassungen. Im gleichen Jahr trafen der erste britische Konsul Captain **George Balfour** (Amtszeit 1843-1846) und die ersten Kaufleute in Shanghai ein. Sie erhielten ein etwa 0,5 Quadratkilometer großes Stück schlammiges Uferland nördlich der mit einer Stadtmauer befestigten »Chinesenstadt« als britische Konzession.

Aus praktischen Beweggründen und Zugehörigkeitsgefühl lebten die amerikanischen Kaufleute in enger Nachbarschaft mit den britischen in deren Gebiet bzw. begnügten sich ab 1848 mit einer inoffiziellen Niederlassung in Form einer Missionsstation der American Episcopal Church in Hongkou, dem Schwemmland auf der gegenüberliegenden Seite am Suzhou Creek. Erster anglikanischer Bischof in China und damit Gründer des Shanghai American Settlements war **William Jones Boone** (1811-1865). 1854, mit der Ankunft des ersten offiziell entsandten amerikanischen Konsul, **Robert C. Murphy** (1827-1888), ließ Boone die amerikanische Flagge über dem »gewonnenen Territorium« wehen. Bereits

---

Aus Vicki Baum: Hotel Shanghai
(spielt 1937)

»Was ist Exterritorialität?«

fragte Ruth. »Jeder redet darüber, ich komme mir ganz dumm vor.«

»Exterritorialität – solange sie noch dauert – ist das kontraktliche Vorrecht fremder Nationen, sich in bestimmten Bezirken oder Städten niederzulassen und nur den Gesetzen und der Gerichtsbarkeit des eigenen Landes zu unterstehen. Wenn du erst einmal eine Ahnung davon bekommst, wie es in chinesischen Gerichten und Gefängnissen zugeht, wirst du begreifen, dass es anders nicht möglich wäre. Aber die Chinesen tun so, als ob unsere Privilegien lauter Furunkel an ihrem Körper wären. Geben Sie mir nicht recht, Madame?« sagte Frank (...).

»Die Sache liegt doch ganz anders«, sagte Madame. »Ursprünglich war die Exterritorialität nicht ein Vorrecht, sondern eine Erniedrigung für die Fremden. Die Chinesen waren zu stolz, um die Barbaren in ihren Städten wohnen zu lassen. Die Fremden mussten sich außerhalb ansiedeln in fest umgrenzten Plätzen, sumpfigen, ekelhaften Gegenden, und die chinesischen Beamten wollten nichts mit ihnen und ihren Rechtsfällen zu tun haben. So ist Shanghai entstanden. Jetzt tut's ihnen natürlich leid, und ihre Klagen schreien zum Himmel.«

acht Jahre zuvor hatte der für eine Bostoner Handelsfirma arbeitende Kaufmann **Henry Wolcott** anlässlich seiner Ernennung zum US-Konsul das Sternenbanner gehisst – von seinem Wohnhaus inmitten des britischen Settlements – und damit den scharfen Protest des britischen Konsuls Balfour und des chinesischen Taotais hervorgerufen. 1863 schlossen sich Briten und Amerikaner unter ihren Konsuln **Harry Smith Parkes** (1828-1885) und **George F. Seward** (1840-1910) zum Internationalen Settlement zusammen. Dagegen zeigten sich die Franzosen sorgsam auf nationale Eigenständigkeit bedacht. 1844 hatte der französische »Bürgerkönig« **Louis-Philippe** (1773-1850, reg. 1830-1848) eine diplomatische Abordnung unter **Theodore Lagrené** nach China entsandt, um vom chinesischen Herrscherhaus die gleichen Vorrechte zu erlangen, wie sich diese die Briten im Vertrag von Nanjing ausbedungen hatten. Mitglied der Delegation war auch der künftige erste Konsul Shanghais, **Louis Charles de Montigny**. Dieser traf, nach erfolgreicher Mission, am 20. Januar 1848 in Shanghai ein. Am 6. April 1849 erhielt er nach lokalen Verhandlungen vom chinesischen Mandarin **Lin Gui** (auch zuständig für die Verhandlungen mit den anderen ausländischen Mächten vor Ort) das Recht, die Französische Konzession zu gründen. Es handelte sich um ein langgezogenes Landstück von 0,6 Quadratkilometern Fläche zwischen der Britischen Niederlassung und der »Chinesenstadt«, diese zur Hälfte bis zum Huangpu-Ufer umschließend. Der Gründungsakt vollzog sich im Haus eines katholischen Priesters an der Stelle, an der 1861/62 das französische Konsulatsgebäude entstand. Es wurde während des 2. Weltkrieges abgerissen. Heute befindet sich auf dem Grundstück gegenüber der Fähranlegestelle ein Hochhaus (No. 1, Jinling Dong Lu). Aus dem sumpfigen Ufer des Huangpu wurde rasch der Quai de France, die südliche Verlängerung des britischen Bund, und aus der Straße, an der das Konsulat stand, die Rue du Consulat (vgl. Spaziergang 1, S. 387 ff.).

Das erste Konsulargeschäft Montignys spricht Bände über die Geschäftstätigkeit der ausländischen Gemeinde: Der französische Kaufmann **J. Aroné** wollte im Dezember 1848 seine Ware in einem Shanghaier Hotel deponieren: 200 Kisten mit Gewehrpatronen und Pulver. Der Hotelier ließ dies zunächst nicht zu, was die Intervention des soeben eingetroffenen französischen Konsuls erforderlich machte. Auch der spätere Schwiegersohn Montignys, **D. Rémi-Montigny**, betrieb Waffenschmuggel und konnte sich des konsularischen Schutzes seines Schwiegervaters sicher sein. Der amerikanische Konsul **Griswold** und sein Nachfolger **Cunningham** engagierten sich ebenfalls in der Branche. Cunninghams Rolle ist besonders zwiespältig, beriet er doch in seiner Eigenschaft als Konsul den Vertreter des chinesischen Kaisers im Kampf gegen die Taiping-Rebellen, verkaufte aber zugleich als Chef des Handelshauses Russell & Co. Waffen und Kriegsschiffe an die Aufständischen (zur Taiping-

> **Compagnie des Messageries Maritimes**
>
> Die Zeitläufe haben von der Ursprungsbebauung des Quai de France wenig übrig gelassen. Ein Beispiel ist der ehemalige Sitz der französischen Compagnie des Messageries Maritimes (No. 9, Zhongshan Dong Er Lu). Das renommierte Architekturbüro R. Minutti & Co. lieferte den Entwurf zu dem 1936 fertig gestellten Gebäude, in das nach der Verstaatlichung die Shanghai Shipping Industrial Co. einzog.
>
> Seit 2004 ist der frisch restaurierte, denkmalgeschützte Bau Sitz der Bund-Filiale des Shanghaier Stadtarchivs (täglich 9 bis 17 Uhr, Tel.: 63 33 66 33). Die Ausstellung zeigt alte Fotos darunter eines mit der Shanghaier Stadtmauer und ihrem »Verteidigungscreek« sowie Kuriositäten wie den Passierschein **Chiang Kaisheks** (1887-1975). Das Dokument gewährte dem Guomindang-General Zugang ins Internationale Settlement – mitsamt zehn Mann seiner bewaffneten Leibwache.

Revolution, 1851-1864, vgl. Kapitel »Die Taiping-Rebellen erschüttern das Land«, S. 54 ff.).

Am Quai de France richtete sich ferner die erste deutsche Vertretung ein. 1865 erhielt der Königlich-Preußische Gesandte **Guido von Rehfues** (1838-1900) in Beijing aus Shanghai die Nachricht »Euerer Hochwohlgeborenen habe ich die Ehre gehorsamst anzuzeigen, dass ich am 29sten vorigen Monats ein Konsulatsgebäude am französischen Bund zwischen dem neuen französischen und holländischen Konsulate gelegen, für den jährlichen Zins von 2.000 Taels auf drei Jahre gemietet habe. Nur die augenblickliche Misère am Platze hat es mir möglich gemacht, ein so gut gelegenes und hinreichend geräumiges Haus für den unverhältnismäßig geringen Miethszins zu finden.« Tatsächlich erhielt das Gebäude »außer mehreren Bürozimmern, einem Sitzungssaale und drei Gefängnisräumen im untersten Stock, eine geräumige Wohnung für den Konsul in der ersten Etage« (zitiert nach Kettelhut). Trotzdem genügte es bald nicht mehr den Ansprüchen, weshalb 1884/85 in eigener Regie das Deutsche Generalkonsulat am Suzhou Creek errichtet wurde (vgl. Spaziergang 2, S. 406 ff.).

Geschäftliche Interessen standen von Anfang an im Vordergrund der ausländischen Invasion. Shanghai sollte den Ausgangspunkt bilden. Der Traum vom unersättlichen chinesischen Markt gehörte schon damals fest zum westlichen Chinabild. Bereits der britische Chefunterhändler in Nanjing, Sir **Henry Pottinger** (1789-1859), später erster Gouverneur Hongkongs, hatte geglaubt, mit

> ### Der Polussia Treaty Pidgeon*
>
> Preußen war bereits ab 1853 mit dem Konsularagenten **D.O. King** vertreten gewesen, welcher dem Konsul in Kanton, damals **Richard von Carlowitz** (1817-1886), unterstanden hatte. 1858 folgten **C.W. Overweg** und 1862 von Rehfues, welcher ein Jahr später, 1863, nach der Ratifizierung des zwei Jahre zuvor zwischen Preußen und den anderen Staaten des Deutschen Zollvereins mit China abgeschlossenen Freundschafts-, Handels- und Schifffahrtsvertrag zum Gesandten am Hof in Peking aufstieg.
>
> Mit dem Vertragsabschluss vom 1. September 1861 war es Preußen erlaubt worden, in Shanghai ein Generalkonsulat zu eröffnen. Am 14. Januar 1863 wurde in Shanghai feierlich der Handelsvertrag (»polussia treaty pidgeon«) zwischen China und Preußen ratifiziert, welcher den deutschen Staaten diejenigen Rechte zusicherte, die bereits den anderen Kolonialmächten zuerkannt worden waren. Was der Legationsrat der deutschen China-Delegation unter von Rehfues, **Joseph Maria von Radowitz** (1839-1912), über die Verhandlungstechnik der chinesischen Seite berichtete, dürfte manchem ausländischen Geschäftsmann heute noch sehr bekannt vorkommen: »Unsere Hauptaufgabe, die Ratifikation, von der wir seit Monaten glauben, sie sei so gut wie abgemacht, zieht sich bei jedem neuen Anlauf wieder in die Länge. Die Chinesen haben ein unerschöpfliches Talent, Schwierigkeiten aus Dingen herzuleiten, von denen kein anderer eine Ahnung hat.«
>
> 1866 schloss sich Preußen mit 17 norddeutschen Staaten zum Norddeutschen Bund zusammen, und 1871 gingen die Rechte Preußens auf eine diplomatische Vertretung schließlich an das Deutsche Reich über.

* Radowitz schreibt von »Pidgeon« statt »pidgin«, im 19. Jahrhundert wurden in Deutschland beide Begriffe parallel benutzt (vgl. auch Karl May) – und mancher Shanghailänder lachte über das deutsche »Tauben-Englisch«.

der Vertragsunterzeichnung für das Britische Königreich einen so großen Markt erschlossen zu haben, dass alle Baumwollfabriken aus Lancaster nicht genügend Stoff herstellen könnten, um die Nachfrage aus nur einer einzigen chinesischen Provinz abdecken zu können. Diese Erwartungen erfüllten sich zur Enttäuschung der britischen Kaufleute nie. 1927 schrieb der Commercial Counsellor des Shanghaier Generalkonsulats: »Die reale Bedeutung Chinas liegt für uns eher in seiner potenziellen als in seiner aktuellen Dimension« (zitiert nach Dethlefsen).

Mit dem Vertrag von Tianjin 1858 und der Konvention von Beijing 1860 konnten die Westmächte ihre Konzessionen stark ausweiten, die Franzosen auf zehn, die Briten und Amerikaner auf zweiundzwanzig Quadratkilometer.

Währenddessen rutschte die Shanghaier Chinesenstadt immer mehr zu einer Art Semi-Kolonie ab. Das Internationale Settlement erreichte seine größte Ausdehnung 1899, als nach jahrelangem Drängen die letzte Erweiterung durchgesetzt werden konnte. Es schloss jetzt auch einen großen Teil des Industriegebietes Yangshupu (Yangtzepoo) im Nordosten ein und dehnte sich im Westen bis zur heutigen Xikang-Straße aus. Den Franzosen gelang es zuletzt 1914, ihr Gebiet bis Zikawei (Xujiahui) zu vergrößern, wo 1848 das Zentrum der katholischen Mission entstanden war. Im Gegenzug überließen sie chinesischen Abgeordneten zwei Sitze im Stadtrat. Formal bestanden die ausländischen Niederlassungen bis 1943 bzw. 1946.

Jedes der drei Stadtgebiete hatte seinen typischen Charakter. Die Chinesenstadt bestand aus einem Gewirr enger Gassen mit unzähligen kleinen Läden und buntem Treiben. Das Internationale Settlement bildete das eigentliche Geschäftsviertel mit Handels- und Bankhäusern, Bürogebäuden, Hotels und Clubs. Die Französische Konzession zeichnete sich durch schöne baumbestandene Alleen mit vielen großartigen Villen aus.

Der Vertrag von Nanjing sah keine Regelung über die Siedlungsrechte von Chinesen in den exterritorialen Gebieten vor. Diese mussten daher in den Folgejahren mit den chinesischen Behörden ausgehandelt werden. Die lokalen Verantwortlichen versuchten, Chinesen das Wohnrecht in den Niederlassungen zu verbieten, da sie den Verlust von Steuergeldern befürchteten (was de facto zutraf). Da aber die Ausländer ein materielles Interesse daran hatten, Häuser an Chinesen zu vermieten, mussten sie letztlich machtlos zusehen, dass immer mehr potenzielle Steuerzahler in die ausländischen Konzessionen abwanderten. Nachdem sich im Laufe der Taiping-Revolution Tausende chinesischer Flüchtlinge in die ausländischen Niederlassungen gerettet hatten, war diese Entwicklung in Shanghai ohnehin nicht mehr rückgängig zu machen. Während die Zahl der chinesischen Bewohner in den Settlements 1852 noch 500 betragen hatte, schnellte sie 1854 auf 200.000 und bis 1864 auf 500.000 in die Höhe. 1885 standen z.B. in der Französischen Konzession 300 ausländischen Einwohnern 25.000 Chinesen gegenüber. Dieses Verhältnis änderte sich auch später nicht und wurde bewusst gefördert, weniger aus Menschenfreundlichkeit, sondern weil die Chinesen weit höhere Steuern zahlen mussten und dadurch nicht unerheblich zum Haushalt der Konzession beitrugen. Den Ausländern gewährte der Status der Exterritorialität mit Ausnahme des Seezolls und einer Abgabe auf gepachteten chinesischen Grund Steuerfreiheit.

Nach dem Census von 1915 betrug die Shanghaier Bevölkerung in den drei Stadtteilen zusammen rd. 1,5 Mio. Menschen, davon 638.920 im Internationalen Settlement (18.519 Ausländer und 620.401 Chinesen) und 149.000 in der Französischen Konzession (2.405 Ausländer und 146.595 Chinesen).

\tAUSLÄNDER IN SHANGHAI 1915				
Nationalität	International Settlement	Französische Konzession	Summe
Japaner	7.169	218	7.387
Briten	4.822	699	5.521
Portugiesen	1.323	29	1.352
Amerikaner	1.307	141	1.448
Deutsche	1.155	270	1.425
Russen	361	41	402
Franzosen	244	364	608
Spanier	181	4	185
Italiener	114	55	169
Dänen	145	33	178
Österreich-Ungarn	123	27	150
Türken	108	2	110
Norweger	82	27	109
Schweizer	79	35	114
Schweden	73	10	83
Holländer	55	23	78
Belgier	18	32	50
Griechen	41	7	48
Perser	39	-	39
Koreaner	20	-	20
Rumänen	16	2	18
Lateinamerikaner	2	4	6
Ägypter	8	-	8
Armenier	5	-	5
Montenegriner	5	-	5
Bulgaren	2	-	2
Inder	1.009	18	1.027
Andere	13	364	377
Gesamt	18.519	2.405	20.924

Quelle: Tales of Old Shanghai, Internet

ENTWICKLUNG DER AUSLÄNDISCHEN BEVÖLKERUNG IN SHANGHAI	
Jahr	Personen
1844	50
1849	175
1860	1.000
1865	2.700
1910	15.000
1915	20.000
1920	23.307
1925	29.947
1936	60.000
Zum Vergleich: 2006*	119.876

Quellen: Shanghai. Tor zur Welt; * Shanghai Statistical Yearbook; Zahl vermutlich deutlich zu niedrig angesetzt

Shanghai Municipal Council – SMC

Die Auswirkungen der Taiping-Revolution (1851-1864) beeinträchtigten die Funktionsfähigkeit der lokalen chinesischen Bürokratie erheblich. Mitte 1854 gründeten die Generalkonsuln und die wichtigsten Geschäftsleute aus Großbritannien, Frankreich und den USA daher den später so mächtigen Shanghai Municipal Council (SMC). Die Franzosen zogen sich 1862 aus dem SMC zurück. Zur Demonstration ihrer Unabhängigkeit berief ihre Verwaltung einen eigenen Stadtrat. Er unterstand direkt dem französischen Konsul, welcher wiederum seine Weisungen von der Kolonialregierung in Hanoi erhielt. Bis zuletzt legten die Französische Konzession und das Internationale Settlement größten Wert auf ihre Unabhängigkeit voneinander. Die Stadtverwaltungen hatten ihre eigenen Polizeikräfte (Sikhs bzw. Annamesen) und voneinander unabhängige Kraft- und Wasserwerke. Selbst die Stromversorgung war verschieden. Im Internationalen Settlement waren die Steckdosen quadratisch und aus Holz, die Stromspannung betrug 220 Volt, in der Französischen Konzession waren sie kleeblattförmig, aus Zement und mit einer Stromspannung von 110 Volt (»Man musste bei einem Umzug also wachsam sein, sonst fing unter Umständen, wie einmal bei uns, das Radio an zu qualmen«, erinnert sich der 1928 in Hongkou geborene **Hans-Peter Cortum**). Wer von einer ausländischen Niederlassung in die andere mit der Straßenbahn fuhr, musste umsteigen. Sogar bei der Brandschutz-Organisation ging man eigene Wege (ein Feuerwehrhaus des Internationalen Settlements aus dem Jahr 1915/16 befindet sich an der Ecke Wusong Lu/Wujing Lu; die Fassade ist alt, innen modernisiert).

Der Shanghai Municipal Council war nur auf den ersten Blick eine »Stadtverwaltung«. Hinter dem harmlosen Namen »Gong Bu Ju« – »Büro für öffentliche Arbeiten« verbarg sich ein Regime, das nur sich selbst Rechenschaft schuldig war und von keinem Staat kontrolliert wurde. Zwar war der SMC von keiner anderen Regierung offiziell anerkannt, schon gar nicht von der chinesischen,

---

Aus John B. Powell: »My Twenty-Five Years in China«

Feuerwehr im Anzug

Das Bild des Shanghais von 1917 wäre unvollständig ohne eine Beschreibung der hiesigen »freiwilligen« Feuerwehr. Die Feuerwehrmänner waren, mit Ausnahme einiger einheimischer Helfer, alle Europäer und übten ihr Amt ehrenamtlich aus. Die Ausrüstung war in frühen Jahren aus England eingeführt worden und hatte mittlerweile museale Patina angenommen. Doch was die Feuerwehr an moderner Technik vermissen ließ, machte sie durch ihr malerisches Auftreten wett.

Ich war noch nicht lange in Shanghai, als ich eines Nachts durch einen Feueralarm geweckt wurde. Er kam aus einem der dicht besiedelten Straßenzüge in der Nähe meines Hotels. Ich warf meine Kleider über und rannte mit anderen Schaulustigen zum Ort des Brandes. Dort sah ich zu meiner Überraschung fast alle Feuerwehrmänner in voller Abendgarderobe Schläuche durch die Gegend zerren und mit Löscharbeiten beschäftigt, während ihre schwarzen Rockschwänze wippten und ihre weißen Hemden und Krawatten von Ruß und Staub klebten.

Da die einheimischen Helfer reguläre Feuerwehruniformen trugen, einschließlich eines Messinghelmes, der ihnen den Neid jedes lateinamerikanischen Polizisten eingebracht hätte, hinterließ der gediegene Aufzug der jungen Briten, die das Gros der Mannschaft stellten, einen umso stärkeren Eindruck auf mich.

Später erfuhr ich, dass das Feuer am Vorabend des britischen Nationalfeiertages ausgebrochen war, als sich die meisten Mitglieder der britischen Gemeinde zu einem vornehmen Dinner mit Tanz im Shanghai Club aufgehalten hatten. Ohne sich die Zeit zum Kleiderwechseln zu nehmen, waren alle Feuerwehrmänner direkt vom Tanz zu ihrer Einsatzstätte geeilt. Mir wurde jedoch zugleich versichert, der Stadtrat übernehme die Kosten für Reinigung, Bügeln und alle weiteren vom Feuer verursachten Garderobeschäden.

Anmerkung: eigene Übersetzung

auch gab es keine völkerrechtliche Basis für ihn, das hinderte ihn aber nicht daran, Gesetze zu erlassen, Steuern zu erheben, eine eigene Polizei zu etablieren und eine eigene Gerichtsbarkeit, den »Mixed Court«, einzurichten. Der SMC setzte sich aus neun gewählten Mitgliedern zusammen. Wahlrecht hatte nur, wer über ausreichend Grundbesitz verfügte, d.h. ein »Ratepayer« war (1925 waren unter 2.742 Stimmberechtigten 1.175 Briten, 552 Japaner und 328 Amerikaner). Gesichert war die Präsenz der Ausländer allein dadurch, dass sie das Land »auf ewig« pachten konnten. Nomineller Eigentümer blieb das chinesische Kaiserhaus, welches allerdings nur Anspruch auf marginale Pachtzahlungen hatte und daher nicht an den gewaltigen Steigerungen der Immobilienpreise partizipierte. Später erhielten die Ausländer auch das Recht, Grund und Boden käuflich zu erwerben, und nahmen stillschweigend für sich in Anspruch, sich außerhalb der Settlement-Grenzen anzusiedeln.

Für die chinesische Bevölkerung war der Umstand sehr schmerzhaft, dass sie 95% der Einwohner in den ausländischen Niederlassungen stellte, einen Großteil der Steuern bezahlte, aber nirgendwo mitbestimmen durfte (Gegenwärtig ist es umgekehrt: Nach einer Statistik der »Shanghai Daily« zahlten die Expatriates 2004 14% der in die Stadtsäckel fließenden persönlichen Einkommensteuer; ihr Anteil an der Stadtbevölkerung betrug nur etwa 0,5%). Während sich die Shanghaier in der Anfangsphase nicht daran gestört hatten, aus der Stadtverwaltung ausgeschlossen zu sein, kippte die Stimmung in den letzten zehn Jahren des 19. Jahrhunderts. Die reichen Kaufleute und Industriellen sowie die sich als Avantgarde verstehenden Intellektuellen wollten eine Beschneidung ihrer Rechte nicht länger hinnehmen – eine Tendenz, die das politische Klima landesweit bestimmte.

Selbst im tief konservativen Norden Chinas entlud sich 1900 die Wut über die Präsenz der Ausländer im Boxeraufstand. Heimlich wurden die Boxer von der Kaiserinwitwe **Cixi** (Tz´u-hsi, 1835-1908, reg. ab 1861) in ihrem Vorgehen unterstützt – und China erlebte einen der demütigendsten Vergeltungsschläge seiner Geschichte. Die Allianz der ausländischen Truppen unter dem Kommando des Deutschen **Alfred Graf von Waldersee** (1832-1904) zerstörte Beijings Paläste, auch den legendären Sommerpalast Cixis, und nahm alles mit, was wertvoll erschien. Nach dem Boxer-Debakel flohen einige radikale Studenten und Lehrer, welche sich darüber hinaus dem Sturz der Qing-Dynastie verschrieben hatten, nach Shanghai. Viele hatten im Ausland studiert, die meisten an den modernen, westlich orientierten Universitäten in Japan, eine kleinere – aber in der Folge wachsende – Gruppe in Europa und den USA. Dort »kosteten« sie – erstmals in ihrem Leben – die verbotene Frucht der Meinungsfreiheit und freier politischer Tätigkeit.

Shanghai bildete bald die intellektuelle Basis für neue politische Strömungen. Hier gab es zahlreiche moderne Schulen, die meisten von Missionaren gegründet, manche auch von Zusammenschlüssen fortschrittlicher oder sogar radikaler Professoren. Überdies wurde Shanghai nach dem Boxeraufstand zu Chinas erstem Presse- und Verlagszentrum. Die chinesischen Verlagshäuser wählten ihren Sitz im Interationalen Settlement und konnten sich so der Verfolgung durch die chinesischen Behörden entziehen. Eine bedeutende Rolle spielte das Verlagsimperium **Charlie Songs** (alte Umschrift: »Soong«, 1866-1918), dem Unterstützer **Sun Yatsens** (1866-1924), welcher als Gründungsvater der Republik China 1911 in die Geschichte eingehen sollte (vgl. Kapitel »Charlie Song – der verdrängte Revolutionär«, S. 121 ff.). Der Shanghai Municipal Council und der Mixed Court kamen dem Verlangen der offiziellen chinesischen Behörden nach Bestrafung von Schriftstellern, Journalisten oder Verlegern nur höchst selten nach – und schützten, indem sie ihre Unabhängigkeit von der chinesischen Seite demonstrierten, nolens volens das freie Recht der chinesischen Presse.

Zugleich nahmen die Forderungen nach Mitbestimmung im SMC militante Formen an. 1905 fand die erste große Massendemonstration mit einigen Tausend Teilnehmern in der Nanjing Lu statt. 1919 legte ein Generalstreik der von Beijing ausgehenden 4.-Mai-Bewegung das öffentliche Leben lahm. Am 30. Mai 1925 versuchten Demonstranten das Polizeihauptquartier, Louza Station, zu stürmen. Die Polizei eröffnete das Feuer. Es gab Tote (vgl. Kapitel »Shanghai wird ›Schlachthof des modernen Imperialismus‹ – Die 30.-Mai-Bewegung 1925«, S. 188 ff.). Erschreckt vom Umfang der Gewalt sah sich der Municipal Council erstmals in seiner Geschichte genötigt, mit den Repräsentanten der chinesischen Gemeinde zusammenzutreffen. Deren Delegation führte der millionenschwere Reeder, Comprador und Präsident der Allgemeinen Shanghaier Handelskammer **Yu Qiaqing** (1867-1945).

Der wie viele andere reiche Kaufleute auch aus Ningbo stammende Yu besaß genügend Macht und Vermögen, um alle relevanten chinesischen Geschäftsleute in der Auseinandersetzung mit den Ausländern hinter sich zu wissen. Die chinesischen Linken schmähten ihn als »Erfüllungsgehilfen des Imperialismus«, während ihn die Ausländer als ihren ärgsten Widerpart betrachteten und zeitweise des kommunistischen Aktivismus bezichtigten. Yu Qiaqing war in der Tat größter Konkurrent der Ausländer auf der chinesischen Seite. 1913 hatte er die Sanbei Reederei gegründet. Diese befand sich bald auf Wachstumskurs. Ihre Flottenstärke stieg von anfänglich drei Schiffen bis 1933 auf zehn. Bedient wurden die Routen Shanghai - Ningbo, Shanghai - Fuzhou, Shanghai - Tianjin, sowie der Yangtze. Sitz war das ehemalige Firmengebäude der China Mutual Life Assurance Co. (Yongnian-Versicherungsgesellschaft; No. 93, Guangdong Lu, vgl. Spaziergang 7, S. 462).

Der SMC nahm Yus Vorschlag an, einen chinesischen Beirat aus drei chinesischen Repräsentanten zu bilden – allerdings konnten diese ihre Sitze erst drei Jahre später einnehmen (ab 1930 stieg die Zahl auf fünf chinesische Vertreter).

Die Zahl der ausländischen Ratsmitglieder betrug nach wie vor neun. Die Zusage, den Mixed Court zum Jahreswechsel 1926/27 abzuschaffen und die Zollautonomie zum 1. Januar 1929 wiederherzustellen, waren weitere wichtige Ergebnisse des 30. Mai 1925.

Die Franzosen hatten ihren Stadtrat bereits 1914 um zwei chinesische Räte erweitert. Dabei wurde zunächst Wert darauf gelegt, dass es sich um Chinesen aus katholischen, frankophonen Familien handelte, wie etwa **Lu Baihong**, im Stadtrat von 1919 bis 1937, oder **Wu Zonglian**, späterer chinesischer Botschafter in Italien, im Stadtrat ab 1927. Gern gesehen waren auch vermögende Geschäftsleute wie der Bankier **Wei Tingrong**, Direktor bei Crédit franco-chinois. Später war man nicht mehr so zimperlich. In den 30er-Jahren wurden gar der Shanghaier »Opiumkönig« **Du Yuesheng** (1888-1951) und sein Partner, der Kriegsherr **Zhang Xiaolin** (Chang Hsiaolin, 1877-1940), zu französischen Stadträten ernannt – beide waren weder katholisch noch frankophon ... (vgl. Kapitel »Die Grüne Bande – Du Yuesheng, der Pate von Shanghai«, S. 141 ff.).

Nach der brutalen Machtübernahme durch General Chiang Kaishek 1927 spitzte sich die Situation erneut zu. Das oberste außenpolitische Ziel seiner Guomindang-Regierung war die Aufhebung der »Ungleichen Verträge«. Zwar blieben die »Land Regulations« unangetastet, wurden aber von chinesischer Seite zunehmend restriktiver ausgelegt. Für die Ausländer begann eine Zerreißprobe, deren Ausgang wohl jeder ahnte. Hartnäckig versuchten sie, ihre Privilegien zu bewahren, und mussten sie doch Schritt für Schritt aufgeben.

Entscheidend für den wachsenden Einfluss der Nationalregierung war die Veränderung des Verwaltungsstatus der Stadt. Durch Gesetze von 1927, 1928 und 1930 erhielt Shanghai eine Sonderstellung, die die Kreisstadt direkt der Nationalregierung unterstellte. Die alte Chinesenstadt (»Nantao«), die anderen chinesischen Stadtteile und die Außenbezirke wurden zu einer Verwaltungseinheit »Groß-Shanghai« (Shanghai Shi) zusammengefasst. Der provinzfreie Status wurde nach 1949 beibehalten. Damit zählt Shanghai wie Beijing und Tianjin sowie seit 1997 Chongqing zu den regierungsunmittelbaren Städten der VR China.

Der Sitz des SMC befand sich zunächst in einem bescheidenen Haus an der Kreuzung Nanjing Dong Lu/Guangxi Lu. 1907 erwarb der SMC das Grundstück im Carrée Henan Lu/Hankou Lu/Jiangxi Lu/Fuzhou Lu (vgl. Spaziergang 3, S. 413). 1912/13 legte der britische Architekt **Robert Charles Turner** (1875-1950) seinen Entwurf vor, doch verhinderte der Ausbruch des 1. Weltkrieges bis 1922 die Realisierung.

Im Dezember 1941 setzte die Besetzung des Internationalen Settlements durch die Japaner der Herrschaft des SMC ein Ende. Die neuen Machthaber zogen in das symbolträchtige Gebäude, bis sie 1945 vom Stadtrat der Guomindang abgelöst wurden, welcher wiederum 1949 der ersten Shanghaier Volksregierung unter Bürgermeister **Chen Yi** (1901-1972) Platz machen musste. Chen residierte hier bis zum Umzug der Volksregierung 1955 in den Kuppelbau der Hongkong and Shanghai Banking Corporation am Bund.

Heute sind in dem weitläufigen Komplex (Bodenfläche: über 4.800 Quadratmeter) verschiedene städtische Behörden untergebracht. Es ist daran gedacht, dem Shanghai Geschichtsmuseum an diesem denkwürdigen Ort neue Räumlichkeiten einzurichten. Derweil werden im Foyer, Eingang Hankou Lu Ecke Jiangxi Lu, einige

---

Groß-Shanghai – eine national-chinesische Utopie

In Wusong sollte nach den Vorstellungen der chinesischen Politiker ein modernes chinesisches Gegengewicht zu den beiden ausländischen Stadtteilen entstehen. Ziel war der Ausbau zu einem Hafen- und Industriezentrum im Rahmen der Planungen eines »Groß-Shanghai«.

Die Stadtregierung von »Groß-Shanghai« war offiziell am 7. Juli 1927 in einem triumphalen Akt in ihr Amt eingesetzt worden und umfasste ein Sekretariat und acht Behörden (Soziales, Öffentliche Sicherheit, Finanzen, Bau, Bildung, Gesundheit, Land, Öffentliche Einrichtungen). Den Bürgermeister bestimmte die Guomindang-Regierung in Nanjing direkt.

Ab 1931 schuf der Architekt **Dong Dayou** (1899-1931) im Rahmen der ersten Bauphase ein neues Rathaus für die chinesische Stadtregierung (1933), Bürogebäude für die Behörden sowie eine Bibliothek und ein Museum. 1934 wurde das Sportstadion ähnlich dem Berliner Olympiastadion als antikisierende Arena fertig gestellt (Jiang Wan Tiyuchang, Songhu Lu Ecke Zhengli Lu; einschließlich Badminton-Halle und Freibad – stark verändert, aber sehenswert), 1936 der neue Hafen. Weitere Planungen beendete der gewaltsame Einmarsch der japanischen Truppen am 13. August 1937. In der Folge wurden zahlreiche Häuser und Straßenzüge zerstört.

Erhalten blieb u.a. der Sitz der Stadtregierung. Der mächtige Bau mit 93 Metern Länge gehört heute zur Shanghaier Sporthochschule (No. 650, Qingyuan Huan Lu). Die ursprüngliche Bibliothek beherbergt eine Mittelschule. Noch dem vorgesehenen Zweck dient der wie ein Flugzeug gestaltete Bau des Changhai Hospitals (No. 174, Changhai Lu). Zentrum der sternförmig angelegten Stadt war der heute noch bestehende Wu Jiao Chang, der Fünf-Ecken-Platz.

Einen anschaulichen Plan darüber, wie Groß-Shanghai einmal hätte aussehen sollen, zeigt die Bund-Filiale des Shanghaier Stadtarchivs im ehemaligen Gebäude der Compagnie des Messageries Maritimes (No. 9, Zhongshan Dong Er Lu; vgl. Kapitel »Gründung der ausländischen Niederlassungen«, S. 41 ff.).

Sportstadion als antikisierende Arena, im Hintergrund moderner Shanghaier Wohnungsbau des 21. Jahrhunderts

Shanghaier Sporthochschule, geplant als Stadtverwaltung eines neuen Groß-Shanghai

Die Ausländer kommen

Bibliotheksgebäude für Groß-Shanghai, heute Mittelschule

Fotos mit englischen Untertiteln gezeigt, darunter ein Gruppenbild der SMC-Ratsmitglieder von 1936 mit den chinesischen Räten sowie ein Portrait von Chen Yi.

Der Stadtrat der Französischen Konzession hatte seinen Amtssitz zunächst an der ehemaligen Rue du Consulat (Jinling Lu). Erhalten geblieben ist die Fassade seines jüngsten Sitzes von 1936 an der früheren Avenue Joffre (No. 375-381, Huaihai Zhong Lu; vgl. Spaziergang 13, S. 523 f.).

Die Taiping-Rebellen erschüttern das Land

Innerhalb von wenigen Jahren veränderte sich das Verhältnis zwischen den ausländischen Konzessionen und der Chinesenstadt dramatisch. Während letztere immer mehr zu einem Appendix der ursprünglich an ihren Rändern angesiedelten ausländischen Niederlassungen herabsank, erlebten diese einen traumhaften Aufschwung und dehnten sich flächenmäßig mächtig aus. Der Prozess, in dem »das Teil das Ganze verschluckte«, wie es der chinesische Politiker und erste Premierminister der chinesischen Republik **Tang Shaoyi** (1862-1938) ausdrückte, hatte mit dem größten Bürgerkrieg begonnen, den China – und vielleicht sogar die Welt – bis dato erlebt hatte, der Taiping-Revolution (1851-1864). Die Kämpfe ergriffen ganz Mittelchina sowie große Abschnitte der nördlichen und südlichen Landesteile, insgesamt ein Gebiet von mehr als 100 Millionen Einwohnern, und kosteten wohl 20 Millionen Menschen das Leben.

Ihr Führer **Hong Xiuquan** (1813-1864) war ein an den staatlichen Aufnahmeprüfungen gescheiterter Scholar. Er hielt sich für Gottes zweiten Sohn – nach Jesus – und dazu auserkoren, die Qing-Kaiser vom Drachenthron zu stürzen. Hong nannte seine religiös-sozialrevolutionär motivierte Bewegung »Taiping« – »Mächtiger Friede« – und predigte eine Mischung aus Christentum und chinesischem Mystizismus. Seine Ziele waren die Abkehr von den hierarchischen Vorstellungen des Konfuzianismus im Sinne eines egalitären Gesellschaftssystems, eine Landreform, die Abschaffung des Privateigentums und die Gleichstellung von Mann und Frau – Forderungen, die später durch die Guomindang Sun Yatsens und die Kommunistische Partei **Mao Zedongs** (1893-1976) wieder aufgenommen wurden.

Hongs Anhängerschaft bestand vorwiegend aus Personen, für die die Missherrschaft der Qing-Kaiser der Grund für die Schwäche des Landes war und die die Fremden aus dem Land vertrieben sehen wollten. Schon 1850 konnte Hong

Der himmlische Krieger Hong Xiuquan mit seinen Mannen (moderne Darstellung aus einer Gedenkstätte in Nanjing). Die Taiping-Krieger schnitten sich den von den Mandschus zwangsweise eingeführten Zopf ab und frisierten und kleideten sich nach der Mode der Zeit vor der Qing-Dynastie. Entsprechend wurden sie oft als »Langhaar-Rebellen« (chang fa chai) bezeichnet.

Die Taiping-Rebellen erschüttern das Land

eine Million Menschen für seine Ideen begeistern. 1851 proklamierte er einen eigenen, theokratisch regierten Staat, den er »Himmlisches Königreich des mächtigen Friedens« (Taiping Tianguo) nannte und der den größten Teil Süd- und Südostchinas umfasste (Kupfermünzen des »Himmlischen Königreiches« präsentiert das Museum »The Site of the First National Congress of the Communist Party of China«, Spaziergang 9, S. 491 f.). Ebenfalls 1851 führte der chinesische Messias seine Armee auf einem legendären Marsch über 1.400 Meilen aus Südwestchina an die Küste, überfiel Städte, richtete Blutbäder an und sammelte dabei neue Anhänger um sich. Als er Nanjing 1853 einnahm, hatte er einige 100.000 Jünger um sich geschart. Die alte Ming-Kapitale am Unterlauf des Yangtze wurde zur Hauptstadt der Taiping-Bewegung.

Die Kleinen Schwerter ergreifen die Herrschaft in der Chinesenstadt

Das rd. 250 Kilometer entfernte Shanghai bekam die Ankunft der Taiping-Krieger in Jiangsu etwa ein halbes Jahr später zu spüren. Anhänger der in loser Verbindung zu den Taiping-Rebellen stehenden Geheimgesellschaft der Kleinen Schwerter (»Xiao Dao Hui«) drangen 1853 in die Chinesenstadt ein und rissen dort die Macht an sich. Es folgte ein Massenexodus der Bewohner in die Vororte, vor allem aber in die ausländischen Niederlassungen der Briten, Franzosen und Amerikaner. Obwohl die Mitglieder der Kleinen Schwerter die Ausländerviertel nicht betraten, fühlten sich deren Bewohner bedroht und gründeten 1853 ein Freiwilligenkorps, um sich gegen mögliche Übergriffe zu verteidigen (ab 1870 wurde das Shanghai Volunteer Corps als stehende Truppe dem Shanghai Municipal Council unterstellt). In einer gemeinsamen Aktion der Franzosen, Briten und Amerikaner wurden die Kleinen Schwerter schließlich am 17. Februar 1855 aus der Chinesenstadt verjagt.

Gegenüber den Taiping-Rebellen selbst verhielten sich die Ausländer zunächst neutral, zumal viele für die christlich beeinflusste Bewegung Sympathien hegten. Schwieriger wurde die Situation, als eine Taiping-Armee unter **Li Xiucheng** (1823-1864) 1860 nach der Einnahme Suzhous auf Shanghai zumarschierte. Li hatte angekündigt, die Niederlassungen nicht anzugreifen, sofern sie sich weiterhin neutral verhielten. Trotzdem kam es am 18. August 1860 zu Gefechten. Die Taiping-Soldaten mussten sich zurückziehen. Die Überlegenheit der westlichen Waffen war zu offensichtlich.

Überhaupt hatten sich die Taiping eigentlich nur aufgrund ihrer ausländischen Waffenkäufe so lange zu halten vermocht. Deshalb wollten auch die mächtigen chinesischen Provinzgouverneure **Zeng Guofan** (1811-1872) und **Li Hongzhang** (1823-1901) auf deren größere Schlagkraft nicht länger verzichten. Sie engagierten ausländische Soldaten, die ihre eigenen Truppen im Kampf gegen die Rebellen unterstützen sollten. So entstand die berühmte »Immer siegreiche Armee« (Chang Sheng Jun), die bis zur Unterwerfung der Taiping 1864 zunächst unter dem amerikanischen Abenteurer **Frederick Townshend Ward** (um 1832-1862), dann unter dem britischen General **Charles George Gordon** (1833-1885) erfolgreich operierte.

Ward war 1860 in Shanghai eingetroffen. Nachdem er Truppen aufgestellt hatte, attackierte er die Rebellen bei Songjiang, das damals noch 30 Kilometer außerhalb lag. Allerdings endete das Scharmützel in einem Debakel. Es wird berichtet, die von Ward angeheuerten Soldaten hätten am Abend zuvor zu tief ins Glas geschaut ... Erst später waren die Kämpfe erfolgreicher und der chinesische Kaiserhof verlieh Ward aus Dankbarkeit den Ehrentitel »Immer siegreicher General« (Chang Sheng Jiangjun).

Die ausländischen Behörden, insbesondere die amerikanischen, waren von Wards Aktivitäten wenig erbaut, da sie ihre Neutralitätspolitik unterliefen. Im Mai 1861 ließ **Admiral Hope** Ward unter dem Vorwurf verhaften, ihm seine Seeleute und Soldaten abzuwerben. Das Verfahren fand vor dem amerikanischen Konsul statt. Ward konnte sich der Angelegenheit entziehen, indem er erklärte, inzwischen durch die Heirat mit einer Chinesin chinesischer Staatsbürger geworden zu sein. Im Januar 1862, als die Taiping-Truppen Shanghai zum zweiten Mal angriffen, gaben die ausländischen Behörden ihre Neutralität auf. Sicherheit für ihre Niederlassungen war nur in Kooperation mit den Regierungsverbänden möglich. Der Machterhalt der Qing lag dabei ganz im Interesse der westlichen Mächte, die sich ihre Hilfe nichtsdestotrotz durch weitere Zugeständnisse gut bezahlen ließen.

Der »Immer siegreiche General« Ward fiel am 21. September 1862 während eines Angriffs auf die Taiping-Rebellen bei Ningbo. In Songjiang wurde er zusammen mit seinem Hund beerdigt und ihm zu Ehren ein chinesischer Tempel errichtet. Noch 1934 empfahl der Reiseführer »All about Shanghai« den Besuch des Grabmals. Es existiert nicht mehr und wurde vermutlich durch Kulturrevolutionäre zerstört (zumal diese die Taiping als Volkskämpfer gegen das feudale System hoch schätzten).

Gordon folgte Ward als Oberbefehlshaber der »Immer siegreichen Armee« nach und trug 1863/64 maßgeblich zum Sieg über die Taiping-Rebellen bei. »Chinese Gordon«, wie er genannt wurde, überwarf sich im Anschluss jedoch mit Li Hongzhang. Bei einem Fest auf Lis Boot waren Taiping-Führer entgegen dessen Ehrenwort auf freies Geleit ermordet worden. Li Hongzhang bestritt zwar, den Befehl dazu gegeben zu haben, doch lehnte Gordon eine Belohnung seitens seiner chinesischen Dienstgeber ab und verließ das Land Richtung England. Später diente er dem britischen Empire noch einige Jahre in Nordafrika und fiel schließlich am 26. Januar 1885 in Khartum.

Shikumen-Lilong-Anlage »Alten Stils« (auch Folgeseite)

Die Geburt der Lilongs

Als mit der Taiping-Revolution Tausende Chinesen in die ausländischen Niederlassungen flohen, schlug die Geburtsstunde der Lilongs. »Lilong« steht für Nachbarschaft, »long« allein für kleine Gasse. Angeordnet sind Lilong-Gassenhäuser meist wie die Gräten eines Fisches eng aneinander liegend, weshalb sie auch »Fischgrätenhäuser« (»Ziling« im Shanghai-Dialekt) genannt werden.

Mit steigender Bewohner- bzw. Flüchtlingszahl nahm die Gefahr der Verslumung zu. Der von 1858 bis 1865 als britischer Konsul amtierende Sir Harry Smith Parkes hatte als erster einfache Arbeiterhäuser bauen lassen, wie er sie aus den Industriegebieten Manchesters und Londons kannte. Er tat dies nicht allein aus philanthropischen Gründen, sondern auch aus kommerziellem Interesse. Innerhalb von sieben Jahren wurden entlang enger Gassen 9.000 solcher Häuser errichtet. Nach Niederschlagung der Taiping-Revolution entschied die Stadtregierung, den Baustoff Holz durch feuersicheren Backstein zu ersetzen. Von nun an investierten alle großen Firmen von Jardine's bis zu Sassoon in den Bau von Lilongs. Zuletzt machten diese rd. 65% der Shanghaier Bausubstanz aus. Es gab kleine Lilongs mit zwei Häuserreihen und große über einen ganzen Straßenblock aus vier oder fünf Hauptgassen und zwanzig Nebengassen. Es gab sehr wohlhabende mit hohem Wohnkomfort und andere, in denen Enge und Elend vorherrschten.

Lilongs stellen eine »Kreuzung« aus einem westlich-städtischen Reihenhaus und einem traditionell-chinesischen Wohnhaus mit ummauertem Innenhof dar. Um Sicherheit und Ruhe zu schaffen, wurden die Anlagen durch hohe Mauern oder Ladenzeilen vom eigentlichen Straßenleben abgeschirmt. Ihre Namen haben meist etwas Verheißungsvolles und lassen an Glück, langes Leben, Wohlstand, Erfolg und dergleichen denken (z.B. »Yong An Li« – Gasse des ewigen Friedens; vgl. Spaziergang 8, S. 478).

Doch wie bei den meisten Wohnanlagen standen vielfach praktische Überlegungen im Vordergrund. So ergab sich z.B. die Raumbreite aus der Länge des verwendeten Bauholzes. Seit dem späten 19. Jahrhundert wurde vornehmlich importierte Oregon-Kiefer bzw. Douglasie eingesetzt, daher betrug die Breite der Räume in der Regel zwischen 3,65 und 4,20 Meter. Die Tiefe der Häuser variierte zwischen zwölf und 20 Metern, wobei eine größere Tiefe einem höheren sozialen Status entsprach.

In manchen Häusern befand sich zwischen Küche und Wäschebalkon ein kleines Schlafzimmer mit der Bezeichnung »Tingzijian«, wörtlich »Pavillonraum«, obwohl es keine Beziehung zu einem Pavillon gab. Der Tingzijian ist von besonderem Interesse für die Geschichte der progressiven chinesischen Literatur. In den 20er- und 30er-Jahren floh eine Reihe Intellektueller aus dem Hinterland

Dekorierter Eingangsbereich, Shikumen-Lilong-Anlage »Alten Stils«

in die internationalen Niederlassungen der Stadt, um Schutz vor politischer Verfolgung zu suchen (vgl. Kapitel »Shanghai – Das Zentrum der chinesischen Intellektuellen«, S. 152 ff.). Mehr als einen Tingzijian konnten sie sich oft nicht leisten. So entwickelte sich eine Literatur, die das Leben einfacher Leute in der Stadt beschrieb und für die sich der Gattungsbegriff »Tingzijian-Literatur« eingebürgert hat.

Im Lauf der Jahrzehnte veränderten die Lilongs ihr Gesicht. Bei den Anlagen »alten Stils«, wie sie zwischen den 1870ern und den 1930ern gebaut wurden, vermittelt das Eingangstor, der Shikumen, das Gefühl einer gewissen Privatheit. »Shi Ku Men« bedeutet wörtlich übersetzt »Stein-Rahmen-Tür«. Der Gestaltung des Türsturzes wurde – ähnlich wie bei einem traditionellen Haus der chinesischen Oberschicht – große Sorgfalt entgegengebracht. Charakteristische Beispiele sind »Cité Bourgogne« (No. 287, Shaanxi Lu; vgl. Spaziergang 11, S. 510) sowie »Si Ming Cun« – »Vier-Morgen-Dorf« (No. 913, Yan´an Zhong Lu; vgl. Spaziergang 5, S. 446 ff.).

Nach dem 1. Weltkrieg entwickelte sich der Lilong »Neuen Stils«. Er ist ebenfalls von hohen Außenmauern umgeben, besteht aus mehreren Reihen zwei- und dreigeschossiger Häuser und weist ein Netz von Verbindungsgassen auf. Shikumen fehlen und sind durch Gittertüren ersetzt. Der Hof gleicht nicht mehr einem Schacht, sondern einem Vorgarten. Die Häuser sind indessen völlig anders

Lilong-Anlage »Neuen Stils« (auch Folgeseite)

gestaltet und nehmen britische und spanische Gestaltungsmerkmale auf. Beispiele sind »Verdun Terrace«, errichtet zwischen 1925 und 1929 von Algar & Co. Architects (No. 199 bis 247, Changle Lu Ecke Shaanxi Nan Lu; vgl. Spaziergang 11, S. 509), die »Bubbling Well Road Apartments« (No. 1025, Nanjing Xi Lu; vgl. Spaziergang 4, S. 435) und »Yongquan Fang« von 1936 (No. 395, Yuyuan Lu).

Nach den 30er-Jahren kamen zahlreiche weitere Lilong-Varianten auf. Es gab allein stehende Häuser oder Doppelhäuser mit Garten, so genannte Garten-Lilongs, z.B. der spanisch-mediterrane »Shangfang Garden«, 1938/39 (No. 1285, Huaihai Zhong Lu; vgl. Spaziergang 13, S. 529). Gleichzeitig entwickelte sich ein mehrgeschossiger Typus, für den der Begriff Lilong-Etagenwohnung geprägt wurde; besonders repräsentativ sind

* »Jubilee Court« (Xinkang Garden), 1933/34 von Moorhead, Halse and Robinson, spanisch-mediterraner Stil für die niedrigen Häuser, sachlich für die hohen (No. 1273, Huaihai Zhong Lu, vgl. Spaziergang 13, S. 529),
* der spanisch-chinesische »Yongjia Xincun« von 1936 (No. 580, Yongjia Lu) und
* die »King-Albert-Apartments« (Shannan Cun) von 1930 (No. 185, Shaanxi Nan Lu, vgl. Spaziergang 11, S. 509).

In den 40er-Jahren des 20. Jahrhunderts lebte etwa die Hälfte der Shanghaier Bevölkerung, d.h. circa zwei Millionen Menschen, in Lilongs; in den 80er-Jahren

Garten-Lilong »Si Ming Ti Yu Long«

Lilong-Etagenwohnungen

Ma Tong

waren es etwa zweieinhalb Millionen, obwohl die verfügbaren Lilongs bereits zum Teil durch Neubauten ersetzt worden waren. Ganze Viertel der Shanghaier Innenstadt, darunter über eine Million Quadratmeter Lilongs, wurden seit den 80er-Jahren abgerissen. Das Gros der Bewohner war angesichts des schlechten Bauzustands, der räumlichen Enge und der fehlenden sanitären Einrichtungen zunächst froh, umziehen zu können. Denn was von außen romantisch anmutete, war im Innern für Bewohner oft nur schwer erträglich. So »verdankte« Shanghai dieser Art der Bebauung die landesweit über viele Jahre hinweg niedrigste Wohnfläche pro Kopf von weniger als fünf Quadratmetern. In der Regel mietete eine Familie ein solches Reihenhaus und vermietete die Räumlichkeiten dann an weitere Familien unter. Eine solche Wohngemeinschaft teilte sich entweder die einzige Küche oder behalf sich mit auf den Fluren installierten Kochstellen. Einzelne Zimmer wurden mit Vorhängen zusätzlich geteilt. Toiletten in den Häusern gibt es bis heute meist nicht, und so gehören in den alten Vierteln Frauen, die hölzerne Nachttöpfe oder deren moderne Emailversion (»Ma Tong«) zu den öffentlichen Latrinen schleppen oder auf der Straße mit einer Bambusbürste säubern, zum morgendlichen Stadtbild.

In den 90er-Jahren wurden einige Lilongs unter Denkmalschutz gestellt und saniert. Doch sehr viel mehr fielen der Spitzhacke zum Opfer. Nach Angaben des zuständigen Housing Demolition and Moving Management Office wurden zwischen 1991 und 2001 insgesamt 3,7 Mio. Quadratmeter alte Wohnfläche abgerissen. Die positive Haltung über die Aussicht, in zeitgemäßere Wohnungen umziehen zu können, wandelte sich immer häufiger ins Gegenteil, wenn die Bewohner erfuhren, dass ihre neue Adresse in der Nähe des Pudong International Airport oder am Schwerindustriestandort Baoshan liegen sollte, von wo aus man mit öffentlichen Verkehrsmitteln zwei Stunden ins Zentrum unterwegs ist.

Zu Bürgerprotesten kam es im März 1995, als Anwohnern der zentralen Huaihai Lu kurzfristig mitgeteilt wurde, ihre Wohnhäuser hätten modernen Wohnblocks, Einkaufszentren und Luxushotels Platz zu machen – und sie selbst mit entfernt gelegenen Neubauwohnungen vorlieb zu nehmen. Peinlich war dies insbesondere für **Wu Bangguo** (geb. 1941), bis Herbst 1994 Parteichef der Stadt, der noch im gleichen Monat auf der Sitzung des Nationalen Volkskongresses ins Sekretariat der chinesischen KP befördert werden sollte (und wurde; mittlerweile ist Wu als Vorsitzender des Nationalen Volkskongresses die Nummer zwei der chinesischen Führung nach Staats- und Parteichef **Hu Jintao**, geb. 1942). Die Demonstrationen verliefen friedlich (und im Sande). Das Ergebnis der »Entwicklungsaktion« lässt sich auf Spaziergang 13 (S. 521 ff.) erwandern.

Der bislang vermutlich größte Immobilienskandal in der Geschichte der VR China erhitzte im Sommer 2003 die Gemüter. Tausende Anwohner der zentralen Beijing Lu sollten in weit entfernte Vororte umgesiedelt werden, anstelle ihrer

Häuser moderne Luxusapartments entstehen. Der Shanghaier Immobilien-Tycoon **Zhou Zhengyi** hatte das 46.000 Quadratmeter große Grundstück 2002 zum symbolischen Nutzungspreis von 12 Cent pro Quadratmeter von der Stadt erworben. Der reale Verkaufspreis hätte hingegen zwischen 1.200 und 1.600 Euro liegen müssen. Die Anwohner fanden Hilfe in dem engagierten Anwalt **Zheng Enchong** (geb. 1950). Er klärte sie über ihre Rechte auf und ermunterte sie zu direkten Schreiben an Staatspräsident Hu Jintao und Premierminister **Wen Jiabao** (geb. 1942). Daraufhin entzogen die Shanghaier Behörden dem Anwalt die Lizenz. Immerhin haben die Beschwerden dazu geführt, dass Zhou Zhengyi aufflog – offenbar wollten maßgebliche Persönlichkeiten in Beijing nicht mehr ihre schützende Hand über ihn halten. Er und seine Frau kamen mit einer dreijährigen Gefängnisstrafe davon. Im August 2003 überraschte das Shanghaier Bezirksgericht mit dem Urteil, Zhous Geschäfte seien rechtmäßig gewesen. Auch Zheng Enzhong wurde zu drei Jahren Haft verurteilt, angeblich weil er Staatsgeheimnisse verraten hatte. Der Haftentlassung 2006 folgte ein bislang unbefristeter Hausarrest. Die Ereignisse 2003 spiegelten den Machtkampf zwischen Hu Jintao einerseits und seinem Amtsvorgänger Jiang Zemin als Vertreter der so genannten Shanghai Clique wider – und waren mit Blick auf die Amtsenthebung des Shanghaier Parteichefs **Chen Liangyu** (geb. 1946) 2006 im Nachhinein betrachtet nur ein Vorgeplänkel (vgl. Spaziergang 11, S. 508 ff.). Tatsächlich wurde Zhou Zhengyi im Januar 2007 erneut wegen Bestechung und Steuerhinterziehung dingfest gemacht.

Anmerkung: Zheng Enchong wurde im Dezember 2005 mit dem Menschenrechtspreis des Deutschen Richterbunds ausgezeichnet. Da er nach wie vor »verhindert« war, konnte er nicht an der Preisvergabe teilnehmen. Auch keiner seiner Angehörigen durfte nach Deutschland fahren, sodass lediglich die Tochter eines Mandanten den Preis entgegennehmen konnte.

CHINAS ABSTIEG – SHANGHAIS AUFSTIEG

Shanghai wird zur führenden Handels- und Industriemetropole

Innerhalb von wenigen Jahrzehnten entwickelte sich Shanghai in der 2. Hälfte des 19. Jahrhunderts zu Chinas wichtigster Handelsdrehscheibe und zum Finanzzentrum des Landes. Nach dem 1. Weltkrieg wurden über 40% aller chinesischen Im- und Exporte über Shanghai abgewickelt. Etwas später, aber ebenso dynamisch, setzte die Industrialisierung ein. Vor allem die Herstellung von Konsumgütern florierte. Noch im Jahr 1979 kam beinahe die Hälfte der gebräuchlichsten chinesischen Konsumgüter wie Fahrräder oder Textilien aus Shanghai.

Im 19. Jahrhundert bildeten zunächst zwei »Handelswaren« gewichtige Posten in der Bilanz der Shanghaier Kaufleute: Sklaven und Opium.

Vom Menschen- und Opiumhandel

Der Handel mit Menschen reichte bis in die Anfänge Shanghais als Hafenstadt zurück. Armut und das Fehlen wirtschaftlicher Alternativen hatten die Chinesen schon seit Jahrhunderten gezwungen, ihr Land zu verlassen, um in Südostasien oder Indien, später auch in den USA oder in Lateinamerika ein neues Leben zu beginnen.

Um die Kosten für die Überfahrt aufbringen zu können, wurden viele Auswanderungswillige »Vertragsarbeiter«, d.h. sie unterzeichneten einen Vertrag mit einem »Emigration Broker«, der sie dafür nach Hawaii, Kuba, Peru oder anderswohin brachte und dem sie für eine festgelegte Zeit dienstverpflichtet waren. Danach waren sie frei. Kaum ein Entkommen gab es hingegen aus dem »Credit-Ticket-System«. Hierbei liehen sich die Auswanderer das benötigte Geld von einem Broker mit der Verpflichtung, die Summe einschließlich Zinsen mit Beginn ihres Arbeitslebens in der Neuen Welt abzustottern.

Die Nachfrage nach chinesischen Arbeitern war groß, nachdem der Handel mit afrikanischen Sklaven fast zum Erliegen gekommen war. Plantagen, Bergwerke, Bauunternehmen und andere Arbeitgeber in Amerika und Australien suchten nach neuen Quellen für Billigkräfte. Der Preis pro Kopf, der den Brokern geboten wurde, betrug zwischen 400 und 1.000 Dollar.

Die chinesischen Kulis (von »ku li« – 苦力 – bittere Kraft) wurden dabei kaum als Menschen, sondern eher als Menschenmaterial betrachtet. Die Bedingungen auf den Schiffen waren so katastrophal, dass viele schon während der Überfahrt starben oder Selbstmord begingen. In den 1850ern betrug die

Sterblichkeitsrate auf der Amerikaroute bis zu 45%. Mit der Ankunft hatte das Leiden kein Ende. Besonders schlimm traf es die Emigranten, die nach Lateinamerika oder in die Karibik verschifft worden waren. Die Arbeitszeiten auf Zuckerplantagen, in Minen oder auf Großbaustellen konnten 21 Stunden am Tag betragen. Grausamkeiten der Aufseher waren an der Tagesordnung. Kaum einer erlebte seine »Befreiung«.

In China machte sich die Empörung über diese skandalösen Zustände 1859 in Aufständen in Kanton (Guangzhou) und Amoy (Xiamen), später auch in Shanghai Luft. Sie richteten sich sowohl gegen die Qing-Regierung, die nicht in der Lage war, den mörderischen Zuständen Einhalt zu gebieten, als auch gegen die ausländischen Staaten, die die Hintermänner unter Berufung auf ihren exterritorialen Status schützten. Die Proteste wurden niedergeschlagen – geändert hat sich zunächst nichts.

Nicht weniger umstritten war das sich vorzüglich entwickelnde Opiumgeschäft.

Trotz der Niederlage im ersten Opiumkrieg war das Kaiserhaus 1842 nicht bereit gewesen, den Bann über die Droge aufzuheben – hatte aber auch keine Schritte unternommen, den Handel mit ihr zu unterbinden. Zwischen 1843 und 1857 vervierfachte sich die Menge an Opium, welche in Wusong (damals noch »Woosong« und bei Shanghai) verkauft wurde. Noch stärkeren Auftrieb erhielt der Opiumhandel indes nach dem Vertrag von Tianjin 1858. In ihm hatten die Mandschu-Kaiser nicht allein einer Ausweitung der ausländischen Konzessionen in Shanghai zustimmen müssen. Auch durften die ausländischen Kaufleute fortan im Landesinnern Handel treiben. Vier Inlandshäfen wurden hierzu geöffnet und ausländische Güter von chinesischen Binnenzöllen befreit. Für Shanghai am folgenreichsten war aber die Einwilligung der Qing-Dynastie, Opium mit einem Importzoll zu belegen, was einer Legalisierung des Handels mit der Droge gleichkam. Sie ermöglichte den ausländischen Opiumhändlern, ihre Ware direkt im Internationalen Settlement zu lagern und von dort zu vertreiben.

In den 1870ern beliefen sich die Importe der Droge auf über 13 Mio. Tonnen, davon kam über die Hälfte via Shanghai. Auch wenn die Menge der Opiumeinfuhren in den 1880ern kontinuierlich zurückging, weil zunehmend heimische Ware aus Süd- und Südwestchina die Preise verdarb, konnten die Drogenhändler weiter hohe Profite verbuchen.

Einen entscheidenden Einschnitt erfuhr der Opiumhandel durch den auf den ersten Blick überraschenden Rückzug von Jardine, Matheson & Co. aus dem einträglichen Geschäft. Mit der Entwicklung der Dampfschifffahrt und dem Aufkommen neuer Wettbewerber hatte die Firma allmählich ihre Vormachtstellung verloren, aber bereits während des Taiping-Booms begonnen, andere, respektablere Geldquellen zu erschließen. Jardine's diversifizierte in den Handel mit Textilien, in den Immobiliensektor, das Versicherungswesen und in den Schiffbau. Treibende Kraft war Gründer-Neffe **Donald Matheson**, der mit der Familientradition brach und sich zu einem der stärksten Opiumgegner aufschwang.

Im Anschluss ging das internationale Opiumgeschäft in den 1870ern in die Hände persischer und britisch-jüdischer (d.h. sephardischer) Gesellschaften über. Die beiden bedeutendsten Firmen gehörten Mitgliedern der Familie Sassoon: David Sassoon Company und E.D. Sassoon (vgl. Kapitel »Die Sassoons«, S. 87 ff.).

1917 untersagte die Regierung in Beijing den Opiumhandel erneut – ein Verbot, das den chinesischen Mafia-Organisationen märchenhafte Gewinne bescherte (vgl. Kapitel »Die Grüne Bande – Du Yuesheng, der Pate von Shanghai«, S. 141 ff.).

Erster Boom und Stabilisierung

Für die Gesamtökonomie Shanghais brachte zunächst die Zerstörung des Umlandes während der Taiping-Rebellion wirtschaftlichen Schub. Auch der internationale Handel profitierte. Allein 1860 verdreifachten sich die Zolleinnahmen. Die größten britischen und amerikanischen Handelsfirmen verlegten ihre Hauptquartiere vom Perlfluss an den Yangtze. Shanghai übernahm Kantons führende Wirtschaftsposition in Ostasien und entwickelte sich in diesem Jahrzehnt zum sechstgrößten Hafen weltweit.

Über 300.000 Neuankömmlinge ließen die Stadt Anfang der 60er-Jahre stärker wachsen als die anderen Boomstädte der Welt – schneller als Chicago, San Franzisko oder Melbourne beispielsweise. Die Preise für Land schossen in astronomische Höhen. Ein Hektar, für den Ausländern um 1850 noch rd. 50 Pfund »abgenommen« worden waren – ein Mehrfaches des »chinesischen« Preises –, kostete 1862 über 20.000 Pfund.

Ähnliche Preisexplosionen erlebte der Handel mit Baumwolle. Der amerikanische Bürgerkrieg brachte die Produktion von Baumwolle in den USA fast zum Erliegen – und die Manufakturen in Europa mussten sich auf andere Bezugsquellen verlegen. Ende 1861 avancierte der Rohstoff zum wichtigsten Exportartikel des Shanghaier Hafens. Die Gewinne der Baumwollhändler wurden in diesem Jahr auf über 3 Mio. Pfund Sterling geschätzt.

Doch auch in Shanghai reiften nicht immer alle Blütenträume. 1864 war die Taiping-Revolution beendet. Etwa 20 Mio. Menschen hatten ihr Leben verloren. Weite Teile des Landes waren verwüstet. Die Qing-Dynastie ging aus dem Sieg politisch geschwächt hervor. Die Staatsfinanzen waren ruiniert. Ende 1864 erlebte die aufstrebende Stadt am Yangtze-Delta ihre erste leichte Depression. Die

Aus Ostasiatischer Verein Bremen (Hrsg.): Die Preußische Expedition nach Ost-Asien 1860-1861

Ankunft in China (Schanghai)

Nähert man sich, von Woosong kommend, der Stadt, so erreicht man zunächst das Gebiet der Amerikaner, dem sich, durch einen breiten Kanal abgeschieden, das englische Settlement anschließt. Hier ist das Centrum des ungeheuren Verkehrs, den Schanghais Handel hervorruft; fast alle Schiffe laden hier aus und ein und die Kulis eilen vom Morgen bis Abend mit ihren unglaublich schweren Lasten vom Ladeplatz am Kai in die Lagerräume der Kaufleute und zurück, während sie sich die Arbeit durch eine Art Wechselgesang oder durch Rufen zu erleichtern trachten, das ihren eilenden Trab in regelmäßigem Takte sekundiert.

Im englischen Viertel, das den weitesten Raum einnimmt, haben sich auch die meisten Angehörigen der übrigen fremden, noch nicht vertragsberechtigten Nationen angekauft und niedergelassen; dort wehen neben der englischen Konsulatsflagge die russische, portugiesische, schwedische, holländische Flagge, und auch die deutschen Häuser haben dort größtenteils ihren Sitz.

Zwischen dem englischen Settlement und der eigentlichen Chinesenstadt haben die Franzosen ihr Terrain; doch ist die Zahl der französischen Handelshäuser noch sehr gering, und so wohnen auch dort manche, die nicht der ›Grande Nation‹ angehören. (...)

Der Hafen der Stadt ist ungemein belebt; außer (durchschnittlich 60 bis 70) europäischen Kauffahrern lagen eine Anzahl französischer und englischer Kriegsschiffe und Kanonenboote vor Anker; eine Menge Dampfer halten die Verbindung mit den benachbarten Häfen der chinesischen Küste, mit Hongkong, Amoy, Ningbo, Fujian, Tianjin und den nun eröffneten Plätzen am Yangtse-Kiang; rechnet man dazu die zahllosen Lorchas und chinesischen Dschunken, die den Verkehr ins Innere und an die Küste vermitteln, so wird man sich ein Bild des regen Lebens und Treibens machen können.

Täglich kommen und gehen Fahrzeuge der verschiedensten Art, der überwiegenden Mehrzahl nach unter englischer und amerikanischer Flagge segelnd, doch sind auch mecklenburgische, oldenburger, bremer, hamburger und hannoversche Schiffe in ziemlicher Anzahl in den hiesigen Gewässern beschäftigt. (...)

Ein Blick auf die Karte belehrt uns, dass Schanghai schon durch seine Lage zum Knotenpunkt des Verkehrs mit den Städten am Yangtse-Kiang bis Hankou hinauf, mit Ningbo, (...) Tianjin u. s. w. bestimmt ist; wir wissen, dass es schon jetzt den Handel mit Japan fast ausschließlich an sich gezogen hat und beherrscht. – Es lässt sich daher, ohne zu sanguinisch zu urteilen, wohl voraussetzen, dass Schanghais Handel in den nächsten Jahrzehnten zu noch weit bedeutenderer Höhe gelangen werde.

Preise für Tee und Baumwolle, in den vergangenen Jahren durch wilde Spekulationen in die Höhe getrieben, fielen dramatisch. Gleiches erlebten die Immobilienpreise, als die meisten Flüchtlinge, welche in der Stadt vor den Taiping-Rebellen Schutz gesucht hatten, entgegen aller Erwartungen, wieder in seine Heimat zurückkehrte.

Die Phase des »Gesundschrumpfens« war die Basis für die nun folgende wirtschaftliche Stabilität. Einen wichtigen neuen Faktor bildete einheimisches Kapital, das nach und nach von der Umgebung in die Stadt transferiert wurde. Der Taiping-Aufstand hatte die Einsicht reifen lassen, dass eine Modernisierung des Militärs und der Wirtschaft unabdingbar für Chinas Zukunft sein müsse. Die Provinzgouverneure Zeng Guofan und Li Hongzhang wurden zu den Initiatoren der »Selbststärkungs- und Westernisierungsbewegung« (1861 bis 1894). Landesweit gehörte Li nach seinen Erfolgen gegen die Taiping-Rebellen bald zu den mächtigsten Männern des chinesischen Kaiserreiches.

Die Reformer – zu ihnen zählte auch **Zhang Zhidong** (1837-1909) – wollten westliche Technik nach China einführen, um das traditionelle Ordnungssystem zu retten. In diesem Sinne etablierten sie die ersten modernen Industriebetriebe des Landes. Allen voran entstand in Shanghai 1865 das Jiangnan-Arsenal. Es war zunächst in Hongkou angesiedelt und zog später an den Huangpu um (No. 2, Gaoxiong Lu; im Zuge der Expo-2010-Vorbereitungen wurde die älteste Shanghaier Werft 2005 auf die Changxing Insel verlagert). Das Arsenal sollte moderne Waffen und Schiffe produzieren. Angeschlossen waren eine Schule und

---

Ding Xiang Garden

Die Huashan Lu (Avenue Haig) im feinen Shanghaier Westend zählt noch heute zu den besseren Adressen. Hier ließ Li Hongzhang für sich und seine Konkubine Gewürznelke Ende des 19. Jahrhunderts eine noble Villa im englischen Landhausstil errichten. Nach ihr heißt das weitläufige Anwesen Ding Xiang Garden. Ob Ding Xiang wirklich hier gewohnt hat, ist zweifelhaft – dafür war ihr gesellschaftlicher Rang zu niedrig. Sicher ist, dass nach 1949 die Shanghaier KP einzog.

Heute gehört das Haus zu einem benachbarten Altenheim für hohe kommunistische Funktionäre. Die Folge ist, dass Gäste des in der Anlage befindlichen Restaurants – im Gegensatz zu früher – nicht mehr in dem schönen, mit chinesischen und europäischen Elementen durchsetzten Garten spazieren gehen können (selbst ein kurzes Stehenbleiben am Eingang zum Altenheim dulden die Wachleute nicht!). Zumindest lässt sich noch ein Blick auf die derzeit ungenutzte Villa werfen (Xian Yue Hien Restaurant, Ding Xiang Garden, No. 849, Huashan Lu, Tel.: 62 51 11 66). Ebenfalls zum Gelände gehört das Areal gegenüber (No. 922, Huashan Lu).

eine Übersetzungsabteilung, in der die ersten chinesischen Übersetzungen wissenschaftlich-technischer Bücher aus dem Westen angefertigt wurden. 1872 regte Li Hongzhang die Gründung der China Merchants' Steam Navigation Company an, welche 1877 die zehn Jahre zuvor von der amerikanischen Firma Russell errichtete Shanghai Steam Navigation Company aufkaufen konnte. 1889 siedelte Li in Shanghai die erste moderne chinesische Baumwollfabrik an.

Vor allem aus Jiangsu und Zhejiang investierten wohlhabende Mandarine, Händler und Großgrundbesitzer in Shanghai. Das Interesse galt Papier- und Getreidemühlen, Schiffswerften und auch dem Telegrafenservice, dessen erste Linie zwischen Shanghai und Hongkong eingerichtet wurde. Große Geldsummen flossen auch auf die Konten der 1865 gegründeten und bald renommierten Hongkong and Shanghai Banking Corporation (S. 219 ff.). Insbesondere Kaufleute aus Ningbo standen als treibende Kraft hinter dem neuen wirtschaftlichen Aufschwung. Aus ihren Reihen rekrutierten sich große Bankiers, Reeder und Kaufleute, wie etwa der bereits erwähnte Präsident der Allgemeinen Shanghaier Handelskammer Yu Qiaqing und **Zhu Baosan** (1848-1926). In der heutigen Huaihai Dong Lu, damals Rue Ningpo, befand sich ihr Gildehaus. Hier trafen sich seit 1797 die Kaufleute aus ganz Zhejiang zu Versammlungen. Darüber hinaus diente das Gelände als vorübergehender Aufbewahrungsort für tote Gildenangehörige, bevor diese in die Heimat überführt werden konnten. Bekannt wurden die Kaufleute von Ningbo nicht zuletzt durch den Aufstand ihrer Gilde 1874 gegen den aus hygienischen Gründen getroffenen Umsiedlungsbeschluss des französischen Stadtrates. Etwas verloren und eingezwängt zwischen Neubauten hat sich von dem einst stolzen Gildehaus ein Backsteintor erhalten (Aufschrift »Si Ming Gong Si«, d.h. »Si Ming«-Gilde, nach einem Berg bei Ningbo, vgl. Spaziergang 14, S. 548).

Heute noch gehört der durch einen Ningboer Kaufmann gegründete Shao Wan Sheng Delicacies Store zu den namhaften Lebensmittelgeschäften Shanghais (No. 414, Nanjing Dong Lu; vgl. Spaziergang 3, S. 418).

Zweiter Boom – das »Goldene Zeitalter«

Trotz der offenkundigen Missstände in Chinas Gesellschaft und Politik sah die Kaiserinwitwe Cixi, die den Hof seit dem Tod ihres Mannes, des Kaisers **Wenzong** (reg. 1850-1861), beherrschte, keinerlei Notwendigkeit für Reformen. Das böse Erwachen kam spätestens mit der Niederlage Chinas im chinesisch-japanischen Krieg 1894/95. In dessen Verlauf eroberten die überlegenen japanischen Streitkräfte Teile der Provinzen Liaoning (mit Dalian) und Shandong. Im Frieden von Shimonoseki 1895 musste China Taiwan und die Pescadores-Inseln abtreten, die unglaublich hohe Kriegsentschädigung von 200

Mio. Tael leisten (die Jahreseinnahmen Beijings betrugen nur etwa 90 Mio. Tael) und sieben Häfen für den Handel mit Japan öffnen.

Die Niederlage gegenüber dem einstigen Tributzahler Japan demütigte die chinesische Bevölkerung weitaus mehr als diejenige des Opiumkrieges, welche mit dem Hinweis auf die Überlegenheit der westlichen Waffen entschuldigt werden konnte. Der Frieden von Shimonoseki verschärfte den Konflikt zwischen den Traditionalisten und den Reformkräften des Landes – und Cixi sah sich zu ersten vorsichtigen institutionellen Änderungen gezwungen.

Wiederum profitierte Shanghai von Chinas Schwäche. »Shimonoseki« hatte den Japanern das Recht eingeräumt, in der Hafenstadt Fabriken zu errichten. Während japanische Investoren von dieser zusätzlichen Freiheit zunächst keinen Gebrauch machten, nutzten die anderen Mächte die neuen wirtschaftlichen Möglichkeiten. Britische, amerikanische, deutsche und russische Firmen investierten rasch in den Aufbau von Baumwoll- und Seidenspinnereien sowie in andere Industriebetriebe. Es lockten gut verfügbare Kohle, preiswerter Strom und ein riesiges Reservoir an billigen Arbeitskräften. Ausländische Zigarettenfabriken schlossen mit den Bauern der Jiangsu-Region Verträge über den Anbau von Tabak ab und begannen in Shanghai Zigaretten zu erzeugen. Große Fabrikhallen aus rotem Backstein entstanden in Hongkou. Sie säumten vor allem Yangshupu, d.h. den Uferstreifen des Huangpu östlich der Garden Bridge.

In der Tat hatten jedoch nicht ausländische, sondern chinesische Initiatoren den Grundstein für die Industrialisierung der Handelsstadt Shanghai gelegt. Wie bereits angedeutet, hatte diese im Rahmen der Selbststärkungsbewegung mit der Errichtung des Jiangnan-Arsenals 1865 und der Gründung der ersten modernen Baumwollfabrik 1889 durch Li Hongzhang begonnen. Darauf folgten weitere chinesische Industrieunternehmen, zumeist Textilfabriken.

Hemmend wirkte sich jedoch das vorherrschende »Guandu-Shangban-System« aus. »Privates Management unter staatlicher Aufsicht« stellte für die privaten Kaufleute, die als Geldgeber unerlässlich waren, eine wenig attraktive Organisationsform dar. Erst nach dem verlorenen chinesisch-japanischen Krieg 1895 unterstützte der chinesische Staat privatwirtschaftliches Engagement – und so setzte um die Jahrhundertwende, vor allem aber nach dem Zusammenbruch der Qing-Dynastie 1911, für »staatsfrei geführte« chinesische Betriebe eine Blütezeit ein.

»Hatamen« versus »Great Wall«

In unmittelbarer Nähe des ehemaligen britischen Konsulats am Suzhou Creek befand sich die China-Zentrale der British-American Tobacco Company (BAT), ein rot-weißer Steinbau mit gotisch entlehnten Lanzettfenstern. Nach der Nationalisierung mietete sich darin der staatliche Kamerahersteller Seagull ein (No. 161-175, Nan Suzhou Lu; vgl. Spaziergang 7, S. 466).

BAT war die größte ausländische Zigarettenfirma in Shanghai vor dem 2. Weltkrieg. Die erste Fabrik für maschinengedrehte Zigaretten entstand 1902. 1907 hatte BAT zwei Werke mit 13.000 Arbeitern in Pudong. 1919 richtete der Konzern sein Hauptquartier ein, um von hier aus die Werke in Hankou, Shenyang und Harbin zu lenken. Über den Verkauf zu Dumpingpreisen und die Verwendung von in China angepflanztem Tabak erkämpfte sich BAT eine Monopolstellung auf dem chinesischen Binnenmarkt. Zu den bekannten Marken gehörte »Hatamen«. Der Konzern zog sich nach der Gründung der Volksrepublik China 1949 zurück. Gespräche über eine Wiederansiedlung verliefen bislang sehr harzig.

Großer Inlandskonkurrent von BAT vor dem 1. Weltkrieg war die Guangdong Nanyang Brothers Tobacco Company (»Great Wall«). Als weitere bekannte Marken auf dem Markt präsentierten sich »Daxiang« (Elefant)/Beijing, »Fukou«/Yinkou, »Sanxing« (Drei Sterne)/Shanghai. Sanxing, gegründet 1904, war die erste chinesische Zigarettenfabrik überhaupt gewesen. Als Werbeträgerinnen dienten den »Drei Sternen« 32 chinesische Schönheiten aus der Qing-Dynastie.

Das Kapital der Guangdong Nanyang Brothers Tobacco Company stammte von den Brüdern **Jian Zhaonan** und **Jian Yujie**. Die Hongkonger Auslandschinesen etablierten ihr erstes Werk 1905 in der damaligen Kronkolonie, wurden aber von BAT 1908 zur Aufgabe gezwungen. 1909 starteten sie einen neuen Anlauf, diesmal mitgetragen von der Bewegung »Chinesen, kauft chinesische Produkte«. Die Shanghaier Niederlassung wurde 1916 eingerichtet (No. 817, Dongdaming Lu).

1918 folgten die Umwandlung zur Aktiengesellschaft und die Verlagerung der Zentrale von Hongkong nach Shanghai. Bis zur 4.-Mai-Bewegung 1919 erreichte der Absatz ein Viertel des BAT-Wertes. Die amerikanische Gesellschaft versuchte, den lästigen Konkurrenten aufzukaufen und bot den Brüdern 27% der BAT-Gewinne, doch diese lehnten ab. Damit verschärfte sich der Wettbewerb der beiden Rivalen weiter.

1937 erwarb Chiang Kaisheks Schwager **T.V. Song** (1894-1971) 50% der Anteile und wurde Vorstandsvorsitzender von Nanyang. Ab 1951 erfolgte die Verstaatlichung, 1958 firmierte die Gesellschaft um in Shanghai Juan Yan Chang (Shanghai Zigarettenfabrik). Sie stellt heute die exklusive Marke »Zhong Hua« (China) her.

Grundsätzlich gehörte heimischen Marken bis 1925 nur ein kleiner Anteil des chinesischen Marktes. Die Wende brachten erst die Shanghaier Proteste vom 30. Mai 1925. Nun boykottierten chinesische Käufer bewusst ausländische, vor allem britische Waren (vgl. Kapitel »Shanghai wird ›Schlachthof des modernen Imperialismus‹ – Die 30.-Mai-Bewegung 1925«, S. 188 ff.).

Bankenboom in Shanghai: das ehemalige Gebäude der Shanghai Chinese Banking Association

Obwohl die Steuern in Shanghai höher waren als anderswo im Land, gaben viele Produzenten einem Standort in der Stadt den Vorzug. Hier waren die Abzüge zumindest kalkulierbar und von bedeutenden Infrastrukturinvestitionen begleitet. Dagegen fühlten sich die Beamten und Bürokraten in anderen Teilen Chinas dazu berechtigt, jeden Unternehmensüberschuss, dessen sie habhaft werden konnten, für welche Zwecke auch immer, einzuziehen.

Einen wahren Boom erlebte die Shanghaier Wirtschaft während des 1. Weltkrieges. Die europäischen Staaten konzentrierten sich auf die Versorgung der Heimatmärkte und die Umstellung auf Rüstungsgüter. Viele Geschäftsleute verließen die Stadt, um an der Front Dienst zu tun. Für die chinesischen Industriellen eröffnete dieser Umstand neue Chancen im In- und sogar im Ausland. Die geringere Warenproduktion in Europa ließ die chinesischen Ausfuhren etwa von Textilien Rekordhöhen erreichen. Die Zahl der in einheimischen Baumwollspinnereien installierten Spindeln stieg auf das Dreifache.

Ökonomen sprechen von den Jahren zwischen 1914 bis 1922 als dem »Goldenen Zeitalter« (huangjin shiqi) der nationalen Industrie. Zwischen den Weltkriegen befand sich etwa die Hälfte der modernen Produktionsstätten Chinas in Shanghai. An der Spitze stand die Textilindustrie mit 50 bis 60% der Industriearbeiter. An zweiter Stelle folgte die Nahrungsmittel-, auf Platz 3 die Bekleidungsindustrie, dann Leder- und Gummiverarbeitung, Papier und Druck, Chemie und Maschinenbau. In der Tat waren niemals zuvor so viele Leichtindustrie-Unternehmen (Baumwolle, Zigaretten, Streichhölzer, Mehl, Zement etc.) gegründet worden. Spätestens ab 1920 soll die Mehrzahl der Shanghaier Industriebetriebe in chinesischem Besitz gewesen sein. Auch Banken mit lokalen Finanziers wurden gegründet. Dafür steht z.B. das pompöse Shanghai Chinese Banking Association Building von 1918 (No. 59, Hongkong Lu; vgl. Spaziergang 2, S. 399). Bestehende Geldhäuser setzten sich architektonische Denkmäler wie die Hongkong and Shanghai Banking Corporation (S. 219 ff. bzw. Spaziergang 1, S. 391) oder die Joint Savings Society Bank (vgl. Spaziergang 7, S. 464). Einen Einstieg in die Geschichte des Shanghaier Bankenwesens bietet das 2000 gegründete Bankenmuseum (No. 9, Pudong Dadao, täglich 9 bis 11 und 13 bis 16 Uhr, Tel.: 58 78 87 43, sehr schön gemachter Katalog).

Abermals veränderte sich das Shanghaier Stadtbild. Dem Internationalen Settlement im chinesischen Stadtteil Pudong direkt gegenüber, aber diskret vor den Blicken der Bund-Spaziergänger hinter der Huangpu-Kurve verborgen, entstanden Lager- und Fabrikhallen sowie Werften. Hier investierten die großen ausländischen Konzerne wie Jardine's, BAT, Standard Oil, Nippon Yusen Kaisha, Robert Dollar sowie die China Merchants' Steam Navigation Company. Die Lagerhäuser wurden nach dem malaiischen Wort »gadong« »Godown« genannt. Um sie herum siedelten sich Arbeiter in armseligen Lehmhütten an. Über die

Wohnverhältnisse schrieb die Deutsche **Ruth Werner** (1907-2000) 1932: »Das erstaunlichste ist, dass die Menschen am Leben bleiben.«

Am Nordufer des Suzhou Creek entwickelte sich westlich von Hongkou das neue Industriegebiet Zhabei. Es bildete den größten der drei Distrikte Shanghais, die unter chinesischer Verwaltung standen. Bald wuchsen Zhabei und Yangshupu zum Industriegürtel der Stadt zusammen.

Anfang der 30er-Jahre war Shanghai zum fünftwichtigsten Hafen der Welt avanciert (2005 stand Shanghai unter den Containerhäfen nach Hongkong und Singapur mit 18,1 Mio. TEUs an dritter Stelle, als Frachthafen hatte es sich mit einem Umschlag von 443 Mio. t erstmals an die vorderste Position vorgeschoben). 51% der chinesischen Importe und 30% der Exporte wurden über Shanghai abgewickelt. Die Auslandsinvestitionen erreichten rd. 3 Mrd. US$, damit gehörte Shanghai unter allen Städten weltweit zur Spitzengruppe. Das Bankgeschäft florierte ebenfalls, nicht zuletzt aufgrund der – letztlich verheerenden – Finanzpolitik der Guomindang-Regierung unter General Chiang Kaishek in Nanjing. Sie bot den chinesischen Großbanken Staatspapiere zu 50% unter dem Nennwert an, die diese mit hohen Profiten weiterverkauften.

Die Shanghaier Gesellschaft

Obwohl und weil Shanghai als einer der korruptesten und dekadentesten Plätze der Welt galt, übte die Stadt eine magische Anziehung auf Chinesen und Ausländer aus. Schon 1885 war nur jeder zehnte in Shanghai ansässige Chinese tatsächlich in der Hafenstadt geboren. Die meisten kamen in der Hoffnung, ihr Glück zu machen. Zwischen 1895 und 1910 verdoppelte sich die Bevölkerung auf eine Million Menschen, bis 1930 verdreifachte sie sich sogar auf drei Millionen. Mitte der 30er-Jahre war Shanghai mit ca. 3,5 Mio. Menschen die fünftgrößte Stadt der Welt nach London, New York, Tokyo, Berlin und vor Chicago. »Sie wuchs zu ungeheurer Größe«, bemerkte der österreichisch-amerikanische Regisseur **Josef von Sternberg** (1894-1969) in seinen Memoiren, »da es ja immer einen Platz geben muss, wo die Welt ihren Schmutz und ihren Abfall hinkehrt.«

Materialismus und Progressivität

Um sich von den »Provinzlern« abzusetzen, legten die »echten« Shanghaier (und die, die es werden wollten) allergrößten Wert auf tadelloses Aussehen. Sie galten bald als die modischsten Chinesen des Landes – oder, wie die Kantonesen spotteten: »Die Shanghaier geben im Zweifelsfall lieber Öl in ihr Haar als in ihr Essen.« Wenig hat sich bis heute geändert, wie **Wei Hui** (geb. 1973) in ihrem Roman »Shanghai Baby« 1999 dokumentierte: »Jedes Detail mit größter Sorgfalt ins rechte Licht zu rücken ist jeder Shanghaier Frau angeboren.« Die Shanghaier Herrenwelt steht dem nicht nach: Laut »Shanghai Daily« verbringen Shanghaier Männer doppelt so viel Zeit vor dem Spiegel wie ihre Landsleute anderswo – zum Haarekämmen, Auftragen von Lotionen und ähnlichen der Körperpflege und -verschönerung dienlichen Aktionen benötigten sie täglich 17,1 Minuten – im Gegensatz zum nationalen Durchschnitt von 8,6 Minuten. Was eine Frau

Aus Ernest G. Heppner: Fluchtort Shanghai

Wieviel kostet es?

Er erzählte uns auch von einem Vorfall, der später die Gemüter erregte. Hunderte von chinesischen Opfern (des Bombenabwurfs der amerikanischen Luftwaffe am 17. Juli 1945, d. Verf.) wurden zum Krankenhaus des Gefängnisses in der Ward Road gebracht. Aber dort ließ man sie ohne medizinische Versorgung auf dem Hof liegen. Ein Gefängnisbeamter fragte den Besitzer des gegenüberliegenden Cafés, ob er nicht ein paar jüdische Ärzte um Hilfe bitten könne. Die chinesischen Ärzte des Krankenhauses weigerten sich, die Verletzten zu behandeln, weil sie dafür nicht bezahlt wurden. Innerhalb weniger Minuten fanden sich acht Ärzte ein, darunter auch Dr. Kneuker, ein Chirurg. Sie baten die chinesischen Ärzte um Geräte und zwei Krankenschwestern für jeden Arzt. Beides wurde ihnen verwehrt, da niemand für die Kosten aufkommen konnte. Fast eine halbe Stunde standen die Ärzte tatenlos herum.

Schließlich ging Dr. Kneuker in das Büro des chinesischen Chefarztes und wiederholte seine Bitte nach Instrumenten und Krankenschwestern. Als sich der Chefarzt nochmals weigerte, schloß Kneuker die Tür hinter sich ab und schlug dem Chinesen mehrmals ins Gesicht. Sofort wurden seine Wünsche erfüllt, und die Ärzte begannen, die Verletzten auf dem Steinboden des Krankenhaushofes zu behandeln. Die stoische Haltung der verletzten Chinesen beeindruckte die Ärzte am meisten. Es gab für Operationen weder schmerzstillende Mittel noch Narkose, nicht einmal für Amputationen. Offensichtlich war es nicht üblich für Shanghaier Chinesen, Unbekannten zu helfen. Ihre Fürsorge galt immer nur den großen Familienclans und engeren Freunden. Die nur auf Geld ausgerichtete Mentalität war sogar in dieser Stunde der Not sichtbar. Noch während ein Arzt einem Verletzten ein Bein amputierte, zog dieser die Brieftasche und fragte: »Wieviel?«

Ein solches Verhalten war keine Ausnahme, Flüchtlinge berichteten über einen anderen Fall. Sie waren dabei, einen Chinesen aus den Trümmern seines Hauses zu bergen. Sobald sie Kopf und Schulter freigeschaufelt hatten, fragte der Mann: »Was kostet es?«

schön macht, darüber existieren klare Vorstellungen: Die Haut soll weiß und rein sein wie eine Lotosblüte, das Gesicht möglichst oval wie ein Taubenei, die Augenbraue schmal und geschwungen wie eine Mondsichel, der Mund klein und kirschförmig. Aufgespritzte Lippen und große Busen, womit ihre westlichen Schwestern zu beeindrucken suchen, sind den Shanghaier Damen ein Greuel. Wer sich von der Natur benachteiligt glaubt, sucht sein Heil gerne in einer der aus den Boden schießenden Kliniken für Schönheitschirurgie. Zu all diesen Bemühungen in scharfem Kontrast steht allerdings die ebenfalls landesweit einmalige Vorliebe der Shanghaier, sich in ihren Vierteln im Schlafanzug zu bewegen.

In den Augen der Nicht-Shanghaier zeichneten sich die Einwohner der Stadt Shanghai vor allem durch ihren Snobismus und ihre materialistische Einstellung aus. Wo sonst hätte der illusionslos-zynische Vers von der jungen Shanghai-Lady entstehen können: »Me no worry, me no care. Me going to marry a millionaire. And if he die, me no cry. Me going to marry another guy.« Legion sind die Anekdoten über kleinliches, um nicht zu sagen, geiziges Verhalten. So berichtete eine deutsche Freundin: »Meine Schwiegermutter ist eine typische Shanghaierin. Wenn ich nicht da bin, lässt sie nicht zu, dass unser Hausmädchen sich ihr mitgebrachtes Essen in der Mikrowelle wärmt – so spart sie meinen Strom.« Es wundert wenig, dass die Shanghaier Stadtregierung 2003 in Vorbereitung der Weltausstellung 2010 eine Kampagne initiierte, um das Image der Shanghaier aufzupolieren. In mehreren Schritten soll den Bewohnern der Stadt höflicheres und rücksichtsvolleres Verhalten beigebracht werden.

Für Chinesen aus anderen Landesteilen haben viele Shanghaier in der Tat allenfalls Verachtung übrig. Dabei waren sie selbst erniedrigensten Diskriminierungen ausgesetzt. Wohl nirgends produzierte sich die »Überlegenheit westlichen Kapitals und westlicher Lebensform« so schamlos wie in Shanghai. Da gab es die wohlhabenden chinesischen Kaufleute, denen über Jahrzehnte der Eintritt in die öffentlichen Parks verwehrt war, oder die Rikscha-Kulis, die von der Sikh-Polizei des Internationalen Settlements regelmäßig wegen kleinster Verkehrsverstöße ergriffen und verprügelt wurden. Somit hat wohl kaum ein Shanghainese (wie die chinesische Shanghaier Bevölkerung im Gegensatz zu den westlichen Shanghailändern genannt wurde) nicht am eigenen Leib verspürt, nur Bürger zweiter Klasse im eigenen Land zu sein.

Weiße und Chinesen – zwei Welten

Gesellschaftliche Kontakte zwischen »Shanghailändern« und »Shanghainesen« waren selten. Den Chinesen waren die »Weißen Teufel« in vieler Hinsicht suspekt, und die Westler vermieden es in der Regel peinlichst, die engen Gassen der Chinesenstadt zu betreten, die sie als schmutzig und unappetitlich empfanden. Fregattenkapitän **Jerolim von Benko** besuchte 1885 im Zuge einer Expedition des k.u.k. Reichskriegsministeriums Shanghai und berichtete darüber 1892: »Von der chinesischen Stadt Shanghai ist nichts zu sagen, was nicht schon von anderen Städten gesagt worden wäre. Auch hier findet man die anscheinend starke, in Wirklichkeit unwirksame Umwallung mit ihren alten Geschützen, Toren, Durchlässen und nassem Graben; auch hier, im Innern der Stadt, dieselben schlecht gebauten Häuser, engen und winkeligen Straßen, das Gedränge der in steter fieberhafter Tätigkeit befindlichen Bewohner; Schmutz und Unreinlichkeit überall, welche nicht allein das Auge, sondern vielmehr noch den Geruch beleidigen.«

Die einzigen Chinesen, mit denen die Westler zu tun hatten, waren ihre Compradores und ihre Haushaltshilfen. Tatsächlich behaupteten böse Zungen, der mächtige »Taipan« (großer Boss) sei von zwei Menschen völlig abhängig: seinem »Comprador«, der seine chinesischen Geschäfte erledigte, und von seinem »Boy«, der seinen Haushalt in Schwung hielt. Der Begriff »Comprador« kam aus dem Portugiesischen und bedeutete zunächst »Käufer«. Die meisten Compradores stammten aus Kanton und wurden von den Shanghai-Chinesen ebenfalls fast wie Ausländer betrachtet. Sie nannten sie »kang bai du« und später »mai ban«. Die Compradores beschäftigten eigenes Personal und standen mit einer Sicherheitsgarantie gegenüber ihrem Auftraggeber gerade. Ihre herausragende Stellung verschaffte ihnen eine Vielzahl von Gelegenheiten, selbst ein Vermögen anzuhäufen, und wenn ihnen dies gelungen war, zeigten sie sich durchaus bemüht, die Ausländer in ihren Extravaganzen zu übertreffen.

Nichts machte deutlicher, wie wenig Berührungspunkte es zwischen der chinesischen und der westlichen Welt gab, als die Sprache. Die überwiegende Mehrheit der Ausländer lehnte es ab, Chinesisch zu erlernen. »Pidgin-English« (Pidgin für »Business«) wurde zur lingua franca in Shanghai. Es stammte ursprünglich aus Kanton und war eine Mischung aus Englisch, Chinesisch, Indisch und Portugiesisch. Pidgin-English bestand aus einigen hundert Worten, genug, um sich über geschäftliche Angelegenheiten verständlich zu machen, aber völlig ungenügend für eine tiefer gehende Konversation.

Statt sich ihrer Ignoranz zu schämen, waren die Ausländer stolz darauf, sich niemals mit den »Eingeborenen« gemein zu machen. Diejenigen, die dies dennoch taten, wurden misstrauisch beäugt und verlacht. »To go native« oder »to mix with the native« stellte eine der schlimmsten Beleidigungen dar.

Ein paar Ausländer zeigten wissenschaftliches Interesse an chinesischer Lebensweise und Kultur. Man hielt sie für Exzentriker und tolerierte sie in gewisser Weise. Aber Seeleute, ehemalige Soldaten und andere, die »einfach so« mit den Chinesen lebten, chinesisch aßen, lokale Kleidung trugen oder sogar eine Chinesin heirateten, bildeten ein großes Ärgernis für die internationale

Aus Egon Erwin Kisch: China geheim

Was bedeutet das Wort »Pidgin«?

Es ist die Verstümmelung des Wortes »business« (Geschäft), der einzigen Lebensform, in der der Fremde mit dem Einheimischen in Verbindung tritt. »Pidgin« ist im Pidgin-Englischen eine wichtige Vokabel. Aber auch die anderen wichtigen Vokabeln sind aus dem Pidgin-Leben entnommen, und man kann sich aus den Begriffen dieser Sprache einen Begriff vom Geist ihrer Erfinder und Lehrer machen.

So gibt es zum Beispiel kein Geben. »Ich gebe« ist nur ein Börsenausdruck, ich schenke nichts, wer schenkt denn mir etwas! Die Übersetzung des Wortes »geben« ins Pidgin-Englische lautet: pay, bezahlen. »Bezahle der Missy einen Tee«, befiehlt der Hausherr seinem Boy. Die Miss verstehe das nicht miss. Auf diese Aufforderung hin wird sie der Kuli keineswegs in ein Teehaus einladen, sondern er wird ihr sogleich eine Tasse Tee reichen. – »Zahl mir einen Kuss«, sagt der Clerk, der Angestellte, zu dem Mädchen von der »Majestic Bar«, da er es nach Hause begleitet. Die Sprache hat Recht: er hat im Laufe des Abends so viel Geld für Tanzkarten ausgegeben, dass jetzt das Mädchen zu zahlen hat.

Was ist das Sein? Es gibt keines im Handelsleben. *Ist* der Kuli? *Ist* eine Ware? Nein, sie gehört. »Ich bin – du bist – er ist« – das heißt im Pidgin-Englischen »Ich gehöre – du gehörst – er gehört.« Nichts ist dein Sein, o Mensch, als der Besitz eines anderen. Der Satz: »Ich bin so traurig« ist so zu übersetzen: »My belong sorry – ich gehöre traurig, oder ich gehöre der Traurigkeit.« Und man hat Ursach, so zu sprechen. Nichts *ist* in diesem Land, alles *gehört*. An den Ziffern ist aber wohl nichts zu ändern? Ziffern sind doch geschäftsmäßig genug, nicht wahr? Nein. Auf Pidgin heißt es nicht »eins, zwei, drei« und so weiter, sondern »ein Stück, zwei Stück, drei Stück» usw. (...). »One piece girly – ein Stück Mädchen«, meldet der Diener. Oder: »Zwei Stück Herren waren hier.« Richtig so! Auch der Mensch ist Ware und werde demnach stückweise gezählt! (...)

(...) Vor allem aber präge dir das Wort »Kumscha – Trinkgeld« ein. Den Begriff gibt es auch anderswo, hier aber stammt das Wort aus dem Geschäftsleben, von dem Wort »commission«. (...) »Kumscha« heischt der Bote, und »Kumscha« heischt der Bettler, wogegen sich die Kaufleute und Beamten schon des unkorrumpierten, rein englischen Ausdrucks »squeeze« bedienen.

Zwei Wörter stammen noch aus der Portugiesenzeit: »savy«, was »verstehen«, »wissen«, »verstehst du« bedeutet, und »masky«. Masky ist im fernöstlichen Umkreis der Engländer ein häufiges Wort, es deckt sich etwa mit dem urenglischen »never mind«, mit dem urrussischen »nitschewo« oder mit dem urdeutschen »scheißegal«. Ist der Sinn damit noch nicht erschöpft? Masky!

> Jeder Schmuck heißt und ist im Pidgin: »Curio«. Alles, was klein ist, ist »pony«: »pony« ist das Schnapsglas, »pony« ein Kind. (...) »Topside« heißt »oben«, »bottomside« heißt »unten«, »chopchop« - eine kantonesische Vokabel – bedeutet »schnell« und »olo« (old) »alt«.
> Nachdem wir hiermit das Diktionär des Pidgin-Englisch veröffentlicht haben, können wir nunmehr auch sein Sprachdenkmal wiedergeben, ein Lied namens »Lo-Le-Ley« (...)
>
> Oh my belong too muchy sorry
> And then my no savy what kind
> Have got one olo piecy story
> No wantchy go outside my mind.
> That night belong dark and coolo
> Rhinewater maky flow allright,
> Topside plenty stars very coolo
> Looksy down in that evening light.
> One nice piecy girly is sitting
> Too muchy curio topside
> Her golden hair she is fitting
> He that curio belong very bright.
> Fishing-pidgin-man pony piecy sampan
> Belong very curio inside
> He only looksy topside girly
> He never looksy waterside.
> Masky that pony piecy sampan
> Go bottomside very chopchop
> For Loreley maky too muchy singsong
> And anytime never can stop.
>
> Savy?

Gemeinschaft. In ihren Augen beschädigten solche Außenseiter ihr Prestige. Es wurde sogar ein spezieller Fonds eingerichtet, der Mittel bereitstellte, um solche »gefallenen Männer« in die Heimat zurückschicken zu können.

Der 1930 in Shanghai geborene **Werner Noll** – 1986 bis 1995 Leiter des Hamburg-Büros in Shanghai – gab gegenüber dem Hamburg-Shanghai-Newsletter 2004 zu Protokoll: »Man hatte eigentlich mit diesem Volk nichts zu tun. Man war von einem solchen Dünkel, das ist im Nachhinein völlig unglaublich.

Ich erinnere mich, dass ich einmal 1944 zu meinen Klassenkameraden gesagt habe, ich könnte mir vorstellen, dass, unter deutscher Anleitung natürlich, auch ein Chinese einmal lernen könnte, ein Flugzeug zu fliegen. Die wollten mich verhauen! Das war eine solche Ketzerei, nie würde ein Chinese lernen, ein Flugzeug zu fliegen.«

Die meisten Ausländer in Shanghai lebten »fast« wie zu Hause – nur ein »bisschen« besser … Sport bildete eine der liebsten Freizeitbeschäftigungen: Reiten, Schießen, Jagen, Rudern, Billard, Bowling. Wolf Schenke schrieb in seinen Erinnerungen 1971 über die Zeit vor dem 2. Weltkrieg: »Man ritt auf

---

The Shanghai Race Club

Die Rennbahn ist nach 1949 dem Volksplatz (Renmin Guangchang) gewichen. Heute erinnert nur noch das mächtige Gebäude des Shanghai Race Club mit seinem charakteristischen Turm von 1920 an diese Zeit (von ihm erklingt um 12 Uhr ein Glockenspiel; Architekten: Moorhead and Halse).

Zwischenzeitlich diente der Shanghai Race Club als Bibliothek. Seit 2000 ist darin das Museum für Schöne Künste untergebracht (Shanghai Meishuguan, No. 325, Nanjing Xi Lu, täglich 9 bis 17 Uhr, Tel.: 63 27 40 30; vgl. Spaziergang 3, S. 422). Eiserne Pferdeköpfe am Treppengeländer verweisen auf die Ursprünge.

Treppenaufgang im Shanghai Race Club

mongolischen Ponys oder auf australischen Halfbreds draußen vor der Stadt, (...) spielte Golf in Hungjao oder auf dem Rennplatz, Tennis im Klub, verbrachte das Wochenende auf dem Hausboot oder Segelboot, ging im Winter auf Fasanen- oder Entenjagd« (zitiert nach Freyeisen).

Die Pferderennen gehörten zu den wichtigsten gesellschaftlichen Ereignissen des Jahres. Nicht von ungefähr führte die Nanjing Lu als Haupt-Ost-West-Verbindung des Internationalen Settlements vom Bund direkt zum Rennplatz. Zu den zweimal im Jahr stattfindenden Rennwochen schlossen alle Banken und Geschäfte ab elf Uhr morgens, um ihren Angestellten die Teilnahme zu ermöglichen.

Die Chinesen schüttelten über die Zeit und Energie, welche die Ausländer auf ihre sportive Freizeitgestaltung verwendeten, nur den Kopf. Für sie zählte es zu einer der vielen exzentrischen Charakteristika der »weißen Teufel«, einen Tag lang mitten im Sonnenschein einen Ball freiwillig und ohne erkennbaren Nutzen vor und zurück zu bewegen. Ohnehin hielten sie viele ihrer Gewohnheiten für verrückt – sie gaben ja sogar Milch in den Tee! Und welche Unmengen an Rind- und Lammfleisch sie vertilgten! Ganz zu schweigen von der skandalösen Art und Weise, wie sich ihre Frauen in der Öffentlichkeit bewegten und mit fremden Männern sprachen ...

Die erste weiße Frau in Shanghai war Mrs. **Catherine Lockhart** (geborene Parkes), eine Schwester des britischen Konsuls Harry Smith Parkes und Frau des britischen Arztes **William Lockhart** (vgl. Kapitel »Exkurs: Die deutschen Wurzeln der Tongji-Universität«, S. 106 ff.). Sie landete 1843 in Shanghai. Europäische Frauen blieben eine rare Spezies. Das Verhältnis stieg nie über 1 zu 10. Viele Westler »behalfen« sich mit einer chinesischen Geliebten. Um die Zahl von Mischehen auf ein Minimum zu reduzieren, hatten nahezu alle britischen Angestellte Verträge, die ihnen während der ersten fünf Jahre ihres Aufenthaltes in China eine Heirat untersagten. Auch die chinesische Gesellschaft lehnte Mischehen scharf ab. Sie blieben daher sehr selten. Die Kirchenbücher der Holy Trinity Cathedral beispielsweise verzeichneten zwischen 1923 und 1941 keine einzige sino-britische Hochzeit (zum Vergleich: 2006 wurden in Shanghai 2.960 Mischehen geschlossen, fast 85% der Bräute waren Chinesinnen und diese im Schnitt zehn Jahre jünger als ihre ausländischen Ehemänner ...).

Die großen jüdischen »Nobelhäuser«

Zu den ersten Siedlern in Shanghai zählten sephardische Kaufleute aus Bagdad und Bombay. Die erfolgreichsten waren die Familien Sassoon, Hardoon und Kadoorie. Ab 1848 ließen sich jüdische Händler permanent in Shanghai nieder. 1850 etablierte die Firma David Sassoon, Sons and Co. ihren ständigen Hauptsitz in der Stadt.

Ohel-Rachel-Synagoge, ältester jüdischer Tempel in Shanghai

Schon 1862 wurde der erste jüdische Friedhof auf einem offenen Platz, nordwestlich der späteren Pferderennbahn angelegt. Nach der dort verlaufenden Straße hieß er Mohawk-Friedhof (die Mohawk Road entspricht der heutigen Huangpi Bei Lu). Knapp 100 Jahre später verlegte die Stadt die bis dahin vier jüdischen Friedhöfe in die westlichen Vororte. An Stelle des Mohawk-Friedhofs entstand ein kleiner Park. Während der Kulturrevolution wurden alle jüdischen Friedhöfe zerstört. Im Song-Qingling-Park (No. 21, Song Yuan Lu) auf dem

---

Friedhof der »zehntausend Nationen«

Im Song-Qingling-Park (No. 21, Song Yuan Lu) auf dem Gelände des früheren Internationalen Friedhofs (»Wanguo« – »Friedhof der zehntausend Nationen«) haben – abgesehen von Song Qingling – zahlreiche weitere bekannte Persönlichkeiten die letzte Ruhe gefunden, so der Opernsänger **Yu Zhengfei** (1902-1993), der Suzhou-Pingtan Künstler **Jiang Yuequan** (1917-2001) und der Karikaturist **Zhang Lepin** (1910-1992); Zhang war der Schöpfer des zum Cartoon-Klassiker avancierten »Sanmao« – »Dreihaar«, einem kleinen Waisenjungen, der im 2. Weltkrieg erfolgreich gegen die Japaner kämpfte: »Sanmao folgt der Armee«, 1945.

Zu den historischen Grabsteinen zählen neben denen von Elly und Laura Kadoorie sowie den Gubbays derjenige des chinesischen Jesuiten **Ma Xiangbo** (1840-1939), dem Gründervater der »Université de l'Aurore«, 1903 (vgl. Kapitel »Von Kirchen, Schulen und Reischristen«, S. 93 ff.) und von **Brenan Atkinson.**

> Atkinson hatte zusammen mit **Arthur Dallas** im Jahr 1898 die renommierte Architekturfirma Atkinson & Dallas Ltd. gegründet. Sie baute u.a. die Gebäude der Banque de l'Indochine, der China Merchants' Steam Navigation Company, der Great Northern Telegraph Co. am Bund, die 1937 während der Schlacht um Zhabei in Mitleidenschaft gezogene Shanghaier Münze am Suzhou Creek (Shanghai Central Mint, 1921/22, No. 17, Guangfu Xi Lu) sowie den Art Deco-Komplex der China State Bank von 1933 (No. 342, Beijing Dong Lu).

Gelände des früheren Internationalen Friedhofes finden sich seit 1984 die wieder hergerichteten Grabsteine von **Sir Elly Kadoorie** (1867-1944) und seiner Frau **Lady Laura Kadoorie** sowie Mitgliedern der Familie Gubbay.

1920/21 ließ **Jacob Elias Sassoon** in Erinnerung an seine verstorbene Frau **Rachel** die Ohel-Rachel-Synagoge als älteste der insgesamt sieben Synagogen Shanghais an der damaligen Seymour Road (No. 500, Shaanxi Bei Lu, vgl. Spaziergang 11, S. 499 ff.) errichten. Er erlebte die Vollendung des Gotteshauses nicht mehr. Neben Ohel-Rachel überstand nur noch die Ohel-Moishe-Synagoge (No. 62, Changyang Lu) in Hongkou die Wirren der Zeit. Letztere beherbergt seit 1992 ein Museum (No. 62, Changyang Lu, täglich 9 bis 16 Uhr, Tel.: 65 41 50 08; vgl. Kapitel »Shanghai bietet jüdischen Flüchtlingen Rettung«, S. 283 ff. und Spaziergang 6, S. 451 ff.).

Die Sassoons

Die Handelspalette der Sassoons reichte von Fellen und Stoffen über Perlen bis hin zu Tee. Doch die Basis ihres Familienvermögens bildeten Opium und Baumwolle. Ihre Verbindungen erstreckten sich von London nach Bombay, die ganze chinesische Küste entlang und von dort weiter bis Yokohama.

Das Stammgeschlecht der Sassoons war zu Anfang des 16. Jahrhunderts vor der spanischen Inquisition nach Bagdad geflüchtet. Dort brachte die Familie **Ibn Schoschon** überaus erfolgreiche Kaufleute hervor, welche über Generationen hinweg den Kalifen als Chefbankiers dienten und deren Patriarchen hohe Titel trugen. Doch Ende des 18. Jahrhunderts – der Wohlstand Bagdads war im Schwinden begriffen – zeigten sich in der vormals toleranten Stadt antisemitische Tendenzen. **David Sassoon** (1792-1864), der Gründer der modernen Dynastie, sah sich 1829 gezwungen, den Irak zu verlassen. Er emigrierte nach Bombay und baute dort innerhalb nur weniger Jahre ein neues Handelsimperium auf, welches sich in jeder Hinsicht mit den alteingesessenen parsischen Gesellschaften messen konnte.

David Sassoon und seine fünf Söhne konzentrierten sich zunächst auf das Geschäft mit Opium und Baumwolle, diversifizierten dann allmählich auf Stoffe,

Perlen und Tee. 1844, nur zwei Jahre nach Beendigung des Opiumkrieges, entsandte der Firmenpatriarch seinen zweitältesten Sohn **Elias** (1820-1880) auf eine erste Reise nach Shanghai. Es heißt, er habe seine Post in Bombay immer persönlich abgeholt und sich schließlich darüber gewundert, warum die Konkurrenz von Jardine's auf einmal so viele Sendungen mit Absender Shanghai erhielt. Da müsse etwas »im Busch sein«, habe er sich gedacht.

Unabhängig davon, ob diese Geschichte ins Reich der Mythen gehört oder nicht: Die Firma David Sassoon, Sons and Co. gehörte nach der Öffnung Shanghais und Kantons zu den ersten, die dort Niederlassungen etablierten. Sie investierten große Summen in Grundstücke für Verwaltungsgebäude und Lagerhäuser sowie, nicht zu unterschätzen, für eigene Residenzen. Elias verbrachte sechs Jahre in Hongkong, ehe er das Hauptquartier für die China-Aktivitäten der Sassoons 1850 nach Shanghai verlegte, um von hier aus eine weitere Niederlassung in Yokohama aufzubauen.

Eines der Erfolgsgeheimnisse der Sassoons war der »geschickte Einsatz« ihrer Söhne. So übernahm nach dem Tod von Elias 1864 sein Sohn **Jacob** die Geschäfte in Shanghai. Am prestigeträchtigen Bund errichtete er den neuen Firmensitz. Dessen Sohn Sir **Victor Elice Sassoon** (1881-1961) wiederum sollte später dort das renommierte Hotel Cathay (Peace Hotel, S. 206 ff. bzw. Spaziergang 1, S. 387 ff.) als erstes Haus am Platz erbauen. Hinzu kamen elegante Apartment-

---

Sassoon-Villa

Sir Victor - von ihm ist der Spruch überliefert: »There is only one race greater than the Jews and that's the Derby.« – verbrachte zwar die meiste Zeit seines Shanghaier Lebens in seinem Penthouse im Hotel Cathay am Bund, doch gelegentlich genoss er die rustikalen Aufenthalte in seiner Villa im englischen Landhausstil außerhalb der Stadt. Der offene Kamin war groß genug, um einen Ochsen zu grillen, und der Festsaal mit einer Galerie für die Musiker erinnerte an eine mittelalterliche Burg.

Trotz solcher Finessen war das Haus eher klein und hatte beispielsweise nur zwei Schlafzimmer. Böse Zungen behaupteten, damit wolle Sir Victor von vornherein unliebsamen Gästen das Übernachten unmöglich machen. Das Dienstpersonal schlief in Räumen über den Stallungen. Die ganze Anlage befand sich in einem großzügig angelegten Park mit Bäumen, die zum Teil sogar aus Europa herangeschafft worden waren.

Heute gehört das Areal dem Cypress Hotel (No. 2419, Hongqiao Lu, Tel.: 62 68 88 68); die Villa selbst (No. 2409, Hongqiao Lu) ist privat vermietet. In unmittelbarer Nähe an der damaligen Hungjiao Lu lag der Golfplatz, auf seinem Gelände ist heute der Shanghaier Zoo (No. 2381, Hongqiao Lu, 6:30 bis 17 Uhr, Tel.: 62 68 77 75).

Häuser wie Cathay Mansions, Grosvenor House und Garden (heute Jinjiang Hotel, No. 59, Maoming Nan Lu, vgl. Spaziergang 10, S. 495 f.), Embankment Building (No. 310-434, Bei Suzhou Lu; vgl. Spaziergang 7, S. 467) sowie die ebenfalls von Palmer & Turner stammenden Zwillingsgebäude Metropole Hotel und Hamilton House (Jiangxi Lu/Fuzhou Lu, vgl. Spaziergang 3, S. 413).

Nur selten gelangte ein Nichtfamilienmitglied in innere Entscheidungszirkel. Die Sassoons beschäftigten darüber hinaus mit Vorliebe irakische Juden und förderten auch sonst die Vormachtstellung jüdischer Familien aus Bagdad. So begannen die später ebenfalls großen Kaufmannsfamilien Kadoorie (S. 91), Ezra (S. 92), Abraham (Abraham Building, No. 81, Beijing Dong Lu; vgl. Spaziergang 2, S. 398), Shamoon und Salomon alle irgendwann mit einer Arbeit in einem der Sassoon-Lagerhäuser. Der erfolgreichste unter ihnen war zweifellos der ebenfalls aus Bagdad stammende **Silas Aaron Hardoon** (geb. zwischen 1847 und 1851, gest. 1931; vgl. S. 90 f.).

Im Privatleben achteten die Sassoons streng darauf, die Regeln der jüdischen Religion einzuhalten. Alle ihre Geschäfte, sei es in London oder in Shanghai, schlossen an jüdischen Feiertagen, und ihre Köche waren gehalten, koscheres Essen zu bereiten. Hochzeiten fanden grundsätzlich nur mit anderen jüdischen Familien statt, vorzugsweise mit solchen aus Bagdad und gelegentlich mit prominenten europäischen wie den Rothschilds oder den Guinzbourgs. Mit Ausnahme

Lilong-Anlage des jüdischen Investors Silas Aaron Hardoon

von Elias sahen die Sassoons ihr gesellschaftliches Zentrum vorwiegend in London und Bombay, nicht in Shanghai.

Nach dem 2. Weltkrieg und vor dem Einmarsch der Kommunisten veräußerte Victor Elice Sassoon alle seine Shanghaier Immobilien. Er ließ sich auf den Bahamas nieder und investierte seine Millionen in Südamerika.

Die Hardoons

Der etwa 1850 in Bagdad geborene Silas Aaron Hardoon war um die Jahrhundertwende ohne einen Pfennig in der Tasche nach Shanghai gekommen. Zunächst arbeitete er in der Firma David Sassoon als Nachtwächter, dann wurde er Mieteintreiber bei Elias Sassoon (Firma E.D. Sassoon) und machte sich 1920 mit seinen Ersparnissen selbstständig. Lange vor seinem Tod hatte Hardoon seine ehemaligen Arbeitgeber nicht nur an Reichtum übertroffen, sondern war mit einem Vermögen von bis zu 150 Mio. Dollar zum reichsten Ausländer im Fernen Osten avanciert. Dies verschaffte ihm sowohl einen Sitz im Stadtrat des Internationalen Settlements als auch in dem der Französischen Konzession. Sein Reichtum gründete auf Opium- und Immobiliengeschäften. Er hatte zu Niedrigpreisen Grundstücke in den chinesischen Stadtteilen Shanghais erworben, die er mit traumhaften Renditen an Fabriken und Baufirmen während des Booms nach dem 1. Weltkrieg losschlagen konnte. Große Gewinne erzielten überdies seine Grundstücke an der Nanjing Lu. Etwa 40% der anliegenden Gebäude gehörten ihm. Nicht zuletzt mit Blick auf die Wertsteigerung seiner Immobilien hatte er 1908 die Straße mit Holzbohlen und Pflastersteinen belegen lassen.

Silas Aaron Hardoon unterstützte zeit seines Lebens großzügig kulturelle und soziale Einrichtungen. Im Geschäftlichen galt er allerdings als extrem knauserig. Es hieß, sein Büro sei ein »Loch« gewesen und sogar im Winter nicht geheizt, auch sammle er höchstpersönlich den ausstehenden Mietzins selbst der ärmsten Mieter ein. In der Xinchang Lu, einer Nebenstraße der Nanjing Xi Lu, findet sich eine Lilong-Anlage, die zu Hardoons Immobilienreich gehörte. Die Fassade ist mit Davidsternen geschmückt und wurde jüngst restauriert (vgl. Spaziergang 3, S. 422). Darüber hinaus war das heutige Jialing Building, No. 346, Sichuan Zhong Lu als **Liza-Hardoon**-Building nach Hardoons chinesischer Frau Liza (1863/4-1941) benannt (vgl. Spaziergang 7, S. 466).

Dagegen ist von »Hardoon Park« oder »Aili Garden« (für »Aaron liebt Liza«), der Residenz der Hardoons, nichts mehr erhalten (ein Foto hängt in »Sun Yat-sen Memorial Residence in Shanghai«, vgl. Spaziergang 9, S. 483). Das riesige Anwesen ging während der japanischen Besatzung in Flammen auf. Die 1909 fertig gestellte Anlage war von dem berühmten Mönch **Huang Zongyang** entworfen worden mit dem Ziel, chinesische und westliche Elemente zu verschmelzen. Viele jüdische Mitbürger werden nach Hardoons Tod erstaunt gewesen sein, dass es dort auch einen buddhistischen Tempel gab. Tatsächlich ließ sich Silas Aaron Hardoon 1931 mit einer jüdischen und einer chinesischen Zeremonie bestatten. Auf dem Gelände von Aili Garden befindet sich heute das 1954 im Zuge der chinesisch-russischen Freundschaft errichtete Shanghai Exhibition Centre (vgl. Spaziergang 5, S. 446). Die unmittelbar daran vorbeilaufende Tongren Lu hieß vormals Hardoon Road (vgl. Spaziergang 4, S. 437). Ebenfalls verschwunden ist die 1927 von Hardoon in der damaligen Museum Road in Erinnerung an seinen Vater gebaute Beth-Aharon-Synagoge (No. 50, Huqiu Lu; vgl. Spaziergang 7, S. 466). Sie wurde 1985 zugunsten des Wen Hui Bao Buildings abgerissen, dessen »Lebenszeit« wiederum nur bis 2006 andauerte. Eine Stein-Minorah soll gerettet worden sein und sich im Shanghai Museum befinden (wie ein Anruf 2005 ergab, ist den Mitarbeitern dort allerdings nichts darüber bekannt: »Solange arbeitet hier noch keiner von uns und die älteren Kollegen sind alle nicht mehr da!«).

Die Kadoories

Die Kadoories bildeten das dritte große jüdische »Nobelhaus«. Elly Kadoorie stammte aus Bagdad und war in den 1880ern als Angestellter der Firma David Sassoon & Sons nach Shanghai gekommen, 1915 bis 1928 stand er als Präsident der Shanghai Zionist Association vor. Die Kadoories unterstützten vor allem

»Marble Hall«, heute Kinderpalast

jüdische Bildungseinrichtungen. Als Ende der 30er-Jahre Tausende jüdischer Flüchtlinge aus Europa nach Shanghai strömten, war die von Sohn Sir Horace Kadoorie 1932 errichtete Jüdische Schule auf dem Gelände neben der Ohel-Rachel-Synagoge bald zu klein für alle neu ankommenden Schüler. Er gründete daher 1939 die Shanghai Jewish Youth Association School in Hongkou (untergebracht in einem nach wie vor als Schule genutzten Gebäude von 1916 in der Jingzhou Lu). Sie machte sich als »Kadoorie-School« einen Namen.
Ihren Reichtum gründeten die Kadoories überwiegend auf Finanzgeschäften und Handel. Darüber hinaus betrieben sie eine Reihe edler Hotels, u.a. das Majestic, eines der besten Häuser der Stadt (an seiner Stelle befindet sich heute das Majestic Theatre, No. 66, Jiangning Lu; vgl. Spaziergang 4, S. 436). Bis heute ist die Familie an dem legendären Peninsula Hotel in Hongkong beteiligt – und spielt dort eine nicht unbedeutende Rolle. Mit dem 2004 unterzeichneten Vertrag über die Neunutzung des ehemaligen Britischen Konsulats am Bund als Hotel sieht es so aus, als würden die Kadoories in naher Zukunft wieder im Shanghaier Geschäftsleben Fuß fassen (vgl. Spaziergang 1, S. 390 f.).
Das Familiendomizil der Kadoories war von 1924 bis 1949 die zwischen 1920 und 1924 erbaute »Marble Hall« (No. 64, Yan'an Xi Lu). Horace Kadoorie hatte seinen Freund, den Architekten **Graham Brown**, mit dem Bau beauftragt. Dann reiste er mit seiner Familie nach Europa und war bei seiner Rückkehr offensichtlich höchst erstaunt über das pompöse Ergebnis mit dem u.a. größten Ballsaal der Stadt. In weiser Voraussicht dachte Brown aber auch an Geheimgänge und versteckte Zimmer, die der Familie auf der Flucht vor japanischen Soldaten in der 1940ern gute Dienste leisteten. Die Marble Hall wurde 2000 aufwendig renoviert und gehört zum Kinderpalast des Jing-An-Distrikts (vgl. Spaziergang 5, S. 443 ff.).

Weitere jüdische Kaufmannsfamilien

Die Ezras: N.E.B. Ezra war einer der drei Gründer des »Israel's Messenger« und fungierte von 1924 bis 1936 als Chefredakteur des Blattes (vgl. Spaziergang 6, S. 455). Die Familie lebte im Ezra Mansion an der Huaihai Zhong Lu (vgl. Spaziergang 13, S. 527 f.) und besaß im Internationalen Settlement mehrere Bürogebäude (z.B. das Ezra Building, ehemals No. 3, Edward Ezra Road, heute No. 3, Shashi Lu).
Die Gubbays: Die Gubbays waren eine eher unbedeutende Seitenlinie der Sassoons. Ihr vergleichsweise bescheidenes, aber liebevoll gestaltetes Anwesen – Gubbay House – befand sich in der Französischen Konzession (No. 130, Yanqing Lu/Huating Lu, vgl. Spaziergang 13, S. 529).
Die Sophers: Inhaber der Firma Theodore Sopher & Co waren **Arthur** und **Theodore Sopher**, sephardische Juden britischer Nationalität. Sie schufen vor 1916

Sopher Garden. 1933 wurde Sopher Garden an eine chinesische Bank veräußert, die auf dem Gelände bis 1939 die Garten-Lilong-Anlage »Shangfang Garden« errichtete (No. 1285, Huaihai Zhong Lu; vgl. Spaziergang 13, S. 529).

Von Kirchen, Schulen und Reis-Christen

Neben den Kaufleuten bildeten Missionare eine wichtige Bevölkerungsgruppe in der internationalen Gemeinschaft. Unter den Katholiken waren die von Frankreich unterstützten Jesuiten die einflussreichste Fraktion. Die größten und am besten organisierten protestantischen Missionsstationen kamen aus Amerika.

Weil die Christianisierung der Landbevölkerung nicht die erhofften Fortschritte zeigte, verlagerten die Missionare mit dem ausgehenden 19. Jahrhundert ihre Tätigkeit auf den Ausbau des höheren Bildungswesens in den chinesischen Großstädten. Zwar konnten die Shanghaier Einrichtungen nie die Bedeutung und das Renommee der amerikanischen Yanjing University in Beijing erreichen, doch nahmen zumindest die katholische Université de l'Aurore und die protestantische St. John's University landesweit Spitzenplätze ein.

Die katholische Missionsstation Zikawei

Das Interesse der Jesuiten war sowohl missionarischer als auch wissenschaftlicher Natur. Sie folgten damit einer langen Tradition, die bis auf den berühmtesten aller jesuitischen Missionare in China, **Matteo Ricci** (1552-1610), zurückgeht. Er und seine Nachfolger wie **Adam Schall von Bell** (1561-1666) wirkten als Astronomiebeamte am kaiserlichen Hof, waren aber als Bringer des christlichen Glaubens relativ erfolglos. Der berühmteste Konvertit Matteo Riccis war **Xu Guangqi** (1562-1633). Paul Xu Guangqi, wie er nach seiner Konversion hieß, war Großsekretär aus Shanghai. Er arbeitete mit Schall von Bell in Beijing zusammen, entwickelte einen neuen Kalender, komplizierte Weltkarten und renommierte als Gelehrter mit wissenschaftlichen Abhandlungen über Hydraulik, Trigonometrie und Landwirtschaft sowie mit Übersetzungen wissenschaftlicher Werke wie »Die Elemente« des Euklid (Jihe Yuanben). 1633 verstarb Xu Guangqi in Bejing; seine Gebeine wurden 1641 in Shanghai beigesetzt. Zu seinen Ehren errichtete der Jesuitenorden 1844 die Zikawei- (Siccawei-) Mission in der Nähe seines Grabs. Die Grabanlage bildet heute das Zentrum des Guangqi-Parks (No. 17, Nandan Lu). Als Vorlage für die im Ming-Stil gehaltene Anlage von 2003 dienten hundert Jahre alte Fotos. Die ursprüngliche Ruhestätte, welche überdies die Grabhügel von Xus Frau und vier seiner Enkel mit Ehefrauen umfasste, war den Zerstörungen der Kulturrevolution zum Opfer gefallen. Neubauten engen die einst 3,3 Mu (0,22 Hektar) große Anlage ein. Vielleicht um den Besuch lohnenswerter zu machen, wurde ein etwa 500 Jahre altes Privathaus, das andernorts abgerissen worden war, als Xu-Gedenkstätte im Park wiederaufgebaut. Das »Nan Chun Hua Tang« gehörte einem hohen Beamten der Ming-Dynastie (täglich, 9 bis 16:30, Tel. 64 38 17 80). Das am längst zugeschütteten Flüsschen Zhaojiabang einst weit außerhalb des eigentlichen Stadtzentrums liegende Zikawei (Name nach dem Distrikt – unter den Shanghaiern bekannt als »Xujiahui«, d.h. Residenz der Familie Xu) wurde zum Zentrum der katholischen Kirche in China. Die Station reichte etwa von der Kreuzung Hongqiao Lu/Caoxi Bei Lu die Caoxi Bei Lu entlang bis zur Puhui Tang. Sie umfasste neben der Kirche als zentralem Bau Unterkünfte für Missionare, das bereits erwähnte Waisenhaus mit verschiedenen Werkstätten und einem Kunstatelier, welches der berühmte Maler **Xu Beihong** (1895-1953) einmal als »die Wiege der westlichen Malerei in China« bezeichnete, Schulgebäude, ein Observatorium und diverse Wirtschaftsräume.

Noch 1844 hatten die Jesuiten die erste St.-Ignatius-Kathedrale gebaut. Die heutige Kirche im neogotischen Stil (No. 158, Puxi Lu) wurde 1910/11 fertig und ist die größte Chinas. Als Fabrik für Regenschirme während der Kulturrevolution schwer in Mitleidenschaft gezogen, gewinnt St.-Ignatius allmählich wieder an Glanz (täglich zwei Messen um 6 Uhr 15 und um 7 Uhr, sonntags drei weitere Termine). 2007 begann der Einbau neuer, mit chinesischen Motiven wie Bambus oder Schriftzeichen gestalteten Kirchenfenster. Sie ersetzen das provisorische Milchglas, welches nach den Verwüstungen der Kulturrevolution als Zwischenlösung gedient hatte. Nach dem Wunsch des über 90jährigen Bischofs, **Aloysius Jin Luxian** (geb. 1916), der für seinen Glauben 18 Jahre im Gefängnis und 9 Jahre in Umerziehungslagern verbrachte, sollen bis zum 100jährigen Jubiläum der Kathedrale 2010 alle Fenster ausgetauscht worden sein. Benachbart befindet sich in einem Hochtrakt der neue Bischofs sitz (2004).

Die meisten jesuitischen Gebäude von Zikawei stammen aus der 2. Hälfte des 19. Jahrhunderts, so z.B. das Observatorium (1872). Es diente der Vorhersage von Taifunen und beherbergte ein meteorologisches Institut. In den 30er-Jahren war es mit 70 weiteren Stationen von Irkutsk (UdSSR) über Nemura (Japan) bis zum Cap St. Jacques (Indochina) und Guam (Indien) verbunden. Heute nimmt ein Hochhaus mit der metereologischen Abteilung der Stadtverwaltung und einer Sternwarte auf dem Dach seinen Platz ein. Die Wetteraufzeichnungen wurden seit 1872 nicht unterbrochen. 1867 wurde die Bibliothek von Zikawei gegründet, seit 1956 eine Außenstelle der Shanghai Library (No. 80, Cao Xi Bei Lu). Wer auf der Kathedralen-Seite der Caoxi Bei Lu aus der U-Bahnstation emporsteigt, wundert sich vielleicht über den Arkadenbogen, den der Fußgängerweg unterquert. Bis zum Ausbau der Straße Anfang der 90er-Jahre standen in diesem Bogen noch Bücherregale. Der Gesamtkomplex aus Eingangstrakt (1867/68, ursprünglich Wohn- und Übernachtungsstätte für Priester und Missionare) und dem eigentlichen Bibliotheksgebäude mit besagtem Bogen (1896/97) können im Rahmen einer Führung besichtigt werden (Lesesaal montags bis samstags 9 bis 17 Uhr; Führungen in die alten Räume samstags 14 bis 16 Uhr, Tel.: 64 87 41 08). Zu den Schätzen zählen das älteste Stück der Sammlung, ein Werk des schottischen Philosophen **John Duns Scotus** (1265-1308) von 1515 (»Quartum Scriptum Oxoniense Doctoris Subtilis Joanis Duns«) und die wohl früheste in Europa publizierte chinesische Landkarte des Jesuiten **Martino Martini** (1614-1661; »Novus Atlas Sinensis«, Amsterdam, 1655; aus Martinis 1658 veröffentlichtem Werk »Sinicae Historicae Decas Prima« ergab sich übrigens, dass die offizielle chinesische Chronologie bereits rd. 600 Jahre vor der christlichen Sintflut begann – legte man die in Europa gängige Bibelversion der Vulgata zugrunde ...). Daneben gehören deutschsprachige Werke wie »Die Päpste« von **Leopold von Ranke** (1795-1886) oder »Der Ölhändler und das Freudenmädchen. Eine chinesische Geschichte in fünf Gesängen«, Peking/Leipzig 1928 von **Vincenz Hundhausen** (1878-1955) zum Inventar. Eine schier unerschöpfliche Fundgrube sind die gebundenen Ausgaben alter, in Shanghai erschienener Zeitungen und Zeitschriften. Im Lesesaal zeigt ein Folioband alte Abbildungen zur Geschichte von Zikawei. Mittlerweile liegt Zikawei nicht mehr »am Ende der Welt«, sondern nur noch im Südwesten der Stadt. Die meisten Gebäude des beliebten Geschäfts- und Einkaufsviertels stammen aus den 90er-Jahren des 20. Jahrhunderts. Konvent und Kathedrale sind durch die stark befahrene Ausfallstraße Cao Xi Bei Lu voneinander getrennt. Entgegen erst anders lautenden Planungen wurde das Konvent vor dem Abriss bewahrt, liebevoll restauriert und in das Restaurant »Lao Zhan« (Alter Bahnhof; No. 201, Caoxi Bei Lu, Tel.: 64 27 22 33) umgewandelt. Die Gäste speisen im ehemaligen Refektorium. Im Innenhof stehen alte Eisenbahnwaggons und eine Dampflok. Ein Salonwagen wurde 1899 aus Deutschland importiert. Er gehörte dem Kaiserhaus. Es heißt, einst sei Kaiserinwitwe Cixi darin gefahren.

St.-Franciscus-Xavier

Fast genauso alt wie St.-Ignatius ist die zwischen 1847 und 1853 errichtete Kirche St.-Franciscus-Xavier (No. 185, Dongjiadu Lu), benannt nach dem spanischen Jesuiten **Franziscus Xavier** (1506-1552), einem direkten Schüler des Ordensgründers Ignatius von Loyola (1491-1556). Franziscus Xavier war missionarisch in Japan und Goa tätig gewesen und auf einer Reise nach China verstorben.

Sheshan

Die nach Zikawei zweitwichtigste katholische Kirche im Raum Shanghai liegt auf dem Sheshan (benannt nach den ursprünglich dort ansässigen Familien

Aus Y. C. Kuan: Mein Leben unter zwei Himmeln

Das College

Der Besuch des Saint Francis Xaviers College sollte mich in entscheidender Weise prägen, denn kein zweites Mal wurde ich in China einem derart starken westlichen Einfluss ausgesetzt. Die Hälfte unserer Lehrer waren katholische Patres, von denen die meisten aus Europa kamen. Wir trugen westliche Schuluniformen – elegante dunkelblaue Anzüge mit Krawatte, auf der Brusttasche prangte das Schulwappen mit den Initialen des College. Täglich sprachen wir vor Unterrichtsbeginn das Vaterunser. Außer für das Fach chinesische Sprache kamen unsere Schulbücher allesamt aus Europa und Amerika, und auch der entsprechende Unterricht wurde auf Englisch oder Französisch gehalten, selbst wenn der Lehrer Chinese war.

Während an der staatlichen Schule, auf die mein Bruder ging, auf Chinas klassische Traditionen Wert gelegt wurde, lernten wir in Geographie, Literatur und Geschichte mehr über Europa als über China. In den chinesischen Schulen ist normalerweise ganztags Unterricht, aber bei uns ging der Unterricht nur von morgens um acht bis mittags um eins, der Nachmittag war frei. Kindern so viel Freizeit zu geben, widersprach den chinesischen Erziehungsprinzipien, die den täglichen Lebensrhythmus recht genau reglementierten. Aus der Sicht traditionell geprägter Familien konnte es nicht gut sein, wenn die Kinder schon in jungen Jahren lernten, frei zu denken, ihre Meinung zu äußern und ihre Freizeit selbst zu gestalten. Auch Mutter missfiel das. Vor allem aber störte sie der mangelnde Unterricht in traditioneller Kultur, weshalb sie mir zu meinem Verdruss zu Haus noch zusätzlichen Unterricht erteilte und mir Sonderlektionen aufbrummte.

Die meisten Mitschüler kamen aus reichen Familien. Das zeigte sich sogar trotz der Uniformen, von denen einige gleich drei oder vier besaßen. Mutter war schon froh, dass sie für mich eine gebrauchte erstehen konnte. Die anderen trugen blütenweiße Hemden in hervorragender Qualität, meine waren abgetragen und reichlich verwaschen.

Zwischen zehn und halb elf Uhr hatten wir große Pause. Sobald die Pausenglocke ertönte, rannten die meisten Kinder zu einem kleinen Laden, der zu unserer Schule gehörte, und kauften Sandwiches, Hot Dogs oder Coca-Cola. Ärmere Kinder wie ich wagten erst gar nicht, diesen Laden zu betreten.

(**Y. C. Kuan**, geb. 1931 in Guangzhou, war zwölf Jahre alt, als er in die Saint Francis Xaviers School eintrat, d. Verf.).

»She«) im Bezirk Songjiang. Die Kathedrale der Heiligen Mutter (Sheshan Shengmu Dajiaotang) war Sitz des Shanghaier Bischofs. Der erste Bau eines französischen Missionars stammte aus dem Jahr 1867. Der kleine Pavillon wurde schon 1871 abgerissen, kurzfristig durch eine Kirche im chinesisch-westlichen Stil ersetzt, bis zwischen 1925 und 1935 der heutige Bau an ihre Stelle trat. Dieser verbindet romanische, barocke und gotische Elemente, hat einen 38 Meter hohen Turm und bietet Platz für über 3.000 Gläubige. Auf dem gleichen Hügel ein wenig unterhalb sorgt die 20 Meter hohe Xiudaozhe-Pagode aus der Song-Zeit dafür, dass das Fengshui trotz des fremden Glaubens nicht gestört wird.

West- (97,2 Meter) und Ostgipfel (97,4 Meter) des Sheshan bilden die höchste natürliche Erhebung Shanghais – Grund genug für die Errichtung des Sheshan-Observatoriums durch die Jesuiten im Jahr 1900 (und einer Seilbahn – aus neuerer Zeit, versteht sich). Der Refraktor war mit seinen 40 Zentimetern Durchmesser einst der größte im Fernen Osten – und heute ist das Observatorium wieder mit dem größten optischen Teleskop des Landes ausgestattet. Neue wissenschaftliche Projekte sind allerdings angesichts der zunehmenden »Lichtverschmutzung« nicht geplant, eher kommt ein Umzug in ländlichere Regionen in Frage.

Université de l'Aurore (Zhendan Daxue)

»Zhen« steht für Osten und »Dan« für die Sonne, die über dem Meer aufgeht. Übertragen auf die neue Universität in der Französischen Konzession symbolisiert der Name »Chinas Morgenröte« – oder französisch »Université de l'Aurore« – Aufbruch und Progressivität. An der Gründung 1903 war maßgeblich der chinesische Jesuit Ma Xiangbo (auch Ma Liang) beteiligt. Er wurde auch erster Rektor. Der Unterricht begann mit 24 Studenten.

1905 kam es zu Streitigkeiten zwischen Ma Xiangbo und dem Jesuitenorden. Ma wurde gezwungen, sein Amt niederzulegen. Aus Protest verließen die chinesischen Lehrkräfte und Dozenten die Zhendan- und gründeten die Fudan-Universität (No. 220, Handan Lu). Wieder war der Name Programm: »Fu« bedeutet »wiederbeleben« und bezieht sich auf die erste »Zhen*dan*«-Universität. Mit diesem Akt sollten Ma und seine Anhänger für Shanghai und China 1905 Universitätsgeschichte schreiben: die Fudan entwickelte sich zu einer der bedeutendsten Bildungseinrichtungen des Landes.

Im Oktober 1952 wurde die Université de l'Aurore aufgelöst. Auf dem Gelände rechts und links der Chongqing Nan Lu befindet sich heute die Shanghai Medizin-Hochschule Nr. 2 (Shanghai Di Er Yike Daxue; vgl. Spaziergang 9, S. 490). Begraben liegt Ma Xiangbo auf dem ehemaligen Internationalen Friedhof (vgl. Kapitel »Die großen jüdischen ›Nobelhäuser‹«, S. 86 f.).

Fudan und Shangda

Die Fudan wurde 1919 zu einem Zentrum radikaler studentischer Politik. 1922 zogen besonders patriotisch eingestellte Studenten aus der Fudan aus und gründeten die Shanghai-Universität (Shangda). Auf ihre Fahnen hatten sie die Sache der Revolution und den Widerstand gegen das Treaty-Port-System geschrieben. Zu den Dozenten gehörten der nationalrevolutionäre **Dai Jitao** (1891-1949) und der spätere KP-Generalsekretär **Qu Qiubai** (1899-1935).

Ganz in dieser revolutionären Tradition errichteten sich die Fudan-Studenten im Sommer 1989 nach dem Vorbild Beijings ihre eigene Freiheitsstatue. Das Kriegsrecht wurde verhängt. Vier Tage nach der Niederschlagung der Bewegung in Beijing mussten auch die Studenten hier ihre Hoffnungen auf Reformen und mehr Demokratie begraben. Allerdings verhinderte der damalige Bürgermeister und spätere Premier **Zhu Rongji** (geb. 1928) mit Rückendeckung des damaligen Parteichefs und späteren Staatspräsidenten Jiang Zemin ein ähnliches Blutbad wie es am und um den Tiananmen-Platz stattgefunden hatte.

In Anlehnung an alte Traditionen ist die heutige Shangda (No. 149, Yanchang Lu) aus der in den 60er-Jahren gegründeten Shanghai-Industrie-Universität hervorgegangen.

Protestantische Bildungsstätten

St. John's University

Die St. John's University wurde 1878/79 von der amerikanischen methodistischen Bischofsmission unter **Samuel Schereschewsky** (1831-1906) gegründet. Die ersten Anfänge waren mit 39 Studierenden eher bescheiden. Unterrichtet wurde auf Chinesisch, ab 1881 auch auf Englisch. St. John's entwickelte sich zu einer der renommiertesten Hochschulen des Landes. Ihre Absolventen bekleideten höchste Ränge in Politik und Wirtschaft. Zu ihnen zählten Charlie Songs Sohn T.V. Song, der es später zum Finanz-, Außen- und Premierminister brachte und als einer der reichsten Männer der Welt galt, der Politiker **Wellington Koo** (1888-1985), chinesischer Teilnehmer an den Friedensverhandlungen in Versailles 1919, der schwerreiche »rote Tycoon« und Deng-Xiaoping-Berater **Rong Yiren** (1916-2005, vgl. Kapitel »Reichtum schändet nicht«, S. 183), der spätere Außenminister **Wu Xueqian** (geb. 1921, Amtszeit 1982-1988), der Schriftsteller **Lin Yutang** (1895-1976; »Mein Land, mein Volk«, »Peking. Augenblick und Ewigkeit«) oder der Architekt **Ieoh Ming Pei** (Bei Yuming, geb. 1917, vgl. Kapitel »Funktionalistische Architektur gewinnt an Boden«, S. 259 ff.).

Geprägt wurde die St. John's University durch **Francis Lister Hawks Pott**

(1864-1947). Pott kam 1890, zwei Jahre nach Abschluss seines Theologiestudiums in New York, zu St. John's und stand der Universität 52 Jahre als Direktor vor. Seine Verdienste sind unstrittig, auch wenn der konservative Amerikaner seinen Studenten und Lehrkräften die Teilnahme an der 4.-Mai-Bewegung 1919 und an den Protestaktionen 1925 verbot. Viele zogen sich daraufhin aus der Universität zurück und gründeten mit Unterstützung des Erziehungswissenschaftlers **Zhang Shouyong** (1876-1945) die Guanghua-Universität.

Hawks Pott setzte sich mit ganzer Kraft für den Ausbau des Areals ein. Bis 1936 wurden 13 Seminargebäude, 32 Wohnheime für Studenten und Dozenten sowie Laboreinrichtungen und Bibliotheken erbaut. Der Campus ähnelt bis heute denen angelsächsischer Universitäten mit roten Backsteingebäuden und einem mit Bäumen bestandenen Wegenetz. Zusätzlich wurden bewusst chinesische Architekturelemente wie geschwungene Dächer und Innenhöfe integriert.

Von den alten Gebäuden erhalten ist das Taofen-Gebäude (1894). Der ursprünglich zu Ehren des Gründers Schereschewsky als Huai-Shi-Halle bezeichnete dreistöckige Bau ist eine Stein-Holz-Konstruktion mit chinesischem Dach und einem Uhrturm in der Mitte. Nach der kommunistischen Machtübernahme wurde er nach dem Journalisten und Herausgeber der »Shenghuo Shudian« (Life Weekly) **Zou Taofen** (1895-1944) umbenannt (Zou-Taofen-Gedenkstätte, No. 205, Chongqing Nan Lu, Haus 53 und 54; vgl. Spaziergang 9, S. 489 f.).

In der ebenfalls dreistöckigen Wissenschaftshalle (1899) waren Labore, Ausstellungsräume und Zimmer für die Studenten untergebracht. Die Siyan-Halle (nach **Yan Yongjing**, der der Universität von 1881 bis 1886 als Verwalter diente) wurde 1904 erbaut. Aus dem Jahr 1909 stammt die Arthur-Mann- (Simeng-) Halle (ebenfalls mit Uhrturm, Entwurf: Algar & Co). Sie ist nach dem Dozenten **Arthur Mann** (Meng Jiade; 1879-1907) benannt, der während eines Ausflugs nach Kuling (heute Lushan, ein beliebtes Sommerausflugsziel) ums Leben kam, als er einem Kollegen zu Hilfe eilte. Des Weiteren sind die Bibliothek (1916) und die Sporthalle (1918) zu nennen.

Nach dem Einfall der Japaner 1937 siedelte sich das St. Luke's Teaching Hospital and Refugee Center auf dem Gelände südlich des Suzhou Creeks an, während die Japaner das Areal nördlich des Kanals okkupierten. Die Universität zog währenddessen in das Kaufhaus Continental Emporium (No. 353, Nanjing Dong Lu, vgl. Spaziergang 3, S. 419 ff.) im vermeintlich sicheren Internationalen Settlement. 1939/40 waren 1.371 Studenten eingeschrieben, darunter 201 Frauen.

Die St. John's University wurde 1952 geschlossen, ihre Abteilungen anderen Lehranstalten angegliedert. Während der Kulturrevolution waren viele der ehemaligen »Johanneans« wegen ihrer westlichen Ausbildung Verfolgungen ausgesetzt und wurden aufs Land verschickt. Heute nutzt die East China University of Politics and Law den Campus (No. 1575, Wanhangdu Lu, Tel.: 62 07 18 88).

McTyeire High School for Chinese Girls

Ebenfalls eine Gründung der amerikanisch-methodistischen Bischofsmission war die McTyeire High School von 1892, benannt nach Bischof **Holland N. McTyeire**, in Amerika Vorsteher der Vanderbilt University und Beauftragter der Southern Methodist Mission in China. Auf die McTyeire High School gingen die Töchter der wohlhabendsten chinesischen Familien. Die drei berühmtesten Absolventinnen waren zweifellos die drei **Song**-Schwestern: **Qingling** (Mrs. Sun Yatsen, 1893-1981), **Ailing** (Mrs. H.H. Kong, 1890-1967) und **Meiling** (Mrs. Chiang Kaishek, 1897-2003; vgl. Kapitel »Die Song-Dynastie«, S. 121 ff.). Aus

---

Ladislaus Edward Hudec

Ladislaus Edward Hudec wurde 1893 im slowakischen Teil der k.u.k Monarchie in eine österreichisch-ungarische Architektenfamilie hineingeboren, er studierte in Budapest Architektur und kam als Flüchtling aus russischer Kriegsgefangenschaft 1918 nach Shanghai. Hudec fand zunächst eine Anstellung in der amerikanischen Firma R.A. Curry. Für Curry entwarf er den American Club, die McTyeire School, den Hauptsitz der Joint Savings Society (vgl. Spaziergang 7, S. 464) und verschiedene Apartment-Gebäude. 1925 machte er sich selbstständig und arbeitete für amerikanische, chinesische und deutsche Auftraggeber.

Zwischen 1931 und 1934 baute er u.a. das Park Hotel (vgl. Spaziergang 3, S. 421), mit 22 Stockwerken und 87 Metern das damals höchste Gebäude Asiens. Auf seiner Liste stehen außerdem
- das Country Hospital
- das Paulun-Hospital
- das Margaret Williamson Hospital (zu allen Krankenhäusern, vgl. S. 107)
- die Moore Memorial Church (vgl. Spaziergang 3, S. 422 ff.)
- die deutsche Kirche (vgl. Spaziergang 5, S. 441)
- das Engineering Building der Jiaotong University (No. 1954, Huashan Lu)
- die katholische Kirche an der Rubicon Road (1925; Hami Lu Ecke Kele Lu, der ehemalige Friedhof beherbergt die Quarantänestation des Shanghaier Zoos – Tiere sind nicht abergläubisch; die byzantinisch-gotisch anmutende Kirche selbst dient als Lagerschuppen)
- das Zhabei-Kraftwerk
- die Shanghai Lederfabrik
- die Union Brewery (No. 130, Yinchang Lu, in einem Gebäude des dreiteiligen Komplexes von 1933/34 befindet sich das Luxusrestaurant »Mimosa«, Tel.: 51558333)
- die China Baptist Publication Society (auch Christian Literature Society Building, No. 209, Yuanmingyuan Lu, vgl. Spaziergang 2, S. 397 f.)

Ehemalige katholische Kirche an der Rubicon Road von Ladislaus Edward Hudec
(auch nächste Seite)

- sowie der Columbia Country Club (1936; No. 1262, Yan'an Xi Lu).
  Hinzu kommen eine Reihe Privathäuser wie
- »Eros Garden« für den Taipan **Liu Jisheng** (1889-1962, No. 675, Julu Lu , vgl. Spaziergang 11, S. 508 f.)
- die Residenz von Sun Yatsens aus erster Ehe mit **Lu Muzhen** (1867-1952) stammenden Sohn und erfolgreichen Guomindang-Politiker **Sun Ke** (1891-1973; eigentlich No. 22, Panyu Lu, aber nicht öffentlicher Zugang via o.g. Columbia Country Club/Bio-Chemical Research Institute, No. 1262, Yan'an Xi Lu)
- sein Privathaus, heute auf dem Gelände der Theaterakademie (No. 630, Huashan Lu)

und Apartmentblocks
- wie der in seinem Besitz befindliche Hubertus Court, wo er selbst im Erdgeschoss wohnte (1937, No. 918-928, Yan'an Xi Lu, heute Da Hua Hotel)
- die China United Apartments gegenüber der Rennbahn (No. 108, Nanjing Xi Lu, später Pacific Hotel (vgl. Spaziergang 3, S. 421)
- Estrella (No. 758, Huaihai Zhong Lu)
- die Avenue Apartments (No. 1341-1383, Tongren Lu; vgl. Spaziergang 4, S. 437)
- und die Normandie Apartments (No. 1858, Huaihai Zhong Lu; vgl. Spaziergang 13, S. 533 f.)
- schließlich zehn Häuser für die Asia Reality Company am Columbia Circle (heute Kreuzung XinhuaLu/Amherst Avenue und Panyu Lu/Columbia Road)
- sowie sein expressionistisches Meisterstück, das D.V.W. House (No. 333, Tongren Lu, vgl. Spaziergang 4, S. 437 f.)

1947 verließ Hudec zusammen mit seiner deutschen Frau Gisella Isabel (1902-2004) Shanghai. Er lebte zunächst einige Jahre in der Schweiz, bis er sich in Kalifornien niederließ, wo er 1958 verstarb.

der Lehranstalt entstand die No. 3 Girls High School (No. 155, Jiangsu Lu), immer noch eine der besten Shanghaier Ausbildungsstätten. Die Kirche der McTyre-Schule wurde 1929/30 von der Kreuzung Yunnan Lu/Hankou Lu an die Xizang Lu verlegt. Der Entwurf der Moore Memorial Church (No. 316, Xizang Zhong Lu; vgl. Spaziergang 3, S. 422 ff.) stammte von **Ladislaus E. Hudec** (gesprochen: Hude-»k«, 1893-1958), dem Star der Shanghaier Architekturszene.

Shanghai American School

Die Shanghai American School öffnete 1912 ihre Pforten. Gedacht war der Unterricht zunächst überwiegend für Missionarskinder. Schnell füllten sich die Klassenzimmer aber auch mit Kindern amerikanischer Geschäftsleute. 1923 zog die Schule in die Avenue Petain (No. 10, Hengshan Lu) um, wo der amerikanische Architekt Henry K. Murphy einen Komplex entworfen hatte, der die Unabhängigkeitshalle in Philadelphia zum Vorbild hatte. 1934 unterrichteten über 50 Lehrer mehr als 600 Schüler. Der Schulbetrieb wurde während des 2. Weltkrieges bis zur Internierung der Schüler und Lehrkräfte fortgesetzt, ein Neuanfang nach dem Krieg aber 1949 mit der kommunistischen Machtübernahme jäh gestoppt. Nach dem Auszug der Amerikaner nutzten russische Berater die Räumlichkeiten. Heute ist in ihnen ein Forschungsinstitut untergebracht. Der Öffentlichkeit sind sie nicht zugänglich. 1981 wurde die Shanghai American School wieder gegründet. Sie ist jetzt Untermieterin der No. 3 Girls High School.

Trotz der großen Leistungen im Bildungswesen stand das Christentum unter den Chinesen vielfach in einem schlechten Ruf. Sie sahen in der Religion eine Form des ausländischen Barbarentums. Erfolg hatten die Missionare allerdings bei den Ärmsten der Armen. Sie erhielten von ihnen neben der christlichen Lehre Nahrung und andere materielle Zuwendungen – weshalb sie von ihren Landsleuten

Säkulare Einrichtungen

Neben den Schulen mit missionarischem Anspruch gab es eine ganze Reihe eher säkularer Einrichtungen sowie eine große öffentliche Schule unter dem Patronat der Freimaurer. Die erste deutsche Schule in Shanghai war die 1895 von dem evangelischen Gemeindepastor **Heinrich Hackmann** (1864-1935) gegründete Kaiser-Wilhelm-Schule (vgl. auch Spaziergang 2, S. 408 und 4, S. 441 ff.). 1908 erfolgte die Trennung zwischen Schule und Kirche, von da ab orientierte sich der Lehrplan an preußischen Richtlinien.

1910 richtete die französische Stadtregierung die Ecole Franco-Chinoise für chinesische Knaben ein. Sie sollte den Kindern französische Sprache und Kultur nahe bringen. Das Gebäude beherbergt heute die Guangming Middle School (No. 70, Huaihai Dong Lu, vgl. Spaziergang 13, S. 522 f.).

Tatsächlich war das öffentliche Schulwesen, besonders für Chinesen, mehr als mangelhaft. Nach Warner besuchten 1911 in Shanghai 2.255 nicht-chinesische Kinder zwölf ausländische Schulen, von denen einige unter der Kontrolle des Shanghaier Stadtrates standen. Die Schülerzahlen in den einzelnen Lehranstalten waren sehr unterschiedlich. Sie lagen zwischen 618 (St. Francis Xavier School) und 33 (Holy Trinity Cathedral School). Nach ihrer Schülerzahl war die Kaiser-Wilhelm-Schule 1911 die zweitkleinste ihrer Art in Shanghai, entwickelte sich aber bis in die 30er-Jahre zur wichtigsten deutschen Schule im Fernen Osten.

1935 erhielten im Internationalen Settlement nur etwa 3% der chinesischen Kinder und Jugendlichen eine moderne Schulbildung.

Aus Egon Erwin Kisch: China geheim

Die Hinrichtung

»Dauert so eine Hinrichtung lange?« frage ich ihn. »Haben Sie denn noch keine gesehen? (...) Nun, es kostet nicht viel Zeit. Im Allgemeinen wenigstens. Wenn sich der Delinquent gleich taufen lässt, geht es schnell, aber ...« »Was sagen Sie da? Ich verstehe Sie nicht ... Sagten Sie ›taufen‹?« »Gewiss. Zu jeder Hinrichtung kommt ein katholischer Missionar. Manche Delinquenten wollen zuerst nichts davon hören, sich bekehren zu lassen, aber der Priester lässt nicht ab, und so werden sie nervös (...) und fügen sich drein. Nur die Politischen bleiben halsstarrig. Die anderen lassen sich alle taufen.«

Unmöglich! Und warum gerade ein katholischer Geistlicher? In China machen alle Arten von Religionen und Sekten einander wütendste Konkurrenz. Adventisten und Christian Scientisten, Quaker und United Free Church of Scotland, Wesleyanische Methodisten und Heilsarmee kaufen Seelen, Grundstücke und militärische Geheimnisse, sie bauen Kirchen und Tankstellen, sie versprechen himmlische Seeligkeit dem, der sich von ihnen taufen, und Unfallrenten dem, der sich von ihnen versichern lässt, sie vertreten das Reich Jesu Christi und dasjenige Henry Fords auf chinesischem Boden. (...)

So viele Kirchen gibt es also, und jede führt den garantiert einzigen Weg ins Paradies, warum müssen die zum Tode Verurteilten gerade den katholischen gehen? Sagen Sie, Sergeant, warum gerade ein katholischer Missionar? "Weiß nicht." (...) Wir schlängeln uns zwischen sumpfigen Reisfeldern durch. (...) Auf dem Hwanghofluss blähen sich die Segel der Dschunken im Maienwind. Ein breitgebogenes Tor öffnet sich. (...) es führt zum Gefängnis und zum Richtplatz. Mein Begleiter zeigt mir ein Rasenbeet: hier werde es geschehen. (...) Vorläufig ist er noch im Polizeiwagen. Ein Tisch wird herausgebracht, Kinder spielen auf Sandkästen und klettern auf Bäumen, sie haben, als unser Wagen nahte, andere Kinder herangewinkt. Umständlich und ungeschickt schiebt ein Amtsphotograph sein Stativ auseinander und stellt es auf. »Jetzt muss jeder vor und nach dem Tod fotografiert werden«, wird mir erklärt, »früher haben die Chinesen einfach einen Stellvertreter zur Hinrichtung geschickt, den Bruder oder den Sohn, oder auch nur einen Kuli, den sie dafür bezahlten, dass er sich umbringen ließ.«

Am Richtertisch hat der chinesische Beamte Platz genommen, Polizisten stehen umher. Auf dem Kiesweg zwischen den grünen, angenehm duftenden Rasenbeeten hält ein geschlossener Polizeiwagen, und darin wartet ein Toter auf seinen Tod. Warum fängt man nicht an? »Der Missionar ist noch nicht da.« (...) Und da, bei Gott, rollt wirklich einer an. Zu gleicher Zeit öffnet ein Mesner dem fassdicken Priester das Kleinauto und ein Polizist dem spindeldürren Toten das Großauto, zu

> gleicher Zeit steigen der Priester und der Tote aus. Auf dass er sich frei fühle, wenn er das Christentum vernimmt, schnallt man Tsang Kja-ying die Handschellen ab. Der Pfarrer ist ein Chinese. Er spricht Chinesisch. Ich weiß nicht, wie er es anstellt, einem Neuling so schnell das Alte und das Neue Testament fasslich zu machen, ihn so schnell von Buddha zu Christtum zu bekehren. Tsang Kja-ying ist zuerst erstaunt, dann unwillig, dann wütend, will nichts davon hören. Unbeirrt spricht der dicke Lebende auf den mageren Toten ein, bis dieser schließlich achselzuckend sich ein Medaillon mit der Jungfrau Maria umhängen und taufen lässt. Nun soll er ein Kreuz schlagen, aber er schüttelt den Kopf, und so schlägt der Pater über dem Neophyten das große Kreuz. Inzwischen hat der Mesner die Salbenbüchse geöffnet, der Pfarrer nimmt eine Dosis, wiederum macht der Tote eine energisch abwehrende Geste, er will die Letzte Ölung nicht empfangen. Na, gut. Auf Geheiß kniet er nieder und wiederholt hastig (...) ein Gebet, das ihm der Missionar vorspricht.
>
> Dann soll er aufstehen. Er steht nicht auf. Er steht nicht auf, er schlägt den Kopf auf den Boden, als ob er ihn zertrümmern wollte, und brüllt. »Er schreit, man solle ihn nicht so lange quälen«, übersetzt mir der Sergeant spontan, «er schreit: Erschießt mich doch endlich.«

als »Reis-Christen« verspottet wurden. Und in der Tat lieferten sich alle Glaubensrichtungen in ihrem Streben, die Seelen der armen Bevölkerung zu retten, einen mitunter ganz unchristlichen Wettlauf um das Heil der chinesischen Heiden.

Sehr erfolgreich waren die Missionare nicht zuletzt unter den armen Arbeiterfamilien, welche sich um die Fabriken in Pudong angesiedelt hatten. Dort hatte die Missionierung große Tradition und – da das Gebiet weit vor der eigentlichen Stadt Shanghai lag und daher staatlich weniger stark kontrolliert war – bereits deutlich vor 1842 begonnen. Professor **Wu Jiang** von der Tongji-Universität zählte in einer Studienarbeit 1959 über 300 Kirchen, von denen zu diesem Zeitpunkt etwa 70 nach wie vor für Gottesdienste genutzt wurden. Bis auf wenige Ausnahmen sind heute fast alle verschwunden. Noch vorhanden ist allerdings das Gebäude der wohl frühesten katholischen Kirche in Shanghai. Die »Jingyi Tang« steht in der chinesischen Altstadt und wurde um 1640 in chinesischem Stil errichtet (No. 137, Wutong Lu; vgl. Spaziergang 14, S. 541).

Exkurs: Die deutschen Wurzeln der Tongji-Universität
Paulun-Hospital und Deutsche Medizinhochschule für Chinesen

Im Jahr 1899 hatte die Deutsche Ärztevereinigung in Shanghai, damals bestehend aus den Ärzten **Erich Paulun** (1862-1909) und **Oscar von Schab**, das Tung-chi Hospital an der Burkill Road (No. 415, Fengyang Lu) eingerichtet, ein kleines

Haus für arme Chinesen. Zunächst in zwei alten Wellblechbaracken untergebracht, erfreute es sich rasch eines guten Rufs unter der Bevölkerung. Mit Hilfe chinesischer Spender konnte alsbald ein zweistöckiger Backsteinbau errichtet werden mit einer Poliklinik im Erd- und zwölf Krankenzimmern im Obergeschoss. Um 1920 wurde auch dieses Gebäude wieder abgebrochen. An seiner Stelle entstand zwischen 1923 und 1927 das neue Paulun-Hospital. Den Entwurf lieferte der damalige Shanghaier Stararchitekt Ladislaus Edward Hudec. Die Baukosten betrugen 200.000 Silberdollar. Das Paulun-Hospital wird heute noch als Krankenhaus genutzt; 1990/91 wurde es umgebaut, die Fassade dabei komplett verändert.

1907 gründete Paulun die »Deutsche Medizinhochschule für Chinesen«. Die praktische Ausbildung der angehenden Ärzte erfolgte am Paulun-Hospital. In den 30er-Jahren bestand das Krankenhauspersonal zu einem erheblichen Anteil aus fließend Deutsch sprechenden chinesischen Assistenzärzten und Schwestern (neben sieben deutschen Professoren).

Kleine Hospitalsgeschichte

Das erste westliche Krankenhaus in Shanghai, das so genannte Chinese Hospital, begründete bereits 1843 der britische Militärarzt William Lockhart. An seiner Stelle steht das von Lester, Johnson & Morris gestaltete ehemalige Shandong Road Hospital (1932 eröffnet, heute das bekannte Renji Hospital, No. 145, Shandong Zhong Lu). 1864 folgte das Shanghai General Hospital des Briten **H.A.M. Jurios**. Ursprünglich in der Jinling Dong Lu gelegen, musste es im Laufe der Jahre mehrmals umziehen, zuletzt in die Bei Suzhou Lu (vgl. Spaziergang 7, S. 470). 1949 wurde es vom Roten Kreuz der Stadt Shanghai übernommen und trägt seit 1981 den Namen Shanghai Red Cross Hospital.

Hudec baute neben dem Paulun-Hospital drei weitere Krankenhäuser in Shanghai: das St. Juke's Hospital (No. 219, Jiujiang Lu, heute als »National Committee of Three-Self Patriotic Movement of the Protestant Churches in China« zum China Christian Council, vgl. Spaziergang 3, S. 413), das Margaret Williamson Hospital (No. 419, Fangxie Lu, heute Frauenklinik) sowie das Country Hospital für Ausländer mit 125 Betten (No. 221, Yan'an Xi Lu, heute Huadong Hospital) von 1926. Letzteres ging auf eine anonyme Stiftung des amerikanischen Geschäftsmannes **Rainier** zurück »for the benefit of the foreign residents of Shanghai without distinction as to nationality or religious belief«. Außerdem boten eine Reihe weiterer ausländischer Einrichtungen die Versorgung von Kranken an: das französische Krankenhaus Hôpital Sainte-Marie (ab 1937 mit Pasteur-Institut; heute Ruijin Hospital, No. 207, Ruijin Er Lu) und das Country Sanatorium in der Hongqiao Lu. In dem ehemals privaten Sanatorium befindet sich ein Erholungsheim für Arbeiter und Angestellte der Stadt Shanghai.

Die deutsche »Tongji Medizin- und Ingenieurschule«

Ab 1912 kamen an der Deutschen Medizinhochschule die Fächer Maschinenbau und Elektrotechnik hinzu. Das war die Geburtsstunde der »Tongji Medizin- und Ingenieurschule«. Die chinesischen Zeichen »*Tong* Zhou Gong *Ji*« 同舟共济 stehen für »gemeinsam in einem Schiff einen Fluss überqueren« – ein Boot mit Ruderern ziert das Emblem der Hochschule noch heute.

Zwischen 1908 und 1916 errichtete **Carl Baedecker** die neue, für das deutsche Kaiserreich mit 370.000 Goldmark zu Buche schlagende Hochschule (heute No. 1195, Fuxing Zhong Lu Ecke Shaanxi Nan Lu, vgl. Spaziergang 11, S. 509). Die Einweihung erfolgte 1914. Die »Shanghaier Nachrichten« schrieben: »Dem Eintretenden fällt vor allem das stattliche Lehrgebäude der Ingenieurschule auf. Diesem gegenüber liegt das Maschinengebäude mit den verschiedenen Laboratorien; der Kraftstation, der Lehrwerkstätte, der Gießerei, Schmiede und Tischlerei. An diese beiden, den Eingang flankierende Gebäude schließen sich die Sprachschule, die auch die Lehrbibliothek enthält, und zwei Alumnatsgebäude aus der ersten Zeit der Medizinschule an. In der Mitte des ganzen Komplexes liegt ein schmuckes Haus, das auf der einen Seite die Bezeichnung ›Physiologie‹, auf der anderen Seite die Aufschrift ›Anatomie‹ trägt. Südlich begrenzen das etwa 30.000 Quadratmeter große Gelände das neue und größte aller Gebäude, das für 200 Schüler bestimmte Alumnat der Ingenieurschule, und die geräumige Turnhalle. (...) Die neueren Gebäude sind in sauberer Ziegelbauart ausgeführt und von frischgrünem Rasen umgeben.

Die Schüler der Ingenieurschule waren bei ihrer Aufnahme etwa 14 Jahre alt und mussten einen chinesischen Mittelschulabschluss haben. Die Studiendauer betrug acht Jahre, nach vier Jahren Sprachschule folgte eine vierjährige Ausbildung in der Ingenieurschule. Im Sommersemester 1915 besuchten 122 Studenten die Sprach- und 78 die Ingenieurschule mit einer Bauingenieur- und Maschinenbauabteilung. Von den Medizinstudenten besuchten 162 die Sprachschule und 77 die medizinische Fakultät, Vorklinikum und Klinikum. Außerdem gab es eine Lehrlingsschule mit 20 Plätzen und eine Werkmeisterschule mit vierjähriger Lehrzeit, um Schlosser und Monteure auszubilden. Nur knapp drei Jahre konnte in dem im Juni 1914 eingeweihten Gebäude der Ingenieurschule unterrichtet werden« (Warner).

Mit dem 1. Weltkrieg kam der erste herbe Rückschlag: Im März 1917 schlossen französische Polizisten die auf dem Gebiet der französischen Niederlassung stehende Hochschule. Deutsche Dozenten und Professoren wurden interniert. Teilweise konnte der Unterricht in Ausweichquartieren fortgesetzt werden. China erklärte Deutschland auf Druck Englands und Frankreichs im März 1917 den Krieg, zwei Jahre später wurden die meisten der in China lebenden 3.500 Deutschen ausgewiesen.

Nach 1918 etablierten die französischen Behörden das Institute Technique France-Chinoise. Bis heute beherbergt der gut erhaltene Komplex ein Lehrinstitut.

Tung-chi Technische Hochschule

Nach Kriegsende wurden die Kontakte der Universität mit neuen deutschen Dozenten und chinesischen Tongji-Absolventen, die in Deutschland studiert hatten, wiederbelebt. An Stelle des »verlorenen« Projekts in der Französischen Konzession fiel die Wahl auf Wusong (Woosong). Der neue Standort lag eine halbe Stunde Eisenbahnfahrt von der Shanghaier Innenstadt entfernt zwischen der Internationalen Niederlassung und der Mündung des Huangpu in den Yangtze im Herzen des neuen »Groß-Shanghai«. Den Ausschlag für die Entscheidung, die Neubauten außerhalb der Stadt zu errichten, gaben nicht zuletzt die wesentlich günstigeren Grundstückspreise. Die Weimarer Republik war knapp bei Kasse.

Mit der Entscheidung für Wusong zeigte Deutschland seine Unterstützung für die chinesischen Pläne, mit Groß-Shanghai ein eigenständiges Stadtzentrum außerhalb des kolonialen Shanghais zu schaffen. Im Mai 1924 wurden das Lehrgebäude, die Laboratorien und Werkstätten eingeweiht. Architekt war **Erich Oberlein**. Warner schreibt: »Die Wiedereröffnung der Tung-chi Hochschule war von Anfang an ein deutsch-chinesisches Gemeinschaftsunternehmen. Das chinesische Unterrichtsministerium und die Provinzialregierung hatten auf Antrag des Tung-chi Komitees den Beitrag von umgerechnet etwa 450.000 Goldmark zur Errichtung einer neuen Schulanlage bewilligt. 300 deutsche Firmen beteiligten sich durch Stiftungen an dem Aufbau. Die Hochschule wurde von einem chinesisch-deutschen Hochschulkollegium gemeinsam geleitet. Am 26. Mai 1923 wurde ihr durch das chinesische Unterrichtsministerium der Rang einer Universität verliehen. Mit der Anerkennung als gleichberechtigt zu den übrigen chinesischen Staatsuniversitäten 1927 durch die nationale Regierung in Nanjing erhielt sie die offizielle Bezeichnung ›Nationale Tongji-Universität‹.«

Im Februar/März 1932 richteten japanische Bomben schwere Schäden an. Trotzdem konnte der Unterricht, nachdem die Räumlichkeiten mit chinesischen Mitteln notdürftig wieder hergestellt waren, im Herbst 1932 erneut aufgenommen werden. Den Feierlichkeiten zum 30jährigen Bestehen der Tongji-Universität im Mai 1937 folgte bereits im August die Besetzung durch japanische Soldaten. Ein erstes Ausweichquartier fand sich in der Yates Road (heute: No. 82, Shimen Yi Lu; zwischenzeitlich als Krankenhaus genutzt, 2005/6 renoviert).

Während des Zweiten Weltkrieges wurde die Universität zuerst nach Yunnan, dann nach Sichuan verlegt. Aus Chongqing kam der Lehrkörper mit den

Aus Klaus Mehnert: Ein Deutscher in der Welt

Geistervertreibung

Im Herbst 1941 wurde ich vom Generalkonsulat zu Sitzungen eingeladen, auf denen die Wiederherstellung der Hochschule erörtert wurde. Es wurde beschlossen, zunächst nur die medizinische Abteilung zu eröffnen, verbunden mit Deutschkursen und mit einer Einführung in die Geschichte Europas. (...) Man mietete ein dreistöckiges Gebäude (in der Yates Straße 82) im neu-chinesischen Stil, mit geschwungenen Dächern und Steinlöwen vor dem Eingang. Hierher kamen fünf Institute (drei weitere in der Nähe). Im Sommersemester 1942 sollte der Betrieb beginnen. Auch ein Studentenwohnheim wurde eröffnet.

Die ersten Studenten trafen schon ein, als plötzlich etwas Unerkläriches geschah: Ein Teil der Studenten verließ das Wohnheim fluchtartig, andere schnürten ihre Bündel. Warum? Keiner hatte einen Grund genannt. Einer der Dozentinnen, Frau Dr. Mengert, gelang es, mit weiblicher Diplomatie den im Abzug begriffenen Studenten das Geheimnis zu entlocken: Im Wohnheim spukte es! Die Studenten wussten auch warum: Das Hauptgebäude stand auf einem früheren Friedhof und hatte einige Jahre als Spielhölle gedient. Mit dieser Pietätlosigkeit hatten sich die Toten nicht abgefunden und also rührten sie sich. Aber die alten China-Deutschen im Ausschuss wussten Rat: Man musste die Geister freundlich stimmen und zwar mit Hilfe taoistischer Priester. Also setzte man sich mit dem Abt eines nahegelegenen Tempels in Verbindung. Dieser war nicht auf den Kopf gefallen und erklärte: Eine solche Geisteraustreibung sei recht kostspielig; dafür sei er in der Lage, den Erfolg zu garantieren. Wir baten ihn, rasch ans Werk zu gehen. Also rückte er mit einigen Priestern an, sprach Zaubersprüche, verbreitete Weihrauchdüfte und kassierte einen beträchtlichen Betrag. »Wie soll ich das eigentlich verbuchen?« stöhnte der Kanzler des Generalkonsulats. »Ich kann doch unmöglich dem Auswärtigen Amt in Berlin einen Beleg über Geisteraustreibung einreichen!« Er hat den Betrag schließlich für »Ausräucherung von Ungeziefer« eingetragen.

Aber die Ausgabe hatte sich gelohnt: Der Spuk hörte auf, die Studenten kehrten zurück.

Anmerkung: Auch die Deutsche Schule beauftragte 2003 bei ihrer Entscheidung zum Kauf für ihr neues Gelände einen Feng-Shui-Meister mit der Beurteilung. Dieser stufte das ursprünglich der Schule angetragene Grundstück in unmittelbarer Nachbarschaft zweier Friedhöfe als »bedenklich« ein, weshalb sich die Verantwortlichen vom Kauf distanzierten. Dagegen soll die jetzige Adresse (No. 30, Zhuguang Lu, Lane 399) »geister-frei« sein. Der Schulneubau wurde 2005 bezogen. Zum Schulbeginn September 2005 besuchten 520 Schülerinnen und Schüler die Klassen 1 bis 12, weitere 150 Kinder gingen in den Kindergarten. Über »Spukereien« wurde bislang nichts bekannt.

Studenten 1946 nach Shanghai zurück. Seitdem befindet sich die Universität auf ihrem gegenwärtigen Campus No. 1239, Siping Lu. Zuvor war hier eine japanische Mittelschule. Aus dieser Zeit sind u.a. zwei Lehrgebäude und die Badmintonhalle erhalten.
Von den ehemaligen Oberlein-Gebäuden ist hingegen kaum mehr etwas übrig. 1958/59 entstand auf dem Grundstück unter teilweiser Verwendung der alten Hochschulfundamente der Neubau der 5. Shanghaier Stahlfabrik – immerhin erinnert der Name der Straße an diesen ersten eigenständigen Standort der Tongji (No. 333, Tongji Lu).

Die Tongji-Universität nach 1949

Nach der Gründung der VR China 1949 wurde die Tongji drastisch verkleinert. Jene Fakultäten, die traditionell enge Verbindungen zu deutschen Forschungs- und Lehreinrichtungen unterhalten hatten, wurden abgespalten. 1951 fusionierte die medizinische Fakultät mit derjenigen der Universität Wuhan. Geistes-, Natur- und Rechtswissenschafen gingen an die Fudan-, Maschinenbau, Elektromotoren und Schiffsbau 1952 an die Jiaotong-Universität. Damit reduzierte sich das Lehrangebot in wesentlichen Punkten. Die Medizinwissenschaften hielten erst Ende der 90er-Jahre durch den Zusammenschluss mit der Eisenbahn-Universität wieder Einzug in die Tongji. Landesweit nimmt die Universität nur noch in den Bereichen Städteplanung, Architektur, Bauingenieurwesen und Brückenbau eine Spitzenposition ein.
Der Jahrgang 2006/7 hatte rd. 60.000 Studenten. Neben dem Hauptcampus an der Siping Lu gibt es drei weitere, kleinere; ein fünfter mit dem Volkswagen-Tongji-Forschungsinstitut für Automobile in der Antinger Autostadt war 2004 bezogen worden.
1979 durfte die Tongji mit Genehmigung der Zentralregierung wieder ihre – zwischenzeitlich aus politischen Gründen unterbrochenen – freundschaftlichen Beziehungen zu deutschen Forschungseinrichtungen aufnehmen. 1998 gründeten die Tongji und der Deutsche Akademische Austauschdienst (DAAD) gemeinsam auf Initiative der chinesischen und deutschen Regierung hin das Chinesisch-Deutsche Hochschulkolleg (CDHK). Entstanden war die Idee bereits 1993 bei einem China-Besuch des damaligen deutschen Bundeskanzlers **Helmut Kohl**. Das CDHK ist das bisher größte vom DAAD im Ausland geförderte Projekt und wird darüber hinaus durch Stiftungslehrstühle von deutschen Unternehmen unterstützt. Zum Wintersemester 2002/03 konnte das CDHK aus dem vorläufigen Gebäude in sein neues elfstöckiges, ca. 5 Mio. Euro teures Domizil umziehen. 2005 gründete der deutsche Nobelpreisträger **Reinhard Selten** am CDHK das »Selten-Institut für Wirtschaftswissenschaften und Management«.

Campus der Tongji-Universität mit Mao-Statue

1994 mietete sich auf dem Universitätscampus das als Anlaufstelle für deutsche Unternehmen ins Leben gerufene German Centre (»Deutsches Haus«) ein. 2004/05 erfolgte der Umzug in den eigenen Neubau im Zhangjiang-High-Tech-Park (»drittes deutsches Eck«; vgl. Kapitel »Exkurs: Der Transrapid oder ›Sind Sie heute schon geschwebt?‹«, S. 345 ff.).

Shanghais Stadtplaner vor großen Aufgaben

Sehr anziehend kann Shanghai in den ersten Jahrzehnten auf fremde Besucher nicht gewirkt haben. Trotz des wirtschaftlichen Aufschwungs litten die Shanghaier unter unsäglich schlechten hygienischen Bedingungen, vor allem im Sommer. Die hohen Temperaturen verwandelten die Stadt in ein »Dampfbad«. Die Sterblichkeitsrate war hoch.

Der deutsche Diplomat **Joseph Maria von Radowitz** (1839-1912) schrieb im August 1862 an seine Mutter:

Morast innen und außen

Der Hafen von Schanghai ist sehr bedeutend; die Flaggen fast aller seefahrenden Nationen flatterten von den Masten der hier liegenden Schiffe. Nur im Goldenen Horn habe ich ein ähnlich buntes Hafenbild gesehen. Aber die Lage von Schanghai selbst hat wenig lockendes, wenig von den herrlichen Umgebungen von Hongkong und Singapore, von den Tropenstationen auf Ceylon und Penang gar nicht zu reden. Flach und heiß, breit und einförmig, unsympathisch durchaus, so erschien uns Schanghai von ferne; und der erste Schritt ans Land stellte das Bild ganz fest: ein lauter, wüster Kaufmannsplatz, Heimat der Ballen und Fässer, verlassen vom Schönen und Heiteren, geflohen von jedem geistigen Lebenshauch, der sich nicht in barer Münze berechnen lässt.

Weiter am 17. September heißt es:
Konstante Hitze von 27 bis 28 Grad Reaumur im Schatten von früh 7 bis abends 10 Uhr; in der Nacht 20-22 Grad. Dazwischen Regenschauer, die alles durchfeuchten, nicht aber abkühlen; dicke, schwere Luft und Ausdünstung von Land und Wasser, die beklemmend und Übelkeit erregend auf Lungen und Magen wirkt: so zeigt sich Schanghai in seiner eigensten Gestalt. Morast innen und außen, kein gesunder Luftzug (...).

Modellstadt Shanghai

Die objektiv misslichen Umstände und die Überzeugung von der europäischen, respektive der britischen Zivilisationskraft veranlassten den Shanghai Municipal Council, alles daranzusetzen, aus der Internationalen Niederlassung eine »Modellsiedlung« in einer »barbarischen chinesischen Umwelt« zu machen. Pate standen die Ideen der europäischen Stadterneuerung aus Barcelona, Paris oder Wien. Shanghai sollte dem internationalen Publikum »die neuesten Errungenschaften städtischen Komforts und Managements« bieten können: »breite, feste, saubere und trockene Straßen, überdeckte Abflusskanäle, strenge Trennung von Trink- und Abwasser, eine Raumverordnung und mit Gas und Elektrizität beleuchtete Straßen; des Weiteren eine effektive Polizei und Feuerwehr, eine Verkehrsordnung, verpflichtende Registrierung und feste Preise für Rikschas sowie städtische Verhaltensregeln bis hin zu Strafen für Ruhestörung, öffentliches Urinieren und Blumenpflücken auf öffentlichen Grundstücken. Wer den Boden dieser Stadt betrat, kam in eine Welt mit Gesetzen und Regeln, die sich deutlich und zunehmend von jenen unterschieden, die im restlichen China galten. Für viele bewahrheitete sich die alte deutsche Redensart ›Stadtluft macht frei‹ – bis dahin, dass in Shanghai auch nicht wenige Gangster (und steckbrieflich gesuchte Revolutionäre, d. Verf.) Zuflucht vor dem Gesetz fanden. (...) Der Shanghaier Stadtrat setzte sich aus Geschäftsleuten und Personen zusammen, die einer allgemeinen ›Verbesserungs‹-Vorstellung anhingen und sich trotz anfänglicher Differenzen standhaft weigerten, in die ›Moral der Stadt‹ einzugreifen, solange legitime Geschäftspraktiken gewahrt blieben.« (Wagner)

Von Anfang an hatten die Ausländer umfangreiche Infrastrukturarbeiten zu bewältigen: Das ursprünglich sumpfige Gelände ihrer Niederlassung musste drainiert und ein Straßennetz geschaffen werden. Die neuen Straßen wurden planmäßig in Form eines Gitters angelegt. Diejenigen, die im rechten Winkel vom Bund abgingen, bekamen ihre Namen nach chinesischen Städten – Suzhou, Beijing, Nanjing, Jiujiang, Hankou, Fuzhou, Guangzhou; diejenigen, die parallel zum Bund verliefen, nach Provinzen – Sichuan, Jiangsu, Hunan, Shandong usw. Früher waren die Ost-West-Achsen unter den »Shanghailändern« allerdings eher als Big Horse Road (Nanjing Lu), Second Horse Road (Jiujiang Lu), Third Horse Road (Hankou Lu), Fourth Horse Road (Fuzhou Lu) und Fifth Horse Road (Guangzhou Lu) bekannt. Unter diesem Namen tauchen sie z.B. in Vicki Baums »Hotel Shanghai« auf.

Der Name »Pferdestraße« rührt aus der Frühzeit der Shanghaier Konzession, als die erste Ost-West-Straße noch keinen Namen trug, sondern nur ein Weg war, auf dem die Ausländer mit ihren Pferden ritten und deshalb von den Chinesen »Malu« (für »Ma« = »Pferd«, »Lu« = »Straße«) genannt wurde. Die Sitte, zu

Straßen »Malu« zu sagen, wurde später von den Ausländern übernommen und bürgerte sich auch in anderen Städten ein, insbesondere in solchen, in denen es ausländische Niederlassungen gab.

Ab 1865 waren die Straßen Shanghais mit Gas beleuchtet, und 1875 nahm das erste Wasserwerk seinen Betrieb auf. 1882 ging das erste Elektrizitätswerk ans Netz und wurde das erste Wasserversorgungsunternehmen gegründet.

Die erste Rikscha wurde 1874 über Shanghais Straßen gezogen. Das »Renli-che« (Menschen-Kraft-Fahrzeug) war Anfang der 70er-Jahre von einem anglikanischen Geistlichen namens **M.B. Bailey** in Tokyo erfunden worden. Der Franzose **Ménard** brachte die Neuerung nach Shanghai, wo er von den Regierungen der Französischen und der Internationalen Konzession das Monopol auf

Yangtzepoo (Yangshupu)-Wasserwerk

Die Geschichte der »professionellen« Wasserversorgung Shanghais beginnt mit dem Jahr 1875. Vier Engländer bauten im Gebiet von Yangshupu ein erstes kleines Wasserwerk. Per Schiff wurde das Wasser dem Huangpu entnommen. Wagen lieferten es gefiltert an die Haushalte aus. Der Preis stieg mit zunehmender Entfernung.

1880 erwarb die britische Shanghai Wassergesellschaft die Anlage, errichtete neue Speicherbecken und einen Wasserturm. Erste Leitungen wurden gelegt. Sie reichten nicht bis in die Häuser, sondern endeten an Hauptverkehrsstraßen. Dort übernahmen Wasserträger die Weiterverteilung. Die Versorgung erreichte das Internationale Settlement, die Französische Konzession und Hongkou. Die Einweihung eines neuen, festungsähnlich mit Burgzinnen aus rotem Backstein gestalteten Werks fand 1883 statt.

An ihr nahm auch der Reformer Li Hongzhang teil. Er war von der technischen Ausstattung so fasziniert, dass er eine ähnliche Anlage in Tianjin nachbauen ließ. Bauliche Ergänzungen folgten 1928 bei einer grundlegenden Renovierung. Als Wasserentnahmestelle diente bis zuletzt der Huangpu, über den der Reiseführer »All About Shanghai« aus dem Jahr 1934 schrieb: »The Whangpoo River is one of the most turbid and polluted sources of water supply in the world, but the standard of purity eventually obtained gives a bacterial reduction of 99,99 per cent, or a standard equal to any and superior to many in the West.«

Das Yangtzepoo-Wasserwerk besaß nicht nur großzügige Hallen für die verschiedenen Phasen zur Wasserreinigung, sondern auch Gärten, Tennisplätze, ein Clubhaus und andere Annehmlichkeiten. Einige der vor über 100 Jahren installierten Einrichtungen waren noch in den 90er-Jahren des 20. Jahrhunderts im Einsatz. Seit 2002 erfolgt der Umbau in ein Museum (No. 830, Yangshupu Lu; Eröffnung unbestimmt).

Nach Yangtzepoo folgten das französische Dongjiadu-Wasserwerk und die beiden chinesischen Anlagen in Zhabei (S. 374) und Pudong.

das Betreiben von Rikschas erbat, aber nicht erhielt. Diese beschlossen vielmehr, gegen ansehnliche Steuern zwanzig Lizenzen für je zwanzig Rikschas auszugeben. Da Ménard sogar das Geld für die Anschaffung wenigstens dieser zwanzig Karren fehlte – er betrieb nur zwölf –, entzogen die Stadtverwaltungen gerade ihm, dem Rikscha-Pionier, 1875 die Lizenz.

1901 brachte ein Ungar die ersten beiden Autos nach Shanghai (25 Jahre später rollten 8.800 Automobile über die hiesigen Straßen, das waren etwa die Hälfte aller Autos in China; als Höchstgeschwindigkeiten waren 15 Meilen pro Stunde innerhalb und 25 Meilen pro Stunde außerhalb der Stadt festgelegt). Am

---

Summa summarum scheinen die Anstrengungen der Stadtverwaltung zur »Zivilisierung« Shanghais nicht vergebens gewesen zu sein.

Fregattenkapitän Jerolim von Benko 1885:

Kein täuschender Vorhang

Es ist zwar nicht leicht tunlich, einen Gesamtüberblick über diese förmliche europäische Stadt des Fernen Osten zu gewinnen, weil das Terrain ein vollständig flaches, niedrig liegendes ist; aber vom Flusse aus gesehen, ist es geradezu eine ununterbrochene Reihe von prunkvollen Palästen, welche die Aussicht auf die weiter landeinwärts gelegenen Partien benimmt. Diese Paläste gehören den großen Handelsfirmen, welche sich hier zur Zeit des rapiden Aufschwunges von Shanghai sesshaft gemacht haben. Doch ist diese prunkhafte Front, welche sich am Flussufer der Fremdenstadt Shanghais hinzieht, nicht etwa nur als täuschender Vorhang zu betrachten, hinter welchem bald wieder das wohlbekannte Bild chinesischer, schmutzstarrender, winkeliger Gassen und Gässchen sich verbergen würde.

Im Gegenteile findet man auch in den rückwärtigen Partien der Fremdenstadt, obschon diese sehr reichlich von Chinesen bewohnt sind, breite, lichte, wohl erhaltene und reinliche Straßen, gut gebaute, den sanitären Anforderungen des Klimas entsprechende Häuser, Plätze und Gärten, und ein Treiben und Leben, welches zwar von der regen, nimmer ruhenden Handelstätigkeit des Platzes Zeugnis gibt, aber von dem übermäßigen Hasten und beinahe beängstigenden Drängen ziemlich frei ist, welchem man in den engen Gässchen chinesischer Stadtteile sonst überall begegnet. Hervorragende Gebäude sind in großer Zahl vorhanden; außer den schon erwähnten palastartigen Geschäfts- und Wohnhäusern der großen Firmen, sind die Dreieinigkeits-Kathedrale, die Clubgebäude, das Theater, die Freimaurer-Loge, die Bibliothek mit dem Museum, ein Hospital und das Sailors Home zugleich imposante und schöne Gebäude.

5. März 1908 fuhr erstmals eine elektrische Straßenbahn (vgl. Spaziergang 4, S. 440); Betreiber war die 1906 gegründete »Compagnie française de tramways et d'éclairage électrique«. 1909 kam eine britische Linie hinzu, 1915 erfolgte der Anschluss an die Chinesenstadt. 1930 besaß allein die französische Gesellschaft zehn Linien und 100 Straßenbahnen, ihr Passagieraufkommen stieg von 2 Mio. Fahrgästen 1907 auf 60 Mio. 1928. Dabei hatten die Chinesen der Ausbreitung der Elektrizität zunächst sehr misstrauisch gegenübergestanden – befürchteten sie doch einen negativen Einfluss auf das »Fengshui«.

Im November 1914 ging der erste O-Bus in Betrieb. Der erste »richtige« Bus wurde am 9. Oktober 1924 in den Dienst des öffentlichen Verkehrswesens gestellt. Trotz dieser Konkurrenz aus Taxis, Privatautos, Bussen, Motorrädern und Straßenbahnen brachten die Lizenzen auf den Rikschaverkehr noch in den 30er-Jahren dem Stadtsäckel der Französischen Konzession rd. 270.000 Tael und dem des Internationalen Settlements rd. 337.000 Tael p.a. 1923 sendete erstmals Shanghai Radio.

Am Bund selbst entstand währenddessen Schritt für Schritt die berühmte Skyline, darunter der pompöse deutsche Club Concordia 1907 und als britische Antwort darauf der legendäre Shanghai Club 1909/10, welcher es mit den exklusivsten Männerzirkeln in London oder New York aufnehmen konnte. Anders als in Beijing, wo kein Gebäude den kaiserlichen Palast überragen durfte, mussten die Bauherren und Architekten Größe und Höhe ihrer Vorhaben keiner Hierarchie unterwerfen.

Der deutsche Beitrag im architektonischen Völkerwettkampf

Im Jahr 1897 besetzte die deutsche Marine die Bucht von Jiaozhou (Kiautschou) und die deutschen »Neu-Kolonialisten« begannen mit dem Bau der Stadt Qingdao. Erst 1899 war es Deutschland wirklich gelungen, sich in den Kreis der Nationen einzureihen, die in China Konzessionen unterhielten. In der Folge stieg der Anteil der deutschen Geschäftsleute in China rasch an, und es entstand ein kleines kulturelles Zentrum in der Stadt: Das deutsche Generalkonsulat (1885) mit der evangelischen Kirche und der deutschen Schule (beide 1901) bildeten eine Häusergruppe an der Einmündung des Suzhou Creek in den Huangpu. Vom Konsulat aus bot sich ein hervorragender Blick über den Fluss und den Bund, an dem die Schiffe anlegten (vgl. Spaziergang 2, S. 406 ff.). Hier wurde auf einer Parkfläche 1898 das bronzene Iltis-Denkmal aufgestellt (vgl. Spaziergang 1, S. 389). 1910 lebten bereits 1.000 Deutsche in Shanghai, bei einer Gesamtzahl von rd. 15.000 Ausländern.

Eine zentrale Rolle für die »deutsche« Architektur in Shanghai spielte das Architektenteam Becker/Baedecker. Der in Schwerin geborene **Heinrich Becker** hatte nach seinem Studium in München fünf Jahre in Kairo gearbeitet und war dort von der ägyptischen Regierung mit einer hohen Auszeichnung geehrt worden. 1898 kam Becker nach Shanghai. War zuvor nur zwischen westlicher und chinesischer Architektur unterschieden worden, forderten die Bauherren seit der Jahrhundertwende typische Gebäude in »nationalen Baustilen«. Becker avancierte mit seiner »deutschen Neo-Renaissance« rasch zum ersten Architekten der deutschen Gemeinden in China. Mit ihr war der Baustil gefunden, mit dem die deutschen Kaufleute und Diplomaten einerseits ihre wachsende wirtschaftliche Bedeutung gegenüber der internationalen Konkurrenz demonstrieren konnten und der für sie zugleich ein Zeichen nationaler Identität repräsentierte. Die deutsche Neo-Renaissance stellte, so 1900 **Hermann Muthesius** (1861-1927), »den deutschen Beitrag zu einem architektonischen Völkerwettkampf« dar.

Die bedeutendsten Werke Beckers in Shanghai waren der deutsche Gartenclub und der prestigeträchtige Club Concordia (zusammen mit Carl Baedecker). Außer in Shanghai baute er in Beijing und Jinan (Tsinanfu, Provinz Shandong) mehrere Geschäftshäuser und Villen sowie mit Ausnahme von Qingdao alle Filialen der Deutsch-Asiatischen Bank. Am 4. März 1911 beendete Becker seine Tätigkeit in China und kehrte nach Deutschland zurück. Beckers Partner Baedecker war ein Studienfreund gewesen und hatte sich seine ersten Sporen als Architekt in der Stadtbauverwaltung Köln verdient, bevor er 1905 nach Shanghai gekommen war. Baedecker baute u.a. die beiden deutschen Ingenieurschulen in Shanghai und Wuhan.

Deutscher Gartenclub

Der deutsche Gartenclub (Avenue Paul Brunat, heute Huaihai Lu/Maoming Nan Lu; 1904) war das erste architektonische Beispiel von deutscher Seite dafür, dass die Ausländer – nach dem allgemein üblichen »Comprador-Stil« – nunmehr begannen, sich architektonisch abzugrenzen. Als Reaktion auf den englischen Landhausstil des britischen Country Clubs wählte Becker »deutsche Neo-Renaissance«. Konsequenterweise verunglimpften britische Journalisten den deutschen Gartenclub als »malerisch-altmodisch«.

Der Club wurde bald zu einem gesellschaftlichen Zentrum der deutschen Gemeinde. Im Sommer besuchten ihn die Mitglieder gerne zum Tennisspielen (es gab zehn Doppeltennisplätze). 1910 wurde eine große Rollschuhbahn angelegt, ein damals in Shanghai sehr beliebter Sport. Zu festlichen Anlässen erleuchteten nachts Lampions den Park. Doch mit Ausbruch des 1. Weltkrieges war der Spaß vorbei. Die französischen Behörden vereinnahmten das Gelände des Kriegsgegners. In den 20er-Jahren wurde das Gebäude für den Neubau des französischen Clubs »Le Cercle Sportif Francais« abgetragen, heute nutzt das Okura Garden Hotel das Grundstück (vgl. Spaziergang 10, S. 496 f.).

Ganz ohne Gartenclub mussten die Deutschen indes nicht leben. Wie sich etwa die 1923 in Kobe geborene **Barbara Bieling** erinnert, gab es in ihrer Jugendzeit einen deutschen Gartenclub in der Avenue Haig »mit vielen Tennisplätzen. Bei den Kommunisten wurde er zu einem ›Hochzeitsclub‹ umfunktioniert – oder war es bereits zur Zeit der Guomindang? Dafür kann ich mich allerdings nicht verbürgen. Die Zeiten nach 1945 waren so turbulent für uns, dass man sich um vieles nicht mehr kümmerte.« Inzwischen ist das Gebäude abgerissen, auf dem einstigen Grundstück No. 454, Haig Avenue (No. 670, Huashan Lu) befindet sich eine Schule.

Club Concordia

Mit der wachsenden Zahl deutscher Kaufleute war der Wunsch nach einem eigenen, repräsentativen Club gewachsen. Schließlich wurde am Bund, dem Iltis-Denkmal schräg gegenüber, ein exponiertes Grundstück erworben und Heinrich Becker beauftragt, ein entsprechendes Clubhaus zu entwerfen.

Becker leistete ganze Arbeit. Im Oktober 1904 legte **Prinz Adalbert von Preußen** (1884-1948), ein Sohn Kaiser Wilhelms II., persönlich den Grundstein auf dem mit 320 Goldmark pro Quadratmeter bislang teuersten Gelände der Stadt Shanghai (1843/44 waren die ersten Grundstücke für etwa 0,16 Goldmark pro Quadratmeter von den chinesischen Grundbesitzern an Ausländer verkauft worden; das Doppelte des üblichen Preises). Im Februar 1907 konnte es fertig gestellt werden. Vom Stil her zwar in deutscher Neo-Renaissance gehalten, hatte Becker die aus klimatischen Gründen in Asien üblichen umlaufenden Veranden integriert, sodass das Clubhaus große offene Loggien besaß. Zugleich lehnte sich der Entwurf an die alten Zunft- und Gildehäuser Deutschlands an und präsentierte sich so als traditionsbewusstes Wahrzeichen für den stark aufblühenden deutschen Handel im Fernen Osten.

Dank seines Turms von 48 Metern überragte der Club Concordia alle umliegenden Bauwerke um mehr als das Doppelte – und hielt sogar den Höhenrekord in Shanghai. Bis Mitte der 20er-Jahre blieb es das höchste, markanteste und imposanteste Haus am Bund. Die Baukosten hatten aber auch mit fast 390.000 Goldmark kräftig zu Buche geschlagen, hinzu waren 224.000 Goldmark für die Innenausstattung gekommen. Für sie hatte Carl Baedecker verantwortlich gezeichnet, und sie gehörte zum Erlesensten, was sich in Shanghai finden ließ. Selbst die Briten mussten dies eingestehen und reagierten mit dem Neubau ihres eigenen Shanghai Clubs weiter südlich 1909.

Die Freude der Deutschen an ihrem Club sollte nur zehn Jahre währen. Im Zuge des 1. Weltkrieges mussten sie China verlassen und kehrten erst 1920 ohne exterritoriale Rechte zurück. In das alte, immer noch prachtvolle Clubhaus zog

1923 die Bank of China ein, die es 1919 im Rahmen der Reparationsentschädigungen erhalten hatte und es 1934 für einen noch heute Respekt erheischenden Neubau abreißen ließ (No. 23, Zhongshan Dong Yi Lu; vgl. S. 206 bzw. Spaziergang 1, S. 391).

China Export-, Import-, Banking-Company – eine Revolution im Straßenbild Shanghais

Kurz nach Fertigstellung des Club Concordia errichteten Becker/Baedecker 1907/08 wenige hundert Meter entfernt in der Kiangsi Road (heute No. 138, Jiangxi Zhong Lu; vgl. Spaziergang 3, S. 413) das Wohn- und Geschäftshaus der China Export-, Import-, Banking-Company mit rechteckigen und bogenförmigen Fenstern und Loggien sowie einem zweigeschossigen Renaissanceportal.

Über die umliegenden Geschäftshäuser bemerkten die »Shanghaier Nachrichten« 1908: »Nachdem die ursprüngliche Bauart des freistehenden Geschäftshauses mit breiten Veranden einer weniger Platz in Anspruch nehmenden hat weichen müssen, haben ausschließlich Nützlichkeitsgründe für den Bauherren wie für den Baumeister den Ausschlag gegeben. (...) Die furchtbaren roten und grauen hohen Backsteinbauten, die seine engen Straßen erdrückend einschließen, wirken (...) abstoßend. Dass dies nicht an dem Material liegt, (...) hat ein Neubau bewiesen, der dieser Tage eingeweiht worden ist. (...) Wir können die Bauweise dieser deutschen Architekten nicht in allen Punkten unbedingt gutheißen; anerkennen aber müssen wir, dass sie (...) es verstanden haben, eine Revolution in das Straßenbild Shanghais zu bringen« (zitiert nach Warner).

Wohnhäuser

Das Erfolgsteam Becker/Baedecker baute nach dem deutschen Club Concordia auch mehrere private Villen im Stil der deutschen Neo-Renaissance, vorwiegend im grünen Westend Shanghais. Gemeinsam waren diesen Häusern die hohen, mit roten Ziegeln gedeckten Dächer und die reich verzierten Schmuckgiebel, Ecktürme, Dachreiter und Erker aus Fachwerk oder Stein sowie Loggien aus Holz. Oft wurden die Fenster farbig verglast.

Neben der stark veränderten Villa in der einstigen Avenue Joffre (No. 1131, Huaihai Zhong Lu, vgl. Spaziergang 13, S. 527) standen weitere Wohnhäuser von Becker/Baedecker in der Bubbling Well Road (»Straße des Sprudelnden Brunnen«; Nanjing Xi Lu) und in der Great Western Road (Yan'an Xi Lu).

SHANGHAI ZWISCHEN REVOLTE UND GLAMOUR

In den ersten drei Jahrzehnten des 20. Jahrhunderts entwickelte sich Shanghai zum Kristallisationszentrum der wichtigsten politischen und gesellschaftlichen Bewegungen des Landes. Nirgendwo sonst trafen die Gegensätze zwischen westlichem Imperialismus und chinesischem Nationalismus, zwischen Reich und Arm so schonungslos aufeinander wie hier.

Keine einzige Familie hat die Geschicke des Landes dabei so geprägt wie die Familie Song.

Die Song-Dynastie

Charlie Song – der verdrängte Revolutionär

Charlie Song kam 1866 als Sung Chiao Shun (hochchinesisch: Song Yao Ru) in einer armen Händler-Familie auf der südchinesischen Insel Hainan zur Welt. Noch als Teenager wurde er zu einem Onkel nach Boston geschickt, um in dessen Teegeschäft zu arbeiten. Dort rannte er weg und versteckte sich als blinder Passagier auf einem Boot der Küstenwache. Der zutiefst fromme Kapitän nahm sich seiner an – und innerhalb nur weniger Tage wurde aus Sung Chiao Shun der getaufte Christ Charles Jones Son. Charlie fand bald in **Julian Carr** (1845-1924) einen hochvermögenden philanthropischen Gönner, der ihm eine Ausbildung zum Priester finanzierte, damit der junge Chinese als Missionar in seine Heimat zurückkehren könne.

Das sagt die Legende. Wie Sterling Seagrave recherchierte, ist an ihr manches nicht ganz korrekt. So etwa der Name: Charlie Song wurde nicht als Sung Chiao Shun geboren, sondern als Han Chia Shun. Zu »Son« kam er wohl aufgrund eines Übertragungsfehlers während der Überfahrt – und so lebte Chiao Shun offensichtlich unter einem Pseudonym in den Staaten. Er behielt es, abgesehen davon, dass er ihm später in Shanghai zwecks besserer Aussprache ein »g« hinzufügte, bis an sein Lebensende bei. Dies mag eher nebensächlich sein. Viel entscheidender für seine Zukunft war: Sein Vater war kein ganz armer Händler, sondern besaß Schiffe und unterhielt Handelskontakte nach Südostasien. Und nicht nur das. In die Wiege gelegt hatte Charlie Song seinen Aufstieg zu einem der bedeutendsten Männer Shanghais zwar niemand. Aber die guten Kontakte seiner Familie zu den wichtigsten südchinesischen Geheimgesellschaften seiner Zeit halfen zweifellos, manchen Stein aus dem Weg zu räumen. Charlies Vater gehörte der Führungsriege der lokalen Chiu-Chao-Bruderschaft an, sein Bruder engagierte sich in deren Südostasiengeschäften. Die Chiu-Chao-Bruderschaft besaß einen potenten Stützpunkt im Internationalen Settlement.

Nach abgeschlossenem Studium, zuletzt in Vanderbilt, und nachdem er mit 19 Jahren zum Diakon ordiniert worden war, kehrte Charlie 1886 nach China zurück. Bischof Holland N. McTyeire, Kanzler der Universität und Beauftragter der Southern Methodist Mission in China, schickte ihn nach Shanghai, aber nicht als Lehrer an das Anglo-Chinesische College, sondern an eine abgelegene methodistische Schule in Wusong (wo **Hu Shi**, 1891-1962, der Initiator der chinesischen »Literaturrevolution« zu seinen Schülern gehörte; vgl. Kapitel »Shanghais Literaturszene setzt Maßstäbe«, S. 161 ff.). Offenbar trauten die Verantwortlichen der methodistischen Kirche einem »denationalisierten« Chinesen nicht mehr zu.

In der Tat fühlte sich Charlie, der in den USA amerikanische Lebensformen angenommen hatte, mehr als Ausländer als als Chinese. Hinderlich wirkte zudem sein südchinesischer Dialekt, über den nicht nur seine Schüler lachten. Zu diesen Schwierigkeiten kam eine denkbar schlechte Bezahlung, 15 US-Dollar im Monat Gehalt, das genügte für einen Junggesellen in Kunshan in der Provinz, wohin Charlie nach sechs Monaten Wusong versetzt wurde, kaum aber mit Familie und in der Stadt. Im Sommer 1887 heiratete Charlie auf Vermittlung seines Bostoner Kommilitonen und späteren Schwagers, S.C. New, **Ni Guizhen** (Ni Kwei-tseng, 1869-1931). Guizhen entstammte einer der ältesten christlichen Grundbesitzerfamilien Chinas. Die Nis führten ihre Ahnenreihe auf einen Premierminister der Ming-Dynastie zurück, welcher schon 1601 von dem Jesuiten Matteo Ricci zum Christentum bekehrt worden war. Doch trotz ihres hohen gesellschaftlichen Status´ und ihres Vermögens war es der Familie nicht gelungen, für Tochter Guizhen wegen ihrer »großen Füße« und ihrer westlichen Ausbildung (man stelle sich vor, sie spielte Klavier und lernte Mathematik!) einen gleichwertigen Partner zu finden – sie musste sich daher, zumal sie mit ihren 19 Jahren schon relativ alt war, mit dem »Emporkömmling« aus Hainan zufrieden geben. Für Charlie brachte seine Heirat den Eintritt in die wohlhabende Shanghaier Upper Class, und 1888 wurde er auf Empfehlung seiner Schwäger New und Wen in die in den 90er-Jahren bedeutsame Geheimgesellschaft Hong Bang aufgenommen.

1889 beorderte die methodistische Kirche Charlie Song zurück nach Shanghai. Charlie brauchte Geld, denn Guizhen war schwanger. 1890 wurde ihr erstes Kind geboren, ein Mädchen, **Ailing**. Am 27. Januar 1893 folgte eine zweite Tochter, **Qingling**. Damals wohnte die Familie in einem kleinen Haus in Chuan Sha County (heute No. 74, Nanshi Road; nicht erhalten, Wiederaufbau geplant).

Insgesamt hatten Charlie und Guizhen sechs Kinder. Vier von ihnen, die drei Töchter Ailing, Qingling und die am 5. März 1897 zur Welt gekommene **Meiling** sowie der älteste Sohn, der am 4. Dezember 1894 geborene **T.V. Song**

(Song Ziwen), sollten unter dem Begriff »Song-Dynastie« in die chinesische Geschichte eingehen. Ein Foto der gesamten Familie ist in »Song Qingling's Residence in Shanghai« ausgestellt (No. 1843, Huaihai Zhong Lu, täglich 9 bis 16:30 Uhr, Tel.: 64 74 71 83, vgl. Spaziergang 13, S. 534).

Charlie nutzte seine amerikanischen Kontakte und baute sich neben seiner missionarischen Arbeit ein zusätzliches Standbein als Bibeldrucker für die American Bible Society auf. Zwischen 1891 und 1892 kaufte er aus der Mitgift seiner Frau, mit dem Kapital seiner Schwäger und mit Hong-Bang-Krediten mehrere Druckmaschinen sowie ein heruntergekommenes Lagerhaus. Seine neue Firma nannte er Sino-American Press (Hua-Mei Shu Kuan) und beendete im Frühling 1892 seine Arbeit für die Southern Methodist China Mission. Mit Bibeln ließ sich zwar kein Vermögen verdienen, doch bald nutzte er seine Kapazitäten zum wesentlich lukrativeren Nachdruck westlicher Fachpublikationen. Darüber hinaus wurde er Comprador für die Getreidemühlen der im Nudelgeschäft reich gewordenen Familie Foo Fong und Handelsagent für importierte Maschinen seines amerikanischen Gönners Julian Carr.

In Hongkou erwarb Charlie Song ein komfortables Wohnhaus und pflanzte, in Erinnerung an seine südchinesische Heimat, Kokospalmen davor. Im Obergeschoss gab es vier Schlafräume und zwei Bäder mit großen drachengeschmückten Badewannen und fließendem kalten Wasser. Heißes Wasser kam aus der Küche. Alle Räume waren mit Öllampen beleuchtet – und es gab – als das Feinste vom Feinen – Betten mit westlichen Matratzen (heute No. 530, Yuhang Dong Lu, nicht erhalten).

Neben diesem offiziellen Geschäftsleben agitierte Charlie im Geheimen für die Mandschu-feindliche Hong Bang. Entscheidend für ihn, seine Familie und für China wurde seine Bekanntschaft mit Sun Yatsen 1894.

Sun war als Sohn armer Bauern am 12. Oktober 1866 in Cuiheng in der Provinz Guangdong geboren worden. 1879 wanderte er mit seinem älteren Bruder nach Honolulu aus, wo er eine anglikanische Missionsschule besuchte. In dieser Zeit trat er zum Christentum über. 1886 ging er nach Kanton, später nach Hongkong und wurde Arzt. Da sein Abschluss nicht anerkannt wurde, gab es für ihn in Südchina nur wenige Möglichkeiten, sein Wissen einzusetzen. 1894 entdeckte Sun seine Berufung zum Revolutionär und gründete die »Vereinigung zur Wiederherstellung Chinas« (Xing zhong hui).

Charlie fühlte sofort große Sympathie mit dem jungen Sun, der wie er im Ausland ausgebildet worden war, sich zum Christentum bekannte und sich fortschrittlichen Ideen verschrieben hatte – und wurde Mitglied in dessen gegen die Mandschu-Herrschaft gerichteten Geheimgesellschaft. Für diese betätigte er sich als Schatzmeister und Geldauftreiber. In seiner Druckerei, in der tagsüber Bibeln produziert wurden, entstanden nachts aufrührerische politische Flugblätter.

Nach seinem ersten erfolglosen Aufstandsversuch 1895 musste Sun Yatsen nach Japan fliehen. Dort legte Sun sich den japanischen Decknamen »Nakayama Cho« zu. Auf Chinesisch entsprechen die zugehörigen Schriftzeichen » 中 山 樵 « für »Zhongshan Sun« dem Namen, unter dem er bis heute in China bekannt ist. Über die nächsten fünfzehn Jahre nahm er als »Nakayama Cho« an zahlreichen Verschwörungen gegen die Qing-Herrschaft teil, die jedoch alle scheiterten. Von Japan aus reiste er in die USA, nach Großbritannien und in andere westliche Länder, um Gelder zu sammeln und sein Wissen über westliche Regierungsformen und Politiktheorie zu erweitern. Sein revolutionäres politisches Programm sah den gewaltsamen Sturz der Qing-Dynastie und den Aufbau einer Republik nach den »Drei Prinzipien des Volkes« (Nationalismus, Demokratie, soziale Neugestaltung) vor. Unter diesen Prinzipien verstand er vor allem die Wiederherstellung der wirtschaftlichen und politischen Unabhängigkeit Chinas (besonders die Aufhebung der »Ungleichen Verträge«), Regierung durch das Volk und eine Bodenreform. Erstmals geriet der exilierte Revolutionär 1896 in das Blickfeld der Weltöffentlichkeit, als Diplomaten der Qing-Dynastie in London versuchten, ihn zu entführen und zurück nach China zu verfrachten. Die Presse bekam Wind von der Angelegenheit und erzwang die Freilassung des über Nacht berühmt gewordenen Gefangenen. Nach dem überstandenen Abenteuer bekam Sun von einem englischen Freund eine Pistole geschenkt. Die 6,35-mm-Browning zählt zu den Glanzstücken des Shanghaier Polizeimuseums (obwohl ihr Suns mit Perlmuttgriff und 24-karätigem Gold verzierte Schmuckpistole quasi die »Show« stiehlt; Shanghai Museum of Public Security, No. 518, Ruijin Nan Lu, montags bis samstags, 9 bis 16 Uhr, Tel.: 64 72 02 56).

Mit der Revolutionären Allianz 1905 in Tokyo tat Sun Yatsen den ersten Schritt weg von der traditionellen chinesischen Geheimgesellschaft zur politischen Partei. Von der chinesischen Regierung zur unerwünschten Person erklärt, musste er seinen Aufenthaltsort in den asiatischen Nachbarstaaten immer wieder ändern. Von Hanoi aus zettelte er eine Rebellion in der an Vietnam grenzenden Provinz Yunnan an. 1909 bis 1911 hielt er sich vorwiegend in den USA auf.

Charlie Song engagierte sich währenddessen unermüdlich für die Sache seines Freundes, er reiste für ihn 1905/6 in die USA, um von den dortigen Auslandschinesen und seinem Freund Carr Millionen für die Revolution loszueisen, seine Druckerei wurde zu einem Hauptquartier der Linken (und ging während des japanischen Angriffs auf Zhabei 1932 in Flammen auf), Charlie war an Suns Seite, als er 1912 zum ersten Präsidenten der Republik China gewählt wurde, aber auch als er – ausmanövriert von **Yuan Shikai** (1859-1916) nach der missglückten »Zweiten Revolution« – 1913 wieder einmal nach Japan fliehen musste (vgl. Kapitel »Yuan Shikai oder das Ende eines Traums vom Neuanfang«, S. 137 ff.). Vorübergehend ließ sich der Song-Clan in Yokohama nieder.

Die zweite Generation

Charlie wollte, dass seine Töchter ebenso selbstbewusst und eigenständig würden wie die amerikanischen Frauen, die er in seiner Jugend kennen gelernt hatte – und entsprechend erzog er sie. Ailing war das erste chinesische Mädchen in Shanghai, das ein eigenes Fahrrad besaß. Mit ihm radelte sie zum Entsetzen der chinesischen Nachbarn den ganzen Weg von zu Hause die Felder entlang über die Garden Bridge bis in die Internationale Niederlassung. Die Song-Mädchen besuchten die methodistische McTyeire-Schule (benannt nach dem ehemaligen »Chef« ihres Papas; vgl. S. 100) in der Yunnan Lu, in der fast alle Töchter der chinesischen Shanghaier Oberschicht ihre Ausbildung erhielten.

Im Gegensatz zu ihren Klassenkameradinnen stand bei ihnen nach der Schule als nächster Schritt nicht die Heirat an, sondern das College – und auch nicht irgendeines, sondern eines in den USA. Die vierzehnjährige Ailing war die erste Chinesin überhaupt, die sich an einem amerikanischen College einschrieb, nämlich 1904 am Wesleyan College for Women in Macon, Georgia. Vier Jahre später folgte die fünfzehnjährige Qingling ihrem Beispiel. Meiling, die mit ihren zehn Jahren eigentlich noch zu jung war, bestand darauf, ihre beiden Schwestern zu begleiten. Das hochintelligente und verwöhnte Mädchen war es von klein auf gewohnt, ihren Willen durchzusetzen. In Wesleyan erreichte sie, dass extra für sie eine Vorbereitungsklasse aus nur drei Mädchen eingerichtet wurde, an der auch die Tochter des College-Präsidenten teilnahm. Qingling ihrerseits wurde bald für ihren Fleiß und ihre patriotische Gesinnung bekannt. Als ihr Vater ihr 1911 die neue Fahne der Republik China zusandte, riss sie zum Erstaunen ihrer Zimmergenossinnen die Drachenfahne der Qing-Dynastie von der Wand des Schlafsaales und, auf ihr herumtrampelnd, rief sie: »Nieder mit dem Drachen! Hoch die Fahne der Republik!«

Ailing war bereits 1910 nach Shanghai zurückgekommen. In der ersten Zeit unterstützte sie ihren Vater dabei, Gelder für die Revolution zu sammeln. Nach der triumphalen Rückkehr Sun Yatsens nach China 1911 wurde sie dessen Sekretärin. Während des Exils in Japan 1913 traf Ailing den vor dem Diktator Yuan Shikai kurz zuvor geflohenen **H.H. Kong** (Kong Xiangxi, 1881-1967) wieder. Kong entstammte einer reichen Geldverleiherfamilie aus Shanxi, die ihre Ahnenreihe bis auf Konfuzius zurückführte. Nach dem Boxeraufstand hatte sich Kong in erfolgreichen Verhandlungen mit dem alliierten Kontingent seine ersten Sporen verdient. Es war ihm gelungen, die alliierten Truppen von einem Rachefeldzug gegen seine Heimatprovinz abzuhalten. Als Auszeichnung war er durch den Hof zum Studium nach Oberlin und Yale in die USA geschickt worden, wo sich Kong und Ailing 1906 in New York kennen gelernt hatten. Die Heirat fand im September 1914 im Yokohamaer Exil statt.

Qingling, die mittlerweile ebenfalls ihr Collegestudium in Wesleyan beendet hatte, übernahm Ailings Stelle als Sekretärin für Sun. Die zu diesem Zeitpunkt Einundzwanzigjährige war zweiundzwanzig Jahre jünger als der mittlerweile weltberühmte Revolutionär. Sun war ihr Idol. Zwischen beiden entspann sich eine romantische Beziehung. Völlig überraschend traf sie daher der Entschluss ihres Vaters Charlie, mit der Familie nach Shanghai zurückzukehren. Er wählte aus Sicherheitserwägungen ein eher bescheidenes Backsteinhaus an der Avenue Joffre in der Französischen Konzession, sicher vor dem Zugriff der chinesischen Gerichtsbarkeit und unter der »Schutzherrschaft« der Hong Bang, deren Kopf, **Pockennarben-Huang** (Huang Jinrong, 1868-1953) zugleich Chef der französischen Polizei war. Kurz nach dem Umzug wurde die förmliche Verlobung Qinglings mit einem jungen Mann aus gutem Hause bekannt gegeben. Qingling rebellierte. Als alle Versuche, ihren Vater umzustimmen, scheiterten, ergriff sie die Flucht.

Später sagte sie gegenüber **Edgar Snow** (1905-1972): »Ich war nicht verliebt ... Ich wollte dazu beitragen, China zu retten, und Dr. Sun war der richtige Mann dazu, also wollte ich ihm helfen. Auf meinem Weg nach Hause vom Wesleyan College traf ich ihn im Exil in Tokyo und bot ihm meine Unterstützung an. Bald benachrichtigte er mich in Shanghai, dass er mich in Japan benötige. Meine Eltern wären niemals einverstanden gewesen und schlossen mich ein. Aber ich stieg aus dem Fenster und entkam mit Hilfe meiner Amah.« In Tokyo hatte Sun in aller Eile die notwendigen Vorbereitungen für eine Hochzeit – einschließlich der Scheidung von seiner ersten Frau – getroffen. Charlie Song folgte seiner Tochter nach Tokyo. Doch er kam zu spät. Seine Versuche, die Heirat, welche am 25. Oktober 1915 stattgefunden hatte, annulieren zu lassen, schlugen fehl. Nach schwersten Anschuldigungen gegen Sun, dem er vorwarf, sein Vertrauen missbraucht zu haben, brach Charlie die Kontakte mit dem jungen Paar ab. Erst 1918, wenige Monate vor seinem Tod und anlässlich eines Besuchs seines Freundes Carr in Shanghai – Sun Yatsen und Song Qingling hatten bereits ihr Haus in der Rue Molière bezogen – entwickelte sich wieder ein gesellschaftlicher Umgang.

Als Meiling 1917 aus den USA zurückkam, waren die Wellen um die skandalöse Heirat zwischen ihrer Schwester und Sun gerade abgeebbt. Die Songs lebten nach wie vor in dem Haus an der Avenue Joffre. Für große Banquette war es zu klein. Auch sonst genügte es nicht ihren Ansprüchen. Meiling bekniete ihren Vater beständig, in ein angemesseneres Domizil umzuziehen. Einem Freund, der Charlie einmal um Rat fragte, ob er seine Tochter zur Ausbildung in die USA gehen lassen solle, soll er daher geantwortet haben: »Schick' deine Kinder nicht ins Ausland. Wenn sie zurückkommen, ist ihnen nichts mehr gut genug ... ›Papa, warum haben wir kein größeres Haus? Papa, warum haben wir kein modernes

Badezimmer?‹ Hör auf meinen Rat, behalte deine Kinder zu Hause!« Ein Umzug der Familie erfolgte in der Tat erst nach Charlies Tod in eine großzügige Villa an der Seymour Road (vgl. Spaziergang 11, S. 505). Nicht nur die Mädchen, auch ihr Bruder T.V. Song genoss eine ausgezeichnete Ausbildung (die anderen beiden Brüder taten sich intellektuell weniger hervor). Da es keine methodistische Knabenschule in Shanghai gab, hatte er zunächst Privatunterricht zu

---

Wer wohnte wo?

Villa der Familie Song an der Seymour Road: Nach Charlie Songs Tod im Mai 1918 zog die Familie Song in die damalige Seymour Road (heute No. 369, Shaanxi Bei Lu; vgl. Spaziergang 11, S. 505). In der großzügigen Villa mit Garten fand am 1. Dezember 1927 die christliche Trauungszeremonie für Song Meiling und Chiang Kaishek statt (nachdem das Paar vom Pfarrer der Jingling-Kirche eine »Abfuhr« erteilt bekommen hatte, vgl. Spaziergang 7, S. 470 f.).

T.V. Songs Villen: T.V. Song besaß mehrere Villen. In der schönsten – die neben Song auch ausgiebig von seinem Schwager Chiang und der Schwester Meiling genutzt wurde – befindet sich heute das Restaurant »Sasha's« (No. 11, Dong Ping Lu, Tel.: 64 74 66 28). Daneben nannte er ein großzügiges Anwesen im Landhaus-Renaissance-Stil in der heutigen Yueyang Lu No. 145 sein eigen. Das zweistöckige Gebäude mit dem weitläufigen Garten ist von einer hohen Mauer umgeben, die die heutige Universität für pensionierte Kader vor neugierigen Blicken schützt.

Chiang Kiasheks Villa: Mit seiner Frau Meiling und zeitweise neben seinem Schwager T.V. Song residierte Chiang Kaishek in einer Villa in der Nähe der noblen Avenue Haig (Hengshan Lu; No. 9, Dongping Lu; heute eine Schule). Ursprünglich war »Ai Lu« oder »Love Cottage« das Hochzeitsgeschenk T.V.s an seine Schwester Meiling gewesen.

H.H. Kongs Villen: Eine extravagante Villa im spanisch-arabischen Stil ließ H.H. Kong 1924 für sich und seine Frau Ailing im gerade neu erschlossenen Viertel um die damalige North Szechuan Road und Darroch Road (Duolun Lu) erbauen. Die denkmalgeschützte Villa steht heute leer und hätte eine Renovierung bitter nötig (No. 250, Duolun Lu; vgl. Spaziergang 8, S. 477). Bei einem Haus blieb es selbstverständlich nicht. 1935 folgte in unmittelbarer Nachbarschaft zu Schwager Chiang eine europäische Villa (No. 7, Dongping Lu; Zugang über No. 9, Dongping Lu); von 1926 stammt ihr Anwesen No. 383, Yongjia Lu im englischen Landhausstil, das sie 1935 von dem britischen Vorbesitzer erwarben.

Hause erhalten. Im Anschluss besuchte er die Shanghaier St. John's University, bevor er zum Wirtschaftsstudium nach Harvard geschickt wurde.

Charlie Song starb am 3. Mai 1918 überraschend an Magenkrebs. Da zuvor nichts über Gesundheitsprobleme bekannt war, gibt es Zweifel an dieser Version. Nachdem er Sun Yatsen fallen gelassen hatte, war er bei dessen Anhängern in Ungnade gefallen. Sein Tod wurde später so tabuisiert, dass selbst über das Jahr seines Ablebens unterschiedlichste Angaben von 1918 bis 1928 kursierten.

Während sich Qingling in den kommenden Jahrzehnten immer mehr den Kommunisten und anderen linksgerichteten Strömungen zuwandte, setzten ihre Geschwister auf die Nationalisten und ihren Führer Chiang Kaishek. Hinter Chiang standen das Militär, die Shanghaier Finanziers und nicht zuletzt die ausländischen Mächte, für die Chiang mittlerweile als kapitalistischer »Law-and-order«-Politiker zum akzeptablen Partner avanciert war. Der Aufstieg des Song-Clans war in der Folge eng verknüpft mit der politischen Karriere Chiang Kaisheks. Ailing, nach außen konservative Ehefrau und Mutter, wurde bald zur reichsten Frau Chinas, nicht zuletzt über Spekulationsgeschäfte am Finanzmarkt, wobei sich Insider-Informationen ihres Ehemannes H.H. Kong und ihres Bruders T.V. Song, welche unter Chiangs Nationalregierung im Wechsel den Posten des Finanzministers bekleideten, sowie ihre Freundschaft mit dem Chef der Shanghaier Unterwelt, Du Yuesheng, als äußerst nützlich erwiesen. Ailing galt ferner als treibende Kraft für die Heirat zwischen ihrer jüngsten Schwester Meiling und Chiang Kaishek 1927. Damit gelang es ihr, das Vermögen der Kongs mit dem kommenden starken Mann Chinas zu verbinden. Für die eitle Meiling spielte bei ihrem »Ja« nicht zuletzt der Wunsch eine Rolle, ihre Schwester Qingling auszustechen. Nicht grundlos hieß es bald über die drei Song-Töchter: »Eine liebte die Macht. Eine liebte den Ruhm. Und eine liebte ihr Land.«

T.V. Song, der sich von der Macht des Geldes genauso angezogen fühlte wie seine beiden Schwestern, gab sich als moderner Geschäftsmann. Unter Chiang kontrollierte T.V. die chinesische Zentralbank. Im Volksmund hieß sie bald nur noch die »Song Bank«. Seine Position erlaubte es ihm, ein derartiges Vermögen anzuhäufen, dass er zeitweilig als der reichste Mann der Welt galt. Politisch brachte T.V. es trotz größter Streitigkeiten mit dem Generalissimo vom Finanz- zum Außen- und sogar zum Premierminister.

Nach Chiang Kaisheks Flucht 1949 nach Taiwan setzten sich Ailing, H.H. Kong und T.V. Song in die USA ab. Sie hatten nicht zuletzt aus den amerikanischen Hilfszahlungen während des 2. Weltkrieges und in den anschließenden Bürgerkriegsjahren Milliardenbeträge für private Zwecke abgezweigt und dort angelegt. H.H. Kong starb 1967 im Alter von 87 Jahren in New York, Ailing sechs Jahre später mit 85. T.V. Song erlag mit 77 in San Francisco einer Herzattacke. Der Generalissimo verschied mit 87 Jahren in Taiwan am 5. April 1975 – Grund genug für Meiling, die von ihrem Stiefsohn **Chiang Ching-kuo** (1908-1988) politisch ausmanövriert worden war, Taiwan den Rücken zu kehren und ihren Wohnsitz nach New York zu verlegen. Sie verstarb dort am 24. Oktober 2003 im Alter von 106 Jahren. Mit Song Meilings Tod endete eine Familien-Saga.

Anmerkung: Als »letzte der Sun-Sippe« lebt seit 1996 **Nora Sun** wieder in Shanghai. Ihr Vater war der einzige Sohn Sun Yatsens, Sun Ke, ihre Mutter dessen zweite Frau, **Lan Ni** (1911-1996), eine schillernde Party-Legende der 30er/40er. Die ehemalige US-Diplomatin sieht sich eindeutig mehr als erfolgreiche Geschäftsfrau denn als »Nur-Enkelin«. Tatsächlich hat sich der berühmte Republikgründer nach seiner Verbindung mit Song Qingling kaum noch um seine erste Gattin und ihre gemeinsamen Kinder gekümmert.

Qinglings Sonderweg

Eine der schärfsten Gegenspielerinnen Chiangs blieb zeit ihres Lebens Suns Witwe, Song Qingling. Um ihre Missachtung für die Politik ihres Schwagers zum Ausdruck zu bringen, verließ sie nach dem Shanghai Massaker 1927 Hankou (heute zu Wuhan), den Sitz des linksgerichteten Flügels der Guomindang. Zunächst ging sie für mehrere Monate nach Moskau, später nach Deutsch-

Die Liga für Menschenrechte empfängt George Bernhard Shaw bei seinem Besuch in Shanghai, 1933: Agnes Smedley, George Bernhard Shaw, Song Qingling, Cai Yuanpei, Harold Isaacs, Lin Yutang, Lu Xun (von links nach rechts)

land, wo sie junge Chinesen um sich zu scharen verstand, mit denen sie die Möglichkeiten einer neuen Partei auszuloten suchte. Diese sollte sowohl von der Guomindang als auch von den Kommunisten unabhängig sein. Erst 1931 kehrte Song Qingling wieder nach Shanghai zurück. In ihrem Haus in der Rue Molière zählten nahezu alle wichtigen chinesischen Autoren und intellektuellen aus-

---

Aus Lin Yutang: Ein wenig Liebe ... Ein wenig Spott

Plauderei mit Bernhard Shaw

Eines Tages schaute Bernhard Shaw in Schanghai hinein und am andern Tag schaute er wieder heraus. Am Morgen seiner Ankunft brachten die Zeitungen die Nachricht, der Rotaryklub hätte beschlossen, Bernhard Shaw zu ignorieren, und ihn unbemerkt vorbeiziehen zu lassen. Der Grundgedanke war der, dass sich natürlich Bernhard Shaw so außerordentlich darüber kränken würde, vom Rotaryklub übergangen worden zu sein, dass er seinen Ruf niemals wieder zurückgewinnen könne. Das war natürlich sehr klug gedacht vom Schanghaier Rotaryklub (...).

Auf jeden Fall hatte Shaws Erscheinen in der guten Gesellschaft in Schanghai einen solchen Schrecken hervorgerufen, weil er von den Hongkong-Studenten verlangt hatte, sie sollten den Kommunismus studieren, sodass nun die gesamte Schanghai-Presse seine Ankunft an diesem Morgen verheimlichte, aus lauter Furcht, mit ihm in Kontakt zu kommen. (...)

Es war die Stunde des Tiffin in Madame Sun-Yatsens Salon. Shaw saß im Armstuhl beim Kamin, vollkommen gut gelaunt und in bester Gesundheit. Man sah seine kleinen hellblauen Äuglein jene spöttischen teuflischen Gedanken widerspiegelnd, die wie Kobolde in seinem Gehirn hin- und herhüpften und im Innern dieser mephistophelischen Stirn allerhand Possen trieben. Wenn ein Engländer neben dem Feuer sitzt, so ist es ihm ganz und gar wohl, und so war es auch mit Shaw. Dr. Tsai und Madame Sun waren bereits anwesend, etliche andere Gäste waren noch nicht da, und so plauderten wir aufs Geradewohl. (...) Nach dem Tiffin ging die Gesellschaft in den Garten hinaus. Die Nachmittagssonne schien prächtig auf Shaws Haupt und auf seine hohe Gestalt. Dies war wenigstens für diese Jahreszeit ungewöhnlich für Schanghai, und man konnte nicht umhin zu denken, dass nun Shaw entschieden eine bessere Ansicht von dieser Stadt bekomme, als sie es verdiente.

»Sie können sich glücklich preisen, die Sonne in Schanghai zu sehen«, sagte jemand zu ihm. »Oh, es ist nichts Besonderes«, sagte ich und versuchte historisch zu sein. »Die Sonne schien bereits im Jahr 1905 in Schanghai und dann wieder im Jahr 1923.« »Durchaus nicht«, antwortete der irische Witzbold, »im Gegenteil ist die Sonne glücklich, Bernhard Shaw in Schanghai zu sehen.«

ländischen Besucher der Stadt zu ihren Gästen, von **George Bernard Shaw** (1856-1950) bis zu **Rabindranath Tagore** (1861-1941).

Während dieser Jahre wurde Song Qingling streng überwacht. Als sie wieder einmal ein Telegramm nach Europa gesandt hatte, in dem sie die blutigen Machenschaften ihres Schwagers verurteilte, erhielt sie Besuch von einem offiziellen Guomindang-Vertreter: »Wenn sie nicht Madame Sun wären, dann würden wir sie jetzt umbringen«, drohte er. Sie antwortete: »Und wenn ihr die Revolutionäre wäret, die ihr vorgebt zu sein, dann würdet ihr euch einen Dreck darum scheren.«

Qingling galt bis zuletzt als die Grande Dame der Revolution. Zusammen mit **Cai Yuanpei** (1868-1940, Vize-Vorsitzender) und **Yang Xingfo** (Yang Quan, 1893-1933; Sekretär) gründete sie am 29. Dezember 1932 die Liga für Menschenrechte (Zhongguo Minquan Baozhang Tongmen) und übernahm deren Vorsitz. Der konservative Cai hatte das GMD-Regime ursprünglich unterstützt, wollte dann aber die offenkundigen Brutalitäten nicht mehr mittragen. Als weitere bedeutende Mitglieder stießen wenig später **Lu Xun** (1881-1936), Hu Shi und **Agnes Smedley** (Shimo Telai, 1892-1950) dazu (vgl. Kapitel »Shanghais Literaturszene setzt Maßstäbe«, S. 161 ff.).

Am 13. Mai 1933 übergab eine Abordnung der Liga dem geschäftsführenden deutschen Konsul **Richard Behrend** (1889-1956) ein Schreiben, in dem sie gegen den Antisemitismus in Deutschland protestierte. Dieser Vorgang fand aufgrund der hohen Popularität der Liga-Mitglieder in der gesamten Shanghaier Presse großes Echo: Das Schreiben wurde teils in Auszügen, teils vollständig abgedruckt. Darin hieß es: »Die größten Wissenschaftler wie Dr. Albert Einstein, Magnus Hirschfeld und Tausende anderer werden verfolgt und ins Exil getrieben. Andere wie Lion Feuchtwanger und der Nobelpreisträger Thomas Mann haben das Land verlassen müssen ... Großen Künstlern wie Max Liebermann und Käthe Kollwitz und großen Komponisten und Dirigenten wie Bruno Walter ist jede Wirkungsmöglichkeit genommen, sie werden schikaniert, und ihre Werke werden zerstört und verbrannt ... Wir protestieren gegen diesen furchtbaren Terror ...« (zitiert nach Birnie Danzler).

Behrend erklärte die Vorwürfe für haltlos. Die deutsche Gemeinde und die Deutsche Handelskammer bezeichneten das Protestschreiben als »lächerlich« und als »niedrigste Verleumdung«. Besonders verärgert waren die Deutschen über Cai Yuanpeis Teilnahme, schließlich war er Ehrenvorsitzender des Deutsch-Chinesischen Verbandes. Gesandschaftsrat **Martin Fischer** (1882-1961): »Man (...) wundert sich nicht darüber, dass Frau Sun Yat-sen sich in ihrer sentimentalen Urteilslosigkeit für solche Dinge hergibt, verdenkt es aber Tsai Yüan-pei, dass er sich immer wieder von allen möglichen politischen und journalistischen Freibeutern ins Schlepptau nehmen lässt« (zitiert nach Freyeisen; eine Holzschnitt-

Übergabe des Protestschreibens am 13. Mai 1933 an den deutschen Generalkonsul Behrend durch Song Qingling, Cai Yuanpei, Lu Xun und Yang Xingfo. **Zhao Yannian** (geb. 1924) hielt den denkwürdigen Moment 1956 fest, allerdings ohne den nach Taiwan entflohenen und daher in Ungnade gefallenen Lin Yutang. Des Weiteren fehlen Agnes Smedley und **Harold Isaacs** (1910-1986). Spätere Abbildungen zeigen den Holzschnitt überdies oft mit wegretuschiertem Hakenkreuz.

Der Holzschnitt ist Teil einer Serie von Werken, die die ostchinesische Künstlervereinigung Huadong anlässlich des 20. Todesjahrs Lu Xuns anfertigen ließ. Die Künstler konnten aus verschiedenen Stationen aus dem Leben des Dichters auswählen. Dabei hatten diejenigen von außerhalb Shanghais den Vorrang – für den in Shanghai ansässigen Zhao Yannian blieb nur dieses Sujet sowie »Leaving home« übrig. Zhao verzichtete nach eigener Aussage auf die Darstellung der beiden Ausländer Smedley und Isaacs, weil er ihre historische Bedeutung zu jenem Zeitpunkt noch nicht klar sah – und er den Gegensatz zwischen den Figurengruppen »Ausländer« und »Chinesen« schärfer hervorheben wollte.

Obwohl Zhao Yannian Lu Xun nie persönlich kennen gelernt hat, gehört er zu den großen Vertretern der von Lu 1931 ins Leben gerufenen »Bewegung des Neuen Holzschnitts«. Der aus Suzhou stammende Künstler hat sich insbesondere mit Illustrationen von Lus dichterischem Werk einen Namen gemacht.

Kopie der Übergabe des umstrittenen Schreibens hängt in der Cai-Yuanpei-Gedenkstätte, vgl. Spaziergang 5, S. 442 f.; das hier gezeigte Original gehört Botschafter Wolfgang Röhr, der es freundlicherweise zur Verfügung stellte; Fotograf: Jan Siefke).

> ### Song Qinglings Häuser
>
> Für Song Qingling gibt es in Shanghai zwei »Haupt-Anlaufstellen«, zunächst das Haus in der früheren Rue Molière, in dem sie von Januar 1920 an mit ihrem Mann und auch noch nach dessen Tod bis zur japanischen Besetzung Shanghais 1937 lebte (»Sun Yat-sen Memorial Residence in Shanghai«, No. 7, Xiangshan Lu, täglich 9 bis 16 Uhr, Tel.: 64 37 29 54; vgl. Spaziergang 9, S. 483), sowie ihr Wohnhaus in der Huaihai Zhong Lu, in dem sie ab 1949 die meisten ihrer Shanghaier Aufenthalte verbrachte (»Song Qingling's Residence in Shanghai«, täglich 9 bis 16:30 Uhr, Tel.: 64 74 71 83, vgl. Spaziergang 13, S. 534).
>
> Zu ihrem 110. Geburtstag wurde dort am 27. Januar 2003 ein Denkmal von ihr enthüllt.
>
> Darüber hinaus wohnten Song Qingling und Sun Yatsen vorübergehend nach ihrer Rückkehr aus Japan bis zum Umzug in die Rue Molière in der heutigen No. 59, Nanchang Lu. Das Haus steht nicht mehr (vgl. Spaziergang 9, S. 483).

In erster Linie und unermüdlich prangerte die Liga die Machenschaften der Guomindang an und setzte sich, meist vergeblich, für die Freilassung inhaftierter Intellektueller und politischer Gegner des GMD-Regimes ein. Im Gegenzug wurde Yang Xingfo am 18. Juni 1933 auf offener Straße erschossen – und die Liga am gleichen Tage aufgelöst. Song Qingling und Cai Yuanpei, als ehemaliger Präsident der Beijing University (Beida) und Vorsitzender der Academica Sinica in Nanjing, konnten ihren Häschern nur durch die hohe Reputation entgehen, die beide genossen.

Nach 1949 blieb Song Qingling in China, wo sie mit Ehrungen überhäuft wurde und zahlreiche Ämter innehatte. 1959 bis 1975 war sie, obwohl nie KPCh-Mitglied (die Aufnahme in die Kommunistische Partei erfolgte erst posthum), stellvertretende Staatspräsidentin. Danach wirkte sie bis zu ihrem Tod 1981 als stellvertretende Parlamentspräsidentin.

Die 1981 in Beijing verstorbene Song Qingling wurde 1984 nach Shanghai überführt. Für sie war auf dem Gelände des Internationalen Friedhofs, auf dem auch ihre Eltern beigesetzt worden waren, ein Mausoleum errichtet worden (Hongqiao Lu Ecke Song Yuan Lu; täglich 8:30 bis 17 Uhr, Tel.: 62 75 80 80; vgl. Kapitel »Die großen jüdischen ›Nobelhäuser‹«, S. 85 ff.). Aus ihrem Vermächtnis ging die Song Qingling Foundation hervor, eine der bedeutsamsten sozialen Organisationen des Landes. Sie betreibt Kindergärten, Schulen, Kranken- und Waisenhäuser (in Shanghai z.B. das Internationale Friedenskrankenhaus für Frauen und Kinder, No. 910, Hengshan Lu).

China wird Republik

Die Revolution von 1911 stürzt Shanghais Stadtmauer

Am 10. Oktober 1911 führte die zufällige Entdeckung einer von Offizieren der Garnison in Wuchang geplanten Regierungsrevolte zu einem Aufstand, der rasch auf die Nachbarstädte Hankou und Hanyang übergriff (1953 wurden Wuchang, Hankou und Hanyang zu Wuhan, Kapitale der Provinz Hubei, verschmolzen). Changsha, die Hauptstadt der zentralchinesischen Provinz Hunan, schloss sich am 22. Oktober an, die gesamte Südprovinz Yunnan am 31. Oktober. Rasch übernahm die »Revolutionäre Allianz« (Tong meng hui) die Führung des Aufstandes. Während der Revolte in Wuchang befand sich ihr Kopf, Sun Yatsen, allerdings in den USA.

In Shanghai sah man sich, nach zehn Jahren Demonstrationen und politischer Agitation, gut auf die aus Wuchang »herüberschwappende« Revolution vorbereitet. Leiter des von der Revolutionären Allianz eingerichteten Shanghaier Büros für Zentralchina wurde **Chen Qimei** (1878-1915). Chinesische Kaufleute spendeten Geld in der Hoffnung, die Revolutionäre würden dafür sorgen, dass den Chinesen bald mehr Rechte eingeräumt würden. Die wichtigste Unterstützung erhielt Chen aber von der Shanghaier Unterwelt. Sie stellte ihm 3.000 Mann als eine Art Freiwilligentruppe zur Verfügung, die meisten von ihnen waren Verbrecher.

Der Aufstand in Shanghai begann am 3. November 1911. Fast alle chinesischen Geschäfte hatten geschlossen und waren verbarrikadiert. Am frühen Morgen brach in der Nähe der Polizeistation in Zhabei ein Feuer aus. Der Stationschef sah dies als Zeichen für den beginnenden Aufstand und floh in die Internationale Niederlassung, im Verlauf der nächsten Stunden taten es ihm viele andere Qing-Beamte nach.

Um vier Uhr morgens erklärte der Präsident des chinesischen Stadtrates **Li Pingshu** (Li Zhongjue, ursprünglich Li An, 1853-1927) Shanghai für unabhängig von der Qing-Dynastie. Doch so einfach war es nicht. Die kaiserlichen Soldaten des Jiangnan-Arsenals dachten nicht an eine Übergabe. Versuche, die Festung zu stürmen, blieben erfolglos. Chen Qimei ging allein. Er war überzeugt, den Kommandanten dazu bringen zu können, zu den Revolutionären überzulaufen. Prompt wurde er festgenommen und mit dem Tode bedroht. Erst die militärische Unterstützung der Aufständischen am nächsten Tag konnte die Drei-Mann-Wache zum Aufgeben bewegen. Der Kommandant floh auf einem Schiff. Chen blieb unversehrt.

Mit beflaggten Fenstern und Dächern feierten die Bewohner Shanghais den Beginn der Revolution. Chen Qimei wurde zum Militärgouverneur Shanghais gewählt und ernannte Li Pingshu zu seinem Innenminister. Andere wohlhabende Kaufleute, von denen man annahm, sie würden die Revolution aus ihrem Vermögen finanziell fördern, bekamen ebenfalls Ministerposten. Es war die Unterstützung dieser geachteten und moderat denkenden Geschäftsleute, die die ausländischen Konsuln daran hinderten, in den Aufstand einzugreifen.

Aus Harry Graf Kessler: Das Tagebuch 1880 bis 1937

Morgens in die alte chinesische Stadt

Shanghai. 13 Mai 1892.
Morgens in die alte chinesische Stadt; sie liegt ganz am andren Ende des französischen Settlements, von Gräben u altertümlichen Steinmauern umgeben. Durch ein ziemlich imposantes doppeltes Thor tritt man ein. Die Strassen sind kaum fünf bis sechs Fuss breit, mit großen, länglichen, quergelegten Fliesen gepflastert; der Strassendamm dient zugleich als Rinnstein und Schutthaufen; der Geruch ist fast unerträglich. Zu beiden Seiten der Strasse die kleinen offenen Läden, Seide, Porzellan, Fische; vor jedem Laden eine halbmannshohe, kunstvoll geschnitzte tiefrote Holzbarriere, auf der, als Wächter, ein kleiner goldener Drache sitzt. Vor jedem Haus hängen ein Halbdutzend grosser länglicher Schilder herunter auf denen in goldenen, chinesischen Buchstaben die Namen der Ladenbesitzer etc. stehen.

In der Höhe der zweiten Etage sind vielfach zeltartig Tücher über die Straße gespannt um sie zu beschatten. Das ganze Bild einer solchen Strasse, die bizarren, grellfarbigen Läden, die goldglitzernden Schilder, die farbenprächtige Menschenmenge die sie erfüllt, alles im Zauber des schimmernden Zwielichts das durch die Zeltüberspannung dringt, ist eigentümlich malerisch.

Vor dem Gefängnis, rechts und links vom Eingangsthor, zwei grosse Holzkäfige; im einen ein Bild der Verkommenheit und des Jammers, im anderen ein Anblick von rührender Schönheit. In dem rechts zwei Diebe, junge Männer mit rohen, fast tierischen Gesichtern; ihre Strafe besteht darin dass ihr Hals in eine breite, viereckige Holzplatte eingezwängt ist; sie bleiben ein, zwei, drei Monate so, ohne sich hinlegen oder schlafen zu können; sie strecken, wie wir vorübergehen, die Hände zum Käfig heraus und betteln uns um einige Sens an. Im andren Käfig ein Dschossmann, ein greiser Bettelpriester; wie er dasitzt mit seinem feierlich ernsten Gesichtsausdruck, seine lang niederwallenden weißen Locken von einem schmalen Goldstreifen zusammengehalten, gleicht er einem alttestamentlichen Propheten oder König, David oder Jesaias. Im Innern der Stadt ein hübsches Theehaus, rings von Wasser umgeben; zwei Brücken führen im Zickzack über den kleinen See hin.

Restauriertes Stück Stadtmauer an der Dajing Lu

Kurz nach Shanghai erklärte sich auch die Nachbarprovinz Jiangsu von Beijing unabhängig; Zhejiang, Fujian, Guangdong und Sichuan folgten rasch. Nur sechs Wochen nach den Vorfällen in Wuchang hatte die Qing-Dynastie die Kontrolle über zwei Drittel ihres Landes verloren. Als Zeichen der neuen Ordnung erklärten die lokalen Regierungen, alle Männer müssten sich jetzt ihre Zöpfe abschneiden – allein dies war bereits eine kleine Revolution für sich.

Symbolisches Zeichen für Shanghais radikalen Bruch mit der Vergangenheit war der Abriss der Stadtmauer 1911/12. In den Augen der modernen Shanghainesen spiegelten die engen Gassen und kleinen Häuser, die sich hinter ihr zusammenzwängten, im Vergleich zu den Villen und Marmorpalästen der Europäer die Schwäche und Rückständigkeit des Landes wider.

An die Stadtmauer erinnern heute mit zwei kleinen Ausnahmen (vgl. Spaziergang 14, S. 545 ff; ein weiteres, nur wenige Meter langes Stück Mauer aus der Ming-Zeit entdeckten Bauarbeiter Anfang 2004 an der Luxiangyuan Lu) nurmehr symbolische Tore und Namen wie Lao Beimen (Altes Nordtor). An ihrer Stelle bzw. dort, wo vor ihr ein Graben zusätzlichen Schutz verlieh, verläuft eine Ringstraße (Renmin Lu und Zhonghua Lu; vgl. Spaziergang 7, S. 456 f.).

Diese »runde« Form ist ungewöhnlich. Traditionell sind chinesische Städte viereckig und werden durch ein rechtwinkliges Straßensystem erschlossen. Sie haben in jeder Himmelsrichtung (mindestens) ein Stadttor, von denen das Südtor das wichtigste ist. In der geographischen Mitte befindet sich auch das Zentrum der staatlichen Macht, d.h. als Sitz des jeweiligen Amtsträgers der Yamen. Wu Jiang führt diese Andersartigkeit auf die politische Bedeutungslosigkeit Shanghais zurück (in der Umgebung gibt es noch mehr ähnlich »runde« Städte). In der Handelsstadt Shanghai hatten praktische Aspekte Vorrang. So war für Shanghai das zum Fluss ausgerichtete Osttor das wichtigste. Als später zwei weitere Tore hinzukamen, gingen diese ebenfalls Richtung Osten. Zentrum der Altstadt bildete darüber hinaus kein Yamen, sondern der Stadtgott-Tempel und der Yu-Garten mit dem »Hu Xing Ting«-Teehaus – alle nicht mittig angelegt, sondern zum Fluss hin verschoben.

Stadtmauerrest an der Luxiangyuan Lu

Yuan Shikai oder das Ende eines Traums vom Neuanfang

Es bedurfte mehr als dieses verhältnismäßig unblutigen Wechsels der politischen Klasse, um China in die Moderne zu katapultieren. Zwar hatte Sun Yatsen mit seinen Ideen der Revolution von 1911 die Ziele gewiesen, auch wurde er am 1. Januar 1912 zum provisorischen Präsidenten der Republik China gewählt, doch sein Amt musste er schon am 13. Februar 1912 – nach nur 44 Tagen – an den ehemaligen kaiserlichen Marschall Yuan Shikai abtreten. Yuan besaß als Militärbefehlshaber in Nordchina die größere Macht. Im Interesse der friedlichen Einigung des Landes erkannten Sun Yatsen und seine Parteigänger die Herrschaft des Marschalls in einem Vertrag an. Zugleich schloss Sun jedoch schon 1912 die Revolutionäre Allianz mit anderen Parteien zur besseren Kontrolle Yuans zur »Nationalen Volkspartei« (Guomindang; GMD) zusammen.

Sun selbst wurde mit der Stelle des Direktors der chinesischen Eisenbahn mit 30.000 chinesischen Dollar Monatsgehalt abgefunden. In einem luxuriösen Zug befuhr er in Begleitung seiner Sekretärin Song Ailing und seines Freundes Charlie

Song die Schienen des Landes und gab sich seinen Träumen über die Rettung der Nation durch den Aufbau eines umfassenden Schienennetzes hin. Überliefert ist ein Gespräch mit einem australischen Journalisten. Sun sprach von seinen Plänen, das Netz in den nächsten zehn Jahren auf 100.000 Kilometer zu erweitern. Dem Einwand Donalds, dazu benötige das Land sehr viel Geld, hielt Sun entgegen: »Es ist sehr einfach. Wir werden alles Geld bekommen, das wir brauchen. Ich werde einige Strecken mit britischem Geld, einige mit amerikanischem, einige mit deutschem, einige mit japanischem bauen u.s.w.« In der Tat blieben Suns Bemühungen, etwa von dem amerikanischen Eisenbahnmilliardär und Bankier **John Piermont Morgan** (1837-1913) Investitionsmittel locker zu machen, völlig erfolglos (zum Vergleich: 2006 umfasste das chinesische Schienennetz rd. 76.600 Kilometer).

Suns Guomindang geriet zunehmend in Konflikt mit dem restaurativen Kurs Yuan Shikais. Dieser gehörte nicht gerade zu den Freunden der Demokratie, er sabotierte die Entstehung eines parlamentarischen Systems – und schreckte auch vor politischen Morden nicht zurück. Einer seiner prominentesten Opfer war **Song Jiaoren** (Sung Chiao-jen, 1882-1913). Song hätte als GMD-Kandidat die besten Aussichten auf das Amt des Premierministers gehabt. Ort der Tat war der Shanghaier Nordbahnhof, Song war im Begriff gewesen, den Zug nach Beijing zu besteigen, um dort seine neuen Aufgaben anzutreten.

In einem nächsten Schritt löste Yuan das Parlament auf – und China versank ab 1913 für Jahrzehnte in blutige Bürgerkriege. Regionale Machthaber (»Warlords«, chinesisch »junfa«) teilten das Land in Einflussphären auf. Eine von Sun Yatsen und seinen engsten Anhängern 1913 schlecht organisierte »Zweite Revolution« gegen den Verrat Yuan Shikais an den Zielen der ersten, scheiterte kläglich. Die Initiatoren mussten nach Japan fliehen, unter ihnen auch die Familie Song und Chen Qimei, der »Held von Shanghai«.

Der Weggang Chen Qimeis wurde vor allem von den wohlhabenden Shanghaier Kaufleuten nicht ungern gesehen. Entgegen der in ihn gesetzten Hoffnungen hatte er sich als Militärgouverneur der Stadt überwiegend mit

---

Zhabei Park

Der heutige Zhabei Park (Gonghe Xin Lu Ecke Luochuan Dong Lu) entstand aus der Begräbnisstätte für Song Jiaoren, des am 13. März 1913 durch Killer Yuan Shikais ermordeten Premierministers in spe. Vor seinem Grabmal stellten seine Anhänger eine Statue Songs mit Blickrichtung auf den einstigen Nordbahnhof auf. Während der Kulturrevolution wurde der Park schwer beschädigt, aber 1980 restauriert.

zwielichtigen Gestalten aus seiner Heimat in Zhejiang umgeben. Wie Yuan Shikai missbrauchte Chen seine Stellung, um politische Gegner, wie etwa den Provinzgouverneur von Zhejiang, beseitigen zu lassen. Ausgeführt wurde die Tat von einem jungen Leutnant, der Chen treu ergeben war: dem späteren Generalissimo Chiang Kaishek (Jiang Jieshi). Der am 31. Oktober 1887 geborene Chiang kam ebenfalls aus Zhejiang. Er entstammte einer Salzhändlerfamilie aus Ningbo. Chen kannte ihn aus seiner Militärstudienzeit in Japan und hatte ihn unter seine Fittiche genommen.

Yuan Shikai wurde schließlich die eigene Hybris zum Verhängnis. Der General wollte das Kaisertum wieder einführen, mit sich selbst als Kaiser auf dem Thron. 1915 ließ er bezahlte Anhänger in Beijing aufmarschieren, die ihn aufforderten, eine neue Dynastie zu gründen. Die Provinzen hingegen trugen diese Entwicklung nicht mit. Ein Regionalfürst nach dem anderen erklärte seine Unabhängigkeit von Yuan. Im März 1916 sah sich dieser genötigt, von seinen imperialen Ambitionen Abstand zu nehmen. Drei Monate später war er tot. Immerhin hatte er vorher noch die persönliche Befriedigung, die Nachricht vom durch ihn initiierten Mord an seinem Shanghaier Rivalen Chen Qimei zu vernehmen.

Nach dem Tod Yuan Shikais 1916 versuchte Sun 1917/18 und 1920 bis 1922 vergeblich, in Guangzhou eine Gegenregierung zu errichten. Nach jedem Scheitern zog er sich mit seiner Frau Song Qingling nach Shanghai in sein Haus in der Rue Molière zurück.

Sun Yatsen plante, seine Partei neu zu organisieren und eine revolutionäre Streitmacht aufzubauen. Ziel war ein Nordfeldzug, um das Reich zu einen und von der Herrschaft der Militärmachthaber zu befreien. Aber erst nachdem Sun unter Mitwirkung der Kommunistischen Internationale (Komintern) 1923 ein Bündnis mit der 1921 gegründeten chinesischen Kommunistischen Partei eingegangen war, konnte er in Kanton eine ausreichend starke politische Basis schaffen. Die Verhandlungen zur Bildung dieser ersten Einheitsfront wurden in seinem Haus in der Französischen Konzession geführt. Die Komintern hatte Sun Yatsen Hilfe zugesagt bei der Rückgewinnung Beijings aus den Händen der Generäle und der Wiedereinsetzung der Guomindang als herrschende Kraft. Sun hatte das Angebot akzeptiert, nachdem er vergeblich bei den ausländischen Mächten in Chinas Hafenstädten um Rückhalt nachgesucht hatte. Im Januar 1924 wurde Sun zum Vorsitzenden der Guomindang auf Lebenszeit gewählt.

Sun war froh über die finanzielle und beratende Unterstützung der Komintern, fürchtete allerdings eine Unterwanderung »seiner« Guomindang durch chinesische Kommunisten. In der Tat wurde der gerade aus Paris zurückgekommene **Zhou Enlai** (1898-1976) Sekretär des federführenden Komintern-Vertreters **Mikhail Markovich Borodin** (1884-1951). Zhou hatte in Paris an

Zhou Enlai

Zhou Enlai wurde 1898 in Huai'an, Provinz Jiangsu, geboren. Bevor er sich 1919 der revolutionären 4.-Mai-Bewegung anschloss, hatte er eine traditionell-konfuzianische Erziehung genossen. Von 1920 bis 1924 war er als Werksstudent in Europa und gründete 1922 in Paris einen europäischen Arm der chinesischen KP. Nach seiner Rückkehr nach China 1924 erhielt er sowohl wichtige Funktionen in der KPCh als auch in der mit ihr verbündeten Guomindang, u.a. führte er 1924 bis 1926 die politische Abteilung der Militärakademie in Whampoa bei Kanton, wo er dem Kommandanten Chiang Kaishek unterstand.

1927 leitete Zhou Enlai den Generalstreik in Shanghai und bereitete so den siegreichen Einmarsch der Guomindang-Truppen vor. Nach dem Bruch zwischen KPCh und GMD im April beteiligte sich der mittlerweile ins Zentralkomitee und Politbüro der KPCh gewählte Zhou am 1. August 1927 maßgebend am Nanchang-Aufstand in der Provinz Jiangxi (Geburtsstunde der Volksbefreiungsarmee). In der von Mao Zedong in Ruijin/Jiangxi gegründeten »Chinesischen Sowjetrepublik« (1931 bis 1934) war er Mitglied des Exekutivrates und des Zentralen Revolutionären Militärrates, geriet allerdings über militärstrategische Fragen in Konflikt mit Mao, insbesondere über die Bedeutung des Guerilla-Krieges. Trotzdem wurde Zhou 1933 Politkommissar aller kommunistischen chinesischen Streitkräfte und entwickelte sich während des Langen Marsches (1934 bis 1935) zu einem der engsten Gefolgsleute Maos.

Diplomatisches Geschick bewies Zhou Enlai anlässlich der Entführung Chiang Kaisheks im Dezember 1936, als er auf kommunistischer Seite führend an den Verhandlungen über die Bildung einer neuen Einheitsfront gegen die japanischen Invasoren teilnahm. In diesem Sinne leitete er von 1936 bis 1941 das Verbindungsbüro der KP zur Nationalregierung in Chongqing.

Nach dem Sieg der Kommunisten über die Guomindang im Bürgerkrieg (1947 bis 1949) wurde Zhou Enlai am 1. Oktober 1949 zum Ministerpräsidenten der VR China ernannt. Überdies diente er dem neuen Staat von 1949 bis 1958 als Außenminister und erhielt ab 1954 auch noch den Posten des Vorsitzenden der Politischen Konsultativkonferenz des Chinesischen Volkes. Mit der Konstituierung des ständigen Komitees des Politbüros (1956) war er auch Mitglied dieses höchsten Gremiums der KP.

Zhou Enlai trug als konsequenter, aber flexibler Verhandlungspartner entscheidend zum internationalen Ansehen seines Landes bei. Seit der Bandung-Konferenz (1955) suchte er die VR China zur Sprecherin der Staaten der Dritten Welt und als Gegenpol zwischen den Weltmächten USA und UdSSR zu positionieren. Trotz gelegentlicher Angriffe auf seinen vorsichtig pragmatischen Kurs behauptete er selbst während der Kulturrevolution seine innenpolitische Stellung. Der im Volk hoch geachtete Politiker starb am 8. Januar 1976 in Beijing.

Quelle: Brockhaus Enzyklopädie et al.

der Gründung des europäischen Armes der chinesischen KP maßgeblichen Anteil gehabt.

Mao Zedong, der ebenfalls für die erste Einheitsfront arbeitete, lebte währenddessen 1924 mit seiner ersten Frau **Yang Kaihui** (1901-1930), seinen beiden kleinen Kindern **Mao Anying** (1922-1950) und **Mao Anqing** (1923-2007) sowie der Schwiegermama in einem bescheidenen Shikumen-Lilong an der Maoming Bei Lu (Gedenkstätte, No. 120, Maoming Bei Lu, dienstags bis sonntags, 8:30 bis 11 sowie 13 bis 16:30 Uhr, Tel.: 62 72 36 56; vgl. Spaziergang 10, S. 493).

Unter Mitwirkung Borodins begann Sun, die Guomindang nach dem Vorbild einer kommunistischen Kaderpartei zu reorganisieren und eine Parteiarmee aufzubauen. Innerhalb weniger Monate nach der Einigung schickten die Russen Berater, Waffen und Ausrüstungen nach Kanton, der Basis von Suns »Südregierung«. Die russischen Aktivitäten konzentrierten sich auf die Schaffung einer zuverlässigen und disziplinierten Armee. In diesem Sinn wurde 1924 die Whampoa Military Academy etwas außerhalb von Kanton gegründet. Sie stärkte Suns Position im Machtkampf gegen die Warlords des Nordens (und bildete den entscheidenen Ausgangspunkt für den politisch-militärischen Aufstieg ihres ersten Kommandanten, Chiang Kaishek). Neben militärischem Drill gehörten politische Schulungen zum Lehrplan. Einer der Dozenten war Zhou Enlai, der schließlich zum Vize-Politdirektor von Whampoa aufstieg. Zhou war unter den Soldaten sehr beliebt und seine überzeugende Art ließ viele von ihnen später in die KPCh eintreten. Nur drei Jahre später sollte Zhous Vorgesetzter Chiang ein Kopfgeld von 80.000 chinesischen Dollar auf seinen einstigen Vize aussetzen lassen.

Sun verstarb am 12. März 1925 in Beijing an Krebs, als er dort abermals einen Anlauf startete, mit dem nordchinesischen Kriegsherrn **Zhang Zuolin** (1875-1928) zu einer Einigung zu kommen.

Die Grüne Bande – Du Yuesheng, der Pate von Shanghai

In den meisten chinesischen Städten hatten sich Kaufleute und Arbeiter schon früh in so genannten Geheimbünden zusammengeschlossen. Diese waren zumeist landsmannschaftlich organisiert und unterstützten ihre Mitglieder in einer für sie fremden Umgebung. Später glitten die Gesellschaften vielfach in die Kriminalität ab und bildeten mitunter unerhört reiche und mächtige Verbrechersyndikate. Begünstigt wurde dieser Prozess in ganz China durch die politischen Umstände. Schon die letzten Mandschu-Herrscher hatten die Geschehnisse in dem riesigen Land nicht mehr »richtig« im Griff. Die Revolutionswirren und zuletzt der Tod Yuan Shikais 1916 ließen endgültig ein Machtvakuum entstehen – eine Situation, die sich lokale Kriegsherren rasch zunutze zu machen wussten.

Bei diesen handelte es sich zumeist um ehemalige Generäle oder Gangsterbosse. Sie erhielten ihre Autorität durch Privatarmeen und lieferten sich erbitterte Kämpfe um die Macht in ihrem »Revier«. Fatalste Folge des Warlord-Unwesens war nicht allein die im Namen des Staates betriebene Räuberei, sondern die Anhebung des Gewaltpegels in der chinesischen Gesellschaft insgesamt. Politische Gegner und ethnische Minderheiten wurden – wie auch schon bei Yuan Shikais Säuberungen – gnadenlos umgebracht. Die Bildung großer Armeen ging fließend in quasi militärisches Banditentum über. 1930 soll es 20 Millionen Banditen gegeben haben, organisiert in Banden von bis zu 3.000 Mitgliedern.

Führende Geheimgesellschaft im Shanghai der Jahrhundertwende war zunächst die »Hong Bang« in der Französischen Konzession. Der Name leitete sich vom Regierungsmotto Hong Wu (für starke Militärmacht) des ersten Ming-Kaisers **Zhu Yuanzhang** (1328-1398, reg. 1368-1398) ab; ihr gehörte u.a. Charlie Song an (die mitunter zu lesende Bezeichnung »Rote Bande« ist falsch). Zum ersten berüchtigten Paten der Shanghaier Hong Bang stieg Pockennarben-Huang auf. Er lebte in der Französischen Konzession, wo ihn die französische Verwaltung obendrein zum obersten chinesischen Geheimdienst- und Polizeichef gemacht hatte. Solange die wichtigsten Verbrechen, d.h. solche an Franzosen oder anderen westlichen Ausländern, gelöst wurden, sah sie über die kriminellen Machenschaften ihrer Polizei hinweg. Für die Befreiung eines von durchreisenden Banditen aus Shandong entführten französischen Bischofs erhielt Huang Jinrong sogar einen Orden. Grundsätzlich waren aber nur wenige westliche Ausländer von den mafiösen Vorgängen in der chinesischen Gesellschaft direkt betroffen, viele bemerkten sie überhaupt nicht.

Huangs einstiges Domizil lag im heutigen Guilin Park (No. 1, Guilin Lu). Seine Pistole mit zusammenklappbarem Goldgriff gehört zu den Highlights des ansonsten eher weniger attraktiven Shanghaier Polizeimuseums.

Die Karriere Du Yueshengs bzw. Großohr-Dus vom Gehilfen Huangs zum mächtigsten Gangsterboss Shanghais begann mit seinem Einstieg ins Opiumgeschäft 1918. Großbritannien hatte gerade dem internationalen Druck nachgegeben, den Export von indischem Opium nach China verboten und Beijing den Handel mit der Droge erneut unter Strafe gestellt. Die Angebotsverknappung trieb die Opiumsüchtigen geradezu in die Arme krimineller Anbieter.

Mit viel diplomatischem Geschick und der erforderlichen Brutalität zum Chef der »Qing Bang« (Grünen Bande) avanciert, gelang es Du, Hong Bang und Qing Bang unter seiner Leitung zu einem Bündnis zusammenzubringen. Gemeinsam beherrschten beide Syndikate nicht nur Shanghai, sondern auch die Provinzen Zhejiang und Jiangsu sowie das Yangtze-Tal hinauf bis zu den südwestchinesischen Mohnanbaugebieten. Voraussetzung für den »Waffenstillstand« bildete ein wohl austariertes System aus Profitbeteiligungen, wovon alle prächtig leben konnten.

Vom Blue zum Shanghai Express

Internationale Schlagzeilen machte der Fall des »Blue Express« 1923. Banditen aus Shandong hatten den Zug, der zwischen Shanghai und Beijing verkehrte, zum Entgleisen gebracht und etwa 25 ausländische Geiseln genommen, darunter **Lucy Aldrich**, die Schwägerin **John D. Rockefellers, Jr.** (1874-1961), und John B. Powell, Herausgeber der »China Weekly Review«. Die Frauen und Kinder wurden innerhalb weniger Tage frei gelassen, die männlichen Häftlinge aber gezwungen, zu Fuß mehrere hundert Meilen durch die Berge bis ins Hauptquartier ihrer Kidnapper zu laufen. Der Albtraum endete erst mit einer hohen Lösegeldzahlung durch die chinesische Regierung. Legendär ist die Geschichte des Familienschmucks von Lucy Aldrich, die ihre Juwelen vor den Banditen retten, sie in einem unbeobachteten Moment vergraben, den Ort aufzeichnen und das Papier im Absatz ihrer Schuhe verstecken konnte. Später fand ein Firmenmitarbeiter aus Jinan den Schmuck anhand der Skizze und brachte ihn ohne Schaden zurück.

Die Geschichte, später von Powell in seinen Memoiren ausführlich beschrieben, inspirierte 1932 Josef von Sternberg zu seinem Film »Shanghai Express« mit **Marlene Dietrich** (1901-1992; »Es brauchte mehr als einen Mann, bis man mich Shanghai Lily nannte.«) – ein Streifen, der in Shanghai so viel Furore machte, dass Sternberg gedroht wurde, man würde ihn einsperren, wenn er es wagte, je wieder seinen Fuß in die Stadt zu setzen. In der Tat bediente der Film alle Stereotypen von den dummen und gierigen Chinesen einerseits und den edlen weißen Helden andererseits. Die beste Figur unter den chinesischen Darstellern machte ausgerechnet eine Prostituierte, verkörpert von **Anna May Wong** (Wong Liu Tsong, 1905-1961).

Du und Huang gründeten zusammen mit dem »amtierenden« Kriegsherrn Zhang Xiaolin 1924 die »Three Prosperities Company«. Diese sammelte jeden Monat Tausende von Dollar bei den über 60 Opiumläden der Stadt, plus einer Steuer von 30 Cent pro gerauchter Pfeife. Hinzu kamen weitere Einnahmen aus dem überregionalen Opiumhandel. Ihre Gewinne werden p.a. auf rd. 56 Mio. chinesischer Dollar geschätzt, welche dreimal im Jahr, zum Frühlings-, Drachenboot- und Mondfest unter dem Triumvirat aufgeteilt wurden. 1925 eroberte der Kriegsherr **Zhang Zongchang** (Chang Tsung-chang, 1882-1932) aus Shandong die Stadt, ein alter Bekannter von Pockennarben-Huang, sodass eine Zusammenarbeit auch mit ihm nicht schwer fiel.

Nicht zu Unrecht stand Shanghai in den 20er- und 30er-Jahren in dem Ruf, eine der verruchtesten Städte der Welt zu sein: 100.000 Gangster, 80.000 bis 100.000 Prostituierte, ein Heer von Lebemännern und Abenteurern auf der Suche nach Sex, Glücksspielen und Opiumhöhlen fanden sich in der Metropole. »Shanghai ist keine Stadt«, ließ Vicki Baum in »Hotel Shanghai« 1937 eine ihrer Figuren erklären. »Shanghai ist ein Gift. Hier leben Menschenfresser, hier regiert der nackte Kannibalismus. Der Abfallhaufen der Welt ist diese Stadt. Wer hierher kommt, ob Weißer oder Chinese, hat seinen Knacks weg, und Shanghai tut den Rest.«

Dass Shanghai trotz dieser Umstände »funktionierte«, verdankte die Stadt dem Machtgleichgewicht und auch der Verknüpfung zwischen den tonangebenden »Konstitutionen«: Der Unterwelt, den reichen Chinesen und den Kriegsherren, die die militärische Macht inne hatten, einerseits und andererseits den alliierten Mächten, welche die Machenschaften der Triaden tolerierten, solange sie selbst in wichtigen Fragen unbehelligt blieben. In der Tat gab sich Du Yuesheng selbst höchst ehrenwert. Er lenkte seine Gelder aus dem Verbrechen in den legalen Wirtschaftskreislauf und verkehrte einträchtig mit den großen Bossen aus Handel, Industrie und Bankenwesen.

In der Französischen Konzession, wo Großohr-Du viele Jahre in einer Villa in der Rue Wagner lebte, war er nach dem Generalkonsul der mächtigste Mann. Nebenbei fungierte Du Yuesheng als Vizepräsident des chinesischen Roten Kreuzes; ab 1932 saß er mit den angesehensten Honoratioren im französischen Shanghaier Stadtrat. Mit Wohlgefallen wird Du Yuesheng seine Beschreibung im Shanghaier »Who is who« von 1933 gelesen haben: »Better known as Dou Yu-seng. Born 1887; native of Shanghai. Entered business at an early age. At present most influential resident, French Concession, Shanghai. Well-known public welfare worker. 1932 councillor, French Municipal Council. President, Chung Wai Bank (dazu vgl. Spaziergang 7, S. 461, d. Verf.), and Tung Wai Bank, Shanghai. Founder and chairman, board of directors, Cheng Shih Middle School. President, Shanghai Emergency Hospital. Member, supervisory committee, General Chamber of Commerce. Managing director, Hua Feng Paper Mill, Hangchow. Director, Commercial Bank of China, Kiangsu and Chekiang Bank, Great China University, Chinese Cotton Goods Exchange, and China Merchants´ Steam Navigation Company, Shanghai etc., President, Jin Chi Hospital, Ningpo.«

Die offizielle Website des französischen Außenministeriums (»Le Paris de l'orient – Archives et patrimoines«) entschuldigt diesen »Pakt mit dem Teufel« damit, die französische Administration sei mit dem enormen Bevölkerungszuwachs in den 20er-Jahren nicht fertig geworden und Du habe garantiert, für Recht und Ordnung zu sorgen. Dass allerdings selbst die höchsten politischen Honoratioren keine Gnade fanden, wenn er sich von ihnen verraten glaubte, bewies sein Vorgehen gegen den französischen Generalkonsul **Edgar Koechlin** (1887-1932) und dessen Polizeichef **Etienne Fiori**, einem Korsen und seinerseits Mitglied des Syndikats »Union Corse«: Du gab anlässlich der Rückkehr Koechlins nach Frankreich einen Empfang – mit fatalen Folgen für »ausgewählte«

Wohnen im »Dunstkreis« Du Yueshengs: das Donghu Hotel

und das Taiyuan Hotel in der Französischen Konzession

> **Taiyuan Hotel**
>
> Ein weiteres Opfer Du Yueshengs war Comte **Maurice Frédéric Armand du Pac de Marsoulies**. Er starb 1933 an den Folgen des verhängnisvollen Abschiedsempfangs für den französischen Generalkonsul Koechlin im Jahr zuvor. Seine Witwe lebte noch bis 1940 in ihrem Wohnhaus in der Französischen Konzession, dann verkaufte sie das Anwesen an einen chinesischen Interessenten. Nach dem 2. Weltkrieg zog US-General **Albert C. Wedemeyer** (1897-1989) ein, auch General **George Marshall** (1880-1959) hielt sich in der Villa auf. Marshall war 1945 von Präsident **Truman** (1884-1972) als Sonderbotschafter nach China geschickt worden, um dort zwischen den Bürgerkriegsparteien zu vermitteln.
>
> Nach 1949 wurde das Anwesen in ein staatliches Gästehaus für kommunistische VIPs umfunktioniert – und nimmt mittlerweile auch zahlende Fremdgäste auf (No. 160, Taiyuan Lu, Tel.: 64 71 66 88).

Gäste. Der französische Generalkonsul verstarb qualvoll in Hongkong, von wo er sich in die Heimat ausschiffen wollte. Fiori entging dem Tod nur knapp. Danach ging kein französischer Beamte mehr gegen Großohr-Du vor. Zu den weiteren Todesopfern des denkwürdigen Abends gehörte der Jurist Comte du Pac de Marsoulies (vgl. Kasten Taiyuan Hotel).

Auch die chinesischen Behörden standen dem Treiben Dus machtlos gegenüber. Er hatte sich die portugiesische Staatsbürgerschaft gekauft, genoss daher exterritorialen Status und unterstand in Shanghai allein dem portugiesischen Generalkonsul. Doch wohl auch ohne portugiesischen Pass hätte Du wenig zu befürchten gehabt. Weder die drei Stadtverwaltungen noch die Polizeidienststellen kooperierten miteinander, außerdem waren sie komplett von Mitgliedern der Grünen Bande unterwandert.

Mit steigender Macht zog die Qing Bang auch politisch immer stärker die Fäden. Vermutlich unterstützte sie Sun Yatsen, auf jeden Fall hielt sie engen Kontakt zu Chiang Kaishek, der ihr schon als junger Mann beigetreten war. Sogar als Generalissimo zahlte er noch Schutzgelder. Selbst seine Familie war nicht vor der Rache Dus gefeit, wenn es um dessen finanzielle Interessen ging - als Song Meiling kurz nach ihrer Hochzeit (die Flitterwochen hatten sie in einer Villa der Grünen Bande am Moganshan in den Wuling-Bergen verbracht) ihren Bräutigam dazu bringen wollte, keine Gelder mehr an Du auszuzahlen, wurde sie kurzerhand, wenn auch bei vorzüglicher Behandlung, entführt. Die Warnung genügte. Als Gegenleistung für seine Loyalität leistete die Grüne Bande u.a. tatkräftige Mithilfe bei der Durchführung des Shanghai Massakers. Sie übernahm am 12. April 1927 in jenen Arbeitermilieus, zu denen die Guomindang keinen

Zugang hatte, die brutalen Säuberungsaktionen (vgl. Kapitel »Chiang Kaishek inszeniert das Shanghai Massaker von 1927«, S. 193 ff.).

Die Zusammenarbeit zwischen Regierung und Mafia – insbesondere auch auf dem Gebiet des Opiumhandels – florierte prächtig bis zur Besetzung Shanghais durch die Japaner im 2. Weltkrieg. Großohr-Du setzte sich zunächst ins Hauptquartier der Guomindang-Regierung nach Chongqing ab. Nach 1945 und mit absehbarem Sieg der Kommunisten transferierte er sein Vermögen nach Hongkong. Er selbst soll erst einen Tag vor dem Eintreffen der ersten kommunistischen Truppen im April 1949 aus der Stadt entschlüpft sein. Du Yuesheng starb am 16. August 1951 schwerkrank durch seine lebenslange Drogensucht in der britischen Kronkolonie (dagegen blieb Huang Jinrong in Shanghai, wo er 1953 verschied).

Dus Villa wurde 2002 abgerissen, aber von dem Kanadier **Jeffrey Wong** (geb. 1940; vgl. Kapitel »Shanghai als Museum der Weltarchitektur«, S. 363 ff.) gerettet und liegt jetzt auf Lager im Wasserdorf Tongli. Die Rue Wagner existiert nicht mehr. Sie verlief südlich des Volksplatzes, heute erstreckt sich auf dem Areal eine öffentliche Grünanlage. An Du erinnert aber noch das Gelände des Donghu Hotels (No. 70, Donghu Lu, vgl. Spaziergang 13, S. 527). Wer sich darüber hinaus in seinem Dunstkreis bewegen möchte, dem sei ein Besuch der Villa No. 27, Shaoxing Lu, empfohlen. Hier lebte die vierte (!) Konkubine des Shanghaier Opiumkönigs (heute Restaurant »Victorian Home«, Tel.: 64 33 35 06).

Die russische Flüchtlingswelle und wie die Ausländer ihr Gesicht verloren

Mit der Oktoberrevolution von 1917 flohen Tausende russischer Zarenanhänger ins Ausland. Über Wladiwostok und die nordchinesische Stadt Harbin kamen zahlreiche bis nach Shanghai. Da das russische Zarenreich aufgehört hatte zu existieren und die neu gegründete Sowjetunion ihnen die Staatsbürgerschaft verweigerte, waren die Flüchtlinge staatenlos. Sie genossen also nicht, wie alle anderen Ausländer, den privilegierten Status der Exterritorialität, sondern unterstanden dem chinesischen Gesetz. Die meisten der Neuankömmlinge sprachen kein Englisch, die lingua franca der internationalen Gemeinde. Nur die wenigsten konnten sich mit herübergerettetem Schmuck und Bargeld ein den hiesigen Ausländern angemessenes Leben leisten; fast alle Russen – oder »Weißrussen«, wie sie im Gegensatz zu den »Roten« genannt wurden – waren arm. Deswegen wurden sie von jenen nicht gerade willkommen geheißen, welche den »besonderen Status« der Shanghailänder beeinträchtigt sahen. Doch nicht nur das. Westliche Ehefrauen empfanden die oft attraktiven Russinnen als eine Gefährdung. So berichtete der Korrespondent des Londoner »Daily Express« über Klagen britischer Damen, denen die anziehenden Rivalinnen aus Russland, nichts anderes besitzend als ihr Gesicht und ihre Figur, die Männer abspenstig gemacht hätten. In der Tat setzten viele Russinnen alles daran, über die Heirat mit einem Ausländer wieder in den Besitz eines gültigen Passes zu kommen – und britische Papiere waren die begehrtesten.

Eine von bereits in Shanghai ansässigen Russen ins Leben gerufene Hilfsorganisation versuchte, durch Kleider- und Nahrungsmittelhilfen sowie durch das Zurverfügungstellen von einfachen Unterkünften die Not zu lindern. Zahlreiche Männer des ersten Flüchtlingsschubes, oft ehemalige Soldaten der Zarenarmee, konnten bei der Shanghai Municipal Police unterkommen.

Andere wurden Wächter, Reitlehrer, Türsteher oder Bodyguards reicher Chinesen bzw. Soldaten bei einer der Kriegsherren-Armeen. Einige verdingten sich sogar als Rikscha-Kulis. Ein Quasi-Monopol hatten die russischen Busfahrer – den Chinesen trauten die in französischer bzw. britischer Hand befindlichen Busgesellschaften das Fahren ihrer Busse nicht zu – und den »Weißen« war diese Arbeit zu gering.

Viele weibliche Flüchtlinge hielten sich und ihre Familien als Tänzerinnen oder Sängerinnen in einem der vielen Nachtlokale über Wasser. Die seriösesten etablierten sich in der Bubbling Well Road und der Avenue Edouard VII. In einigen fanden auch russische Orchestermusiker eine neue Arbeit. Insbesondere in Zhabei entstanden zahlreiche Cabarets. Wesentlich schlechter erging es den weniger attraktiven oder glücklosen Russinnen, denen oft nur die als »Massagesalons« titulierten Billigpuffs in Hongkou oder gar der Straßenstrich das Überleben sicherten. Bald entstand ein blühender Frauenhandel, bei dem sich Harbin zur Drehscheibe entwickelte.

Bis Anfang der 30er-Jahre erhöhte sich die Zahl der russischen Flüchtlinge auf ca. 50.000. Die meisten standen nach wie vor auf der untersten Stufe der »internationalen Hackordnung«. Einigen wenigen war es gelungen, in der Fran-

---

TUMBLE-INN

Nr. 14, Lane 182 Bubbling Well Road
(gegenüber dem Union Jack Club)

mit den süßesten und reinsten Mädchen der ganzen Stadt

(Wöchentlich untersucht von
Dr. R. Holper M.D.
Schanghai)

Gesehen in Egon Erwin Kisch: China geheim.

Russisch-Orthodoxe Missionskirche

Ehemalige Kuppel-Innenausmalung im Restaurant der Militärkirche St. Nikolaus

China wird Republik

zösischen Konzession in einem Abschnitt der Avenue Joffre Läden und Restaurants zu eröffnen, wo man günstig Borschtsch, Blinis oder Boeuf Stroganoff essen konnte. Kleine Orchester spielten Wiener Walzer und Balalaikaspieler gingen von Tisch zu Tisch. Die Kellner trugen russische Blusen und Kosakenstiefel. Bald hieß dieses Viertel »Little Moscow«.

Im Umkreis entstand etwa ein Dutzend russisch-orthodoxer Kirchen. Zwei gibt es noch. 1931 wurde die Missionskirche errichtet. Nach der Enteignung produzierte eine Maschinenfabrik in den Kirchenräumen. Später mietete sich eine Investmentgesellschaft ein. Im Lauf der Jahre wurden mehrere Zwischendecken zur besseren kommerziellen Nutzung eingezogen. Im Januar 2003 eröffnete in der Missionskirche nach grundlegendem Umbau »The Dome«, ein Edelrestaurant mit Nachtclub. Der taiwanesische Investor hatte den ursprünglichen Kuppelcharakter des Innenraumes wiederhergestellt. Die Gäste konnten entweder im Parterre vor der Bühne oder auf drei übereinander angeordneten Emporen sitzen. Allerdings hielt sich »The Dome« nur knapp zwei Jahre, seither ist die Missionskirche geschlossen (No. 55, Xinle Lu, vgl. Spaziergang 13, S. 524).

Auch in der Militärkirche St. Nikolaus aus dem Jahr 1934 an der ehemaligen Rue Corneille (No. 16, Gaolan Lu) befand sich bis 2005 ein Restaurant, der »Ashanti-Dome«. Einige originale Glasfenster waren erhalten, während die Wände unterhalb der Kuppel großflächige Ölbilder neueren Datums schmückten (vgl. Spaziergang 9, S. 486). Auf Druck des russischen Konsulats sollen beide Kirchen nicht mehr kommerziell zweckentfremdet werden.

Shanghai – das Zentrum der chinesischen Intellektuellen

Wenn es im China der 20er-/30er-Jahre möglich war, sich als Journalist, Essayschreiber oder Schriftsteller durchzuschlagen, dann in Shanghai. Die großen Verlagshäuser hatten hier ihren Sitz. Unzählige Zeitungen und Zeitschriften erschienen. Berüchtigt war die so genannte Moskito-Presse, die ihre Nadelstiche mit Vorliebe gegen Filmstars, Industriemagnaten oder andere bekannte Persönlichkeiten richtete.

Abgesehen von seinem vielfältigen Verlagswesen übte Shanghai mit seinen für chinesische Verhältnisse modernen Bildungsstätten große Anziehungskraft auf die intellektuelle Avantgarde des Landes aus. Die meisten der Shanghaier Studenten und Intellektuellen rekrutierten sich aus alteingesessenen Gelehrtenfamilien. Obwohl deren Einfluss in der Gesellschaft stark zurückgegangen war, hatten sie doch so etwas wie den »Anspruch« geerbt, eine intellektuelle Führungsrolle zu übernehmen.

Viele hatten ein Studium im Ausland, zumeist in Japan, absolviert. Allerdings blieb ihr Verhältnis zur »Stadt der Ausländer« immer schwierig: »Shanghai widert mich an! Ich hasse die Ausländer, die schmierigen Verkäufer in den Kaufhäusern, die Rikschakulis, die Schaffner in den Straßenbahnen, die miesen Typen, die ihre Wohnungen untervermieten, die Horden von Stadtstreichern, die am Straßenrand herumlungern und Frauen nachgaffen ... (...) In Shanghai hassen wir den Lärm und die Geldgier, fahren wir aber aufs Land, dann verachten wir die Rückständigkeit, Einfalt und Totenstille. Shanghai ist so verwirrend, dass uns der Kopf dröhnt. Auf dem Lande sind wir niedergeschlagen und verzagt und meinen, dem Tod ins Auge zu sehen. Immerhin kann man sich in Shanghai Wissen aneignen, und ich möchte jetzt nur in Ruhe lesen.« (aus dem Auftaktband »Enttäuschung« der Trilogie »Verfall« von **Mao Dun**, 1896-1981; vgl. Kapitel »Shanghais Literaturszene setzt Maßstäbe«, S. 161 ff.).

Die jungen Menschen kleideten sich progressiv westlich und rebellierten gegen althergebrachte Bräuche wie arrangierte Ehen oder bedingungslose Pietät gegenüber den Eltern: »Die Pietät unserer modernen jungen Mädchen besteht darin, dass sie den Eltern die Mühe abnehmen, ihnen einen Mann zu verschaffen!« (aus Mao Dun: »Schanghai im Zwielicht«). Sie experimentierten mit neuen Lebenskonzepten, angefangen bei »freier Liebe« bis hin zu linksgerichteten politischen Gesellschaftsmodellen. Flugblätter kursierten, die zu Streiks und Boykotts aufriefen, und Lesungen von reformerischen Persönlichkeiten wie **Bertrand Russell** (1872-1970), **John Dewey** (1859-1952) oder der Frauenrechtlerin **Margaret Sanger** (1883-1966) erfreuten sich großen Zustroms. Insbesondere junge Frauen kamen in der Hoffnung nach Shanghai, sich hier über Ausbildung und Arbeit ein Stück persönliche Freiheit erwerben zu können.

Nora oder der Aufbruch der chinesischen Frauen in die Gleichberechtigung

Die traditionelle chinesische Gesellschaft begreift Frauen als untergeordnet und entbehrlich. Töchter galten so wenig, dass chinesische Väter, wenn sie nach der Zahl ihrer Kinder gefragt wurden, fast immer die Mädchen vergaßen.

Tatsächlich waren es Missionare, die die ersten Bildungsstätten für Mädchen einrichteten. Zu den Vorreiterinnen in Shanghai gehörten die Amerikanerin **Eliza Gillette**, die 1850 die erste Mädchenschule in Shanghai ins Leben rief, und die ebenfalls aus den USA stammende Nonne **Emma Jones**, die 1851 die Mädchenschule St Mary's gründete. Beide wurden 1881 auf Initiative der episkopalischen Kirche zusammengeschlossen. Bis 1951 galt die neu entstandene St Mary's Girls' Middle School (No. 1187, Changning Lu) unter chinesischen Eltern als Topinstitution. Zu ihren berühmtesten Schülerinnen zählte die spätere Schriftstellerin **Zhang Ailing** (Eileen Chang, 1921-1995; vgl. Kap. »Shanghais Literaturszene

> Aus Winfried Scharlau (Hrsg.): Gützlaffs Bericht über drei Reisen in die Seeprovinzen Chinas. 1831-1833.
>
> ### Wo sind die Mädchen?
>
> Es ist eine allgemeine Sitte unter ihnen, dass sie einen großen Teil neugeborener Mädchen ersäufen. Dieses unnatürliche Verbrechen ist so allgemein unter ihnen im Schwange, dass man es ganz gefühllos verübt, selbst zum Spaße. Es würde auch große Sittenrohheit verraten, wenn man einen Hausvater fragen wollte, wie viele Töchter er habe. Weder die Regierung noch die Sittensprüche ihrer Weisen sind imstande gewesen, diesem abscheulichen Gebrauche ein Ziel zu setzen. Der Vater ist der unbedingte Herr über das Leben seiner Kinder, er verfügt darüber nach seinem Wohlgefallen. Die Knaben genießen einen größeren Anteil an der väterlichen Liebe, ihre Geburt wird als eines der erfreulichsten Ereignisse im Familienkreise begrüßt. Man pflegt und liebkost sie mit großer Sorgfalt, und wenn der Vater stirbt, so fällt dem Sohne eine gewisse Gewalt über seine Mutter zu. Mit weiblichen Geschöpfen wird auch ein regelmäßiger Handel getrieben.

Anmerkung: Im Jahr 2005 betrug das Verhältnis zwischen männlichen und weiblichen Geburten in der VR China statt des natürlichen Geschlechterverhältnisses von 105 zu 100 laut Statistik der Staatlichen Familienplanungskommission 118,6 zu 100 (1982: 108,5; 1990: 111,3; 2003: 116,9 zu 100).

setzt Maßstäbe«, S. 161 ff.). 1951 wurde die St Mary's Girls' Middle School mit der exklusiven McTyeire High School zur einzigen weiterführenden Mädchenschule der Stadt, der No. 3 Girls High School verschmolzen (No. 155, Jiangsu Lu).

Nach ausländischem Vorbild initiierten daraufhin **Kang Youwei** (1858-1927), **Liang Qichao** (1873-1929) und **Tan Sitong** (1865-1898) 1898 eine Reformbewegung, die auch die Befreiung der Frauen aufgriff. Insbesondere bekämpften sie das grausame Binden der Füße. Für die als erotisch begehrten, aber verkrüppelten »Lilienfüße« mussten die Frauen in ihrer Kindheit höllische Schmerzen erleiden und blieben ihr Leben lang in ihrer Bewegungsfreiheit eingeschränkt. Ebenfalls 1898 gründete der Kaufmann **Yuan Shan** die erste offizielle chinesische Mädchenschule der Stadt, Jingzheng Nuxue (Formal Girls' School). 1902 etablierte Cai Yuanpei die Aiguo Girls' School, an der die Gleichheit zwischen Männern und Frauen und die Unabhängigkeit des weiblichen Geschlechts zum Lehrprogramm gehörten. Unter seinem Rektorat konnten sich überdies ab 1920 an der von ihm gegründeten Beijing University (Beida) die ersten chinesischen Studentinnen immatrikulieren (zu Cai Yuanpei, vgl. Spazier-

Grabmal für Qiu Jin in Hangzhou

gang 5, S. 442 f.; zum Vergleich: an der Shanghaier Jiaotong University ab 1927; in Deutschland wurden Frauen übrigens erstmals 1896 an der Universität Bonn als Gasthörerinnen zugelassen).

Wichtige Veränderungen in der Praxis brachte die politische Revolution von 1911. Fortschrittliche Familien ersparten ihren Töchtern fortan die Tortur der Lilienfüße. Die Mädchen wurden ermutigt, moderne Schulen zu besuchen, um gebildete Bürgerinnen der neuen chinesischen Republik zu werden. Allerdings brachte Yuan Shikai viele Forderungen der Frauenbewegung rasch wieder zum Schweigen. Erst die 4.-Mai-Bewegung von 1919 griff Frauenfragen wie das Recht auf Ausbildung, auf freie Wahl des Ehepartners, aktives und passives Wahlrecht etc. erneut auf.

Eine der ganz frühen chinesischen Feministinnen und Revolutionärinnen war **Qiu Jin** (1875-1907). Qiu kam in einer Beamtenfamilie in Xiamen zur Welt. Für ein chinesisches Mädchen verbrachte sie eine ungewöhnliche Kindheit: das Binden der Füße blieb ihr weitgehend erspart, stattdessen lernte sie Lesen und Schreiben sowie von einem Onkel Reiten und Schwertkampf. Mit 21 Jahren – also sehr spät – wurde sie verheiratet, das vorläufige Ende ihrer Freiheit. Erst nachdem sie eine Tochter und einen Sohn zur Welt gebracht hatte, verbesserte sich ihre Stellung. Die Familie zog nach Beijing, wo Qiu Jin 1901 die blutige Niederschlagung des Boxeraufstandes miterlebte. Qius Interesse an Politik war geweckt. Sie begann, für die Befreiung Chinas und der Frauen zu kämpfen. Zunächst setzte sie sich gegen das Binden der Füße und für die Etablierung von Mädchenschulen ein. 1904 verließ sie Mann und Kinder und ging nach Japan, wo auch Frauen zum Studium zugelassen waren. Ab jetzt trug sie Männerkleidung, entwickelte sich zur Wortführerin der Studenten, schloss sich chinesischen Widerstandsgruppen an, lernte mit Waffen umzugehen und Bomben zu bauen.

1906 kehrte Qiu Jin nach China zurück. In Shanghai gründete sie die erste chinesische Frauenzeitung »Chinese Women's Newspaper« (No. 1545, Sichuan Bei Lu; vgl. Spaziergang 7, S. 473). Kurz darauf wurde sie zur Leiterin einer Schule in Shaoxing, Provinz Zhejiang, ernannt. 1907 bereitete sie zusammen mit **Xu Xilin** (1873-1907) einen Aufstand gegen das Kaiserhaus vor. Ihre »Befreiungsarmee« sollte in Zhejiang losschlagen, Xus Verbündete in Anhui. Der Plan scheiterte. Xu wurde als erster verhaftet und hingerichtet. Wenig später nahmen die Behörden Qiu Jin fest. Sie wurde ebenfalls zum Tode verurteilt und am 15. Juli 1907 in Shaoxing enthauptet. Ihr Grab befindet sich ihrem Wunsch entsprechend am Westsee in Hangzhou (in der Nähe des Hotels Shangrila). Ein Foto von Qiu Jin, aufgenommen im Jahr 1905, bewahrt »The Site of the First National Congress of the Communist Party of China« (S. 491).

Während Qiu Jin so weit ging, westliche Herrenanzüge zu tragen, wurde prinzipiell der Qipao zum äußeren Zeichen der modernen Shanghaierin. Der

Qipao (kantonesisch: cheong-sam für »langes Kleid«) ist ein eng anliegendes, hochgeschlossenes Kleid. Der oft bis zum Oberschenkel an den Seiten geschlitzte Rock ließ erstmals einen Blick auf die vorher »verbotenen« Beine zu. Wo und wann der Qipao aufkam, lässt sich nicht mehr nachvollziehen. Eine Geschichte weist auf einen Tanzabend im Majestic Hotel, an dem eine der Tänzerinnen, da sie in ihrem Kleid unmöglich den neuen Charleston tanzen konnte, kurzerhand den Stoff zerschnitt.

Obwohl viele konservative Väter und wohl auch eine Reihe eifersüchtiger Ehemänner den Qipao für unzüchtig hielten, setzte er sich bald in allen Gesellschaftsschichten durch. Mit dem Qipao kamen auch hochhackige Lederschuhe in Mode – und die Shanghaierinnen trugen sie nach dem Motto »je höher, je lieber«.

Aus Mao Dun: Schanghai im Zwielicht

Unbehost!

Wie ein schmerzhafter Nadelstich traf die Bemerkung seiner Jüngsten den lauschenden Greis, und zum ersten Male richtete er mit Bewusstsein den Blick auf das Äußere seiner Ältesten. Er wagte kaum hinzusehen. Obwohl dem Kalender nach erst Mai war, hatte sie sich heute in Anbetracht des schwülen Wetters bereits völlig hochsommerlich angezogen: ein Kleid von blassblauem, dünnstem Musselin schmiegte sich eng um ihre kräftige Figur und ließ die Form ihres vollen Busens mehr als deutlich hervortreten. Die kurzen, weit ausgeschnittenen Ärmel hatten sich bis über den Ellbogen hinauf verschoben und enthüllten sogar noch den weißen runden Oberarm.

Von Abscheu erfasst wandte der Greis den Kopf rasch nach der anderen Seite, konnte es aber leider nicht verhindern, dass seinem beleidigten Auge dort ein noch greulicher Anblick widerfuhr: eine junge Schöne, die lediglich mit – einem tief ausgeschnittenen, ärmellosen, dünnen, hellen Seidenfähnchen angetan auf einer Rikscha thronte, und deren hochgezogene unbedeckte Knie die Feststellung gestatteten, dass die Schöne sogar unbehost war!

Ein Portrait dieser Zeit zeichnen die beliebten Kalenderposter. Sie zeigen selbstbewusste Frauen mit »großen« Füßen. Ganz à la mode trugen die Damen keine traditionell bis an den Boden reichende Gewänder mit langen weiten Ärmeln, sondern einen geschlitzten Qipao, oft wadenfrei, oder westliche Kleidung. In den 20ern wurde der Qipao zunehmend kürzer und figurbetonter,

Zigarettenwerbung in der 30ern

Shanghaier Werbung als Spiegelbild des Wandels

In den 20er- und 30er-Jahren erlebte die Werbung auf Kalender-Postern ihren Höhepunkt. Große Firmen wie BAT und die Nanyang Brothers Tobacco Company lieferten sich wahre Werbeschlachten und engagierten bekannte Künstler wie **Zhou Muqiao** (um 1860-1923), **Zhou Baisheng** (1887-1955), **Zheng Manzuo** (1888-1961), **Xie Zhiguang** (1900-1976) oder **Li Mubai** (1913-1991). Diese kombinierten geschickt chinesische Bild-Traditionen mit westlichen Themen und nutzten neue Mal- und Drucktechniken wie die 1905 erfundene »Reib-und-Mal«-Technik und die Lithographie, welche höhere Auflagen als der traditionelle Holzschnitt zuließ.

Die Werbeplakate zeigten die großen Neuerungen des städtischen Lebens für die sich entwickelnde chinesische Mittelschicht: Den Hintergrund der schönen Werbefrauen mit den umworbenen Produkten bildeten luxuriös möblierte Wohnungen oder sorgfältig gepflegte Gärten und Parkanlagen, in denen die Maler die Errungenschaften der Zeit wie Radiogeräte oder elektrische Ventilatoren arrangierten. Ballsäle, Golfplätze, Strände mit azurblauem Himmel und andere Traumlandschaften – für viele meist unerreichbar – zeugten vom Wunsch der Masse nach Wohlstand und Vergnügen.

Über eine hübsche Sammlung originaler Werbeplakate verfügt das Unique Hill Studio (No. 907, Tian Yao Qiao Lu, Tel.: 54 10 48 15).

und in den 30ern gab der bis dato hochgeschlossene Kragen sogar einen Teil des Dekolletees frei. Um es gleich zu sagen: Die Kalender-Damen waren in puncto Kleidung viel aufgeschlossener als ihre Schwestern auf der Straße ...

Lifestyle-Magazine der 30er-Jahre schrieben: »Fähige Ehefrauen und gute Mütter sind eine moralische Notwendigkeit für die Erneuerung der Nation.« Mit patriotischem Hintersinn wurde der Slogan geprägt: »Jede Frau muss ihren Teil an Verantwortung für die Zukunft ihres Landes tragen.« Daraus leitete sich die nationale Pflicht ab, sich durch Sport körperlich fit zu halten. Werbeplakate zeigten konsequenterweise die moderne Frau im Badeanzug, beim Golf oder auf dem Reitplatz.

Shanghai entwickelte sich zum Zentrum der Emanzipationsbewegung in China. Hier trafen sich die Studentinnen und Intellektuellen, um über Philosophie, Politik, Theater, freie Liebe und Feminismus zu diskutieren. Ihr Leitstern war Ibsens »Nora« als Beispiel für eine Frau, die es satt hatte, die »Puppe« ihres Mannes zu sein, und sich stattdessen aufmachte in eine unbekannte Welt. Doch bald schon stellte sich heraus, dass es – mit Ausnahme der Position einer Lehrerin an einer Mädchenschule – für Frauen kaum »respektierte« Berufe gab. Arbeitsplätze für Frauen, die finanziell unabhängig sein wollten, beschränkten sich auf die Bereiche Hausangestellte, Schauspielerin oder Unterhaltungsdame, was früher oder später in Prostitution endete. So blieb den meisten doch nur, ihre Schönheit zu nutzen, um als Ehefrau eine »gute Partie« zu machen. Tatsächlich wurde gerade aus einer der populärsten Nora-Darstellerinnen und zugleich nicht gerade einer der talentiertesten Schauspielerinnen der damaligen Shanghaier Theaterszene, Lan Ping, besser bekannt als **Jiang Qing** (1914-1991), die spätere Madame Mao.

Aus André Malraux: Conditio Humana

Erfahrungen einer Ärztin

»Bei uns ist es immer das gleiche Elend. Vorhin wurde ein junges Mädchen eingeliefert, eine Braut von achtzehn Jahren, die in der Hochzeitssänfte versucht hatte, sich mit einer Rasierklinge das Leben zu nehmen. Man wollte sie zwingen, einen hoch geachteten Wüstling zu heiraten... Man brachte sie in ihrem roten Hochzeitskleide zu uns, ganz überströmt von Blut. Dahinter die Mutter, ein verkümmerter kleiner Schatten, laut schluchzend... Als ich ihr sagte, dass die Tochter nicht zu sterben brauche, antwortete sie: ›O die arme Kleine! Und doch hätte sie beinahe das Glück gehabt, sterben zu dürfen!‹ ... Das Glück! ... Dieses Wort sagt mehr als alle unsere Reden über die Lage der Frauen in China ...«

Ob eine chinesische Nora, nachdem sie ihr beschütztes Heim verlassen hatte, eine Zukunft haben würde, war eine der elementaren Fragen, mit denen sich die Intellektuellen beschäftigten. In der Erzählung »Gewissensbisse« (1925) von Lu Xun (vgl. Kapitel »Shanghais Literaturszene setzt Maßstäbe«, S. 161 ff.) stirbt die Protagonistin, nachdem ihr nichts anderes übriggeblieben war, als in ihre Heimat zurückzukehren. Zu einer ähnlichen Sicht findet Mao Dun in seiner Trilogie »Verfall«: »Die eben noch so resolut und selbstbewusst wirkende Hu schien nun doch betroffen zu sein und fasste ergriffen Jings Hand: ›Liebe Jing, wir haben uns in letzter Zeit nicht oft geschrieben, deshalb weiß ich nicht, was du in den vergangenen zwei Jahren alles erlebt hast. Ich aber habe in meinen Wanderjahren in der Tat die Höhen und Tiefen des Lebens gekostet! Ich bin zu der Einsicht gekommen, dass es keine guten Menschen auf der Welt gibt. Die Menschheit ist egoistisch, jeder betrügt den anderen nur und nutzt ihn aus. Jing, ich kann dir sagen, alle Männer sind schlecht! Sie umwerben uns, aber nicht mit lauteren Absichten. Einem Mann hoffnungsvoll gegenüberzutreten bedeutet, Perlen vor die Säue zu werfen!‹ (...) Jing dachte: (...) Man muss als Frau unweigerlich allen Träumen entsagen, jeglichen Illusionen abschwören und Zugeständnisse bis hin zur Selbstverleugnung machen. Hilflos entdeckt eine Frau unter dem Ansturm der männlichen Begierde, dass sie ihre Ideale wie die Aufrichtigkeit und Heiligkeit der Liebe aufgeben muss. Die Träume einer jungen Frau und die Wirklichkeit, die sie erfährt, sind unvereinbar« (aus dem Eingangswerk »Enttäuschung«, 1927). Kein Wunder, wenn selbst ein fortschrittlicher, an St. John´s, in Harvard und Leipzig ausgebildeter Aufklärer wie Lin Yutang »ohne Zögern« glaubt »sagen zu können, dass die Suppen unserer Frauen auch in Zukunft besser sein werden als ihre Dichtungen, und dass ihr wahres Meisterwerk ihre kleinen Jungen, ihre Neugeborenen sein und bleiben werden« (»Mein Land und mein Volk«).

Aufsehen erregte **Ding Ling** (1904-1986) mit ihrem 1928 veröffentlichten »Tagebuch der Sophia«. Darin bricht die Dichterin mit allen traditionellen Befindlichkeiten, indem sie Sophia offen über ihre romantischen und sexuellen Gefühle im Geschlechterkampf berichten lässt. Das Buch endet im bittersüßen Sieg der Protagonistin über das Objekt ihrer Begierde, dessen Werbeversuche sie letztlich zurückweist. Es schließt mit den Worten: »Glücklicherweise geht mein Leben in dieser Welt ausschließlich mich etwas an, bin ich auch noch so maßlos damit umgegangen. (...) Doch ich will nun nicht mehr in Beijing bleiben und schon gar nicht in die Westberge gehen. Ich will mit der Bahn in den Süden fahren, an einen Ort, wo mich niemand kennt, und dort den Rest meines Lebens verschwenden.« Nach Shanghai?

Ding Ling wurde 1904 in Changde geboren. Als junge Frau studierte sie an der revolutionären Shanghai-Universität. Anfangs behandelten ihre sozialkritischen Kurzgeschichten hauptsächlich Probleme der Frauenemanzipation und der individuellen Selbstfindung. Nach Ding Lings Hinwendung zur KPCh Anfang der 30er-Jahre beschrieb sie in ihren Büchern auch das Leben in der kommunistischen Bewegung (»Sonne auf dem Sangan-Fluss«, 1948). Obwohl damit zum Aufbau einer »proletarischen Literatur« beitragend (sie erhielt dafür hohe Auszeichnungen, z.b. den Stalinpreis), wurde sie in der VR China schon 1955 und 1958 wegen des freizügigen »Tagebuchs der Sophia« scharf angegriffen, am Publizieren gehindert, für zwanzig Jahre in den Nordosten Chinas verbannt und erst 1979 rehabilitiert. Ein Foto Ding Lings zusammen mit ihrem 1931 von den Schergen Chiang Kaisheks ermordeten Mann **Hu Yepin** (1902-1931) findet sich an der Gründungsgedenkstätte der Liga Linker Schriftsteller (Haus 2, No. 201, Duolun Lu, täglich 9 bis 16 Uhr, Tel.: 56 96 05 58; vgl. Spaziergang 8, S. 478).

Ganz in der Tradition Ding Lings steht Wei Huis Protagonistin Coco in »Shanghai Baby« (1999), wenn sie ihren sexuellen Wünschen auf der Suche nach dem Ich freien Lauf lässt. Nicht zuletzt deshalb setzten die chinesischen Zensoren das Buch auf den Index und ließen, nachdem bereits 130.000 Exemplare verkauft worden waren, die verbliebenen 40.000 Stück vernichten.

Shanghais Literaturszene setzt Maßstäbe

Beliebteste literarische Ausdrucksform der modernen Shanghaier Autoren wurde die Erzählung. Im »alten« China als Trivialliteratur mit häufig frivolem Inhalt von vorwiegend weniger Gebildeten gelesen, galt sie in den Augen der geistigen Elite als »minderwertig«. »Gute« Literatur musste in Gedichtform oder konnte allenfalls als Roman abgefasst sein. Großen Einfluss übten Übersetzungen von **Honoré de Balzac** (1799-1850), **Fjodor Dostojewskij** (1821-1881), **Anton Tschechow** (1860-1904) und **Leo Tolstoi** (1828-1910) aus. Das erste russische Werk in chinesischer Übersetzung überhaupt soll der Roman »Die Hauptmannstochter« von **Alexander Puschkin** (1799-1837) gewesen sein (1903 vom Shanghai Daxuan Book Bureau herausgegeben).

Puschkin-Denkmal

An der Kreuzung Fenyang Lu/Yueyang Lu erinnert heute wieder ein Denkmal an Alexander Puschkin. Erstmals war es 1937 zum 100. Todestag des als Begründer der modernen russischen Literatur gefeierten Schriftstellers gestiftet worden. Wie alle westlichen Bronzestatuen der Stadt wurde es 1941 von den japanischen Besatzern abgebrochen und eingeschmolzen. Schon 1947 stand Puschkin wieder auf seinem Sockel – bis die Kulturrevolution erneut über ihn hinwegfegte. Die gegenwärtige Statue datiert von 1987.

Literarische Gesellschaften entstanden, und wer in der Welt der Literatur gehört werden wollte, musste zumindest für eine Weile in Shanghai gewirkt haben. Unbestrittener Star der Literaturszene war der 1881 geborene Lu Xun (eigentlich Zhou Shuren; vgl. Spaziergang 8, S. 474 ff.). Seine Leser nannten ihn den »chinesischen Gorki«, weil seine Geschichten das einfache Volk mit seinen Schwächen und seinen Leiden zum Mittelpunkt hatten.

Lu stammte aus einer ehemals reichen Gelehrtenfamilie in Shaoxing, Provinz Zhejiang, wo er früh mit den Klassikern bekannt wurde. Doch bald wendete er sich westlichen Vorbildern zu. 1899 bis 1902 besuchte er im Gegensatz zur Familientradition die Bergbauakademie in Nanjing; 1902 bis 1908 ging er nach Japan, um Medizin zu studieren. Bei einer Vorlesung wurden Fotos gezeigt von der Enthauptung chinesischer Landsleute durch japanische Soldaten während des chinesisch-japanischen Krieges. Geschockt von der gleichgültigen Schaulust des anwesenden chinesischen »Publikums« entschloss er sich, Schriftsteller zu werden. Für Lu war die Passivität und Feigheit seiner Kommilitonen symbolisch für die ganze Nation, und er hoffte, seine Landsleute durch die Werke, die er zu schreiben gedachte, wachrütteln zu können.

Bereits Lu Xuns erste Erzählung (1918) wurde ein großer Erfolg. Im »Tagebuch eines Verrückten« prangerte er die Feindseligkeit des chinesischen Volkes untereinander als kannibalistisches Verhalten an. Dieses Werk gilt als Ausgangspunkt der modernen chinesischen Literatur, weil es in Umgangssprache (»baihua«) geschrieben ist. Sein berühmtestes Werk wurde jedoch »Die wahre Geschichte des Ah Q« (1921), in dem er ein satirisches Bild seiner Zeitgenossen zeichnete. Der Protagonist Ah Q begreift seine eigenen Fehler und Niederlagen stets als Erfolge, zieht sich auf die guten Zeiten der Vergangenheit zurück, um der bedrohlichen Gegenwart zu entgehen, und kann nur auf unlautere Weise kleine Siege verzeichnen.

1930 gehörte Lu Xun mit Mao Dun, **Yu Dafu** (1896-1945) oder **Hu Feng** (1902-1985) zu den Gründern der Liga Linker Schriftsteller. Die Liga zerbrach bereits 1936 wegen parteiideologischer Differenzen: Mao Zedong hatte der KPCh mit der Verlagerung des revolutionären Schwerpunkts von den Städten aufs Land eine neue entscheidende Marschrichtung vorgegeben, die der Komintern-Theorie von der »führenden Rolle der Arbeiterschaft« diametral entgegenstand.

Obwohl Lu Xun marxistischen Ideen durchaus zugetan war, stand er im häufigen Konflikt mit der KPCh. In den ersten Jahren der VR China avancierte er dennoch zu einem »Kult-Schriftsteller«. Dass er auch nach der Kulturrevolution nicht zu den »Vergessenen« zählt, liegt nicht zuletzt an seiner hohen literarischen Qualität. Noch heute gibt es chinesische Schriftsteller (wie den beliebten Unterhaltungsliteraten **Jin Yong**, geb. 1924), die die Modernität in Lu

Xuns Werken als »unchinesisch« empfinden und von ihnen als »ausländische Romane in chinesischer Sprache« sprechen. Vielleicht würde Lu mit einem Zitat aus seinem kulturkritischen Werk »Die Methode, wilde Tiere abzurichten« (1934) entgegnen: »Nur das Kind, das mit gesenktem Blick zu allem nickt, gilt als brav. ›Wie goldig‹, sagt man dann. Bei einem Kind, das lebhaft und gesund ist, einen eigenen Willen hat und den Kopf hoch trägt, kurz, bei allem, was mit Bewegung zu tun hat, schüttelt man bedenklich den Kopf über solche ›ausländischen Manieren‹. Da man viele Jahre unter dem Eindringen des Auslands gelitten hat,

---

Agnes Smedley

Agnes Smedley stammte aus einer sehr armen Arbeiterfamilie aus Missouri. Trotzdem schaffte sie es, Lehrerin zu werden. An ihrer Schule in San Diego kam sie in Kontakt mit den linken Reformideen einer **Emma Goldman** (1869-1940) oder eines **Upton Sinclair** (1876-1968). 1916 wurde sie Mitglied der Socialist Party of America, zog 1917 nach New York, wo sie ein Jahr später unter dem Vorwurf verhaftet wurde, gegen britisches Recht die Unabhängigkeitsbewegung (»Rebellion«) in Indien unterstützt zu haben. Unter anderem setzte sich die Frauenrechtlerin Margaret Sanger für ihre Freilassung ein. Später sollte Smedley noch viel mit Sanger zusammenarbeiten.

Bevor sie die USA 1920 zusammen mit dem indischen Revolutionsführer **Virendranath Chattopadhyaya** (1880-1941) nach Deutschland verließ, schrieb sie für dessen »Birth Control Review«. In Berlin berichtete Smedley für verschiedene amerikanische Blätter über die Ereignisse in der Weimarer Republik, knüpfte Kontakte zu deutschen Intellektuellen wie **Erwin Piscator** (1893-1966) und schloss vor allem enge Freundschaft mit der Künstlerin **Käthe Kollwitz** (1867-1945).

Nach dem Bruch mit der indischen Freiheitsbewegung, deren Frauen diskriminierende Grundsätze sie nicht mittragen wollte, ging Smedley 1928 nach China. In den kommenden Jahren schrieb sie u.a. für den »Manchester Guardian«, die »China Weekly Review« und die »Frankfurter Zeitung«. 1929 erschien ihr autobiographisches Werk »Daughter of Earth« bzw. »Eine Frau allein« in Englisch und Deutsch. Es folgten Berichtsbücher wie »China fights back« (1938; deutsch: »China kämpft«) oder »Battle Hymn of China« (1943).

Die im Dienste des sowjetischen Geheimdienstes stehende Ruth Werner berichtet in »Sonjas Rapport« über ihre Kampfgefährtin in einem Brief an ihre Eltern vom 10. November 1930: »... Agnes sieht aus wie eine intelligente Arbeiterin. Einfach angezogen, spärliche braune Haare, sehr lebhafte, große, graugrüne Augen, aber ein gut geschnittenes Gesicht. (...) Sie hat es nicht leicht hier. Die Europäer lehnen sie ab, nachdem Agnes sie gründlich vor den Kopf gestoßen hat. Zu ihrer

Ankunft hier gab der feudale amerikanische Klub einen Tee für sie. Agnes ging hin und fragte, sehr interessiert an allem Chinesischen, ob keine Chinesen anwesend wären. Darauf die Antwort: Nein, wir haben keine als Mitglieder. Darauf sie: Und auch als Gäste nicht? Darauf die Antwort: Chinesen ist es nicht erlaubt, den Klub zu betreten. Woraufhin sie sich erhebt und geht. Bei den Engländern ist sie verhasst, weil sie früher für die indische revolutionäre Bewegung gearbeitet hat. Und die Chinesen beobachten sie auf Schritt und Tritt, obwohl sie tatsächlich eine Korrespondentin der ›Frankfurter Zeitung‹ hier draußen ist.«

In Shanghai unterhielt Agnes Smedley Kontakte zu allen relevanten linken Schriftstellern, mit Lu Xun arbeitete sie eng zusammen. Für ihn stellte Smedley einen Kontakt zu Käthe Kollwitz her, deren Holzschnitte über Lu Xun erstmals in China veröffentlicht wurden. Der Holzschnitt sollte später ein wichtiges Propagandainstrument werden. Überhaupt war Smedley der Widerstandsbewegung eine große Hilfe. Sie bot von der Polizei gesuchten kommunistischen Parteimitgliedern Unterschlupf, überbrachte heimliche Nachrichten und gehörte der Liga für Menschenrechte an.

Mit dem Dichter **Xu Zhimo** (1896-1931) hatte die Amerikanerin ein Verhältnis – eines von vielen. Smedleys freizügige Haltung zu Sexualität und Ehe führte 1937 im kommunistischen Hauptquartier in Yan´an nicht nur zu Auseinandersetzungen mit den Gattinnen einer Reihe von Veteranen, sondern letztlich zum Zusammenstoß mit Maos zweiter Frau **He Zhizhen** (1909-1984), welche Mao nach einem von Smedley organisierten Tanzabend mit einer jungen Tänzerin in flagranti erwischt hatte. Die Tänzerin musste das Lager verlassen, Mao ließ sich von He scheiden, und für Smedley wurde die Situation im kommunistischen Hauptquartier so unerträglich, dass sie nach zwei weiteren Monaten freiwillig ihre Koffer packte.

1941 kehrte Smedley in die Vereinigten Staaten zurück, wo sie bald unter politischen Verfolgungen zu leiden hatte. Fälschlicherweise geriet sie in Verdacht, Mitglied der kommunistischen Partei zu sein, auch wurde sie in Verbindung mit **Richard Sorges** (1895-1944) Spionagering gebracht. Zwar war sie mit Sorge befreundet gewesen, geheimdienstliche Tätigkeiten konnten ihr jedoch nicht nachgewiesen werden.

Enttäuscht und gesundheitlich angegriffen zog Smedley 1949 nach England, wo sie 1950 in Folge einer durch sie selbst herausgezögerten Operation starb. Ostdeutsche Verlage verbreiteten daraufhin, ihr sei die Ausreise zur lebensrettenden Behandlung in die Deutsche Demokratische Republik verweigert worden. Es war die Zeit des Kalten Krieges.

An Smedley erinnert eine kleine Gedenktafel an den früheren Dubail Apartments in der Französischen Konzession, wo sie zwischen 1929 und 1931 wohnte (No. 185, Chongqing Nan Lu, vormals Avenue Dubail, vgl. Spaziergang 9, S. 487 ff.).

sind einem die ›ausländischen Manieren‹ zuwider. Mehr noch, man setzt sich mit Absicht in Gegensatz zu ihnen. Weil die Ausländer aktiv sind, sind wir passiv, weil sie die Wissenschaft pflegen, sind wir abergläubisch, weil sie kurze Kleider tragen, tragen wir lange Gewänder, weil sie auf Hygiene achten, essen wir Fliegen, weil sie kräftig und gesund sind, sind wir kränklich ... Nur so lässt sich Chinas alte Kultur bewahren, nur das ist Vaterlandsliebe, nur so ist man frei von Versklavung.«

Nach seiner Rückkehr aus Japan 1908 lehrte Lu Xun zunächst in Hangzhou und Shaoxing Naturwissenschaften. Dann wurde er nach dem Sturz der Qing-Dynastie Beamter im Erziehungsministerium in Beijing und war auch dort als Dozent tätig. Von 1927 bis zu seinem Tod 1936 lebte Lu in Shanghai, ab 1933 in seinem Haus in Hongkou. Er zog sich nicht zuletzt deshalb in das auch als »Little Tokyo« bekannte Stadtviertel zurück (es bildete das Zentrum der rd. 20.000 Mitglieder umfassenden japanischen Gemeinde), weil er sich hier vor den Schergen Chiang Kaisheks halbwegs sicher glaubte. Gleich in der Nähe befindet sich der Lu-Xun-Park (vormals Hongkow Park) mit seinem Grab und einer Gedenkhalle (Lu-Xun-Literaturmuseum, No. 2288, Sichuan Bei Lu, täglich von 9 bis 16:30 Uhr, Tel.: 65 40 22 88; vgl. Spaziergang 8, S. 474 ff.).

Lu Xun wurde zur Leitfigur der modernen Schriftsteller seiner Zeit. Mit intellektuellen westlichen Besuchern pflegte Lu regen Kontakt, zu seinen prominenten Gesprächspartnern zählten die linksradikale Schriftstellerin und Journalistin Agnes Smedley, George Bernard Shaw oder Egon Erwin Kisch, den er für seine Reportage »China geheim« mit entscheidenden Informationen versorgte.

Yu Dafu stammte aus Fuyang in der Provinz Zhejiang. Nach einer klassischen chinesischen Ausbildung prägte ihn sein Studium in Japan (1912-1922), wo er mit der japanischen und westlichen Literatur in Kontakt kam. Besonderen Einfluss übte die russische Literatur auf ihn aus. 1921 gründete Yu Dafu zusammen mit **Guo Moruo** (1892-1978) und anderen Gleichgesinnten die romantisch-revolutionär ausgerichtete »Schöpfungsgesellschaft«, die einige Jahre lang eine wichtige Rolle in der chinesischen Literatur spielen sollte. Kurz darauf, ebenfalls 1921, publizierte er seine ersten, für chinesische Verhältnisse unerhört stark autobiographisch geprägten Kurzgeschichten (»Versinken«). Themen bildeten nicht zuletzt die eigene Erotik und ein frustrierter Patriotismus (mit dem sich viele Intellektuelle seiner Zeit identifizierten).

1928 verließ Yu Dafu die Schöpfungsgesellschaft und gehörte 1930 zu einem der Gründungsmitglieder der »Liga Linker Schriftsteller«. Weil seiner Meinung nach die Politik zu großen Einfluss auf die Literatur ausübte, zog er sich aber auch aus der Liga bald wieder zurück. Nach Ausbruch des chinesisch-japanischen Krieges ging er als Journalist nach Singapur und arbeitete als Herausgeber einer Zeitschrift. 1942 floh Yu vor dem Einmarsch der japanischen Truppen nach

Sumatra, wo er sich als Dolmetscher durchschlug. Am 17. September 1945 wurde Yu Dafu von der japanischen Militärpolizei ermordet.

Der exzentrische Dichter **Xu Zhimo** kam aus einer reichen Fabrikantenfamilie aus Xiashi, Provinz Zhejiang, sein Studium absolvierte er an der Columbia University in den USA sowie in Cambridge in England. Gegen den Willen seiner Eltern gab er die Fächer Ökonomie und Bankwesen zugunsten der Literatur auf. Noch in England ließ er sich von seiner ersten Frau scheiden. Zurück in China fand er mit seinen romantischen Versen rasch einen begeisterten Leserstamm. Seine Gedichte wirkten stilbildend auf die moderne chinesische Lyrik. Wirkliche Berühmtheit erlangte er indessen durch die Hochzeit mit einer Dame der obersten Gesellschaftsschicht, mit der er bereits ein Verhältnis angefangen hatte, als diese noch mit einem hohen Militär verheiratet war. Xu kam bei einem Flugzeugabsturz ums Leben. Da er sich gegen die Politisierung der chinesischen Literatur gewandt hatte, wurde er nach seinem Tod lange totgeschwiegen. In Shanghai wohnte Xu in der Lilong-Anlage Si Ming Cun (vgl. Spaziergang 5, S. 446 ff.).

Ein weiterer namhafter chinesischer Lyriker des 20. Jahrhunderts, **Ai Qing** (1910-1995), rief Anfang der 30er-Jahre: »Die Kunst darf sich der Macht nicht beugen« – und wurde dafür prompt von chinesischen Agenten in der Französischen Konzession aufgegriffen und für drei Jahre (1932-1935) eingekerkert. Der in Jinhua, Zhejiang, geborene Ai verfasste Gedichte mit sozialkritischen Themen. 1941 schloss er sich der KPCh an. Nach der »Hundert-Blumen-Bewegung« (1956) als Rechtsabweichler kritisiert und 1958 als »Rechtselement« nach Nordchina verbannt, wurde er 1979 rehabilitiert.

Auch wenn sie in Shanghai ihre größten Erfolge feiern konnte und die Stadt zum Zentrum der neuen, modernen Literatur wurde, begonnen hatte die »Literarische Revolution« in der Hauptstadt Beijing. Zu ihren Wegbereitern zählte **Hu Shi**. Hu wurde am 17. Dezember 1891 in Shanghai geboren (wo er als Junge zu den Schülern Charlie Songs an der methodistischen Schule in Wusong gehört hatte). Nach sieben Jahren Studium in den USA berief ihn Cai Yuanpei 1917 an die berühmte Beida als Professor der Philosophie. Schon 1916 hatte Hu Shi begonnen, in der Umgangssprache zu schreiben statt im klassischen Schriftchinesisch. Jeder sollte seine Texte lesen können. Damit durchbrach Hu eine über 2.000 Jahre alte Tradition. In den Folgejahren wurde er zum Führer der Literarischen Revolution in China, die schließlich in der »4.-Mai-Bewegung« gipfelte. Er nutzte die von **Chen Duxiu** (1879-1942) in Shanghai herausgegebene Zeitschrift »Neue Jugend« (»Xin Qingnian«), in der z.B. 1918 Lu Xuns »Tagebuch eines Verrückten« erschien, als Forum für die Verbreitung seiner Essays und Erzählungen. Mit zahlreichen Arbeiten auf den Gebieten der Philosophie, Geschichte und Literatur wurde Hu Shi zu einer der Leitfiguren der fortschrittlichen (aber nicht der kommunistischen) Kräfte. 1938 bis 1942 war er für das Guomindang-Regime Botschafter in den USA, bis 1946 diente er ihm von Washington aus weiter als Berater. Nach der Gründung der VR China wirkte er zunächst in New York, seit 1958 in Taiwan als Präsident der Academia Sinica, wo er 1962 verstarb.

Der chinesische Politiker und Publizist **Chen Duxiu** stammte aus Anqing, Provinz Anhui. 1896 und 1897 hatte er noch an den Staatsprüfungen teilgenommen, sich dann längere Zeit in Japan aufgehalten und dort Kontakt zu den revolutionären Exilchinesen gefunden. Er gehörte zu den Unterstützern der Revolution von 1911 und wirkte kurzzeitig als Erziehungsminister in Anhui.

Die 4.-Mai-Bewegung 1919

Der Sturz der Qing-Dynastie und die Gründung der Republik China 1911 hatten dem Land keinen Frieden gebracht. Es folgten aufwühlende Jahre blutiger politischer Wirren, angefangen bei dem Versuch Yuan Shikais, sich 1916 zum Kaiser zu krönen, über den anschließenden Zerfall des Landes in von Warlords kontrollierte Regionen bis zur immer unverhüllteren Aufteilung des Landes unter den imperialistischen Mächten. 1915 beginnt Chen Duxiu mit der Herausgabe der Zeitschrift »Jugend«. Sie propagiert westliche Ideen und steigt ein Jahr später unter dem Titel »Neue Jugend« zur einflussreichsten Zeitschrift des Landes auf. Das Magazin sensibilisierte große Teile der jungen chinesischen Intellektuellen für die Frage, wie die künftige chinesische Politik aussehen sollte.

Der Ruf nach territorialer Unversehrtheit und ein wachsendes Nationalbewusstsein fanden ihren Ausdruck schließlich 1919 in der von Chen Duxiu in Beijing mitinitiierten »4.-Mai-Bewegung«. Auslöser waren die Verhandlungsergebnisse von Versailles, in denen Japan die ehemals deutschen Besitzungen in Shandong übertragen wurden – statt sie an China zurückzugeben. Die meisten Chinesen hatten darauf gehofft, dass China im Rahmen des neu gegründeten Völkerbundes Gerechtigkeit widerfahren würde.

Vorrangiges Ziel der 4.-Mai-Bewegung bildete die »Aufrechterhaltung von Existenz und Unabhängigkeit Chinas«. In Shanghai begannen die großen Proteste am 7. Mai. Dort schlossen sich Studenten und Arbeiter zusammen und organisierten Streiks. Höhepunkt der 4.-Mai-Bewegung war der 5. Juni, als ein von allen chinesischen Gesellschaftsschichten getragener Generalstreik das öffentliche Leben Shanghais lahmlegte. Im Gegensatz zu allen vorangegangenen Rebellionen richtete sich die 4.-Mai-Bewegung erstmals nicht nur gegen ausländische Mächte, die China unterdrückten, sondern auch gegen Chinesen, die mit diesen ausländischen Mächten kollaborierten (was sie für die Shanghaier Kaufleute oder die Grüne Bande untragbar machte).

Aus Jürgen Osterhammel: Shanghai, 30. Mai 1925

Die »chinesische Aufklärung«

Die chinesischen Aufklärer, selbst vielfach erst in den letzten Jahren des 19. Jahrhunderts geboren, forderten mit großer Emphase eine Erneuerung Chinas durch seine Jugend. Mit ihrer Polemik attackierten sie sklavische Klassikergläubigkeit, politischen Autoritarismus, das patriarchalische Familiensystem, die Unterdrückung der Frauen und eine heuchlerische Sexualmoral. Durch ihr eigenes literarisches Vorbild trugen sie zur Vereinfachung der extrem komplizierten, nur durch langjährige Anstrengungen zu meisternden klassischen Schriftsprache und zur Entschlackung des dichterischen Ausdrucks bei.

In dieser Sprach- und Literaturreform (...) lag der greifbarste Erfolg der 4.-Mai-Bewegung. Die chinesische Aufklärung war, wie die europäische, wissenschaftsgläubig. Von einer vorurteilsfreien Betrachtung und Bewertung der Tatsachen versprach man sich Einsichten in Natur und Gesellschaft, die sich zum Nutzen der Gegenwart verwerten ließen. Einer Übernahme westlicher Wissenschaft und ihrer philosophischen Grundlagen sollten keine Hindernisse und Vorbehalte mehr im Wege stehen. Die Aufklärer unterstützten daher einen Wissenschaftstransfer, der dank der Bemühungen von Missionsuniversitäten und einiger »returned students« bereits begonnen hatte. Bezeichnenderweise war die Chinesische Gesellschaft der Wissenschaften (»Zhongguo kexue she«) 1914 von chinesischen Studenten an der Cornell University gegründet und erst 1918 nach China verlegt worden.

(...) Stärker als jede Intellektuellengeneration vor ihr nahmen die Protagonisten der chinesischen Aufklärung in allen Bereichen ausländisches Wissen auf. (... Dabei handelte es sich, d. Verf.) vorwiegend um Wissen und Denkansätze der Gegenwart. (...) Die chinesischen Aufklärer lasen eher Bertrand Russell als John Locke, eher Tolstoi als Rousseau.

Ihr Kosmopolitismus machte die Aufklärer verwundbar für den Vorwurf, es mangele ihnen an Patriotismus: ein fataler Verdacht in einer Atmosphäre, welche – die emotionalen Reaktionen auf die Ereignisse vom 30. Mai 1925 zeigten es – von der Sorge um die »Rettung der Nation« bestimmt war und blieb. (...) Die chinesische Aufklärung (vermochte) das Dilemma zwischen der Befürwortung philosophisch-wissenschaftlicher Verwestlichung und der Kritik, die auch sie teilte, am politischen Skandalon fortdauernder quasi-kolonialer Präsenz in China nicht zu lösen. (...) Waren die Hauptvertreter der Bewegung für die Neue Kultur in kulturellen Kernfragen einig, so gingen ihre Vorstellungen darüber, wie eine künftige politische Ordnung Chinas auszusehen habe, schon früh auseinander. Chen Duxiu wurde 1921 zum Mitbegründer der Kommunistischen Partei Chinas; der frühere Anarchist **Wu Zhihui** (1864-1953) und Cai Yuanpei, der große Erziehungsreformer und Wissenschaftsorganisator, schlossen sich hingegen dem anti-kommunistischen Flügel der Guomindang an.

Auch am Aufstand 1913 gegen Yuan Shikai nahm er teil. 1915 gründete er die revolutionär orientierte Zeitschrift »Neue Jugend« und zählte damit zu den Propagandisten der »chinesischen Aufklärung«. In Shanghai wohnte Chen zeitweilig in der No. 100, Nanchang Lu, Haus Nr. 2 (vgl. Spaziergang 9, S. 485). 1917 wurde Chen Duxiu von Cai Yuanpei zum Professor und Dekan der Literaturfakultät der Beida berufen. 1919 war er einer der Führer der durch die Abweisung chinesischer Ansprüche auf der Konferenz von Versailles ausgelösten »4.-Mai-Bewegung«.

1921 beteiligte sich Chen Duxiu an der Gründung der KPCh und war 1921 bis 1927 deren Generalsekretär. Nach innerparteilichen Auseinandersetzungen wurde er 1929 aus der Partei ausgeschlossen und zwischen 1933 und 1937 inhaftiert. Chen Duxiu starb 1942 in Jiangjin, Provinz Sichuan.

Zur weiteren Verbreitung der umgangssprachlichen Literatur trug maßgeblich der 1895 gegründete Shanghaier Verlag »Commercial Press« (Shangwu yinshuguan; Firmensitz in einem Art-Deco-Gebäude an der ehemaligen Canton Road, heute: No. 306, Guangdong Lu) bei. Dem Verlag gelang es, mit **Mao Dun** (eigentlich Shen Yanbing, 1896-1981) und **Ye Shengtao** (Ye Shaojun; 1894-1988) namhafte chinesische Schriftsteller zu engagieren (beide wohnten zeitweilig in der »Jing Yun Li«-Gasse; vgl. Spaziergang 8, S. 478 f.). Speziell Mao Dun beherrschte nach Lu Xun am stärksten das aufgewühlte, revolutionäre Shanghai der Literaten der 20er- und 30er-Jahre. Er gilt als Schöpfer des modernen chinesischen Romans.

Mao Dun wurde 1896 in einer Großgrundbesitzerfamilie in Dongxiang in der Provinz Zhejiang geboren. Zunächst absolvierte er eine klassische chinesische Ausbildung, besuchte in Hangzhou die Mittelschule, versuchte anschließend, erst in Nanjing, dann in Beijing ein Studium zu absolvieren, scheiterte aber letztlich, weil ihm die finanziellen Mittel fehlten. 1918 ging Mao Dun nach Shanghai, wo er eine Stelle als Lektor bei der Commercial Press fand. Damit saß er im Zentrum der literarischen Auseinandersetzungen um Chinas Zukunft, las die Übersetzungen westlicher Schriftsteller, die Chinas Intellektuelle gierig verschlangen, wurde von der 4.-Mai-Bewegung erfasst und kam mit zahlreichen jungen Schriftstellern des Landes in Kontakt.

Schon 1920 veröffentlichte Mao Dun seinen ersten Artikel über die Frage: »Was ist die Aufgabe der Schriftsteller?« 1921 gründete er mit Ye Shengtao und anderen Autoren die Gesellschaft zum Studium der Literatur. Ihr Organ wurde die »Monatszeitschrift für Erzählkunst« (»Xiaoshuo yuebao«), deren Herausgeber er bis 1923 war. Für die nächsten zehn Jahre wurde sie das führende Magazin im literarischen Geschehen Chinas und spielte bei der geistigen Entwicklung der chinesischen Heranwachsenden eine ähnliche Rolle wie Chen Duxius »Neue Jugend« eine knappe Generation zuvor.

Unentwegt publizierte er neue Artikel und engagierte sich politisch. Erst wirkte er in der Sozialistischen Jugendliga Chen Duxius mit, dann trat er schon 1921 kurz nach ihrer Gründung als eines der ersten neuen Mitglieder in die Kommunistische Partei Chinas ein. Nach dem 30. Mai 1925 arbeitete er in der Einheitsfront mit der Guomindang, die die Wiedervereinigung des Landes anstrebte. Er wurde stellvertretender Propagandadirektor der KPCh und war damit Mao Zedong direkt unterstellt. Im Nordfeldzug Chiang Kaisheks zur Wiederherstellung der Republik gehörte er der Allgemeinen Politabteilung der Nationalen Revolutionären Armee an und gab zusammen mit Mao Zedongs jüngerem Bruder **Mao Zemin** (1896-1943) die Zeitschrift »Republik« heraus.

Entsetzt über das Shanghaier Massaker am 12. April 1927 begrub Mao Dun die Hoffnungen, die er wie so viele andere auf den Nordfeldzug gesetzt hatte. Er zog sich aus der Politik zurück, trat 1928 aus der KPCh aus und widmete sich in Shanghai fortan nur noch seinem schriftstellerischen Schaffen. Seine Erlebnisse verarbeitete Mao Dun in der Trilogie »Verfall«. Sie machte ihn über Nacht berühmt. 1930 gehörte er zu den Gründern der Liga Linker Schriftsteller. In dieser Phase schuf Mao Dun mit »Schanghai im Zwielicht« einen der Höhepunkte des literarischen Schaffens jener Zeit. Wie kaum ein anderes Werk fängt dieser Roman die explosive Stimmung am Vorabend der japanischen Besatzung ein: »›Sie tanzen ihren Totentanz!‹ sprach der Dichter nachdenklich vor sich hin. ›Verstehst du? Totentanz! Je mehr das flache Land verelendet, je üppiger die Großstädte wachsen, je höher das Gold im Werte steigt, je teurer die Lebensmittel werden, je verheerender das Feuer des Aufruhrs und der Bauernrevolten um sich greift, desto verrückter wird der Totentanz dieser Besitzenden.‹« An anderer Stelle lässt Mao Dun den Dichter Fan sagen: »Der verdammte Kapitalismus ist an allem schuld! Er treibt die Menschen zur Verzweiflung, er verhunzt die blühende Landschaft, die herrliche Natur mit scheußlichen qualmenden Fabrikschloten, er treibt die Menschen aus ihren schönen stillen Dörfern in die Großstadtquartiere und pfercht sie in engen schmutzigen Elendsquartieren zusammen! Der Kapitalismus bedeutet für alle Schaffenden den Untergang von Freiheit und Menschenwürde!«

Noch einmal gründete Mao Dun, diesmal mit Guo Moruo und einigen anderen, die »Widerstandsgesellschaft der Kunst und Literaturschaffenden« (National Writers' and Artists' Resistance Association). Doch die Arbeit gestaltete sich immer schwieriger. 1938 setzte sich Mao Dun nach Hongkong ab. Unmittelbar vor dem Sieg der Kommunisten ging er nach Beijing, wo er zum Kulturminister der neuen Regierung aufsteigen sollte. Wie die meisten radikalen Schriftsteller Shanghais schrieb er nach der kommunistischen Regierungsübernahme keine Werke mehr. Aufgrund seiner Freundschaft zu Mao Zedong war er während der Kulturrevolution keinen direkten Angriffen ausgesetzt. Sein großer Roman »Schanghai im Zwielicht« wurde dennoch verboten. Denn mit dem »von gesellschaftlicher Wirklichkeit und Widersprüchen abgelösten, makellosen und unbeugsamen Superrevolutionär« (Wolfgang Kubin) konnte das Werk nicht dienen, es ist erst seit 1977 dem chinesischen Publikum wieder zugänglich.

Der Gelehrte, Schriftsteller und Politiker **Guo Moruo** wurde am 16. November 1892 in Leshan, Provinz Sichuan, geboren und starb dort am 12. Juni 1978. Nach Studien in China und Japan schrieb er zahlreiche Kurzgeschichten, Gedichte und Dramen mit zunächst romantischen, seit 1927 bzw. seit seiner Verbindung zur KPCh sozialkritischen und politischen Themen. Daneben verfasste er wichtige Untersuchungen zur frühen chinesischen Geschichte sowie Übersetzungen (Goethe: Faust, Werther). Als persönlicher Freund Mao Zedongs bekleidete er auch während der Kulturrevolution wichtige Ämter, etwa war er stellvertretender Ministerpräsident und Erziehungsminister. In Shanghai wohnte er u.a. im Vorgängerbau No. 180, Nanchang Lu (vgl. Spaziergang 9, S. 485).

Ein weiterer wichtiger Vertreter der chinesischen Aufklärung war **Lin Yutang**. In seinem in Shanghai publizierten Werk »Mein Land und mein Volk« geht er schonungslos mit den charakterlichen Schwächen seiner Landsleute ins Gericht. Weil er die Hoffnung noch nicht aufgegeben habe, könne er von den Sorgen und Nöten seines Landes sprechen, schreibt er im Prolog. »China ist größer als seine Patriötchen und hat es nicht nötig, von ihnen reingewaschen zu werden.«

Auch nach der Besetzung Shanghais durch Japan arbeiteten die Schriftsteller, die China nicht verlassen hatten, zunächst weiter. Doch alle standen vor der Entscheidung, zu welchem China sie sich bekennen sollten, dem der Guomindang oder dem der KPCh. Nach der Gründung der VR China 1949 versiegte die literarische Fruchtbarkeit unter denjenigen, die in der Volksrepublik China geblieben waren, angesichts der Isolation und Rückschrittlichkeit der folgenden Jahre. Die republikzeitlichen Autoren, deren Lebensspanne in die Zeit der Volksrepublik hineinreichte, wurden teils in die Vergessenheit abgedrängt oder erzogen sich selbst bereitwillig um wie **Ding Ling** oder **Ba Jin** (1904-2005).

»Ba Jin«, auch »Ba Kin«, war das aus den Namen seiner anarchistischen Vorbilder Bakunin und Kropotkin zusammengesetzte Pseudonym des Schriftstellers Li Feigan (Li Yaotang). Politisch bereits sensibilisiert von den Ideen der 4.-Mai-Bewegung von 1919 war der Sohn einer Großgrundbesitzerfamilie aus Chengdu während seines Studiums in Frankreich 1927 bis 1929 mit ihren Ideen in Kontakt gekommen. Der 2005 mit 101 Jahren nach langer Krankheit verstorbene Ba Jin galt als der letzte große Vertreter der modernen chinesischen Literatur. Er schrieb über zwanzig, häufig biographische Romane, in denen er den Umbruch in der konfuzianischen Gesellschaftsordnung schilderte. Zu den eindrucksvollsten zählt »Die Familie« (1936). Während der Kulturrevolution scharf angegriffen und mit Schreibverbot belegt, wurde der Autor 1978 reha-

Aus Martin/Hammer (Hrsg.): Die Auflösung der Abteilung für Haarspalterei

Ba Jin: Gedanken unter der Zeit

Über die Wahrheit

1958, während der Kampagne ›Der große Sprung nach vorn‹, als Übertreibung und Großmäuligkeit auf der Tagesordnung waren, glaubte ich nicht nur all die großartigen Parolen, sondern trug sogar selbst mein Teil an großsprecherischen Lügen dazu bei. Noch 1956 hatte ich einen Artikel veröffentlicht, in dem ich eine Lanze für das unabhängige Denken gebrochen hatte.

Als aber dann das zweite Jahr der Kampagne gegen die ›Rechten‹ begann, strauchelten einige meiner Bekannten, und auch ich streckte die Waffen. Jetzt hielt ich meine früheren unkontrollierten Gedanken für ein nicht wieder gutzumachendes Vergehen. Ich fand es keine Schande mehr zu lügen. Natürlich wurde ich zuweilen auch ›rückfällig‹; schließlich hatte ich einen Kopf und konnte denken. Manchmal musste ich einfach meine eigenen Gedanken formulieren. So redete ich 1962 bei der ersten Versammlung der Literatur- und Kunstschaffenden in Shanghai über den ›Mut und die Verantwortung der Schriftsteller‹. Um wie wenig Mut und Verantwortung ging es dabei im Grunde! Ich sagte kaum mehr als dreißig ehrliche Sätze. Doch sie wurden mir in der Folge schwer angelastet, ein geistiges Schuldbündel, dessentwegen viele Leute, unter ihnen auch der Propagandist der ›Viererbande‹ **Yao Wenyuan** (1931-2005, d. Verf.), gegen mich vorgingen.

Während ich noch in Peking an der ›Außerordentlichen Konferenz afroasiatischer Schriftsteller‹ teilnahm, wurde der gefährliche Charakter dieser ›gegen die Partei gerichteten‹ Rede in den Wandzeitungen enthüllt, die zu Beginn der ›Großen Proletarischen Kulturrevolution‹ im Versammlungssaal des Shanghaier Schriftstellerverbandes aufgehängt worden waren, um ›Proletarisches zu fördern und Kapitalistisches zu vernichten‹. Erschrocken und bestürzt kehrte ich nach Shanghai in den Schriftstellerverband zurück. Eine Wandzeitung folgte der anderen, und per ›revolutionären Dekrets‹ erhielt ich immer neue negative Attribute. Noch bevor der zehnte Anschlag geklebt war, hatte man mir meine Rechte als Bürger entzogen.

Was im August und September 1966 geschah, versetzte mich in eine merkwürdige Gemütsverfassung, einen Zustand, den ich später – vielleicht nicht ganz zutreffend – als eine Art Hypnose bezeichnete. In meinem Kopf war ein einziges Chaos, ich konnte überhaupt nicht mehr selbständig denken. Das einzige deutliche Gefühl war das meiner Schuld; ich war mit einer tiefen Last ins Wasser gefallen und sank tiefer und tiefer, so viele Rettungsversuche ich auch unternahm.

In meinem Kopf war kein Raum mehr für Urteilskriterien: richtig, falsch, gut, böse. Ich wusste nur noch, dass ich schuldig war und dass meine Schuld immer noch wuchs. Zuletzt wurde mir klar, dass es für mich selbst schon keine Rettung mehr geben konnte.

> Mein persönliches Unglück musste ich auf mich nehmen, damit nur meine Frau und die Kinder verschont würden. Die Liste meiner Verbrechen, die die Rebellen fabrizierten und bei den Kritiksitzungen ans Tageslicht brachten, war endlos. Ich hatte schreckliche Angst. Am Anfang verteidigte ich mich noch, mit der Zeit gab ich dann alles schweigend zu. Damals war ich sogar bereit, abergläubisch jeden Spuk und Firlefanz zu akzeptieren. Wenn die Rebellen mich kritisierten, warfen sie mir oft vor: »Versuch nicht, dich an jeden Strohhalm zu klammern!« Doch der einzige Strohhalm, der mich noch hielt, war die Hoffnung auf ›Selbstreform‹. Daran glaubte ich nicht nur äußerlich und zum Schein, ich war tatsächlich aufrichtig entschlossen, mich umzuziehen.

bilitiert. Von 1978 bis 1983 war er Mitglied des Ständigen Komitees des Nationalen Volkskongresses, und 1981 wurde er zum Vorsitzenden des Chinesischen Schriftstellerverbandes gewählt. 1986 veröffentlichte Ba Jin seine Memoiren »Gedanken unter der Zeit«, in denen er auch seine Erlebnisse während der Kulturrevolution verarbeitete – und mit denen er sich erneut nicht nur Freunde schuf. Zweimal – 1975 und 2001 – war Ba Jin zum Literatur-Nobelpreis vorgeschlagen worden. Diese Ehre wurde ihm jedoch ebensowenig zuteil, wie sich sein Traum von einer Gedenkstätte für die Opfer der Kulturrevolution erfüllte. Die letzten sechs Jahre seines Lebens mußte der schwer an Krebs und Parkinson leidende Dichter im Krankenhaus verbringen. Zuvor hatte er bei seiner ebenfalls literarisch aktiven Tochter **Li Xiaolin** (geb. 1945) in der No. 113, Wukang Lu gelebt. Ein weiterer Wohnsitz befand sich in der Huaihai Zhong Lu (vgl. Spaziergang 13, S. 524).

Die meisten Literaten wurden letztlich Opfer des kommunistischen Regimes – wenn nicht gleich in den gelenkten öffentlichen Debatten der ersten Jahre oder während der Hundert-Blumen-Kampagne 1956/57, dann doch spätestens in der Kulturrevolution. Andere hörten ganz auf zu schreiben wie Mao Dun. An die Größe der Autoren der Republikzeit reichte keiner der folgenden Shanghaier Schriftsteller des 20. Jahrhunderts heran.

Die bekanntesten und berüchtigsten Chronistinnen des heutigen Shanghais sind die 1970 bzw. 1973 in der Stadt geborenen **Mian Mian** (»La la la«, 1997) und **Wei Hui** (»Shanghai Baby«, 1999). Ihre Bücher handeln von Sex, Drogen und Liebe in allen Variationen; ihr Ruf basiert auf Tabubrüchen, weniger auf literarischer Qualität. Dass ihre Bücher unter Chinas Zensoren als pornografisch, dekadent und moralschädigend gelten und sie deshalb verboten wurden, trug im Westen wie in China selbst zu ihrer Popularität bei.

Einer breiten Öffentlichkeit kaum bekannt ist hingegen **Jun Feng**. Der 1965 in Shanghai geborene Mathematiker publizierte Untergrundzeitschriften, welche ihn zur Flucht nach Dänemark zwangen. 2003 erhielt er den Tucholsky-Preis des schwedischen PEN.

Shanghais Kunstszene der 30er oder »Wellen peitschten von Westen gegen den ›Bund‹«

»Wellen peitschten von Westen gegen den ›Bund‹«, betitelte der Kunsthistoriker **Zheng Shengtian** seinen Beitrag zum Ausstellungskatalog »Shanghai Modern 1919-1945«. Tatsächlich war Shanghai im 20. Jahrhundert »das Tor, durch das die moderne Kunst aus dem Westen nach China importiert wurde.« Wie bereits erwähnt, hatte der Maler Xu Beihong das 1864 gegründete Waisenhaus von Xujiahui als »die Wiege der westlichen Malerei in China« bezeichnet. Hier wurden begabte Waisen im Malen von Heiligenbildern unterwiesen. Einer der Schüler war der später berühmte Künstler **Zhou Xiang**, der 1910 die ›Chinesisch-Westliche Malerei-Korrespondenz-Schule‹ gründete. 1913 (andere Quellen: 1912) eröffnete **Liu Haisu** (1896-1994, vgl. Spaziergang 2, S. 400 und Spaziergang 9, S. 489) mit **Wu Shiguang** und anderen Gleichgesinnten die Shanghai Art School, aus der später die Kunstakademie Shanghai hervorging, die erste chinesische Lehranstalt, an der Künstler mit »richtigen« Aktmodellen arbeiteten.

Um westliche Malerei zu studieren, waren die ersten chinesischen Studenten um 1900 nach Japan gegangen, nur wenige begaben sich auf den weiten Weg direkt nach Europa. Erst nach dem 1. Weltkrieg stieg ihre Zahl leicht an. Die meisten studierten in Frankreich, einige wenige in Deutschland oder Belgien. Um 1920 kehrten die ersten wieder zurück. Von ihnen ließ sich das Gros im Großraum Shanghai nieder. Denn, wie **Ni Yide** (1901-1970), mit **Pang Xunqin** (1906-1985) Gründer der legendären »Storm Society«, schrieb: «Shanghai ist ein Ort, den wir alle bewundern. Obwohl wir nicht die Gelegenheit haben, in Paris zu leben, das eine Stadt der Kunst ist, müssen wir in China wenigstens in Shanghai leben, das den Mittelpunkt der neu entstehenden Kunst bildet. Es herrscht dort ein lebendiger Geist, und es ist dort ein Leichtes, allerlei aufregende neue Erfahrungen zu machen« (zitiert nach Zheng Shengtian). In den 1930er-Jahren sollen über dreißig im Ausland ausgebildete Künstler im Stadtgebiet von Shanghai gearbeitet haben.

Doch bis zuletzt, als der 2. Weltkrieg der ersten modernen künstlerischen Blüte Shanghais ein Ende setzte, verkehrten die «Europäer» und die «Japaner» getrennt und gründeten ihre eigenen Vereinigungen wie die »Östliche Malvereinigung« (Dongfang Huahui) oder die »Vereinigung Himmlisches Pferd« (Tianmahui) sowie Lehranstalten wie die Kunstakademie Shanghai auf der einen Seite und die »Malvereinigung Weiße Gans« (Bai´e Huahui) sowie die »Zeiten-

Kunstgesellschaft« (Shidai Meishuhe) auf der anderen. Während sich die »Europäer« ausschließlich in der Französischen Konzession niederließen, suchten sich »Japaner« in Little Tokyo nördlich des Suzhou-Creek ihr Wirkungsfeld. Insgesamt sollen im Shanghai der 20er-/30er-Jahren über ein Dutzend solcher Künstlervereinigungen (»Hua Hui«) aktiv gewesen sein. Ihnen allen ging es jedoch nicht nur um bloße Nachahmung europäischer Stilrichtungen, sondern um eine Verschmelzung westlicher und chinesischer Elemente.

Quer durch beide Lager entspann sich dabei eine heiße Debatte über die künstlerische Zukunft des Landes. Die so genannten Realisten standen den der chinesischen Aufklärung verpflichteten Köpfen gegenüber. Erstere orientierten sich vorwiegend an klassischen akademischen Ansätzen in der Tradition von **Ingres** (1780-1867), **Delacroix** (1798-1863), **Millet** (1814-1875) oder **Courbet** (1819-1877). Zu ihren Hauptvertretern zählten neben Xu Beihong **Li Yishi** (1886-1924) und **Yan Wenliang** (1893-1988). Ihnen ging es vor allem um die inhaltsvermittelnde Funktion bildender Kunst und nicht so sehr um »das Ringen um die reine Form«. Damit zeigten sie eine gewisse Seelenverwandtschaft zu den Künstlern und Kunstkritikern der späten 20er-Jahre, welche die künstlerische Freiheit des Einzelnen dem Kampf um die nationale Rettung Chinas untergeordnet sehen wollten, oder auch zu den Vertretern des Neuen Holzschnitts zu Beginn der 30er, welche sich angesichts der wirtschaftlichen Verelendung und dem zunehmenden innenpolitischen Verfall in erster Linie sozialkritischen Themen widmeten.

Die »Aufklärer« hingegen – unter ihnen vor allem Liu Haisu, **Lin Fengmian** (1900-1991, vgl. Spaziergang 9, S. 485), **Wu Dayu** (1903-1988), Pang Xunqin, **Pan Yuliang** (1899?-1977) sahen die Zukunft in den verschiedenen modernen Stilen, wie sie ab der Jahrhundertwende in Frankreich en vogue waren. Zu ihrer repräsentativsten Vereinigung entwickelte sich die »Storm Society« (Juelanshi), die wie eine große Welle mit dem Althergebrachten aufräumen wollte. Diese »erste moderne Künstlervereinigung Chinas« (Zheng Shengtian) bestand zwischen 1931 und 1935. In ihrem Manifest von Ni Yide hieß es: »Seit Anfang des 20. Jahrhunderts hat in der europäischen Kunstwelt ein neues Klima Einzug gehalten: die Aufschreie der Fauvisten, die Umkehrungen der Kubisten, die Heftigkeit der Dadaisten und das drastische Verlangen der Surrealisten. Es ist höchste Zeit für ein neues Klima in der chinesischen Kunstwelt des 20. Jahrhunderts« (zitiert nach Zheng Shentian). Um dies herbeizuführen, setzte die Storm Society auf Liberalismus: »Für uns ist die Malerei kein Sklave des Glaubens oder nur Illustration der Dichtung. Wir werden frei und schlüssig eine Welt der reinen Formen schaffen.« **Yang Taiyang** (geb. 1909) letztes noch lebendes Mitglied, erzählt auf die Frage, welche künstlerischen Ziele sie damals verfolgten: »Ein einziger Begriff: ›Innovation‹. Unser großes Anliegen bestand darin, etwas

Neues, etwas im Sinne der Moderne zu machen. Wir wollten die Schablone des Konservatismus aufbrechen. Vor allem ging es uns um Erneuerung. Wir wollten etwas schaffen, das unsere Individualität zum Ausdruck brachte. Darum ging es. Nochmals: Das Hauptziel war Innovation. Schließlich hatten ja viele Künstler in Frankreich studiert. Sie waren in Japan und Frankreich gewesen und suchten die chinesische Malerei zu erneuern und auf den Stand der Moderne zu bringen. Sie hatten eine fortschrittliche Idee. Ein Sturm, gewaltig wie eine Flutwelle, brach über dieses Zeitalter herein.« Vier Ausstellungen organisierte die Storm Society. Doch ihre umwälzenden Ziele konnte sie nicht verwirklichen. Nach ihrer letzten Ausstellung 1935 löste sie sich auf.

»Heraus aus den Salons! Auf die Straße!« – diesem Motto folgten eigentlich viel nachdrücklicher die jungen Künstler des Neuen Holzschnitts als die eher akademischen Ölmaler. Ähnlich inspiriert wie die Schriftsteller im Umfeld der 4.-Mai-Bewegung nutzten sie das in dieser Form neue Medium, um ihre sozialkritische Haltung zum Ausdruck zu bringen. Dabei war es ihr erklärtes Ziel, ihre Landsleute aufzuklären und zu politischem Handeln zu motivieren. Trotzdem lassen sich ihre Werke angesichts ihrer Kreativität und Weltoffenheit nicht als reine Revolutionskunst abtun. Bedeutende Vertreter waren **Hu Yichuan** (geb. 1910) und **Chen Yanqiao** (1911-1970).

Eine Schlüsselrolle in der Förderung des Neuen Holzschnitts spielte Lu Xun. Der sozial engagierte Dichter hatte sich 1927 in Shanghai niedergelassen. Im Schutze der ausländischen Konzessionen fühlte er sich halbwegs sicher vor der Unterdrückung durch das GMD-Regime. Dass dieser Schutz nur bedingt wirksam war, zeigt jedoch der Mord an den fünf Mitgliedern der Liga Linker Schriftsteller 1931 (vgl. Kapitel »Der heimliche Bürgerkrieg zwischen Guomindang und chinesischen Kommunisten«, S. 272 ff.). Unter ihnen war mit **Rou Shi** (1902-1931) ein Student Lu Xuns. Ihm zum Gedächtnis veröffentlichte er in seiner ersten Ausgabe der Literaturzeitschrift »Beidou« einen Holzschnitt von Käthe Kollwitz: »Das Opfer«. Zur Geburtsstunde der »Bewegung des Neuen Holzschnitts (xinxing muke)« geriet wenig später ein Lehrgang, der vom 17. bis 22. August 1931 auf Initiative Lu Xuns durch **Kakitsu Uchiyama** (1900-1985), einem jüngeren Bruder von Lu Xuns Freund, dem Buchhändler **Keiza Uchiyama** (1885-1959), und von Lu Xun selbst durchgeführt wurde.

Wichtige Impulse fand Lu Xun im expressionistischen Holzschnitt aus Deutschland, »das unter ähnlich prekären sozialen Verhältnissen litt. Die Expressionisten schufen Kunstwerke in verschiedenen Medien, doch erwies sich die Druckgrafik, insbesondere der Holzschnitt, als besonders wirkungsvoll, um die Botschaft sozialer Erneuerung in der Sprache der Kunst zu verbreiten. Angesichts der ästhetischen Möglichkeiten dieses Mediums überrascht diese Wahl nicht. Neben der Möglichkeit der Vervielfältigung, durch die viele Menschen erreicht werden können, verfügen Abzüge von geschnittenen Holzblöcken über kräftige Linien und Formen, die emotional aufgeladene Inhalte hervorragend wiedergeben, zumal dann, wenn sie mit Ereignissen des realen Lebens in Zusammenhang stehen. Holzschnitte zeichnen sich durch ihr gestisches Moment sowie ihren überwiegend symbolischen oder betont didaktischen Charakter aus. (...) So wie die deutschen Expressionisten hatten auch die chinesischen Holzschnitt-Künstler eine utopische Vorstellung von den schöpferischen Möglichkeiten des Einzelnen, die Gesellschaft zu beeinflussen. (...) Bei aller Vielfalt – von optimistischen Propagandabildern bis zu nach Innen blickenden, häuslichen Meditationen und verzweifelten Kriegsbildern – ist den Holzschnitten die Verbindung gemeinsam, die der Künstler zu den realen Lebensbedingungen herstellt. (...) Wo es um das nackte Überleben des Landes und des Volkes ging, traten stilistische und inhaltliche Experimente in den Hintergrund.« (Shen Kuiyi)

Tatsächlich ließen schließlich die zunehmenden kriegerischen Konflikte die einst so lebhafte Shanghaier Kunstszene verstummen, oder, wie **Leo Ou-fan Lee** (geb. 1939) es ausdrückte: »Als sich die Kriegsdrohung, die wie eine Wolke über der Stadt lag, 1937 tatsächlich in echtes Granatfeuer verwandelte, wurde die ganze modernistische Struktur Shanghais vernichtet« (zitiert nach Zheng Shengtian). Zheng selbst schrieb, damit sei der Vorhang über diesen ersten Auftritt moderner Kunst in Shanghai endgültig gefallen.

Nach Proklamation der VR China 1949 ging die Kunst in Shanghai – wie im ganzen Land auch – zunächst nur noch einen Weg: den des revolutionären Realismus und der revolutionären Romantik im Dienste von Volk und Politik (vgl. Kapitel »Die ›Umerziehung‹ nimmt ihren Lauf«, S. 302 ff.).

Arbeiterelend und High-Society

Zwischen 1920 und 1940 wurden jedes Jahr bis zu 50.000 Leichen von so genannten Totenwagen in den Straßen der Stadt aufgesammelt und aus ihren Wasserwegen gefischt. Elend und Verzweiflung bildeten den Nährboden für radikale politische Gedanken, zumal die Situation der Armen in scharfem Kontrast zum offen zur Schau getragenen Reichtum der Shanghaier High-Society stand. »The streets are crowded with hungry, sullen, half-starved people and among them roll the sedans and limousines of the wealthy Chinese, spending fabulous sums on pleasure, food and clothes, wholly senseless to others,« schrieb die Literaturnobelpreisträgerin **Pearl S. Buck** (1892-1973) nach einem Besuch in Shanghai. Die in den USA geborene Buck verbrachte als Tochter eines Missionars einen Großteil ihrer Jugend und an der Seite ihres Mannes einen Teil ihres späteren Lebens in China, 1909/10 besuchte sie in Shanghai eine Mädchenschule.

Ku li 苦力 – *Bittere Kraft*

Angezogen vom Wirtschaftsboom des 1. Weltkrieges und der Jahre danach kamen Tausende nach Shanghai, meist Bauern und kleine Händler. Shanghai quoll geradezu über von Arbeit suchenden Migranten, Kulis und Bettlern – »ein Volk der Geschwüre, der Rückenmarksschwindsucht und des Hungers« (Malraux: »Conditio Humana«). Mitte der 20er-Jahre wird die Zahl der Rikscha-, Dock- und Lagerhauskulis auf etwa 150.000 Männer geschätzt. Ein Rikscha-Kuli verdiente in den 20er-/30er-Jahren kaum mehr als 10 Cent am Tag, gerade genug für eine Mahlzeit aus billigem Reis. Die wirklichen Gewinne machten die Gesellschaften, die die Rikschas verliehen. Die größte in Shanghai war die im französischen Besitz befindliche Flying Star Company. Sie stellte ihre Rikschas Subkontraktoren z.b. für 70 Cent am Tag zur Verfügung, die diese ihrerseits an Sub-Sub-Kontraktoren für 90 Cent weitervermieteten. Jene wiederum gaben sie an zwei

---

Aus Egon Erwin Kisch: China geheim

»Rikscha!« – »Rikscha!«

Es gibt Unternehmer, die haben ein paar hundert Rikschas zu laufen, jede bringt täglich 1 Dollar 70, der Wagen braucht keine Remise, und das Pferd braucht keinen Hafer und keinen Stall und nicht einmal einen Hufschmied. Barfuß jagen die Kulis durch die Straßen, kreuz und quer, auf und ab, hin und her, Schritt und Trab, Nacht und Tag, ganz junge und ganz alte, solche, die mit dem ganzen Fuß auftreten, solche, die nur Zehen und Ballen aufsetzen, und solche, denen man die Tuberkulose gar nicht ansieht. Eine Taxameteruhr dem Menschen an Lunge und Herz anzuschnallen, hat noch kein Missionar erfunden.

Der Unternehmer kauft die ganze Arbeitszeit des Kulis, indem er sich vom Kuli bezahlen lässt. Fünfundachtzig Cent täglich entrichtet der Arbeit suchende, Arbeit leistende Kuli seinem »Arbeitgeber« dafür, dass er ihm die beiden Räder besorgt. Nur für vierzehn Stunden, von drei Uhr nachmittags bis fünf Uhr morgens. Für die Zeit von fünf Uhr morgens bis drei Uhr nachmittags zahlt ein anderer seinem Besitzer auch fünfundachtzig Cent, darf aber dafür am nächsten Tag vier Stunden länger laufen. Viele Karren haben bloß einen Fahrer – seine Arbeitszeit ist unbeschränkt.

In Shanghai sind 24.378 Kulis den öffentlichen Rikschas vorgespannt, die Zahl der Familienmitglieder, die sie ernähren, übersteigt 100.000. Das Durchschnittseinkommen des Rikschakulis beträgt zwölf mexikanische Dollar im Monat, sein Durchschnittsleben in diesem Beruf dauert fünfeinhalb Jahre. Dann stirbt er.

oder drei Kulis für insgesamt 1 Dollar pro Tag ab, welche sich die Rikscha in Schichten teilten. Neben diesem Dollar mussten die Kulis die Kosten für oft willkürlich verhängte Verkehrsstrafen und für allfällige Reparaturen übernehmen.

Für die Fabriken von Yangshupu und Zhabei stand ein nahezu unerschöpfliches Reservoir von Arbeitskräften zur Verfügung. Erwachsene und Kinder schufteten täglich zwölf Stunden oder mehr unter unwürdigsten und grausamen Bedingungen. Tödliche Arbeitsunfälle waren an der Tagesordnung. Tuberkulose und andere Krankheiten grassierten. Wer nicht mithalten konnte, war sofort ersetzbar. In der Shanghaier Textilindustrie arbeiteten zu 40% kleine Mädchen, deren Existenz ohnehin traditionell nichts wert war, zu 40% Frauen und nur zu 20% Männer. Für viele bedeutete die Fabrik »lebenslänglich«, als Säugling unter der Maschine von der Mutter abgelegt, ab dem Kleinkindalter bis zum Tod Arbeitsstätte. Besonders gefragt waren die kleinen flinken Finger in den Seidenspinnereien, wo die Kinder die Kokons im siedenden Wasser einzuweichen und das Fadenende für die Zwirnerinnen herauszusuchen hatten. Brandverletzungen und verbrühte Händchen waren ihr tägliches Brot. »Wohlfeiler als die wohlfeilste Maschine ist der chinesische Mensch, seine Hände sind der Elevator, seine Arme die Ketten, seine Schultern das Lastauto, seine Beine die Betriebsbahn – diese Maschinen brauchen keinen Mechaniker, kein Treiböl, und ein Defekt kostet den Unternehmer nichts« (aus Kisch: »China geheim«).

Reichtum schändet nicht

Das neue »chinesische« Geld präsentierte sich derweil in neuen »westlichen« Prachtbauten. Die altmodisch gewordenen ziegelgedeckten chinesischen Häuser in der Nanjing Lu mussten zehn-, fünfzehn-, manchmal sogar zwanzigstöckigen Gebäuden aus Beton weichen, welche mit Zementpfeilern tief in Shanghais weichem Schwemmland verankert wurden.

Überseechinesen eröffneten große Warenhäuser, um den Hunger der Neureichen nach Mode, exotischen Auslandsartikeln, aber auch Entertainment zu stillen. Die beiden größten waren »Sincere's« (1917, Inhaber: **Ma Ying-piew**, heute Shanghai Bekleidungsfirma, No. 640 bis 700, Nanjing Dong Lu) und »Wing On« (Shanghaier sagen: Yong An – »Ewiger Friede«; 1918, Inhaber: Guo Le und Guo Shun, 1966 enteignet, später umbenannt zu Hualian Commercial Building und 2005 nach aufwendiger Fassadenrestaurierung wieder mit dem glanzvollen alten Namen »Wing On« versehen; No. 635, Nanjing Dong Lu). Das Grundstück erwarben die beiden Guos bereits 1916 von dem Immobilien-Tycoon Aaron Silas Hardoon (vgl. Spaziergang 3, S. 420)

Die sich gegenüberliegenden Häuser lieferten sich einen jahrelangen »Höhen-Kampf«. Nachdem Sincere's fünfstöckig begonnen hatte, baute Wing On sechsstöckig. Dann stockte Sincere's um zwei Etagen auf, woraufhin Wing On den zweistöckigen Turm aufsetzte. Sincere's reagierte mit einem dreistöckigen Turm. Der Wettbewerb endete erst 1933. Dem 17-stöckigen Wing On Mansion hatte Sincere's nichts mehr entgegenzusetzen. Hier übernachtete 1921 der von **Lenin** (1870-1924) als Komintern-Repräsentant bestimmte Holländer **Maring** (1883-1942, eigentlich Hendricus Sneevliet), um am Gründungskongress der KPCh teilzunehmen (vgl. Kapitel »Der Kommunismus fasst Fuß – die Gründung der KPCh 1921«, S. 187 ff. bzw. Spaziergang 9, S. 490 ff.). Heute beherbergt der Turm das Seventh Heaven Hotel (No. 627, Nanjing Dong Lu).

Sincere's und Wing On folgten 1926 das Kaufhaus »Sun Sun« (Inhaber: **Liu Xiji** und **Li Minzhou** aus Hongkong) und schließlich 1934 »The Sun«. Das

Die Zwillingsvillen der Brüder Guo

Zu den bekanntesten Auslandsinvestoren zählte die Familie Guo, die neben dem Kaufhaus Wing On beträchtliche Anteile an Immobilien, Banken und Versicherungen hielt, vier Textil-, aber auch andere Fabriken besaß. Die Gründer des Familienreichtums waren die beiden Brüder **Guo Le** (1874-1956) und **Guo Shun** (Geburtsjahr unbekannt; gest. 1976). Sie waren gemeinsam nach Australien emigriert, nachdem eine Flutkatastrophe in Guangdong ihre Existenz als einfache Bauern zerstört hatte. Die Guo-Brüder begannen ihre Karriere als einfache Gemüsehändler mit dem Wing On Fruit Store in Sydney, konnten aber bald eine ganze Kette aufbauen, bevor sie sich auch in den Sparten Immobilien und Textilfabriken engagierten. Wie alle »westlichen Chinesen« spielten die Guos Tennis und hatten einen ständig für sie reservierten Tisch im Majestic Hotel.

Typisch war auch der Gebrauch englischer Namen statt ihrer chinesischen, Le und Shun kannte man in der Gesellschaft nur als James und Phillip. Guo Shun anglizierte sogar seinen Nachnamen und nannte sich Gocksun (von kantonesisch Kwok Sun). Mit Ausbruch des 2. Weltkrieges emigrierte er in die USA, wo er 1976 verstarb.

Der große wirtschaftliche Erfolg von Guo Le und Guo Shun ermöglichte ihnen, 1920 von Hardoon ein weiteres Grundstück zu erwerben, direkt gegenüber dessen Anwesen Hardoon Park in der eleganten Bubbling Well Road. Dort ließen sie sich von der führenden Architekturfirma Palmer & Turner zwei Villen im Stil französischer Neo-Renaissance errichten. Nach damaliger Shanghaier Sitte zog der ältere der beiden Brüder in das östliche, der jüngere in das westliche Haus (»ge dong di xi«). Heute residiert in beiden die Shanghaier Ausländerbehörde (No. 1418, Nanjing Xi Lu; vgl. Spaziergang 4, S. 437). Ein weiteres Anwesen der Guos – oder Kwoks – befand sich in der heutigen Lixi Lu (No. 5, Lane 24; vormals Lucerne Road).

»Sun Sun« beherbergt heute den Shanghai First Food Store sowie die unvermeidliche McDonalds-Filiale (No. 720, Nanjing Dong Lu). »The Sun« – das heute »No. 1 Department Store« heißt (No. 830, Nanjing Dong Lu) – besaß als jüngstes in der Reihe als erstes Rolltreppen; sein Entwurf stammte von Kwan, Chu und Yang. Sein Besitzer, der Australien-Chinese **Cai Chang** machte sich zunächst durch einen gewissen Snobbismus unbeliebt. In den ersten Tagen nach der Eröffnung hinderten Türsteher in Lumpen gekleidete Passanten am Betreten des neuen Kaufhauses. Darüber hinaus achteten Wächter darauf, dass Kunden in blauen Baumwoll-Roben nicht die Rolltreppen benutzen. Erst nach heftigen Protesten wurde diese Praxis aufgehoben.

Sincere's, Wing On, Sun Sun und The Sun begründeten den Ruf der Nanjing Lu als größte und modernste Einkaufsstraße des Landes. Hier waren Güter aus der ganzen Welt zu haben, amerikanische Kosmetika, französische Trüffel, schottischer Whiskey, deutsche Fotoapparate, japanische Spielsachen, englische Lederbörsen und Rasierklingen – neben der weiten Palette chinesischer Produkte. Doch nicht nur einkaufen konnte das vergnügungssüchtige Publikum; Restaurants sorgten für das leibliche Wohl, es gab die Möglichkeit zu einem Tischtennisspiel, sich eine Shaoxing-Oper oder einen Film anzusehen, um im Anschluss einen spektakulären Blick vom Dach auf die Stadt zu genießen. »Wing On ein Kaufhaus zu nennen ist das gleiche wie Barnum and Bailey's eine Elefantenshow«, hieß es unter Zeitgenossen.

Nicht grundlos empfahl der 1945 publizierte »Flying Tigers' Guide to Shanghai« den Besuch der großen Kaufhäuser nahe der Rennbahn mit dem Hinweis, 99% der Kundschaft seien Chinesen, die hier nicht einkaufen würden, wenn die Preise zu hoch wären. Zudem seien die Preisschildchen fest angebracht und lesbar.

Die Nanjing Lu diente darüber hinaus der Shanghaier Frauenwelt als »Laufsteg«, immer »teuer gekleidet, sorgfältig geschminkt und sehr, sehr schön«, so sah sie der Publizist **Ernest O. Hauser**. Die Damen, meist Töchter oder Konkubinen der vielen neureichen Shanghaier Geschäftsleute, trugen »knöchellange, eng anliegende und bis zum Knie geschlitzte Kleider, vielleicht aus grüner Seide, mit kurzen Ärmeln und einem steifen kurzen Kragen um den porzellanenen Hals« (zitiert nach Dong).

Die Reichen und Schönen, Chinesen wie Ausländer, trafen sich gern im Majestic Hotel in der Nähe der Bubbling Well Road oder im Astor-Hotel (vgl. Spaziergang 2, S. 401 ff.) am Suzhou Creek zum »Nachmittagstee«, an dem freilich mehr Whiskey als Tee serviert wurde und der sich oft bis tief in die Nacht hinzog. Das Majestic besaß neben einem berühmten Ballsaal einen Park, der von einem bekannten japanischen Gartenarchitekten gestaltet worden war. »Hier hörte ich das erste Mal Vincent Youmans ›Tea for Two‹, und die Kombination aus dieser Melodie, das Licht des Mondes, der Duft von Jasmin sowie, nicht zu vergessen, der paradiesische Innenhof lösten in mir die Empfindung aus, das himmlische Königreich betreten zu haben«, notierte **Wallis Warlfield Simpson** (1896-1986), die künftige Duchess of Windsor (zitiert nach Dong).

Die reichen Chinesen erfreuten sich einer Lebensführung, die selbst für die ausländischen Taipane unerreichbar oder in ihren Augen exzessiv war. Die bevorzugten Wohngegenden bildeten der Shanghaier Westen oder die Französische Konzession. Hier entstanden mit hohen Mauern vor neugierigen Blicken geschützte Villen in großzügig angelegten Landschaftsgärten. Der einzige Hinweis auf den dahinter verborgenen Wohlstand bildeten mächtige und mit beeindruckenden Schlössern gesicherte Eisentore. Hin und wieder, wenn eine Limousine durch das Tor über Kieswege rollte, gab der geöffnete Eingang einen kurzen Blick frei auf eine Villa im englischen Landhausstil. Ein solcher Haushalt umfasste meist nicht nur Frau und Kinder des Hausherrn, sondern auch seine Konkubinen und deren Nachwuchs, Verwandte und ein stattliches Heer an Dienstboten – Köche, Gärtner, Kindermädchen, Hausboys, Kulis jeder Art.

Die Häuser selbst wiesen jeden erdenklichen Komfort aus Ost und West auf. Die Zimmer waren groß und luftig, ließen sich im Winter mit einem Kamin beheizen und im Sommer mit einem elektrischen Ventilator kühlen. Rollbilder hingen von den Wänden, Mahagony-Möbel mit Marmoreinlegearbeiten vermittelten den richtigen oder gewollten Eindruck einer langen Familientradition. Derweil räckelte man sich auf europäischen Sofas und Schaukelstühlen. Zusätzlich zu den chinesischen Pavillons und künstlichen Steinformationen fanden sich im Garten Schwimmbad, Tennisplätze, ein Gymnastikraum und oft sogar Pferdeställe. Nach dem Beispiel ihrer britischen Geschäftspartner hatten viele wohlhabende Chinesen begonnen, Reiten zu lernen. 1911 gründete eine Gruppe einflussreicher Chinesen den Internationalen Rennclub, da der Shanghaier Rennclub keine chinesischen Mitglieder aufnahm. Erst Ende des 1. Weltkrieges öffnete dieser seine Tore für alle Nationalitäten, nicht zuletzt, um sich die hohen Einnahmen aus potenziellen chinesischen Spenden nicht entgehen zu lassen.

Die shanghainesische High-Society setzte sich aus sehr verschiedenen Gruppen zusammen. Jiangnan, die Gegend südlich des Yangtze-Deltas, war traditionell die Heimat hochkultivierter und reicher Großgrundbesitzer-Dynastien. Zu ihnen zählte z.B. die Familie Bei bzw. Pei, die in Suzhou 1918 den berühmten Löwenwaldgarten erwarb (seit 2000 Teil des UNESCO-Weltkulturerbes). **Bei Zuyi** (Pei Tsuyee, 1892-1982) war ein prominenter Shanghaier Bankier. Er brachte es bis zum Präsidenten der Bank of China und war einer der ersten chinesischen Mitglieder des Shanghaier Stadtrates. Sein Sohn sollte der berühmte Architekt I.M. Pei werden (vgl. Kapitel »Funktionalistische Architektur gewinnt an Boden«, S. 259 ff.).

Andere kamen aus ärmlichen Verhältnissen und schafften den Aufstieg mit harter Arbeit und Cleverness, so die Brüder **Rong Desheng** (Jung Te-sheng, 1875-1952, Vater des »roten Tycoons« Rong Yiren) und **Rong Zongjing** (Jung Tsing-ching, 1873-1938) aus Wuxi. Sie begannen als Lehrlinge in einer Shanghaier Wechselstube und entwickelten sich zu den landesweit größten Baumwoll- und Mehlmagnaten. Hauptsitz dieser »Rockefellers of China«, wie sie genannt wurden, war Shanghai. Der 1916 in Wuxi geborene Rong Yiren war einer der wenigen Unternehmer gewesen, die nach dem Sieg der Kommunisten und den Enteignungen (1956 wurde die Rong-Gruppe vom Staat übernommen) im Land geblieben waren. 1957 bis 1966 war Rong Yiren Vizebürgermeister von Shanghai. Nachdem der »rote Tycoon« wegen seiner kapitalistischen Vergangenheit in der Kulturrevolution schweren Anschuldigungen ausgesetzt war, wurde er unter Deng Xiaoping rehabilitiert und zählte zu dessen wichtigsten Ratgebern. Mit Erlaubnis Dengs baute Rong das staatliche Investmentunternehmen China International Trust & Investment Corporation – CITIC auf, dessen Vorsitzender er bis zu seinem Tod 2005 blieb. Die CITIC durfte mit der seit 1978 betriebenen chinesischen Reform- und Öffnungspolitik erstmals wieder ausländisches Kapital ins Land holen. 1993 bis 1998 war Rong Yiren Vizepräsident und damit der höchste Politiker Chinas, der nicht der Kommunistischen Partei angehörte. Der ebenfalls in der CITIC-Führung tätige **Rong Zhijian** (geb. 1942), ein Enkel Rong Deshens, war laut »2006 China Rich List« der sechstreichste Mann Chinas mit einem persönlichen Vermögen von 1,8 Mrd. US$. Die Familie Rong lebte zeitweilig in einer luxuriösen Villa in der Shaanxi Bei Lu (vgl. Spaziergang 11, S. 505).

Keine dieser Familien konnte allerdings dem Vermögen und Prestige der Songs unter ihrem Patriarchen Charlie das Wasser reichen.

Villen im Grünen

Das »grüne Shanghaier Westend« um Huashan Lu, Huaihai Xi Lu, Hongqiao Lu und Yan'an Xi Lu war die bevorzugte Adresse für Ausländer und Chinesen, die sich »ein Häuschen im Grünen« leisten konnten. Insbesondere an der einstigen Hungjiao Road (Hongqiao Lu) reihten sich elegante Villen mit großen Gärten wie Perlen an einer Kette. In ihnen wohnten die Besitzer oder Geschäftsführer der maßgeblichen Unternehmen wie Jardine's oder Arnhold. Für Unterhaltung war auch hier draußen gesorgt. Man traf sich auf dem Golfplatz (heute Teil des Shanghaier Zoos) oder im von Hudec 1936 im maurischen Stil gestalteten amerikanischen Columbia Country Club (No. 1262, Yan'an Xi Lu, vormals No. 301, Great Western Road). Hier gab es ein von Arkaden gesäumtes Freibad, Tennisplätze und eine Squash-Halle. Heute gehört das Areal dem Shanghai Bio-Chemical Research Institute. In der Squash-Halle werden Medi-

Erinnerungen von Hans-Peter Cortum

Such was life in the Far East

Ab 1938 wohnten wir in einem modernen Einzelhaus in einer Lane mit drei Häusern in der Tunsin Road (heute Wuyi Lu). Bei einem Besuch 1994 standen die Häuser noch, waren um ein Stockwerk erhöht und hatten einen seitlichen Anbau. Sie wurden jeweils von neun Familien bewohnt, und die von uns beim Einzug aus der Edingburgh Road mitgebrachten Palmen lebten teilweise noch. Es war bewegend, als ich nach 48 Jahren wieder in meinem Kinderzimmer stand. Das Haus hatte sieben Zimmer und die so genannten Boys-Quarters, wo Koch-Boy und Kuli und Amah wohnten. Wir hatten – zu dritt – das Erdgeschoss und den ersten Stock für uns. In der Attic waren noch zwei Zimmer mit einem Bad. Diese Räume standen Logiergästen zur Verfügung, die auf der Durchreise für etwas länger in Shanghai Halt machten.

Ansonsten war die Attic Wirkungsfeld von Li Da So, der Amah, die noch Lilienfüße hatte. Sie bearbeitete dort die Wäsche und schwang unermüdlich ihr Holzkohlenbügeleisen. Unter den Dienstboten war sie die Respektsperson – und auch ich gehorchte ihr widerspruchslos. (...) Dann gab es noch den Koch-Boy – während des Krieges wurde bei vielen Leuten die Position des Kochs mit der des Boys gekoppelt. Er hieß Wang und schmiss mit Missie den Haushalt, besorgte die Nahrungsmittel, war hinterher, dass der Kuli sein Pidgin auch richtig machte, das Silber putzte und dafür sorgte, dass die Teppichfransen richtig lagen.

Eine Zeit lang gab es noch den »Kaimendi«. Dessen Aufgabe war es, das Einfahrtstor auf- und zuzuschließen. Wenn es nicht richtig abgesperrt war, konnte es nämlich passieren, dass es über Nacht abmontiert war – so wie auch eines Morgens sämtliche Gullydeckel in der Einfahrt zu den drei Häusern fehlten. Zu erwähnen ist auch der Gardenman, der die Gärten der Nachbarschaft wartete. Er hieß Yes-Yes-Man, weil er zu allem, was angeordnet wurde, »Yes, yes, missie, me sawie« sagte, was portugiesisch angehauchtes Pidgin-Englisch war und »Ich weiß« bedeutete. Dann machte er doch genau das, was er für richtig hielt.

kamente abgefüllt und im Schwimmbad vergnügen sich Fische und Frösche. Ganz in der Nähe befand sich überdies ein Reitstall, der von einem ehemaligen weißgardistischen Kavallerieoffizier geleitet wurde. Die ungenutzte Villa (No. 22, Panyu Lu; Zugang heute nur noch über den Yan'an-Lu-Eingang des Bio-Chemical Research Institute) in unmittelbarer Nachbarschaft gehörte ab 1929 Sun-Yatsen-Sohn Sun Ke. Hudec hatte das Haus ursprünglich für sich selbst erbaut, war dann aber nie eingezogen, sondern verkaufte das Anwesen zu einem sehr günstigen Preis an Sun, dem er einen Gefallen schuldig war. Zeitweilig wohnte hier der deutsche Gesandschaftsrat Martin Fischer. Mit der Erweiterung der Straße, die heute zum Flughafen führt, verloren die Villen ihre Gärten, viele wurden ganz abgerissen. Durch ihren Ausbau zur Hochstraße hat die Yan'an Lu kaum noch Ähnlichkeit mit ihren Anfängen. Erhalten geblieben sind aber beispielsweise die Granada Estates (so genannt wegen der spanischen Architekturzitate; No. 1444, Hongqiao Lu). Wo heute das chinesische Restaurant »Big Fan« Shanghaier Küche serviert, waren vor der japanischen Besetzung Shanghais 1941 zeitweilig Piloten und Luftwaffenpersonal der China Air Transport-Flotte einquartiert. Die »Flying Tigers« unter ihrem einflussreichen Kommandanten **Claire Chennault** (1893-1958), US-Militärberater Jiang Kaisheks, waren Teil der legendären amerikanischen Luftbrücke »Flying the Hump – Über den Buckel«, mit der vom Frühjahr 1942 bis zum August 1945 Waffen, Treibstoff und sonstige Versorgungsgüter von Flugplätzen in der ostindischen Provinz Assam über das östliche Himalaya-Gebirge in die von den japanischen Invasionstruppen noch unbesetzten Gebiete im Westen Chinas transportiert wurden. Geleitet wurde die Aktion zeitweise von General **William Tunner** (1906-1983), der sich nach dem Krieg als »Vater« der Berliner Luftbrücke einen Namen machte. Ohne die in Asien gewonnenen Kenntnisse wäre sicher auch die Überwindung der sowjetischen Blockade von Berlin 1948/49 weniger erfolgreich und mit größeren Verlusten an Menschen und Maschinen verlaufen. Rückblickend erklärte Tunner, man hätte die Idee der Lufttransporte sicher unter einfacheren Bedingungen testen können. Doch nach »Flying the Hump« sei klar gewesen, dass Lufttransporte nunmehr überall auf der Welt funktionieren könnten.

Swire Mansion / Xing Guo Hotel

Die von **John Swire** (1793-1847) in Liverpool 1816 gegründete Firma Butterfield & Swire (heute Swire Group; Butterfield verließ schon nach zwei Jahren das Geschäft, die Firma behielt jedoch die nächsten 100 Jahre den alten Namen bei) gehörte zu den ersten britischen Handelshäusern in China. Ein Sohn, **John Samuel Swire** (1825-1898), baute ab 1866 die Niederlassung in Shanghai auf. Innerhalb kurzer Zeit kamen Stützpunkte in verschiedenen anderen chinesischen Küstenstädten, in Hongkong und Yokohama (aber z.B. auch in New York) hinzu. Der Firmensitz wurde von Liverpool nach London verlegt, wo er sich noch heute befindet. B&S investierte in den Aufbau von Schifffahrtslinien, Werften und Zuckerfabriken, später auch in das Finanz- und Versicherungswesen. In den 1880ern gab die Firma sogar eigene Geldnoten aus, welche vor allem im südchinesischen Shantou als Zahlungsmittel akzeptiert wurden. Um 1900 war B&S größter

Feuerversicherer in Shanghai. In den 20er- und 30er-Jahren florierte besonders die Binnenschifffahrt, in der die Reederei zu den führenden zählte. Der Aufschwung wurde durch den 2. Weltkrieg jäh unterbrochen. In kurzer Zeit verlor B&S über 30 Dampfer, Bomben zerstörten die Zuckerfabrik und die Werft in Hongkong. Der Verkehr ausländischer Schiffe auf dem Yangtze wurde immer stärker eingeschränkt und musste nach 1949 gänzlich aufgegeben werden. Ab 1950 unter **John »Cock« Kidston Swire** (1893-1983) konzentrierte sich B&S auf Hongkong. Erst in den 80er-Jahren begann sich die Swire Group – in Zusammenarbeit mit der CITIC – wieder mit Investitionen in der VR China zu engagieren (beide Firmen sind Anteilseigner an der Fluggesellschaft Cathay Pacific). Der Shanghaier Geschäftssitz von Butterfield & Swire befand sich bis zur kommunistischen Machtübernahme am Quai de France (heute No. 27, Sun Zhong Shan Dong Er Lu). Das frühere Swire Mansion (No. 78, Xing Guo Lu) lag am grünen westlichen Ende der Französischen Konzession. Es bestand aus sechs Einzelhäusern inmitten eines großzügigen Gartens. Der amtierende Firmenpatriarch **George Warren Swire** (1883-1949) ließ die sorgfältig ausgestatteten Villen vorwiegend zu Repräsentationszwecken erbauen, lebte aber selbst meist in London. Architekt war der Schotte **Clough Williams-Ellis**, der sein Werk aber nie mit eigenen Augen sah.

Nach der Enteignung 1949 wurde aus Swire Mansion ein staatliches Gästehaus für höchste VIPs. Stolz zeigen die Angestellten das Zimmer, in dem einst der Große Vorsitzende nächtigte. Die Mitglieder der Shanghaier Viererbande haben es sich auf dem Anwesen ebenfalls gut gehen lassen. Seit die Anlage 2001 von der Radisson Gruppe als »normales« Hotel betrieben wird, dürfen hier auch »Normalsterbliche« umgeben von Originalmöbeln übernachten.

---

30 Jahre deutsch-chinesische diplomatische Beziehungen

2002 bat der amtierende deutsche Generalkonsul **Wolfgang Röhr** im Garten des Xing Guo Hotels zu einem Empfang anlässlich des dreißigjährigen Jubiläums der Aufnahme diplomatischer Beziehungen zwischen der Bundesrepublik Deutschland und der Volksrepublik China. In der Tat gab es Grund genug zum Feiern. 1972 exportierten deutsche Unternehmen gerade einmal Waren für 270 Mio. Euro nach China, 2002 waren es fünfzigmal mehr. Im Jubiläumsjahr überholte China erstmals Japan als bedeutendster Markt für deutsche Unternehmen in Asien. Aus chinesischer Sicht ist Deutschland wichtigster Handelspartner und in den letzten Jahren auch größter Investor aus Europa (allerdings deutlich hinter Hongkong, den USA und Taiwan). Die Gelder fließen in erster Linie in den Automobilsektor, gefolgt von Chemie und Maschinenbau.

Die blutigen Machtkämpfe der 20er-Jahre

In den 20er-Jahren kulminierten in Shanghai die politischen Geschehnisse. Hier fanden die entscheidenden Vorbereitungen zur Gründung der Kommunistischen Partei Chinas (KPCh) 1921 statt, brachte die Bewegung vom 30. Mai 1925 alle Widerstandskräfte gegen die ausländische Vormacht im Land zusammen und katapultierte sich Chiang Kaishek am 11. April 1927 auf blutige Weise zum unangefochtenen Generalissimo der Guomindang.

Der Kommunismus fasst Fuß – Gründung der KPCh 1921

Eine der Folgen der 4.-Mai-Bewegung war ein wachsendes Interesse am Marxismus. Chen Duxiu gründete im Mai 1920 die Sozialistische Jugendliga (vgl. Spaziergang 13, S. 524 ff.). Dem Beispiel folgten landesweit weitere Gesellschaften. Am 23. Juli 1921 trafen sich schließlich dreizehn chinesische Delegierte, welche die 59 kommunistischen »Ur-Mitglieder« in China und Japan repräsentierten, und zwei Komintern-Vertreter zur Gründung der Kommunistischen Partei Chinas. Die Delegierten waren: **Mao Zedong** (1893-1976), **He Shuheng** (1876-1935), **Dong Biwu** (1886-1975), **Chen Tanqiu** (1896-1943), **Li Da** (1890-1966), **Li Hanjun** (1890-1927), **Liu Renjing** (1902-1987), **Zhang Guotao** (1897-1979), **Wang Jinmei** (1898-1925), **Deng Enming** (1901-1931), **Chen Gongbo** (1890-1946), **Bao Huiseng** (1894-1979) und **Zhou Fohai** (1897-1948). Für die Komintern entsandt wurden der Holländer Maring und der Russe **Nikolsky** (1898-1943), Repräsentant des Komintern-Fernostsekretariats.

Das erste Treffen fand zunächst in einem Klassenzimmer der Bo-Wen-Mädchenschule an der Rue Wantz in der Französischen Konzession statt (heute: The Site of the First National Congress of the Communist Party of China, vgl. Spaziergang 9, S. 491 f.). Das an eine großflächige Lilong-Anlage angrenzende Gebäude von 1920 gehörte Li Hanjun, einem der Gründungsdelegierten. Es waren Sommerferien. Getarnt als Beijing University Summer Vacation Tourist Group, konnten die dreizehn »Ur-Genossen« unauffällig in den Schlafsälen der Mädchenschule übernachten. Diese lagen wenige Gehminuten in einem getrennten Gebäude, Rue Eugene (heute zu Xintiandi, No. 127, Taicang Road).

Am 30. Juli tauchte plötzlich ein Fremder auf. Die Gründungsdelegierten hielten ihn für einen Spion. Hastig verlegten sie die Sitzung nach Jiaxing (Zhejiang). Mit der Annahme des Parteiprogramms auf einem Hausboot am dortigen Südsee fand endgültig die Gründung statt. Die Vorsicht war nicht unberechtigt: Der Spion entpuppte sich als ein Mitglied der Grünen Bande, die sich zu einer der radikalsten antikommunistischen Kräfte des Landes entwickeln sollte.

Ab ihrer Gründung wird die KPCh zur Drahtzieherin zahlreicher Streiks und Arbeiterunruhen. Die umfangreichsten trafen in den Jahren 1921/22 die BAT-Fabriken in Pudong sowie die Seidenmanufakturen in Hongkou und Zhabei, an denen etwa 20.000 Arbeiterinnen beteiligt waren. Sie wurden sofort von der chinesischen Polizei bzw. von Soldaten niedergeschlagen. Das Hauptquartier der KPCh im Internationalen Settlement musste schließen, die Partei konnte nur noch im Untergrund agieren.

1922 kehrten patriotische Studenten der Fudan Universität den Rücken und gründeten die revolutionäre Shanghai Universität (Shangda). Diese widmete sich ausdrücklich der Revolution und dem Widerstand gegen das China aufgezwungene System der Vertragshäfen. Ziel war die Ausbildung einer »nationalistischen, marxistisch orientierten« Jugend.

1923 schlossen sich die KPCh und die Guomindang unter Sun Yatsen mit Komintern-Unterstützung zur Einheitsfront zusammen. Suns Tod 1925 in Beijing löste in der GMD Nachfolgekämpfe aus. Übrig blieben Chiang Kaishek und der langjährige Weggefährte Suns, **Wang Jingwei** (1883-1944), späterer Premierminister des japanischen »Marionettenkabinetts« (vgl. Kapitel »Japanische Truppen erobern das Internationale Settlement«, S. 279 ff.). Wang hatte sich mit dem linken Flügel der Guomindang verbunden, zu dem auch Song Qingling und Mikhail Borodin zählten. Hinter Chiang stand Du Yuesheng, der selbst keine Chance auf die Nachfolge hatte, aber durch Chiang die politischen Fäden ziehen wollte.

*Shanghai wird »Schlachthof des modernen Imperialismus« –
Die 30.-Mai-Bewegung 1925*

Der 30. Mai 1925 gehört zu den geschichtsträchtigen »20 Tagen im 20. Jahrhundert«, denen die gleichnamige ARD-Serie eine Sendung widmete, nicht grundlos, denn »mit den Ereignissen des 30. Mai (...) begann jene stürmische Epoche der Jahre 1925 bis 1927, die in der Geschichtsschreibung der Volksrepublik China als die ›Große Revolution‹ (da geming) bezeichnet wird: die Zeit städtischer Massenproteste unter der Führung eines zunehmend kommunistisch geprägten studentischen Radikalismus. Am 30. Mai 1925 wechselte die chinesische Revolution von der Phase des ungeordneten Unbehagens in die der zielorientierten, organisierten Aktion« (Osterhammel). Die Ereignisse bewirkten »das Zustandekommen einer sozial breit fundierten Protestallianz. Die Studenten allein und sogar im Bunde mit Teilen der Arbeiterschaft hätten wenig auszurichten vermocht, wäre es ihnen nicht gelungen, die chinesische Geschäftswelt auf ihre Seite zu bringen« (ders.).

Seit den Protesten im Rahmen der aus Beijing nach Shanghai »geschwappten« 4.-Mai-Bewegung 1919 war Chinas größte Industriemetropole nie ganz zur Ruhe

Aus Agnes Smedley: China blutet. China kämpft

Demonstration

Am frühen Morgen des 30. Mai fuhr ich mit einem chinesischen Freund in einer Taxe durch die Chinesenstraßen der Internationalen Niederlassung. Die Fenster der »Schun Bao« (Shenbao, d. Verf.) waren in tausend Splitter zerschlagen; ebenso waren das ganze Büro und die Druckerei des »Min-Guo Ih´-bao« (Minguo Ribao, d. Verf.), der offiziellen Kuomintangtageszeitung, demoliert, und sämtliche Drucker waren in den Streik getreten. An einem Glassplitter, der noch im Fensterrahmen steckte, war eine Bekanntmachung in chinesischer Schrift befestigt: »Es wird hiermit erklärt, dass die von der Kuomintang herausgegebene Min-Guo Ih´-bao im Bündnis mit den Imperialisten ist und für die Reaktionäre und Verräterelemente eintritt. Sie verwirrt das Volk und veröffentlicht reaktionäre Artikel ... Ihre Verbrechen sind zu zahlreich, als dass man sie alle aufführen könnte. Diese Zeitung hat die Grundpflichten der Presse verraten. (...)«

Wir fuhren weiter, wurden aber an einer Ecke durch eine riesige Menschenmenge aufgehalten. In einer langen, breiten, von zweistöckigen Läden und Häusern eingefassten Straße wogten Tausende Menschen – durchweg Chinesen, barhäuptig, in langen Gewändern, gelegentlich ein Mann in ausländischer Kleidung. Die Straße kochte. Ein Omnibus rollte heran. Ein seltsam wilder, gellender Schrei empfing ihn, von irgendwoher wurden Handzettel in die Luft geworfen, und plötzlich war die Straße mit Tausenden hochgestreckten Händen erfüllt, die sich bemühten, sie aufzufangen. Wieder gellte der Schrei: »Streik! Nieder mit dem Imperialismus!« Mein chinesischer Freund rief mir zu: »Schnell, Sie müssen hier weg ... es wird hier Kampf und Schießerei geben! Das ist eine 30.-Mai-Demonstration.« Ich sprang stattdessen von der Taxe auf die Straße, und von diesem Moment an war ich allein: das Auto trug meinen Freund schnell davon.

Ein anderer Omnibus kam die Straße heruntergerollt. »Streik!« gellte von neuem der Schrei, und ich sah eine Anzahl Studenten und Arbeiter mit zorniger Entschlossenheit auf den Omnibus zugehen und mit ihren bloßen Händen die Scheiben zerschlagen. Sie stemmten ihre Schultern gegen die Maschine und versuchten sie umzuwerfen. Ein chinesischer Polizist eilte herbei und begann ihre Rücken mit einem Gummiknüppel zu bearbeiten. Sie liefen auseinander und verschwanden in der Menschenmenge, und der Omnibus stand traurig und verloren da.

Weiter unten aus der Ferne kam ein neuer Schrei, und wieder wirbelte es in der Luft von fliegenden Handzetteln. Alles um mich herum begann dorthin zu laufen. Und ich lief mit. Drei Studenten, die mich überholten, sprangen in die Höhe und riefen: »Nieder mit den imperialistischen Hunden!« In einem offenen Laden sprang ein Arbeiter auf einen Ladentisch, und eine Riesenfaust voll Flugblätter erhebend,

> schleuderte er sie in die Luft mit dem gellenden Ruf: »Streik! Nieder mit den Imperialisten!« Dann verschwand auch er in der Menge. Ein Rikschakuli jagte vorbei, seine Rikscha war mit Flugblättern gefüllt. Leute griffen danach, während er vorüberfuhr, schleuderten sie in die Luft und schrien. Die Straße war ein einziger Teppich von Flugblättern.
> Ich kam zur Kreuzung der Fudjän- und Hankoustraße. An allen Ecken und in den Nebenstraßen drängten sich Chinesen. In der Mitte des Platzes, wo die Straßen zusammentrafen, war ein leerer Raum, und inmitten dieses leeren Raumes sah ich einen bewaffneten englischen Offizier mit einem langen Gummiknüppel in der Hand. Er lief unausgesetzt im Kreise herum, das Gesicht der Menge zugekehrt, sich beim Laufen halb zusammenduckend, als wäre er jeden Moment bereit, loszuspringen. Ich musste unwillkürlich an ein Tier denken. Von allen Straßenecken gellte derselbe Schrei, und von neuem war die Luft voll fliegender Handzettel. Der Offizier lief wie ein wütender Stier im Kreis herum, um irgendeine Person zu fassen, die geschrien oder Handzettel geschleudert hatte. Aber wohin er blickte, auf den Balkons über der Straße und in den Läden: nichts als ein Meer chinesischer Gesichter.

gekommen. Scharfe antiimperialistische Töne waren aus der revolutionären Shangda zu hören. »Nachtschulen des Volkes« brachten Arbeiter und Studenten zusammen. Im Winter 1924/25 spitzte sich die Lage zu. Der Shanghai Municipal Council wollte sein Herrschaftsgebiet auf Kosten der Chinesen abermals ausweiten sowie Abgaben und Steuern erhöhen. Am 9. Februar 1925 traten die Arbeiter der Nagai-Wate-Werke wegen des brutalen Vorgehens ihrer japanischen Vorarbeiter in den Ausstand. Sie eröffneten damit eine vierwöchige Streikwelle, die nicht zuletzt von den Kommunisten kontrolliert wurde. Mit zu den Organisatoren zählten **Li Lisan** (1899-1967, später Generalsekretär der KPCh), **Liu Shaoqi** (1898-1969) und Zhou Enlai. Liu Shaoqi stieg nach der Gründung der Volksrepublik zu Maos Nachfolger auf, bis er zwischen 1966 und 1968 von den Aktivisten der Kulturrevolution, allen voran von **Lin Biao** (1908-1971), entmachtet wurde.

Als japanische Vorarbeiter am 15. Mai das Feuer auf die Streikenden, die mittlerweile funktionierende Gewerkschaften gegründet hatten, eröffneten, kam das Fass zum Überlaufen. Studenten der beiden großen Shanghaier Universitäten organisierten Massenveranstaltungen. Am 23. und 24. Mai griff die Polizei des Internationalen Settlements ein und verhaftete sechs Studenten, denen am 30. Mai 1925 vor dem Mixed Court der Prozess gemacht werden sollte. Als sich die Studenten am Morgen des 30. sammelten, um ihre Aktionen vorzubereiten, heizte die Nachricht, am Tag zuvor habe die Polizei in einer japanischen Fabrik in der nordchinesischen Stadt Qingdao mehrere Streikende erschossen, die

Stimmung weiter an. Den Höhepunkt bildeten die Geschehnisse vor der Louza-Polizeistation (Ecke Nanjing Dong Lu, Guizhou Lu, Jiujiang Lu; vgl. Spaziergang 3, S. 419 f.). Die Gewalt im »Schlachthof des modernen Imperialismus«, wie die linke Presse Shanghai daraufhin nannte, führte zu einem monatelangen Generalstreik.

> Aus Jürgen Osterhammel: Shanghai, 30. Mai 1925
>
> ### Der Tag und seine Folgen - 1 -
>
> Bald waren überall an den Wänden, Masten und Straßenbahnen Plakate zu sehen: »Nieder mit dem Imperialismus!«, »Shanghai den Shanghainesen!«, »Boykottiert japanische Waren!«, »Wehrt euch gegen die Erweiterung der Internationalen Niederlassung!« Die Demonstranten trugen Fahnen und Spruchbänder mit solchen und ähnlichen Parolen.
>
> Seit etwa 14 Uhr reagierte die Polizei mit Verhaftungen, insgesamt um die vierzig, doch ließen sich die Studenten zur Überraschung der ausländischen Behörden dadurch nicht einschüchtern. Hunderte von Studenten bewegten sich in einem Demonstrationszug auf Shanghais Prachtstraße, der Nanking Road, in Richtung Louza-Polizeiwache, in der ein Teil der inhaftierten Studenten festgehalten wurde.
>
> Da Polizeipräsident **Kenneth McEuen** sich bereits ins Wochenende verabschiedet hatte (ein Entschluss, der ihn seinen Posten kosten sollte), lag die Leitung der Polizeioperationen in den Händen des Chefs der Louza-Station, Inspektor **E.W. Everson**. Ihm unterstanden etwa hundert Polizisten – teils Chinesen, teils Sikhs, die mit ihren farbigen Turbanen aus der Menge hervorleuchteten. Es wurde brenzlig, als etwa siebzig der inzwischen bis zu 2.000 Demonstranten sich Zugang zum Vorraum der Wache verschafften und die Freilassung der Festgenommenen verlangten. Die Eindringlinge konnten zwar aus dem Gebäude entfernt werden, doch fürchtete Everson nun einen Sturm der Wache und schlimmstenfalls sogar die Plünderung des umfangreichen Waffen- und Munitionslagers.
>
> Was dann auf der Nanking Road geschah, hat sich nie bis in alle Einzelheiten aufklären lassen. Jedenfalls rief Everson um 15.37 Uhr der Menge auf Englisch und Chinesisch die Warnung zu, er werde schießen lassen, wenn man sich nicht zurückziehe. Zehn Sekunden später befahl er die Eröffnung des Feuers. Vier Menschen waren sofort tot, acht lagen sterbend auf dem Pflaster, zwanzig waren verletzt, einer davon sollte nur wenige Tage überleben. Die Opfer waren allesamt junge Männer, zwischen fünfzehn und 36 Jahren alt. Sofort nach den Schüssen brach die Stille des Entsetzens aus. Dann floh die Menge.

Es wurde der größte Massenprotest in China seit Beginn des 20. Jahrhunderts. Einem Flächenbrand gleich breitete er sich über das gesamte Land aus und gipfelte in einem 16 Monate währenden Streik in Hongkong und Kanton. Überall wurden britische und japanische Kaufleute, Konsuln und Missionare festgesetzt und belagert. Diese griffen nun ihrerseits zu Gewalt, erreichten aber nur, dass sich chinesische Arbeiter, Intellektuelle, Kaufleute und Industrielle zusammentaten und eine nationale Mobilisierung bislang unbekannten Ausmaßes in Gang setzten. Die mächtige chinesische Handelskammer, in der die wichtigsten Reeder, Bankiers, Industriemagnaten etc. organisiert waren, unterstützte unter ihrem Vorsitzenden Yu Qiaqing die komplette Lähmung der ausländischen Aktivitäten in Shanghai.

Der SMC reagierte scharf und ließ eine Verteidigungsmiliz aufstellen, 2.000 Marineinfanteristen wurden im Settlement stationiert, 22 Kriegsschiffe im Hafen zusammengezogen. Shanghai stand kurz vor einem Krieg. Am 7. Juni bereits hatte der Dachverband der Studenten, Arbeiter und Kaufleute dem SMC seine 17 Punkte umfassenden Forderungen zur Beilegung des Generalstreiks dargelegt, und ab August kam es, nicht zuletzt unter dem Eindruck der blutigen Ereignisse von Kanton, wo am 23. Juni 52 Chinesen von britischen und französischen Wachen erschossen worden waren, zu Verhandlungen. Mitte September 1925 begann sich das Leben wieder zu beruhigen.

Für die chinesische Seite brachten die Massenproteste die Abschaffung des Mixed Court zum 31. Dezember 1926, die Entlassung der verantwortlichen Polizeioffiziere, einschließlich des Polizeipräsidenten, drei Sitze für chinesische Repräsentanten im SMC (welche diese aber erst 1928 einnehmen konnten), eine Entschädigungszahlung von 150.000 US$ und die Wiederherstellung der Zollautonomie zum 1. Januar 1929. Die wichtigsten Zugeständnisse waren auf die Zukunft gerichtet und änderten prinzipiell nichts an der Grundstruktur der ausländischen Privilegien.

Für die KPCh ebneten die Ereignisse den Weg, um zur wichtigsten politischen Kraft des Landes zu werden. Ihre Mitgliederzahl stieg in nur wenigen Wochen von einigen 100 auf über 10.000 Personen. Auf der chinesischen Seite wuchs – wie sich später zeigen sollte zu Recht – die Furcht vor kommunistischer Destabilisierung. In der Folge ließen die chinesischen Behörden den vielleicht wichtigsten kommunistischen Organisator der 30.-Mai-Bewegung, **Liu Hua**, am 17. Dezember 1925 hinrichten, nachdem er am 29. November von der Polizei des Internationalen Settlements festgenommen und ausgeliefert worden war. In der Tat begann mit dem 30. Mai eine stürmische Zeit städtischer Massenproteste, die erst mit dem Shanghai Massaker von 1927 ihr gewaltsames Ende fanden, als die Kommunisten ihre Aktivitäten auf das Land und in den Untergrund verlagern mussten.

Aus Jürgen Osterhammel: Shanghai, 30. Mai 1925

Der Tag und seine Folgen - 2 -

Schwieriger fassbar, aber auf längere Sicht mindestens ebenso folgenreich waren eher atmosphärische Veränderungen. Zum Lösungspaket gehörte die Einsetzung einer Kommission westlicher Richter, die Licht in die Ereignisse vom 30. Mai bringen sollte. Der britische und der japanische Richter sprachen die Settlement-Behörden von jeglicher Verantwortung frei. Der Vorsitzende jedoch, der amerikanische Richter E. **Finley Johnson** vom Obersten Gericht der Philippinen, verfasste ein Gutachten, das die rechtliche Anmaßung der Fremden in Shanghai im Prinzip und ihre Politik in der Praxis mit beispiellos schonungsloser Offenheit kritisierte.

Damit brach Johnson ein jahrzehntealtes Tabu. Jeder Kenner der immens komplizierten Geschichte des International Settlement wusste, wie schlecht es darum völkerrechtlich bestellt war, und war bedacht, das Thema ruhen zu lassen. Natürlich wurde Johnson in den Shanghaier Klubs als Nestbeschmutzer diffamiert, doch fand seine Analyse aufmerksame Leser in London und Washington, wo man ohnehin die Betonköpfe im Settlement mit wachsendem Misstrauen betrachtete. Der 30. Mai hatte die moralische Überzeugung ins Wanken gebracht, wie sie seit dem Boxeraufstand von 1899/1900 axiomatischen Rang beanspruchte, die »zivilisierten« Mächte benötigten besondere Vorkehrungen, um sich vor der »barbarischen« chinesischen Umwelt zu schützen: Wie zivilisiert waren die Leute des Inspektors Everson gewesen?

Chiang Kaishek inszeniert das Shanghai Massaker von 1927

Am 27. Juli 1926 – nur etwa ein Jahr nach Sun Yatsens Tod – brach Chiang Kaishek als Führer der Einheitsfront aus GMD und KPCh von Kanton zum heute legendären Nordfeldzug auf. Die Aufgabe schien hoffnungslos. Mit nur 100.000 Soldaten wollte er die Herrschaft der Warlords, die zum Teil über ebenso große Armeen verfügten, brechen. Doch Chiang sollte das »Wunder« vollbringen – wenn auch anders, als es seine Mitstreiter im linken Flügel der Einheitsfront erwartet hatten. Zwar war das Bündnis mit den Kommunisten nie problemlos verlaufen, offene Konflikte waren allerdings zu Suns Lebzeiten vermieden worden.

Chiang, der bisher unter den Ausländern als »roter Bandit« und »Bolschewik« verschrien war, hatte wohl von Anfang an nur eines im Sinn: die Ausschaltung der Kommunisten und damit verbunden die ungeteilte Herrschaft. Er marschierte nicht, wie ursprünglich vorgesehen, nach Wuchang, sondern über Nanjing Richtung Shanghai. Dorthin, wo die Revolution von 1911 ihren Ausgang genommen hatte, schickte er nur seine linken Verbände (unter ihnen auch Song Qingling, T.V. Song und Borodin). Ihre Mission lautete, eine neue Regierung zu errichten. Im Oktober 1926 fiel Wuchang an den linken Flügel der Einheitsfront. Im Januar 1927 wurde die Britische Konzession der Stadt von Aufständischen überrollt. London gab sie auf. Es galt, die Kräfte für den Erhalt des viel wichtigeren Shanghaier Settlements zu bündeln.

In Shanghai überstürzten sich indessen die Ereignisse. Wieder rollte eine riesige Streikwelle über die Stadt. Am 22. Februar 1927 traten 360.000 Arbeiter in den Ausstand. Am 21. März stürmten über 800.000 Arbeiter sämtliche Knotenpunkte, besetzten Polizeiwachen und Telefonzentralen. Am 22. März geriet die Stadt vollständig unter die Kontrolle der Streikenden. Ihr Ziel war es, die Machtübernahme durch die Einheitsfront vorzubereiten. Organisiert wurden die Ausstände von der KPCh, u.a. vom späteren Ministerpräsidenten Zhou Enlai, Gewerkschaftschef **Wang Shouhua** (1901-1927), Arbeiter-Führer und Li-Peng-Onkel **Zhao Shiyan** (1901-1927, begraben im Märtyrer-Gedenkpark; vgl. Spaziergang 12, S. 517 ff.) und **Luo Yinong** (1902-1928; ebenfalls dort).

Keiner ahnte von den geheimen Plänen Chiang Kaisheks, der bis zuletzt offiziell an seiner Verbindung zu den Kommunisten festhielt. Als er mit seinem Kanonenboot in Shanghai eintraf, hatte er durch die Unterstützung der Grünen Bande freie Hand. Am 11. April ließ er 1.000 Streikende hinrichten, welche ihm britische und japanische Sicherheitskräfte ausgeliefert hatten. Am Morgen des 12. April gab Chiang schließlich das Angriffssignal. Der »Weiße Terror« begann. Systematisch durchkämmten Eliteeinheiten die Stadt auf der Suche nach Gewerkschaftsführern und den Organisatoren des Streiks. 5.000 Kommunisten – oder wen immer man für einen solchen hielt – sollen auf der Stelle exekutiert worden sein. Auch viele ihrer wichtigsten Führungspersönlichkeiten überlebten das Massaker nicht, darunter Wang Shouhua. Der Chef der kommunistischen Gewerkschaften wurde ermordet, kurz nachdem er am Abend des Blutbades zu einer Einladung zum Dinner in Dus Haus eingetroffen war. Zhou Enlai gelang es, obwohl steckbrieflich gesucht, nach Hankou zu fliehen. Die KPCh, die bis zu diesem Tag über 58.000 Mitglieder gezählt hatte, verlor durch die in allen Städten einsetzenden Verfolgungen ihre urbane Basis.

Zhou zettelte noch im August in Nanchang/Jiangxi mit **Ye Ting** (1896-1946), Lin Biao u.a. einen neuen Aufstand an – diesmal gegen Chiang Kaishek. Die Aktion, an der 20.000 Soldaten beteiligt waren, schlug fehl. Doch seitdem gilt der 1. August 1927 als die Geburtsstunde der Volksbefreiungsarmee (People's Liberation Army, PLA).

Mit dem Massaker von Shanghai beendete Chiang Kaishek de facto die Einheitsfront. Der »Weiße Terror« überzog mit Hilfe der Grünen Bande den unteren Yangtze-Lauf und den Süden des Landes bis Kanton. Zu den Opfern zählte der neue Vorsitzende der chinesischen Handelskammer, **Fu Zongyao** (Fu Tsung-yao). Ihm wurde vorgeworfen, Konterrevolutionär zu sein. Fu gelang es, Teile seines Vermögens in ausländische Hände zu transferieren, bevor er selbst nach Dairen (Dalian) floh. Die verbliebenen Werte wurden konfisziert. Der große Textil- und Mehlindustrielle Rong Zongjing wurde unter dem Vorwand der Korruption und für seine Unterstützung von Kriegsherren ins Gefängnis geworfen. Rong kam erst nach einer Zahlung von 250.000 Dollar frei. Zahlreiche weitere Geschäftsleute wurden festgenommen und im militärischen Hauptquartier Chiangs bei Longhua festgesetzt, bis sie Lösegeldforderungen von bis zu 150.000 Dollar nachkamen.

Wer sich dem »Arm des Gesetzes« entziehen konnte, den erreichten Du Yueshengs »Mitarbeiter«. Von Ende März bis Mitte Juni 1927 überschwemmte eine Welle von Entführungen die internationalen Niederlassungen. Nahezu jede wohlhabende chinesische Familie war betroffen. Für seine tatkräftige Unterstützung verlieh Chiang persönlich Großohr-Du einen Orden und ernannte ihn in Nanjing, ab April 1927 neuer Sitz der Nationalregierung, zum Generalmajor. Erst nachdem Chiang T.V.Song, der ihm bereits bei der Beschaffung der Mittel für den Nordfeldzug gute Dienste geleistet hatte, in die Regierung aufgenommen hatte, konnte er es sich leisten, auf Dus Brachialgewalt zu verzichten. Song ging subtiler vor und setzte stattdessen auf den Verkauf von Regierungstiteln. Kein Geschäftsmann wagte, den Erwerb von Schuldverschreibungen der Nationalregierung zu verweigern. Vertreter des Finanzministeriums klapperten nach und nach die Unternehmen ab; die Nanyang Brothers Tobacco Company, über die T.V. Song 1937 die Kontrolle übernehmen sollte, musste beispielsweise Bonds im Wert von 500.000 chinesischen Dollar erstehen, die Nantao Electric and Gas Works für 300.000 und das Kaufhaus Sincere's für 250.000 Dollar. Innerhalb kurzer Zeit häufte Chiang Kaishek einen Kriegsschatz von über 50 Mio. Dollar an.

Eine weitere wichtige Einnahmequelle sprudelte Chiang Kaishek aus dem Opiumgeschäft. Zwar hatte sich die Nationalregierung offiziell gegen den Handel mit der Droge ausgesprochen, das hinderte Chiang aber nicht, im Geheimen mit Dus Verbündeten Zhang Xiaolin, zugleich Chef des Büros zur Bekämpfung des Opiumhandels, gemeinsame Sache zu machen. Das Opium, welches das Büro konfiszierte, wurde direkt an Dus Grüne Bande zum Verkauf weitergegeben. Die Gewinne aus dem Monopolgeschäft wurden geteilt. 1931 übernahm Du selbst die Leitung des Büros. 1936 schenkte er Chiang ein fabrikneues Flugzeug, das frivol auf den Namen »Opium Suppression of Shanghai« getauft wurde.

Chiang Kaishek sah sich immer mehr als legitimer Nachfolger Sun Yatsens. Er unterstrich diesen Anspruch, indem er am 1. Dezember 1927 Suns Schwägerin Song Meiling in einer prächtigen Hochzeit heiratete. Nach der kirchlichen Trauung zu Hause (vgl. Spaziergang 7, S. 471) – der 25jährige Chiang war seiner

Frau wegen zum Methodismus konvertiert – wurde mit 1.300 Gästen im Majestic Hotel gefeiert. Die Hochzeitsrede nach chinesischem Ritus hielt Cai Yuanpei. Am 1. Juni 1929 ließ Chiang Suns Leichnam von Beijing nach Nanjing überführen, wo er ihm in der Hauptstadt der Ming-Kaiser ein Ehrfurcht gebietendes Mausoleum errichtete. Diese mit edlen Materialien wie Marmor, allerlei Zierrat und einer kolossalen Statue geschmückte Anlage in unmittelbarer Nachbarschaft zum Grabhügel des ersten Ming-Kaisers Zhu Yuanzhang war keinesfalls bloß ein eitler Luxusbau, sondern eine Investition in die ideologische Untermauerung seines Regimes.

SHANGHAI – PARIS DES OSTENS DER 20ER- UND 30ER-JAHRE

Den Beinamen »Paris des Ostens« verdankte Shanghai zweierlei: zum einen der eindrucksvollen Skyline am Bund, zum anderen dem ausschweifenden Vergnügungs- und Nachtleben, dem sich die Shanghaier hingaben (soweit sie über das nötige Kleingeld verfügten).

Architektenwettstreit am Bund

Der Bund (vgl. Spaziergang 1, S. 387 ff.) beginnt an der den Suzhou Creek überspannenden Garden Bridge (1907; erste Brücke von 1873) und zieht sich etwa 1,6 km den Huangpu entlang bis zur heutigen Yan'an Lu (seit 1998 Hochstraße). Hier endete das Internationale Settlement. Die Grenze zur Französischen Konzession markierte der Yang Jing Bang, ein Flüsschen, das 1914 von den Franzosen zugeschüttet wurde, um über seinem Lauf die Avenue Edouard VII. anzulegen. Eingefasst wird der Bund von den Gebäuden des ehemaligen britischen Konsulats im Norden und dem säulenbewehrten Asiatic Petroleum Co. Building (dem späteren Shell Building) im Süden. Dazwischen befanden sich die Paläste der Hongkong and Shanghai Banking Corporation, der Chartered Bank of India, Australia and China und der Yokohama Specie Bank, das Glen Line Building, die North China Daily News und die Hauptquartiere von Jardine, Matheson & Co. sowie David Sassoon and Company und der legendäre Shanghai Club. Über allem »thronte« das Cathay Hotel (Peace Hotel).

Der Begriff »Bund« ist ursprünglich eine Verballhornung aus einem indischen Wort mit der Bedeutung »Uferbefestigung«. In der Anfangszeit Shanghais gab es viele »Bunds« in der Stadt, wie den Suzhou Creek Bund, den Yang Jing Bang Bund oder den Defence Creek Bund (an der heutigen Tibet Road/Xizang Lu). Je mehr die übrigen Kanäle zugeschüttet wurden und je dominanter sich der Whuangpu Bund entwickelte, umso mehr monopolisierte dieser den Namen Bund für sich. Neuerdings bekommt der »alte« Bund allerdings wieder Konkurrenz: Bei den Ausländern der Stadt bürgert sich für die gegenüberliegende Promenade in Lujiazui allmählich ebenfalls die Bezeichnung »Bund« ein.

Der »alte« Bund ist das Ergebnis des bereits erwähnten »architektonischen Völkerwettkampfes« (Hermann Muthesius, 1900). Generell waren die in China errichteten Gebäude der ausländischen Mächte weitaus hochwertiger als z.B. in den afrikanischen Kolonien. Afrika war zwischen den Kolonialmächten aufgeteilt, jeder Staat verwaltete seine eigenen »Ländereien« – anders in Shanghai: Hier prallten die verschiedenen Nationen direkt aufeinander. So wurden Architektur und Städtebau zu Musterausstellungen, in denen sich die ausländischen Ingenieure und Kaufleute gegenseitig zu überbieten suchten und gleichzeitig die Überlegenheit der westlichen Kultur beweisen wollten. Nicht zuletzt deswegen ließ die Familie Song als Kontrapunkt direkt neben dem Cathay Hotel, auf dem ehemaligen Gelände des deutschen Clubs Concordia, die Bank of China aufführen. Ihr Turm war mit Antenne nicht nur höher als das Hotel, sondern zudem demonstrativ mit chinesischen Architekturmerkmalen verziert.

Nach Kriegsende 1945 wurde der Bund Sun Yatsen (hochchinesisch: Sun Zhongshan) zu Ehren in Zhongshan Dong Yi Lu umbenannt. Seit Jahrzehnten treffen sich hier jeden Morgen, ehe Ausflügler und Touristen die Oberhand über Shanghais beliebteste Meile gewinnen, die Shanghaier zum Schattenboxen und Tanzen. Manche lassen Drachen steigen.

Von Anfang der 1990er-Jahre bis 2007 zeigte sich der Bund als zehnspurige, viel befahrene Straße mit Grünstreifen und einer als Flutschutz um knapp sieben Meter erhöhten Promenade direkt am Wasser. Dann begann die Untertunnelung der Zhongshan Yi Lu. Das über 4,4 Kilometer lange Tunnelsystem soll von der Yan'an Lu bis auf die gegenüberliegende Seite des Suzhou Creeks reichen. In der Folge werden sowohl die Rampe der Yan'an-Lu-Hochstraße als auch die Garden-Bridge-Entlastungsbrücke abgebaut. Nach Abschluss der auf mehrere Jahre angelegten Bauarbeiten soll der Bund, so die Planungen, nur noch Bussen und Fußgängern gehören.

Mitte der 90er hatte die Stadt das Immobilienunternehmen Brooke Hillier Parker Ltd. mit der Bewertung der 1949 enteigneten Gebäude beauftragt, um sie an ihre ehemaligen Besitzer zurückzuverkaufen. Bislang hat nur die AIA diese Möglichkeit genutzt. Ansonsten ist das Interesse allerdings eher verhalten. Die Preise gelten, angesichts des erforderlichen Renovierungsbedarfs, als exorbitant hoch. Mit dieser Praxis setzt die kommunistische Stadtregierung die Tradition der 20er-Jahre fort, als sich die Preise für Grundstücke im Stadtzentrum innerhalb von fünf Jahren im Zuge des aufstrebenden »Goldenen Zeitalters« verdreifacht hatten. Am Bund oder in Bundnähe wurden damals höhere Preise gezahlt als für »Filetstücke« an der Fifth Avenue oder am Boulevard des Champs-Elysées.

Britisches Konsulat bis Yokohama Specie Bank

Britisches Konsulat

Den Anfang des Bundes bildet das ehemalige britische Konsulat (No. 33, Zhongshan Dong Yi Lu). Auf dem diplomatischen Parkett hatte der britische Generalkonsul in Shanghai mit Blick auf die wirtschaftliche Bedeutung der Stadt für Großbritannien zuweilen größeres politisches Gewicht als der Gesandte in Beijing.

Der Bund – vom Shell Building bis zum Revolutionsdenkmal

Tai-Ji-Übungen am Bund

Kurz vor Ausbruch der Kulturrevolution, im Mai 1966, besuchte **Margaretha Winkler** (1908-2000) Shanghai im Rahmen einer Intourist-Pauschalreise.

Tai Ji am Bund

Abends um 7 Uhr fuhren wir in einem zweistöckigen Zug, in dem es sehr gemütlich war, nach Schanghai, aßen unsere vom Hotel mitgegebenen Abendbrotpäckchen, tranken den reichlich servierten Tee dazu und kamen um 11 Uhr an. Schanghai war stockdunkel. Unser Hotel lag an der Ecke der Nanking-Straße, die auf die Uferpromenade führt. Wenn man sich also ganz weit aus dem Fenster lehnte, konnte man die Lichter im Hafen sehen.

Nach der Stille im schönen Hangzschou war es hier in Shanghai schrecklich laut. Die Schiffe tuten die ganze Nacht, in aller Herrgottsfrühe setzt der großstädtische Straßenlärm ein. Ich habe hier immer sehr schlecht geschlafen. So standen wir auch am nächsten Morgen früh auf und gingen zur Uferpromenade. Am Wasser liegen hohe Regierungs- und Verwaltungsgebäude und Hotels. Eine breite, sehr von Autos befahrene Straße führt vor ihnen vorbei. Dann zum Wasser zu sind sehr schöne Anlagen mit vielen Blumen und Bänken.

Und hier wurde unermüdlich geturnt. Die älteren Leute widmen sich der chinesischen Hai-zi, Hai-Dji oder so ähnlich heißenden Gymnastik, die feierliche, abgezirkelte Bewegung im Schneckentempo vorschreibt. Langsam ... langsam ... richtet sich der Arm nach vorn. Bis zu den Fingerspitzen bekommt jeder Muskel seine Arbeit. Nun kommt das Bein dran ... Langsam ... langsam ... streckt es sich. Der andere Arm kriegt jetzt zu tun. Die Knochen, die Muskeln drehen sich ... Der Hals darf auch mal ... Und so geht es langsam, langsam, lange, lange versunken und versonnen weiter.

So turnen sie ein bis zwei Stunden. Die jungen Burschen und Mädchen schwingen allenthalben mit atemberaubender Geschicklichkeit mächtige Schwerter, Hellebarden und Piken, stürzen sich aufeinander, fuchteln mit den Waffen in der Luft umher, stoßen zu, weichen aus, springen beiseite ... Sie betreiben chinesischen Kampfsport, der seit Jahrhunderten nach überlieferten Vorschriften gepflegt wird. (...) Wir sahen auch (...) junge Leute beider Geschlechter mit Holzgewehren Übungen machen. Letzteres ist kein schöner Anblick.

Die unter dem ersten Konsul Balfour und seinem Nachfolger **Rutherford Alcock** (Amtszeit: 1846-1854) begonnenen Gebäude brannten 1870 ab; man ersetzte sie 1873 durch eine Serie von Bauten im frühen britischen Comprador-Stil. Von diesen sind fünf Gebäude erhalten. In Nr. 33, der ehemaligen Residenz des britischen Konsuls von 1882, befand sich viele Jahre die Shanghaier Nieder-

> **Der Comprador-Stil**
>
> Wenig zu tun mit den eigentlichen Compradores – sprich den chinesischen Mittelsmännern im China-Geschäft – hat der nach ihnen benannte Stil.
> Um die Innenräume vor großer, feuchter Hitze zu schützen, hatten sich die Vorläufer des Comprador-Stils zunächst in Südostasien entwickelt. Die ersten Europäer brachten diese koloniale Bauweise nach China mit. Auch wegen der steigenden Grundstückspreise entstanden daraus in Shanghai mehrgeschossige Häuser, bei denen jede Etage von einer schattenspendenden Veranda umgeben war. Dieses Vorgehen eignete sich zwar optimal für die Shanghaier Sommer. Im Winter war es in diesen Häusern allerdings oft sehr kalt. Daher ging man bereits nach wenigen Jahren dazu über, die Veranden zu verglasen.

lassung des China International Travel Service (CITS). Zwischen 1994 und 2003 spielten hier tagsüber etwa 40 Kinder in ihrem Kindergarten. Im Hauptgebäude von 1873 waren ebenfalls bis 2003 verschiedene Behörden und Forschungseinrichtungen untergebracht.

Im Jahr 2004 traf die im Besitz der Kadoories befindliche Hongkonger Peninsula Group mit der Shanghaier New Huangpu Group und einem weiteren Partner aus Australien eine Vereinbarung zum Bau eines 5-Sterne-Hotels auf dem Gelände. Die bisherigen Nutzer zogen aus, die Bauvorbereitungen sind in vollem Gang.

Denkmal des Volkshelden und Huangpu-Park

Nach der Garden Bridge von 1907 (seit 1991 von der zusätzlichen Wusong-Brücke stark vom Verkehr entlastet) und gegenüber dem britischen Konsulat, direkt am Wasser, befindet sich seit 8. August 1868 auf Initiative des damaligen britischen Konsuls **Charles Alexander Winchester** (Amtszeit: 1865 bis 1871) ein öffentlicher Park (daher auch der Name »Garden Bridge«). Der Legende nach stand am Eingang ein Schild mit der Aufschrift »Für Hunde und Chinesen verboten«. In der Tat besagte die Parkordnung jedoch unter Punkt 1 »Nur für Ausländer erlaubt« und unter Punkt 4 »Für Hunde und Fahrräder verboten« – was jedoch für die chinesische Bevölkerung keinen Unterschied machte. Eine Ausnahme gab es für chinesische Kindermädchen, die den ihnen anvertrauten ausländischen Nachwuchs in den Park begleiteten. Rassismus gab es indes auch in umgekehrter Richtung. Der russische Sinologe **V.M. Alekseev** (1881-1951) notierte in sein Tagebuch am 30. September 1907: »Beim Stadttor von Zhaocheng (Provinz Shanxi, d. Verf.) lesen wir auf einem Stein eine interessante Inschrift, der zufolge das Töten von Ausländern verboten ist, denn die Gnade des Kaisers reicht hinab bis zu Katzen und Hunden.«

Revolutionsdenkmal (Detail)

Nach heftigen Beschwerden seitens chinesischer Persönlichkeiten, unterstützt von nachdrücklicher Berichterstattung etwa in der renommierten Tageszeitung »Shenbao«, änderte der Stadtrat die Regelung dahingehend, dass zumindest »vorschriftsmäßig (d.h. westlich oder japanisch) gekleideten« Chinesen Einlass gewährt wurde. Zur Kontrolle waren am Eingangstor Furcht einflößende, Turban tragende und bärtige Sikh-Polizisten postiert. Erst ab 1928 öffnete sich der Park ohne Beschränkungen dem chinesischen Publikum.

Direkt hinter dem heutigen Parkeingang fällt der Blick auf die Bronzeskulptur des Volkshelden. Zentrum des Parks bildet das Revolutionsdenkmal mit drei 60 Meter hohen Granitstelen. Sie symbolisieren den Kampf der Shanghaier Arbeiter und Intellektuellen gegen ihre Unterdrückung durch ausländische Mächte und die feudale Klasse (ganz nebenbei: mitfinanziert wurde das Denkmal von der bekannten Shanghaier Firma »San Xia = Drei Gewehre« – diese produziert Unterwäsche). Darunter zeigt ein kleines Geschichtsmuseum alte Fotos zum Bund. Unmittelbar dahinter stand bis 1918 das deutsche Iltis-Denkmal.

Iltis-Denkmal

Am 21. November 1898 enthüllte **Prinz Heinrich von Preußen** (1862-1929), der Bruder **Kaiser Wilhelms II.** (1859-1941, reg. 1888-1918), das Iltis-Denkmal. Aufstellung hatte es in einer Grünfläche gefunden, etwa in 100 Metern Entfernung von der Stelle, wo neun Jahre später der deutsche Club Concordia seine Pforten öffnen würde. Seine Inschrift lautete: »Zur Erinnerung an den Heldentod der Besatzung SM Kanonenboot Iltis, gescheitert im Taifun an der Küste von Shantung am 23sten Juli 1896.« Den Entwurf lieferte der Berliner Bildhauer **Reinhold Begas** (1831-1911).

Die Shanghaier Nachrichten beschrieben das Denkmal so: »Ein sechs Meter hoher, zersplitterter Mast, von Lorbeerkranz, Flagge und Segeltuch umbauscht, ragt von einem granitenen Sockel auf. Die patinierte Bronze des Mastes macht durchaus den Eindruck von natürlichem verwitterten Holz. Die Flagge trägt ein eisernes Kreuz, die Flaggenbänder die Inschriften ›Die Deutschen Chinas‹ und ›Die Kaiserliche Marine‹. Der Sockel zeigt von allen Seiten Gedenktafeln. Vorn ist ein Reliefbild der Iltis unter vollen Segeln angebracht« (zitiert nach Warner).

Am 2. Dezember 1918 ließ eine Gruppe alliierter Kriegsgegner ihren Unmut an dem Symbol des wilhelminischen Reiches aus und stürzte das Denkmal vom Sockel. Die deutsche Gemeinde ließ es am 22. Juni 1929 auf dem neu erworbenen Grundstück der Kaiser-Wilhelm-Schule im Shanghaier Westend wiedererrichten. Dort wurde es 1950 endgültig entfernt.

Nippon Yusen Kaisha

Bis 2005 befand sich, etwas versteckt hinter der Auffahrt der Autobrücke über dem Suzhou Creek, der ehemalige Verwaltungssitz der Nippon Yusen Kaisha (No. 31, Zhongshan Dong Yi Lu). Die Schiffe der Reederei operierten im pazifischen Raum von Shanghai bis nach Kanada und in die USA. 18 Tage brauchte ein Dampfer von Shanghai nach San Franzisko. 1885 war die Nippon Yusen Kaisha als Postschiff-Linie gegründet worden. Das Gebäude, in dem jahrelang die chinesische Bodenschatzbehörde arbeitete, wurde im Rahmen des »Waitanyuan-Projektes« zur Expo-2010-Vorbereitung abgerissen. Bis 2004 war an der Fassade sogar noch Propaganda-Graffiti aus der Kulturrevolution lesbar, z.B. das Schriftzeichen für Mao (毛).

Banque de l'Indochine

Das 1911 bis 1914 von Atkinson & Dallas Ltd. für die Banque de l'Indochine im Stil der französischen Klassik mit zahlreichen barocken Elementen errichtete Gebäude (No. 29, Zhongshan Dong Yi Lu) eröffnet die Reihe der Bankpaläste am Bund. Bis 1995 benutzten das Traffic Department des Shanghai Municipal Public Security Bureau und die Shanghai Traffic Safety Newspaper die Räumlichkeiten. Nach aufwendigen Renovierungsarbeiten zog 1997 die Everbright Bank in den schmucken Bau. Die Schalterhalle ist einen Besuch wert.

Glen Line Building

Im von Palmer & Turner 1922 für die Glen Line Steamship Co. errichteten neoklassizistischen Glen Line Building residierte anfangs auch eine deutsche Bank (ebenfalls No. 29, vormals No. 28, Zhongshan Dong Yi Lu). Später zog die britische Peninsula & Oriental Shipping Corp. (P & O) ein. Das deutsche Generalkonsulat nutzte vorübergehend das Glen Line Building, als sein Ursprungsgebäude 1937 baufällig geworden war. 1945 übernahmen es die Amerikaner und brachten den Informationsdienst der amerikanischen Vertretung darin unter. 1949 wurde das Glen Line Building enteignet und Sitz des Shanghaier Rundfunks; seit 1997 gehören die Räumlichkeiten ebenfalls zur Everbright Bank.

Jardine, Matheson & Co.

Mit vier mächtigen Säulen demonstrierte das allgegenwärtige Handelshaus Jardine, Matheson & Co. (Yi He Yang Hang) seine Finanzkraft (No. 27, Zhongshan Dong Yi Lu). Die Basis ist mit mächtigen Rusticaquadern gestaltet und erinnert an die Paläste der Medici-Kaufleute aus Florenz. Das zwischen 1920 und 1922 im Stil der Neo-Renaissance errichtete Gebäude (Architekten: Stewardson & Spence; gegründet 1919 von **Robert Ernest Stewardson** und **Herbert Marshall Spence**, 1883-1958) wurde 1980 und 1983 jeweils um ein Stockwerk erhöht. Unter dem Namen Shanghai Foreign Trade Building beherbergt es die Shanghai Foreign Trade Corp. und viele andere in- und ausländische Handelsgesellschaften. Ab 2008 soll hier ein Ableger des amerikanischen Luxuskaufhauses Sak's Fifth Avenue einziehen.

Yangtze Insurance Building

Das ehemalige Gebäude der Yangtze Insurance Company wurde 1916 von Palmer & Turner erbaut (No. 26, Zhongshan Dong Yi Lu). Nach 1949 zog die China Food Import & Export Corp. ein, ihr folgte 1998 die Agricultural Bank of China.

Yokohama Specie Bank

Die Yokohama Specie Bank repräsentiert eine moderne, an neoklassizistische Formen mit ägyptischen Einschlägen angelehnte japanische Bauweise (No. 24, Zhongshan Dong Yi Lu). Palmer & Turner Architects errichteten das Gebäude 1924. Zeitweise hatten hier die Shanghai Textile Corp. (Shanghai Textile Industry

Bureau) und die China National Cereal, Oils & Foodstuffs Import & Export Corp., Shanghai Branch, ihren Sitz. Seit der kostspieligen Renovierung im Jahr 2000 beherbergt die Yokohama Specie Bank die sehr sehenswerte Schalterhalle der Industrial Bank of China.

Bank of China bis Bank of Communication

Bank of China

Der unübersehbare Turm des Bank of China-Gebäudes in chinesischem Stil mit in »Guomindang-himmelblau« (»qing-tian«) lasierten Dachziegeln entstand 1937 (No. 23, Zhongshan Dong Yi Lu) auf dem ehemaligen Gelände des deutschen Clubs Concordia. Er hat 17 Stockwerke und war damit nur geringfügig niedriger als das benachbarte Sassoon-Haus. Dieses Manko wurde mit einer Antenne ausgeglichen. Die Bauleitung hatte Palmer & Turner zusammen mit dem chinesischen Architekten und späteren Professor der St. John's University **H.S. Luke** (Lu Qianshou, 1904-1991).

Die Bank of China ist die Bank of China geblieben. Im Gegensatz zu den prachtvollen Art-Deco-Innenausstattungen der Nachbarinstitute zeigt sich ihre Schalterhalle eher gediegen nüchtern.

Peace Hotel

Zwischen 1926 und 1929 ließ Sir Victor Elice Sassoon (vgl. Kapitel »Die Sassoons«, S. 87 ff.) das markante Sassoon House durch das angesehene Architektenbüro Palmer & Turner errichten (No. 19, vormals No. 20, Zhongshan Dong Yi Lu). Mit 77 Metern Höhe war es das höchste Gebäude Shanghais. Es beherbergte das Cathay Hotel und ein Penthouse, in dem V.E. Sassoon meist lebte – er besaß noch ein weiteres Haus im Shanghaier Westend mit einem großen Park (Sassoon-Villa auf dem Gelände des Cypress Hotels). Unter dem Dach ließ er einen exklusiven Nachtclub einrichten, in dem er seine Gäste aufwendig zu unterhalten pflegte.

Das Cathay etablierte sich sofort als beste Shanghaier Hoteladresse. Jedes Zimmer besaß Telefon, was zu diesem Zeitpunkt selbst in europäischen Spitzenhäusern noch die Ausnahme bildete. Der größte Luxus wie Marmorbäder oder eigenes Trinkwasser, das extra von außerhalb der Stadt herangeleitet wurde, war gerade gut genug.

Einheimische erzählen gerne die Geschichte Lu Xuns, der, als er einen Bekannten besuchen wollte, vom Fahrstuhlführer zum Treppenaufgang verwiesen wurde. Der schwer lungenkranke Dichter musste zu Fuß bis in den siebten Stock

Peace Hotel, Bank of China, Yokohama Specie Bank und Yangtze Insurance Building (von links nach rechts)

steigen. Nach unten durfte er, da in Begleitung eines Gastes, den Lift benutzen. Der Fahrstuhlführer hatte geglaubt, er habe es mit irgendeinem dahergelaufenen Landsmann zu tun, weil Lu »nur« das traditionelle lange Gewand, den Chang Pao, getragen hatte. Als der berühmte Schriftsteller nun mit einem Gast erschien, befürchtete er, seine Fehleinschätzung könne unangenehme Konsequenzen für ihn haben, und bat Lu Xun vielmals um Verzeihung ...

Nach der kommunistischen Machtübernahme wurde das »Cathay« enteignet und 1956 in »Heping Fandian« (Peace Hotel) umbenannt. 1966 organisierte vom Peace Hotel aus der berüchtigte **Zhang Chunqiao** (1917-2005) als Mitglied der Viererbande den Beginn der Großen Proletarischen Kulturrevolution und den Sturz der Shanghaier Stadtregierung im Januar 1967 (vgl. Kapitel »Die Akteure«, S. 309 ff.). Zhang selbst stieg in der Folge zum Vorsitzenden der zum Revolutionskomitee mutierten Stadtregierung auf.

Unter den Rotgardisten war westliche Musik verboten – Musiker der Shanghaier Philharmonie und Jazzer wurden in Narrenkappen durch die Straßen geführt und öffentlich gedemütigt. Ironie des Schicksals, dass ausgerechnet im Peace Hotel seit 1980 zur Freude der Touristen und einer kleinen Schar einheimischer Fans jeden Abend die Peace Hotel's Old Jazz Band aufspielt. Die mittlerweile legendäre Rentner-Band nimmt eine alte Shanghaier Tradition wieder auf. In den 20er-Jahren hatte der Jazz das Shanghaier Nachtleben musikalisch revolutioniert. Zahlreiche Tanzlokale entstanden, in denen chinesische Studenten und die Söhne reicher chinesischer Familien die Zahl der ausländischen Gäste weit übertrafen. Für Chinesinnen aus gutem Haus waren solche Etablissements selbstverständlich tabu. Die Nachfragelücke nach Tanzpartnerinnen schlossen »Taxi-Dancer«. Die Mädchen, die als sehr schön, schlank und selbstbewusst beschrieben werden, trugen als Berufskleidung den gerade in Mode kommenden Qipao.

Einer der Stars der Szene war der 1986 verstorbene **Jimmy King** (Jin Huaizu). 1947 leitete er die erste ausschließlich chinesisch besetzte Jazzband, die im Paramount (S. 232 ff.) aufspielte. Sein Band-Mitglied **Zhou Wanrong** (Trompete, geb. 1920) gehörte bis 2005 der Peace Hotel's Old Jazz Band an (die anderen »Jazz-Rentner« sind Cheng Yueqiang, geb. 1918, Gu Jinlong, geb. 1926, Sun Jibin, geb. 1933, Li Mingkang, geb. 1936, Zhang Jingyu, geb. 1940; Besetzungsstand 2006). Ein weiterer Jimmy-King-Musiker, **Zheng Deren**, stieg später zum ersten Geiger im Shanghai Symphonie Orchestra auf.

Seit 2007 wird das Peace Hotel grundlegend renoviert. Tatsächlich roch es in den letzten Jahren »als habe man gerade in einer feuchten Garage Weihrauch angezündet« (Hanisch). Auch wurde der eher sozialistisch-muffige Service kaum mehr dem Anspruch des Traditionshauses gerecht. Der südliche Flügel soll – in Kooperation mit der Schweizer Swatch-Gruppe – als Swatch Art Peace Hotel 2009 fertiggestellt sein, der nördliche Flügel (das einstige Palace Hotel) gemeinsam mit der kanadischen Fairmont-Kette als Fairmont Peace Hotel Shanghai 2010. Es ist offen, inwieweit bis dahin der Hotelbetrieb weiterlaufen kann.

Denkmal für Harry Smith Parkes bzw. Chen Yi

Gegenüber dem Ausgang der Nanjing Lu befand sich das Denkmal für den britischen Konsul Harry Smith Parkes, dem »Erfinder« der Shanghaier Gassenhäuser. Es wurde 1894 aufgestellt und während der japanischen Besetzung entfernt. Etwa an seiner Stelle steht seit 1993 eine überlebensgroße Statue für Shanghais ersten Bürgermeister nach der »Befreiung«, Chen Yi. Der 1901 in Leshan/Sichuan geborene Chen hatte am Langen Marsch teilgenommen und war maßgeblich am Aufbau der IV. Armee beteiligt, die nach dem 2. Weltkrieg großen Anteil am Sieg der Kommunisten über die Guomindang hatte. Deshalb gehörte er 1955 zu den zehn Marschällen, die die junge VR China zu ihren höchsten militärischen Befehlshabern ernannte. Chen Yi hatte wie Zhou Enlai und **Deng Xiaoping** (1904-1997) in Paris studiert und sich vor seiner militärisch-politischen Karriere einen Namen als revolutionärer Lyriker gemacht. Von 1956 bis 1969 war er Mitglied des Politbüros, 1958 bis zu seinem Tod 1972

Außenminister. In dieser Funktion befürwortete er den Bau chinesischer Atombomben, um den Aufstieg Chinas zur Weltmacht zu sichern. Ohne seine politischen Posten zu verlieren, war Chen Yi während der Kulturrevolution Angriffen durch die Roten Garden ausgesetzt. Ende der 70er-Jahre wurde er rehabilitiert.

Palace Hotel

1906 öffnete das damals exklusive Palace Hotel seine Pforten (No. 23, Nanjing Dong Lu; Architekt: **Walter Scott**, 1860-1917). Im Februar 1909 wurde in seinen Räumlichkeiten die International Opium Commission gegründet (was dem Opiumkonsum in der Stadt allerdings keinen Abbruch tat). Ein weiteres Highlight in der Historie des Hauses waren die Feierlichkeiten zur Ernennung Sun Yatsens zum provisorischen Präsidenten der neu gegründeten Republik. Sie fanden im Dezember 1911 nach dessen Rückkehr aus Amerika statt.

Ende der 20er/Anfang der 30er-Jahre war das Palace bevorzugter Treffpunkt von Agnes Smedley und **Ozaki Hotsumi** (1901-1944). Später ergänzte Richard Sorge den Kreis (vgl. Kapitel »Shanghai als Agitationsschwerpunkt linker Spione«, S. 264 ff.). Über Sorges Funker **Max Christiansen-Clausen** (mitunter auch »Klausen«; 1899-1979) schreiben Deakin/Storry »Bei seiner zweiten Reise im Juli 1939 wurde Klausen ausführlich auf den Kontakt mit einem sowjetischen Kurier im Café im Erdgeschoss des »Palace Hotel« in Shanghai vorbereitet: ›Als Kennzeichen sollte ich ein grünes Buch auf die linke Seite meines Tisches legen, und die andere Person würde ein gelbes Buch auf ein Paar Handschuhe auf die rechte Seite ihres Tisches legen.‹ Die beiden Männer sollten nicht miteinander sprechen, sondern sich nur gegenseitig ihre Gesichter einprägen und sich dann am Abend in der Französischen Reservation auf der Straße treffen. Dabei sollte Klausen den Fremden ansprechen und nach einer bestimmten Straße fragen. Dann fand ein schneller Austausch statt: ein Päckchen mit 18 oder 19 Filmrollen gegen 6.000 amerikanische Dollar. Klausen beschreibt die flüchtige Begegnung: ›Er war etwa 44 oder 45, breitschultrig, ein Russe oder ein Balte. Er war allein zu der Straße gefahren, wo wir uns treffen sollten, und wartete auf mich. Sobald unser Geschäft erledigt war, fuhr er wieder weg. Natürlich haben wir uns auf keinerlei persönliches Gespräch eingelassen.‹«

Am Shanghaier »Blutsamstag«, dem 14. August 1937, zerstörte ein Bombenfehltreffer das kleine Eckürmchen auf dem Dach (vgl. Kapitel »Bomben auf Shanghai«, S. 277 ff.). Es wurde anlässlich von Renovierungsarbeiten 1998 notdürftig wiederhergestellt.

Heute bildet das rot-weiße Palace Hotel den Südflügel des gegenüberliegenden Peace Hotels.

Chartered Bank of India, Australia and China

Die Shanghaier Filiale der Chartered Bank of India, Australia and China wurde 1923 von Palmer & Turner im Stil des Neoklassizismus errichtet (No. 18, Zhongshan Dong Yi Lu). Nach der Enteignung der Bank zogen zeitweise die Verwaltungen einer Schifffahrtsgesellschaft, einer Textilfabrik und einer Behörde zur Kontrolle von Meeresfrüchten ein. Nach längerem Leerstand und zweijährigem, 12 Mio. US$ teurem Umbau durch das Venezianer Architektenbüro Kokaistudios verbreiten seit 2004 ein erstklassiges französisches Restaurant im Namen der mit drei Michelin-Sternen dekorierten Zwillingsbrüder **Jacques** und **Laurent Pourcel**, eine Cartier-Filiale sowie der größte Showroom des Herrenausstatters Ermenegildo Zegna in Asien neuen Glamour im »Bund 18«.

North China Daily News

Das »North China Daily News«-Building (No. 17, Zhongshan Dong Yi Lu) von 1924 ist das bekannteste Gebäude der Shanghaier Architekturfirma Lester, Johnson & Morris (gegründet 1913 von **Henry Lester**, 1840-1926, und seinen beiden Kollegen **George A. Johnson** und **Gordon Morris**).

Der heutige Sitz der Versicherungsgesellschaft AIA (American Insurance Association) sollte besser AIG-Turm (American Insurance Group) heißen. Der 1919 in Shanghai von **Cornelius Vander Starr** (1892-1968) gegründete Versicherungskonzern war Bauherr und bis zu seiner Enteignung 1950 Besitzer des zum Zeitpunkt der Erbauung (1921-1923) mit 40 Metern höchsten Gebäudes am Bund. Starr hatte offensichtlich erfolgreich auf die infolge der verbesserten Lebensumstände erhöhte Lebenserwartung seiner Kunden gesetzt. Er selbst bezog eine Wohnung im Penthouse des schmalen Baues mit den zwei pavillonartigen Türmchen. Von seinem Dachgarten genießt man einen herrlichen Rundumblick über den Bund und nach Pudong.

Die 1864 von dem Engländer **H.E. Morriss** ins Leben gerufene und damit älteste englischsprachige Tageszeitung des Landes, die »North China Daily News«, residierte nur zur Miete (zum Morriss Estate vgl. Spaziergang 10, S. 498). Das probritische Blatt war das einflussreichste in China und wurde auch international im ostasiatischen Raum gelesen. Wichtigste Konkurrenten in der internationalen Community der 20er/30er-Jahre waren die mit japanischem Geld unterstützte »Shanghai Times« des Briten **Nottingham** einerseits und die ausgesprochen antijapanische Abendzeitung »Shanghai Evening Post & Mercury« andererseits, herausgegeben von **Randall Gould**. Antijapanisch und prochinesisch berichteten die bereits erwähnte »China Weekly Review« von J.B. Powell und der Rundfunkmann **Carroll Alcott**. Insgesamt sendeten aus Shanghai 28 Radiostationen.

»North China Daily News«-Building

Die »Shenbao«

Am 30. April 1872 wurde die Shanghaier Presselandschaft um eine weitere Errungenschaft bereichert: die Erstausgabe der chinesischsprachigen Zeitung »Shenbao« (auch »Shun Pao«).

Herausgeber war der englische Kaufmann **Ernest Major** (1841-1908). Major war bereits in den 60er-Jahren nach Shanghai gekommen. Zunächst hatte er sich in Tee und Baumwolle versucht, sich dann aber bald auch auf weitere Geschäftszweige besonnen. Gemeinsam mit drei Freunden sammelte er 1.600 Silberdollar und stieg ins Zeitungsgewerbe ein – nebenbei leitete er allerdings außerdem u.a. eine Streichholz- und eine Arzneimittelfabrik. Als er schließlich als alter Herr 1906 nach Großbritannien zurückkehrte, hatte er stattliche 300.000 Silberdollar erwirtschaftet.

Schon der Name war Programm: Das Wort »bao« bedeutet »Zeitung«, und »shen« ist eine andere Bezeichnung für Shanghai. Der Titel war ein subtiler Seitenhieb auf die »Jingbao« (auch »King Pao«), der aus Bei-»jing«, der »Hauptstadt«, kommenden Hofgazette. Mit seiner Konzeption der »Shenbao« als Shanghaier Zeitung degradierte Major die »Jingbao« zu einem Blatt aus einer anderen Stadt.

Das Motto zur Erstausgabe lautete: »Die Aktualität aufgezeichnet, die Sprache schlicht, zivilisiert und kultiviert wiedergegeben, Fakten einfach und ausführlich dargelegt, sowohl die Gelehrten erreichbar, als auch die Landwirte und Kaufleute angesprochen, verständlich für alle gleichermaßen.« (zitiert nach Zhang Guo Wei). Zhang weiter: »Das Motto war einfach übersetzt: ›Aktuelle Ereignisse berichten und für jeder Mann zugänglich gestalten.‹ Die Betonung des Nachrichtencharakters, des allgemeinen Themenspektrums und der Universalität erfolgte, um den Erfordernissen der chinesischen Leserschaft genügen zu können.«

Größten Wert legte die »Shenbao« auf die selbständige Erfassung von Nachrichten und auf ihre Aktualität. Während es sich bei den meisten Berichten in chinesischen Zeitungen bislang nur um Übersetzungen aus fremdsprachigen Zeitungen oder um vom Hörensagen gewonnene lokale Nachrichten handelte, setzte die »Shenbao« an zahlreichen chinesischen Städten wie Beijing, Nanjing, Hangzhou, Wuchang, Hankou, Ningbo oder Yangzhou eigene Korrespondenten ein. Schon nach wenigen Jahren wurde das Netz auf Tianjin, Guangzhou, Hongkong und eine Reihe weiterer Städte ausgedehnt.

Als erste chinesische Zeitung schickte sie Sonderkorrespondenten an wichtige Schauplätze, etwa als es galt, 1874 über den Einfall Japans in Taiwan oder 1884 über den Sino-Französischen Krieg zu berichten. Ende 1881 ließ sie eine Telegrafenleitung von Shanghai nach Tianjin einrichten. Ein im Januar 1882 aus Beijing stammender Erlass des chinesischen Kaisers wurde die erste telegrafisch übermittelte Nachricht in der chinesischen Presse. Durch die hohe Qualität der Shenbao-Berichterstattung gelang es Major, einen beträchtlichen Teil der höchsten Beamten und Behörden als Abonnenten zu gewinnen und so den nationalen Einfluss seiner Zeitung auszuweiten.

Die »Shenbao« war eine chinesische Zeitung für eine chinesische Leserschaft, und ihre Redaktion unternahm große Anstrengungen, sich durch ihre Berichterstattung und Editorials in der allmählich entstehenden Öffentlichkeit als eine kritische und rationale urbane Stimme hervorzutun. Ihre Organisationsstruktur – ein des Chinesischen mächtiger ausländischer Eigentümer und Geschäftsführer, der mit chinesischen Journalisten zusammenarbeitete – sicherte der Zeitung ein gewisses Maß an gesetzlichem Schutz. Außerdem erhöhte das Bemühen um Verlässlichkeit und Verantwortlichkeit die Glaubwürdigkeit der Zeitung bei der chinesischen Leserschaft. Somit wurde die »Shenbao« zur Ausbildungsstätte für die erste Generation chinesischer Journalisten und etablierte sich als Vorreiterin der vom Staat unabhängigen öffentlichen Meinungsäußerung.

Nachdem die »Shenbao« 1909 an den Comprador Xi Yufu verkauft worden war, ging sie 1912 an **Shi Liangcai** (1880-1934), der sie als Herausgeber über 30 Jahre lang prägte. Nach der japanischen Besetzung Nordchinas 1931 schlug sich Shi auf die Seite der nationalen Rettungsbewegung und der Liga für Menschenrechte. Eine Konfrontation mit Chiang Kaishek war unausweichlich. 1934 wurde Shi Liangcai von einer Spezialeinheit der Guomindang ermordet.

Angesichts Zensur und Kriegswirren konnte die »Shenbao« bis 1941 nur noch mit Einschränkungen in Shis Sinne weitergeführt werden. 1941 wurde sie von einem japanischen Mitläufer übernommen, bis sie 1945 als »feindliches Eigentum« in die Hände der Guomindang fiel, welche das renommierte Blatt als Sprachrohr nutzte. Mit der »Befreiung Shanghais« durch die kommunistischen Truppen war das Ende besiegelt. Die letzte Ausgabe erschien am 27. Mai 1949.

Das einstige Gebäude der »Shenbao« befindet sich No. 309, Hankou Lu Ecke Shandong Lu. In der Shanghai Library läßt sich Einblick in die Gesamtausgabe nehmen.

Daneben gab es das französische »Le Journal de Shanghai«, den deutschen »Ostasiatischen Lloyd« sowie später den nationalsozialistisch ausgerichteten »Ostasiatischen Beobachter« bzw. die »Deutsche Shanghai Zeitung« (vgl. Spaziergang 7, S. 468 f.) sowie die beiden russischsprachigen Blätter »Shanghai Zaria« und »Slovo«. Das in chinesischer Sprache erscheinende »Gegenstück« zur »North China Daily News« wurde die acht Jahre später, ebenfalls von einem Briten gegründete »Shenbao«.

1942 zwang der Krieg die AIG zur Aussetzung ihrer Geschäftstätigkeit. 1949 siedelte sie nach Hongkong über. Die »North China Daily News« musste ihr Erscheinen am 31. März 1951 einstellen. Nach der Enteignung 1950 zog u.a. die staatliche China Silk Corporation Shanghai Import & Export Branch in das repräsentative Gebäude.

1992 war die AIA der erste ausländische Versicherer, der eine Lizenz im China-Geschäft bekam. Seit 1998 unterhält sie an ihrem ehemaligen Stammsitz am Bund eine Niederlassung. Bevor sie dort jedoch wieder ihre Geschäftstätigkeit aufnehmen konnte, waren umfangreiche Renovierungsarbeiten erforderlich, z.B. hatten Kulturrevolutionäre die Reliefs an der Fassade zerstört. Die heute angebrachten allegorischen Darstellungen (links: »Journalism«; Mitte: »Art – Science – Literature – Commerce – Truth«; rechts: »Printing«) sind Nachbildungen.

Bank of Taiwan

Die Bank of Taiwan (No. 16, Zhongshan Dong Yi Lu) ließ sich 1924 diesen heute durch nachträgliche Aufstockungen etwas gedrungen wirkenden »Tempel« errichten (überhaupt wurde mancher solide Altbau derart verschandelt, während neuere Gebäude verschont blieben – meist deshalb, weil deren Mauern dem zusätzlichen Gewicht nicht standgehalten hätten). Er verband westlich-klassizistische Bauelemente wie den Säulenumlauf mit asiatischen wie dem geschwungenen Dach. Zunächst zog nach der Enteignung die Shanghai Arts & Crafts Import & Export Corp. ein. Seit einer neuerlichen Renovierung bietet die China Merchants' Bank ihre Dienste an.

Russisch-Chinesische Bank

Von Heinrich Becker stammte der Entwurf für die Russisch-Chinesische Bank (1899 bis 1902; No. 15, Zhongshan Dong Yi Lu). Er setzte mit diesem erst 1910 fertig gestellten Gebäude im Stil italienischer Neo-Renaissance neue Maßstäbe des Bauens in Asien. Es war das erste Haus in Shanghai, das dem Qualitätsstandard europäischer Bauten in Entwurf, Material und Ausführung entsprach. Zur Verzierung des Gebäudes verwendete Becker menschliche Skulpturen und Gesichtsmasken. Die Chinesen hielten diese für Hausgeister der Ausländer. Sie wurden in der 50er-Jahren entfernt.

Der »Ostasiatische Lloyd« schrieb 1911: »Manche der alten, lang eingesessenen Bauleute schüttelten bedenklich die weisen Köpfe, als der Bau fortschritt, und es war nach ihrer ›maßgeblichen Meinung‹ ein ganz verkehrtes Unternehmen, von der ›guten alten‹ Art zu bauen abzuweichen und alle die Unannehmlichkeiten zu überwinden, die mit der Verwendung und Beschaffung von edlem Baumaterial hier in Shanghai verbunden ist, die jeder durchzukosten hat, der Naturbaustein beim Bauen verwenden will. Die Abscheulichkeit des damals und leider jetzt noch zu Manchem verwendeten ›Paper-Lime‹-Verputzes (einer Mischung von Papier, Kalk und Schwemmsand) war Beckers Empfinden durchaus zuwider, und das Vortäuschen einer, auf ganz anderen Materialien basierenden Architektur durch diesen Verputz war ihm ganz und gar verhaßt. Becker aber ging noch weiter. Zum Entsetzen aller ›Experten‹ des Bauwesens in China wagte es der ›German Architect‹, ganz neue Gedanken, ›die nur für Europa passten‹, auszuführen. Er konstruierte unter anderem große schwere Gitterträger und begann diese fertig montiert aufzuwinden, um dann an sie die schweren Granitblöcke anzuhängen, die jetzt so ›selbstverständlich‹ den oberen Abschluss am Dach der Veranda an der Wohnetage der Bank bilden. Die Bank, in ihrer Innen- und Außenarchitektur und Konstruktion, wurde ein durchschlagender Erfolg« (zitiert nach Warner).

Nach der »Befreiung« zog u.a. die Shanghaier Luftfahrtbehörde in den Renaissance-Palast. Nach deren Auszug wurde er vorbildlich restauriert (auf den bleiverglasten Fenstern im überdachten Innenhof ist noch die Signatur »Busch Berlin« zu lesen). Seit 1994 arbeitet in dem Gebäude die Shanghaier Devisenbörse, seit 30. Oktober 2002 hat die Goldbörse hier ihren Geschäftssitz (wo neben Gold auch Silber und Platin gehandelt werden). Dieser Schritt galt als Meilenstein für die Deregulierung des chinesischen Goldmarktes, da seither nicht mehr die Zentralbank die Preise für das begehrte Edelmetall festsetzt, sondern die Daten der Londoner Goldbörse als Orientierung dienen. Zwar werden Im- und Export von Gold weiterhin strikt kontrolliert, doch konnten bereits wenig später und erstmals nach über 50 Jahren Privatpersonen wieder Goldbarren legal erwerben. Die Nachfrage, vor allem seitens älterer Kunden, ist ausgesprochen groß.

Bank of Communication

Der 1948 errichtete moderne Neubau der Bank of Communication des Architektenbüros C.H. Gonda an der Ecke Hankou Lu steht anstelle des Gebäudes der Deutsch-Asiatischen Bank von 1902 (No. 14, Zhongshan Dong Yi Lu). Das während eines Taifuns schwer beschädigte Gebäude wurde 1914 verkauft und schließlich in den 30er-Jahren abgetragen. Heute befindet sich in den oberen Stockwerken der Sitz der Shanggong City Credit Corporative. Die unteren Geschäftsräume sind an die Bank of Shanghai weitervermietet.

Zollamt und Hongkong and Shanghai Banking Corporation

Zollamt

Das Zollamt aus dem Jahr 1927 ersetzte das vorherige Tudor-Stil-Zollhaus (No. 13, Zhongshan Dong Yi Lu). Der neoklassizistische Neubau von Palmer & Turner war ein Symbol für das Ende einer nahezu 75jährigen Demütigung: des vollständigen Verlustes der chinesischen Zollhoheit an die Briten.

Hongkong and Shanghai Banking Corporation, Zollamt, Bank of Communication
(von links nach rechts)

Aus Heinrich Schliemann: Reise durch China und Japan im Jahre 1865

Mr. Hart und das Zollwesen

Da er die chinesische Sprache besser als jeder andere Ausländer beherrscht, besteht kein Zweifel, dass er in Bälde einen leitenden Posten beim Zoll einnehmen wird, schon deswegen, weil sich die chinesische Regierung auf Grund der 1860 mit Frankreich und England geschlossenen Verträge verpflichtet sieht, ausländische Agenten mindestens so lange in ihrem Zolldienst zu beschäftigen, bis alle Entschädigungen bezahlt sind. Die Regierung hat auch nie gezögert, das beträchtliche Wachstum ihrer Einkünfte anzuerkennen, die bisher immer der Korruption der chinesischen Beamten zum Opfer fielen. Sie setzte daher diese Beamten ab und stellte statt dessen Ausländer ein, die Chinesisch konnten.

1861 wurde der Engländer Mister Lay zum Generaldirektor der Zollverwaltung ernannt. Er bezog ein Jahresgehalt von 500.000 Francs, die anderen Zollbeamten ein Gehalt zwischen 15.000 und 75.000 Francs. An die Stelle von Mister Lay trat im Herbst des vergangenen Jahres der englische Konsulatsbeamte Mister Hart, der, kaum 25 Jahre alt, ein Verwaltungsgenie erster Ordnung ist. Die klugen Maßnahmen, die er ergriff, hatten zur Folge, dass die Zolleinnahmen gegenwärtig mehr als das Vierfache von dem betragen, was vor der Zulassung der ausländischen Agenten einging. In Anerkennung seiner großen Verdienste erteilte die chinesische Regierung diesem neuen Beamten unbeschränkte Vollmacht, sodass er in allem, was die Zölle des Landes betraf, nach seinem Gutdünken handeln konnte. Sie verlieh ihm das dritthöchste Rangabzeichen des Reiches – es besteht aus einem Knopf, der am Hut getragen wird. Es gibt hier neun Ränge und ebensoviel verschiedene Insignien. Die Stellung, die Mister Hart einnimmt, ist mit großen Vorrechten verbunden, ausgenommen davon ist allerdings das Privileg, sich im Tragsessel durch die Straßen von Peking tragen zu lassen; das ist nur den Mandarinen Ersten Ranges vorbehalten.

Im Chaos der Taiping-Rebellion hatten die chinesischen Beamten 1854 die Zollverwaltung britischen Inspektoren übertragen. Aus ihr entwickelte sich die kaiserliche Seezollbehörde (Imperial Maritime Customs, ab 1912 Chinese Maritime Customs). Ihr einflussreichster Generalinspektor wurde 1865 **Robert Hart** (chinesischer Name: Ha De, später zum Sir erhoben, 1835-1911). Er baute mit eiserner Hand einen effizienten und korruptionsfreien Zoll auf. Bereits 1866 kontrollierte Hart den Zoll vollständig und betrieb nebenbei noch die chinesische Post. Ihm verdankte der Kaiserhof, dass die Zolleinnahmen stets üppig flossen – sie trugen zu fast einem Drittel des Staatsbudgets bei – und nicht in den Taschen

Reliefdarstellung der »Befreiung« Shanghais im Foyer des Zollamtes

korrupter Mandarine verschwanden. Robert Hart hatte das Amt bis 1908 inne. 1922 wurde für ihn ein Bronzedenkmal aufgestellt, das aber bereits im Zweiten Weltkrieg von den japanischen Besatzern wieder abgerissen wurde. Auch eine Straße war ihm zu Ehren benannt: die heutige Chengde Lu hieß früher Hart Road.

An das britische Zollhaus erinnert der »Big Ching«. Die originale Uhr von 1893 blieb aus gutem Grund: Da es nach ihrer Installation in Shanghai angeblich weniger brannte, waren die Chinesen der Meinung, dass ihr Geläut den Feuergott verwirre. Es hieß, der Feuergott glaube, das viertelstündliche Schlagen kündige jeweils ein Feuer an, sodass er keine weiteren mehr beisteuern müsse. Während der Kulturrevolution war das Uhrwerk ausgebaut und durch 40 Lautsprecher ersetzt worden. Sie spielten Maos »Der Osten ist rot«. Erst am 1. Oktober 1986 wurde es – anlässlich des Besuchs von Queen Elizabeth II. – wieder eingesetzt. »Big Ching« besitzt bis heute das größte Zifferblatt in Asien mit einem Durchmesser von 5,4 Metern. Der Stundenzeiger misst 2,3 Meter, der Minutenzeiger 3,2 Meter. Der Turm selbst ist 79 Meter hoch.

Im Foyer des Zollamtes stellen Mosaiken mit chinesischen Dschunken den Bezug zum Meer her. Die Anlagen für die Zollabfertigung selbst (»Customs Jetty«) befanden sich auf der gegenüberliegenden Flussseite im heutigen Pudong.

Hongkong and Shanghai Banking Corporation

Der neoklassizistische Prachtbau der Hongkong und Shanghai Bank (No. 12, Zhongshan Dong Yi Lu) von 1921/23 mit seiner gewaltigen, dem Petersdom in Rom ähnlichen weißen Kuppel zieht bis heute alle Blicke auf sich. Im Jahr seiner Fertigstellung war es das zweitgrößte Bankgebäude der Welt, besaß die meiste umbaute Fläche aller Gebäude in Asien und verfügte als erstes in Shanghai über Kühl- und Heizeinrichtungen. Die Bank wurde 1865 von **Thomas Sutherland** (1834-1921) in Kooperation mit Dent & Co. in Hongkong gegründet. Sutherland war Hongkonger »P & O«-Agent. Ein weiteres Gründungsmitglied war der deutsche Kaufmann **Georg Theodor Siemssen** (1816-1886), Chef des von ihm begründeten deutschen Handelshauses Siemssen & Co. (vgl. Spaziergang 3, S. 466). Sutherland machte die Bank in wenigen Jahren zum führenden Geldinstitut Asiens. In der Kuppel residierte der Club der Royal Air Force, die Innenseite schmückte ein Mosaik mit Darstellungen alter britischer Flugzeuge.

Mosaiken in der Lobby zeigen die acht wichtigsten Standorte, an denen die Bank vertreten war: Bangkok, Kalkutta, Hongkong, London, New York, Paris, Tokyo und Shanghai (neben dem Gebäude der Hongkong and Shanghai Bank ist noch das alte Zollamt von vor 1927 zu sehen). Darunter sind die mit lateinischen Schriftzügen bezeichneten Tugenden dargestellt (z.B. Weisheit,

Klugheit, Gerechtigkeit, Wahrheit, Fleiß, Maß, Stärke). In der Kuppel zieht Helios den Sonnenwagen über das Meer, ihm gegenüber steht die Mondgöttin Selene und beiden zu Füßen schüttet Abundantia ihr Füllhorn über die Erde aus. Das Universum symbolisieren die zwölf Tierkreiszeichen. Dass die Mosaiken heute noch vorhanden sind, ist der beherzten Aktion **Benjamin Chens** (Chen Zhi, 1902-2002) zu verdanken. In ihrem Buch »Shanghai Art Deco« würdigt Tess Johnston die Tat: »Instead of watching the mosaics being destroyed by workers with sledge hammers, as then proposed (in the anti-foreign years of 1966-76′s Cultural Revolution), he stalled them and suggested that they simply plaster over the offending foreign motivs and scenes. It was this fast thinking that preserved them for future generations. When in the late 1990′s the bank building was undergoing the renovations that uncovered the mosaics – totally intact – the Chinese press discovered the story and pursued Chen; he hid out rather than talk of his deed. He died in 2002 at the age of 100. Let this footnote to Shanghai′s architectural history show our gratitude.« Benjamin Chen hatte, wie vor ihm der berühmte **Fan Wenzhou** (Robert Fan, 1893-1979), an der amerikanischen University of Pennsylvania Architektur studiert und war einer der Gründer der wichtigsten chinesischen Architekturfirma in Shanghai gewesen, den Allied Architects.

Die Rotunde wird von acht (Glückszahl!) Säulen getragen. Der Marmor – auch für die Säulen in der Schalterhalle – wurde extra aus Italien angeschifft, die Kupferbasen stammen aus London. Von der Rotunde gehen drei Eingänge in die Schalterhalle ab. Sie werden von Bleikristallspiegeln flankiert, um nach chinesischer Denkweise die bösen Geister herauszuhalten. Heute verlässt sich die Bank zusätzlich auf eine Schar von Wächtern und eine Vielzahl versteckter Videokameras. Der Marmorboden in der Halle selbst ist neu, fügt sich aber sehr harmonisch in das Gesamtbild ein. Als hier noch die Stadtregierung waltete, wirkte die Halle düster und schwer. Das lag einerseits am dunklen Parkettboden und andererseits an den wenig Licht spendenden Birnen. Die Birnen wurden ausgetauscht, die Lampenschirme sind indessen original aus der Erbauungszeit. Die Lampen in den hinteren Sälen sind Nachbildungen. Den Stolz des Innenraumes bilden die vier nicht tragenden Marmorsäulen. Sie wurden in je einem Stück von Italien nach Shanghai gebracht. Zu Zeiten der Hongkong and Shanghai Banking Corporation wurden in der großen Schalterhalle die ausländischen Kunden bedient und in der hinteren kleinen die chinesischen.

1955 musste die Hongkong and Shanghai Bank ihr angestammtes Gebäude aufgeben. Danach residierte zunächst die Shanghaier Stadtverwaltung in dem einstigen Bollwerk des Geldes. Der Bürgermeister saß – zu aller Verwunderung, aber nach dem Motto, es sei dort am sichersten, wo einen keiner vermute, – im Erdgeschoss, links direkt neben dem Haupteingang.

Die Shanghaier Bürgermeister der Moderne	
05/1949 bis 11/1958	Chen Yi
11/1958 bis 04/1965	Ke Qingshi
04/1965 bis Anfang 1966	Cao Diqiu (danach chaotische Zustände aufgrund der Kulturrevolution)
1967 bis 10/1976	Zhang Chunqiao (Mitglied der Viererbande; Stadtregierung wird zum Revolutionskomitee, der Bürgermeister Vorsitzender desselben)
10/1976 bis 12/1979	Su Zhenhua (Vorsitzender des Revolutionskomitees)
01/1978 bis 12/1979	Peng Chong (Vorsitzender des Revolutionskomitees)
12/1979 bis 04/1983	Peng Chong (Bürgermeister)
04/1983 bis 07/1985	Wang Daohan
07/1985 bis 04/1988	Jiang Zemin
04/1988 bis 04/1991	Zhu Rongji
04/1991 bis 02/1995	Huang Ju
02/1995 bis 12/2001	Xu Kuangdi
12/2001 bis 02/2003	Chen Liangy
seit Februar 2003	Han Zheng

Vor dem damaligen Rathaus rief im Dezember 1986 der Studentenführer **Da Junyi** 50.000 Kommilitonen und Kommilitoninnen unter den Augen des amtierenden Bürgermeisters Jiang Zemin zu: »Öffnet eure Augen. Wir werden unterdrückt. Doch das chinesische Volk wird sich nicht versklaven lassen.« Der wagemutige Massenprotest der Studenten spiegelte das neue Selbstbewusstsein der Intellektuellen wider, die noch wenige Jahre zuvor während der Kulturrevolution als »stinkende neunte Kategorie« geschmäht worden waren. Der Protest der Studenten hatte am 9. Dezember 1986 in Hefei, der Provinzhauptstadt von Anhui, seinen Ausgang genommen. Das Datum war mit Bedacht gewählt: Am 9. Dezember 1935 hatten die chinesischen Studenten die GMD-Regierung und die KPCh zum gemeinsamen Kampf gegen die japanischen Invasoren aufgefordert. Rasch sprang der Funke auf mindestens 14 andere Städte wie Tianjin, Shanghai und Beijing über. Konkret hatten sich die Hochschüler aus Hefei unter dem Slogan »Ohne Demokratie keine Modernisierung« dagegen gewandt, keine Kandidaten für das Provinzparlament nominieren zu dürfen. Nun forderten die Studenten landauf, landab auf Transparenten und Wandzeitungen Demokratie, Pressefreiheit und die Verwirklichung der Menschenrechte. Shanghai wurde zum Zentrum der Demonstrationen, angespornt von Äußerungen wie der des Politbüromitglieds **Wan Li**: »Wenn die politischen

Aus Christian Schmidt-Häuer: Der Funke zündet in den Städten, in »Die Zeit« vom 22. bis 26. Mai 1989

Auch Shanghai, Chinas altes Tor zur Welt, wird vom Protest erfasst

Vor den haushohen Gittern der Bank of China am »Bund«, der einst weltberühmten Uferstraße von Schanghai, recken sich Hunderte fordernder Arme. Nach oben hin bündeln sie sich immer enger, immer drängender ins Leere greifend, wie zu einer Pyramide. Auf der Spitze scheint, mit einer Hand an die gusseisernen Stäbe geklammert, ein junger Mann zu schweben. Er trägt die studentische Rebellentracht Südostasiens. Auf seinem weißen Stirnband steht: »Fürchte dich nicht, dein Blut zu vergießen.« In die lärmend anbrandende Menge ruft er: »Li Peng hat vorgestern völlig anders geredet als heute. Nieder mit ihm!« Schwungvoll wirft er in regelmäßigen Abständen kleine Bündel Flugblätter in die Luft. Dann zerfällt die Pyramide der Arme für einen Moment, und die Menge stürzt nach den segelnden Papieren, als regne es Manna.

Das Mandat des Himmels – auf diese und ähnliche Weise ist es Deng Xiaoping und Ministerpräsident Li Peng in Dutzenden Städten Chinas entzogen worden. Seit das Kriegsrecht über Peking verhängt wurde, fordern Demonstrationszüge überall im Land den Rücktritt der beiden. Flugblätter liefern anstelle der wieder gleichgeschalteten Medien rund um die Uhr verblüffend präzise Informationen und verbinden sie mit kompromisslosen Proklamationen. Das Bulletin, das der Studentenführer in die Menge wirft, klebt schon bald an den Wachhäuschen der Polizei auf allen Kreuzungen Schanghais: »Wenn die konservative Gruppe um Li Peng die Gruppe um Zhao Ziyang (1919-2005, d.Verf.) ausschaltet, dann droht der chinesischen Geschichte ein gefährlicher Rückfall. Jeder Bürger mit Gewissen und Gerechtigkeitssinn muss sich dagegen wenden. Wir werden nie vor der terroristischen Unterdrückung durch Armee und Polizei kapitulieren.« (...)

Freitag nacht, nach der Verhängung des Kriegsrechts und Li Pengs Rede, wurde ich vor dem Regierungsgebäude – dem Sitz der alten Hongkong-Schanghai-Bank (...) – von jungen Arbeitern fast erdrückt, auf Schritt und Tritt umringt und vorwärts geschoben. (...)

Ein Lastwagenfahrer im alten, blauen Mao-Drillich griff immer wieder nach meiner Hand: »Thank you, thank you«. Die Vorstellungen darüber, was die Demonstranten anstreben sollten, waren verschwommener als in der Hauptstadt, aber sie gingen in die gleiche Richtung: »Wir haben keine Demokratie und keine Pressefreiheit. Aber wir brauchen das, damit die Bevölkerung ihren Wünschen Ausdruck verleihen kann. Die ausländischen Regierungen müssen deshalb mehr Einfluss ausüben.« Einer rief dazwischen: «Druck!«

Fragen im Volk nicht diskutiert werden können und alles von Leitern entschieden wird, kann von einer ›hochentwickelten Demokratie‹ keine Rede sein. Ich bin der Meinung, dass wir der Freiheit der Meinungsäußerung Bahn brechen, alle Tabus durchbrechen und die in der Verfassung vorgesehene Redefreiheit in die Tat umsetzen müssen« (zitiert nach Naß).

Die Forderungen der Studenten wurden 1989 erneut und viel massiver wieder aufgegriffen.

Während sich die Demonstranten echauffierten, verhielt sich die Shanghaier Staatsmacht ruhig. Erst die Niederschlagung der Studentenproteste auf dem Tiananmen-Platz in Beijing am 4. Juni machte auch den hiesigen Forderungen ein Ende. Die Anführer der Demonstranten verschwanden im Gefängnis, drei so genannte Rädelsführer, die angeblich einen Zug in Brand gesteckt hatten, wurden hingerichtet – und Shanghais Stadtbevölkerung konzentriert sich seither stärker als je zuvor auf wirtschaftliche Interessen. »Hauptsache ist doch, die Menschen haben ein besseres Leben.« lässt **Qiu Xiaolong** (geb. 1953) den Jungunternehmer Lu kommentieren. »Das sind doch alles nur Schlagworte.« In seinem 1990 spielenden Kriminalroman »Tod einer roten Heldin« (2000) zeichnet der in den USA lebende Shanghaier Schriftsteller ein faszinierendes Portrait der Stadt zwischen Kommunismus und Kapitalismus. Darüber hinaus feierte die Kritik Qius Roman als den Beginn der modernen chinesischen Kriminalliteratur.

Am 30. Juni 1995 zog die Shanghaier Stadtregierung in ihren Neubau am Volksplatz um. Da die Mitte der 90er-Jahre eingeleiteten Rückkaufverhandlungen mit der Hongkong and Shanghai Banking Corporation in Hongkong erfolglos verlaufen waren, »kaufte« 1997 nolens volens die Pudong Development Bank (PuFa) das geschichtsträchtige Gebäude. Für das auf 50 Jahre limitierte Landnutzungsrecht bezahlte sie 1,7 Mrd. RMB. Hinzu kamen die Kosten für die Renovierung: weitere 0,4 Mrd. RMB. Der Gesamtbetrag von 2,1 Mrd. RMB (damals rd. 250 Mio. Euro) entsprach dem Gewinn der PuFa von zwei Jahren. Kurioserweise hatte die Hongkong and Shanghai Banking Corporation seinerzeit in den Kauf des Grundstücks und den Bau ebenfalls den Geschäftsgewinn von zwei Jahren investiert. Die Renovierung erwies sich nicht zuletzt deshalb als so teuer, weil alle Steine an der Vorderseite des Gebäudes herausgenommen werden mussten. Die Kulturrevolutionäre hatten zur Befestigung von Bannern und Transparenten unzählige Löcher in die Fassade gebohrt.

Es kommen immer wieder Gerüchte hoch, die Hongkong and Shanghai Banking Corporation habe Interesse an einer Übernahme der PuFa – dann würde sie ihr altes Stammhaus, dessen Erwerb ihr 1995 zu teuer war, doch noch zurückbekommen. Vorerst hat jedoch die amerikanische Citibank einen kleinen PuFa-Anteil übernommen, während sich die Hongkong and Shanghai Banking

Corporation für eine Beteiligung an der festlandschinesischen Bank of Communication entschied.

Neuerdings bewachen wieder zwei prächtige Bronzelöwen den Eingang. Sie sind Nachbildungen der beiden Exemplare, die bis 1966 hier standen. Ihre Nasen und Pfoten glänzten, da die Passanten glaubten, an ihnen zu reiben, bringe Glück. Während der Kulturrevolution wurden sie entfernt. Der eine ist im Shanghaier Geschichtsmuseum unter dem Fernsehturm (S. 336 ff.) ausgestellt. Man hatte ihn in Stücke gehauen analog des Slogans »Den Kapitalisten den Schwanz abschneiden!« (ge diao zi zhan jie ji de wei ba!), der andere wurde nach Hongkong zum einstigen Mutterhaus transferiert, wo ihm der fehlende Partner nachgeformt wurde. Schon während der japanischen Besatzung hatten die Löwen demontiert, nach Japan geschafft und dort eingeschmolzen werden sollen. Die Blockade des Yangtze-Deltas durch US-Kriegsschiffe verhinderte dies.

Der rechte Nebeneingang des Bankgebäudes führt in ein prächtiges Art-Deco-Treppenhaus. Zeiger über den Fahrstühlen kennzeichnen die Stockwerke. Vom Café im zweiten Stock (untergebracht in einer Loggia, die der Loggia dei Lanzia in Florenz in nichts nachsteht) bietet sich ein ausgezeichneter Blick auf die Kuppel des Bankgebäudes und den Uhrturm des Zollamtes.

China Merchants' Steam Navigation Company bis Wettersignalstation

China Merchants' Steam Navigation Company

Das ehemalige Geschäftshaus der 1872 auf Initiative von Li Hongzhang gegründeten China Merchants' Steam Navigation Company gehört mit Baujahr 1901 zu den ältesten erhaltenen Bauwerken am Bund (No. 9, Zhongshan Dong Yi Lu). Das dreistöckige aus Stein und Holz errichtete Gebäude von Atkinson & Dallas Ltd. zeigt noch Spuren des für das 19. Jahrhundert in Shanghai typischen Comprador-Stils, d.h. einen umlaufenden Balkon auf allen Stockwerken, der allerdings mittlerweile verglast wurde. Von 1986 an war es die Adresse der Shanghai Maritime Safety Administration, des lokalen Arms des chinesischen Verkehrsministeriums bzw. der Aufsichtsbehörde über den Shanghaier Hafen. Nach deren Auszug 1998 bot die China Merchants' Holding ihre Dienste an. Seit 2006 lockt das edle taiwanische Modehaus Shiatzy Chen Käufer.

Ein nicht unbedeutender Teil ihrer Flotte und ihres Immobilienbestandes war 1877 aus dem Besitz des bis dato erfolgreichsten amerikanischen Handelshauses Russell & Co. an die China Merchants' Steam Navigation Company gekommen. Gegründet um 1823 von einem gewissen Samuel Russell aus Middletown/Connecticut, um Opium aus der Türkei nach China zu schmuggeln, hatte sich Russell & Co. bis Mitte des 19. Jahrhunderts zum führenden amerikanischen Handelshaus entwickelt. Der Bürgerkrieg in den USA und die Taiping-Revolution in China brachte das Unternehmen jedoch in nicht mehr auszugleichende finanzielle Schwierigkeiten. 1877 war Russell gezwungen, den Firmenbesitz zu veräußern und die Geschäftstätigkeit einzustellen. Die umfangreichen Immobilien in den chinesischen Hafenstädten und die in China agierende Flotte übernahm der chinesische Staat bzw. übergab sie der China Merchants' Steam Navigation Company. Diese operierte bis zum chinesisch-japanischen Krieg 1937. Dann wurden die meisten Schiffe und ein Großteil der Immobilien an den amerikanischen Konzern William P. Hunt & Co. verkauft, um eine Beschlagnahme durch die Japaner zu verhindern – welche sie sich nach Pearl Harbor doch noch einverleibten.

Great Northern Telegraph Co.

Bereits 1881 betrieb die dänische Great Northern Telegraph Co. an dieser Stelle die erste Telefonvermittlung des Landes, 1882 befand sich hier der erste öffentliche Fernsprecher der Stadt. 1908 ließ die Gesellschaft das heutige Gebäude errichten (No. 7, Zhongshan Dong Yi Lu), ebenfalls von Atkinson & Dallas Ltd., angelehnt an französische Loire-Schlösser im Neo-Renaissance-Stil. Seit 1995 haben die Shanghaier Filiale der thailändischen Bangkok Bank und das thailändische Konsulat ihren Sitz in dem repräsentativen Gebäude.

Die chinesischen Behörden hatten der Telegrafie zunächst sehr abweisend gegenübergestanden. Der erste Versuch **E.A. Reynolds**, Shanghai und Wusong zu verbinden, scheiterte 1865 am chinesischen Widerstand. 1870 wurde eine Leitung zwischen Hongkong und Shanghai gelegt, allerdings durfte das Kabel am Shanghaier Ende nicht an Land enden, sondern nur auf einem Schiff, das in internationalem Gewässer vor Shanghai vor Anker zu liegen hatte. Die ausländischen Investoren hielten sich jedoch nicht an diese offizielle Vereinbarung. Das Hauptkabel kam erstmals auf einer Insel der Zhoushan-Gruppe aus dem Ozean, verlief dann über die damalige Gutzlaff-Insel nach Wusong, von dort wurde heimlich ein kleineres Kabel den Flusslauf entlang bis Hongkou verlegt. Als die chinesischen Behörden den Betrug entdeckten, protestierten sie und bestanden auf der ursprünglichen Regelung. Allerdings erkannten die Chinesen recht bald die Vorteile moderner Telekommunikation. Schon 1878 erlaubten sie offiziell den Bau einer Überlandleitung entlang der Wusong Road. 1880/81 beauftragten die Behörden die Great Northern Telegraph Co. mit der Errichtung einer Telegrafenverbindung zwischen Shanghai und Beijing.

Die Einführung des Telegrafen beschleunigte die Kommunikation zwischen den einzelnen Landesteilen von Wochen auf Stunden und bildete so die entscheidende technische Voraussetzung, dass die von Wuhan ausgehende Revolution von 1911 so rasch nach Shanghai und auf die anderen chinesischen Städte überspringen konnte.

Imperial Commercial Bank of China

1896 erhielt der vermögende Unternehmer und Politiker **Sheng Xuanhuai** (1844-1916) vom Kaiserhaus in Beijing die Erlaubnis, in Shanghai die erste moderne chinesische Geschäftsbank zu gründen. Bis dato gab es nur so genannte Geld-, Überweisungs- oder Silberhäuser. Am 27. Mai 1897 wurde die Imperial Commercial Bank of China (Zhongguo Zhaoshang Yinhang) aus der Taufe gehoben. Für ihren Hauptsitz erwarb Sheng das 1897 von **G.J. Morrison** und **F.M. Gratton** errichtete Gebäude mit gotischer Fassade und fünf Spitzgiebeln der Great British Bank (No. 6, Zhongshan Dong Yi Lu). 2005/06 wurde das Bankhaus renoviert, um eine »Dolce & Gabbana«-Edelboutique aufzunehmen. Bis dahin erinnerten Ankerdarstellungen im Zaun an seine zwischenzeitliche Nutzung durch eine Tochterfirma der Yangtze Shipping Corp., der größten chinesischen Binnenschifffahrtsgesellschaft.

Sheng Xuanhuai war u.a. Gründer der Nanyang Gongxue, 1896, Vorgängerin der renommierten Jiaotong-Universität. Im Auftrag von Li Hongzhang baute er in Tianjin die Telegrafenbehörde auf und gründete dort die Tianjin-Universität. Dem Kaiserhaus diente er als Postminister. In Shanghai lebte er in einer Villa an der Huaihai Lu (vgl. Spaziergang 13, S. 530 f.).

Nisshin Kisen Kaisha Shipping Co.

Federführend für das 1925 errichtete Gebäude der Nisshin Kisen Kaisha Shipping Co. (No. 5, Zhongshan Dong Yi Lu) waren Lester, Johnson & Morris. Nach dem 2. Weltkrieg zog die China Merchants' Steam Navigation Company ein. Gegenwärtig residiert hier die Hua Xia Bank. Wer bei schöner Sicht gut westlich essen möchte, kann dies in »M on the Bund« tun, sollte aber dafür das nötige Kleingeld mitbringen.

Union Building (auch Mercantile Building)

Der einstige Sitz der Union Insurance Company wurde vom Architektenbüro Palmer & Turner entworfen und 1922 von der Yue Chang Tai Construction Company realisiert (No. 3, Zhongshan Dong Yi Lu). Die Fassade der ersten Stahlrahmenkonstruktion in Shanghai vereinigt barocke und andere klassische Architekturelemente. Zwischenzeitlich befand sich in dem Eckgebäude die

Mercantile Bank of India (daher auch die Bezeichnung »Mercantile Building«). Seit 1953 war darin das Shanghai Municipal Institute of Civil Architectural Design untergebracht. Während groß angelegter Renovierungs- und Umbauarbeiten von 2002 bis 2004 wurde das gesamte Gebäude entkernt, um Platz zu schaffen für neue Restaurants, eine Galerie und ein edles Spa. Seit April 2004 bringen die Schaufenster der ersten Giorgio-Armani-Filiale die Shanghaier Stadtplaner ihrem Ziel ein Stückchen näher, den Bund in eine zweite Fifth Avenue zu verwandeln.

Shanghai Club

Der exklusive, bereits 1864 gegründete britische Shanghai Club (No. 2, Zhongshan Dong Yi Lu) schuf sich 1909/10 als Antwort auf den deutschen Club Concordia mit dem neuen Sitz am Bund eine ebenso gediegene Adresse. Bei dem Gebäude im eklektizistischen Stil mit zwei Türmchen an den Ecken und sechs ionischen Säulen über den dritten und vierten Stock handelt es sich um einen der ganz frühen Stahlskelett-Bauten der Stadt. Im Innern beeindruckt die mehrstöckige, von ionischen Doppelsäulen getragene Lobby. Die Bar rühmte sich des weltweit längsten Tresens von 33,76 Metern. Hier traf sich, wer Rang und Namen hatte. Nach einem ungeschriebenen Gesetz waren die Plätze, die den großen Fenstern zum Bund hin am nächsten lagen, den Taipans vorbehalten, während Neulinge mit denen am anderen Ende vorlieb nehmen mussten. Der soziale Aufstieg wurde daran bemessen, wie weit man von dort Richtung Fenster aufzurücken vermochte. Berichtet wird von ungeheurem Luxus inmitten von Marmor und Plüsch, Whisky-, Gin- und Champagnergelagen und von ausgedehnten, aus unzähligen Gängen bestehenden Dinnern, die mit Wein und noch mehr Sherry heruntergespült wurden. Die Long Bar war Klatsch- und Informationsbörse, hier wurden Geschäfte vereinbart und die Ergebnisse der großen Pferde- und Windhundrennen diskutiert.

Im neuen Shanghai verkam die feinste Adresse des britischen Geldadels trotz aufgeputzter Fassade zum eher muffigen Dongfeng Hotel und einer Filiale von Kentucky Fried Chicken, der ersten der Stadt. Hotel und Restaurant sind seit Jahren geschlossen.

Asiatic Petroleum Co. Building (später: Shell Building)

Der einstige Sitz der Asiatic Petroleum Co., der britischen Tochter von Royal Dutch Shell (No. 1, Zhongshan Dong Yi Lu) wurde zwischen 1913 und 1916 im eklektizistischen Stil (barocke Fassade mit vier ionischen Säulen im fünften und sechsten Stock) in Stahlskelettbauweise um einen Innenhof errichtet. Das

Gebäude von R.B. Moorhead and Halse bildet den Abschluss des Bunds im Süden. 1950 übernahm es die East China Petroleum Company, und Anfang der 50er-Jahre richtete sich das inzwischen ausgezogene Shanghai Metallurgical Design & Research Institute ein. Die unteren Geschäftsräume stehen derzeit leer und warten auf neue Nutzer. In den Büros der oberen Etagen hat sich der Versicherer AIA eingemietet.

Kriegsdenkmal

Das auf alten Postkarten abgebildete Kriegsdenkmal – ein Siegesengel mit ausgebreiteten Flügeln auf einer Säule – wurde am 16. Februar 1924 für die Opfer des 1. Weltkrieges von den ausländischen alliierten Mächten aufgestellt. Im 2. Weltkrieg brachen es japanische Soldaten ab.

Wettersignalstation

Die erste Wettersignalstation am Bund wurde 1865 eingerichtet, ein erster Turm 1884 erbaut. Die heutige, ursprünglich nach Karl Gützlaff benannte Station ging am 9. März 1907 in Betrieb (Gutzlaff Signal Tower, vgl. Kapitel »Karl Gützlaff – einer der ersten Deutschen in Shanghai«, S. 30 ff.). Entsprechend den Meldungen der Wetterwarte von Xujiahui (damals noch Siccawei) wurde der etwa 50 Meter hohe Mast beflaggt – und die Schiffer konnten sich z.B. auf Sturm einstellen. 1953 zog die Shanghaier Wasserschutzpolizei in die Station. Im Oktober 1993 musste das Türmchen um 22 Meter nach Nordosten verschoben werden, da es dem Bau der 1998 fertig gestellten Hochstraße im Weg war. Gegenwärtig befindet sich darin eine kleine Ausstellung mit alten Aufnahmen (täglich 9 bis 17 Uhr, Tel.: 33 13 08 71) sowie auf der Dachterrasse die Bar »1907« (geöffnet ab 13 Uhr 30 bis 2 Uhr morgens).

Kein Paris ohne Vergnügen

Die Amerikanerin und gute Freundin Song Ailings, **Emily Hahn** (1905-1997), bemerkte eine geradezu »grimmige Verbissenheit«, mit der die Shanghaier ihr aufregendes Gesellschaftsleben gestalteten: »Jeder war immer in Bewegung ohne speziellen Grund. Es gab internationale und rein amerikanische Parties, auch nahm die Zahl der Parties mit chinesischen Gästen zu (...) Die Diplomaten unter den Chinesen verbrachten viel Zeit auf solchen Einladungen, und die jungen reichen Geschäftsleute mit ihren wunderschönen Frauen taten es ihnen nach. Ausländische Damen und chinesische Damen baten sich gegenseitig zum Lunch.«

Diese Chinesen, alle ohne Ausnahme westlich erzogen und oft Abgänger westlicher Universitäten, bildeten den Shanghaier »Smart Set«.

Der Zeitungsmann **George Sokolsky** lamentierte: »Vielleicht fließt in keiner Stadt der Welt so viel menschliche Energie in die Suche nach Vergnügen wie unter der ausländischen Bevölkerung Shanghais. Vor allem die Damen gieren nach Ablenkung. Die Arbeit zu Hause übernehmen die Boys und Amahs, das Leben im Club wird zum Zentrum der Ambitionen. Endlose Dinnerparties, Nacht für Nacht. Tanz und Jazz machen aus süßen Mädchen, die in der Stadt den Mann fürs Leben finden wollten, schon mit 30 müde und blasierte Matronen, uninteressiert an den feineren Dingen des Lebens.« Weiter beklagte er den schädlichen Einfluss westlicher Sitten: »Es scheint, als fände jedes ausländische Laster und jede Extravaganz unter der chinesischen Jugend in Shanghai Anhänger. Diese verkehrt mit Vorliebe mit denjenigen Elementen unter den Ausländern, die es besonders wild treiben, und übernimmt dabei deren Vergnügungslust, als trüge sie den Echtheitsstempel der Modernität« (zitiert nach Dong).

Shanghaier Clubleben – eine geschlossene Gesellschaft

Anders als in anderen multikulturellen Städten mischten sich die verschiedenen Nationalitäten in Shanghai nicht oder nur sehr zögerlich. Die meisten lebten in

American Club

Edgar Snow notierte: »Here, generation after generation, the British have stayed British, the Americans have remained ›100 percenters‹.« – Wie die Amerikaner, so ihr Club: Für das Gebäude wurden extra rote Backsteine aus den USA importiert. Es gilt als eines der wenigen Shanghaier Beispiele für »American Georgian Colonial«-Stil. Der Entwurf (1924) stammte von dem amerikanischen Architekten **R.A. Curry** (die Bauzeichnungen allerdings erstellte der damals noch unbekannte Österreich-Ungar Ladislaus E. Hudec).

In den 30er-Jahren hatte der American Club über 1.000 Mitglieder. Frauen waren nicht zugelassen. Sie durften die Räumlichkeiten bis auf Ausnahmen nur einmal im Jahr zur Ladies' Night betreten. Neben dem eigentlichen Club waren die Büroräume der American Chamber of Commerce und der LaSalle Extension University untergebracht (mit 50 Schlafräumen für Bachelors). Auch der Herausgeber des »China Weekly Review«, John B. Powell, hatte für einige Jahre im American-Club-Gebäude seine Wohnung.

Über Jahrzehnte tagte im American-Club-Gebäude der Shanghai High People's Court, gegenwärtig steht das Gebäude leer (No. 9, Fuzhou Lu).

ihren Vierteln, trafen sich in ihren Clubs. Diese bildeten einen integralen Bestandteil des Shanghaier Gesellschaftslebens. 1939 – die Japaner hatten bereits die chinesischen Stadtteile okkupiert und viele jüdische Flüchtlinge aus Deutschland, Österreich und Mitteleuropa waren nach Shanghai geströmt – verzeichnete »Tales of Old Shanghai« ohne Anspruch auf Vollständigkeit 227 solcher Einrichtungen. Neben den bekannten »Nationalitäten-Treffpunkten« wie dem Shanghai Club oder dem Deutschen Gartenclub existierten z.B. ein Tierschutzverein (Shanghai Society for the Prevention of Cruelty to Animals), berufsständische Vereinigungen (wie die Society of Russian Jurists) oder die verschiedensten Sport- und Kulturvereine (wie der Amateur Dramatic Club).

Nahezu jede Nationalität verfügte über ihre Frauenvereinigung. Die wichtigsten Damenzirkel waren der American Women's Club und die British Women's Association. Die karitativ ausgerichtete Deutsche Frauenhilfe, welche sich im Deutschen Gartenclub in der Avenue Haig bzw. Huashan Lu traf, zählte Anfang der 30er-Jahre rd. 320 Mitglieder – bei rd. 800 deutschen Frauen in Shanghai. In gewisser Weise führt der 1998 ins Leben gerufene Deutsche Club Shanghai als Treffpunkt und Kontaktbörse diese Tradition fort (Informationen unter www.schanghai.com/deutscherclub).

Chinesen standen die meisten Clubs nie oder erst sehr spät offen. Eine Vorreiterrolle spielte der American University Club, der ab 1908 chinesische Mitglieder zuließ. Der deutsche Club Concordia öffnete sich 1917, der britische Shanghai Club aber erst 1941.

... und die chinesische Alternative

Was der ausländischen Communitiy ihre Clubs waren – Verbindungsbörse, Stütze und gesellschaftlicher Umgang –, das waren den chinesischen Geschäftsleuten ihre Gilden oder Zunfthäuser. Sie dienten als Treffpunkt von Landsleuten im »fremden« Shanghai. Die Liste der Chinese Chambers of Commerce and Merchants' Guilds von 1924 umfasste 74 Positionen.

Bevorzugte Freizeittreffpunkte der chinesischen High-Society waren das Paramount und das Park Hotel. Hierher lud man auch seine ausländischen Gäste ein. Die heute viel zitierten »Guanxi« erleichterten also schon damals geschäftliche Transaktionen. Das älteste erhaltene Zunfthaus in Shanghai ist das bereits 1715 begonnene Gildenhaus der Dschunkenhändler (No. 38, Huiguan Jie; ganz in der Nähe des neuen Stoffmarktes, No. 399, Lujiabang Lu). Gewidmet war es der Göttin des Meeres. Heute steht es quasi zur Unkenntlichkeit verbaut von Wohngebäuden in einem Hinterhof.

Drei-Berge-Zunfthaus – von der Opernbühne aus gesehen

Das Drei-Berge-Zunfthaus

Im Drei-Berge-Zunfthaus (No. 1551, Zhong Shan Nan Lu, täglich 9 bis 16:30 Uhr, Tel.: 63 13 55 82) trafen sich die Obsthändler aus Fujian. Der Name weist auf die drei berühmten Berge bei Fuzhou hin: Yushan, Wushishan und Minshan. Im Innenhof des 1909 errichteten Gebäudes gab es sogar ein Theater. Dass das Drei-Berge-Zunfthaus erhalten geblieben ist und Ende 2002 sogar aufwendig renoviert wurde, verdankt es dem Umstand, dass von hier aus 1927 einer der kommunistischen Arbeiteraufstände seinen Anfang nahm. Geleitet wurde dieser von **Wang Ruofei** (1896-1946; Portraitbüste im Hof).

Seit 1992 befindet sich in dem 1959 unter Denkmalschutz gestellten Gebäude die Shanghai Folk Collection Exhibition Hall. Zu den Sammlungen gehören alte Uhren, Orden, Rasierklingen, Feuerzeuge, Füller und andere Gebrauchsgegenstände.

Paramount

Das Paramount wurde 1931/32 vom chinesischen Architekten **Yang Yangliu** (1899-1978) mit Theatern und Ballsälen geschaffen (No. 218, Yu Yuan Lu, Tel.: 62 49 88 66; vgl. Spaziergang 4, S. 440).

Neben der edlen Einrichtung konnte das Paramount damit werben, von unten bis oben vollständig klimatisiert zu sein – ein ungewöhnlicher Luxus seinerzeit. Dem damaligen Inhaber, **Gu Lianchang**, war dieser »Spaß« 700.000 Liang Silber wert gewesen. Zu seinen berühmtesten Gästen zählten **Anna Chan Chennault** (geb. 1924), ihr Mann, der legendenumwobene Luftwaffengeneral der »Flying Tigers«, Claire Chennault, und **Charlie Chaplin** (1889-1977). Die »silbernen Zeiten« endeten mit der japanischen Besetzung (1937-45). Nach Ende des 2. Weltkrieges aber erwachte der Tanzpalast zu neuem Leben, und 1947 spielte unter Bandleader Jimmy King (Jin Huaizu) im Paramount die erste ausschließlich chinesisch besetzte Jazzband.

1954 wurden die Paramount-Ballsäle umgestaltet zu einem Kino. In Nebenräumen des Hongdu (»Rote Hauptstadt«) mieteten sich Restaurants und Karaoke-Bars ein. In den 90er-Jahren begann sich der taiwanesische Geschäftsmann **Zhao Shichong** für das mittlerweile stark vernachlässigte Objekt zu interessieren. 1996 legte er den Behörden sein erstes Konzept vor. Nach jahrelangen Verhandlungen über die Umnutzung und mit 3 Mio. US$ machte er das Paramount wieder zu dem, was es ursprünglich war, zu einer exklusiven Tanzstätte, wobei er seinen Innenarchitekten **Sheng Yangzhong** bei der Ausgestaltung des Ballsaales tief in die »Architektur-Mottenkiste« greifen ließ, statt sich an der vergleichsweise schlichten Art-Deco-Gestaltung

Tanzpalast Paramount

des Originals zu orientieren. Im März 2001 wurde das Paramount wiedereröffnet. Große Attraktion bilden gestern wie heute die gut aussehenden »Taxi-Dancer«, die Mann oder Frau sich für 400 RMB pro Abend (rd. 40 Euro) mieten kann, um zu Life-Musik seine Runden zu drehen. Auch »die Russen« sind wieder da – als Musiker und Sänger auf der Bühne heizen Künstler aus der Ukraine (neben chinesischen und philippinischen Bands) den Tänzern ein.
Der derzeitige Geschäftsführer des Paramount, **Li Guoqiang**, ist bekannt als Doppel-Lee. Das »Doppel« kommt von seinem Zwillingsbruder. Jener Li wurde in Deutschland durch seine Auftritte in der Harald-Schmidt-Show populär (»Konfuzius hat gesagt ...«).

Park Hotel

Ursprünglich sollte das von Ladislaus E. Hudec entworfene und 1934 fertig gestellte Gebäude in privilegierter Lage gegenüber dem Rennplatz an der Bubbling Well Road (No. 211, Nanjing Xi Lu; vgl. Spaziergang 3, S. 421) die Geschäftsräume der Joint Savings Society Bank aufnehmen. Für den Hotelbetrieb waren nur einige der oberen Stockwerke vorgesehen. Letztlich entschied sich die Bank aber für den Hauptsitz in der Sichuan Lu (ebenfalls von Hudec; vgl. Spaziergang 7, S. 464), sodass das Park Hotel den Gesamtkomplex mit über 200 Zimmern und Suiten für sich belegen konnte.

Der 22 Stockwerke hohe »Wolkenkratzer« war eine Sensation. Er war nicht nur der erste der Stadt, sondern mit 84 Metern das höchste Gebäude in Asien. Das Haus glänzte mit seinem neuartigen Art-Deco-Design ebenso wie mit einem technisch anspruchsvollen »Innenleben«: Die Stahlrahmenkonstruktion war zum Schutz vor Feuer mit einer Betonschicht verkleidet, die Decken waren aus armiertem Beton gegossen. In jedem Stockwerk gab es – zur damaligen Zeit höchst fortschrittlich – eine automatische Sprinkleranlage. Ebenso ultramodern waren die Fahrstühle. Sie standen denen des Empire State Buildings oder des Chrysler Buildings in New York in nichts nach. Im hinteren Trakt, der mit dem 14. Stock abschloss, verbarg sich der Clou: ein großer Ballsaal mit einziehbarem Glasdach. Leider gehören Dinner und Tanz unter freiem Himmel längst der Vergangenheit an.

Nicht mehr existent sind das **Ciro's** (vgl. Spaziergang 4, S. 433), **Vienna Garden**, der bevorzugte Nachtclub Du Yueshengs und Stammrestaurant **Edda Cianos** (1910-1995), Tochter Mussolinis und Frau des italienischen Konsuls in Shanghai, **Galeazzo Graf Ciano** (1903-1944). Auch Hollywood-Größen wie der Stummfilmstar **Douglas Fairbanks** (1883-1939) und Anna May Wong verkehrten im Vienna Garden.

Ganz neu öffnete 2004 in der einstigen Villa eines Guomindang-Funktionärs der **Yongfoo Elite Club** (No. 200, Yongfu Lu, Tel.: 54 66 27 27). Als Mitgliedergebühr werden 20.000 RMB für Herren und 10.000 RMB für Damen verlangt (ca. 2.000 bzw. 1.000 Euro; der Damen-Rabatt ist nicht an eine bestimmte Altersgrenze gekoppelt, allerdings erhalten die Herren für den doppelten Preis auch zwei Clubkarten).

Theater und Vergnügungstempel

Die Große Welt

Der weiße Turm im Zuckerbäckerstil ist das Erkennungszeichen der »Großen Welt« (Da Shijie) von 1917 (Entwurf: **Zhou Huinan**, 1872-1931; No. 1, Xizang Lu; vgl. Spaziergang 3, S. 427). Anfangs gehörte das Etablissement dem Drogeriebesitzer **Huang Chujiu** (1872-1931). Huang hatte ein Wundermittel zur Verbesserung der Gehirnleistung erfunden und war damit zu Reichtum gelangt. Als wirksames Marketing-Instrument hatte er das Konterfei eines reichen,

> Aus Josef von Sternberg: Ich. Josef von Sternberg
>
> **Große Welt**
>
> ... verbrachte ich drei aufregende Stunden in den turbulentesten Abteilungen des Theaters, das als »Große Welt« bekannt war. Es lag an der Kreuzung der Tibetanischen Straße mit der Avenue Eduard VII. Es war eine zusammengedrängte Welt (...) – allerdings nicht für die »fremden Teufel«, sondern für die Chinesen. (...)
> Das Unternehmen hatte sechs Stockwerke, wo die quirlende Menge mit Zerstreuungen bedient werden konnte, sechs Stockwerke voll brodelnden Lebens, voller Unruhe und voller Lärm. Es gab jede Art der Unterhaltung, die die chinesische Erfindungsgabe je hervorgebracht hat. Als ich in diesen heißen Strom erst einmal eingetaucht war, gab es kein Zurück mehr, auch wenn ich es gewollt hätte. Im ersten Stock gab es Spieltische, Sängerinnen, Zauberer, Taschendiebe, Verkaufsautomaten, Feuerwerkskörper, Vogelkäfige, Fächer, Weihrauchstäbe, Akrobaten und Ingwer.
> Eine Treppe höher waren die Restaurants, ein Dutzend verschiedener Schauspieltruppen, Grillen in Käfigen, Hebammen, Friseure und Leute, die einen vom Ohrenschmalz befreiten. Der dritte Stock enthielt Taschenspieler, bittere Arzneien, Eisdielen, Fotografen, einen neuen Schwarm Mädchen, deren Kleider mit hohen Kragen und an der Seite mit Schlitzen versehen waren, damit die Hüften besser enthüllt würden. Das galt für den Fall, dass jemand die sittsameren Mädchen unten, die meist nur kurz ihre Schenkel aufblitzen ließen, verschmäht haben sollte. Als Neuheiten gab es außerdem eine Reihe öffentlicher Toiletten, deren Manager den

> amüsierten Herren rieten, sich nicht hinzuhocken, sondern mehr eine Position gemäß den Rohrleitungen einzunehmen.
>
> Der vierte Stock quoll über vor Schießbuden, Fantasietischen, Glücksrädern, Massagebänken, Apparaten mit heißen Handtüchern, gedörrtem Fisch, gedörrtem Eingeweide und Tanzsalons, wo in einer Horde von Musikmachern jeder versuchte, den anderen zu übertrumpfen. Der fünfte Stock bot Mädchen, deren Gewänder nun bis zu den Achselhöhlen aufgeschlitzt waren, einen ausgestopften Wal, Geschichtenerzähler, Ballons, Guckkästen, Masken, ein Spiegel-Labyrinth, zwei Liebesbrief-Buden mit Schreibern, die Resultate garantierten, Gummiwaren und einen Tempel voller grausamer Götter und Räucherstäbchen. Im obersten Stock und auf dem Dach dieses Hauses der vervielfachten Freuden glitt ein Klumpen von Drahtseilakrobaten vorwärts und rückwärts, außerdem gab es noch Schaukeln, chinesische Schachbretter und chinesische Kartenspiele, Schnüre voller losgehender Feuerschwärmer, Lotterielose und Heiratsvermittler.
>
> Als ich wieder nach unten wollte, wurde mir ein Raum gezeigt, von wo aus Hunderte von Chinesen, nachdem sie ihr ganzes Geld verspielt hatten, ihre Rückkehr auf die Straße dadurch beschleunigt hatten, dass sie einfach hinuntersprangen. Als ich in aller Unschuld fragte, warum denn vor einem so tödlichen Ausgang kein Schutzgeländer angebracht sei, erwiderte man mir: »Wie können Sie einen Menschen davon abhalten, sich umzubringen?«

mit ihm befreundeten Juden auf der Packung abgebildet. Huang Chujius Angebot in der Großen Welt richtete sich vor allem an die chinesische Unter- und Mittelschicht. Präsentiert wurden harmlose Vergnügungen wie Filmvorführungen und Oper, Artistik und Tanz. Das Konzept war so erfolgreich, dass Huang das ursprünglich zweistöckige Gebäude 1924 um zwei weitere Etagen aufstockte und den markanten Turm aufsetzte. Eine Attraktion bildete das große Theater im zweiten Stock mit 1.000 Plätzen. Täglich wurden in den verschiedenen Räumlichkeiten 60 Programme gezeigt. Im Durchschnitt kamen 20.000 Besucher pro Tag.

1931 übernahm der berüchtigte Pockennarben-Huang die Große Welt. Er hatte schon lange ein Auge auf das gewinnträchtige Objekt geworfen. Als Huang Chujiu sich mit anderen Projekten verspekuliert hatte, nutzte er die Gelegenheit, um es seinem Imperium einzuverleiben. Mit dem neuen Besitzer wehte ein neuer Wind. Von nun an konzentrierte sich in den sechs Stockwerken der Großen Welt alles, was Shanghai als »Sündenpfuhl« auszeichnete.

Mit Ausbruch des Krieges wurde die Große Welt in ein Flüchtlingscamp umfunktioniert. Nach 1945 nahmen die ehemaligen Mitarbeiter den Vergnügungsbetrieb wieder auf, mussten die Verwaltung aber 1954 an die Shanghaier Stadtregierung abgeben. Aus der Großen Welt wurde ein »People's Entertainment

Zuckerbäcker-Turm der Großen Welt

Lyceum-Theater

Park« und ab 1974 ein »Youth Palace«. Zwischen 1987 und 2003 konnten sich in der Großen Welt gegen einen Obulus von zuletzt 30 RMB (damals knapp 4 Euro) wieder Jung und Alt vergnügen. Auf dem Programm standen traditionell-biedere Musik- und Akrobatikaufführungen. Im Innern hing der Duft vieler Jahre baulicher Vernachlässigung. Die Balkone zur Bühne im Hof wurden im Laufe der Zeit verglast, die auf alten Bildern zu sehende und einem chinesischen Pavillon nachempfundene Loge verkam zu einem schlichten Balkon mit Betonbrüstung. Der Ausbruch der Lungenkrankheit SARS (vgl. Spaziergang 14, S. 535 ff.) bot willkommenen Anlass, die Große Welt zu schließen, um ihr ein mondänes Facelifting zu verpassen. Die Arbeiten dazu gerieten jedoch immer wieder ins Stocken. 2007 veröffentlichte die Stadt Pläne, die Große Welt anlässlich der Weltausstellung Expo 2010 in eine Ausstellungsstätte für traditionelle chinesische Kultur umzuwandeln. Federführend für die Umbaumaßnahmen ist **Xing Tonghe** (geb. 1939), der mehrfach preisgekrönte Schöpfer des Shanghai Museums.

Die Neue Welt

Nicht ganz so erfolgreich wie die Große Welt war die in der Nähe an der damaligen Bubbling Well Road gelegene Neue Welt von 1915. Auf ursprünglich nur zwei Stockwerken mit einem Eckturm verteilten sich Theater mit Akrobatik- und Tanzvorführungen, Spieltische, Wurfbuden, Lotterien, Automaten und Zerrspiegel. Mit dem neuen Wirtschaftsaufschwung Shanghais nach 1990 wurde das von den Architekten Atkinson & Dallas Ltd. konzipierte Gebäude großartig aufgestockt und in ein Kaufhaus umgebaut (No. 68, Nanjing Xi Lu; vgl. Spaziergang 3, S. 421). Immerhin kann man in der oberen Etage Schlittschuhlaufen, und pünktlich zu den Maifeiertagen 2006 eröffnete eine Filiale von Madame Tussauds Wachsfigurenkabinett: Vorwiegend chinesische Berühmtheiten begeistern das lokale Publikum. Ausgesprochen beliebtes Fotomotiv ist der Shanghaier Basketballstar **Yao Ming** (geb. 1980). Der 2,29 Meter große Yao ist bislang der einzige Chinese, der es in die amerikanische Profiliga, die National Basektball Association, geschafft hat.

Lyceum-Theater

Das heutige Lyceum-Theater Ecke Rue Bourgeat/Rue Cardinal Mercier (Changle Lu/Maoming Nan Lu; vgl. Spaziergang 10, S. 493 ff.) von 1931 war eines der bedeutendsten Theater der Stadt und diente den großen Opernensembles, Balletttruppen, Orchestern und Zirkussen aus Europa und Amerika als Gastspielort. Mit dem Aufkommen des Films fungierte das Lyceum zusätzlich als Lichtspielhaus. Darüber hinaus diente es als Spielstätte des 1866 gegründeten britischen Amateur Dramatic Clubs sowie des Deutschen Theatervereins. Im Mai 1938 versteckten japanische Spione eine Zeitbombe im Publikumsraum, die aber glücklicherweise rechtzeitig entdeckt und entschärft werden konnte.

Der bewunderte Pekingopern-Star **Mei Lanfang** (1894-1961) wählte das Lyceum für seine erste Aufführung nach zehn Jahren des Schweigens am 10. Oktober 1945. Mei war durch seine einfühlsame Darstellung weiblicher Frauengestalten (z.B. in »Die betrunkene Schönheit«) berühmt geworden. In Hollywood traf er mit Persönlichkeiten wie Charlie Chaplin, **Berthold Brecht** (1898-1956) und Douglas Fairbanks zusammen und inspirierte Brecht zu dessen Aufsatz »Verfremdungseffekte in der chinesischen Schauspielkunst«. Von Mei Lanfang stammt im Übrigen die Bühnenfassung des 1993 mit großem Erfolg von Chinas Starregisseur **Chen Kaige** (geb. 1952) verfilmten Stücks «Lebewohl, meine Konkubine». Mei Lanfang wohnte in der No. 87, Sinan Lu (vgl. Spaziergang 9, S. 481 ff.).

1953 wurde das Lyceum in »Shanghai Art Theatre« umbenannt. In dieser Zeit waren viele ins Chinesische übersetzte Werke aus der Sowjetunion en vogue, z.B. »Wie der Stahl gehärtet wurde« von **Nikolaj A. Ostrowskij** (1904-1936). Seinen alten Namen erhielt das Haus Mitte der 90er-Jahre zurück. 2003 wurde es einer umfassenden Restaurierung unterzogen.

Höchste Hurendichte der Welt

Ein sehr solides Standbein der lokalen Unterhaltungsindustrie war die Prostitution – und es gab Zeitungen wie die 1896 gegründete »You Xi Bao« (Recreation Daily) des Verlegers **Li Boyuan** (eigentlich Li Baojai, 1867-1906), welche regelmäßig Ranglisten für die besten Huren und Bordelle veröffentlichten. Es wird von einem Missionar berichtet, der inmitten all der Shanghaier Sing-Song-Mädchen den Satz geprägt haben soll: »Wenn Gott dieses Shanghai gewähren lässt, schuldet er Sodom und Gomorrah Abbitte.«

1930 – die Bevölkerung Shanghais betrug mittlerweile 3 Mio. Menschen – zeigte eine internationale Studie, dass in keiner Metropole der Welt mehr Huren pro Kopf der Bevölkerung lebten wie in Shanghai: In Berlin kam eine Hure auf 580 Einwohner, in Paris betrug die Quote 1 zu 481, in Chicago 1 zu 430, in Tokyo 1 zu 250 und in Shanghai 1 zu 130. Das ungleiche Geschlechterverhältnis in der Hafenstadt erklärt diesen Rekord nur teilweise. Hinzu kam sicherlich das traditionelle Rollenverständnis der chinesischen Gesellschaft.

Nicht nur Chinesinnen, auch westliche Frauen arbeiteten im »ältesten Gewerbe der Welt« – und dies auch schon vor der russischen Oktoberrevolution, nach der Tausende russischer weiblicher Flüchtlinge in ihrer Not gezwungen waren, durch Prostitution ihren Lebensunterhalt zu verdienen. Das ausländische Rotlichtviertel befand sich – bekannt unter dem Begriff »The Line« – in den

Sing-Song-Kalenderdame, im Hintergrund der Bund

Backsteinhäusern hinter dem Bund in einer Abbiegung zur Bei Suzhou Lu. Das teuerste Etablissement betrieb eine gewisse Grace Gale aus den USA. Sie erhielt ihren Nachschub an Damen aus San Franzisko – nicht zuletzt deshalb, weil die Kosten für eine Schiffspassage von dort nach Shanghai nur etwa halb so hoch lagen wie für die Verbindungen von Paris oder London.

Auch die Fuzhou Lu war einst bekannt für Bordelle. Von ihr zweigte bis in die 90er-Jahre die »Hui Le Li«-Gasse ab (heute überbaut mit einem Einkaufszentrum). In dieser »Gasse der Freudensuche« gab es vor 1949 über 150 Häuser, die sowohl »Sing-Song-Mädchen« als auch Prostituierte anboten (Sing-Song-Mädchen waren nicht unbedingt Huren). Die Häuser hießen »Sehnsüchtiges Lächeln«, »Blumenduft«, »Baum und Quelle«, »Lieblich und schön«, »Grüner Schmetterling«, »Regenbogen«, »Bunte Wolke« oder »Süßer Schlaf«. Die Namen der beliebtesten Mädchen wurden auf roten Papierstreifen an die Eingangstüren gehängt. Zu den Dienstleistungen zählten neben dem normalen Bordellbetrieb musikalische Unterhaltung, Essen, Getränke und Opium. 1892 schrieb **Harry Graf Kessler** (1868-1937) dazu: »Abends in den Vergnügungslokalen an der Foochow Strasse: Elegante Opiumhöhlen; die Raucher liegen zu zwei und zweien in halbgeschlossenen Cabinen auf breiten Divans; jeder mit seiner Pfeife zwischen ihnen das flackernde Lämpchen an dem das Gift geröstet wird.« Nicht zuletzt trug die Hui Le Li-Gasse gemeinsam mit der »Blood Alley« (Xikou Lu; vgl. Spaziergang 7, S. 458) und dem Amüsiertempel »Große Welt« (vgl. Spaziergang

3, S. 427) zum Ruf Shanghais bei, eines der verruchtesten Sündenbabel der Welt zu sein.

Viele der Taxi-Tänzerinnen und Kurtisanen der besseren Sing-Song-Häuser träumten von der Heirat mit einem reichen Kunden oder von ihrer Entdeckung als Star für die in den 20er-Jahren entstehende Shanghaier Filmindustrie. Die Hoffnung auf ein Leben in Luxus trieb jedes Jahr unzählige Mädchen vom Land nach Shanghai. Für nahezu alle löste sich der Traum in Luft auf.

Die Shanghaier Filmindustrie

Am 11. August 1896 wurde im Xu-Garten an der Tiantong Road erstmals in Shanghai ein Film vorgeführt, weniger als ein Jahr, nachdem der erste Film der Gebrüder Lumière in Paris gezeigt worden war. Mit dem Hongkew Motion Picture Theatre des spanischen Geschäftsmannes **A. Romas** öffnete 1908 das erste Kino der Stadt seine Pforten. Es befand sich an der Kreuzung Haining Lu/Zhapu Lu, etwa dort, wo heute das International Cinema steht (vgl. Spaziergang 7, S. 473). Den ersten chinesischen Film, eine Peking-Oper mit dem herausragenden Darsteller **Tan Xinpei** in der Hauptrolle (»Ding Jun Shan« – »Der Berg Ding Jun«), produzierte 1905 zwar das Fengtai Photographic Studio of Beijing. Doch nachdem 1921 mit »Yan Ruisheng« der erste chinesische Spielfilm in Shanghai entstanden war, liefen die Shanghaier Studios der Konkurrenz in Beijing und Hongkong bald den Rang ab. »Yan Ruisheng« gilt als verschollen. Der erste erhaltene Streifen ist »Laogong zhi aiqing« (»Romanze des Obstverkäufers«) von 1922. Regie führte **Zhang Shichuan** (1890-1953). Schon das Original trug englische Untertitel. Weitere ganz frühe Werke sind »Huaji Dawang Youhuji« (»Komische Aufzeichnungen über eine Shanghai-Tour«) oder »Nan Fu Nan Qi« (»Das schwierige Paar«).

Großes Vorbild der Shanghaier Filmindustrie war Hollywood. Mit über 50 Studios zwischen 1928 und 1931 nannte sich Shanghai bald »Haolaiwu (Hollywood) des Ostens«. Am erfolgreichsten war die Filmgesellschaft Ming Hsing (Star) Company. Ökonomisch höchst erfreulich entwickelte sich ihre Kung-Fu-Serie »Huoshao honglian si« (»Fire Burns the Red Lotus Temple«) von 1928. Kampffilme dominierten Ende der 30er-Jahre mit über 60% der Produktionen.

1929 hielt mit einem US-Import der Tonfilm in Shanghai Einzug. Der erste chinesische Tonfilm wurde 1931 gedreht (»Gunü Hongmudan« – »Singmädchen Rote Päonie«). Die 30er-Jahre gelten als »Goldene Ära« der Shanghaier Studios. Allein 1932 wurden über 70 Filme in Shanghai hergestellt. Als erste chinesische Produktion erhielt 1935 »Yuguangqu« (»Song of the Fisherman«) von **Cai Chusheng** (1906-1968) auf dem Moskauer Filmfestival eine internationale Auszeichnung.

Old Film Café

Eine größere Sammlung alter Filme wie »Street Angel« besitzt das »Old Film Café« (No. 123, Duolun Lu, 9:30 bis 1 Uhr/morgens, Tel.: 56 96 47 63; vgl. Spaziergang 8, S. 479 ff.). Die auf DVD verfügbaren Produktionen sind wie in einer Speisekarte aufgelistet und können kostenlos ausgesucht und angeguckt werden.

Um die Stars der Szene wurde ein ähnlicher Kult betrieben wie in Amerika. Ihre Gesichter erschienen auf den Titelseiten der Zeitschriften, ihre Kleidung bestimmte den Modetrend. Für den Absatz von Lux-Seife sorgte **Hu Die** (1908-1989). »Butterfly Hu« brillierte im Stumm- und im Tonfilm. Gerne wurde über sie die Anekdote berichtet, in der sie als kleines Mädchen mit ihrem Vater die Verbotene Stadt in Beijing besichtigte und plötzlich ausrief: »Wenn ich, wenn ich groß bin, nicht Kaiser werden kann, dann werde ich wenigstens Königin.« In der Tat wurde die Aktrice mit 25 Jahren 1933 zur ersten Königin des chinesischen Films gekürt. Bei allen Erfolgen war Hus Leben vor Schicksalsschlägen nicht gefeit. Auf der Leinwand präsentierte sie den neuen Typ von Frau, berufstätig und somit finanziell und geistig unabhängig. Im realen Leben sah vieles anders aus. Obwohl sie verheiratet war, zwang sie 1944 der Chef des GMD-Geheimdienstes **Dai Li** (1896-1946) unter der Drohung, ihrer Familie könnte Schlimmes widerfahren, seine Geliebte zu werden. Dais Flugzeugabsturz zwei Jahre später machte der Tortur ein Ende. Hu Die zog sich nach dem Tod ihres Mannes 1952 immer mehr aus dem Filmgeschäft zurück, 1965 beendete sie offiziell ihre Karriere und zog nach Taiwan, von wo sie 1975 nach Vancouver übersiedelte.

Zu den großen tragischen Gestalten gehörten auch **Zhou Xuan** (Chou Hsuan, 1918-1957) und **Ruan Lingyu** (1910-1935). Die zerbrechliche Zhou Xuan, die von ihren Fans »Goldene Stimme« (Jin Sangzi) genannt wurde, war Waise und hatte sich als Haushaltshilfe verdingt, bevor ihr Talent als Sängerin und Tänzerin entdeckt wurde. Der Film »Street Angel«, in dem sie eine von der Männerwelt ausgebeutete Prostituierte spielt, gehört zu den Klassikern des chinesischen Kinos. Zhou Xuan selbst beging infolge von Überarbeitung und dem Gefühl, von den Filmmoguln nur ausgenutzt zu werden, einen Selbstmordversuch und fristete den Rest ihres Lebens in einer Irrenanstalt, hatte aber von 1932 an bis in die 50er hinein eine Wohnung in den Brookside Apartments (No. 699, Huashan Lu). Filmischer Direktor bei »Street Angel« war der Schauspieler **Yuan Muzhi** (1909-1978). Er sollte später – ähnlich wie seine Kollegin Lan Ping, die spätere Jiang Qing – eine steile politische Karriere machen, nicht zuletzt wurde er Kopf des Filmbüros.

Grand Theatre – Da Guanming Cinema

Das heutige Gebäude von Hudec an prominenter Position an der Bubbling Well Road gegenüber der ehemaligen Rennbahn und in unmittelbarer Nachbarschaft zum Park Hotel stammt aus dem Jahr 1932 (heute No. 216, Nanjing Xi Lu; vgl. Spaziergang 3, S. 421). Es steht an der Stelle eines Vorläuferbaus. Jenes Kino wurde nach nur vier Jahren abgerissen – aus politischen Gründen. Zuerst liefen dort erfolgreich amerikanische und chinesische Streifen – bis zu jener denkwürdigen Vorstellung des 22. Februars 1930.

Gezeigt wurde der amerikanische Film »Bu pa si!« (»Never afraid of Death!«), in dem sich die chinesischen Protagonisten in denkbar schlechtem Licht darstellen mussten – als gierig und feige, als Opiumsüchtige oder Verbrecher. Plötzlich erhob sich während der Vorführung einer der Zuschauer und forderte den Stopp des Films. Es handelte sich um den bekannten Theaterschriftsteller **Hong Shen** (1894-1955, vgl. Spaziergang 13, S. 531), Professor der Fudan-Universität. Weitere Zuschauer schlossen sich ihm an. Der ausländische Manager rief daraufhin die Polizei. Hong Shen wurde verhaftet, aber eine Menschenmenge begleitete ihn auf seinem Gang zum Polizeirevier. In der Folge forderten Studenten und andere Intellektuelle in Briefen an die Guomindang-Regierung ein Verbot des Films. Sie argumentierten, er mache die Chinesen lächerlich und die verbündeten Italiener würden sich Derartiges auch verbitten. Es kam zu einer Gerichtsverhandlung. Das Grand Theatre durfte daraufhin den Film nicht mehr spielen, musste einen hohen Geldbetrag Strafe bezahlen und erhielt Werbeverbot. Die Chinesen boykottierten das Haus nach dem Desaster ohnehin.

Im November 1931 war das alte Grand Theatre bankrott. Die Konkursmasse erwarb Lu Gen, ein Brite chinesischer Herkunft, im Verbund mit einer amerikanischen Hypothekenfirma. Sie ließen das »Unglücks-Grand« abbrechen und beauftragten L.E. Hudec mit dem Neubau. Das im vorderen Teil zwei-, im hinteren vierstöckige Gebäude beinhaltete einen Kinosaal mit 1.913 Plätzen. In die Eingangshalle schritten die Besucher durch eine von zwölf großen Glastüren. Im ersten Stock erwartete sie ein bislang in Shanghai nie gesehenes Wasserspiel.

Nach der Verstaatlichung wurde das Grand in »Da Guanming« (Großes Licht) umbenannt. 1958 führte es aus der DDR als erstes chinesisches Kino Breitwandleinwand ein. Im Lauf der Zeit wurde die Zahl der Glastüren reduziert, das Wasserspiel verschwand, aber der elliptisch geschwungene Kinosaal mit immer noch weit über 1.500 Plätzen lässt die einstige Eleganz des Kinopalastes erahnen. Auch sind die ursprünglichen Handläufe im Treppenaufgang und die der Materialästhetik verpflichteten Wanddekorationen erhalten.

Die Kantonesin Ruan Lingyu, die »chinesische Garbo«, stammte wie Zhou Xuan aus ärmlichen Verhältnissen. Ihre Schauspielkarriere begann sie 1927 als Siebzehnjährige. Bis zu ihrem Tod wirkte sie in über 25 Filmen mit. Nachdem Ruan Lingyu zuerst für die mehr kommerziell ausgerichtete Ming Hsing Company gearbeitet hatte, wechselte sie 1930 zur sozialkritischeren Lianhua Film Company. Im melodramatischen Stummfilm »Die Göttin« (»Shennü«, 90 Minuten, mit chinesischen und englischen Untertiteln; »Göttin« in der Doppelbedeutung »Straßenmädchen«) mimte sie eine arbeitslose Mutter, die sich, um ihrem Sohn den Schulbesuch zu ermöglichen, prostituiert und schließlich sogar ihren Zuhälter umbringt. Am 8. März 1935 schluckte Ruan, entsetzt über in der Shanghaier Moskito-Presse veröffentlichte Gerüchte zu ihrem Privatleben, eine Überdosis Schlaftabletten. Tausende von Trauernden säumten ihren Leichenzug. Die »New York Times« widmete ihrem Tod die Titelseite. In Shanghai lebte der Star in der Lilong-Anlage No. 1124, Xinzha Lu, Haus 9.

Die japanischen Bomben auf Shanghai 1937 beendeten vorläufig das Filmschaffen in der Stadt. Die Akteure und Studios zogen entweder nach Yan'an, um sich in den Dienst der kommunistischen Sache zu stellen, oder flohen nach Hongkong bzw. in andere Städte.

In den 30er-Jahren wurden überwiegend aus Shanghai stammende chinesische Produktionen gezeigt, außerdem viele ausländische Streifen (hauptsächlich aus amerikanischen Filmstudios). 1939 unterhielten die großen Hollywood-Firmen Columbia, Metro-Goldwyn-Mayer, Paramount, Twentieth Century Fox, United Artists, Universal Studios und Warner Brothers alle Verleihbüros in Shanghai. Allerdings verbannten die japanischen Besatzer 1941 bis 1945 amerikanische und britische Produktionen aus den Programmen und ersetzten sie durch japanische Propagandafilme.

Shanghai bot seinen begeisterten Kinogängern Filmpaläste mit klingenden Namen wie
* Capitol, 1928/32, Architekt: C.H. Gonda (No. 146, Huqiu Lu; vgl. Spaziergang 7, S. 466)
* Cathay Theatre, 1932, C.H. Gonda; 2003 gründlich renoviert (No. 870, Huaihai Zhong Lu/Maoming Nan Lu; vgl. Spaziergang 10, S. 497 und Spaziergang 13, S. 524)
* Grand Theatre (s. Kasten)
* Majestic Theatre, 1941, Fan Wenzhou (Robert Fan; No. 66, Jiangning Lu; vgl. Spaziergang 4, S. 436)
* Metropol Theater, 1933, Allied Architects, 1997 abgerissen (No. 500, Xizang Zhong Lu)
* Roxy Theatre, 1939, C.H. Gonda; vorher Olympic Cinema, gegründet 1914, das erste Shanghaier Kino mit Tonfilmtechnik, 1995 abgerissen (Nanjing Xi Lu)

Kino-Erlebnis à la »Haolaiwu«: das Cathay (1932) und das Majestic Theatre (1941)

Nach der »Befreiung« wurden viele neue, zum Teil aus dem Russischen übersetzte Stücke verfilmt. Dem Beruf des Schauspielers haftete selbst im kommunistischen China ein gewisser Glamour an. Trotzdem erhielten die Künstler keine höheren Gehälter und genossen keine besseren Lebensbedingungen als Fabrikarbeiter oder Lehrer derselben Altersgruppe. Ihre erste Funktion bestand darin, die Massen zu unterhalten. Neben der Filmarbeit nahmen die Schauspieler und -spielerinnen des Shanghaier Filmstudios an Aufführungen in Fabriken, in ländlichen Kommunen, in Kohlegruben oder auf Ölfeldern teil.

Den großen Einschnitt in die sich neu entfaltende Shanghaier Filmindustrie brachte die Kulturrevolution, in der sich die Themen auf den revolutionären Klassenkampf reduzierten. Als ehemalige Shanghaier Schauspielerin hatte Jiang Qing ein besonderes Augenmerk auf die Aktivitäten in der Yangtze-Metropole. »Ich bin mit den Lehren von Mao und den Werken von Madame Mao, der Genossin Jiang Ching, aufgewachsen«, beginnt **Anchee Min** (geb. 1957 in Shanghai) ihre albtraumhafte Lebensbeschreibung »Rote Azalee«. Sie handelt von der Atmosphäre und der Arbeitsweise in den Shanghaier Filmstudios während dieser Periode, von den Intrigen und Demütigungen, denen die Mitarbeiter ausgesetzt waren. »Eine Zigarette und eine Tasse Tee, dazu ein Krieg der Lippen und der Zähne, das wurde die Lebensweise einer ganzen Nation.«

Anchee Min war beim Ausbruch der Kulturrevolution neun Jahre alt. In der Volksschule wurde sie gezwungen, ihre Lieblingslehrerin zu verraten. Ihre Jugendjahre verbrachte sie bei ihrer Familie in Shanghai, bis sie mit 17 freiwillig als Rotgardistin in die revolutionäre Landkommune »Rotes Feuer« aufs Land ging. Dort wurde sie von einem Filmteam entdeckt. Unter 20.000 Kandidaten gehörte sie zu den Auserkorenen, die sich für die Hauptrolle in »Rote Azalee«, einem der berühmt-berüchtigten Revolutionsfilme Jiang Qings qualifizieren sollten. Im September 1976 starb der Große Vorsitzende. Jiang Qing wurde verhaftet – und Anchee Min musste die nächsten Jahre isoliert und herumgestoßen mit niederen Arbeiten im Studio verbringen. 1984 gelang ihr die Ausreise in die USA, wo sie seither mit ihrer Familie lebt. 1992 schloss sie ihr Buch ab. Es wurde ein Bestseller und in viele Sprachen übersetzt.

Im Zuge der Öffnungspolitik erhielt auch das Filmschaffen wieder etwas größere Freiräume, wird aber nach wie vor streng kontrolliert. Vielfach beschränken sich die Akteure daher auf die beim Publikum beliebten Kung-Fu-Streifen mit viel Action und seichtem Inhalt, doch es gibt auch anspruchsvollere Produktionen wie die Spielfilme »My Memories of Old Beijing« oder »Hibiscus Town«. Neben anderen internationalen Kooperationen entstanden als deutsch-chinesische Arbeiten u.a. die siebenteilige Fernsehserie »Morgen in Shanghai« oder »Ein Chinese sucht seinen Mörder« (1986). Im Jahr 2000 – und damit im internationalen Vergleich verhältnismäßig spät – wurde in Shanghai der erste digital gedrehte und bearbeitete Film »Jinji Pojiang« (»Crash Landing«) abgeschlossen. Mit »John Rabe« wurde 2007/8 in Shanghai und Nanjing die bislang größte deutsch-chinesische Gemeinschaftsproduktion abgedreht, in der Hauptrolle **Ulrich Tukur** (Kosten: 15 Mio. Euro, Regisseur: Oscar-Preisträger **Florian Gallenberger**). Der Film erzählt die Geschichte des Siemens-Vertreters **John Rabe** (1882-1959), der während der japanischen Besetzung Nanjings 1937 durch seinen persönlichen Einsatz 250.000 Zivilisten das Leben rettete.

Mit Beginn des 21. Jahrhunderts erlebt das Shanghaier Kinoleben trotz Fernsehens und DVDs eine Renaissance. Die Kinobetreiber profitierten von den steigenden Einkommen der Shanghaier Bevölkerung und deren Wunsch nach Unterhaltung – und kamen dem durch den Bau neuer Multiplex-Filmpaläste gerne entgegen. Kodak Cinema World (No. 1111, Zhaojiabang Lu), Hongqiao Century Cinema City (No. 100, Zunyi Lu), Shanghai Film Arts Centre (No. 160, Xinhua Lu) und Nextage Film Art Center (No. 501, Zhangyang Lu) entstanden. Für 2010 haben die Metro-Goldwyn-Mayer Studios den Bau einer MGM Studio World angekündigt. Etwa 200 neue Filme flimmern durchschnittlich jedes Jahr über Shanghaier Kinoleinwände, darunter 20 ausländische Produktionen (Ende der 90er-Jahre hatte Beijing nur zehn Streifen zugelassen, dann 20, zwischenzeitlich »sogar« 30, dies aber bald wieder zurückgenommen, um das Land gegen unerwünschte Einflüsse abzuschirmen und die eigene Filmindustrie zu schützen). Sorgen bereiten den Betreibern die hohe Zahl der Raubkopien (S. 392 ff.).

Neben den offiziellen Kinos bieten private Veranstalter wie die Alliance Francaise (Tanggu Lu Ecke Wusong Lu, Tel.: 63 57 53 88) oder Maria's Choice der Italienerin **Maria Barbieri** (wechselnde Standorte, Informationen unter MariasChoice-subscribe@topica.com) sowie das Zentrum für Kultur und Bildung des deutschen Generalkonsulats (No. 318, Fuzhou Lu, 102 A Pidemco Tower, Tel.: 63 91 20 68 ext. 602) ein ausgesuchtes Programm.

Der Traum vom großen Star wird im Übrigen in Shanghai nach wie vor geträumt. Im Jahr 2007 bewarben sich bei der Shanghaier Theaterakademie (No. 630, Huashan Lu) rd. 2.500 Kandidaten, von denen nur 25 zum Studium aufgenommen wurden.

SHANGHAI IM KRIEG

Für die meisten Shanghaier kam der Krieg völlig unerwartet. So lange wie möglich versuchten sie, die vom Aggressor Japan ausgehende Gefahr zu ignorieren. Unbeeindruckt von den landesweiten Geschehnissen gingen sie ihren Geschäften und Vergnügungen nach – und dies, obwohl die ersten kriegerischen Ereignisse Shanghai schon 1932 heimgesucht hatten.

Der »Shanghai Zwischenfall« 1932

Little Tokyo

Vor 1890 hatten in Shanghai nur knapp 400 Japaner gelebt. Nach dem japanisch-chinesischen Krieg und dem Frieden von Shimonoseki 1895 war ihre Zahl langsam angewachsen. 1912 übertrafen die Japaner die Briten, die bis dato die größte ausländische Bevölkerungsgruppe in Shanghai gebildet hatten. Mit dieser Verschiebung legitimierten sie ihren Anspruch auf die Kontrolle im Internationalen Settlement. 1895 war es ihnen gelungen, einen ersten Sitz im SMC zu erhalten. Nach Aufnahme der chinesischen Repräsentanten 1928 verlangten sie einen weiteren. Darüber hinaus bestanden sie auf einer eigenen, in Tokyo ausgebildeten Polizeistaffel zur Kontrolle ihrer Wohnviertel. Diese wurde schließlich als Hilfseinheit der Shanghai Municipal Police angegliedert.

Auch wirtschaftlich stellten die Japaner eine Macht dar. Aus China bezogen sie via den Hafen Shanghai neben vielen anderen Gütern von Kohle bis hin zu Chemikalien rd. 124.000 Ballen Baumwolle. Die japanischen Investitionen beliefen sich in Shanghai auf etwa 1 Mrd. Yen. Sie besaßen mehr Fabriken in Shanghai als jede andere ausländische Macht (z.B. kamen 30 japanische Baumwollmühlen auf fünf britische).

Mit Ausnahme der großen Konzerne und Banken wie Mitsubishi, Mitsui, der Yokohama Specie Bank oder der Nippon Yusen Kaisha Shipping Line, die ihre Geschäftsstellen im prestigeträchtigeren Internationalen Settlement führten, hatten sich die meisten japanischen Firmen in Hongkou im Bereich um das japanische Konsulat angesiedelt. Die Gegend erhielt deshalb den Beinamen Little Tokyo. In Little Tokyo gab es japanische Schulen, japanische Geschäfte, japanische Restaurants und einen Schrein in Form einer riesigen Chrysanthemenblüte (vgl. Spaziergang 7, S. 473).

Geisha-Häuser und Bordelle waren ebenfalls zu finden, letztere ausschließlich für japanische Kunden lizenziert. Ausländer verirrten sich selten nach Little

Ehemaliger japanischer Schrein

Tokyo, außer vielleicht für ein Essen. Genauso verließen wenige japanische Mitarbeiter Hongkou. Gemeinsam Veranstaltungen wie die Einladung aller wichtigen Shanghaier Geschäftsleute durch den Taipan von Mitsui und SMC-Mitglied **Urabe** zu einer »Sakura«-Party in seinem Haus in der Französischen Konzession bildeten die Ausnahme.

Die Vorboten des »Shanghai Zwischenfalls«

Die imperialen Ambitionen Japans mit Blick auf China zeigten sich nicht erst mit dem eigentlichen Einmarsch 1937, sondern schon viel früher. Am 18. September 1931 detonierte eine Bombe auf den Gleisen der im japanischen Besitz befindlichen Südmandschurischen Eisenbahn in Mukden (Shenyang). Die japanische Armee, die diese Bombe aller Wahrscheinlichkeit selbst gezündet hatte, nutzte sie als Vorwand, um die gesamte Provinz bis Dezember des gleichen Jahres unter ihre Kontrolle zu bringen.

Die Explosion von Mukden brachte den mandschurischen Kriegsherrn **Zhang Xueliang** (1898-2001) um sein Herrschaftsgebiet. Der als »Junger Marschall« bekannte Zhang stammte aus Haicheng (Liaoning). Nach der Ermordung seines Vaters **Zhang Zuolin** (1873-1928) war er 1928 Machthaber in der Mandschurei geworden, hatte sich aber noch im gleichen Jahr der Nationalregierung in Nanjing angeschlossen. Zhang suchte bei Chiang Kaishek um Hilfe gegen Japan nach. Doch der Generalissimo riet zum Laissez-faire. Für Chiang Kaishek hatte die Aufhebung der Ungleichen Verträge von Nanjing und der »Rauswurf« der ausländischen Mächte aus China keine Priorität. Er fokussierte seine Kräfte auf die Auslöschung der Kommunisten, die er für viel gefährlicher hielt und gegen die er einen tiefen persönlichen Haß hegte. »Kein Widerstand« blieb seine Devise auch dann noch, als die Japaner in der Mandschurei den Staat Mandschukuo ausriefen und 1933/34 den letzten Mandschu-Herrscher **Puyi**

Antijapanische Krawalle 2005

»Hinter der Glitzerfassade staut sich die Wut. Die Regierung lenkt sie auf einen äußeren Feind«, titelte Matthias Naß in der »Zeit« vom 21.4.05. Auslöser für den Bericht waren antijapanische Krawalle in Shanghai, Beijing und anderen chinesischen Städten im April/Mai 2005. Sie richteten sich gegen die Zulassung eines Geschichtsbuchs durch die japanischen Schulbehörden, in denen die Kriegsverbrechen der japanischen kaiserlichen Armee bagatellisiert wurden. Während ausländische Unternehmer und Politikerdelegationen vorrangig die Hochhausfassaden, den scheinbar grenzenlosen Markt und den nahezu unerschöpflichen Wunsch nach mehr Wohlstand und Konsum wahrnehmen, gärt es »unter der Haut«. Getragen von unterschwellig angesammelter Aggressivität und offiziell geduldetem Fremdenhass warfen Demonstranten Steine auf japanische Restaurants und Geschäfte (ungeachtet der Tatsache, dass diese zumeist Landsleuten gehörten) und griffen sogar das japanische Konsulat in Shanghai bzw. die Botschaft in Beijing an. Während Proteste gegen die eigene Regierung immer noch zu Massenverhaftungen führen würden, darf die Bevölkerung ungestraft gegen die Japaner demonstrieren – und die Polizei steht untätig daneben. Offensichtlich ist »die Duldung von Gewalt durch die Pekinger Führung von einem anderen Kaliber. Hier will die Weltmacht von morgen dem Aggressor von gestern seine Grenzen aufzeigen.«

Das Land einschwören auf nationale Werte – in China spricht man von »Patriotismus« – ist ein Weg, mit dem die politisch Verantwortlichen vermehrt davon abzulenken versuchen, dass der Kommunismus als Leitidee ausgedient hat, aber Konsum allein auf Dauer auch nicht glücklich macht. Das politisch unkluge Verhalten der rechtslastigen Regierung von Premierminister **Junichiro Koizumi** (geb. 1942) in Tokyo bot in der Tat genügend Angriffsfläche. Doch auch für Angehörige anderer Nationalitäten – und insbesondere für Direktinvestoren – kann die schon bei Schulkindern einsetzende Indoktrinierung hin zu »patriotischem Verhalten« problematisch werden. In vielen Konsumgüterbereichen haben lokale chinesische Marken mittlerweile der ausländischen Konkurrenz den Rang abgelaufen. Es gibt z.B. eine große Zahl von Jugendlichen, die Sportschuhe von »Li Ning« viel »cooler« finden als etwa von »Nike« oder »Adidas«.

(1906-1967) zum Marionettenkaiser machten.

In Shanghai löste das japanische Vorgehen starke antijapanische, nationalistisch geprägte Ressentiments aus. Geschäftsleute und Aktivisten organisierten sofort einen höchst wirksamen Boykott gegen japanische Produkte. Diese waren – angefangen vom Spielzeug bis zum Fahrrad – in Shanghai sehr beliebt gewesen. Jetzt wurden sie aus den Regalen geräumt. Kein Chinese wagte mehr, ein japanisches Restaurant zu betreten. Die Abnahme von zuvor bestellten Gütern wurde verweigert. Sie stapelten sich in den Lagerhäusern der japanischen Firmen. Japanische Schiffe konnten ihre Fracht nicht löschen, und Fahrgäste wurden am Verlassen der Schiffe durch Streikposten gehindert. Fast alle japanischen Fabriken mussten ihren Betrieb einstellen. Auch die private Versorgung wurde schier unmöglich, weil sich die chinesischen Obst- und Gemüsehändler weigerten, Nahrungsmittel an japanische Kunden abzugeben. Geschäftsinhabern, die Waren an Japaner verkauften, drohte selbst ein Boykott – in der Regel kam auch noch eine Tracht Prügel dazu. In der Folge verließen viele Japaner Little Tokyo und gingen nach Japan zurück. Bis Ende Dezember war der Anteil der japanischen Importe in die Stadt von 29 auf 3% geschrumpft.

Die Gewalt eskalierte, als am 18. Januar 1932 aufgebrachte Chinesen fünf japanische buddhistische Mönche angriffen, die singend durch die Straßen von Zhabei gezogen waren. Einer der Mönche starb. Zwei wurden verwundet. Sie gehörten, wie sich später herausstellte, der militanten panasiatischen Nichiren-Sekte an und waren eigens nach China gesandt worden, um einen Vorwand für alles Kommende zu liefern. Drei Tage später stellte der japanische Generalkonsul dem erst seit 1. Januar 1932 amtierenden Shanghaier Bürgermeister General Wu Techen ein Ultimatum. Er verlangte die Gefangennahme der Verantwortlichen für den Mord an dem Mönch, die Auflösung der antijapanischen Organisationen und ein Ende des Boykotts innerhalb der nächsten zehn Tage. Andernfalls würden japanische Truppen Zhabei besetzen. Um seine Forderung zu unterstreichen, hatte die japanische Marine zusätzliche Soldaten nach Shanghai gebracht. Kriegsschiffe lagerten demonstrativ vor Hongkou und Zhabei. Jedem war klar, dass, wie immer Wus Antwort ausfiele, eine Invasion unausweichlich war. Am 28. Januar 1932 akzeptierte Wu, der sich später große Verdienste um den Wiederaufbau Zhabeis erwarb (vgl. zu Groß-Shanghai, S. 261 ff.), die japanischen Forderungen.

Die Schlacht um Zhabei 1932

Der japanische Flottenkommandant, Admiral **Koichi Shiozawa** (1881-1943), hielt es nicht einmal für nötig, die chinesische Antwort auf das gesetzte Ultimatum zu lesen. Noch am gleichen Abend marschierte eine Eliteeinheit japanischer Marinesoldaten aus 400 Mann in Hongkou ein, wo sie die verbliebenen japanischen Bewohner begeistert begrüßten. Von Hongkou aus enterten sie auf 18 Militärlastwagen den angrenzenden Stadtteil Zhabei. Ihr Hauptziel war der Nordbahnhof (vgl. Kapitel: »Exkurs: Der Transrapid oder ›Sind Sie heute schon geschwebt?‹«, S. 345 ff.). Diesen schützte die 19. Route Army, eine national ausgerichtete unabhängige Armee bestehend aus 16.000 Südchinesen, die in den ersten Tagen des Nordfeldzugs Chiang Kaisheks entstanden war. Das Oberkommando führte der Kantonese **Cai Tingkai** (1892-1968). Chiang Kaishek hatte Cai davor gewarnt, den Japanern Widerstand zu leisten, und ihm befohlen, sich aus Shanghai zurückzuziehen. Doch er und seine Soldaten missachteten diesen Befehl. Sie bauten Barrikaden und gruben sich am Bahnhof ein.

Der mit schwerer Artillerie ausgerüstete Shiozawa war davon ausgegangen, den Nordbahnhof innerhalb von drei Stunden einnehmen zu können, ohne dass ein einziger Schuss gefallen wäre – eine verhängnisvolle Fehleinschätzung: die Schlacht um Zhabei dauerte fünf Wochen. Die 19. Route Army fügte Shiozawa, der schließlich zusätzliche Verstärkung anfordern musste, eine schwere Demütigung zu. Dann gingen die Japaner – erstmals in der Geschichte – zu Flächenbombardements vom Flugzeug aus über (wie sie später auch Guernica, Coventry und Dresden treffen sollten). 85% der Gebäude wurden zerstört, einige 10.000 Zivilisten getötet. Hunderttausende flohen in die internationalen Niederlassungen. Bis zuletzt hatte die Regierung in Nanjing jegliche Hilfe verweigert. Die Unterstützung für Cai Tingkais Truppen kam aus der Shanghaier Bevölkerung. Sie spendete Nahrung, Kleidung und Geld. Aber ohne Nachschub von Waffen und Munition kämpften die Soldaten auf verlorenem Posten. Im März waren von den ursprünglich 30.000 Mann noch 16.000 am Leben. Gleichzeitig begannen Verhandlungen. Sie endeten mit einer Vereinbarung am 5. Mai, nach der Zhabei zur entmilitarisierten Zone erklärt wurde. Mit Ausnahme ihrer Garnisonseinheiten sollten die Japaner alle Truppen aus Shanghai zurückziehen. Chinesische Einheiten durften nur in einem Radius von 30 Meilen an das Stadtgebiet heran. Nach der Vertragsunterzeichnung verließen die überlebenden Soldaten der 19. Route Army die Stadt als gefeierte Helden.

Für die Japaner erfüllte der »Shanghai Zwischenfall«, wie sie ihn nannten, nicht die Erwartungen. Sie hatten sich nicht nur die Kontrolle über Teile des Shanghaier Stadtgebiets erhofft, sondern darüber hinaus die internationale Anerkennung von Mandschukuo. Beides war ihnen trotz hohen Einsatzes versagt geblieben. Stattdessen war ihr Menschen verachtendes Vorgehen durch ein riesiges Aufgebot internationaler Journalisten überall in der Welt verbreitet worden. Agnes Smedley setzte den tapferen chinesischen Truppen in ihrer Reportage »Soldaten« ein literarisches Denkmal. Erschüttert war die Weltöffentlichkeit von grausamen Bildern wie das eines verlassen auf einer Trage liegenden, verbrannten Babys. Insbesondere in Amerika wurden Forderungen nach Sanktionen laut. Admiral

Shiozawa beklagte sich bitter bei einem Korrespondenten der »New York Times«, dass ihn die amerikanischen Blätter als »Babykiller« titulierten: »Sie sollten mir zu Gute halten, dass ich nur 30-Pfund-Bomben eingesetzt habe. Wenn ich gewollt hätte, dann hätte ich auch die 500-Pfund-Variante wählen können.«

Eine Stadt trotzt den Zeitläufen

Von der Wirtschaftsrezession, die Europa und die USA Ende der 20er-Jahre ergriffen hatte, war im Shanghai der Endzwanziger und 30er-Jahre kaum etwas zu spüren. Auch an einen bevorstehenden Krieg mochten die Shanghaier nicht glauben. Dabei hätte die Bemerkung Shiozawas und die feindselige Haltung der Japaner als Hinweis auf weitere Angriffe gewertet werden können. Bis zuletzt nahm daher die Bautätigkeit in Shanghai nicht ab. In ihren Café-Plaudereien »shanghai international 1941« ließ die in Shanghai geborene Schriftstellerin **Zhang Ailing** (1921-1995) eine ihrer Protagonistinnen sagen: »Ich finde, die Japaner haben so eine Art kindlichen Charme, etwas richtig Liebes.« (Zhang Ailing wohnte zeitweilig im Eddington House; vgl. Spaziergang 4, S. 438).

Krieg von der Proszeniumsloge

Weder die Shanghaier noch die etwa 60.000 Ausländer aus 50 Nationen ließen sich durch den sich quasi vor ihrer Haustür abspielenden »Zwischenfall von Zhabei« stören. Die Schlacht um Zhabei wurde im Alltagsgeschäft mehr oder weniger ignoriert oder wie ein Schauspiel betrachtet, das einen nicht wirklich etwas angeht. »Diese Stadt behandelt den Krieg wie eine Theatervorstellung und schüttelt Bomben und Zerstörung ab wie etwas Selbstverständliches und Unwichtiges«, kommentierte Vicki Baum in »Hotel Shanghai«.

Unbeeindruckt von den Realitäten nahm die Shanghaier Bevölkerung ihre Geschäfte wieder auf. Erst in den letzten Monaten vor Ausbruch des Krieges wurden sich immer mehr Menschen der explosiven Lage bewusst. Der 1934 nach Shanghai emigrierte Würzburger Arzt Max Mohr schrieb am 2. Dezember 1936 an seine Frau: »Was 1937 der Welt bringt? Hier ist alles 100% vom Krieg überzeugt und erschüttert, dass es für die Welt keinen anderen Ausweg zu geben scheint« (zitiert nach Freyeisen).

Shanghai schwelgt im Art-Deco

Die insgesamt unbekümmerte und gute Stimmung in der Stadt fand ihren architektonischen Ausdruck in den teilweise luxuriös ausgestatteten Apartment-

Aus Egon Erwin Kisch: China geheim

In der Proszeniumsloge

Aus den Häusern des Internationalen Settlement konnte man dem Krieg zugucken wie aus einer Proszeniumsloge. Nach dem Abendbrot legte man die Serviette zusammen und ging ans Fenster. In bunter Abwechslung entfaltete sich das Feuerwerk, es zischte aus den Panzerkreuzern, senkte sich aus den Flugzeugen und schwang sich aus den Mörsern. Feuer und Material spritzten aus der Luft abwärts, und in der gleichen Sekunde spritzten Feuer und Material in die Luft aufwärts. (...) Weil es verboten war, zwischen Mitternacht und fünf Uhr morgens in den Straßen zu sein, musste man schon um halb zwölf an den Spieltisch oder in die Tanzgesellschaft eilen, wo man eben bis fünf Uhr blieb. Am Tage merkte man im Settlement fast nichts davon, dass nebenan Gräuel auf Gräuel sich begab. Schiffe, Straßenbahnen und Rikschas fuhren ihre Bahn, Kinos spielten, Firmen handelten, Zollbehörden amtierten, Zeitungen erschienen, dieweil am Firmament Granaten einander kreuzten, dieweil Straßenzüge brannten, dieweil Kinder von zusammenkrachenden Häusern begraben wurden, dieweil Familien flüchteten und dieweil immer wieder, immer wieder Menschen getroffen zu Boden sanken.

Die Völkerbundkommission hatte sich mit der Besichtigung der Schlachtfelder Zeit gelassen, und so räumten die Japaner den Kriegsschauplatz ein wenig auf. Wie Nestroys Holofernes: »Schafft's dö Leichen weg, i kann dö Schlamperei net leiden.« Es hätte wirklich nicht gut ausgesehen, Gruppen hingerichteter Chinesen und Chinesinnen, Leichen mit Knebeln im Mund, mit abgehackten Gliedmaßen. Solcher Anblick hätte den Herren vom Völkerbund, die mit Empfängen, Tees, Diners und Soupers belastet sind, den Appetit verderben können.

Unmittelbar nach der Besichtigung von Tschapei und Wusung aßen sie im Cathay-Hotel, das Festmahl war von den Veranstaltern des Krieges veranstaltet (...). Es gab sechzehnerlei Weine und Sekte, Upman-Zigarren (Ladenpreis 1 Dollar 60, in eingeschliffenen Rundgläsern aus Havanna importiert) und eine ausreichende Speisenfolge:

Dinner given by The Japanese Minister to China in honour of The Commission of Inquiry of The League of Nations

Menu

Oeufs de Beluga gris perlés	Asperges froides Sauce Vincent
Consommé double en tasse	Dindonneau au Parfum des Gourmets
Paillettes d'or	Salade Gauloise
Turbotin Ambassade	Mousse Glacés Cathay
Coeur de filet Armenonville	Corbeilles de Mignardises
Pommes jetée Promenade	
Petits pois fins	Café filtre

Häusern und Hotels im Art-Deco der 30er-Jahre, das die noch bis in die 20er-Jahre vorherrschenden historisierenden Stile ablöste. Neben europäischen wie Hudec oder Hazzard entwickelten insbesondere junge chinesische Architekten eine im Gegensatz zum aufwendigen europäischen Jugendstil stehende eigene Form des Art-Deco: verhältnismäßig preiswert zu gestaltende Fassaden mit chinesischen Zierelementen und mit Schwerpunkt auf der Ästhetik des eingesetzten Materials: »Als Shanghai-Stil, einer Verschmelzung von Art-Deco, kubistischen Elementen und traditionellen chinesischen Mustern und Motiven, fand er großen Zuspruch bei einem kosmopolitischen Publikum« (Landsberger). Sämtlich vom Shanghaier Art-Deco waren geprägt:
- das **YWCA Building**, Bürogebäude der Young Women's Christian Association von **Li Jinpei** (Poy Gum Lee), 1930/33 (No. 133, Yuanming Lu; vgl. Spaziergang 2, S. 398)
- das ebenfalls 1930 von Li Jinpei, Fan Wenzhou und **Zhao Shen**, einem der Mitbegründer von Allied Architects, errichtete **YMCA Building** (heute Jinjiang YMCA, No. 123, Xizang Nan Lu; vgl. Spaziergang 3, S. 430)
- das von **Zhuang Jun** (auch T. Chuang, 1888-1990) geplante und 1932 vollendete Kaufhaus **Continental Emporium** (heute Dong Hai Building, No. 353, Nanjing Dong Lu; vgl. Spaziergang 3, S. 419)
- das **Paramount**, 1933 von Yang Yangliu (S. 232, vgl. Spaziergang 4, S.440)
- das ebenfalls 1933 entstandene **Metropol Theater** (Allied Architects, No. 500, Xizang Zhong Lu, 1997 abgerissen).
- das **Lester School and Technical Institute** (Lester, Johnson & Morris) von 1934, No. 505, Changzhi Dong Lu. Der zwar denkmalgeschützte, aber dennoch sehr heruntergekommene Kuppelbau beherbergt heute das Seamen's Hospital. Speziell in den internationalen Niederlassungen galt Wohnen in »Art-Deco« als der letzte Chic und die neuen Art-Deco-Apartment-Häuser brauchten den Vergleich mit Chicago oder Berlin nicht zu scheuen. Die eleganteste Adresse war das Broadway Mansion in exquisiter Lage am Suzhou Creek (vgl. Spaziergang 2, S. 400 f.). Ebenfalls ganz oben in der »Hitliste« standen Cathay Mansions, Grosvenor House und Grosvenor Mansion (vgl. Spaziergang 10, S. 495 f.). Auch die Gascogne Apartments oder das Savoy erfreuten sich großer Beliebtheit (vgl. Spaziergang 13, S. 527 ff.).

Viele der Shanghaier Apartment-Häuser besaßen eigene Restaurants, Geschäfte, Theater oder sogar einen Nachtclub – und die trendbewussten Shanghaier verließen ihre Häuser und zogen in ein ultramodernes Apartment mit Fahrstuhl, großen Fenstern, Klimaanlage und Zentralheizung, Bedienung auf Klingeldruck inbegriffen. Insbesondere der Eingangsbereich wurde stets mit Sorgfalt geplant. Er bildete die Visitenkarte der Anlage. Selbst die Briefkästen wurden dem Design angepasst. Heute quetschen sich hier oftmals die abgestellten Fahrräder.

AUSWAHL SHANGHAIER APARTMENT-HÄUSER		
Apartment-Block	**Alter Straßenname**	**Neuer Straßenname**
Amyron Apts	Rte Cohen	No. 14, Gaoan Lu
Asia Apts	North Szechuen Rd	No. 18, Sichuan Bei Lu
Astrid Apts	Rue Cardinal Mercier	No. 151, Maoming Nan Lu
Avenue Apts	Hardoon Rd	No. 1341-1383, Tongren Lu
Auvergne Terrace	Ave Dubail	No. 205, Chongqing Nan Lu
Bearn Apt	Ave Joffre	No. 449-479, Huaihai Zhong Lu
Belden Apts	Ave Roi Albert	No, 213, Shaanxi Nan Lu
Beverly Garden	Roi Albert	No. 39, Shaanxi Nan Lu
Bijou Apts	Hardoon Rd	No. 278, Tongren Lu
Blackstone Apts	Rue Lafayette	No. 1331, Fuxing Xi Lu
Boissezon Apts	Ave de Boissezon	No. 26, Fuxing Xi Lu
Bridge House	North Szechuen Rd	No. 85, Sichuan Bei Lu
Broadway Mansion	North Soochow Rd	No. 20, Bei Suzhou Lu
Brookside Apts	Ave Haig	No. 699, Huashan Lu
Bubbling Well Road Apts	Bubbling Well Rd	No. 1025, Nanjing Xi Lu
Capitol Apts	Museum Rd	No. 146, Huqiu Lu
Cathay Mansions	Rue Cardinal Mercier	No. 59, Maoming Nan Lu
Cavendish Court	Ave Petain x Rte Frelupt	No. 525, Hengshan Lu
Clements Apts	Rue Lafayette	No. 1363, Fuxing Xi Lu
The Cloister	Ave de Boissezon	No. 62, Fuxing Xi Lu
Cosmopolitan Apts	Seymour Rd	No. 173, Shaanxi Bei Lu
Dauphine Apts	Rte Frelupt	No. 394, Jianguo Xi Lu
Denis Apts	Bubbling Well Rd	No. 778, Nanjing Xi Lu
Derring Apts	Tsung Ming Rd	No. 88, Jiangxi Bei Lu
Dixwell Apts	North Szechuen Rd	No. 1914-1932, Sichuan Bei Lu
Doumer	Route Doumer	No. 70, Donghu Lu
Dubail Apts	Ave Dubail	No. 185, Chongqing Nan Lu
Dufour Apts	Rue Dufour	No. 176, Wulumuqi Nan Lu
Eddington House	Hart Road	No. 195, Changde Lu
Elizabeth Apts	Rue Lafayette	No. 1327, Fuxing Lu
Embankment Bldg	Soochow Rd x Honan Rd	No. 340, Bei Suzhou Lu
Empire Mansions	Ave Joffre	No. 1300-1326, Huaihai Z. Lu
Estrella Apts	Rte des Soeurs	No. 758, Huaihai Zhong Lu
Foncim Apts	Rte Cohen x Rte Frelupt	No. 641-645, Jianguo Xi Lu
Garden Terrace	Rte Père Robert	No. 129, Ruijin Er Lu
Gascogne Apts	Ave Joffre	No. 1202, Huaihai Zhong Lu
Georgia Apts	Ave Petain	No. 321-331, Hengshan Lu
Grosvenor Mansion	Rue Cardinal Mercier	No. 59, Maoming Nan Lu
Grosvenor House	Rue Cardinal Mercier	No. 59, Maoming Nan Lu
Haig Court	Ave Haig	No. 370, Huashan Lu
Haig Villas	Ave Haig	No. 1006, Huashan Lu
Hamilton House	Kiangse Rd	No. 170, Jiangxi Lu
Hanray Mansions	Ave Joffre	No. 1160-1164, Huaihai Z. Lu
Hubertus Court	Great Western Rd	No. 918-928, Yan'an Xi Lu

Irene Apts	Ave Magnigny	No. 182, Kangping Lu
I.S.S. (Normandie) Apts	Ave Joffre	No. 1858, Huaihai Zhong Lu
Joffre Terrace	Ave Joffre	No. 927, Huaihai Zhong Lu
Jubilee Court	Ave Joffre	No. 1273, Huaihai Zhong Lu
King Albert Apts	Ave Roi Albert	No. 151-185, Shaanxi Nan Lu
King's Lynn Apts	Rte Kauffmann	No. 43, Anting Lu
Kofman Apts	Ferguson Rd	No. 115, Wukang Lu
Liberty Apts	Rte Maresca	No. 250, Wuyuan Lu
Lincoln Apts	Ave Joffre	No. 1554-1568, Huaihai Z. Lu
Magy Apts	Ave de Boissezon	No. 24, Fuxing Xi Lu
Majestic Apts	Bubbling Well Rd	No. 882, Nanjing Xi Lu
Medhurst Apts	Bubbling Well Rd	No. 934, Nanjing Xi Lu
Metropole Hotel	Kiangse Rd	No. 180, Jiangxi Zhong Lu
Midget Apts	Rte Ferguson	No. 115, Wukang Lu
North End Apts	North Szechuen Rd	No. 1954-1982, Sichuan Bei Lu
North End Court	Changchun Rd	No. 103, Changchun Lu
Pacific Hotel	Bubbling Well Rd	No. 108, Nanjing Xi Lu
Park Hotel	Bubbling Well Rd	No. 170, Nanjing Xi Lu
Park Terrace	Rte Vallon	No. 126, Nanchang Lu
Pearce Apts	Chapoo Rd x Boone Rd	No. 419, Zhapu Lu
Petain Apts	Ave Petain	No. 700, Hengshan Lu
Ramos Apts	North Szechuen Rd	No. 2079-2099 Sichuan Bei Lu
Roseberry Court	Yu Yuen Rd	No. 754, Yuyuan Lu
Sassoon House	Bund	No. 19/20, Zhongshan Dong Yi Lu
Savoy Apts	Rte de Sayzoong	No. 193-207, Changshu Lu
Sun Court	Weihaiwei Rd	No. 651, Weihai Lu
Verdun Terrace	Ave Roi Albert	No. 247-199 Changle Lu
Washington Apts	Rte Cohen x Ave Petain	No. 48, Gaoan Lu x No. 303-305, Hengshan Lu
Willow Court	Ave de Boissezon	No. 34, Fuxing Xi Lu
Yafa Court	Rte Maresca	No. 253-263, Wuyuan Lu
Yates Apts	Bubbling Well Rd	No. 801, Nanjing Xi Lu
Young Apts	Ave Joffre	No. 481-501, Huaihai Z. Lu

Quelle: Eigene Zusammenstellung

Funktionalistische Architektur gewinnt an Boden

Das beliebte Art-Deco blieb nicht unangefochten in der Shanghaier Architekturszene. Näher am Puls der Zeit bewegten sich zweifellos jene, die sich mit den Zielen des Internationalen Stils und des Bauhauses beschäftigten. Der gefeierte chinesische Architekt Fan Wenzhou plädierte für eine moderne Bauweise, in der ein Gebäude »von innen nach außen« geschaffen werden müsse. Die Funktion

> **Victoria Nurses Home**
>
> Das vom deutschen Architekten **Rudolf Hamburger** (1903-1980) im Auftrag des Shanghai Municipal Council 1933 errichtete Schwesternheim gehört heute wie das Country Hospital zum Huadong Hospital (No. 221, Yan'an Xi Lu, Tel.: 62 48 31 80; 2005 tief greifend renoviert).
> »Das Gebäude ist acht Stockwerke hoch und etwa 60 Meter lang. Es bietet Unterkunft für 100 Krankenschwestern. Die gesamte Tragkonstruktion wird von Stahlbeton-Stockwerksrahmen gebildet. Das Heim hat eine 20 Meter tiefe Pfahlgründung. In dem Gebäude kommt die klare Architektursprache des deutschen ›Bauhaus‹ zum Ausdruck. Es ist einfach und sachlich und ausgesprochen horizontal gelagert. Die durchgehenden Betonreihen an der Südfassade betonen diese Gliederung« (Warner).

des Inneren solle die Gestalt des Äußeren bestimmen. 1935 (acht Jahre, nachdem er das neoklassizistische Theater in Nanjing entworfen hatte) unternahm er eine Reise nach Europa, um die neuen Prinzipien funktionaler Architektur kennen zu lernen.

Ebenfalls 1935 veröffentlichte Zhuang Jun (auch T. Chuang) einen Artikel über die »universale Funktionalität« der modernen Architektur. Unter vollständigem Verzicht auf Art-Deco-Elemente wurde im gleichen Jahr die nach diesen Prinzipien von ihm entworfene **Sun Keji-Frauenklinik** vollendet (No. 934, Yan'an Xi Lu, heute Zhenhai Women Hospital, Tel.: 62 52 18 65). Die Aufteilung der Räume richtete sich allein nach Funktionalitätsgesichtspunkten.

Ein weiterer Wegbereiter der Moderne unter Chinas Architekten war **Xi Fuquan** (Foziehn Godfrey Ede, 1903-1983). Der in Deutschland ausgebildete Xi – 1930 erwarb er als erster Chinese in Berlin einen Doktortitel – schuf 1934 den Entwurf des Hongqiao-Sanatoriums für Tuberkulosekranke, ein relativ bescheidener Stahlbetonbau für etwa 100 Betten. Die Krankenzimmer waren ausnahmslos nach Süden ausgerichtet und nutzten das Dach des jeweils darunterliegenden Stockwerks als Balkon, dagegen befanden sich Operationssaal, Röntgen- und Behandlungszimmer auf der Nordseite (No. 2, Yili Lu, auf dem Gelände des Shanghai Blood Center).

Wirklich größere Verbreitung fanden die Ideen funktionalistischer Architektur in Shanghai seit 1942 mit der Gründung der Architekturfakultät an der St. John's University durch **Henry Huang** (1915-1975). Huang hatte seit 1932 am Institut der Architectural Academy in London studiert. Nach dem Examen war er 1937 seinem damaligen Dozenten am Londoner Institut, **Walter Gropius** (1883-1969), in die USA gefolgt, wo er an der Graduate School of Design der

Harvard Universität sein Studium fortsetzte. Henry Huang war der erste chinesische Gropius-Schüler. Nach Abschluss seiner Studien kehrte er 1942 nach China zurück und wurde Dekan für Ingenieurwesen an der St. John's University, wo er schließlich die Architekturfakultät begründete.

Von Anfang an hatte Huang geplant, den Bauhaus-Stil in die moderne Architekturausbildung zu integrieren. Hierzu lud er Dozenten für moderne Architektur ein, unter ihnen den Deutschen **Richard Paulick** (1903-1979, vgl. Spaziergang 4, S. 434 f.). Neben Paulick, der großes Gewicht besaß, unterrichteten z.B. der Engländer A.J. Brandt, die amerikanischen Auslandschinesen Li Jinpei und Chester Moy sowie die in den USA ausgebildeten Architekten Wang Dahong und H.S. Luke (Lu Qianshou). Letzterer hatte u.a. den Entwurf des »Bank of China«-Gebäudes am Bund entscheidend mitgestaltet.

Die kommunistische Machtübernahme führte 1951 zur Auflösung der St. John's University. Ihre Fakultäten wurden anderen Instituten angegliedert. Bei der nationalen Hochschulreform von 1952 gingen die früheren Architekturfakultäten von St. John's, der Zhejiang-Universität, der Kunsthochschule Hangzhou und der Fakultät für Bauingenieurwesen der Tongji-Universität in der Architekturfakultät der Tongji-Universität auf. Einige Bauhaus-Ansätze aus St. John's zeigt der 1953 für die Fakultät fertig gestellte Wen-Yuan-Bau (Entwurf: **Ha Tongwen**, 1907-1981, und **Huang Shulin**, gest. 1953). Mit Aufkommen der sowjetischen Maxime »sozialistischer Inhalt, nationale Form« gerieten die Ideen der Bauhaus-Architektur in den Folgejahren indessen immer stärker in die Kritik und wurden als Produkte des westlichen Kapitalismus verunglimpft.

Einige Dozenten von St. John's betrieben in den 40er-Jahren neben ihrer Lehrtätigkeit eigene Architekturbüros. Richard Paulick eröffnete mit seinem Bruder das Büro Paulick & Paulick (»Modern Homes«, vgl. Spaziergang 4, S. 434 f.), auch wenn es in Zeiten der japanischen Besetzung und des sich anschließenden Bürgerkrieges nicht viel zu realisieren gab. Zum Wenigen gehörte das 1948 erbaute Yao-Youde-Wohnhaus. Die Ausführung lag bei den für Paulick & Paulick arbeitenden St.-John's-Absolventen Li Dehua und Wang Jizhong. Yao-Youde gehört heute als Haus Nr. 4 zum Komplex des Xi Jiao Guesthouse und ist privat vermietet.

1946 wurde in Shanghai eine Stadtplanungskommission eingerichtet mit dem Auftrag, eine Planung für Groß-Shanghai zu erstellen. Von den damals acht Mitgliedern kamen fünf aus der St.-John's-Architekturfakultät: Richard Paulick, A.J. Brandt, H.S. Luke, Zhong Yaohua sowie der Dekan Henry Huang (die übrigen: Zhang Jun, Mei Guozhao, Gan Shaoming). Paulick hatte die Leitung der Masterplan-Arbeitsgruppe. Zu einer Realisierung kam es angesichts der politischen Umstände nicht mehr. Anknüpfend an Bauhaus-Traditionen ist im Rahmen der 2004 begründeten Städtepartnerschaft zwischen Weimar und

Oben und Folgeseite: Wen-Yuan-Bau im Bauhaus-Stil, Tongji-Universität

Xi Jiao Guesthouse

Das staatliche Xi Jiao Gästehaus (No. 1921, Hongqiao Lu) hat seit seinem Bestehen viele höchstrangige Gäste gesehen, von Queen Elizabeth II. und dem japanischen Tenno über US-Außenminister **Henry Kissinger** bis hin zum russischen Präsidenten **Wladimir Putin**.

Im Yixing-Pavillon im Garten fand am 14. Juni 2001 das erste Treffen der um Usbekistan erweiterten »Shanghai Fünf« statt (gegründet 1996, heute Shanghaier Organisation für Zusammenarbeit). Ziel ist das gemeinsame Vorgehen gegen islamischen Terrorismus, Separatismus und Extremismus. Teilnehmer waren neben dem chinesischen Präsidenten Jiang Zemin seine Amtskollegen aus Russland, Kasachstan, Kirgisistan, Tadschikistan und Usbekistan.

In den Folgejahren zog sich das Gremium zunehmend die Kritik der USA zu. Diese warfen der VR China vor, sie schaffe auf multilateraler Ebene regionale Institutionen, welche andere Länder des pazifischen Raums – respektive die Vereinigten Staaten von Amerika – ausschlössen. Im Juli 2005 hatte die Shanghaier Organisation für Zusammenarbeit eine Resolution verabschiedet, in der die USA aufgefordert wurden, einen Zeitplan für den Rückzug der amerikanischen Truppen aus Zentralasien aufzustellen. Kurze Zeit später ordnete Usbekistan den Abzug der amerikanischen Soldaten an.

Anting die Gründung des Shanghai Bauhaus College zusammen mit der Bauhaus-Universität Weimar in Anting New Town im Gespräch (vgl. Kapitel »Shanghai als ›Herausforderung für Architekten‹«, S. 377 ff.).

Der Kampf im Untergrund

Während zwischen den Weltkriegen an der Oberfläche »eitel Sonnenschein« zu herrschen schien, gärte es darunter umso heftiger. Das Shanghai der Anfang 30er-Jahre war eine Stadt voll mit Kommunisten und Spionen. Der Literatur-Nobelpreisträger **Eugene O'Neill** (1888-1953), von der SMC-Polizei ebenfalls als radikaler Linker gesehen, mokierte sich bei seinem Shanghai-Besuch nicht ohne Grund über die Vielzahl von Spitzeln in der Stadt.

Shanghai als Agitationsschwerpunkt linker Spione

Vermutlich 1930 verlegte die Komintern ihre Sektion für den Fernen Osten, d.h. ihr Fernostsekretariat, von Wladiwostok heimlich nach Shanghai. In der Folge wurde die Stadt zum »roten Generalhauptquartier Asiens«. Jeder westliche kommunistische Führer, der etwas auf sich hielt, besuchte sie. Kommunisten aus Indien, Malaysia, Taiwan oder Korea konnten im Völkergemisch der kosmopolitischen Stadt leicht untertauchen. Als prominentester Flüchtling lebte im Internationalen Settlement über mehrere Monate hinweg ein schmächtiger Vietnamese mit Namen Nguyen Ai-quo, besser bekannt unter dem Namen **Ho Chi Minh** (1890-1969), der spätere Präsident der Demokratischen Republik Vietnam. Gelegentlich traf er politische Mitstreiter wie Zhou Enlai, den er bereits aus Paris kannte, oder den amerikanischen Journalisten **Harold Isaacs** (1910-1986; »Tragedy of the Chinese Revolution«). Für Ho und andere stellte das Fernostsekretariat Mittel zur Verfügung und Kontakte her. Ho, auf dessen Kopf die französische Kolonialregierung einen Preis ausgesetzt hatte, wurde schließlich von Mitgliedern der kommunistischen Untergrundbewegung nach Europa geschmuggelt.

Viele Nachrichtendienste nutzten die Stadt als Ausgangsbasis für ihre Operationen und trugen Informationen in alle Teile der Welt. Auch Kuriere aus Moskau und Berlin kamen und gingen. Als einer der prominentesten Spione agierte der legendäre Richard Sorge, ein Deutscher russischer Herkunft, von Shanghai aus.

Grundsätzlich war der Aufbau einer Funkverbindung dringendste Voraussetzung für den Erfolg jeglicher geheimdienstlicher Tätigkeit. In Shanghai und später in Tokyo arbeitete Sorge mit seinem Funker Max Christiansen-Clausen

Richard Sorge

Der am 4. Oktober 1895 in Adschibend bei Baku geborene Richard Sorge war 1919 in Deutschland der KPD und 1925 der KPdSU beigetreten. Nachdem er 1925 für die Nachrichtenabteilung der Komintern und 1929 als sowjetischer Nachrichtenoffizier angeworben worden war, übte er eine intensive Spionagetätigkeit für die UdSSR aus, zuerst 1928/29 in Großbritannien und Skandinavien, 1929 bis 1932 in China und schließlich bis zu seiner Exekution 1944 in Japan.

Für China lautete Richard Sorges Auftrag, den sozialen und politischen Aufbau der Regierung Chiang Kaisheks in Nanjing zu erkunden, die Chinapolitik der Engländer und Amerikaner zu beobachten sowie Informationen über die chinesische Landwirtschaft und Industrie zu sammeln. Gerade für letzteres kam Sorge seine Tarnung als Korrespondent der »Deutschen Getreide-Zeitung« und der renommierten »Frankfurter Zeitung« besonders zupass. Artikel wie »Hemmnisse für die chinesische Erdnussausfuhr« oder »Gute Sesamernte in China« stammten aus seiner Feder. Grundsätzlich ging es den Sowjets um eine bessere Abschätzung der Machtverhältnisse zwischen Nationalisten und Kommunisten. Wahrscheinlich verfügten sie über keine Nachrichtenquelle bei der GMD-Regierung, zumal im April 1927 alle sowjetischen Konsulate in der Mandschurei aufgrund des Verdachts der Spionage aufgelöst worden waren. In der Folge hatten Nanjing und Moskau ihre diplomatischen Beziehungen offiziell abgebrochen. Auch gab es durch die Ermordung der Führungsschicht chinesischer Kommunisten und Gewerkschafter in den Küstenstädten nach dem Shanghai Massaker von 1927 kaum noch Kontakte zur chinesischen Roten Armee.

Über Agnes Smedley lernte Sorge 1930 in Shanghai Ozaki Hotsumi kennen, der in Japan zu seiner wichtigsten Informationsquelle werden sollte (vgl. Spaziergang 9, S. 487 ff.). Hotsumi war seit 1928 China-Korrespondent der führenden japanischen Zeitung »Asahi Shimbun«. Den Kontakt zwischen Smedley und Ozaki wiederum hatte wenige Monate zuvor die Buchhändlerin **Irene Wiedemeyer** (auch Weitemeyer, geb. 1908, Todesjahr unbekannt) vermittelt. Nach außen hin führte sie die Shanghaier Buchhandlung »Zeitgeist«, deren Angebot sich auf linksgerichtete Literatur und politische Veröffentlichungen konzentrierte. Der Laden war aber nicht nur ein Treffpunkt für Europäer und Asiaten, die mit der Sache der Linken sympathisierten, sondern zugleich Briefkasten und Knotenpunkt für sowjetische Agenten im Fernen Osten. Damit diente er als lokaler Vorposten des weltweiten Verlagssyndikats der Komintern, das **Willi Münzenberg** (1889-1940) von seinem Hauptstützpunkt Berlin aus aufgebaut hatte.

Richard Sorges Aufenthalt in Shanghai – er wohnte unter seinem Geburtsnamen in der Avenue Joffre – währte bis Dezember 1932. Nach einem kurzen Zwischenstopp in Moskau, reiste Sorge 1933 weiter nach Tokyo. Dort erst gelang ihm sein

> nachrichtendienstliches Meisterstück, mit dem er weltweite Berühmtheit erlangte. Wiederum getarnt als Mitarbeiter der »Frankfurter Zeitung« und später sogar als inoffizieller Mitarbeiter der deutschen Botschaft baute er während des 2. Weltkrieges einen äußerst erfolgreichen Spionagering auf. Sorges Hauptinformant Hotsumi hatte freien Zugang zu den höchsten Regierungskreisen um Ministerpräsident **Konoe Fumimaro** (1891-1945, Premierminister von 1937 bis 1939 und 1941). Im Mai 1941 unterrichtete Sorge die UdSSR von der bevorstehenden deutschen Invasion – allein: **Stalin** (1879-1953) fehlte der Glaube, nicht zuletzt, weil Sorges erster Chef, General **Iwan Antonowitsch Bersin** (1881-1938), als Trotzkist im Rahmen der Stalinschen Säuberungen hingerichtet worden war und alle Agenten Bersins als verdächtig galten. Tatsächlich dürfte »kein moderner Staatschef je präziser über einen bevorstehenden Angriff auf seinen Staat informiert worden sein. (...) Auch das kapitalistische Ausland richtete eindringliche Warnungen an Stalin. Hitlers Angriffsbefehl lag fast verbatim auf Stalins Schreibtisch. (...) Doch Stalin hielt die Sache für einen britischen Trick, fürchtete den bereits 1940 ermordeten Trotzki mehr als Hitler und bezeichnete Sorge als ›einen Scheißkerl, der sich mit kleinen Fabriken und Bordellen bereichert‹.« (Krieger)
>
> Nach dem erfolgten deutschen Angriff am 22.6.1941 versetzte Sorges Nachricht vom Oktober 1941, Japan werde die UdSSR nicht angreifen, den Diktator aber immerhin in die Lage, die sowjetischen Truppen im Fernen Osten als Verstärkung im Westen gegen die deutschen Streitkräfte einzusetzen. Noch im selben Monat erfolgte die Verhaftung Sorges durch die japanische Polizei. Richard Sorge und Ozaki Hotsumi wurden gemeinsam am 7.11.1944, dem 27. Jahrestag der Oktoberrevolution, in Tokyo hingerichtet. Bis zuletzt hatte Sorge gehofft, analog zu **Hilaire Noulens**, dem Leiter des Fernostsekretariats der Komintern, ausgetauscht zu werden. Doch Stalin ließ ihn »über die Klinge springen«. Tatsächlich stellte die UdSSR Sorges Tätigkeit für sie lange in Abrede. Erst 1964 wurde er posthum zum »Helden der Sowjetunion« befördert.

zusammen. Die Funkstation, mit der das Team Kontakt zu Wladiwostok hielt, wurde in Christiansen-Clausens Wohnung in Hongkou installiert, wo er seine spätere Frau und Kampfgefährtin Anna kennen lernte. Trotz aller Bemühungen ist es dem Sorge-Ring allerdings nie gelungen, zuverlässige Funkverbindungen zwischen Shanghai und Moskau herzustellen. Meist musste das gesammelte Material per Kurier nach Harbin geschickt werden.

Ebenfalls zum Kreis um Richard Sorge gehörte die in einer Sendung des Deutschlandfunks als »vielleicht erfolgreichste Kundschafterin der Sowjetunion im 2. Weltkrieg« bezeichnete **Ruth Werner**. Werner war 1930 unter ihrem bürgerlichen Namen Ursula, geb. Kuczynski, an der Seite ihres Mannes, des

Bericht der Kundschafterin **Anna Christiansen-Clausen** (1899-1978), Mitglied der Gruppe »Ramsay« um Richard Sorge, aus Mader/Stuchlik/Pehnert: Dr. Sorge funkt aus Tokyo

Als Kurier nach Schanghai

Es war im Jahre 1931. Die Japaner fielen in die nordchinesische Mandschurei ein. Damals wohnte ich vorübergehend in Kanton. Max – wir waren zu dieser Zeit noch nicht verheiratet – saß in Schanghai und forderte dringend sein Funkgerät an. Er hatte es nicht mitnehmen können, da er anderes wichtiges Gepäck zu befördern gehabt hatte und Männer, durch die Kriegswirren bedingt, auch strenger visitiert wurden. (...)

Ich fing also sofort an, die 1.200-Kilometer-Seereise mit der wichtigen Fracht vorzubereiten. Viel Zeit hatte ich nicht. Das Funkgerät wurde von mir soweit wie möglich auseinandermontiert. Dann kaufte ich verschiedene billige Küchengeräte und vor allem Porzellan. Das Geschirr wurde sorgfältig in Stroh gehüllt und in einer Kiste verpackt. Dazwischen legte ich immer wieder kleine, separat eingepackte Funkgeräteteile. Die Kiste – ein Meter lang, fünfzig Zentimeter hoch und fünfzig Zentimeter breit – wurde dann solide vernagelt und außerdem mit einem Stahlband versehen, das sie umschloss. Für die Fahrt wählte ich ein britisches Schiff. Kurz vor Schanghai nahm ein englisches Kommando die befürchtete scharfe Zollkontrolle vor. Jetzt kam die Nervenprobe. Die von mir genau beobachtete Abfertigung der Passagiere ließ erkennen, dass der Zoll unerbittlich arbeitete. Dann kam ich an die Reihe. Der Kommandoführende – ein etwa gleichaltriger britischer Offizier, er war ein hübscher Mann – wollte von mir wissen, was in der Kiste sei. Gleichzeitig stürzten sich hinter seinem Rücken zwei Matrosen auf mein Gepäck, rissen im Nu das Stahlband ab und setzten Brecheisen am Kistendeckel an. Jetzt musste ich schnell reagieren – aber wie? Gedanken schossen mir durch den Kopf. Noch rechtzeitig fiel mir ein, dass viele Engländer eine Vorliebe für Essservice haben. Meine Antwort lautete deshalb:

»Sir, in der Kiste befindet sich mein Service. Bitte sorgen Sie dafür, dass kein Stück beschädigt wird. Sie wissen doch, wenn auch nur ein Teil in Scherben geht, ist dieses Geschenk für mich wertlos!« Das Argument schien den Offizier überzeugt zu habe, denn er brüllte seine Matrosen sofort an: »Vorsicht! Vorsicht!« Da kamen aber auch schon Stroh und die obenauf liegenden Teller zum Vorschein. Der Blick des Offiziers glitt von mir zur Kiste, dann wieder prüfend auf mich zurück. Ich lächelte ladyhaft, völlig ungezwungen, obwohl mir gar nicht danach zumute war. Wusste ich doch, dass zwei Handbreiten unter den Tellern die ersten Röhren des Funkgeräts steckten. Das Herz blieb mir fast stehen. Doch der Offizier befahl:

»Schon gut! Alles wieder sorgfältig verpacken und -schließen. Dass mir keiner etwas zu Bruch macht!« Er stempelte die Zollpapiere und sagte beinahe entschuldigend zu mir: »Madam, ich weiß, wie Frauen ihre Sachen schonen. Meine Mutter ist auch so!« Dann reichte er mir zum Abschied die Hand. Die umstehenden Passagiere blickten uns erstaunt an. Der Schanghaier Hafen kam in Sicht.
Am 21. Januar 1965 erhielten Anna und Max Cristiansen-Clausen den Vaterländischen Verdienstorden der DDR in Gold. Für beide befindet sich in Berlin eine Gedenktafel an ihrem ehemaligen Wohnhaus, sinnigerweise Richard-Sorge-Straße 8.

Architekten Rudolf Hamburger (vgl. Kapitel »Funktionalistische Architektur gewinnt an Boden«, S. 259 ff.), nach Shanghai gekommen. In ihren Briefen an die Eltern und den Bruder beschrieb sie ihre Eindrücke, ihr Entsetzen über die Armut und ihren Ekel vor der Ignoranz der besseren Shanghaier Gesellschaft – reichen Chinesen und gut situierten Ausländern gleichermaßen. In dieser Situation lernte sie den charmanten Sorge kennen. Er gewann sie für den Nachrichtendienst – und drei Jahre lang wurde ihr Haus Treffpunkt für ihn und andere Genossen.

Ruth Werners Lebenserzählung »Sonjas Rapport« (1978) gehörte zu den Kultbüchern der DDR (und fand entsprechend ihren Platz in dem Erfolgsfilm

Aus Ruth Werner: Sonjas Rapport

Ankunft in Shanghai

Im Juli 1930 verließen wir Deutschland. Wir fuhren nach Moskau und von dort mit dem Transsibirien-Express bis an die östliche Grenze der Sowjetunion. (...)
In der Mandschurei begann die ostchinesische Eisenbahn, in Tschangtschun die südmandschurische Linie. Wir fuhren bis Dairen und von dort mit dem Schiff ungefähr tausend Kilometer bis Shanghai. Bei der Ankunft im Hafen war ich entsetzt über das Ausmaß der Ausbeutung und der Armut, wie ich es nie zuvor erlebt hatte. Lastenträger verließen den Bauch eines Schiffes und gingen so dicht hintereinander über die schräg auf den Kai stoßenden Bretter, dass sich ihre Bambusstangen, an denen schwere Lasten hingen, fast berührten. Der Schweiß lief über die nackten Oberkörper; am Hals, an der Stirn und den Beinen traten die Adern dick hervor. Knoblauch- und Schweißgeruch wehten von diesem Fließband aus Menschen zu den Reisenden herüber. In schwimmenden Bottichen umzingelten Bettler unser Schiff, klagende Invaliden mit Arm- und Beinstümpfen, Kinder mit eiternden Wunden, manche blind, manche haarlos mit verkrusteten Köpfen.

Aus Briefen nach Hause

»... Shanghai ist für einen Menschen, der wie ich immer voll beschäftigt war, langweilig, außer wenn man beruflich arbeitet. Zu Hause kann man nichts tun, alles machen der Boy, der Koch und der Kuli. Die Hitze ist einfach so, dass man nichts unternimmt. Es ist nicht Glut-, sondern Feuchtigkeitshitze, es perlt nicht etwa, sondern läuft.«

»... Die Sonnabende/Sonntage werden bei Dr. Wilhelm, einem bekannten Rechtsanwalt, verbracht. Ein Teil der Gäste spielt Tennis, die anderen liegen im Garten auf Liegestühlen; es werden Tee, Whisky-Soda und Fruchteis gereicht. Dr. Wilhelms Schlagwort ist ›low class people‹ (Menschen niedriger Klasse). Zum Beispiel: ›Da kann man nicht hingehen, nur low class people gehen‹. Also ganz ein Mann nach meinem Geschmack!«

»... Ich schrieb Euch von Rolf (Ruths Mann, d. Verf.) als Regisseur des ›Hauptmanns von Köpenick‹ von Zuckmayer. Alle Mitspieler waren begeistert. Darauf ein langer Brief vom Generalkonsul **Rüdt von Collenberg Bödigheim** (1875-1954, d. Verf.), dass er bittet, es nicht aufzuführen. ›Das ekelhafte Stück ... Der Theaterverein soll sich bemühen, ein höheres Niveau einzuhalten. Für die armen Kreise, die es zeigt, kann man kein Mitleid, sondern nur Widerwillen haben.‹ ... Der Brief ist unglaublich. Rolf und Walter haben protestiert. Es aufzuführen, wagt der Theaterverein nicht, und ändern kann man den alten Dummkopf auch nicht.«

»Good-bye Lenin« von 2003; der Streifen wurde übrigens 2004 auf den Shanghaier Filmfestspielen gezeigt – allerdings unter dem politisch unverfänglichen Titel »Bian hua« – »Die Veränderung«).

Ein schwerer Schlag für die Arbeit der Komintern war die als »Affäre Noulens« bekannt gewordene Verhaftung von **Hilaire Noulens** als Chef des Fernostbüros und Sekretärs des Panpazifistischen Gewerkschafts-Sekretariats am 15. Juni 1931.

Wenigstens ermöglichte die Festnahme Noulens der Polizei keine weiteren Verhaftungen. Laut Aussage Richard Sorges leitete 1931 der Journalist und Politiker **Gerhard Eisler** (1897-1968, später in der DDR Vorsitzender des Staatlichen Rundfunkkomitees) die politische Sektion des Fernostbüros. Nach Noulens Verhaftung war Eislers Lage höchst gefährdet, und er kehrte eilends nach Moskau zurück. Für Noulens schickte Moskau einen anderen erfahrenen Komintern-Mann: **Karl Lesse**, ein ehemaliger führender Funktionär der von der Komintern beherrschten Internationalen Seeleute-Gewerkschaft und Leiter ihrer

Aus Deakin/Storry: Richard Sorge

Die Affäre Noulens

Am 1. Juni 1931 verhaftete die britische Polizei in Singapur einen französischen Agenten der Komintern, der in illegale Geschäfte mit der malaiischen kommunistischen Partei verwickelt war. Unter seinen Papieren fand man eine Telegramm-Adresse und Postfachnummer in Shanghai: »Hilanoul, Box 208«. Die Polizei der Internationalen Kolonie folgte dieser Spur und gelangte zu einem gewissen Hilaire Noulens, einem Lehrer für Deutsch und Französisch. Am 15. Juni 1931 wurde er verhaftet. Die Hausuntersuchung ergab nichts, aber von seinen Schlüsseln gehörte einer zu einer Wohnung in der Nanking-Street 49, wo man drei große Stahlkassetten fand.

Wie sich herausstellte, enthielten sie die Berichte des Fernost-Büros der Komintern für den Zeitraum eines Jahres (1930-31), zusammen mit denen des Shanghaier Zweiges der Porfintern, des Panpazifistischen Gewerkschafts-Sekretariats (PPTUS). Obwohl die britische und französische Polizei bereits etwas von der Existenz eines Fernost-Büros wusste (die andere Organisation war ohnehin offiziell ziemlich bekannt) enthüllte die Untersuchung dieser Dokumente doch erstmals Einzelheiten seines Aufbaus (...).

Die polizeilichen Untersuchungen nach der Verhaftung von Noulens, dessen Identität der Gegenstand langwieriger internationaler Recherchen war, ergaben, dass es sich um den Leiter der Kominternorganisation in Shanghai handelte, deren Stab aus neun Europäern (sieben Männern und zwei Frauen) bestand. Das Büro beschäftigte sich vor allem mit China, vermittelte Gelder an die chinesische KP und ihre Organisationen (wie z.B. die Jugend-Liga; vgl. Spaziergang 13, S. 524; d. Verf.), suchte Studenten aus und schickte sie nach Moskau an die Lenin-Schule oder an die Universität der Werktätigen des Ostens und schuf so die Voraussetzungen für die Schulung künftiger Parteikader. Eine ebenso wichtige, aber getrennte Aufgabe bestand darin, mit den chinesischen Roten Armeen und den sowjetischen Gebieten in Zentral- und Nordchina Verbindung zu suchen und zu unterhalten (...).

Das Fernost-Büro und das PPTUS arbeiteten eng zusammen (...). Beide Organisationen besaßen einen hochentwickelten Kurierdienst nach Europa und zu den kommunistischen Parteien Asiens; sie teilten sich die chiffrierte und telegraphische Korrespondenz und sogar die Postfächer (acht davon wurden in Shanghai festgestellt). Man trug die Kosten besonderer Aufträge gemeinsam (...). Die Gelder kamen aus derselben Quelle: dem Westeuropäischen Büro der Komintern in Berlin, und liefen über sieben verschiedene chinesische Banken. Die Konten des Jahres 1931 machen den Umfang der Arbeit in Shanghai deutlich: Das Fernost-Büro verbrauchte 120.000 bis 150.000 Pfund im Jahr (...). Beiden Gruppen zusammen standen

> vierzehn oder fünfzehn Einrichtungen als Wohnungen, Büros oder Treffpunkte zur Verfügung.
> Als Noulens verhaftet wurde, hatte er zwei belgische und einen kanadischen Pass und benutzte zwölf Decknamen. Seine (...) Verteidiger machten auffällige Versuche, nachzuweisen, dass er belgischer Staatsbürger sei. Bei den polizeilichen Nachforschungen stieß man jedoch in Belgien auf den Inhaber des gefälschten Passes, und Noulens wurde vorläufig als Paul Ruegg identifiziert, ein prominentes Mitglied der Schweizer KP, das 1924 nach Moskau verschwunden war. Die Schweizer Behörden verweigerten ihm jeden Schutz, und so wurden Noulens und seine Frau, die mit ihm verhaftet worden war, (...) im Oktober 1931 dem Nanking-Regime übergeben, vor ein Kriegsgericht gestellt und zum Tode verurteilt. Unter Umständen, die nie geklärt wurden, hat man das Paar im Juni des nächsten Jahres in die Sowjetunion deportiert, wo es nicht mehr gesehen wurde. Angeblich wurden sie gegen Agenten Nankings ausgetauscht, die die Russen gefangen hatten. Dass die Polizei nicht imstande war, nach der Festnahme von Noulens und seiner Frau weitere Verhaftungen vorzunehmen oder festzustellen, wer ihre Mitarbeiter waren, stellt dem Sicherheitstraining der Mitglieder des Fernost-Büros und des PPTUS ein gutes Zeugnis aus.
>
> Anmerkung d. Verf.: Erst in den 90er Jahren des 20. Jahrhunderts konnte Hilaire Noulens' Identität als Yakov Rudnik geklärt werden.

Zelle innerhalb der deutschen KP. Lesse hatte 1927 in Hamburg Max Christiansen-Clausen für die Partei angeworben; in Shanghai tarnte er sich als »Händler in Anti-Lepra-Mitteln«.

1932 kam **Otto Braun** (chinesischer Name: Li De, 1900-1974) im Auftrag der Kommunistischen Internationale als Militärberater des Zentralkommitees der KPCh nach Shanghai. Kominternvertreter war zu diesem Zeitpunkt der deutsche Genosse **Arthur Ewert**: »Das Sekretariat des ZK stand von Shanghai aus in regelmäßigem Funkverkehr und gelegentlicher Kurierverbindung einerseits mit dem Exekutivkomitee der Komintern in Shanghai, andererseits mit dem Zentralen Sowjetgebiet, wo die Provisorische Revolutionäre Regierung Chinas ihren Sitz und die Hauptkräfte der chinesischen Roten Armee, die so genannte Zentrale Armeegruppe, ihre Basis hatten (gemeint ist Ruijin, d. Verf.). Auch der Funkverkehr der Kominternvertretung mit dem EKKI (Exekutivkomitee der Kommunistischen Internationale in Moskau, d. Verf.) erfolgte zu dieser Zeit mangels eigener Funkstation über die Sende- und Empfangsstation des ZK. Mit den anderen Sowjet- und Partisanengebieten hatte das ZK damals schon keine regelmäßige Verbindung mehr. Soweit überhaupt, wurde sie von Fall zu Fall durch Beauftragte und Kuriere aufrechterhalten, die indessen oft wochenlang unterwegs waren, was sich äußerst hemmend auf die gesamte Arbeit auswirkte. Das gleiche galt hinsichtlich des Kontakts mit den Parteiorganisationen und Industriezentren im Herrschaftsgebiet der Guomindang, darunter auch mit den Büros des ZK, die es in Peking, Wuhan und Guangdshou gab,« schrieb Braun zu Beginn seiner »Chinesischen Aufzeichnungen, 1932-1939«. Der Deutsche verließ die Stadt bereits 1934 wieder und sollte später der einzige ausländische Teilnehmer am Langen Marsch werden.

Der heimliche Bürgerkrieg zwischen Guomindang und chinesischen Kommunisten

Auf die Arbeit der chinesischen Kommunisten hatte die Tätigkeit des Komintern-Fernostsekretariats wenig Einfluss. Die KPCh verfolgte ihre eigene Strategie. Ohnehin waren ihre Reihen seit dem Shanghai-Massaker 1927 stark ausgedünnt, die wenigen Überlebenden untergetaucht.

Als Kopf des parteieigenen Geheimdienstes und der Militärbehörde arbeitete ab 1927/28 der nach Shanghai zurückgekehrte Zhou Enlai. Der Sicherheit wegen operierte die KPCh in Zellen. Wenn ein Kader aufflog, konnte er allenfalls dazu gezwungen werden, die Mitglieder seiner Zelle preiszugeben. Wurde einer gefasst, zogen alle, die mit ihm Kontakt hielten, unverzüglich in neue Quartiere um, sodass die Polizei »die Nester« meist »ausgeflogen« vorfand. Auch andere Neuerungen basierten auf dem Modell des KGB, dessen Vorgehensweise Zhou während seines jüngsten Aufenthaltes in Moskau ausgiebig studiert hatte. Hierzu gehörten das Verbot, in der Öffentlichkeit über Politik zu sprechen, die Beschränkung einer einzelnen Sitzung auf maximal drei Stunden oder die Vorgabe, denselben Treffpunkt nie öfter als drei Mal in der Woche aufzusuchen.

Da ein unverheirateter, allein lebender Mann für unerwünschtes Gerede gesorgt hätte, waren männliche und weibliche Genossinnen angewiesen, als Paare zusammenzuleben und so zu tun, als seien sie Mann und Frau. In den frühen Tagen der kommunistischen Bewegung und insbesondere in Shanghai, wo sich die radikalen jungen Männer und Frauen von den als »bourgeois« empfundenen moralischen Regeln zu befreien suchten, stieß dies auf keinen Widerstand.

1928 etablierte Zhou Enlai ein geheimes Berichtssystems, über das er Mitglieder »disziplinieren« und geheime Informationen sammeln konnte. Als Chef setzte er den aus einer Arbeiterfamilie stammenden **Gu Shunzhang** (1895-1935) ein, Mitglied des Zentralkomitees und, wie Zhou, dem Shanghaier Massaker 1927 entronnen. Gu war ein weltgewandter Mann, nichts an ihm deutete auf eine Verbindung zur kommunistischen Bewegung hin. Nicht weniger bedeutsam war seine Zugehörigkeit zur Grünen Bande, sodass er leicht auf »bewaffnetes Personal« für seine »Roten Brigaden« zurückgreifen konnte. Diese erhielten einen

Sold von 15 Dollar im Monat. Exekutionen fanden auf der Straße oder im Geheimen statt. Die Täter kannten meist weder die Namen ihrer Opfer noch die Umstände, warum sie aus dem Weg geräumt werden sollten. Das erfuhren sie oft erst aus der Zeitung.

»Linke Elemente« wurden nicht nur von Spezialeinheiten der Shanghai Municipal Police und der Gendarmerie der Französischen Konzession gejagt, welche Verhaftete ohne großes Federlesen der Guomindang übergaben, was einem Todesurteil gleichkam. Darüber hinaus baute die GMD einen eigenen Geheimdienst auf: die »Blauhemden«, eine paramilitärische Geheimorganisation aus 10.000 Mann, die sich aus Abgängern der Whampoa-Militärakademie und Mitgliedern der verbündeten Qing Bang rekrutierte. Der Einfluss der Blauhemden war überall spürbar. Ihre Zensoren setzten Bücher, Filme und Theaterstücke auf den Index. Ihre Spione gingen in die Universitäten und berichteten über Professoren, welche »umstürzlerische« Inhalte verbreiteten. Sitzungen radikaler Studenten wurden gestört, ihre Teilnehmer festgenommen, gefoltert und ermordet. Wenn Liberale oder Linke spurlos verschwanden, dann wurde oft sofort angenommen, sie seien Opfer der Blauhemden geworden. Inspiriert hatte Chiang Kaishek der Terror der russischen Tscheka, die während der stalinistischen Säuberungsaktionen etwa 500.000 Menschen umgebracht hatte und deren Taktiken er bei seinem Moskau-Aufenthalt 1923 kennen lernen konnte.

Für das GMD-Regime unliebsame Schlagzeilen machte der Fall von 21 jungen Männern und drei Frauen, die ihm am 7. Februar 1931 ausgeliefert worden waren. Noch am Abend des gleichen Tages mussten sie auf dem Gelände des alten Gefängnisses bei Longhua (vgl. Spaziergang 12, S. 518 ff.) ihr eigenes Grab schaufeln. Es heißt, ein hochrangiges KP-Mitglied habe der SMC-Polizei den entscheidenden Hinweis auf ein Treffen am 17./18. Januar gegeben, da zu befürchten stand, die Gruppe könnte sich von der Partei abspalten. Unter ihnen waren fünf Mitglieder der Liga Linker Schriftsteller: Lu-Xun-Schüler **Rou Shi** (1902-1931), der mit seiner Erzählung »Februar« bekannt geworden war (vgl. Kapitel »Shanghais Kunstszene der 30er oder ›Wellen peitschten von Westen gegen den Bund‹«, S. 174 ff.), Ding-Ling-Ehemann **Hu Yepin** (1902-1931), die Dichterin **Feng Keng** (1907-1931), **Li Weisen** (eigentlich Li Qiushi, 1903-1931) und **Yin Fu** (1900-1931). Die ausländische Presse trug ihren grausamen Tod in die Welt – die Ermordung der anderen 19 wurde darüber vergessen. Lu Xun gelang es nur knapp, einer Verhaftung zu entgehen. Ding Ling verschwand 1933 für zwei Jahre in den Kerkern der Guomindang (vgl. Spaziergang 8, S. 478).

Die Ermordung der »21 Märtyrer« war traurig, aber für die Shanghaier Kommunisten verkraftbar. Existenzbedrohend wirkte hingegen der Verrat Gu Shunzhangs. Gu hielt sich im Frühling 1931 unter falschem Namen in Wuhan auf, wo er sich in eine Tänzerin verliebt hatte; er wurde erkannt, an die GMD verraten und am 24. April verhaftet. Bei seiner Gefangennahme erklärte er seine Bereitschaft zur Zusammenarbeit unter der Bedingung, dass er mit einem höchstrangigen GMD-Angehörigen sprechen könne, mit **H.T. Xu** (**Xu Enzeng**, 1896-1985), **Chen Lifu** (1900-2001, Mitglied der berühmten Familie Chen, Bruder von Chen Guofu, 1892-1951, beide führende Köpfe im GMD-Geheimdienst) oder mit Chiang Kaishek selbst. An Xu ging sogleich ein Telegramm ab, es war aber Freitagabend und Xu nicht mehr in seinem Büro. Als nächster erhielt **Qian Zhuangfei** (1895-1935) als Xus Erster Sekretär die brisante Nachricht. Qian war 1925 heimlich der KP beigetreten. Er decodierte das Schriftstück, schickte seinen Schwiegersohn per Expresszug von Nanjing nach Shanghai, um Zhou Enlai zu warnen – und fuhr, um sicherzugehen, selbst hinterher. Zhou reagierte prompt und veranlasste alle Shanghaier Parteimitglieder unterzutauchen.

Am 27. April erhielt Gu eine Privataudienz bei Chiang Kaishek. Er enthüllte alles: die Adressen der heimlichen Unterkünfte und Treffpunkte, die Kurier- und Versorgungsrouten sowie eine detaillierte Auflistung der Organisationsstruktur des kommunistischen Geheimapparates. Die Auskünfte Gus drohten der Bewegung in Shanghai und anderen Städten den Todesstoß zu versetzen. Der Generalsekretär der Partei, **Xiang Zhongfa** (1880-1931), wurde in Shanghai gefangen genommen und exekutiert, auch in anderen Städten wurden Kader und Führer umgebracht, darunter der noch heute in der Parteigeschichte als Held verehrte **Yun Daiying** (1896-1931; begraben auf dem Märtyrer-Gedenkpark; vgl. Spaziergang 12, S. 517 f.). Allerdings gelang es allen Mitgliedern des Zentralkomitees (mit Ausnahme des unglücklichen Xiang), in die rote Hochburg Jiangxi oder nach Hongkong zu entkommen. Sogar das Parteiarchiv konnte noch rechtzeitig von Shanghai nach Kanton transferiert werden. Für Gus Familie war sein Verrat fatal. Zhou Enlai ließ alle Familienmitglieder umbringen. Nur der jüngste Sohn wurde ausgespart. Es sollte eine Warnung für kommende Verräter sein.

Statt Gu leitete nun der in Moskau ausgebildete **Kang Sheng** (1898-1975) den kommunistischen Geheimapparat in Shanghai. Kang stand vor einer unerfüllbaren Aufgabe. Wer nicht schon geflohen war, verfing sich früher oder später im Netz der SMC-Polizei oder der Blauhemden. Im Juni 1934 war der kommunistische Parteiapparat in der Stadt endgültig zerschlagen. Kang Sheng, der sich in der 30er-Jahren mehrfach zur Weiterbildung in der UdSSR aufhielt, machte nach 1949 eine steile Karriere in der Parteihierarchie. Dazu trug nicht zuletzt sein gutes »Verhältnis« zu Jiang Qing bei. Er gehörte als Berater der Gruppe Kulturrevolution des ZK der KPCh ab 1967 zu den führenden Figuren um die Viererbande und wurde deshalb im Oktober 1980 posthum aus der Kommunistischen Partei ausgeschlossen.

Während all dieser Jahre behielt die KPCh die »sowjetische Linie« bei, die den Beginn der Revolution unter den städtischen Arbeitern sah. Entsprechend verblieb das Zentralkomitee der KPCh so lange wie möglich in Shanghai. Gleichzeitig schlug Mao Zedong einen anderen Kurs ein und setzte auf die chinesische Landbevölkerung. In den abgelegenen Bergen von Jiangxi sammelte Mao eine 100.000-Mann-Armee um sich, die überwiegend aus chinesischen Bauern und übergelaufenen Guomindang-Deserteuren bestand.

Zwischen November 1930 und April 1933 hatte Chiang Kaishek vier kostspielige Kampagnen gegen die Kommunisten geführt. Zwar mussten diese ihre Standorte in den Städten räumen, aber auf dem Land blieben sie stark. Als im Oktober 1933 die fünfte Offensive gestartet wurde, sah sich Chiang zunehmend der Kritik ausgesetzt, seine Kräfte an die KP zu verschwenden und die eigentliche Bedrohung für China, nämlich Japan, unbeachtet zu lassen. Japan hatte 1931/32 die Mandschurei besetzt; es bestand die Gefahr, dass die japanischen Truppen nach Hubei vorrücken würden. Doch Chiang begnügte sich gegenüber den Japanern mit einem Abkommen über eine demilitarisierte Zone und setzte, unterstützt von seinen deutschen Beratern, den Kampf gegen die Kommunisten fort. Im Oktober 1933 zog er 700.000 Mann zusammen, um den roten Gebieten den Nachschub abzuschneiden. Diese Strategie zwang die Kommunisten zum Aufbruch zu ihrem legendären Langen Marsch. Nachdem sie vergeblich versucht hatten, die Reihen der Nationalisten zu durchbrechen, marschierten sie 6.000 Meilen durch die chinesischen Westprovinzen und ließen sich ein Jahr später, 1934, in Yan´an/Shaanxi nieder. Viele überlebten die Strapazen nicht, aber wer den Langen Marsch mitgemacht hatte, zählte nunmehr zu den Veteranen der Partei.

Bildung der 2. Einheitsfront

Noch während des Langen Marsches hatte Mao den Wunsch der Kommunisten zu einer Offensive gegen Japan zusammen mit der Guomindang bekannt gegeben. Song Qingling gründete gemeinsam mit **Shen Junru** (1875-1963), **He Xiangning** (1879-1972) und dem Publizisten Zou Taofen am 21. Mai 1936 die Shanghaier »Organisation zur Nationalen Rettung« (Jiu Guo Hui), um mit Gleichgesinnten in anderen Großstädten eine landesweite Kampagne gegen die japanischen Besatzer zu lancieren. Chiang ließ sieben der Shanghaier Führer festnehmen (darunter Shen Junru), ignorierte die Bemühungen aber sonst. Stattdessen verstärkte er den Krieg gegen die Kommunisten. 1936 ging er nach Xi´an, um den Kriegsherrn Zhang Xueliang für seinen Kampf zu gewinnen. Zu seiner Überraschung erwachte er am Morgen des 12. Dezember als Gefangener Zhangs. Die Forderung an ihn lautete, die kommunistischen Verfolgungen einzustellen und gemeinsam mit diesen und allen anderen chinesischen Kräften die japanischen Invasoren zurückzuschlagen. Einige der Entführer wollten Chiangs Tod, doch Zhou Enlai, der die Verhandlungen auf der kommunistischen Seite führte, befand, Chiang dürfe unter keinen Umständen zum Märtyrer für die Nationalisten gemacht werden. Auch könne er lebend für China nützlicher sein. Zusammen mit Zhang Xueliang setzte sich Zhou für die Bildung einer zweiten Einheitsfront ein. Chiang weigerte sich zwar standhaft, schriftliche Versprechungen abzugeben, doch als er Weihnachten 1936 schließlich freigelassen wurde und nach Nanjing zurückfliegen durfte, war allen Beteiligten klar, dass der Generalissimo sein Einverständnis zu einem härteren Kurs gegenüber Japan und zur Beendigung der Kampfhandlungen gegen die Kommunisten gegeben hatte. Sofort nach Kriegsbeginn nahm die Anti-Japanische Nationale Einheitsfront »ihre Arbeit« auf. Sie unterschied sich von der Ersten (1923/24-1927) vor allem dadurch, dass der KPCh die Kontrolle eigener Territorien und Streitkräfte bestätigt wurde. Die Sowjetregierung in Yan'an wurde in die Regierung der »Shaanxi-Gansu-Ningxia-Grenzregion« umgestaltet und musste von der Guomindang als unerfreuliche Tatsache geduldet werden.

Als offizieller Sitz der Delegation der KPCh während der Zeit der 2. Einheitsfront diente das Haus No. 73, Sinan Lu (Rue Massenet). Ferner lebte Zhou Enlai zusammen mit seiner Frau **Deng Yingcao** (1904-1992) von Juli bis Oktober 1946 in der französischen Villa (vgl. Spaziergang 9, S. 483 f.).

Zhang Xueliang wurde indes nach der Entführung des Generalissimo von der Regierung verhaftet und zu einer mehrjährigen Gefängnisstrafe verurteilt bzw. unter Hausarrest gestellt. Ende der 40er-Jahre ließ ihn Chiang nach Taiwan verbringen, wo er erst 1961 wieder in Freiheit kam. Zhang Xueliang starb über 100jährig in Hawaii. In Shanghai besaß Zhang ein Wohnhaus am Eingang zum heutigen Fuxing Park (No. 1, Gaolan Lu; vgl. Spaziergang 9, S. 483).

Die japanische Besetzung von 1937 bis 1945

Am 7. Juli 1937 begann mit dem Zwischenfall an der Marco-Polo-Brücke bei Beijing der »wirkliche« Krieg zwischen Japan und China. Japanische Truppenverbände besetzten die nördlichen Landesteile und nahmen noch zum Monatsende Beijing und Tianjin ein. Das Yangtze-Tal bildete die nächste Frontlinie. Chiang Kaishek, der sich darüber klar war, den japanischen Vormarsch nicht aufhalten zu können, hoffte auf ein Eingreifen der ausländischen Mächte, falls Japan Shanghai mit dem Internationalen Settlement und der Französischen Konzession einnehmen würde. Doch die japanischen Befehlshaber dachten strategisch genug, zunächst nur die chinesischen Stadtteile zu besetzen.

Bomben auf Shanghai

Tausende von Flüchtlingen strömten nach 1937 in die ausländischen Niederlassungen. Ironischerweise forderten chinesische und nicht japanische Bomben die meisten Opfer. Einer der Flugzeugjäger, die vom Longhua-Flugplatz gestartet waren, um das japanische Kriegsschiff Idzumo zu versenken, verlor vorzeitig seine Bomben (zum Longhua-Flugplatz vgl. Spaziergang 12, S. 520). Eine ging auf dem Dach des Palace Hotels, eine vor dem Cathay-Hotel nieder. Aufgrund der großen Menschendichte wurden 729 Menschen getötet und 861 verletzt. Dieser 14. August 1937 ging als »Blutsamstag« in die Shanghaier Stadtgeschichte ein. Weitere Fehltreffer im Bereich Avenue Edouard VII. und Tibet Road kosteten 1.011 Chinesen das Leben, 570 wurden verletzt.

Wie es zu den Bombenabwürfen kam, konnte nie völlig aufgeklärt werden. Nach dem ersten Schock reagierten die Menschen mit Panik. Die Läden wurden geschlossen und verbarrikadiert. Das Geschäftsleben stand still. Nahrungsmittel und Geld wurden knapp. Die ausländischen Konsulate, allen voran Briten und Amerikaner, begannen mit der Evakuierung ihrer Landsleute. Das britische Generalkonsulat räumte das angestammte Gebäude am Suzhou Creek und zog in das ein paar Blocks vom Bund entfernte Hamilton House, welches als sicherer galt (vgl. Spaziergang 3, S. 413). Dieser Schritt erhöhte die Angst unter der chinesischen Bevölkerung, die annahm, die Briten wollten »das sinkende Schiff« verlassen. Die am Bund angesiedelten Banken stellten ihr Tagesgeschäft ein, um Personal und Publikum nicht zu gefährden. Merkwürdigerweise erschien der ebenfalls am Bund gelegene Shanghai Club aber als geeignete Sammelstelle für die aus der Stadt zu schaffenden Frauen und Kinder. Schiffsladung auf Schiffsladung ausländischer Flüchtlinge verließ Shanghai in Richtung Hongkong, Manila oder auch Japan. Die Zahl der evakuierten Europäer und Amerikaner wird auf 18.000 bis 20.000 Personen geschätzt, diejenige der Japaner dürfte ähnlich hoch gewesen sein. Doch selbst diese Summe ist marginal im Vergleich zu den über 1 Mio. Chinesen, die sich vor den japanischen Übergriffen in das Internationale Settlement und in die Französische Konzession retteten, neben den vielen, vielen anderen, die weiter das chinesische Hinterland per Zug Richtung Hangzhou und Nanjing oder per Boot in den Süden nach Ningbo oder in eine andere südchinesische Hafenstadt flohen.

Die riesige Zahl an bitterarmen Neuankömmlingen stellte die Stadtverwaltungen und die öffentlichen Versorgungsbetriebe vor große Herausforderungen. Die Situation konnte nur durch die Unterstützung zahlreicher weiterer Organisationen und der chinesischen Gilden gemeistert werden. Allmählich normalisierte sich jedoch die Lage, die Geschäfte öffneten wieder – bis weitere Fliegerbomben die Menschen erneut verunsicherten. Eine traf eines der großen

Kaufhäuser in der Nanjing Lu: 173 Menschen wurden getötet, 459 verletzt. Sowohl chinesische als auch japanische Militärs wiesen die Verantwortung für den Vorfall von sich, ausländische Beobachter glaubten, die Maschine als eine chinesische identifiziert zu haben, gänzlich aufgeklärt wurde jedoch auch dieser Vorfall nicht.

Zweifellos stellte die Unerfahrenheit der chinesischen Piloten eine große Gefahr für die Zivilbevölkerung dar. Berichtet wird z.b. von einem Angriff auf ein amerikanisches Kreuzfahrtschiff am 30. August 1937. Die »President Hoover« näherte sich auf ihrem Weg von Hongkong nach Shanghai Wusong, um dort u.a. ausländische Flüchtlinge aufzunehmen. Chinesische Piloten verwechselten den Luxusliner mit einem japanischen Kriegsschiff und setzten ihn unter Beschuss. Mehrere Personen wurden verletzt, eine starb später.

Doch während hier offensichtlich Fehlverhalten vorlag, griff die japanische Luftwaffe gezielt zivile Objekte an. Das »China Journal« schreibt z.b. von einer Attacke auf das Nan-tung-chou Christian Hospital am 17. August 1937, bei dem das Krankenhaus völlig zerstört wurde und 23 Menschen – Patienten und Klinikpersonal – ums Leben kamen. Am 8. September 1937 beschossen japanische Piloten einen Zug voll mit Flüchtlingen am Songjiang-Bahnhof. Die meisten Opfer waren Frauen und Kinder. Einen Tag später kommentierte das »China Journal« die Untaten der japanischen Luftwaffe: »Ein Schrei geht an den Rest der Welt, im Namen der Menschlichkeit dem grausamen Abschlachten harmloser Personen Einhalt zu gebieten.«

Beobachter geben die Schuld an der fatalen Lage der chinesischen Zivilbevölkerung nicht zuletzt auch den verantwortlichen britischen und amerikanischen Behörden. Sie hätten es versäumt, rechtzeitig eine international garantierte neutrale Zone um die Stadt zu errichten. Vorschläge habe es genug gegeben.

In den nächsten beiden Monaten fanden in den Shanghaier Außenbezirken, insbesondere um Zhabei, erbitterte Kämpfe statt. Die Japaner verstärkten ihre Kräfte um weitere 200.000 gut ausgerüstete Soldaten. Die chinesischen Truppen wehrten sich verbissen, blieben aber gegen diese Übermacht chancenlos.

Etwa 350.000 Shanghaier verließen die Stadt, um in ihre Heimat zurückzukehren. Ziel vieler Intellektueller, Künstler und patriotisch eingestellter Chinesen waren die unbesetzten Landesteile. Sie gingen entweder nach Chongqing, wo sich die Nationalregierung re-etabliert hatte (rechtzeitig genug, denn im Dezember 1937 erreichten die japanischen Verbände die vormalige Hauptstadt Nanjing), oder nach Yan'an, wo die Kommunisten ihr Hauptquartier aufgeschlagen hatten. Viele in- und ausländische Geschäftsleute verlagerten ihre Aktivitäten ins Hinterland oder sogar nach Hongkong oder Manila. 1940 verlegten die Briten ihre Truppenverbände von Shanghai nach Singapur und zu anderen strategisch wichtigen Punkten. Danach blieb die Kontrolle der internationalen Gewässer vor Shanghai den Amerikanern und Japanern überlassen, zumal im Juli 1940 mit der Niederlage Frankreichs auch in der Französischen Konzession das Vichy-Regime an die Macht gekommen war.

Japanische Truppen erobern das Internationale Settlement

Am 8. Dezember 1941 änderte sich die Situation dramatisch. Zeitgleich mit dem japanischen Angriff auf Pearl Harbour besetzten die Japaner das Internationale Settlement. Angehörige feindlicher Nationen, allen voran Briten und Amerikaner wurden in Lagern u.a. in Zhabei, Longhua sowie in Pudong unter erbärmlichen Bedingungen interniert. Im Internierungscamp von Longhua verstarb 1943 der amerikanische Architekt Elliot Hazzard, dessen funktionalistische Bauten das Shanghaier Stadtbild bis heute mitprägen.

Die Bankkonten der feindlichen Ausländer wurden eingefroren (die Geschäfte der traditionsreichen Hongkong and Shanghai Bank beispielsweise übernahm die Yokohama Specie Bank), Häuser und Fabriken entschädigungslos enteignet, Maschinen und Metalle nach Japan geschafft. Währenddessen harrten die US- und britischen Diplomaten im Hotel Metropole monatelang auf einen Austausch gegen japanische Kriegsgefangene. Im Hamilton House gegenüber richtete sich die japanische Polizei ein. Der japanische Geheimdienst wählte Jardine's and Matheson am Bund zu seinem Sitz.

Der Französischen Konzession blieb eine Annektion durch japanische Truppen als Teil des von Japans Verbündetem Deutschland abhängigen Vichy-Regimes erspart. Allerdings hatte die französische Exilregierung auch hier nichts mehr zu sagen. Trotz ihrer offenkundigen Machtlosigkeit dauerte es noch anderthalb Jahre bis zum Juli bzw. August 1943, ehe die USA und Großbritannien sowie Frankreich offiziell ihre Rechte aus den Ungleichen Verträgen für erloschen erklärten und die Stadtschlüssel an den damaligen, von den Japanern eingesetzten Shanghaier Bürgermeister **Chen Gongbo** (1946 hingerichtet) zurückgaben. Nach 101 Jahren war Shanghai kein Freihafen mehr. Ansonsten kümmerte sich Chen nur wenig um die Belange der Stadt. Dafür wurde er nahezu täglich vor dem Haig Court gesehen, einem eleganten Apartment-Haus, in dem einer seiner Konkubinen lebte (heute Jing An Hotel, No. 370, Huashan Lu; vgl. Spaziergang 5, S. 441 f.).

Die Japaner, die in Nanjing 300.000 Zivilisten massakriert hatten, sparten auch in Shanghai nicht an Grausamkeiten. Mit dem Fortgang des Krieges wurde die japanische Kontrolle durch das Militär zunehmend repressiver. Die Soldaten durchsuchten die Häuser nach Kurzwellenradios, plünderten und bedrohten die Einwohner nach Belieben. Wer Pech hatte, wurde verhaftet und in eine der mit Ungeziefern verseuchten Zellen des berüchtigten Bridge House – ein achtstöckiges

Wang-Jingwei-Villa

Zunächst erhielt der 1927 zum Guomindang-Verkehrsminister berufene **Wang Boqun** (1885-1944) die 1930 bis 1934 von einem Unternehmer aus Nanjing errichtete Villa als »Geschenk«. Allerdings brachte ihm der englisch-viktorianische Prachtbau kein Glück. Drei Jahre später verlor er über einen Bestechungsskandal seinen Posten und starb bereits 1944. Mit der japanischen Besetzung Shanghais okkupierten die neuen Herren das Anwesen. Insbesondere diente es Wang Jingwei als Wohnsitz. Unter seinem Regiment wurde der Keller zur Folterkammer für politische Gegner umgestaltet. Ebenfalls auf sein Konto gingen Entführungen wohlhabender Chinesen und die Ermordung missliebiger Journalisten.

Begonnen hatte die politische Karriere Wang Jingweis unter Sun Yatsen, 1938 verließ er die Guomindang und agierte von 1940-1944 als Premierminister des japanischen »Marionettenkabinetts« im besetzten China. Wang führte u.a. die Verhandlungen mit dem Vichy-Regime über die Rückgabe der Französischen Konzession an China. Jedoch hatte der offizielle Rückzug der Franzosen am 30. Juli 1943 durch den französischen Konsul und Vertreter des Vichy-Regimes **Roland de Margerie** keinen völkerrechtlich bindenden Charakter, denn auf beiden Seiten handelten nicht offiziell legitimierte Parteien. Erst mit dem Vertrag von Chongqing vom 28. Februar 1946 gab Frankreich offiziell seine exterritorialen Rechte an die Republik China zurück. Dieses Datum besiegelt das rechtliche Ende der Französischen Konzession in Shanghai.

1945 wurde die Villa an Wangs Witwe **Bao Zhining** (1911-2001) zurückgegeben. Sie vermietete sie zwischenzeitlich an die Kulturabteilung des britischen Konsulats, außerdem diente sie als Guomindang-Gästehaus. Vor dem Sieg der Kommunisten verließ Bao Shanghai und ließ sich in New York nieder. Nach 1949 zog die Volksbefreiungsarmee ein. Seit 1960 nutzt der Changning-Distrikt die Villa als Kinderpalast (No. 31, Lane 1136, Yuyuan Lu).

Gebäude in Hongkou nur einen Block von der Garden Bridge entfernt (No. 85, Sichuan Bei Lu; vgl. Spaziergang 2, S. 400) – gesteckt. Das Bridge House diente der japanischen Geheimpolizei Kempeitai ab 1937 als Gefängnis – und erwarb sich bald den Ruf eines der schlimmsten Foltergefängnisse Asiens.

Einer der prominentesten Insassen war John B. Powell, Herausgeber der »China Weekly Review«. Der Amerikaner hatte ganz oben auf der Fahndungsliste der Japaner gestanden. Powell überlebte nur knapp, 1943 konnte er per Schiff Shanghai verlassen, unterwegs mussten ihm beide Füße amputiert werden, er starb 1950, nachdem er seine Memoiren (»My Twenty-Five Years in China«) verfasst hatte.

Für mehr Gerechtigkeit

John B. Powell ist zu der kleinen Gruppe Ausländer zu rechnen, bei denen der Wunsch Chinas nach Aufhebung der Ungleichen Verträge und nationaler Eigenständigkeit durchaus auf Verständnis stieß. Seine »China Weekly Review« war 1917 von **Thomas Millard** als »Millard's Review of the Far East« gegründet worden. Ihren bekannten Titel erhielt sie 1923 mit der Übergabe der Zeitung an Powell. Von Anfang an unterstützten Millard und Powell die Bemühungen Suns um ein »neues China«. Chiang Kaishek schätzte die Zeitschrift zeitweise so sehr, dass er regelmäßig große Teile der Auflage aufkaufte, um sie ins Ausland zu verschicken. Für ihre prochinesische Haltung musste sich Powell viel Kritik seitens der internationalen Gemeinde anhören. Als er in den 30er-Jahren die Aufhebung des exterritorialen Status für Ausländer forderte, wurde ihm der Austritt aus der Shanghaier American Chamber of Commerce nahe gelegt. Doch auch als es darum ging, gegen die Repressionen der Nationalregierung zu protestieren, schwieg die »Review« nicht. Als einer ihrer wichtigsten Reporter Ende der 20er-/Anfang der 30er-Jahre galt Edgar Snow. Dieser war 1928 nach China gekommen. Er favorisierte bald die KPCh als kommenden Machtfaktor in China, während Powell bis zuletzt die Politik Chiang Kaisheks und der Guomindang unterstützte. 1933 veröffentlichte Snow sein erstes Buch über China, »Far Eastern Front«. Im gleichen Jahr wechselte er nach Beijing, wurde Dozent an der Yanjing University und arbeitete als Auslandsberichterstatter für mehrere amerikanische Zeitungen.

Nach einem Besuch bei der Roten Armee in Shaanxi und entscheidenden Begegnungen mit Mao und anderen politischen Führern der KPCh erschien 1936 sein berühmtestes Buch, »Red Star Over China«. Nach dem 2. Weltkrieg kehrte Edgar Snow in die USA zurück. Aufgrund seiner rückhaltlosen Artikel – etwa über die Massaker Chiang Kaisheks an den Kommunisten – und wegen seiner Freundschaften zu Agnes Smedley und anderen Linken sah er sich in der McCarthy-Ära harschen Angriffen ausgesetzt. Enttäuscht verließ Snow die USA und emigrierte in die Schweiz. Noch kurz vor seinem Tod 1972 setzte er seine hochkarätigen Kontakte als Vermittler für den Besuch des amerikanischen Präsidenten **Richard Nixon** (1913-1994) im gleichen Jahr bei Mao Zedong ein.

Zu den linksgerichteten Intellektuellen, die mehr oder weniger offen mit der KPCh sympathisierten, gehörten neben Smedley und Snow der Trotzki-Anhänger und zeitweilige Herausgeber der »China Weekly Review« **Frank Glass** (Li Fu-jen, 1901-1988), der Arzt **George Hatem** (Dr. Ma Haide, 1901-1988), welcher nach China gekommen war, um der kommunistischen Sache zu dienen, sowie der neuseeländische Sozialreformer und Schriftsteller **Rewi Alley** (Luyi Aili, 1897-1987). Alle standen unter ständiger Überwachung einer ausschließlich für die Kontrolle solcher gefährlicher »linker Elemente« geschaffenen Spezialeinheit der Shanghai Municipal Police. Auch hieß es, sich vor den Schergen der Guomindang und später vor den Japanern in Acht zu nehmen.

Eine bedrückte, nahezu gespenstische Atmosphäre nahm während der japanischen Okkupation von der Stadt Besitz. Die Lebensbedingungen verschlechterten sich drastisch. In den Straßen häufte sich der Müll, sogar in der einst makellosen Französischen Konzession. Leichen wurden über Tage und Wochen hinweg nicht weggeschafft. Immer mehr Menschen mussten sich mit Betteln durchschlagen. Existentielle Güter wie Reis, Zucker oder Mehl waren rationiert, und während vor allem Reis immer unerschwinglicher wurde, da der meiste von den Japanern konfisziert worden war, waren einstige Luxusartikel auf dem Schwarzmarkt verhältnismäßig leicht erhältlich. Benzin war Mangelware, die meisten Autos fuhren mit Holzkohle, und selbst die behütetsten jungen Mädchen mussten sich mit dem Fahrrad oder zu Fuß fortbewegen. Die chinesischen Damen legten keinen Chic mehr an den Tag. Der Qipao verschwand und wich einem möglichst unauffälligen blauen Gewand. Hoch her ging es allenfalls noch dort, wo japanische, deutsche und italienische Offiziere verkehrten, wie etwa im Italian Night Club (No. 238, Yan'an Xi Lu) – zumindest bis Italien 1943 die Seiten wechselte und Deutschland den Krieg erklärte (in der Folge wurden auch die Italiener interniert. Frei blieben nur die wenigen, welche die Japaner von ihrer uneingeschränkten Treue zu Mussolini überzeugen konnten). Beliebt war auch der Nachtclub Ciro's (vgl. Spaziergang 4, S. 433). Bei »Sexpur« vergnügten sich derweil die japanischen Soldaten und Offiziere in den so genannten Trosthäusern. Während des Krieges soll es in der Stadt 149 dieser »comfort houses« gegeben haben; die erste Einrichtung befand sich in drei Gebäuden der Lane 125, Dongbaoxing Lu. Bei den »Trostfrauen« handelte es sich in den seltensten Fällen um professionelle Prostituierte. Die meisten waren aus ihrer Heimat verschleppt worden und wurden nun brutal »zum Dienst am Mann« gezwungen. Viele kamen aus dem japanisch besetzten Korea, manche aus der chinesischen Provinz, andere aus Südostasien.

Obwohl verboten, drangen Nachrichten zum Fortgang des Krieges über Kurzwellensender in die Stadt. Im Juli 1944 wurde das erste amerikanische Flugzeug über Shanghai gesichtet. Im November begannen ernsthafte Luftgefechte. Die japanische Luftwaffe war der amerikanischen deutlich unterlegen. Widerstandskämpfer nutzten die Schwäche der Japaner, infiltrierten die Stadt und ermordeten Kollaborateure auf offener Straße. Im Juni 1945 hatten die USA einen Luftwaffenstützpunkt auf Okinawa errichtet, von dem aus sie kontinuierlich Angriffe auf Shanghai fliegen konnten. Bis zum Juli war das Dröhnen der amerikanischen B-29-Flugzeuge nahezu täglich über der Stadt zu hören. Die Bomben gingen gewöhnlich in den Außenbezirken nieder, wo sich die japanischen Magazine und Flugplätze befanden. Zivile Ziele wurden gemieden. Trotzdem verfehlte am 17. Juli 1945 ein Bomber einen Flugzeughangar in der Nähe von Hongkou und schlug stattdessen im jüdischen Ghetto ein.

Shanghai bietet jüdischen Flüchtlingen Rettung

Schon ab 1890 hatten Tausende jüdischer Flüchtlinge in China Schutz vor Verfolgungen in ihrer Heimat gesucht. Grausame Pogrome in Russland ließen sie nach Nordostchina fliehen. Die meisten Ashkenazi-Juden siedelten sich in Harbin, Tianjin und Dalian sowie anderen nordchinesischen Städten an. In der Anfangsphase kamen nur wenige bis Shanghai. 1907 bauten diese eine russische Synagoge (Ohel Moishe) in der Französischen Konzession. Sie wurde 1927 an ihren heutigen Standort in Hongkou verlegt. 1912 entstand der Jewish Recreation Club an der Maoming Bei Lu (heute Wohngebäude). Ursprünglich unter russischer Leitung öffnete sich der Sportclub bald der ganzen Gemeinde. Auch der Russisch-Jüdische Club wurde bald von der ganzen Gemeinde genutzt. Das Gebäude liegt heute auf dem Gelände des Shanghaier Musikkonservatoriums (No. 20, Fenyang Lu; vgl. Spaziergang 13, S. 527).

Mit der japanischen Besetzung der Mandschurei 1931 zogen fast alle jüdischen Flüchtlinge weiter nach Süden. In Shanghai stieg ihre Zahl im Verlauf dieses Jahrzehnts auf etwa 4.500. Noch 1920 hatte die Gemeinde insgesamt (d.h. Sephardi und Ashkenazi) nur etwa 700 Mitglieder aufgewiesen. Die reichen sephardischen Familien zeigten sich gegenüber ihren meist armen russischen Glaubensbrüdern sehr karitativ.

Niemals in seiner Geschichte übte Shanghai jedoch eine größere Anziehungskraft auf jüdische Flüchtlinge aus als in den 30er-Jahren (vgl. Spaziergang 6, S. 451 ff.). Zwischen 1933 und 1941 kamen über 30.000. Abzüglich derjenigen, die in andere Länder weitergereist waren, beherbergte die Stadt bei Ausbruch des 2. Weltkrieges etwa 25.000 Exilanten. Zwar wehte mit der Machtergreifung Hitlers auch über dem deutschen Generalkonsulat die Hakenkreuzfahne, doch Shanghai war Freihafen, niemand fragte nach Visa oder Pässen. Um Europa verlassen zu können, benötigten die Juden auf ihrer Flucht vor Hitlerdeutschland allerdings oft Visa für ihre Durchgangs- und Zielländer. Unter den Diplomaten, die Tausende von Flüchtlingen durch den rettenden Stempel vor dem Tod bewahrten, waren **Jan Zwartendijk** (1896-1976), 1940 niederländischer Honorarkonsul in Kaunas/ Litauen zusammen mit dem 1939 bis 1940 ebenfalls dort tätigen japanischen Konsul **Chiune Sugihara** (1900-1986), **He Fengshan** (1901-1997), 1938 bis 1940 chinesischer Generalkonsul in Wien, und der schwedische Diplomat **Raoul Wallenberg** (geb. 1912, Verbleib unbekannt) in Budapest. Wallenberg, der selbst das Leben Tausender retten konnte, weil die Nazis die von ihm ausgestellten schwedischen Schutzpässe respektierten, verschwand nach dem Einmarsch der Roten Armee 1944 in den Verliesen des sowjetischen Volkskommissariats für Innere Angelegenheiten (NKWD). Die ersten Flüchtlinge stammten überwiegend aus Deutschland und Österreich, später auch aus Polen. Unter ihnen waren der gegenwärtige Direktor des Jüdischen Museums in Berlin, **Michael Blumenthal** (geb. 1926), welcher in Shanghai seine Jugend verbrachte und unter US-Präsident **Jimmy Carter** (geb. 1924) zum Finanzminister aufstieg, der spätere Gründer der »Far Eastern Economic Review« **Eric Halpern** aus Wien und der 1937 noch in Deutschland geborene amerikanische Pop-Art-Künstler **Peter Max**.

Fast alle nahmen die Route über Italien mit dem Schiff von Genua aus, und nachdem diese durch die Kriegserklärung Italiens an Frankreich und England am 10. Juni 1940 versperrt war, die Strecke über Osteuropa und Sibirien. Die meisten Juden waren nahezu mittellos, wenn sie in Shanghai eintrafen, denn die Nazis hatten ihnen maximal 20 Reichsmark und einen Koffer mitzunehmen erlaubt. Auch hatte die italienische Schifffahrtsgesellschaft keine Skrupel, das Doppelte des üblichen Preises für die Überfahrt zu verlangen. Die reichen Shanghaier Glaubensbrüder halfen mit der Organisation von Hilfseinrichtungen und arrangierten mit den Japanern, dass sich die Flüchtlinge in Barrackensiedlungen im ausgebombten Hongkou ansiedeln durften. Victor Elice Sassoon stellte leerstehende Apartments im Embankment Building zur Verfügung. Suppenküchen wurden gestiftet und Schulen und Krankenhäuser für die Flüchtlinge eingerichtet.

Einigen wenigen gelang es, sich in den ausländischen Niederlassungen anzusiedeln, die Mehrheit blieb in Hongkou. Diejenigen, die Englisch sprachen, fanden bald eine Arbeit, auch die anderen versuchten, sich so gut wie möglich durchzuschlagen. Kredite von Sir Victor und internationalen jüdischen Hilfsorganisationen halfen manchem, sich eine Existenz aufzubauen. Es entstanden koschere Restaurants und Läden, das Café Wien und das legendäre Mascot Roof Garden Restaurant, in dem Wiener Orchestermusiker spielten. Während sich die Situation für die ersten jüdischen Flüchtlinge noch halbwegs akzeptabel gestaltete, wurde die Lage mit immer neuen Ankömmlingen immer unerträglicher. Viele, nicht zuletzt diejenigen, die in Europa wohlhabend gewesen waren und hohe Positionen bekleidet hatten, hielten das Leben im überfüllten Hongkou unter zum Teil miserablen hygienischen Verhältnissen nicht aus. Die Selbstmordrate war hoch. **Sonja Mühlberger** (geb. 1939 im Shanghaier Ghetto) erinnert sich: »Man musste sich vor allerlei Läusen, Wanzen, Kakerlaken und anderen ›Krabbeltieren‹ schützen. Meine Mutter ekelte sich anfangs sehr, aber mein Vater versuchte sie zu trösten, indem er sagte, dass die ›Marienkäfer‹ in diesem subtropischen Klima eben anders aussähen.«

In der internationalen Gemeinde war der Zuzug der mittellosen Flüchtlinge umstritten. So schrieb die amerikanische »Shanghai Evening Post & Mercury« in einem Leitartikel schon am 30. Januar 1939: »Irgendwie wird es nötig sein, diesen Zuzug zu stoppen.« Fünf Tage später reagierte die »China Weekly Review« mit einer scharfen Entgegnung, vermutlich aus der Feder ihres Chefredakteurs Powell: »Die Post sagte, es sei etwas ›fast Erschreckendes‹ an der Nachricht, dass

Aus Ernest G. Heppner: Fluchtort Shanghai

Überleben

Eine Gegend von mehreren Häuserblocks um die Chusan Road bekam den Namen »Klein Wien«. Die meisten dieser Häuser waren ursprünglich für Familien mit niedrigem Einkommen gebaut worden. Durchschnittlich besaßen die Häuser etwa zehn Zimmer, von denen die großen unten, die kleineren oben lagen. Einige Zimmer waren bloß acht Quadratmeter groß. Die Häuser gehörten ausländischen Investmentunternehmen, die sie gebaut und dann einigermaßen preiswert vermietet hatten. Bis zum Beschuß durch die japanische Artillerie 1937 hatten in jedem Haus mindestens zwei chinesische Familien gewohnt.

Jetzt, da Wohnraum knapp geworden war, zahlten die Flüchtlinge zwischen 1,50 und 15 US-Dollar im Monat für ein Zimmer. Die Mieten hielten nicht Schritt mit der Inflation, denn der Stadtrat von Shanghai fror sie ein. Trotzdem mußten vielköpfige Familien sich ein einziges Zimmer und mehrere Familien im gleichen Haus die primitiven sanitären Einrichtungen teilen. Die Wände waren so dünn, daß man flüstern mußte, wenn man nicht wollte, daß das ganze Haus mithörte. Die Etikette zu wahren war unmöglich, wenn Frauen und Männer sich zu jeder Tages- und Nachtzeit kaum bekleidet im Gang oder auf dem Weg zum stillen Örtchen trafen. Nur die wenigsten Häuser in Hongkew besaßen Toiletten. Neben den Hauseingängen stand der allgegenwärtige sogenannte »Honigeimer«.

Jeden Morgen ging ein Kuli geräuschvoll mit seiner Schubkarre von Haus zu Haus und leerte die stinkenden Eimer, um die Fäkalien dann als Düngemittel oder »Nachterde« zu verkaufen. Die allgemeine Atmosphäre der Hoffnungslosigkeit führte zu Konflikten, die sich in einer steigenden Zahl von Scheidungen manifestierte. Die Mehrheit versuchte, den Schein zu wahren, aber in der Enge der Behausungen waren Auseinandersetzungen und Streitigkeiten an der Tagesordnung. Auf der anderen Seite sorgten diese Umstände auch für mehr kameradschaftliches Verhalten und gegenseitige Nachbarschaftshilfe. Wer krank war oder in Not geriet, konnte sich immer auf seine Nachbarn verlassen.

Die Häuser standen Wand an Wand, doch nur die äußeren Fassaden sahen auf die Straße. Hinter der ersten Häuserzeile standen noch weitere, die durch schmale Pfade und Gassen miteinander verbunden waren. Dort spielten die Flüchtlingskinder mit kleinen Chinesen und lernten dabei Pidgin-Englisch und Chinesisch. Die Häuser waren für Gesellschaftsschichten ohne große Ansprüche oder Erwartungen gebaut. Im Sommer, wenn die Sonne auf die Dächer brannte und von den Wänden reflektiert wurde, verwandelten sich die Gassen und Häuser in wahre Backöfen. Aber immerhin boten sie einen gewissen Schutz. Das Wasser wurde aus dem Huangpu bezogen und in der Kläranlage gereinigt, doch allzuoft drang Kloakenwasser in die

Pumpen, und alles, was mit diesem Wasser in Berührung gekommen war, mußte in Kaliumpermanganat gereinigt werden. Trinkwasser wurde grundsätzlich abgekocht. Man kaufte es in einem chinesischen Wasserladen nebenan. Wäsche und Geschirr wusch man mit kaltem Wasser und Seifenersatz.

Wie wir zurechtgekommen sind? Manche Flüchtlinge erhielten finanzielle Hilfe von Verwandten im Ausland, doch viele schafften es dank ihrer Ausdauer und Phantasie, sich finanziell selbständig zu machen. Ein Gerät, um Rasierklingen zu schärfen, stellte beispielsweise eine sichere Einnahmequelle für den Besitzer dar. Nur wenige Männer konnten es sich leisten, neue Rasierklingen zu kaufen. Wie viele andere brachte auch ich mein halbes Dutzend Rasierklingen immer wieder zum Schärfen. (...) Viele Flüchtlinge boten ihr Hab und Gut auf einem Tuch ausgebreitet in der Kungping Road zum Verkauf an.

Die chinesische Öffentlichkeit hätte sich nie träumen lassen, eines Tages Gelegenheit zu haben, die »Schätze« der Europäer erstehen zu können. Wie jeder Junge hatte ich zu Bar-Mirzwa in Deutschland mehrere Montblanc-Füller geschenkt bekommen. Ich brauchte nicht lange zu warten, bis mein Füller das neue Statussymbol eines chinesischen Geschäftsmannes wurde. Nachdem ich meine Kamera verkauft hatte, gelang es meiner Mutter, ihren maßgeschneiderten Persianermantel an den für den Fernen Osten zuständigen Manager der Standard Oil Company zu verkaufen. Mit diesem Geld konnten wir fast drei Jahre lang Miete und Essen bezahlen.

Unsere Gemeinde war noch in anderer Hinsicht einzigartig. Trotz der unzähligen Behinderungen und des obligatorischen Kampfes um eine Mahlzeit hungerten auch wir nach Kultur und gaben mehr als zwei Dutzend Zeitschriften heraus. Es gab literarische Gazetten, zwei monatlich erscheinende Nachrichtenblätter für Ärzte (auf deutsch, englisch und chinesisch), zahlreiche jiddische Publikationen und drei Tageszeitungen. Denen, die das Glück hatten, selbst Geld zu verdienen und außerhalb des Lagers zu wohnen, standen vielfältige Unterhaltungsmöglichkeiten offen. Wir nahmen an Lesungen und Konzerten teil und konnten sogar einen deutschsprachigen Radiosender hören. Im Laufe der Jahre hatten wir die Wahl zwischen etwa sechzig Theateraufführungen. Wir genossen vor allem die Operetten, deren Sänger einst auf den Bühnen von Wien und Berlin Erfolge gefeiert hatten. Einige Cafés führten exzellentes Wiener Gebäck. Wenn es nicht zu heiß war, erzielte man ein bescheidenes Einkommen damit. Man kaufte es am frühen Morgen ein, verstaute es in einer Holzkiste und machte die Runde bei Stammkunden, die in den Bürogebäuden des Geschäftsviertels arbeiteten.

Café Louis, Corso Garden und Roof Garden waren die drei bekanntesten Plätze, wo man sitzen, eine Tasse Kaffee trinken und die Zeitung lesen konnte. Abends stand den betuchteren Flüchtlingen eine Vielzahl von Restaurants offen, darunter eines namens White Horse, das dem bekannten österreichischen »Weißen Rößl« nachempfunden worden war.

zusätzliche 1.000 jüdische Flüchtlinge hier in Kürze mit der Conte Biancamano eintreffen. Es scheint der Post nicht aufgefallen zu sein, dass es viel erschreckender ist, ein Opfer des Nazi-Hasses zu sein und keinen Platz zu haben, wohin man entkommen kann, von keinem Land zu wissen, das mehr zu tun gewillt ist als – wie die Post – fromme Worte der Sympathie zu äußern. (...) Die Flüchtlinge haben unseren städtischen Kassen überhaupt nichts gekostet. (...) Shanghai ist eines der letzten Fleckchen dieser Erde, wohin die bedauernswerten Opfer des europäischen totalitären Terrors fliehen können. Die Post will diese letzte Tür schließen« (zitiert nach Freyeisen).

1942 eröffnete die Ashkenazi Communal Association ihr neues Krankenhaus in der Route Pichon (No. 83, Fenyang Lu). Es ersetzte das B´nai B´rith Polyclinic and Hospital, das 1934 von einer anderen Organisation eingerichtet worden war. Der »Shanghai Almanac von 1946-47«, herausgegeben von der zu diesem Zeitpunkt einzigen deutschsprachigen Zeitung »Shanghai Echo«, kommentierte, das Hospital befände sich in einem ansprechenden Gebäude und sei mit seiner modernen Ausrüstung geeignet, den Bedürfnissen und Ansprüchen seiner Patienten unabhängig von ihrer Nationalität oder Religion durchaus gerecht zu werden. Das Hospital, dessen Personal sich in erster Linie aus geflüchteten Juden zusammensetzte, hatte sich bald einen hervorragenden Ruf für die hohe Qualität der medizinischen Behandlung erworben. Nachdem die letzten jüdischen Flüchtlinge Shanghai Anfang der 50er-Jahre wieder verlassen hatten, wurde das Krankenhaus in die heute noch bestehende Augen-Nasen-Ohren-Klinik umgewandelt. Während zahlreiche Neubauten hinzukamen, harrt insbesondere der ursprüngliche Altbau No. 10 einer dringenden Renovierung.

Wiederholt versuchten die Deutschen, Japan zur Teilnahme an der Endlösung zu überreden. 1942 schickte Gestapo-Chef **Heinrich Himmler** (1900-1945), den »Schlächter von Warschau«, **Josef Meisinger** (1899-1947, hingerichtet), wahrscheinlich nicht zuletzt in dieser Mission nach Tokyo und Shanghai. Meisingers Bemühungen blieben in dieser Hinsicht erfolglos. Die Japaner sahen in den Juden »staatenlose Flüchtlinge«, während die jüdischen Bürger mit Pässen der Alliierten interniert wurden und solche aus dem Irak oder Russland sich selbst überlassen blieben.

Zwar ordneten die Japaner 1943 an, alle Juden, die nach 1937 nach Shanghai gekommen seien, müssten auf ein Gelände von etwa 2,5 Quadratkilometern in Hongkou umziehen (d.h. die alteingesessenen oder auch die russischen Juden waren nicht betroffen), doch war das Ghetto von Hongkou nie ein Ghetto im europäischen Sinn. Die etwa 20.000 jüdischen Einwohner konnten es, sofern sie einen Passierausweis besaßen, verlassen, etwa um in anderen Stadtteilen zu arbeiten. Es ist oft darüber spekuliert worden, warum die Japaner ausgerechnet dieses Gelände ausgesucht hatten. Wahrscheinlich gab die Nähe zum riesigen Ward-Road-Gefängnis, in dem viele Kriegsgefangene untergebracht waren, zu

Aus Ernest G. Heppner: Fluchtort Shanghai

Die seltsam wohlwollende Einstellung der Japaner den Juden gegenüber

Damals konnten wir nicht ahnen, daß die pro-jüdische Politik Japans auf bestimmte Zirkel innerhalb der japanischen Regierung zurückzuführen war. Wir konnten nicht wissen, daß diese Haltung stark von einigen ranghohen japanischen Regierungsbeamten mit sehr merkwürdigen Ansichten über das jüdische Volk beeinflußt wurde. Es ist kaum bekannt, daß während des russisch-japanischen Krieges von 1904 der von Deutschland in die USA ausgewanderte Jude und Mitinhaber der Investment-Gesellschaft Kuhn, Loeb & Schiff, **Jacob Schiff** (1847-1929, d. Verf.), den Japanern hohe und letztlich ausschlaggebende Kriegsanleihen gewährt und sich geweigert hatte, dem antisemitischen Zaren **Nikolaus II.** (1868-1918, d. Verf.) ähnliche Gefallen zu erweisen. Folglich wurde ihm vom Kaiser persönlich der »Orden der aufgehenden Sonne« verliehen. Gebildete Japaner sprechen noch heute mit Respekt von ihm.

Zudem hatten laut **David Kranzler** (geb. 1930, Historiker, em. Professor der City University of New York, d. Verf.) zwischen 1918 und 1922 die japanischen Streitkräfte Vorstöße nach Sibirien unternommen, um zusammen mit den Weißrussen die bolschewistische Armee daran zu hindern, bis zum Fernen Osten vorzudringen. Eine der bedauernswerten Folgen dieser Allianz zwischen weißrussischen und japanischen Offizieren (...) war, dass die Japaner dort zum ersten Mal mit einem Antisemitismus rudimentärster Form in Berührung kamen. Ihre russischen Mentoren versorgten sie mit Büchern, zum Beispiel dem denunziatorischen Werk von **Sergius Nilus** *Die Protokolle der Weisen von Zion**), das gerade ins Japanische übersetzt wurde. Die japanischen Offiziere vertrieben es später mittels ausgewählter staatlicher Agenturen. Diese Japaner, die niemals im Leben einem Juden begegnet waren und nicht das geringste über das Judentum wußten, glaubten alles, was sie in besagten Protokollen lasen. Sie glaubten tatsächlich, daß diese imaginären Juden an einer Weltverschwörung beteiligt waren und Banken, Wirtschaft und Regierungen der westlichen Welt kontrollierten. (...)

Als 1939 unerwartet Tausende von jüdischen Flüchtlingen in Shanghai eintrafen, wurden einige dieser Offiziere, die die japanische Regierung für »Judexperten« hielt, nach Shanghai versetzt. (...) Diese Gruppe von Experten argumentierte mit Nachdruck, daß es großen Einfluß auf die »mächtigen jüdischen Plutokraten« haben würde, die das Schicksal von Amerika und England in den Händen hielten, wenn man die Juden freundlich behandelte. Im Glauben an die allgegenwärtige Macht der Juden und vielleicht aus Angst vor Vergeltung, wenn man sie schlecht behandelte, erklärte der japanische Außenminister am 2. März 1939 vor dem Parlament, daß die japanische Politik keine Diskriminierung der Juden beabsichtige.

---

* Die berüchtigten »Protokolle der Weisen von Zion« wurden erstmals 1903 in Petersburg veröffentlicht. Das Pamphlet berichtete über die Pläne zur Errichtung einer jüdischen Weltherrschaft und wurde immer wieder in antisemitischen Hetzkampagnen als Beweismittel herangezogen. Später stellte es sich als eine Fälschung der russischen Geheimpolizei heraus.

den Werften, den Öltanks und einem Rundfunksender den Ausschlag. Die Japaner gingen wohl davon aus, die Alliierten würden das Ghetto nicht bombardieren – und somit wären die militärischen Einrichtungen dort geschützt.

Im Ghetto herrschten Enge und Angst. Die Häuser waren in den vorangegangen Kämpfen zwischen chinesischen und japanischen Truppen stark zerstört worden. Zusammen mit den »regulären« chinesischen Anwohnern war die Bevölkerungsdichte etwa doppelt so hoch wie in Manhattan. Die Verwaltung oblag den Japanern **Ghoya** und **Okura**. Der selbst für japanische Verhältnisse etwas zu klein geratene Ghoya sah sich selbst als »König der Juden« und verteilte seine Gunst nach Lust und Laune. Sein Kollege Okura war nicht besser. Antragsteller für Passierscheine, die an ihn gerieten, riskierten, im so genannten Bunker zu landen, eine läuseverseuchte Zelle in der Polizeistation. Heppner verglich eine Nacht im Bunker mit einem Todesurteil, wobei der Gefangene oft erst Wochen später merkte, ob die Läuse ihn mit Typhus infiziert hatten und er sterben würde.

Wie bereits erwähnt, bombardierten am 17. Juli 1945 amerikanische Flugzeuge versehentlich das Ghetto von Hongkou. Dabei wurden über 230 Menschen

Deutsche Ladenschilder im ehemaligen jüdischen Ghetto in Hongkou: »Horn's Imbiss-Stube« und »Cafe Atlantic«

getötet, weitere 500 verletzt (andere Quellen sprechen von weniger Opfern). Mit Beendigung des 2. Weltkrieges 1945 lebten in Shanghai etwa 24.000 Juden. Nahezu alle emigrierten in den Folgejahren nach Israel, in die USA, nach Australien oder Hongkong. 1982 verstarb in Shanghai das letzte Mitglied der damaligen jüdischen Gemeinde. Heute wohnen etwa 250 Juden aus verschiedenen Ländern (USA, Israel, Frankreich, Russland, Australien etc.) in Shanghai. Die meisten sind Geschäftsleute oder Diplomaten, die keine Beziehung zu den Juden von damals haben.

1994 wurde im Huoshan Park, nicht weit von der Ohel-Moishe-Synagoge, ein kleines Denkmal errichtet. Es dankt in englischer, hebräischer und chinesischer Sprache der Stadt Shanghai, in der 20.000 Juden Zuflucht vor dem Holocaust fanden. Sonst erinnert nur noch wenig an die damalige deutsch-österreichische jüdische Gemeinde. Im berühmten Dachgartenrestaurant befindet sich heute ein chinesisches Lokal. Die meisten Geschäftsschilder aus den 30er- bzw. 40er-Jahren wurden längst übermalt. Eine Ausnahme bilden »Horn's Imbiss-Stube« und »Cafe Atlantic«, denen 2004 um ein Haar Ähnliches widerfahren wäre.

Hinweis: ein weiteres deutschsprachiges Geschäftsschild, vermutlich aus den 20er-/30er-Jahren, findet sich in der Anfu Lu: »Deutsche Werkstätten Shanghai«, leider durch eine Klimaanlage und ein Reklameschild stark ramponiert (No. 183, Anfu Lu). Diese waren 1933 vom ehemaligen Manager der Rudolf-Hamburger-Firma The Modern Home **Horst von Eschenhoff** und dem Mitarbeiter **Rudolf Pfingsttag** als Konkurrenzunternehmen für Wohnungseinrichtungen eröffnet worden.

Kriegsende – die Jahre bis 1949

Mit dem absehbaren Ende des Krieges gegen Japan (formal am 2. September 1945) brach die alte Rivalität zwischen Guomindang und Kommunisten wieder auf. Die kommunistischen Kräfte hätten aufgrund ihrer geographischen Nähe relativ leicht die wichtigen Städte im Osten wie Nanjing und Shanghai einnehmen können. Doch Chiang Kaishek wusste dies zu verhindern, indem er die USA um Unterstützung bat.

Mitte September 1945 trafen die ersten amerikanischen Kriegsschiffe im Yangtze-Delta ein. Die chinesische Bevölkerung begrüßte ihre Ankunft frenetisch. Shanghai wurde zur Drehscheibe für Zehntausende amerikanischer Soldaten, die von hier aus ihren Einsatz in Südostasien beendeten und in die USA zurückkehrten. Die fröhlich-naiven GIs mit ihren Schokoladenriegeln und Kaugummis machten kurzzeitig die Spannung vergessen, die während der japanischen Besatzung geherrscht hatte. Mit ihnen, ihren Jeeps und Greenbacks überrollten amerikanische Waren die Stadt. Vor allem die jungen Shanghaier fanden »alles

Aus Y. C. Kuan: Mein Leben unter zwei Himmeln

Die Parade

Japans Kapitulation stürzte Shanghai erst einmal in ein Chaos. Dass die japanischen Soldaten aus dem Straßenbild verschwanden, war klar, doch mit ihnen gingen auch die chinesischen Polizisten, die im Dienst der Marionetten-Regierung gestanden hatten und den meisten Menschen noch verhasster waren als die Japaner selbst. Im Schutz der Besatzungsmacht hatten viele von ihnen die eigenen Landsleute hemmungslos malträtiert. Nun fürchteten sie Rache.

Auf unserer Avenue Joffre wie anderswo regelte also niemand mehr den Verkehr. Hier und da wurde geplündert. Die Schulen blieben geschlossen. Im Nu schnellten die Preise in die Höhe, denn Händler begannen, ihre Waren zu horten. Zunächst trug die Bevölkerung die neue Situation gelassen – zu groß war das Siegesgefühl, das sich mit der japanischen Kapitulation breit gemacht hatte. So wahrte die große Mehrheit Disziplin, hier und da sprangen sogar Freiwillige ein, um den Verkehr zu regeln. Bei uns um die Ecke wurde ein Triumphbogen errichtet, finanziert aus Spenden von Geschäftsinhabern und anderen Bewohnern des Viertels. »Das Land ist unser!«, prangte in bester Kalligraphie auf dem Bauwerk.

Beim Anblick des Ehrenmals durchströmte mich jedes Mal ein Gefühl von Glück und Wärme. Auch die Presse berichtete Erfreuliches, schilderte die Verlegung chinesischer Regierungstruppen in zuvor besetzte Landesteile und meldete die Rückgabe der verschiedenen Institutionen wie Finanz- und Zollamt, Banken, Eisenbahn und Hafen in die Hände der Regierung.

Auch das »Falschgeld« aus der Besatzungszeit sollte jetzt zurückgetauscht werden, allerdings zum Kurs von zweihundert zu eins – ein Betrug, wie viele meinten; dennoch überwogen Erleichterung und Stolz, dass es endlich wieder eine echte chinesische Währung geben sollte. Präsident Chiang Kaishek war der gefeierte Nationalheld. Porträts von ihm wurden zur heiß umkämpften Ware. Mit großer Mühe gelang es mir, eines zu ergattern. Es bekam einen Ehrenplatz in unserem Wohnzimmer, und jeden Morgen verbeugte ich mich ehrfürchtig davor.

Dann kam der 7. September mit den offiziellen Siegesfeiern. Die Zeitungen hatten berichtet, in Shanghai sei eine Zeremonie geplant, bei der die Japaner ihre Waffen niederlegen sollten. Außerdem werde General **Tang Enbo*** (1900 bis 1954) im Rahmen einer Parade durch Shanghai fahren und sich von der Bevölkerung feiern lassen. Ganz Shanghai wurde daraufhin mit chinesischen Flaggen und den Fahnen der Nationalen Volkspartei, der Kuomintang, geschmückt. Überall klebten nun Chiang-Kaishek-Porträts an den Häusern.

Schon in der frühen Morgendämmerung des 7. September versammelte sich die Bevölkerung an den Straßen, um die Parade mitzuerleben. Niemand wusste aller dings so recht, wann sie eigentlich stattfinden sollte. Aus unserem Viertel drängten sich fast alle an der Avenue Joffre und harrten dort geduldig der Dinge. Viele schwenkten Bilder von Chiang Kaishek oder hielten Fähnchen in der Hand. Noch nie in meinem Leben hatte ich so viele fröhliche Gesichter gesehen. Ich schaffte es, mich ganz nach vorn durchzuzwängen, und setzte mich auf den Boden. Wir warteten Stunde um Stunde bis in den Nachmittag hinein. Die Sonne brannte, und schließlich wurden wir alle müde. Trotzdem blieb jeder diszipliniert auf seinem Platz.

Irgendwann drang schließlich aus der Ferne Motorengeräusch ans Ohr. »Sie kommen! Sie kommen!«, schrie die Menge, alle schwenkten begeistert ihre Fähnchen, klatschten Beifall und riefen Willkommensparolen. Es näherten sich aber nur mehrere der altvertrauten Lastwagen, und sie trugen japanische Fahnen! Ich traute meinen Augen nicht. Plötzlich hielten die Wagen, Soldaten sprangen herab und postierten sich mit wenigen Metern Abstand voneinander in langer Reihe beidseitig der Straße. Unter ihnen schienen sogar Japaner zu sein.

Mit kaltem, versteinerten Gesichtsausdruck richteten sie ihre Kaliber wortlos auf die Menschenmenge. Alles erstarrte. Die Stimmung schlug um. Dann erneut Motorengeräusch: Einige amerikanische Jeeps kamen vorbeigesaust, dicht gefolgt von einem schwarzen, offenen Wagen, in dem kerzengerade, geschniegelt und gebügelt, ein Mann in Militäruniform stand: War das General Tang? Er trug weiße Handschuhe und hielt eine Hand zum Gruß halb erhoben. Kaum hatte man ihn erspäht, war er auch schon vorbei. Es folgten noch ein paar weitere Jeeps, und damit war die »Parade« zu Ende.

Fassungslos wandten sich die Menschen ab. Einige schimpften lauthals: »Eine Schande! Wieso lässt sich General Tang Enbo von unseren Feinden schützen?« »Vor wem hat er Angst? Vor uns?« »Vor den Kommunisten!«, rief einer. »Die Nationalpartei hat Angst vor den Kommunisten!«

* Der aus Zhejiang stammende GMD-General Tang Enbo hatte mit seinen in Henan stationierten Truppen eine führende Rolle im Widerstandskampf gegen die Japaner gespielt. In Shanghai besaß er eine Villa in der Duolun Lu (vgl. Spaziergang 8, S. 478).

großartig, was aus Amerika kam«, erinnert sich Y.C. Kuan. »Die Amerikaner kauten Kaugummi, wo immer man sie traf. Wir fanden das unglaublich lässig. Wenn sie auf der Straße Bier tranken und die leeren Büchsen oder Flaschen achtlos wegwarfen, sahen wir darin ein Zeichen von Reichtum. Wir ließen keinen amerikanischen Film aus. Die Filme prägten uns, bekämpften darin die Helden doch ihre Feinde, um schöne Frauen zu beschützen. Viele Filme liefen im Originalton, da man mit der Synchronisierung gar nicht so schnell nachkam. Wir liebten den amerikanischen Slang, und es wurde Mode unter uns Schülern, in den Pausen oder auf der Straße miteinander Englisch zu sprechen.« Ungetrübt blieb das Verhältnis nicht. »Da war zum Beispiel der Fall eines Shanghaier Rikschafahrers, den ein amerikanischer Soldat erschlagen hatte. Wochen später erfuhr man, dass der Soldat aufgrund der Exterritorialität der US-Truppen nicht nach chinesischem Gesetz verurteilt werden konnte, sondern vor ein amerikanisches Militärgericht gestellt und freigesprochen worden sei. Die Empörung hierüber war noch nicht verebbt, als eine neue Nachricht Schlagzeilen machte: Eine Studentin der Universität Peking war von einem US-Soldaten vergewaltigt worden. Auch dieser Fall fiel unter die Exterritorialität, woraufhin alle Pekinger Universitäten in Streik traten. Auch aus anderen Städten hagelte es Proteste.«

Mit der Rückkehr der Nationalisten nach Nanjing, Shanghai und in die anderen von Japan besetzten Gebiete begann die Jagd auf so genannte Kollaborateure. Den Nationalisten verdächtig war jeder, der nicht die Flucht ergriffen hatte. Unter den Ausländern gehörten die Japaner zu den ersten, die Shanghai nach Kriegsende verließen. Treibende Kraft, die Deutschen außer Landes zu bringen, waren die Amerikaner. Der Kaufmann **Fred Siemssen** (1888-1981; vgl. Spaziergang 3, S. 466) erinnert sich: »Die Folge der Tätigkeit der Amerikaner nach Eintreffen in Shanghai war die Internierung und Einleitung der Repatriierung der Deutschen aus China in der Zeit von Anfang 1946 bis Ende 1947. Ausgewählt für diese Repatriierung wurden in erster Linie Parteimitglieder und Mitglieder der deutschen Behörden. Ferner war unverkennbar, dass die Amerikaner Wert darauf legten, in China prominente Deutsche zu entfernen.« Die meisten China-Deutschen – insgesamt rund 1.250 Personen – wurden 1946 auf den US-Truppentransporter »Marine Robin« verladen und nach Bremerhaven verschifft. Die letzten verließen Shanghai Anfang der 50er-Jahre.

Zur unbefriedigenden politischen Situation kam der wirtschaftliche Niedergang Shanghais und Gesamtchinas. Um ihre Ausgaben zu bestreiten, druckte die GMD hemmungslos Geld. Eine Hyperinflation war die unausweichliche Folge. Die Geschäfte waren voll, und die Leute kauften und kauften, denn sie wussten, ihr Geld verlor täglich rapide an Wert. Gleichzeitig waren viele dem Hungertod nahe. Verschärft wurde die Lage in Shanghai durch die über 6.000 Flüchtlinge, die täglich in der Stadt eintrafen. Bis Ende 1948 kamen Hilfsgüter der United Nations Relief and Rehabilitation Administration (UNRRA) im Wert von 3 Mrd. US$ nach Shanghai. Doch statt den Bedürftigen zugute zu kommen, verschwand der Großteil direkt auf dem Schwarzmarkt, wo er zu skandalösen Preisen verschachert wurde. Einer der Drahtzieher war T.V. Song. Im Endeffekt waren die Songs, die Chiangs und Kongs die großen Profiteure der US-Hilfe. Angesichts des allgemeinen Chaos begann 1946 der Exodus der wohlhabenderen Shanghaier. Firmen, die nach dem Krieg zurückgekommen waren, um ihre Geschäfte wiederaufzubauen, verließen die Stadt erneut. Auch alteingesessene Shanghailänder wie Victor Elice Sassoon gaben auf.

Aus Klaus Mehnert: Ein Deutscher in der Welt

Das Ende der China-deutschen Gemeinde in Shanghai

Ende September 1945 spaltete sich die deutsche Kolonie in Schanghai in die »Masochisten« und die »Vogel-Strauß-Typen«. Als »Masochisten« (...) wurden diejenigen bezeichnet, die sich um die Einrichtung eines für die Schanghai-Deutschen bestimmten Internierungslagers kümmerten, und diese wiederum verglichen ihre Gegner mit dem Vogel Strauß, weil diese ihren Kopf vor der Wirklichkeit in den Sand steckten und die Errichtung eines solchen Lagers für ausgeschlossen hielten. (...) Am 25. September musste die deutsche Schule geräumt werden, am 27. erschienen chinesische Soldaten in einer Reihe von deutschen Häusern und Wohnungen, quartierten sich dort ein, belästigten die Bewohner und verboten ihnen, irgendwelche Gegenstände herauszuschaffen, wobei sich nie recht feststellen ließ, wer hinter solchen Aktionen stand und warum gerade der und nicht jener von ihr betroffen war. In der Nacht vom 4. zum 5. Oktober erfolgten die ersten totalen Wohnungsräumungen. Etwa zur gleichen Zeit war gerüchtweise das Wort Kiangwan aufgetaucht. So heißt ein Neubaugebiet fünfzehn Kilometer nördlich vom Schanghaier Stadtkern, wo in den dreißiger Jahren die chinesische Stadtverwaltung eine Musterstadt geplant hatte. Dort sei, hieß es, ein Gelände als Internierungslager für die Deutschen vorgesehen. (...) Das Ergebnis war der Drang der Deutschen, etwas zu tun und sei es auch nur die Unterbringung in einem Internierungslager vorzubereiten. So wurden die Arbeiten für Kiangwan mit erstaunlichem Schwung in Angriff genommen.

Als ich Anfang Oktober zum ersten Mal in die Räume des neu gebildeten Transportausschusses kam, so hieß das Hauptquartier der Masochisten, herrschte dort schon Hochbetrieb. Die Telefone klingelten, die Sekretärinnen tippten, Jungens mit Rädern kamen und gingen mit Depeschen, Lastwagen beladen mit Helfern und Helferinnen fuhren nach Kiangwan. Alles geschah mit deutscher Gründlichkeit. Es ergingen Aufforderungen an sämtliche Mitglieder der Gemeinde, alles, was in einem Lager gebraucht werden kann, zu stiften; (...). Die arbeitsfähigen Männer und jüngeren Frauen wurden zur Hilfe mobilisiert. Nachts schliefen Wachen in der Turnhalle von Kiangnan, welche als Lagerraum benützt wurde und sich mit Öfen und Kartoffeln, Zwiebeln, Reis, Mehl, Bohnen, Holz, Badewannen, Schränken, Drehbänken, Medikamenten (Stiftung von Bayer), elektrischen Materialien (Stiftung von Siemens) usw. füllte.

Die Wochen vor der Eröffnung des Lagers waren gekennzeichnet durch bemerkenswert einmütiges Zupacken. Nach Monaten der Nervenbelastung, die schon lange vor dem deutschen Zusammenbruch eingesetzt hatte, wurde die Einrichtung des Lagers, so paradox es klingen mag, als konstruktive Gemeinschaftsleistung empfunden. Vor allem die Arbeit im Lager selbst machte Spaß; man fuhr wie zum Picknick hinaus (mittags wurden dort für alle Helfer kräftige Eintöpfe gekocht), sodass es schwierig war, Leute für den prosaischeren Dienst im Stadtbüro zu finden.

Und es gab eine Menge zu tun. Der weitläufige Kiangwan-Komplex, einst eine Schule mit vier großen Bauten auf einem Gelände, das man in etwa zehn Minuten umschreiten konnte, war von japanischen Militärbehörden mit zahlreichen Bunkern, Schützenlöchern, Stacheldrahtverhauen versehen worden. Die letzten japanischen Soldaten lagen noch dort, als wir schon einzuziehen begannen. Es sah schlimm aus. Die Fenster waren kaputt. Die ganze Kanalisation war verstopft. Die elektrischen Leitungen fehlten. Das Gelände glich einer Mülldeponie voller Moskito-Brutstätten; wir brauchten Wochen, um es einigermaßen in Ordnung zu bringen. Tagelang wurden nur Böden geschrubbt.

Und während der ganzen Zeit rollte Lastwagen um Lastwagen aus der Stadt an. Alles Gemeinde- oder Reichseigentum, das noch nicht beschlagnahmt war, wurde nach Kiangwan in Sicherheit gebracht – darunter etwa 6.000 Bücher der verschiedensten deutschen Bibliotheken, das gesamte Mobiliar der Informationsstelle, Schulmaterialien, Lebensmittel, Schreibmaschinen, sogar Kassenschränke. Eine Transportfirma arbeitete fast nur für uns. Je nervöser die Deutschen wurden, je mehr deutsche Wohnungen beschlagnahmt, deutsche Firmen gestört wurden, desto eifriger schufteten wir in Kiangwan, dem Heim von morgen. (...)

Der erste Schub der Internierten (dreizehn Familien) kam am 18. Oktober nach Kiangwan, der zweite (acht Familien) am 24. Oktober, und so ging es weiter (ich kam schließlich auch an die Reihe) bis zum 6. Dezember. Danach trafen nur noch einzelne ein. Die Aktion war zu Ende, nicht, weil es keine Deutschen mehr gab, sondern weil sich nach ehrwürdiger chinesischer Sitte zahlreiche Umgehungsmethoden entwickelt hatten, mit denen sich die Wohlhabenden von der Internierung freikauften. Von den großen Taipans kam kein einziger ins Lager. Die Internierten waren wütend (warum waren sie eingesperrt und die anderen draußen?) und verlangten Aufklärung. Am 20. Januar 1946 empfing mich der für das Lager zuständige Chinese, **Yang Yin**, in seinem Schanghaier Büro. (...; er erklärte:) »Die chinesische Regierung war an der Internierung der Deutschen ein halbes Jahr nach dem Ende des Krieges in Europa nicht interessiert. Nur in Schanghai hat sie diese schließlich infolge starken sowjetischen und amerikanischen Druckes beschlossen. Ursprünglich sollte der größte Teil der deutschen Gemeinde interniert werden; daher begann die Aktion in flottem Tempo und ohne klare Ausleseprinzipien. Als Ende November der ausländische Druck nachließ, wurde sie eingestellt. Die bereits Internierten sind die Unlucky Ones (=Pechvögel) und müssen sich damit abfinden.«

Aus Y. C. Kuan: Mein Leben unter zwei Himmeln

»Seien Sie morgen eher da!«

Mit dem Beginn des Jahres 1947 legte die Inflation noch an Tempo zu. Eine derartige Teuerung hatte es selbst unter den Japanern nicht gegeben. In Shanghai und anderen chinesischen Städten kam es zu Lebensmittelknappheit und in der Folge zu Unruhen und zu Plünderungen.

Eines Tages schickte mich Mutter Reis kaufen – damals ein echtes Problem. Die Läden öffneten nur wenige Stunden am Vormittag, und man musste sich schon am Abend vorher anstellen, um überhaupt etwas zu ergattern. Mutter gab mir einen dicken Stapel von Hunderttausend-Yuan-Scheinen. Der würde für zehn Kilo Reis reichen, sagte sie. Als ich gegen 21 Uhr bei dem Laden ankam, wartete dort bereits eine lange Schlange. Polizisten schrieben jedem Wartenden mit Kreide eine Nummer auf die Schulter. Ich bekam die Nummer 253.

Es war kühl und regnerisch, und wir verbrachten die Nacht fröstelnd an eine Wand gekauert. Am nächsten Morgen um acht, kurz bevor der Laden öffnete, drängte eine Horde von Schlägertypen die Spitze der Schlange beiseite. Die Polizisten hielten sich abseits und schauten weg. Die Wartenden kochten vor Wut, doch niemand wagte es, laut zu protestieren. Schließlich öffnete das Geschäft ein Fenster, durch das der Verkauf erfolgte. Die Einzigen, die an diesem Tag Reis bekamen, waren die Rowdies.

Als sie alles leer gekauft hatten, schloss der Laden, und draußen wurde ein Zettel angebracht mit dem klugen Rat: »Seien Sie morgen eher da!«

Am 19. August 1948 versuchte Chiang Kaishek mit einer Währungsreform, welche die alte Währung gegen den neuen »Goldyuan« ersetzte (3 Mio. alte chinesische Dollar gegen 1 Goldyuan = 4 US$), doch noch ökonomische Stabilität zu schaffen. Unter Androhung der Todesstrafe mussten alle Chinesen Gold, Silber und ausländische Devisen bei der Zentralbank gegen Goldyuan tauschen. Trotzdem war der Goldyuan nach nur einem Monat so wertlos wie sein Vorgänger. Die Reform verpuffte, weil die GMD-Regierung weiterhin fleißig frisches Geld in den Markt drückte. Die Dummen waren die Ehrlichen, die ihr letztes Erspartes verloren hatten. Chiang seinerseits hatte mit der Aktion auch die Sympathie seines letzten verbliebenen Anhängerkreises, der städtischen Mittelklasse, verspielt.

Obwohl die GMD zeitweise 80% ihrer Ausgaben für militärische Zwecke einsetzte, konnte sie den Vormarsch der Kommunisten nicht aufhalten. Der Volksbefreiungsarmee (PLA) mit ihren 2,8 Mio. Soldaten standen zwar 3,6 Mio. Mann der Nationalarmee gegenüber, aber diese waren viel motivierter und

Aus Yuan Hong Li: Die Tempelglocken von Shanghai

Die Befreiung Shanghais aus Sicht einer Kommunistin

»Es war im Mai 1949. (...) Die Nacht der Befreiung ist noch ganz genau in meiner Erinnerung. Am Anfang wurde überall stark geschossen, der ganze Himmel leuchtete rot. Dann plötzlich war es ruhig, ganz ruhig, fast totenstill. Die Soldaten der Volksarmee waren gekommen. Überall auf der Straße waren sie. Viele Bürger hatten Angst, sie fürchteten diese Soldaten wie den Teufel. Sie verriegelten Türen und Fenster, verbarrikadierten sich in ihren Häusern und erwarteten das Schlimmste. Doch dann geschah etwas, was man kaum glauben kann: In ganz Shanghai wurde an keine einzige Haustür geklopft. Mehr als eine Million Soldaten übernachteten auf der Straße. Es regnete leicht und war eiskalt, trotzdem lagen die armen Männer alle auf den nassen Pflastersteinen. Sie hatten den Befehl, auf keinen Fall die Bürger zu stören. Sie durften noch nicht einmal um Wasser bitten. (...)

Die Einwohner von Shanghai konnten natürlich nicht schlafen und sahen alles, was draußen passierte. Einige, die besonders mutig waren, öffneten die Haustür ein wenig und baten die Soldaten herein, damit sie sich ein bisschen trocknen und aufwärmen könnten. Doch keiner kam ins Haus. Dann, nach und nach, kamen die Menschen von Shanghai mit Schirmen, Decken und heißem Tee auf die Straßen. Zehn Jahre lang hatte die Kuomintang Ängste geschürt und in einer einzigen Nacht waren ihre ganzen Bemühungen zunichte gemacht worden. Seit dieser Nacht glauben die Leute nur noch, was wir erzählen: die Volksbefreiungsarmee gehört dem Volk.«

genossen die Loyalität des chinesischen Volkes. Im September 1948 fiel Jinan an die PLA, im November Mukden (Shenyang). Damit hielten die Kommunisten die Mandschurei. Am 31. Januar 1949 übergaben die Nationalisten Beijing kampflos an General Lin Biao. Schon am 21. Januar hatte Chiang Kaishek die Regierungsverantwortung an **Li Zhongyan** abgegeben. Während Li um einen Kompromiss verhandelte, verschiffte Chiang immer mehr Truppen und Ausrüstungen nach Taiwan, aber auch die staatlichen Goldreserven und unbezahlbare Kunstschätze, etwa aus der Verbotenen Stadt. Den größten Coup landete er im Februar am Bund, wo er in einer Nacht-und-Nebel-Aktion 500.000 Unzen Gold aus der Bank of China mit Kulis in einen Frachter mit Ziel Taiwan verladen ließ. Am 24. April standen die PLA-Truppen am Yangtze und in der Nacht zum 25. April begann ihr Einmarsch in Shanghai. Schon am 25. Mai tönten aus dem Gläsernen Radiostudio des Sun Sun Department Stores Klänge der Volksbefreiungsarmee, und am 27. Mai 1949 konnten die Kommunisten die »Befreiung« Shanghais endgültig feiern.

DIE ZEIT NACH 1949

Mit der »Befreiung« der Stadt am 27. Mai 1949 begann für Shanghai die Ära der kommunistischen Herrschaft. In ihr spiegelt sich die gesamte moderne Entwicklung der am 1. Oktober 1949 gegründeten Volksrepublik China wider: die »Drei Großen Umbildungen« in Industrie, Handel und Landwirtschaft (1953 bis 1956) mit der schrittweisen Verstaatlichung der Betriebe, die »Anti-Rechtskampagne« (1957), der »Große Sprung nach vorn« (1958/59), die drei Konsolidierungsjahre (1960 bis 1962), die »Große Proletarische Kulturrevolution« (1966 bis 1976) mit der Zerschlagung der »Viererbande« (1976) und schließlich die Öffnung des Landes unter Deng Xiaoping (nach 1978).

Nach Kriegsende bis Anfang der 50er-Jahre verließen die meisten Ausländer das Land oder mussten es verlassen. In Shanghai war ihre Zahl bereits von 65.409 im Jahr 1946 auf 28.683 im November 1949 gesunken und ging bald gegen null. Sich im Besitz von Ausländern befindliche Fabriken und Bauten wurden enteignet und staatlichen Einheiten übergeben. Jardine's and Matheson gaben 1952 auf, Butterfield & Swire zwei Jahre später. Die Metropole Shanghai verlor rasch einen Großteil ihrer internationalen Offenheit und ihres Glamours – Charakteristika, die sie über alle chinesischen Städte hinweg ausgezeichnet hatten. »Welch eine Veränderung! Noch vor zwei Monaten hielt ich in der rechten Hand die Bibel und in der linken westliche Romane, pfiff amerikanische Schlager, kaute Kaugummi und tanzte auf Partys Rumba, Tango und Foxtrott. Jetzt hielt ich in der rechten Hand marxistische Schriften und in der linken Aufsätze von Mao Zedong. Ich sang revolutionäre Lieder und aß mit den anderen gemeinsam aus einem großen Topf. Ich machte mit bei der Revolution!«, beschrieb der damals achtzehnjährige Y.C. Kuan den Wandel in einer ersten Euphorie.

Nachdem während der japanischen Besatzung die Bevölkerung Shanghais deutlich abgenommen hatte, weil viele aus der Stadt geflohen waren, kehrten etliche der Flüchtlinge nach Kriegsende zurück. Die Bevölkerungszahl wuchs in den Jahren 1945 bis 1947 auf 5,5 Mio. bis 6 Mio. Menschen. Dann wurden in den ersten beiden Jahren nach Gründung der Volksrepublik viele Flüchtlinge, die während der Endphase des Bürgerkrieges in der Stadt Zuflucht gesucht hatten, wieder ins Hinterland zurückgeführt, sodass die Einwohnerzahl wieder auf 4,5 Mio. bis 5 Mio. Menschen sank.

Ab 1954 limitierte die Einführung der Wohnberechtigungsscheine (»Hukou«) den Zuzug in die Stadt. Damit sollte die Migration von Bauern, die von der Landwirtschaftsreform, welche das ihnen gerade erst zugesprochene Land wieder kollektivierte, zutiefst enttäuscht waren, verhindert werden. Ähnliche Maßnahmen wurden in anderen Großstädten wie Beijing ergriffen. Sie unterbanden ein unkontrolliertes Wachstum insbesondere der Küstenstädte und die Bildung von Slumgürteln – wie diese für Megastädte in anderen Entwicklungsländern sonst typisch sind. Die Fakten sprechen für sich: Während sich die Stadtbevölkerung in der VR China, u.a. durch die Gründung neuer urbaner Zentren, zwischen 1960 und 1980 auf rd. 250 Mio. Menschen verdoppelte, ging die Einwohnerzahl im Zentrum Shanghais im gleichen Zeitraum leicht zurück (von 6,2 Mio. auf 6,1 Mio. Personen).

Nach dem Beginn der Öffnungspolitik ist dagegen wieder ein kontinuierlicher Bevölkerungsanstieg zu verzeichnen, bis zuletzt auf etwa 18,2 Mio. Einwohner (Ende 2006; andere Quellen sprechen sogar von rd. 20 Mio.). Dabei handelt es sich bei fast 14 Mio. um »wirkliche« Shanghaier, d.h. mit »Hukou«, aber nicht unbedingt in Shanghai geboren, und bei den übrigen um auswärtige Wanderarbeiter ohne »offizielles Existenzrecht« in der Stadt.

Die KPCh sieht Shanghai als Herausforderung

Grundsätzlich war die politische Elite alles andere als stadtfreundlich gesinnt. Die Ursachen für ihre antiurbane Politik wurzelten nicht zuletzt in der Geschichte der KPCh: zwar in Shanghai gegründet, wurde sie verhältnismäßig rasch aus den wichtigen Großstädten des Landes vertrieben und fand ihre Machtbasis unter den Bauern auf dem Land. Die Zeit des Langen Marsches vom Oktober 1934 bis zum Oktober des darauffolgenden Jahres und anschließend die Zeit in Yan'an bis 1948, in denen die traditionelle Reserviertheit gegenüber »fremden« Vorbildern ausgelebt wurde, mündeten ein in Maos berühmter Direktive von Yan'an zur »Auflösung der Stadt«. In der Annahme, ihre bisherigen Strukturen seien für die neue, »industrielle« Gesellschaft untauglich, sollte die »feudale« Stadt – als der Ort der Verwaltung, des Handels, des Gedanken- und Warenaustauschs – vernichtet und durch die Stadt der Arbeit ersetzt werden.

Die Spuren des Imperialismus werden getilgt

Auf Basis dieser Gedanken stellte die Herrschaft über Chinas größte, modernste und »westlichste« Stadt für die KPCh eine schwierige Herausforderung dar. Die Kommunisten sahen in Shanghai das Symbol urbaner Lasterhaftigkeit und des parasitären Kapitalismus, der das Land in Form ausländischer Imperialisten befallen hatte. Shanghai und die Shanghaier mussten umerzogen werden. Aus diesen Gründen wurden der Stadt systematisch Gelder entzogen, wurde der einst kosmopolitische Umschlaghafen zu einem Binnenport degradiert. Zunächst gingen die Behörden daran, den dekadenten Ausschweifungen ein Ende zu setzen und die offensichtlichen Spuren ausländischen Einflusses auszulöschen. Alle Opiumhöhlen, Bordelle und Bars wurden geschlossen. Die Prostituierten kamen in Umerziehungsheime. Süchtige wurden auf Entzug gesetzt. Straßen mit westlichen Namen wurden, falls noch nicht unter den Nationalisten nach 1945 geschehen, umbenannt. Die Prachtbauten und großen Hotels am Bund erhielten ebenfalls zeitgemäßere Bezeichnungen oder wurden einer gänzlich neuen Bestimmung übergeben. In das imposante Gebäude des Shanghai Municipal Council zogen 1949 die Stadtverwaltung und das lokale Parteikomitee ein (ab 1955 in den noch pompöseren Bau der Hongkong and Shanghai Banking Corporation). Das Cathay-Hotel wurde in »Heping Fandian« umgetauft, im ehemaligen Shanghai Club das Dongfeng Hotel eingerichtet, der Rennplatz in einen öffentlichen Park verwandelt, der Vergnügungstempel »Große Welt« zum »People's Entertainment Park« und der einst lebhaft besuchte Canidrome musste zunächst einem eher trostlosen Kulturplatz (Wenhua Guangchang) weichen (derzeit wird gerade an dieser Stelle ein Musical-Theater errichtet, vgl. Spaziergang 11, S. 510) . Die berühmt-berüchtigte Shanghaier Vergnügungsszene bzw. das, was Kriegs- und Nachkriegsjahre von ihr übrig gelassen hatten, fand so ein rasches Ende. Eine der letzten Spuren des Canidromes sind kleine Plaketten mit zwei Windhunden, zu sehen im Museum »The Site of the First National Congress of the Communist Party of China« (vgl. Spaziergang 9, S. 491 f.).

Die Umwidmungen verliefen gründlich, in den Folgejahren wurde die koloniale Vergangenheit erfolgreich totgeschwiegen. Im Mai 1966 schrieb Margaretha Winkler:»Nach dem Frühstück kam die Stadtrundfahrt. Die Hauptgeschäftsstraße, die Nankingstraße und die Uferpromenade wirken außerordentlich europäisch. Am Ufer lag zwischen den anderen großen Gebäuden ein besonders schönes, wohl das Regierungsgebäude, denn zwei Soldaten als Wache standen davor neben zwei großen bronzenen Löwen, unverkennbar den britischen Löwen, also ein ehemaliges englisches Verwaltungsgebäude.« Offenbar hatte den Touristen aus der DDR keiner den ursprünglichen Zweck des imposanten Kuppelbaus erklärt ...

Die Anstrengungen der Kommunisten hatten auch ihre positiven Seiten. Stellvertretend für die meisten Intellektuellen bezeichnete der 1926 in Shanghai geborene und zwischen 1988 und 2002 in Berlin lebende Dolmetscher und Literaturprofessor **Zhou Chun** in seiner Autobiographie »Ach, was für ein Leben!« die Jahre von 1949 bis 1955 als die »Jahre im Paradies«: »Mit der Gründung der Volksrepublik hatte eine neue Phase der Geschichte begonnen; alles würde besser und immer besser werden; eines Tages würde auch China ein reiches und starkes Land der Welt sein. Das Volk hatte genug von Kriegen, Unruhen und Zerstörungen. Jetzt wollte es in Frieden leben und das Land wieder aufbauen. Es war eine seltene Begeisterung und ein noch selteneres Vertrauen in

> **Eva Siao** (1911-2001) beschreibt ihre Eindrücke vom Shanghai der Jahre 1950 und 1953 so (zitiert nach:»China. Mein Traum, mein Leben«):
>
> ### Evas und Emis Siaos Reise in den Süden
>
> Die schillernde Exotik des chinesischen Südens, vor der man großen Reichtum und tiefste Armut auf engstem Raum nebeneinander antraf, war für mich erschütternd. Das bezieht sich vor allem auf Shanghai und auf Guangzhou. In Shanghai fuhren wir mit dem Auto die elegante Nanjing Road mit ihren Luxusgeschäften entlang. Ein Schwarm zerlumpter Bettler und bettelnder Kinder umringte unseren Wagen und stoppte ihn. Hunderte hungriger Augen sahen mich flehend an. Mir zerbrach es fast das Herz. So etwas sah ich zum ersten Mal. In Beijing gab es zwar auch viele Bettler, aber nicht in diesem Maße. Und so ging es uns überall in Shanghai, ganz gleich, ob wir zu Fuß waren oder im Wagen fuhren. Nur drei Jahre später habe ich weder in Beijing noch auf meinen Reisen durchs Land und durch andere Städte auch nur einen einzigen Bettler gesehen. Das war eines der ersten von vielen Verdiensten der neuen Regierung.
>
> »Keine Leichen mehr auf den Straßen« – dies gehört auch nach Ansicht von Werner Noll zu den wesentlichen Veränderungen, als er 1986 seine Geburtsstadt seit 1949 das erste Mal wieder besuchte. »Tote Kinder auf der Straße, das war damals absolut normal. 1986 gab es das nicht mehr. Die Leute hatten offensichtlich alle was zum Anziehen und zum Essen, wenn auch bescheiden, aber sie hatten ein Dach über dem Kopf. 1986 habe ich keine Kulis auf der Straße mehr barfuß laufen sehen.«

die Kommunistische Partei im Volk wahrzunehmen. Im Lande herrschte eine ungeheure schöpferische Kraft. Glücklicherweise hatte die junge Volksrepublik Jahr um Jahr gute Ernten. Auch das Wetter war für den Ackerbau immer günstig. Die Preise blieben niedrig und stabil. (...) Für die meisten Menschen war das Leben viel leichter geworden. Die Bauern hatten nach der Landreform ihr Stückchen Land, die Städter hatten eine Stelle, während die Fürsorgeämter sich um die Alten, Schwachen, Kranken und Invaliden kümmerten. Die Regierung war rechtschaffen, verantwortungsvoll, dienstbeflissen und effizient. Maos Aufruf ›Dem Volke dienen!‹ blieb nicht nur auf dem Papier oder im Mund. Es war tatsächlich der Leitgedanke aller Kader im ganzen Lande.«

In der Tat verbesserte die Revolution die Lebenssituation gerade der kleinen Leute zunächst erheblich. »Vorbei waren die Sorgen um Unterhalt und Studiengebühren. Die Kinder konnten kostenlos studieren, die Lebenskosten waren niedrig (...). Für einige Jahre führte sie (die Schwiegermutter, d. Verf.) ein sorgenfreies Leben. Doch dann kamen die politischen Kampagnen, eine schlimmer als die andere, und mit dem Beginn der Kulturrevolution endete alles in einer Katastrophe«, bilanzierte **Petra Häring-Kuan** das Schicksal ihrer chinesischen Familie.

Die »Umerziehung« nimmt ihren Lauf

Von Äußerlichkeiten wie Namensänderungen abgesehen erwies sich die in Yan'an ersonnene Direktive zur »Entstädterung« als nicht durchführbar. Die Kommunisten mussten sich mit dem Vorhandensein von Großstädten arrangieren und waren angesichts des Mangels an Kadern auf die Wirtschafts- und sonstigen Fachkenntnisse der Shanghaier Bourgeoisie angewiesen. Um das Vertrauen der Bevölkerung zu gewinnen, ging die Partei zunächst sehr behutsam vor. Mit ihrer Strategie, dem wirtschaftlichen Wiederaufbau Vorrang vor der Umwandlung der Gesellschaft einzuräumen, konnte sie sich die Unterstützung breiter Schichten auch im Bürgertum sichern. In der Tat lag eine große Begeisterung in der Luft, die offenkundigen Probleme anzupacken und zu lösen. Zahlreiche Auslandschinesen kehrten ins Land zurück, um sich am Wiederaufbau zu beteiligen.

Doch schon bald sollte diese gemäßigte Politik ein Ende finden. Einen Vorgeschmack auf die Massenkampagnen, welche die Stadt in den nächsten zweieinhalb Jahrzehnten erschütterten, lieferte die während des Koreakrieges inszenierte Kampagne »Widerstand gegen Amerika, Hilfe für Korea«. 1951 folgte die »Drei-Anti«- und 1952 die »Fünf-Anti«-Bewegung, von denen Shanghai stark betroffen war. Die »Drei-Anti«-Bewegung richtete sich gegen Korruption, Verschwendung und Bürokratismus. Ihr eigentliches Ziel war die Säuberung der Verwaltung von unliebsamen »Elementen«. Die »Fünf-Anti«-Bewegung bekämpfte Bestechung, Steuerhinterziehung, Diebstahl von Staatseigentum, Betrug und Diebstahl von Wirtschaftsinformationen. In der Schusslinie standen vor allem Kaufleute und Unternehmer.

1956 verordnete Mao die Kampagne »Lasst hundert Blumen blühen, lasst hundert Gedankenschulen miteinander wetteifern«. Gemäß der Erkenntnis des berühmten Kriegsstrategen **Sunzi** (3. Jahrhundert v. Chr.) »Wenn man etwas fangen will, muss man es zuerst loslassen«, forderten die Parteisekretäre aller Organisationen und sogar Mao selbst dazu auf, offen ihre Arbeit zu kritisieren. Zehntausende von Intellektuellen und mehr als eine Million Chinesen aus allen Gesellschaftsschichten glaubten ernsthaft, die Partei wolle ihre Arbeit verbessern und äußerten offen ihre Sorgen und Vorschläge. Schon im nächsten Jahr war es mit der Freiheit vorbei. Im Juni 1957 leitete Mao die Kampagne gegen Rechtsabweichler ein – das waren all jene, die die Partei kritisiert hatten. Viele von ihnen verloren ihre Arbeitsplätze, wurden zu Unpersonen erklärt und in Arbeitslager

Aus Cheng Nien: Leben und Tod in Schanghai

Winnie und Henry – zwei Intellektuelle am Vorabend der Kulturrevoltion

Nachdem sie an einem Frauen-College in Neu-England englische Literatur studiert hatte, war sie mit ihrem Mann, der sein Studium in Cambridge absolviert hatte, nach dem Chinesisch-Japanischen Krieg nach China zurückgekehrt. Henry wurde als Professor für Architektur an die Tung-Tschi-Universität berufen und schon bald darauf zum Dekan der Fakultät ernannt. Bei der damaligen galoppierenden Inflation konnte ein Professorengehalt mit den ständig steigenden Preisen nicht Schritt halten. Um das Familieneinkommen aufzubessern, gab Winnie in Schanghai lebenden Europäern Chinesisch-Unterricht. Tief enttäuscht über die Unfähigkeit der Kuomintang-Regierung, mit den drückenden Wirtschaftsproblemen der Nachkriegszeit fertig zu werden und überfällige Reformen durchzusetzen, begrüßten sie und ihr Mann die kommunistische Machtübernahme im Jahre 1949 als eine Hoffnung für Frieden und Stabilität.

Weil die Kuomintang damals über alle Vorgänge im kommunistisch beherrschten Gebiet eine Nachrichtensperre verhängt hatte, wussten nur sehr wenige der in Schanghai lebenden Chinesen genau, was es mit dem Marxismus, der Kommunistischen Partei oder Mao Tse-tung auf sich hatte. Fast niemand wusste von der Verfolgung der Intellektuellen in der Provinz Jünnan im Jahr 1942 oder den periodischen Hexenjagden auf »Spione der Kuomintang und der Imperialisten« in der Kommunistischen Partei und der Armee. Die einzige Informationsquelle über die Kommunistische Partei, die chinesischen Intellektuellen vor 1949 zur Verfügung gestanden hatte, waren die überschwänglichen, bewundernden Berichte einiger westlicher Journalisten und Schriftsteller gewesen, die sich im kommunistisch besetzten Teil Chinas zu kurzen Besuchen aufgehalten hatten. (...)

Nachdem die kommunistischen Truppen in Schanghai einmarschiert waren, wurden die Frauen ermutigt, sich eine Arbeit zu suchen. Winnie wurde 1950 Dozentin an der Medizinischen Hochschule. Im folgenden Jahr rief Mao Tse-Tung, der alle Universitäten unter die Kontrolle der Partei bringen wollte, eine Kampagne gegen die »Konterrevolutionäre« aus. Winnie und Henry erlebten ihr erstes böses Erwachen. Obwohl beide diese Kampagne mehr oder weniger ungeschoren überstanden, mussten sie die demütigende Erfahrung der »Selbstkritik« machen, die sie an ihrem familiären Hintergrund, ihrer Ausbildung im Ausland und ihrer in Henrys architektonischen Entwürfen und Winnies Lehrmethoden zum Ausdruck kommenden Weltanschauung zu üben hatten. (...)

Nach dem Ende der »Kampagne zur Niederwerfung von Konterrevolutionären« im Jahre 1951 wurden auf allen Ebenen der Universitätsverwaltung Parteisekretäre eingesetzt. Sie überwachten den Lebenswandel und die Arbeit der Dozenten, obwohl

> die meisten von ihnen nur wenig Bildung besaßen und noch nie eine Lehrtätigkeit ausgeübt hatten. Henry und Winnie lebten in Räumen, die man ihnen zugewiesen hatte, akzeptierten das Gehalt, das man ihnen zudiktierte, und arbeiteten so, wie die Parteisekretäre es vorschrieben. Diese beiden hochgebildeten, lebensfrohen und phantasievollen jungen Menschen, die dem kommunistischen Regime so viel guten Willen entgegengebracht hatten, wurden durch Mao Tse-tungs Misstrauen und seinem Missbrauch der Intellektuellen zu Lehrmaschinen degradiert. Dennoch konnten sie sich glücklich schätzen. Viele andere Universitätsdozenten in ganz China kamen nicht so gut davon. Manche wurden in Arbeitslager gesteckt, andere aus den Universitäten hinausgeworfen.
>
> Nach dem Ende des Korea-Krieges ließ Maos Hexenjagd auf Dissidenten vorübergehend nach. Premierminister Tschou En-lai, dem die Not der chinesischen Intellektuellen bewusst war, versuchte damals, ihre Lage zu verbessern. Als die Partei die Zügel etwas lockerte, bekamen Henry und Winnie eine geräumigere Wohnung (...). Beruflich wurden ihnen nun weniger harte Auflagen gemacht.

gesteckt; anderen wurden die Gehälter gekürzt, oder man degradierte sie. Der Verrat Maos verängstigte die chinesischen Intellektuellen so sehr, dass das kulturelle Leben im Land fast völlig zum Erliegen kam.

Das »glückliche Leben glücklicher Bauern aus den Reihen glücklicher chinesischer nationaler Minderheiten« zeigte ein farbenprächtiges zeitgenössisches Wandgemälde in einem Theater aus den 50er-Jahren. 2003 wurde es für einen Erweiterungsbau des Kinderpalastes in der einstigen Kadoorie-Residenz, der Marble Hall, abgerissen.

Im Vordergrund aller Bemühungen der Partei standen »die Massen«: Bauern, Arbeiter und Soldaten. Ihre Bedürfnisse galt es zu befriedigen, ihr kulturelles Niveau zu heben. »Literatur und Kunst (müssen) in den revolutionären Apparat eingefügt werden, um als starke Waffen zur Vereinigung und Erziehung des Volkes beizutragen, indem sie den Feind angreifen und vernichten und dem Volk zur Solidarität im Kampf gegen den Feind verhelfen« (Mao Zedong, zitiert nach Landsberger). In diesem Sinne verwarf Mao die unkritische Übernahme ausländischer Ideen (mit Ausnahme der sowjetischen) und verunglimpfte zweckfreie Kunst als »bürgerlich«. Stattdessen plädierte er für die »reiche, lebendige Sprache der Massen« in der Kunst.

Bauen nach dem Vorbild der Sowjetunion

Zwischen 1955 und 1961 wurden in Shanghai die städtebaulichen Weichen für die kommenden Jahrzehnte gestellt, d.h. die Paulick-Pläne ad acta gelegt und traditionelle chinesische Entwürfe sowie architektonische Einflüsse aus dem Westen als feudalistisch und dekadent verdammt. An ihrer Stelle rangierten Vorbilder aus der UdSSR ganz oben. Wie ihre Kollegen in anderen chinesischen Städten und in den sozialistischen Bruderländern legten die Shanghaier Stadtplaner Wert auf die »nationale Form«. Paradoxerweise importierten sie damit auch alle die gleichen bildersprachlichen Vorgaben zum historisierend-bombastischen Bauen. Das pompöse Shanghaier Ausstellungszentrum (»Shanghai Exhibition Centre«) im stalinistischen Zuckerbäckerstil aus dem Jahr 1954 steht stellvertretend für diese Ära der chinesisch-sowjetischen Freundschaft (vgl. Spaziergang 5, S. 446) – und keineswegs zufällig auf dem Gelände der einst größten Shanghaier Privatresidenz, dem Anwesen des jüdischen Immobilientycoons Aaron Silas Hardoon (vgl. Kapitel »Die großen jüdischen ›Nobelhäuser‹«, S. 85 ff.).

1957 beschloss die Stadtregierung unter der Leitlinie »Mehr, schneller, besser, wirtschaftlicher«, im Umland Shanghais Satellitenstädte zu gründen. Ziel war es, einen Teil der Industriebetriebe auf die Stadtregion zu verteilen und die Bevölkerungskonzentration im Kern zu verringern. Hierzu wurde 1958 die Stadtfläche Shanghais um fast das Zehnfache auf 6.186 Quadratkilometer vergrößert und jedem der neuen Subzentren eigene Funktionen zugewiesen. Durch die Verbindung von Arbeit und Wohnen sollten reine Schlafstädte verhindert werden. Im Norden entwickelte sich Baoshan zu einem Zentrum der Stahlverarbeitung, in Anting im Westen siedelte sich der Fahrzeugbau an (SAIC, später auch Shanghai-Volkswagen), die im Süden neu gegründete Satellitenstadt Minhang wurde zum Standort für Chemie/Petrochemie und Maschinenbau. 1990 kam im Osten Pudong dazu, wo sich überwiegend High-Tech-Sparten, wie z.B. Informationstechnologie, etablieren sollen.

Shanghai Exhibition Centre

»*Mehr, schneller, besser, wirtschaftlicher*« –
Minhang, Chinas erste sozialistische Satellitenstadt

Minhang, 32 Kilometer südlich des Zentrums am Nordufer des Huangpu gelegen, stellte die erste sozialistische Satellitenstadt in der VR China dar. Der Ort bot ideale Bedingungen: eben, hochwassersicher und relativ gut angebunden. Vom Ansatz her zeigen sich deutliche Übereinstimmungen mit den knapp 30 Jahre zuvor entwickelten Bandstadtutopien der sowjetischen Desurbanisten und mit dem Projekt **Ernst Mays** (1886-1970) für die neue Industriemetropole Magnitogorsk: »schienenartiges Wachstum von Industrie- und Wohngebieten, durch Grünflächen voneinander getrennt und von landwirtschaftlich genutzten Flächen umgeben. Das neue Zentrum sollte im Herzen der Wohngebiete entstehen. Räumlich konzentriert sah das Konzept öffentliche Bauten wie Verwaltungsgebäude, kulturelle Einrichtungen, Läden, ein Gästehaus und einen großen Sportplatz vor. Um diese herum sollten sich andere urbane Bereiche (...) gruppieren« (Kaltenbrunner).

Die DDR-Touristin Margaretha Winkler hielt 1966 fest:

Besuch einer Arbeitersiedlung

Die chinesische Bevölkerung bestimmt jetzt ausschließlich das Stadtbild. Geordnete und gesunde Verhältnisse bieten den Chinesen ein auskömmliches Leben. Die alten unhygienischen Arbeitersiedlungen werden abgerissen und neue, moderne Siedlungen entstehen. (...) Am 9. Mai besuchten wir eine Arbeitersiedlung. Sie ist in den Jahren 1959-1964 erbaut worden und umfasst 64 Wohnblocks = 1.800 Familien = 8.000 Menschen. Die Häuser stehen in schönen Grünanlagen. Es war entschieden eine Mustersiedlung. Es gab alles, Bank, Post, Ambulanz, Kindergarten, sogar einen Fernsehraum. Die Erklärungen gab uns die Vorsitzende dieser Gemeinschaft, die gewählt wird. Natürlich saßen wir vor den Teetassen, aber hier gab es nur noch heißes Wasser ohne Tee, und das schmeckt dann auch. Das Reklamestück dieser Siedlung war die alte Frau Wu, die 56 Jahre alt war. Sie hatte ihren Mann mit 27 Jahren verloren und mit ihren drei Kindern in einer Strohhütte mit 7-8 Menschen zusammengelebt und ein schlechteres Leben als Ochsen und Pferde geführt. Sie arbeitete Tag und Nacht als Waschfrau für die Kapitalisten. Ihr ältester Sohn hütete Wasserbüffel. Jetzt haben ihr ältester und ihr jüngster Sohn die Hochschule absolviert und ihr jüngster, der im Augenblick in einer Fabrik arbeitet, besucht die Oberschule. Männer bekämen mit 60, Frauen mit 50 Jahren Rente. Der Durchschnittslohn betrüge 80 Yuan und die Rente 60 bis 70%. Frau Wu bekam sogar 60 Yuan Rente. Dabei wurden gleich noch Preise genannt. Für das Essen rechnete man 12 Yuan monatlich, 1 kg Reis kostet 30 Fen, 1 kg Schweinefleisch 1,80 Yuan, 1 kg Eier = 21-24 Stck. 1,40 Yuan, 1 kg Fisch 0,70 Yuan. Die Miete betrüge pro Quadratmeter 20 - 22 Fen = 3 bis 4% des Lohnes.

Nun besichtigten wir die Häuser, und ich hatte das große Vergnügen, mit zur alten Frau Wu zu kommen. Sie war eine recht drahtige, absolut nicht älter als 56 Jahre alt wirkende Frau. Die Wohnungen sind für chinesische Verhältnisse großartig, für uns recht ärmlich. 2 bis 3 Familien haben eine Küche und ein Klo. Frau Wu hatte ein schmales, kleines Zimmer, der eine Sohn mit Frau und Kind ein etwas größeres. In diesem standen sogar zwei Betten und ein Kinderbett, am Fenster ein Tisch mit Stühlen und ein Schrank. Die Küche war sehr dunkel und primitiv mit einem schlechten, kleinen Herd. Es wurde jetzt Gas gelegt. Dann war da sogar ein Badezimmer, aber alles sehr dunkel, nicht wie wir es kennen. Es ist so, dass die Menschen, auch wenn sie Rente beziehen, ihren Kräften entsprechend mit für die Gemeinschaft arbeiten müssen.

Während bereits im Jahr zuvor der Aufbau der Industrie eingesetzt hatte, wurde erst Anfang April 1959 mit der detaillierten Planung der Wohngebiete und der zugehörigen Infrastruktur begonnen – dafür aber umso kraftvoller: Planung und Bau starteten im selben Monat. Die dreizehn vier- und sechsgeschossigen Gebäude, die die »Hauptstraße Nr. 1« (Entwurf: **Wang Xuantong**; seit 1980 umgenannt in Jiangchuan Lu) im ersten Stadium säumten, wurden in nur 78 Tagen errichtet und freigegeben. Ende September 1959 waren die meisten Läden und Geschäftsräume des neuen Zentrums zum Einzug bereit.

»Die Gestaltung der einzelnen Gebäude verkörpert eher eine Abkehr vom Sozialistischen Realismus chinesischer Prägung. Ein an den westlichen Funktionalismus angelehnter ›Stil‹ prägt die Fassaden an der neuen Hauptstraße Minhangs: Flachdächer und klar konturierte, kubische Baukörper, die zurückhaltend plastische Dreidimensionalität, die horizontale Zeichnung der Fassaden machen deutlich, dass mit der noch jungen Tradition gebrochen und ein völlig neues Bild sozialistischer Realität vermittelt werden soll« (Kaltenbrunner). Mit der Absage an die Stadtbaukunst stalinistischer Prägung kam der Architektur gewissermaßen ihr Leitbild abhanden. Es wurde behelfsmäßig ersetzt durch ein »Mehr-, Schneller-, Billiger-Bauen«.

Pikanterweise eröffnete gerade im städtebaulichen Zentrum des Sozialismus im August 2002 die größte Indoor-Skihalle des Landes (»Hokkaido Indoor Skiing Site«). Im nicht gerade als Paradies für Winterfreunde bekannten Shanghai bietet sie hiesigen Neureichen Skispaß auf einer 380 Meter langen künstlichen Piste. 2005 kam das für den Tennis Masters Cup errichtete 350 Mio. US$ teure Qizhong Tennis Center hinzu, selbstverständlich mit aufklappbarem Dach und in Form einer Magnolie, der Shanghaier Stadtblume. Zur Einweihung reisten Stars an wie die damalige Nr. 1 Roger Federer aus der Schweiz, die Nr. 2 Rafael Nadal aus Spanien oder der auf Rang 5 der Weltrangliste platzierte André Agassi aus den USA. Den Sieg trug allerdings der als argentinischer Ersatzmann startende David Nalbandian davon.

Shanghais Reise in dunkle Nacht – die Kulturrevolution

Zwischen 1966 und 1976 erschütterte die »Große Proletarische Kulturrevolution« die VR China und stürzte Millionen von Menschen ins Unglück. »Klassenfeinde«, »Intellektuelle« und »Spione« wurden als »Rinderteufel« und »Schlangendämone« gebrandmarkt und mit hohen Hüten auf den Köpfen durch die Straßen geführt, misshandelt und oftmals in den Tod getrieben. Der Startschuss dazu kam aus Shanghai. In den folgenden zehn Jahren reduzierte sich Shanghais Vergangenheit offiziell auf den Makel einer lasterhaften Stadtbevölkerung, die sich auf Kosten der Masse amüsiert hatte, und auf die imperialistische Aggression, aus der sie schließlich befreit worden war.

»Vor siebzehn Jahren wurde das Volk von Schanghai befreit. Dennoch sind bis vor kurzem ausländische Firmen in unserer Stadt geblieben. Ihre Büros lagen in bevorzugten Stadtvierteln, und ihre Autos eilten durch unsere Straßen. Die Ausländer und die wenigen Chinesen, die ihre nationale Identität vergaßen und mit ihnen zusammenarbeiteten, stolzierten voller Anmaßung herum. Wir wissen alle, dass diese Firmen Agenten der Imperialisten waren, die die Ausbeutung des chinesischen Volkes fortzusetzen hofften. Wir konnten diesen Zustand nicht tolerieren, also haben wir die Ausländer vor die Tür gesetzt. Die meisten Chinesen, die für sie arbeiteten, sind infiziert worden, und ihr Denken ist verwirrt. Wir müssen aber auch erkennen, dass einige von ihnen ausgemachte Reaktionäre sind. Es ist unsere Aufgabe, sie im Sinne unseres Großen Führers, des Vorsitzenden Maos, umzuerziehen.« Diese Ansprache ließ Cheng Nien in ihrer autobiographischen Beschreibung »Leben und Tod in Schanghai« einen Agitator der Kulturrevolution zu Beginn einer Kampfveranstaltung halten.

Verfolgt wurden westliche Einflüsse jeder Art – in der Architektur, in der Musik, in der bildenden Kunst – bis hin zu Kleidung und Nahrung. Waren etwa während der freundschaftlichen Beziehungen zur UdSSR die Dozenten am Shanghaier Musikkonservatorium gedrängt worden, westliche Musik zu lehren, um ihre Studenten auf internationale Wettbewerbe vorzubereiten, durften nach dem Bruch mit dem einstigen Bruderstaat nur mehr chinesische Kompositionen verwendet werden. In der Kulturrevolution wurde ihnen überdies vorgeworfen, sie hätten bewusst mit der dekadenten Westmusik die Seelen der Jugendlichen vergiften wollen.

Die Diskussion um den ideologischen Umgang mit den baulichen Monumenten des Imperialismus erreichte ihren Höhepunkt. Der Schmuck zahlreicher Gebäude wurde zerstört, vereinzelt wurden sie gänzlich abgerissen. Besonders traf es die christlichen Kirchen. Erst in den 80er-Jahren löste die chinesische Baugeschichtsschreibung den Konflikt um die korrekte Einordnung dieser fremden Elemente, indem sie sie als »Bestandteile der modernen chinesischen Baukunst« definierte.

Die Akteure

Am 10. November 1965 erschien in der Wenhui-Zeitung ein Artikel von Yao Wenyuan, einem Zöglings Zhang Chunqiaos. Zhang war seit Mitte der 50er-Jahre in der Propaganda-Abteilung des Shanghaier Parteikomitees tätig. Bereits beim »Großen Sprung nach vorn« 1957/58 gehörte er zu einer der wichtigsten Stützen von Maos radikaler Politik. Ab 1963 stand Zhang der Propaganda-Abteilung als Direktor vor. In dieser Eigenschaft konnte er sich eine eigene

Machtposition aufbauen, die es ihm erlaubte, aktiv an den Vorbereitungen zur Kulturrevolution mitzuwirken.

In seinem Zeitungsartikel kritisierte Yao das von dem stellvertretenden Beijinger Bürgermeister **Wu Han** (1909-1969) verfasste historische Drama »Die Entlassung des Hai Rui« (»Hai Rui ba guan«). Das Stück – 1961 zur Aufführung gekommen – beschrieb das Schicksal eines loyalen Beamten der Ming-Dynastie, der die Leiden der Bauern zu lindern versuchte und dadurch das Missfallen anderer Beamter erregte, woraufhin er schließlich vom Kaiser entlassen wurde. Mit ihm hatte der Autor und Geschichtswissenschaftler Wu indirekt Kritik an der Entmachtung des Marschalls **Peng Dehuai** (1898-1974) geübt, des schärfsten Gegners von Maos »Großem Sprung«. In der zweiten Novemberhälfte begab sich Mao Zedong selbst nach Shanghai, um einen Angriff auf die Beijinger Parteizentrale vorzubereiten.

Das Führungsgespann Zhang Chunqiao und Yao Wenyuan wurde im Herbst 1966 um den Arbeiterführer **Wang Hongwen** (1935-1992) verstärkt. Im Januar 1967 gelang es ihnen, den Kampf gegen die in ihren Augen einen »ökonomistischen Kurs« steuernde Shanghaier Parteielite zu ihren Gunsten zu entscheiden. In der »Januar-Revolution« wurde das örtliche Parteiestablishment ausgeschaltet. Dieser »revolutionäre Akt« hatte für das ganze Land Signalwirkung. In der neuen Stadtregierung – nach einem kurzen Zwischenspiel unter der Bezeichnung »Volkskommune Shanghai« zum »Revolutionskomitee Shanghai« mutiert – nahmen Zhang Chunqiao, Yao Wenyuan und Wang Hongwen in dieser Reihenfolge die wichtigsten Führungspositionen ein.

Nachdem ihre Anhänger die Stadtverwaltung unter ihre Kontrolle gebracht hatten, übernahmen sie Zug um Zug die nachgeordneten Behörden und Organisationen. In allen Teilen der Stadt kam es zu scharfen Auseinandersetzungen. Mit menschenverachtenden Parolen wie »Es ist eine Ehre, die Hände mit dem Blut des Feindes zu beflecken« schürten die Scharfmacher Unruhen und Blutvergießen.

Nachdem die Gruppe um Zhao, Yao und Wang die Macht in Shanghai an sich gerissen hatte, machte sie sich mit Maos Unterstützung daran, ihren Einfluss auf die Hauptstadt auszudehnen. Mit Maos Frau Jiang Qing, der in weiser

---

Aus Cheng Nien: Leben und Tod in Schanghai

Die Januar-Revolution

Der Angriff auf die Zehn-Punkte-Resolution (welche dem Tun der Rotgardisten Schranken auferlegen sollte, d. Verf.) brachte die Stadtverwaltung Schanghais in die Defensive. Um den Roten Garden nicht noch mehr Angriffsflächen zu bieten, sorgte sie für deren kostenlose Verpflegung. Auf Bahnhöfen und in den Häfen wurden Garküchen eingerichtet. Alle Imbissstände und die inzwischen verstaatlichten ehemaligen weissrussischen Bäckereien wurden mobilisiert, um für die Rotgardisten Brot zu backen. Diese waren jedoch entschlossen, den Schanghaier Behörden etwas am Zeug zu flicken; deshalb prangerten sie das von den Bäckereien gelieferte, nach westlicher Art gebackene Brot als »ausländische Nahrung« an und weigerten sich, es zu essen. Gleichzeitig entschlossen sich viele Fabrikarbeiter, sich den »revolutionären Massen« anzuschließen und eigene kulturrevolutionäre Gruppen zu organisieren.

Mit überzogenen finanziellen Forderungen brachten sie die Schanghaier Behörden in Verlegenheit. Um sich selbst zu schützen und die Unterstützung der Arbeiter zu gewinnen, veranlassten die Beamten Sonderzahlungen und Gratifikationen. Nach nur wenigen Tagen waren die Bargeldreserven der lokalen Banken erschöpft. Die Arbeiter, deren Forderungen unerfüllt blieben, schlossen sich wütend den Roten Garden an und attackierten nun ebenfalls die Stadtverwaltung und ihre führenden Beamten. Hinter all diesen Machenschaften gegen die Stadtverwaltung steckte die lenkende Hand von Tschang Tschuang-tschiao (Zhang Chunqiao, d. Verf.), der seine revolutionäre Arbeit von einer komfortablen Suite im »Friedenshotel« aus leitete, dem vorläufigen Hauptquartier der maoistischen Führer der Stadt, bis das Parteisekretariat und die Stadtverwaltung Schanghais im Januar des folgenden Jahres (1967, d. Verf.) von den Revolutionären gestürzt wurden.

(...) Die Plünderung von Wohnhäusern der Angehörigen der Kapitalistenklasse und die Angriffe auf die Intellektuellen stärkten das Selbstbewusstsein der Roten Garden und Revolutionäre und machten ihnen Appetit auf neue Gewalttakte. (...) Es schien mir, als würden die maoistischen Parteiführer sich dieses psychologische Moment zunutze machen, um die Wut der Revolutionäre und deren Energie als Druckmittel gegen Parteisekretariat und Stadtverwaltung von Schanghai einzusetzen, die beide beschuldigt wurden, die Kapitalistenklasse zu schützen und sich Maos Politik zu widersetzen. Es wurde behauptet, in Schanghai seien Maos Befehle seit Jahren bewusst ignoriert worden.

Die Schanghaier Funktionäre waren im politischen Ränkespiel jedoch keine Laien. Sie waren erfahrene Kommunisten, die so manchen politischen Sturm und manche Säuberung überlebt hatten. Und auch Maos Taktik war ihnen vertraut. Da Mao die Massen einsetzte, entschlossen sie sich, ihrerseits die Massen zu benutzen. In aller Hast organisierten sie eigene Rote Garden und revolutionäre Gruppen, die in ihrem Sinne an der Kulturrevolution teilnehmen sollten. Diese Gruppen wetteiferten nun mit den maoistischen Rotgardisten und Revolutionären darin, Schanghai unter ihre Kontrolle zu bringen. Um den Sieg davonzutragen, musste jede Gruppe noch röter, noch revolutionärer, noch brutaler und in ihren Parolen und Aktionen noch »linker« sein.

Voraussicht bei ihrer Heirat das Versprechen abgenommen worden war, sich von politischen Aktivitäten fern zu halten, gehörten sie bald zum engsten Kreis des Vorsitzenden. Auf dem 9. Parteitag im April 1969 stiegen alle vier ins Politbüro auf, auf dem 10. Parteitag im August 1973 wurde Wangs Karriere mit der Ernennung zum stellvertretenden Parteivorsitzenden gekrönt. Keine andere Einheit auf Provinzebene war so stark in der Zentrale vertreten wie Shanghai durch die berüchtigte »Viererbande«.

Jiang Qing und die »Viererbande«

Jiang Qing kam im März 1914 in Zhucheng, Provinz Shandong, als Luan Shumeng zur Welt. In ihrem vorpolitischen Leben versuchte sie sich in Shanghai unter dem Namen Lan Ping als Schauspielerin und trat dort der KP bei. 1939 wurde sie Maos dritte Ehefrau. Als Mitarbeiterin des Kulturministeriums arbeitete Jiang Qing an einer Pekingopernreform, indem sie die klassische Form mit revolutionären Inhalten füllte (z.B. »Das rote Frauenbataillon«). Seit 1966 war sie neben Lin Biao (welcher 1971 unter mysteriösen Umständen bei einem Flugzeugabsturz ums Leben kam) und **Chen Boda** (1904-1989) eine der treibenden Kräfte der Kulturrevolution und seit 1969 Mitglied des Politbüros.

Als Verfechterin radikalideologischer Positionen bekämpfte Jiang Qing den Wiederaufstieg des pragmatischeren Deng Xiaoping. Nach dem Tode Maos im September 1976 setzten sich jedoch die Reformer um Deng durch. Bereits im Oktober schloss die KPCh Jiang aus der Partei aus. Ihr selbst und ihren drei Mitstreitern wurde zwischen November 1980 und Januar 1981 der Prozess gemacht. Der Vorwurf gegen die »Viererbande«, wie der Reformflügel der Partei sie bezeichnete, lautete, in den Jahren bis Maos Tod die Lehren des Großen Vorsitzenden absichtlich falsch interpretiert zu haben, um die Macht in Partei und Staat an sich zu reißen.

Jiang Qing und Zhang Chunqiao wurden zum Tode verurteilt (1983 zu lebenslanger Haft begnadigt); Wang Hongwen erhielt eine lebenslängliche und Yao Wenyuan eine 20jährige Haftstrafe. Jiang nahm sich 1991 nach fünfzehnjähriger Haft das Leben, Wang verstarb ein Jahr nach ihr und der 1998 aus Gesundheitsgründen begnadigte Zhang im April 2005. Als letztes überlebendes Mitglied der Vierbande verschied Yao Wenyuan im Dezember 2005. Er war nach vollendeter Haftstrafe 1996 aus dem Gefängnis entlassen worden und hatte zurückgezogen in seiner Heimatstadt gelebt.

Die Roten Garden

Am 18. August 1966 hatte Mao in Beijing das erste Kontingent der Roten Garden (»hong wei bing«) abgenommen. Die Jugendlichen sollten die Fackel der Kulturrevolution in die entferntesten Winkel Chinas tragen. Anchee Min beschrieb die Erwartungen an sie in »Rote Azalee« so: »Lernen, ein Revolutionär zu sein, war damals alles. Die Roten Garden zeigten uns, wie man etwas zerstörte und wen man verehren musste. Manche sprangen von Häusern herunter, um ihre Treue zu Mao zu bekunden. Der körperliche Tod sei nichts, hieß es, er sei federleicht. Erst wenn man für das Volk starb, wöge der eigene Tod schwerer als ein Berg.«

Die Mission der Roten Garden lag in der Befreiung des Landes von den »Vier Alten«: alte Sitten, alte Gewohnheiten, alte Kultur und alte Gedanken. Die Definition, was unter den »Vier Alten« zu verstehen sei, blieb den Roten Garden überlassen. Sie zerstörten Tempel und Kunstwerke, benannten in Shanghai den Bund in »Revolutionsboulevard« um und die Straße, an der das sowjetische Konsulat lag, in »Anti-Revisionisten-Straße«. Die Straße vor dem ehemaligen britischen Konsulat erhielt den Namen »Anti-Imperialisten-Straße«. Es wurde sogar debattiert, ob nicht das System der Straßenampeln umzukehren sei: »Rot« für freie Fahrt, »Grün« für Halten.

Aus Cheng Nien: Leben und Tod in Schanghai

Das Denken Mao Zedongs glänzt im goldenen Schein
(1966)

Unterdessen kamen auch Rotgardisten mit der Bahn aus Peking und anderen Städten des Nordens nach Schanghai, um mit ihren dortigen Kampfgenossen »revolutionäre Erfahrungen auszutauschen«. Gleichzeitig reisten Rotgardisten aus Schanghai nach Peking, weil sie hofften, vom Vorsitzenden Mao empfangen zu werden. Sie beschlagnahmten Eisenbahnzüge und Schiffe und ließen die regulären Reisenden und Transportgüter auf Bahnhöfen und Kaimauern zurück. Niemand wagte es, sich ihnen zu widersetzen. Seit der Erwähnung der »Anhänger des kapitalistischen Wegs« im Leitartikel der »Volkszeitung« waren alle Funktionäre und Beamte vor Angst gelähmt.(...)

Die Straßen Schanghais, um neun Uhr abends meist ausgestorben, waren jetzt ein wogendes Menschenmeer. Unter dem klaren Herbsthimmel und in der kühlen Septemberbrise waren Tausende auf den Beinen, um den immer ausgreifenderen Aktionen der Roten Garden zuzusehen. Überall in der Stadt hatte man Podien errichtet, auf denen junge Revolutionäre die Menschenmassen mit schrillen Stimmen aufforderten, sich der Revolution anzuschließen. Auf diesen Podien wurden auch spontane Kampfversammlungen gegen Männer und Frauen veranstaltet, die auf den Straßen willkürlich ergriffen wurden, weil sie Maos kleines rotes Buch nicht bei sich trugen oder weil ihre Kleidung die Missbilligung der Rotgardisten fand. Vor Privathäusern und Wohnblocks stieg Rauch über die Gartenmauern und erfüllte die Luft mit Brandgeruch; die Roten Garden setzten ihre wahllosen Bücherverbrennungen fort. Lastwagen voller Haushaltsgegenstände, die die Rotgardisten bei kapitalistischen Familien beschlagnahmt hatten, standen überall am Straßenrand. Da die Menschenmenge, die sich in alle Himmelsrichtungen drängte, die Straßen verstopfte, kamen Busse und Fahrräder nur im Schritttempo voran. Das normale Leben der Stadt wich der Kulturrevolution, die sich immer neue und immer umfassendere Ziele suchte.

An den Straßenecken plärrten Lautsprecher neue Revolutionslieder wie »Der Marxismus ist ein Satz: Die Revolution ist gerechtfertigt« oder »Um den Ozean zu überqueren, brauchen wir den Steuermann; um eine Revolution zu machen, brauchen wir das Denken Mao Tse-tungs« oder auch »Das Denken Mao Tse-tungs glänzt im goldenen Schein.« Wenn man nur den Marschrhythmus der Musik hörte und nicht die militanten Texte, wenn man nur die wogende Menschenmenge sah und nicht die Opfer und die Roten Garden, hätte man leicht glauben können, hier finde eine Art Volksfest statt, um die Menschen zu belustigen, und keine politische Kampagne voll düsterer Untertöne.

Rechtlosigkeit und Anarchie regierten. Vor allem die ersten beiden Jahre waren eine Zeit wilder Exzesse, die nahezu in einen Bürgerkrieg ausarteten. Entfesselte Horden Halbwüchsiger demütigten, quälten und mordeten missliebige Funktionäre, Lehrkräfte, Künstler oder Kapitalisten – und diejenigen, die sie dafür hielten. Die Vernichtungsfeldzüge gegen alles Alte stürzten Shanghai – wie das ganze Land – in ein nie dagewesenes Chaos. Jeder, der eine rote Armbinde trug und sich Rotgardist nannte, konnte theoretisch in jede beliebige Wohnung eindringen und sich bedienen. Trotzdem heißt es allgemein, die Kulturrevolution sei in Shanghai im Vergleich zu Beijing und manch anderen Städten noch verhältnismäßig harmlos verlaufen.

Darüber hinaus litt die Bevölkerung am allgemeinen Wohnungsmangel. Selbst verheiratete Paare mussten oft mit anderen Familienmitgliedern über Jahre in einem Raum leben, für andere blieb oft nur die Dunkelheit der öffentlichen Parks.

Aus Anchee Min: Rote Azalee

Der Umzug

Als ich zehn Jahre alt war, zogen wir um. Das war 1967 und hing damit zusammen, dass uns die Mitbewohner unter uns vorwarfen, mehr Platz zu haben als sie. Wie kommt eine sechsköpfige Familie dazu, vier Räume zu bewohnen, hieß es, während eine elfköpfige Familie nur einen hat? Bei der Revolution geht es um Gerechtigkeit. Sie kamen mit Nachttöpfen und kippten Scheiße auf unsere Bettdecken. Polizei gab es damals nicht. Die Polizeistation galt als revisionistisch und war von den Revolutionären dichtgemacht worden. Die Roten Garden hatten angefangen, Häuser zu plündern. Kein Mensch reagierte auf unseren Hilferuf. (...)

Die Nachbarn hörten nicht auf, uns zu quälen. (...) Mein Vater sagte, wir müssten versuchen, von hier wegzukommen. Er nahm kleine Zettel, auf denen er unser Haus beschrieb und genau erklärte, was er im Tausch für unsere Wohnung suchte. Diese Zettel heftete er auf der Straße an Baumstämmen fest. Am nächsten Tag hielt ein bis obenhin beladener Lastwagen vor unserer Tür. Fünf Männer stiegen aus und erklärten, sie seien gekommen, ihre Wohnung gegen unsere einzutauschen. Mein Vater sagte, wir hätten ihre Wohnung ja noch gar nicht gesehen, woraufhin die Männer erklärten:»Unser Haus ist genau das richtige für euch.« (...)

Die drei Männer waren ein Vater mit seinen beiden Söhnen, alle drei arbeiteten in einem Shanghaier Stahlwerk. Die Söhne brauchten ein eigenes Zimmer, um heiraten zu können; und sie wollten die Wohnung schnell. Mein Vater sagte:»Bitte, lasst uns erst darüber nachdenken.« Die Antwort der Männer:»Wir warten draußen vor eurer Tür, während ihr euch zu einer Entscheidung durchringt.« (...) Und da beschlossen meine Eltern, sich die Wohnung der Männer in der Shanxi-Straße zumindest einmal anzusehen.

Ich sollte in der Abwesenheit meiner Eltern auf die Wohnung aufpassen. Ich war gerade mit der Hausarbeit beschäftigt, da sah ich die Männer ihre Möbel abladen und hereintragen. Ich ging zu ihnen hinunter und sagte:»Meine Eltern sind noch nicht zurück.« Die Männer erklärten mir, sie würden uns gern helfen, solange sie noch den Laster hätten.»Denn wenn ihr endlich soweit seid auszuziehen, könnt ihr euch bestimmt einen solchen Laster nicht leihen. Oder willst du das ganze Zeugs etwa mit bloßen Händen wegschaffen?«

Als meine Eltern zurückkamen, war der größte Teil unserer Einrichtung bereits auf dem Lastwagen verstaut. Mein Vater rief:»Das will ich nicht. Ihr könnt uns nicht zwingen umzuziehen.« Die Antwort:»Wir sind Arbeiter, und wir halten uns nicht lange mit fruchtlosen Überlegungen auf. Du hast eine Anzeige an die Bäume gesteckt, und wir sind mit einem guten Angebot gekommen. Es ist Sonntag, unser einziger freier Tag. Wir mögen es nicht, wenn man uns dumm kommt. Die zweite Tochter unten haben wir windelweich geprügelt, als sie uns dumm kommen wollte.« (...), und so zogen wir in die Shanxi-Straße im Xu-Hui-Bezirk.

Die Opfer

Während die Roten Garden die Häuser der so genannten Kapitalisten plünderten und verwüsteten, was ihrer Meinung nach bourgeois war, wurde der Spruch geprägt: »Ein Drachen gebiert einen Drachen, ein Phönix gebiert einen Phönix, und eine Maus wird mit der Fähigkeit geboren, ein Loch in die Wand zu nagen.« (Long sheng long, feng sheng feng, laoshu de erzi hui da dong). Das Paradoxon, dass ein dem materialistischen Marxismus verpflichtetes Land die biologische Abstammung vor die prägende Umwelt stellte, brachte Kinder aus Kapitalisten-

---

Aus Anchee Min: Rote Azalee

Lehrerin Herbstlaub

»Zerrt die heimliche Klassenfeindin, die amerikanische Spionin Herbstlaub, ans Licht! Reisst ihr in der hellen Sonne die Maske herunter!« schrie die Menge, kaum dass die Versammlung begonnen hatte. Ich saß mit auf dem Podium. Zwei kräftige Männer brachten Herbstlaub auf die Bühne, wo sie vor einer zweitausendköpfigen Menge stand, darunter ihre Schüler und Kollegen. Die Arme wurden ihr auf den Rücken gedreht. Sie war fast nicht wiederzuerkennen. Nur wenige Tage waren vergangen, seit ich sie das letzte Mal gesehen hatte, doch kam es mir vor, als wäre sie um zehn Jahre gealtert. Ihr Haar war plötzlich ergraut, ihr Gesicht ohne jede Farbe.

Vor ihrer Brust hing ein Brett, auf dem stand: »Nieder mit der amerikanischen Spionin!« Zwei Männer zwangen sie, sich dreimal vor Maos Portrait zu verneigen. Einer der Männer drückte sehr hart ihren linken Arm und sagte: »Bitte den Vorsitzenden Mao jetzt um Verzeihung!« Herbstlaub weigerte sich, die Worte zu sprechen, woraufhin ihr die beiden Männer die Arme nach hinten hochrissen und sie zwangen, den Kopf noch tiefer zu beugen. Herbstlaub verzerrte vor Schmerz das Gesicht, und ihr Mund bewegte sich. Sie sprach die Worte, und die Männer ließen sie los.

Ich hatte einen entsetzlich trockenen Mund. Was ich da sah, war schwer zu ertragen. Der Strick, an dem das schwere Holzbrett hing, schien in Herbstlaubs Haut einzuschneiden. Ich vergaß, weswegen ich eigentlich hier war – schließlich sollte ich die Menge dazu bringen, Slogans zu brüllen – bis schließlich Sekretär Kette kam, um mich an meine Pflicht zu erinnern. »Lang lebe die große proletarische Revolution, die Diktatur des Proletariats!« rief ich und ratterte dann das ganze Menü von Schlagworten herunter. (...) Die Menge schrie: »Gestehe! Gestehe!« Sekretär Kette nahm das Mikrophon und erklärte, lange würden die Massen keine Geduld mit ihr haben. Wenn sie sich so verhalte, grabe Herbstlaub sich das eigene Grab.

Herbstlaub schwieg weiterhin. Als man sie hart trat, sagte sie, sie habe nichts zu gestehen, sie sei unschuldig. »Die Partei beschuldigt nie jemand, der unschuldig ist«, sagte Sekretär Kette, doch würde die Partei nie zulassen, dass ein Klassenfeind durch die Maschen des Netzes schlüpfe, das die Diktatur des Proletariats darstelle. Der Zeitpunkt sei gekommen zu zeigen, dass Herbstlaub eine Verbrecherin sei. Er nickte mir aufmunternd zu und wandte sich dann wieder an die Menge: »Soll das Opfer doch einmal sagen, was es zu sagen hat.« Als ich mich erhob, wurde mir schwindelig. Die vielen Menschen vor mir fingen an zu klatschen. (...) »Hab keine Angst. Wir sind alle bei dir!« flüsterte Sekretär Kette mir ins Ohr, als er kam, um das Mikrophon in der Höhe richtig für mich einzustellen. (...) und ich begann zu lesen.

Ich las für die Menge vom Manuskript ab, dass Herbstlaub ein Wolf im Schafspelz wäre. Ich holte die Bücher hervor, die sie mir geliehen hatte, und zeigte sie der Menge (Es handelte sich um die Andersen-Märchen »Des Kaisers neue Kleider«, »Kleine Seejungfrau« und »Die Schneekönigin«, d. Verf.). Und während ich bei meiner Ansprache war, sah ich aus den Augenwinkeln heraus, dass Herbstlaub den Kopf drehte, um zu mir herüberzuschauen. Sie murmelte etwas. Ich wurde nervös, schaffte es aber fortzufahren. »Genossen«, sagte ich, »heute verstehe ich, warum Herbstlaub so freundlich zu mir war. Sie hat versucht, mich zu einem Feind unseres Landes zu machen, zu einer läufigen Hündin der Imperialisten!«

Es kam zum Rufen von Slogans, in dessen Verlauf ich insgeheim zu Herbstlaub hinüberschaute. Ihr Atem ging schwer, und sie war im Begriff zusammenzubrechen. Ich stand da, und meine Glieder wurden eiskalt. (...) Wieder schrie die Menge: »Gestehe! Gestehe!«

Da begann Herbstlaub mit ihrer heiseren Stimme langsam zur Menge zu sprechen und erklärte, sie hätte nie den Wunsch gehabt, eine ihrer Schülerinnen zu einer Landesfeindin zu machen. Sie brach in Tränen aus. »Warum sollte ich?« wiederholte sie immer und immer wieder. Ihr versagte die Stimme. (...) Da schüttelte sie den Kopf, setzte alles daran, dass man sie hören konnte, und sagte, ihr Vater habe China geliebt. Deswegen sei sie zurückgekommen. (...)

Zehn Jahre später, nach der Kulturrevolution, als ich hörte, dass Herbstlaub nach ihrer Pensionierung wieder als Beraterin in die Volksschule »Langes Glück« zurückgerufen worden war, ging ich zu ihr, um mich zu entschuldigen. (...) Die Bühne, auf der ich meine Rede gehalten hatte, gab es noch, sah aber jetzt verwaschen grün aus und war über die Jahre verrottet. Als ich in das Gebäude kam, wo der Unterricht stattgefunden hatte, fühlte ich, wie mein Blut raste und meine Füße schwer wurden. Ich schleppte mich regelrecht zum Büro der 5. Klasse. Die Tür stand weit offen. Herbstlaub saß allein an ihrem Tisch und las. (...) Dann bemerkte sie mich und legte das Buch beiseite. Sie hob ihre Augen hinter den dicken Brillengläsern und schaute mich an. (...) Mein Herz schlug so stark, als donnerte es in meiner Brust. Ihre Augen wurden kalt und hart, sie schien mich zu erkennen.

> Als sie ihren Kopf langsam wegdrehte, ging ich auf sie zu, sagte ihr meinen Namen und warum ich gekommen war. Es entstand eine Stille. Die Intensität in ihrem Blick schwand, und ich hörte die mir so bekannte, heisere Stimme sagen: »Entschuldige, ich erinnere mich nicht an dich. Ich glaube nicht, dass ich dich jemals als Schülerin hatte.«

familien in arge Bedrängnis. Sie wurden ausgesondert, mussten endlose Selbstkritiken üben und endeten nicht selten irgendwo auf dem Land.

Für »Intellektuelle« galt Maos Unterstellung, ein Mensch werde umso reaktionärer, je mehr Wissen er besitze, es sei denn, er läutere sich durch harte körperliche Arbeit. Millionen Shanghaier und Shanghaierinnen mussten ihre Arbeitsplätze verlassen, um auf dem Land umgezogen zu werden. Wer in der Stadt bleiben durfte, hatte Hilfsarbeiten zu verrichten: Ärzte leerten Bettpfannen, Universitätsprofessoren reinigten die Toiletten auf dem Campus, Künstler und Musiker führten Maurer- oder Straßenbauarbeiten aus. Daneben waren demütigende und von körperlichen Grausamkeiten begleitete Schulungskurse und Kampfveranstaltungen zu besuchen. Von den Verfolgungen besonders betroffen waren neben den als »stinkende neunte Klasse« diffamierten Intellektuellen, den so genannten Kapitalisten und missliebig gewordenen Funktionären ehemalige Auslandschinesen, die voller Idealismus in ihre Heimat zurückgekehrt waren, um am Aufbau eines neuen Chinas mitzuwirken.

Shanghais Wirtschaft krankt, die Stadt wird grau

Nachdem schon der Große Sprung nach vorn viele Familien hatte verarmen lassen, verschlechterte sich die Lebensqualität der Shanghaier Bevölkerung nach 1966 wieder dramatisch. Die unzähligen kleineren und größeren Läden, die so viele Kunden in die Stadt gezogen hatten, mussten schließen, lediglich die vier großen, mittlerweile staatlichen Kaufhäuser auf der Nanjing Lu durften bleiben.

Die Shanghaier Bürger kleideten sich nur noch in Blau und Grün mit sackförmigen Schnitten, welche die bourgeoise Reizwirkung eng sitzender Kleidung überwinden sollten. Zeitungen dienten fortan als Sprachrohre von Regierung und Partei und wiederholten alle dieselben Berichte. Freizeitvergnügungen reduzierten sich auf politische Schulungen und revolutionäre Opern. »Überhaupt galt das Wort ›Unterhaltung‹ als Schimpfwort aus dem bürgerlichen Zeitalter. Mit der Oper war das etwas anderes. Die Oper war eine proletarische Aussage. Es handelte sich schließlich um die von Madame Mao, der Genossin Jiang Qing, reformierten Revolutionsopern. Sie zu lieben oder nicht zu lieben, galt als Ausdruck der Gesinnung und der politischen Einstellung.« (aus Anchee Min: Rote Azalee)

Aus Cheng Nien: Leben und Tod in Schanghai

Leere Märkte und Geschäfte

(...) Die Rotgardisten zertrümmerten Blumen- und Antiquitätenläden, weil sie behaupteten, nur die Reichen hätten das Geld für solche Frivolitäten. Andere Geschäfte wurden genau inspiziert, und wenn man sie für ungeeignet oder »unsozialistisch« hielt, wurden sie zerstört oder beschlagnahmt. Es gab kein Pardon. Weil man der Meinung war, ein sozialistischer Mensch dürfe nicht auf einem Sofa sitzen, wurden alle Sofas für Tabu erklärt. Andere Dinge wie etwa Sprungfedermatratzen, Seide, Samt, Kosmetika oder westliche Kleidungsstücke wurden kurzerhand auf die Straße geworfen, um abtransportiert oder verbrannt zu werden.

Traditionell hatten Läden in China Namen getragen, die man für treffend hielt, etwa »Üppig und Schön« für einen Stoffladen, »Köstliches Aroma« für ein Restaurant, »Glück und Langlebigkeit« für einen Hutladen, »Komfort« für ein Schuhgeschäft oder »Glückliches Heim« für ein Möbelgeschäft. Als die Regierung 1956 die Privatläden übernahm, waren die Namen nicht verändert worden. Jetzt, wo die Roten Garden diese alten Namen verdammten, musste etwas Revolutionäres gefunden werden. Da die Ladenbesitzer nicht wussten, welche Alternative akzeptabel sein würde, wählten viele von ihnen den Namen »Der Osten ist Rot«, den Titel eines Liedes, das den großen Mao Tse-tung pries und das während der Kulturrevolution die Nationalhymne ablöste. Da die Rotgardisten die in den Schaufenstern ausgestellten Waren entfernt hatten, stellte man offizielle Mao-Portraits hinein. Wer hinfort durch die Straßen des Einkaufsviertels flanierte, wurde nicht nur durch die vielen Geschäfte mit demselben Namen verwirrt, sondern vor allem durch das etwas unheimliche Gefühl, von Hunderten von Mao-Gesichtern beobachtet zu werden.

Ein Überbleibsel des revolutionären Opernbooms ist die ehemalige Theater-Akademie des Shanghai Yue Opera Institute, das heutige Paulaner Brauhaus (No. 150, Fenyang Lu, Tel.: 64 74 57 00). Sie steht im Garten der so genannten Speelman-Villa.

Die Prinzipien, nach denen Jiang Qings Modellopern »gestrickt« waren, wurden zur Leitlinie für alle Bereiche der Kunst: Hervorhebung positiver Charaktere, Hervorhebung ihrer Heldenhaftigkeit, Hervorhebung der wichtigsten Hauptfigur. Repräsentiert wurden sie in großer Vielfalt von den allgegenwärtigen Propagandapostern: Glückstrahlende Menschen aus dem Volk dekorativ gruppiert um den Großen Vorsitzenden Mao Zedong, Heldenbilder von Arbeitern, Bauern und Soldaten; Errungenschaften in Industrie, Landwirtschaft, in der Armee oder beim Sozialwesen: »Krankenstation in einem Bergdorf«; idealisiertes Landleben:

Speelman-Villa

Michel Speelman war Direktor der International Savings Society und u.a. in den entscheidenden 30er-Jahren Vorsitzender des Committee for Assistance of European Jewish Refugees in Shanghai (CFA). Ab 1919 ließ er sich von R.A. Curry eine prächtige Residenz in der einstigen Französischen Konzession errichten. Anfang der 40er-Jahre ging das Anwesen in den Besitz des Kriegsherrn und berüchtigten Guomindang-Generals **Bai Chongxi** (1893-1966) über. Nach der Niederlage der GMD-Regierung in China setzte sich Bai mit seiner Familie über Hongkong nach Taiwan ab, und infolge der kommunistischen Befreiung Shanghais gelangte die Villa mit Park zuerst an das Shanghai Chinese Painting Institute. Kurz darauf übernahm es das Yue Opera Institute, welches 1964 eine Trainingsstätte mit Proberäumen und Schlafsälen für die Studenten erbaute. 1997 mietete das Restaurant »Paulaner« das Gebäude, restaurierte es von außen und nahm die Zwischendecken im Innern heraus, um Platz für Brauhaus und Bühne zu schaffen.

In die Villa selbst war in den 80er-Jahren ein chinesisches Restaurant eingezogen. Dessen Betreiber kümmerte sich kaum um die historische Substanz, zerstörte aber auch relativ wenig, sondern übermalte oder verhängte, was ihm nicht gefiel. 2001 übernahm der Paulaner-Investor, die Namchow Group, zusätzlich die Residenz. Der taiwanesische Nahrungsmittelkonzern investierte rd. 3,5 Mio. US$, um das Gebäude wieder auf Vordermann zu bringen.

Im Empfangsbereich im ersten Stock wurden ionische Marmorsäulen und Stuckdecken restauriert, die Veranda wurde verbreitert und verglast (d.h. die Fassade ist jetzt »innen«, ebenso die früheren – noch originalen – Außensäulen). Als besonderes »Bonbon« können sich die Besucher heute wieder an einem Ölgemälde mit einer jungen, etwas freizügigen Dame erfreuen. Zufällig bei den Renovierungsarbeiten entdeckt, stammt es aller Wahrscheinlichkeit noch aus der Zeit Speelmans, wurde später übermalt und schließlich vergessen. Im Frühling 2002 eröffnete das japanische Edel-Restaurant »Ambrosia« (No. 150, Fenyang Lu, Tel.: 64 31 39 35).

Literaturinteressierte können in der Speelman-Villa ferner auf Spuren des seit 1963 in den USA lebenden Sohns Bai Chongxis, des Schriftstellers **Bai Xianyong** (geb. 1937; taiwanesisch: Pai Hsien-yung), wandeln. Im zweiten Stock befand sich für wenige Jahre sein Kinderzimmer. Auf Deutsch erschienen ist »Treffpunkt Lotossee«; das Bändchen gilt als erste moderne Schwulen-Novelle in der chinesischen Literatur (der Raum heißt »Venus«).

»Der Fischteich der Kommune«. Einziges Ziel: Vermittlung des korrekten ideologischen Standpunktes: »Berge versetzen, um Felder zu schaffen«. Über eine faszinierende Auswahl an — zum Teil sogar Shanghai-spezifischen – Propagandapostern aus den Jahren zwischen 1949 und 1979 verfügt das Propaganda Poster Art Center (Rm. BOC; No. 868, Huashan Lu; täglich 9 bis 16:30, Tel.: 62 11 18 45, 13 90 18 41 24 6).

Landverschickung

Bei der zwangsweisen Umsiedlung der Jugend aufs Land zu körperlicher Arbeit (»shang shan - xia xiang«) tat sich Shanghai besonders hervor. Insgesamt mussten zwischen 1968 und 1977 in ganz China 17 Mio. Jugendliche ihre Heimatstädte verlassen, um »den Bauern zu helfen«. Davon stellte allein Shanghai 1,5 Millionen. Damit war der Anteil der aufs Land geschickten Jugendlichen an der Gesamtbevölkerung mit 15,3% doppelt so hoch wie in Beijing oder Tianjin mit je 7,8%. Der nationale Durchschnitt betrug gerade einmal 1,8%. Jede Familie musste einen Jugendlichen zur Verschickung stellen. In der Praxis gab es

Aus Anchee Min: Rote Azalee

Aufs Land verschickt

Ein Nachbarsohn gleich nebenan schrieb aus seinem Dorf, er habe sich bei der Arbeit absichtlich mit dem Hammer auf einen Finger geschlagen, in der Hoffnung, wegen der Verletzung würde er nach Hause zurückgeschickt werden.

Die große Schwester von Kleiner Sarg (Mädchenname, d. Verf.) wurde an die Grenze im Norden geschickt und schrieb nach Hause, ihre Zimmergenossin sei bei dem Versuch, in die UdSSR zu fliehen, erschossen worden. Ein Vetter von mir, der in die Innere Mongolei kam, schrieb, sein bester Freund sei beim Löschen eines Waldbrandes in den Bergen ums Leben gekommen. Er werde als Held geehrt, denn er habe unter Opferung seines Lebens den Getreidevorrat des Dorfes gerettet. (...)

Zu den Gerüchten, die mir zu Ohren kamen, gehörte, dass die Tochter der Familie Li in der Südwest-Provinz von einem Dorfvorsteher vergewaltigt worden war; der Sohn der Familie Yang wurde mit einer Auszeichnung geehrt, weil er einen Bären getötet hatte, der in einer landwirtschaftlichen Produktionsgenossenschaft im Norden im Wald einen anderen Arbeiter getötet hatte. Die betroffenen Familien waren außer sich und brachten die Schreckensgeschichten vor die örtlichen Parteigewaltigen. Sie legten die Briefe vor, doch man sagte ihnen, sie sollten nicht solche ungeheuerlichen Lügengeschichten glauben. Die würden lediglich von den Feinden in die Welt gesetzt, die befürchteten, dass die Revolution sich ausbreiten könnte. Die Parteioberen zeigten den Familien Bilder von den Orten, in die ihre Kinder geschickt worden waren – Bilder, die nur Wohlstand zeigten.

> (...) »Wie geht es denn Koralle (die Schwester, d. Verf.)?« fragte ich. »Kommt sie in eine Fabrik?« Mutter nickte und sagte, sie hätte dafür gebetet (...). »Koralle hat Angst davor, uns zu verlassen. Die Leute an der Schule sagten, wenn sie ein körperliches Gebrechen hätte, wären ihre Chancen, in Shanghai zu bleiben, viel größer. Deswegen ist Koralle nicht zum Arzt gegangen, als sie ernstlich an Durchfall gelitten hat. Sie versuche regelrecht, ihren Darm zu schädigen, um eine Krankheit vorweisen zu können. Das sei zwar dumm, aber sie hätten sie nicht davon abbringen können.« »Eine Menge junger Leute in der Nachbarschaft machen das genauso, denn alle haben Angst, zur Landarbeit in eine LPG abkommandiert zu werden. Koralle ist sehr unglücklich. Sie sagt, sie hätte nie darum gebeten, auf die Welt zu kommen. Das hat sie mir mitten ins Gesicht gesagt. Wenn man sich das vorstellt: Mein Kind hat mir das mitten ins Gesicht gesagt!«

eigentlich nur eine nicht selten angewandte Strategie, der Mühsal der Landarbeit zu entrinnen: Selbstverstümmelung.

Die Politik der Landverschickung fand 1978 ein Ende. Als jedoch ein großer Teil der zwangsverschickten Jugendlichen auf dem Land verbleiben sollte, da die Integrationsmöglichkeiten der Städte begrenzt waren, kam es 1979 in Shanghai zu großen Protestaktionen. Die Partei hatte alle Mühe, die Jugendlichen zu beschwichtigen. Unbeschreiblicher Jubel empfing die ersten Züge mit Heimkehrern. Doch nicht allein die Jugendlichen wollten nach Hause – auch die während der Kulturrevolution aufs Land oder unter hanebüchenen Beschuldigungen in Arbeitslager verbannten Intellektuellen und andere Häftlinge zog es zurück in ihre Heimatstädte. Nicht wenige mussten sich eine Aufenthaltsgenehmigung »kaufen« – durch die »Hintertür« versteht sich – oder jemanden finden, der mit ihm den Wohnsitz tauschte, was nicht preiswerter war. Endlich zurück blieb manchem auf der Suche nach einer neuen Arbeitseinheit die bittere Erfahrung nicht erspart, dass ihn trotz vorzüglicher Qualifikation niemand mehr haben wollte.

Das Ende der Kulturrevolution

Nach dem Tode Maos im September 1976 entbrannte in der politischen Führungsschicht in Beijing ein Machtkampf. Die Reformer um Deng Xiaoping setzten sich durch. Schon im Oktober 1976 wurden Jiang Qing und ihre Komplizen verhaftet. In der chinesischen Bevölkerung verbreitete sich die Nachricht in Windeseile – sie kam so unverhofft, dass sich mancher nicht traute, sich öffentlich zu freuen. Doch bald gab es kein Halten mehr – ein Ende des unfassbaren Albtraumes war in greifbare Nähe gerückt, die Voraussetzungen für einen Neuanfang geschaffen. In ihren Kindheitserinnerungen beschreibt die 1958 in Shanghai geborene Kinderbuchautorin **Chen Danyang**, wie sie die letzten Tage der Kulturrevolution erlebte.

Aus Chen Danyang: Neun Leben

»Nieder mit Jiang Qing!«

»Es sind mehrere Haftbefehle ausgestellt worden,« berichtete er. »Sieben im Ganzen. Ein ehemaliger Kollege meines Vaters, der bei der Polizei ist, hat heute das Kommando in Schanghai übernommen und den Haftbefehl weitergeleitet. Schanghai war der Stützpunkt der Verhafteten. Deshalb ist besondere Vorsicht geboten.« (...) Unser Besucher zählte Namen auf: »Wang Hongwen ...« »Gut«, sagte Mama. »Zhang Chunqiao ...« »Gut!« »Jiang Qing ...« »Großartig«, rief Mama. Als er mit seinem Bericht fertig war, stand er auf und wollte gleich wieder gehen. »Ich muss es noch anderen Bekannten erzählen. Es telefonisch zu machen traue ich mich nicht. Es ist aber wirklich wahr!« (...)

Ich wäre gern gleich losgezogen, aber Mama fürchtete, ich könnte Ärger kriegen. Also blieb ich zu Hause. Mitten in der Nacht wurde ich von Stimmen geweckt. Ich lief auf den Balkon. Mama stand schon dort. Im Licht der Straßenlampen flatterten rote Fahnen. Junge Leute demonstrierten auf der Straße. »Nieder mit Jiang Qing!« riefen sie. »Nieder mit Zhang Chunqiao!« Es waren Studenten von der nahegelegenen Universität für Verkehr (Jiaotong University, d. Verf.). (...) Die Nacht war kalt, und Mama legte den Arm um mich. Gemeinsam schauten wir den Demonstranten nach.

Ich musste daran denken, wie Mama schon einmal ihre Arme um meine Schultern gelegt hatte: An jenem Sommerabend vor unserem Wohnblock, als ihre Schallplatten verbrannt wurden und die Flammen zum Himmel loderten.

Am nächsten Tag wurde in der Schule von nichts anderem als von den Verhaftungen gesprochen. Alle freuten sich. (...) Die Jungen hatten haufenweise Plakate mit Parolen beschrieben und standen damit vor dem Schultor. Wenn ein Auto vorbeikam, stoppten sie es und beklebten es mit Plakaten. Sie hatten sich grausame Parolen ausgedacht wie »Zieht Zhang Chunqiao bei lebendigem Leibe die Haut ab! Bratet Jiang Qing in heißem Öl!« Alle Autos ließen sich mit den mörderischen Sprüchen bekleben und fuhren stolz weiter.

Wir beschlossen, eine Demonstration zu organisieren. Unser Klassensprecher hatte gehört, dass Zhang Chunqiao in der Kangping-Straße neben dem Büro des Stadtkomitees der Partei wohnte. Er schlug vor, wir sollten dorthin gehen. Die

> Schule rüstete uns mit roten Fahnen und Schulfahnen aus. Dazu besorgten wir uns Stöcke und Plakate. Am Nachmittag zogen wir los. Die Hauptstraßen waren voll von Lastwagen, die sich alle in die gleiche Richtung bewegten wie wir. Auf den Ladebrücken schlugen Arbeiter Gongs und Trommeln. (...)
> Die Kangping-Straße war eine ruhige, von Platanen gesäumte Straße. Jetzt wimmelte sie von Menschen. Viele umstanden Zhang Chunqiaos Wohnhaus und schrien, man solle ihn in Öl braten. Immer mehr Leute sprangen von den Lastwagen und drängten zum Haus. Unser Klassensprecher war an vorderster Stelle. Ein Wachsoldat mit steinernem Gesicht versperrte ihm den Weg. Der Druck der Menschenmenge wurde immer größer, und unser Klassensprecher fiel nach vorn. Der Wachsoldat wich zur Seite. Auch der Klassensprecher wollte zurückweichen. Doch als der Soldat tatenlos zusah, trat er entschlossen auf die Haustür zu. Ein Schrei ging durch die Menge, und alle stürmten das Haus. (...) Die Treppe knarrte unter zahllosen Tritten. Alles lärmte und schrie. Auch ich wurde hineingeschwemmt. Drinnen umfing mich ein seltsamer Geruch nach Zigarettenrauch und Stoff. Es roch förmlich nach der Privatatmosphäre einer Wohnung, einem Ort, wo andere Leute wohnten. Was taten wir hier? (...)
> Die anderen Leute drängten in den oberen Stock. Lao Ying sagte: »Komm, wir gehen nach Hause!« Wir machten uns auf den Heimweg und hofften, das Gesehene schnell zu vergessen.
> Auch in diesem Winter wurden die fallenden Platanenblätter auf den Schanghaier Straßen zusammengefegt und verbrannt. Die kleinen Feuer verbreiteten den Duft nach dürrem, brennenden Laub, und man sah die rotgoldenen Strahlen der Glut. Ich kannte diesen Duft. Er war dagewesen, als ich zu dem kleinen gelben Haus des Märchenerzählers unterwegs war. Damals hatte der Wind die Wandzeitungen der Kulturrevolution geschüttelt. Jetzt bewegte er die Plakate, auf denen Enthüllungen über die »Viererbande« standen. Aber Tusche und Kleister waren dieselben.

Phönix aus der Asche

Für Shanghai hatte die anti-urbane Politik der Mao-Ära mit ihrer einseitigen Stärkung des Hinterlandes eine systematische Schwächung bedeutet. Als Ausgleich für die wirtschaftlichen Unterschiede zwischen Stadt und Land musste Shanghai z.B. von den 477 Mrd. RMB, die in der Stadt zwischen 1950 und 1990 erwirtschaftet wurden, 412 Mrd. RMB, d.h. 86%, nach Beijing abführen, von wo die Mittel in andere Regionen umgelenkt wurden. In der Folge kam die industrielle und urbane Entwicklung in Shanghai selbst nahezu gänzlich zum Erliegen. Überdies war Shanghai von der internationalen Entwicklung abgekoppelt. Noch 1985 zählten die Wirtschaftsdaten der vormals wichtigsten chinesischen Industriestadt zu den schlechtesten des Landes. Die Verschmutzung der Umwelt hatte angesichts der veralteten Produktionsanlagen verheerende Ausmaße angenommen, der innerstädtische Verkehr bewegte sich mit acht Stundenkilometern vorwärts und den Stadtbewohnern standen statistisch pro Person gerade einmal 4,3 Quadratmeter Wohnraum zur Verfügung.

Seit Beginn der Öffnungspolitik zwei Jahre nach Maos Tod 1976, revolutionierten dessen politische Nachfolger die stagnierende chinesische Wirtschaft in rasantem Tempo. Mit der neuen, stark auf Export und die Anziehung von Investoren setzenden Reformpolitik und dem Aufstieg von Shanghaier Politikern wie Jiang Zemin und Zhu Rongji in führende Partei- und Regierungsämter in den späten 80er-Jahren erlebte Shanghai einen zweiten Frühling. Sichtbar manifestierte sich die »neue Zeit« im Neubau der Shanghai Railway Station (1987, Entwurf ECADI, dem in Shanghai ansässigen East China Architectural Design Institute).

Entscheidende Faktoren für Shanghais Wiederaufschwung waren die massive Reduktion der Steuerlast (wobei der Fiskus angesichts der zunehmenden Schwäche der Shanghaier Wirtschaft ohnehin immer weniger Freude an den kontinuierlich spärlicher sprudelnden Einnahmen hatte), erhebliche Investitionen der Zentrale und der Ausbau Pudongs ab 1990. Dabei gibt sich Shanghai wieder weltoffen. Beträchtlichen Anteil am bisherigen Aufschwung der Stadt haben nicht zuletzt die hohen Mittelzuflüsse aus dem Ausland. Für Direktinvestoren ist Shanghai einer der bevorzugten Standorte des Landes, geradezu ideal für den Einstieg in den chinesischen Markt. Zu den Großinvestoren zählen auch deutsche Gesellschaften von Volkswagen, Siemens, Bayer bis Thyssen-Krupp. Insgesamt flossen zwischen 1980 und 2000 Direktinvestitionen in Höhe von knapp 32 Mrd. US$ in die Stadt (bis 2006 rd. 75,6 Mrd., davon 7,1 Mrd. aus Deutschland).

Die Metropole am Yangtze-Delta strebt in der Tat mit allen Kräften danach, in sämtlichen mit Modernität verknüpften Bereichen wieder die Vorreiterrolle im Land zu übernehmen und Hongkong schrittweise als chinesisches Finanz- und Dienstleistungszentrum abzulösen. Wenn in den 90er-Jahren Ausländer durch die Nanjing Lu gingen und bewundernd sagten »Es sieht ja fast aus wie in Hongkong«, dann lag nicht wenigen Shanghaiern auf der Zunge: »Wartet nur noch ein paar Jahre, dann werdet ihr in Hongkong sagen, das sieht ja fast aus wie in Shanghai!«

In der Tat werden nirgendwo in China westliche Kultur und westliche Moden so begeistert aufgenommen wie in »der Stadt über dem Meer«. Doch hat sich die Orientierung Shanghais im Gegensatz zu früher verlagert. Nicht mehr das Paris des alten Europa, sondern das New York der Vereinigten Staaten von

Amerika, mit denen die Chinesen eine tiefe Haßliebe verbindet, sind das Vorbild für Architektur, Kunst und Nachtleben. Shanghais Yuppie-Jugend fühlt sich dabei allzu gerne wie »die Made im Apfel«. Großstädtisch, genussfreudig und politisch indifferent präsentiert sich die junge Generation. Sie trifft sich zum Kaffee bei Starbucks oder zum Bier im Paulaner. Benimm-Kurse bringen den Youngstern westliche Etikette bei, angefangen mit dem Hinweis, Knochen nicht direkt auf den Tisch zu spucken, bis hin zur Belehrung, beim Kauen den Mund zu schließen. Mitunter nimmt der in der Stadt bis zum Exzess gepflegte Markenfetischismus geradezu groteske Ausmaße an.

> Aus Wei Hui: Shanghai Baby
> (1999)
>
> **Markenfetischismus**
>
> Eine halbe Stunde später klopft Mark atemlos an die Tür, ich gebe ihm sein Yves-Saint-Laurent-Portemonnaie, er küsst mich, steckt den Geldbeutel ein, dreht sich lächelnd um und stürzt hastig die Treppe wieder herunter. Vom Balkon aus sehe ich ihn in seinen BMW einsteigen. (...) Mein Bauch beginnt wieder zu schmerzen, obwohl der o.b.-Tampon in mir wie ein Schleusentor ein flüchtiges Gefühl von Schutz suggeriert.

Berauscht von individuellen Konsuminteressen hat für das Gros der Shanghaier Bevölkerung politische Machtlosigkeit keine Bedeutung. Die westliche »Gretchenfrage« zum Wunsch nach mehr Demokratie sieht man pragmatisch. Mian Mian steht in dieser Frage stellvertretend für die Haltung von vielen: »Die Demokratiefrage interessiert mich nicht. Ich denke immer nur an mein nächstes Buch und daran, warum die Regierung es verbieten darf. Freiheit, nicht Demokratie, ist das Wichtigste für mich. (...) Reden wir nicht über Politik, sondern tun wir lieber etwas, um in der Welt vorwärtszukommen. Das entspricht für mich chinesischem Stil: Vieles ist in unserer Kultur unaussprechbar, aber wir können es trotzdem tun. So verhält es sich auch mit meinem Buch: Ich kann es zwar nicht verlegen lassen, aber immerhin im Internet veröffentlichen. Also tue ich das, anstatt mich groß über Politik zu beklagen« (zitiert nach Blume/Yamamoto).

Die Lebensqualität steigt wieder, Ausbau der städtischen Infrastruktur

Insgesamt brachten die 90er-Jahre für die Shanghaier beträchtliche Verbesserungen ihrer Lebensqualität. So berichtete der Geschäftsführer der Vereinigung der Freunde der Tong-Ji Universität e.V. in einem Schreiben aus dem Jahr 1994: »Das Warenangebot in den Läden in Shanghai hat sich stark ausgeweitet. Die Nanjing Lu, früher Haupteinkaufsstraße in Shanghai mit dem berühmten Kaufhaus Nr. 1 dient inzwischen als Einkaufszentrum für die Landbevölkerung. Die Shanghaier Bevölkerung kauft in der Huaihai Lu (in der Nähe des Jing Jiang Hotels). Dort gibt es neben vielen (privaten) chinesischen Geschäften inzwischen fünf chinesisch-japanische Joint Venture-Kaufhäuser mit einem Kaufangebot, wie ich es in keinem Ostblockland (Ungarn eingeschlossen) vorgefunden habe. Das Angebot an Mode und Kosmetika ist vergleichbar mit Kaufhäusern in Frankfurt, die Preise allerdings auch.«

Der Schweizer Journalist Urs Morff schrieb ebenfalls 1994: »Wie heftig der Erneuerungsrausch ist, der Schanghai gepackt hat, wird jedem Besucher bald einmal klar. Im traditionellen Zentrum von Schanghai, dem Hafenviertel am Huangpu-Fluss, der die Stadt mit dem Yangtze und dem Meer verbindet, stecken wir endgültig im Verkehrsstau. (...) Heute versperren sich hier Millionen drängelnder Menschen, altersschwache Gelenktrolleybusse, eine halbe Million Autos, Motorräder und zahllose Fahrradfahrer gegenseitig den Weg. Von morgens um sieben bis abends nach neun Uhr steht die ganze Stadt jeweils am Rand des totalen Verkehrszusammenbruchs. (...) Vertreter der ausländischen Unternehmen aller Branchen, die allein in den letzten zwei Jahren in Schanghai mehr als dreitausend Niederlassungen und Joint Ventures mit chinesischen Partnerfirmen gegründet haben, klagen über tägliche Arbeitswege von drei bis vier Stunden.«

Hochstraße

Ähnlich erlebte der Vertreter der Tongji-Freunde die Verkehrslage: »Im Augenblick dauert die 28 Kilometer lange Fahrt von der Tong Ji Universität bis zum Flugplatz in Shanghai mit dem Pkw immer noch etwa zwei Stunden. Die Anzahl der (privaten) Taxis hat sich vervielfacht. Insbesondere japanische Kleinwagen kommen dabei zum Einsatz. Nachdem ich vor drei Jahren noch bei jeder Taxifahrt den Preis vorher vereinbaren musste, haben jetzt alle Taxis Taxameter. Ein Taxifahrer verdient im Monat ungefähr 2.000 DM (also zehnmal soviel wie ein Professor).« Diese »goldenen Zeiten« für Shanghaier Taxifahrer waren nach weniger als einem Jahrzehnt vorüber. Rollten 1989 noch etwa 10.600 Taxis über Shanghais Straßen, so sind es 2007 rd. 50.000 bei ungefähr 110.000 Fahrern. Die meisten teilen sich mit einem Partner einen Wagen und lösen sich in Schichten von 12 bis 18 Stunden ab. Nach Abzug von Sprit, Abgaben und anderen Kosten verbleiben dem Fahrer noch etwa 3.000 bis 4.000 Renminbi (ca. 300 bis 400 Euro) im Monat.

Shanghais Stadtplaner reagierten rasch auf die chronische Verstopfung der Straßen. Ende 1994 konnten bereits Teilstücke der Stadtautobahn (Hochstraße) eröffnet werden. Die ersten 25 Kilometer waren trotz des sandig-schlammigen

---

Aus Bettina Rheims/Serge Bramly: Shanghai

Darf man ungestraft an den Schuppen eines Drachen kratzen?

Dort, wo die Chongqing Lu und die Yan'an Lu zusammenlaufen, erkennt man von oben die sternförmige Anlage der Auffahrten, die wie auf blauem Licht schweben, und im Zentrum bildet, das Ganze abstützend, ein dicker Pfeiler mit Metallplatten die Mittelachse dieses Verkehrsknotenpunktes. Um den Pfeiler rankt sich eine Spirale von goldenen Drachen.

Dazu diese Geschichte: Die Arbeiten an der Schnellbahn stockten, die Bohrmaschinen gingen kaputt, die Arbeiter stießen an dieser Stelle auf ein Hindernis, das den Geologen unbekannt war. Die Behörden entschieden, einen Geisterbeschwörer zu rufen, einen Feng-shui-Spezialisten, Experte in der Wissenschaft vom Wind und vom Wasser. Der erkannte auf Anhieb die Ursache des Problems:

Man grub auf dem Rücken eines Drachen und störte seinen Schlaf. Darf man ungestraft an den Schuppen eines Drachen kratzen?

Die mächtige Kreatur musste mit Gebeten und Opfergaben besänftigt, mit Achtung behandelt, ihrem Rang gemäß geehrt und verherrlicht werden, damit die Bauarbeiten fortgesetzt werden konnten. Hielte man sich an diese Regeln, trüge der Drache vielleicht zum Aufschwung der Stadt bei ... Der dicke Pfeiler sei, so sagte man mir, eine Art Tempel.

Baugrundes, welcher bis zu 40 Meter tiefe Betonfundamente für die Tragpfeiler erforderlich machte, in nur zwölf Monaten durch Wohnquartiere geschlagen worden. Die Bewohner der Schneise wurden in neue Siedlungen am Stadtrand umgesiedelt.

Darüber hinaus wird der Ausbau der U-Bahn mächtig vorangetrieben. 1993 konnte der erste Bauabschnitt fertig gestellt werden; die Inbetriebnahme der Gesamtstrecke der Linie 1 erfolgte 1997, 2000 und 2001 kamen eine zweite Linie sowie eine Hochbahn hinzu, 2003 Linie 5 und zum Jahreswechsel 2005/06 Linie 4. Damit erreichte das Netz eine Länge von 123 Kilometern. Ende 2007 sollen acht Linien 230 Kilometer Strecke bedienen, bis 2010 sind 400 km angepeilt. Die Linie 1 war übrigens zunächst mit einem deutschen Billigkredit von über 400 Mio. DM aus den Kassen des Entwicklungshilfeministeriums alimentiert worden. Die Presse sprach damals vom »Sündenfall Shanghai«.

In ganz Shanghai entstehen neben den Geschäfts- und Industriearealen riesige Wohnblöcke und Villenparks mit Wohnungen, die größer sind als alles, was der Shanghaier Durchschnittsbürger bis dato kannte (bis 2006 ist die durchschnittlich jedem Shanghaier zur Verfügung stehende Wohnfläche auf 16 Quadratmeter gestiegen). Wohnungskauf wird »in« und von der Regierung durch günstige Finanzierungsmöglichkeiten gefördert – nicht wenige Shanghaier gönnen sich Carrara-Marmor im Bad und eine (illegale) Satellitenschüssel auf dem Dach. Wie zuvor die Lilong-Wohnanlagen tragen ihre modernen Pendants verheißungsvolle Namen wie »Jin Zonglü« (Goldene Palme), »Dongfang Manhadun« (Manhattan des Orients), »Taohuayuan Tianzhuang« (Pfirsichblütengarten-Anlage) oder gar »Ouzhou Hao Ting« (Europäischer Luxus-Pavillion).

Dessen ungeachtet sind viele Bauerfolge mit großen Opfern »erkauft«. Die Planer nähmen zu wenig Rücksicht auf Anwohner und Umwelt, kritisieren ausländische Medien gebetsmühlenhaft. Erst allmählich rückt das Los der zahllosen, schlecht bezahlten Wanderarbeiter, die durch ihrer Hände Arbeit den Shanghaier Bauboom erst ermöglichen, mehr ins Blickfeld. Ihre Lage ist nicht viel besser als diejenige der Kulis in den 20er- und 30er-Jahren. Da der Schutz durch Gewerkschaften bzw. eine wirkungsvolle Rechtsprechung fehlt, sind sie den Launen ihrer Bosse völlig ausgeliefert. Unerwähnt bleiben auch Hunderte von Todesfällen aufgrund mangelnder Sicherheitsmaßnahmen. Die lokalen Zeitungen verschweigen selbst große Unglücke, die Verwandten erhalten, falls überhaupt, eine Geldsumme als Entschädigung und Schweigegeld – nur gerüchteweise dringen entsprechende Meldungen an die Öffentlichkeit.

Exkurs:
Shanghais Disneyland oder warum sind viele chinesische Städte so hässlich?

»Jedes Jahr eine neue Gestalt, alle drei Jahre eine große Veränderung« (Yi nian yi ge yang, san nian da bian yang) – in China wird gebaut, was Muskelkraft und Kräne hergeben, 24 Stunden am Tag, sieben Tage in der Woche. Alte Viertel verschwinden in atemberaubendem Tempo, um weiteren Wohnblöcken, Shopping Malls und Bürotürmen Platz zu machen. Großzügige Autobahnkreuze werden

---

Aus Frank Sieren: Von reichen Firmen und plumpen Häusern

Warum hat Chinas Wirtschaft Besseres zu tun, als gute Architektur zu fördern?

Das Pro-Kopf-Einkommen ist in den letzten zwanzig Jahren dramatisch gestiegen. Unzählige chinesische Unternehmen haben einen rasanten Aufstieg hinter sich und dabei so viel Geld verdient, dass sie es schnell in Häuser investieren, bevor die Steuerbehörden seiner habhaft werden können. Auch Staatsunternehmen, die mit hohen Summen subventioniert werden, neigen eher dazu, ihre Gelder in Immobilienprojekte zu stecken, als sie für langwierige Umstrukturierungsmaßnahmen zu verschwenden. Selbst ausländische Konzerne wie Nokia sind sehr erfolgreich. Und da es ihnen nicht gestattet ist, das Geld, das sie in China verdient haben, außer Landes zu bringen, kaufen sie Gebäude dafür.

In diesem Licht betrachtet, müsste China ein Paradies für die erste Liga internationaler Architekten sein. Sie müssten in Aufträgen schwelgen, Material verschwenden dürfen und hernach mit Dollars in Ikea-Plastiktüten bar bezahlt werden. Die aufstrebenden Unternehmen wiederum, die davon träumen, mit ihren Produkten ein Global Player zu werden, müssten sich eigentlich architektonisch hochwertige Gebäude bauen lassen, um so den Stolz auf ihren Anteil an Chinas Wirtschaftsboom und ihre vergleichsweise junge Unternehmenskultur nach außen zu demonstrieren. Denn geprahlt wird im China der marktwirtschaftlichen Reformen gerne, vor allem mit Luxus aus dem Westen.

Der Anzug muss von Cerruti sein – auch wenn nicht die richtige Größe vorrätig ist –, das Fahrzeug ein Mercedes; das Heim ein Penthaus, eingerichtet wie in New York. Doch jeder, der schon einmal die Innenstädte Pekings oder Shanghais durchstreift hat, weiß, dass dies ein frommer Wunsch ist. Chinas Bürogebäude sind im besten Fall gleichförmige Zweckbauten, oft jedoch so vulgär, dass ihre Fassaden höchstens in ein Archiv architektonischer Kuriositäten aufgenommen werden könnten.

zu Ikonen des wirtschaftlichen Aufschwungs. In der Folge wirken die meisten chinesischen Innenstädte »gleich« und »austauschbar«. Gesichtslose Plattenbauten und Hochhäuser lösen einander ab, das Straßensystem scheint rechtwinklig genormt: vier, sechs oder acht Spuren für Autos, rechts und links ein schmaler Grünstreifen, je eine Spur für Radfahrer, Fußgängerweg.

Das Zentrum markiert oft ein zentraler Platz, an dem die Gebäude noch ein bisschen wuchtiger sind als rings umher. Mittelmaß und Wahn allerorten. – Schon kritisieren auch namhafte chinesische Architekten wie **Zheng Shiling** (geb. 1941), Vizepräsident der chinesischen Architektenkammer und Direktor des Institute of Architecture and Urban Space an der Tongji-Universität, den ungebrochenen Drang selbst kleiner chinesischer Städte, um jeden Preis »international« und möglichst hoch bauen zu wollen.

Während die letzten authentischen Überbleibsel vorangegangener Epochen der Spitzhacke zum Opfer fallen, scheint zugleich das Bedürfnis nach eigener Geschichte und Identität zu wachsen. Doch statt der zunehmenden Zerstörung schützenswerter Bauten Einhalt zu gebieten, werden alte Straßenzüge zu Touristenattraktionen in Disney-Version umgewandelt. Typische Beispiele sind die Shanghaier Altstadt um den Yu-Garten oder gar Xintiandi (Carrée zwischen Taicang Lu, Huangpi Nan Lu, Zizhong Lu und Madang Lu), wo traditionelle Shikumen-Häuser (Bauzeit zwischen 1910 und 1920) zu teuren Restaurants und Vergnügungsstätten durch die Hongkonger Shui On Group »aufgemotzt« wurden (kurioserweise fand gerade um die Ecke der Gründungskongress der KPCh statt; vgl. Spaziergang 9, S. 491 f.; nebenbei bemerkt: Xintiandi eröffnete am 30. Juni 2001, just einen Tag vor dem 80. Geburtstag der KPCh, als fast alle wichtigen Kader die »heilige Stätte« besuchten und Shui On sich über erstklassige Werbung freuen konnte). Nächstes Opfer der »Xintiandisierung« dürfte »Jianyeli« werden, eine Shikumen-Lilong-Anlage Yueyang Lu Ecke Jiangguo Xi Lu. Bis 2005 mussten die rd. 1.000 dort ansässigen Familien ihre Wohnungen bzw. Häuser verlassen, und pünktlich zur Weltausstellung 2010 soll Jianyeli als exquisite Hotelanlage gut zahlende Gäste empfangen.

Der Bauboom der 90er-Jahre ließ eine Vielzahl geradezu bizarrer, um nicht zu sagen kitschiger, und äußerst hässlicher Bauten entstehen. Die Palette reicht von neo-neo-klassizistischen Apartment-Häusern bis hin zu plump wirkenden Hotels und Bürokomplexen mit wilden Dachkonstruktionen, die alte Bautraditionen aufzunehmen scheinen, diese aber letztlich nur der Lächerlichkeit preisgeben. Schon 1934 schrieb Fan Wenzhou, die Vorgehensweise, »das Haus im westlichen Stil, das Dach im chinesischen Stil zu gestalten«, sei »zutiefst abscheulich« (zitiert nach Wu Jiang).

Westliche Beobachter wie Frank Sieren sprechen von einer fatalen Verbrüderung, auf der einen Seite kleinbürgerlicher Geschmack der neureichen und

Joseph von Westphalen (geb. 1945) empfand die Shanghaier Bauwut bei einer Schriftstellerreise auf Einladung der Stadtregierung Shanghai 2003 so:

Willkommen im Superlativ

Es gibt in Shanghai Immobilienhaie, die aussehen wie aus einem James-Bond-Film. Aber Vorsicht: So sehen auch Immobilienhaie in Chicago – und sogar in München – aus. In München würde man allerdings vermutlich selbst unter einer 100-prozentigen CSU-Regierung keinen Golfplatz an den Stadtrand bauen, mit Dutzenden schlecht kopierten Renaissancevillen drum herum, wie sie alte Hollywoodschicksen und junge Ölscheichs mögen, und die Häuser grauenhaft goldmöbliert und mit Brokatvorhängen ausgestattet für nur vier Millionen Eurodollar verkaufen. Der Eigner dieser Anlage wäre hier zudem kaum ein 21 Jahre junger Finsterling, dem fünf Adlaten gleichzeitig Feuer geben, wenn er zur Zigarette greift, und der einem einzigen befreundeten Architekten den Auftrag zum Bau dieses abartigen Marmorghettos gab.

(...) Als eine junge Redakteurin der Zeitung »Shanghai Daily« meinen Eindruck von der Stadt hören wollte und ich keine Lust mehr hatte, schon wieder alles «unglaublich« und »beeindruckend« zu finden, hatte sie ein Erbarmen: »Ihre Antwort muss nicht positiv sein.« Darauf sagte ich ihr, mehr als vom höchsten Hochhaus sei ich beeindruckt von ihrer Einladung zur Kritik. Als diese Antwort dann nicht in der Zeitung stand, fragte ich nach. Noch nie was von Zensur und Partei gehört, wurde mir fröhlich bedeutet. »Ihre Antwort war lustig, aber unsere Zeitung ist zu seriös für so etwas.«

ästhetisch wenig vorgebildeten chinesischen Bauherren, auf der anderen Seite eine Bautradition, die den Begriff und die Bedeutung von »Fassade« nicht kennt. Vergleicht man Versailles mit dem Kaiserpalast in Beijing oder den Kölner Dom mit einem berühmten chinesischen Tempel, dürfte klar sein, dass Außenwirkung in China einen wesentlich geringeren Stellenwert einnahm als im Westen. Dieses Prinzip der Hinwendung nach innen, während von außen nur hohe Mauern zu sehen waren, setzte sich bei den Privathäusern fort. Den Reichtum einer Familie sollte man von der Straße her allenfalls erahnen, aber keinesfalls direkt sehen können. Hinter dem Eingangstor versperrte eine Schutzmauer die Sicht nach innen (und verwehrte damit nicht nur neugierigen Blicken, sondern auch bösen Geistern den Eintritt). Für das ungeschulte chinesische Auge genügen oft »geographische« Aspekte wie Zentralität oder Stockwerkshöhe als Ausweis für eine Topadresse.

Die markanten Impulse für zeitgenössische Architektur kommen daher in China vielfach von Seiten des Staates. Dessen Protagonisten gehören zwar nicht

Rasanter Hochhausbau (oben) versus bauliche Neugestaltung des Yu-Gartens (Folgeseite)

unbedingt zur ästhetischen Avantgarde (und oft genug vergreifen sie sich in der Gestaltung ihrer Vorhaben), doch unterliegt der Staat anderen Konkurrenzmechanismen als die Privatwirtschaft. Für ihn zählt sein Verhältnis zu anderen Staaten. Will er sich westlichen Ländern gleichstellen, dann muss er bauen wie in New York, Tokyo oder Paris. Das anmutige Jinmao Building ist dafür nur ein Beispiel; Auftraggeber war das chinesische Außenwirtschaftsministerium.

In der Tat hungert China nach der lange verwehrten internationalen Anerkennung. »Die Welt soll China nicht nur Bewunderung zollen, man *will* auch Neid erregen. (...) Kein Wolkenkratzer kann hoch genug, schön genug sein. Mit Shanghai hat sich eine ganze Stadt dem Plan verschrieben, nach Jahrzehnten des sozialistischen Dornröschenschlafes die Aufholjagd zu beginnen, um wieder an die blühende Vergangenheit anzuknüpfen, wie sie sich am Beginn des 20. Jahrhunderts darstellte. (...) Immer geht es darum, dem Ausland zu zeigen, zu welch meisterlichen Leistungen man fähig ist« (Zimmer).

Pudong – ein Blick in Shanghais Zukunft

*Pu*dong liegt, vom städtischen Kerngebiet Shanghais durch den Huang*pu* getrennt, östlich des Huangpu (im Gegensatz zu »*Pu*xi« für »westlich des Huangpu«; dong = Osten, xi = Westen) und reicht vom Finanzdistrikt Lujiazui direkt gegenüber dem Bund bis zum Meer. Die »Pudong New Area« umfasst eine Fläche von 522 Quadratkilometern. Bis in die 80er-Jahre hinein war Pudong überwiegend landwirtschaftlich geprägt mit Werften und Hafenanlagen an den Rändern und einigen verstreuten einfachen Siedlungen.

Im April 1990 gab Beijing den Startschuss für die Errichtung einer Sonderwirtschaftszone: Deng Xiaoping hatte es im Rückblick als Fehler angesehen, Shanghai im Gegensatz zum chinesischen Süden über viele Jahre hintangestellt zu haben. Dort war mit Shenzhen schon 1980 die erste Sonderzone gegründet worden. Für den damaligen Bürgermeister Zhu Rongji waren Dengs Worte Wasser auf seine Mühle: Mit Hilfe des Pariser Instituts d´Aménagement et d´Urbanisme de la Région Ile de France (IAURIF) hatte Zhu schon Ende der 80er-Jahre das 28 Quadratkilometer große Gebiet von Lujiazui als Kerngebiet für ein neues Stadtentwicklungsprojekt entdeckt. Hier sollte ein neues Dienstleistungs- und Handelszentrum nach dem Vorbild von La Défense in Paris entstehen. Lujiazui sollte mit dem Stadtbild von New York, Hongkong oder Tokyo konkurrieren können. Im März 1992 luden die Stadtplaner acht Büros aus Großbritannien, Italien, Frankreich und Japan ein: Prämiert wurden die Arbeiten von **Richard Rogers** (geb. 1933) aus England, **Massimiliano Fuksas** (geb. 1944) aus Italien, **Toyo Ito** (geb. 1941) aus Japan und **Dominique Perrault** (geb. 1953) aus Frankreich. **Sir Norman Foster** (geb. 1935), **Renzo Piano** (geb. 1937), **Jean**

Nouvel (geb. 1945) und **Kazuo Shinohara** (geb. 1925) gingen leer aus. Allerdings wurde keines der eingereichten Projekte ausgeführt, vielleicht weil sie dem Geltungsdrang der politischen Entscheidungsträger nicht Genüge taten.

Stattdessen entwickelten die lokalen Planungsbehörden eine eigene Konzeption für Lujiazui. Diese zeichnete sich insbesondere durch ihren Drang gen Himmel aus. So sah sie u.a. drei nebeneinander stehende »Ultra Tall Towers« von über 400 Meter Höhe vor, etwa 50 zwischen 150 und 200 m hohe Türme sollten diese »Ultra-Kratzer« flankieren. Die Planer wollten gegenüber dem altehr-

---

Der Fernsehturm

Der Blick vom Bund am Ausgang der Nanjing Lu nach Pudong fällt unweigerlich als erstes auf den Fernsehturm mit seinen elf großen und kleinen Kugeln (No. 1, Shiji Dadao, täglich 8:00 bis 21:30 Uhr, Tel.: 58 79 18 88). Mit 468 m Höhe ist er der dritthöchste Fernsehturm der Welt (Stand: 2007). Der Entwurf stammt von ECADI. Man mag über die Ästhetik streiten, unzweifelbar beherrscht der im November 1994 fertig gestellte und im Mai 1995 in Betrieb genommene »Oriental Pearl Tower« das Stadtbild und ist zu einem Wahrzeichen der Stadt geworden.

Expressfahrstühle schießen die Besucher mit einer Geschwindigkeit von 7 Metern pro Sekunde zur 263 m hoch gelegenen zweiten Kugel, die einen Durchmesser von 45 m aufweist. Noch einmal 90 m höher liegt die »Space Cabin«. Von der offenen Terrasse der untersten Kugel (Durchmesser: 50 m) auf 90 m Höhe bietet sich ein guter Überblick über den Bund. In den Zwischenkugeln befand sich vorübergehend ein VIP-Guesthouse (heute leer stehend). Im Keller wurde 2002 eine große und liebevoll gestaltete Ausstellung des Shanghaier Geschichtsmuseums eingerichtet.

Auf Chinesisch hat der TV-Tower zwei Beinamen: »Strahlende Perle des Ostens« (Dongfang Ming Zhu) spielt erstens auf eine Bezeichnung Hongkongs als »Perle des Ostens« (Dongfang zhi Zhu) an; zweitens deutet »ming« in die Zukunft (wie in »mingtian« für »morgen«); drittens ist die Perle ein Symbol für Reinheit. Letzteres findet sich im zweiten Beinamen »Zwei Drachen spielen mit einer Perle« (Er Long Xi Zhu).

Inspiriert wurde das Design des auf viele Besucher wuchtig wirkenden Turms von dem zarten Gedicht »Pipa xing« des gefeierten Tang-Poeten **Bai Juyi** (772-842) über den Klang der Pipa. Darin heißt es:

Cao cao qie qie cuo za tang
Da zhu xiao zhu luo yu pan.

Frei übersetzt: Laut angeschlagen und leise gezupft, tropfen große und kleine Perlen auf den Jadeteller (den Jadeteller wird man allerdings vergebens suchen).

Oriental Pearl Tower – der Shanghaier Fernsehturm

Jinmao Building

Das Jinmao Building

Das Jinmao Building (No. 88, Shiji Dadao, täglich 8:30 bis 21:30 Uhr, Tel.: 50 47 00 88) ist mit seinen 420 m das vierthöchste Gebäude der Welt nach dem World Financial Center in Taibei, den Petronas Towers in Kuala Lumpur und dem Sears Tower in Chicago (Stand: 2007). Während sich die teure Fahrt auf den Fernsehturm nur bei wirklich klarer Sicht lohnt, bietet die Aussichtsplattform des Jinmao – der Name bedeutet »Goldener Wohlstand« – auch bei schlechtem Wetter wenigstens einen spektakulären Blick in die Atrium-Bar (»Patio«) des Grand Hyatt im 56. Stock. Das Hyatt betreibt den 55. bis 87. Stock und kann sich stolz das höchste Hotel der Welt nennen (mit Eintrag im Guiness-Buch der Rekorde; ab 2010 wird ihm wohl das Ritz-Carlton in den obersten 15 Etagen des 118-stöckigen Hongkonger International Commerce Centre diesen Rang abtrotzen).

Der Entwurf des eleganten Turms stammt von dem in New York ansässigen Architektenbüro SOM – Skidmore, Owings & Merrill (das u.a. auch den Entwurf für den Sears Tower lieferte). Die Federführung hatte **Adrian Smith**.

Die Bauweise des Jinmao wurde von der Bauweise chinesischer Pagoden inspiriert. So wie diese verjüngt sich der Turm nach oben. Pagoden dienen, ähnlich Akupunkturnadeln, dazu, die Erdmeridiane für ein besseres Fengshui zu beeinflussen. Auch sonst geizt das Bauwerk – abgesehen von der Hausnummer – nicht mit traditioneller Symbolik: Geradezu omnipräsent ist die glückverheißende Acht – nicht nur, weil das 88-stöckige Gebäude am 28.8.1998 eingeweiht wurde und auf 80 Meter tiefen Stahlfundamenten ruht. Jedes Segment des Hochhauses ist um 1/8 niedriger als die 16-geschossige Basis (das erste Segment besteht aus zweimal acht Stockwerken, das nächste aus 14, d.h. aus 16 minus 16 x 1/8, das übernächste aus 12 etc.). Da sollte dem Hyatt mit seinen 555 Zimmern der Erfolg sicher sein.

würdigen Bund eine Skyline entstehen lassen, die den Stadtbildern anderer internationaler Metropolen in nichts nachstehen, besser noch, sie übertreffen würde.

Die Wünsche der Behörden erfüllten sich – zumindest in vertikaler Hinsicht. Nach zehn Jahren ragten im Finanzdistrikt Lujiazui zahllose glitzernde Wolkenkratzer in den Himmel – darunter 200 mit über 100 Meter Höhe. Insbesondere der Fernsehturm und das Jinmao Building fehlen heute auf keiner Postkartenserie über die Stadt.

Was Besucher auf den ersten Blick an Lujiazui fasziniert, ist städtebaulich dennoch ein in vieler Hinsicht enttäuschendes Ergebnis. Die »großzügige« Überarbeitung der Vorschläge des Architekturwettbewerbs durch die chinesischen Verantwortlichen brachte zwar durchaus eine Reihe sehenswerter Bauten hervor. Ihr Anblick wird jedoch durch weniger gelungene Türme nach und nach verbaut.

Pudong – Lujiazui; Jinmao Building, Fernsehturm, Börse (Situation 2003)

> Aus Kerstin Lohse: »Wettlauf zwischen China und den USA«: In Shanghai soll mit dem Bau des ›World Financial Centre‹ begonnen werden – dem höchsten Gebäude der Welt (Produktion ARD Studio Shanghai, Dezember 2002)
>
> **Höhe ist nicht alles**
>
> In den letzten zehn Jahren sind in Shanghai 3.500 Hochhäuser entstanden. Zheng Shiling, Vorsitzender der städtischen Kommission für Umwelt und Stadtentwicklung, weiß, dass in einer Stadt mit 17 Mio. Einwohnern das Bauland möglichst effizient genutzt werden muss. Doch zugleich verweist er auf die Menschenfeindlichkeit der Idee, nur noch in die Höhe zu bauen.
>
> O-Ton Zheng: »Wir haben aus den Erfahrungen der letzten zehn Jahre viel gelernt. Die meisten Leute meiden am Abend den Stadtteil Pudong, weil (dieses Banken- und Büroviertel) dann tot ist. Wer dorthin will, braucht ein Auto, weil man die Entfernungen kaum zu Fuß bewältigen kann. Das liegt daran, dass die Flächen zwischen den einzelnen Hochhäusern nicht nach menschlichen Maßstäben gestaltet wurden. In den alten Teilen der Stadt dagegen findet das Leben auf der Straße statt. Aber zwischen Hochhäusern gibt es so etwas nicht.«
>
> Seit vergangenem Jahr versucht die Stadtverwaltung, die Bauwut stärker zu kontrollieren, und hat einen Baustopp für Wohngebäude mit mehr als 33 Stockwerken verhängt. Bürotürme sind von dieser Regelung allerdings ausgenommen.

Radler mit Imageproblemen

Die VR China gilt als das Land der Fahrradfahrer. Über eine halbe Milliarde Räder sollen nach Schätzungen über Chinas Straßen rollen, etwa 10,5 Mio. davon in Shanghai (2007). Doch für die meisten Chinesen ist Radfahren nicht allein ein billiges, sondern auch ein rückständiges Mittel, um von A nach B zu kommen oder ggf. Güter zu transportieren. Es gilt zudem – insbesondere im Smog der Großstädte – als schmutzig, der Gesundheit abträglich und sogar als gefährlich. In der Tat steigt die Zahl der Verkehrsunfälle mit tödlichem Ausgang kontinuierlich. Etwa ein Drittel der Opfer sind Fahrradfahrer.

Nur ein ganz kleiner Bevölkerungsteil verbindet das Radfahren mit positiv besetzten Begriffen wie Erholung und Freizeit, Sport oder Wohlbefinden. Wer es sich leisten kann – und das sind mit Blick auf die steigenden Einkommensverhältnisse immer mehr Menschen –, steigt auf andere Verkehrsmittel um. Der Anteil der Fahrten, die im Durchschnitt mit dem Fahrrad zurückgelegt werden, sinkt daher seit Jahren. Lag er nach chinesischen Studien zu Beginn der 90er in Beijing noch bei 60%, so betrug diese Quote im Jahr 2000 nur noch 40%. In Shanghai und Guangzhou war sie sogar auf unter 20% gefallen – Tendenz weiter rapide abnehmend.

Für viele Verantwortliche in Politik und Verwaltung ist die zu große Zahl der Fahrräder – und weniger der wachsende Automobilverkehr – schuld an den innerstädtischen Verkehrsproblemen. Wichtige und insbesondere imageträchtige Straßen werden zu bestimmten Zeiten oder komplett für die Rad fahrende Bevölkerung gesperrt, 2006 waren dies allein in der Innenstadt rund 70 Kilometer.

Währenddessen wird der Absatz von Automobilen forciert. Die Verkaufszahlen boomen geradezu beängstigend. Mit Blick auf die ohnehin schon gravierenden ökologischen Probleme des Landes wirken solche Entwicklungen nicht nur für Umweltaktivisten alarmierend. Bereits heute übersteigt die Luftverschmutzung in vielen Städten die von der Weltgesundheitsorganisation empfohlenen Grenzwerte um ein Vielfaches.

Seit 2004 scheint zumindest in Shanghai ein gewisses Umdenken eingesetzt zu haben, zumal der innerstädtische Verkehr nur noch durchschnittlich 15 Kilometer pro Stunde »fließt« – und während der Rush-hour in Puxi sogar weniger als 9 Kilometer pro Stunde erreicht. Die Stadt hat Pläne bekannt gegeben, bis zur Expo 2010 ein 160 km langes Radnetz innerhalb des ersten Ringes anlegen zu wollen. Da zuvor jedoch praktisch jede Straße für den Radverkehr frei gegeben war, bedeutet dieser »Fortschritt« in Wahrheit eine drastische Beschneidung.

Zheng Shiling kommentierte in seiner Funktion als Vorsitzender der städtischen Kommission für Umwelt und Stadtentwicklung bereits 2003 in der chinesischen Presse: »Im Vergleich mit anderen internationalen Metropolen wie Paris oder Madrid ist die Wolkenkratzerlandschaft in Shanghai ein ziemliches Durcheinander.« Die «China Daily» zitierte ihn 2006 mit den Worten: »Der Wettbewerb um immer höhere Gebäude hat eine Dinosaurier-Stadt geschaffen, außerhalb des menschlichen Maßes.«

Ebenfalls nicht gerade als großer Wurf erweist sich die Shiji Dadao (Century Avenue), eine zentrale zwölfspurige Achse, die am Ausgang des den Fluss unterquerenden Tunnels beginnt, über fünf Kilometer hinweg in südöstlicher Richtung verläuft und am New Century Park endet. Großes Vorbild war die Pariser Champs-Elysées, an deren Flair die Shiji Dadao jedoch angesichts der überdimensionalen Breite nicht heranreicht. Frei nach dem Motto: »Größer ist besser und zu groß ist gerade groß genug«, ist es für Fußgänger fast eine Qual, sich in dem neuen Stadtzentrum fortzubewegen. Fahrradfahren ist verboten. Dies könnte das Stadtbild verschandeln.

Atemlosigkeit und Ehrgeiz kennzeichneten von Anfang an den Aufbau in Pudong – nicht zuletzt auch deshalb, weil der Sonderstatus der Wirtschaftszone von vornherein auf zehn Jahre begrenzt war. In dieser Zeit bot der Stadtteil in vielen Feldern Freiraum für Experimente. Mit Waigaoqiao wurde die erste chinesische Freihandelszone eingerichtet. In Lujiazui durften ausländische Banken erstmals Geschäfte in inländischer Währung tätigen. Dort erhielt auch die erste Börse des Landes ab 1997 ihren Sitz (zuvor provisorisch im Pujiang Hotel; vgl. Spaziergang 2, S. 401 f.).

Ausländische Beobachter sehen die Entwicklung in Lujiazui teils mit Zynismus, teils mit unbändigem Staunen. Altbundeskanzler **Helmut Schmidt** schrieb 1993 in der Wochenzeitung »Die Zeit«: »Kein anderer Ort der Welt kommt dem riesigen Baustellenkomplex Pudong gleich.« Böse Zungen wie **Milton Friedman** (1912-2006) verstanden Pudong dagegen nicht als Manifestation der Marktwirtschaft, sondern wie die ägyptischen Pyramiden als Denkmal für einen toten Pharao, nämlich Deng Xiaoping, dem Begründer der chinesischen Wirtschaftsreformen. Ein Urteil, das mittlerweile als überholt gelten darf, denn auch nach Ablauf der Zehnjahresfrist wird in Pudong weiter kräftig investiert.

Viele – vor allem westliche – Besucher versuchen die wachsende Skyline Shanghais mit dem Hinweis auf die hohen Leerstände der Bürogebäude zu relativieren – was aber die ungeheure logistische und technologische Leistung keineswegs schmälert. Allein die gewaltigen und in Rekordzeit getätigten Infrastrukturvorhaben erheischen Respekt. Neben den traditionellen Fähren war Pudong mit Puxi 2007 über vier Brücken, drei Straßentunnel (darunter ein doppelstöckiger zwischen Fuxing Lu in Puxi und Zhangyang Lu in Pudong, er-

Börse

Ähnlich dem Arc von La Défense ist die Börse als Triumphbogen gestaltet (No. 528, Pudong Nan Lu). Chinesische Augen sehen in dem quadratisch gestalteten Gebäude mit der markanten Öffnung die moderne Umsetzung einer alten Käsch-Münze mit dem Loch in der Mitte. Federführend waren The Webb Zerefa Menkes Housden und das Shanghai Architectural Design Institute. Im 26. Stock befindet sich ein öffentliches Restaurant mit gutem Panorama-Blick (»Shanghai Stock Hotel«, Tel.: 68 81 91 88).

Der chinesische Kapitalmarkt ist vergleichsweise jung. Die beiden Börsen der VR China in Shanghai und Shenzhen wurden erst 1990 bzw. 1991 eingerichtet. Allerdings ist die Zahl der börsennotierten Gesellschaften innerhalb eines Jahrzehnts explosionsartig von einem Dutzend 1991 auf weit über 1.000 gestiegen. 2007 waren 850 an der Börse in Shanghai notiert, 600 in Shenzhen. Unterstützt wird diese Entwicklung durch die große Bereitschaft der chinesischen Bevölkerung, ihr Geld in Aktien zu investieren. Die Sparquote ist traditionell hoch, attraktive Anlagemöglichkeiten vor Ort sind rar. Der Transfer von Kapital ins Ausland ist zwar seit 2006 gestattet, allerdings nur in begrenztem Rahmen. Goldgräberstimmung herrscht besonders bei den kleinen Leuten. Selbst einfache Arbeiter oder Rentner investieren für ihre Verhältnisse ein kleines Vermögen an der Börse und hoffen dabei auf das große Geld. Mehr als 100 Mio. Aktiendepots gibt es inzwischen landesweit, die Zahl der an der Börse aktiven Chinesen wird auf etwa 50 Mio. Personen geschätzt (2007).

Trotz verschiedener Reformen und Liberalisierungsansätze ist der chinesische Kapitalmarkt nach wie vor stark reglementiert und »staatlich« geprägt. Der Staat besitzt über die Hälfte der Aktien börsennotierter Unternehmen. Bei als Holdinggesellschaften firmierenden Staatsunternehmen ist er in der Regel Hauptanteilseigner. Auch sonst konzentriert sich der allergrößte Anteil der Aktien sehr häufig bei einem einzigen Shareholder (bei dem es sich auch um eine Privatperson handeln kann), während die übrigen Aktien sehr vielen – entsprechend machtlosen – Kleinstaktionären gehören. Im Gegensatz zu westlichen Kapitalmärkten spielen institutionelle Anleger in der VR China bislang kaum eine Rolle.

Nach den spekulativ geprägten Anfängen beflügelte die boomende Wirtschaft der letzten Jahre die chinesischen Aktienmärkte bislang nur wenig. Während das Bruttosozialprodukt jährlich um etwa 10% zulegte, verloren die Börsenindizes in Shanghai und Shenzen zwischen 2001 und 2005 etwa ein Viertel ihres Wertes. Damit war China der asiatische Aktienmarkt mit der schlechtesten Performance.

Ab 2005 gewann das Aktiengeschäft jedoch wieder an Fahrt. Neue Bewegung in das chinesische Börsengeschehen brachte zunächst die Ankündigung der Börsenaufsicht, mehr als 1.300 im Staatsbesitz befindlichen Unternehmen zu erlauben, bisher exklusiv vom Staat gehaltene Aktien in den freien Wertpapierhandel zu bringen. Im Januar 2006 wurden die Regeln für ausländische Investoren leicht gelockert. Sie dürfen seitdem bei bestimmten Firmen Aktienanteile von über 10% erwerben. Ein Jahr später waren bereits mehr als 50 ausländische Investoren an den chinesischen Börsen aktiv, darunter auch die Dresdner Bank und die Deutsche Bank. All diese Maßnahmen führen zu einer erheblichen Ausdehnung des privaten Aktienbesitzes, ändern aber grundsätzlich wenig an der starken Stellung des Staates – sowie an der hohen Intransparenz und Unberechenbarkeit des Marktes. Zwar begeisterten die Börsengänge der Industrial and Commercial Bank sowie der Bank of China den Handel. Ein erstes böses Erwachen gab es indessen im Frühling 2007, als Kurseinbrüche in Shanghai an allen wichtigen Börsenplätzen der Welt zu spüren waren. Nach einer streckenweisen Erholung ist weltweit die Furcht vor der Spekulationsblase geblieben. Doch die chinesischen Kleinanleger vertrauen darauf, dass die Regierung zumindest bis zur Expo 2010 keinen Crash zulassen wird. Tatsächlich könnten starke Kursverluste die soziale Schieflage im Land weiter verschärfen – ein Umstand, an dem der Regierung keinesfalls gelegen sein kann. Beijing ist daher ernsthaft bemüht, das Aktienfieber zu dämpfen.

öffnet 2004; ein weiterer Tunnel zwischen Renmin Lu und Dongchang Lu ist seit 2006 in Bau, 2007 wurde mit dem Ausschachten für den Nordbund-Tunnel zwischen Xinjian Lu/Puxi und Yincheng Lu/Pudong begonnen), der U-Bahn und einem Touristentunnel für Fußgänger verbunden. Lujiazui selbst ist von einem neuen inneren Autobahnring umschlossen. Zu den infrastrukturellen Großprojekten zählen überdies der 1999 in Betrieb genommene Pudong International Airport und die in Rekordzeit vollendete Transrapid-Stecke.

* Die **Nanpu-Brücke** (1992) hat eine Gesamtlänge von 8,3 Kilometern, wovon 864 Meter die eigentliche Hängebrücke 46 Meter über dem Huangpu ausmachen. Schiffe bis zu 55.000 Tonnen können unter ihr hindurchfahren. Eindrucksvoll ist die 3,8 Kilometer lange, spiralförmige Auffahrt auf der Puxi-Seite, eine Konstruktion, die aufgrund des mangelnden Platzes erforderlich war. Die Kosten beliefen sich auf umgerechnet etwa 40 Mio. Euro. Die Bauzeit betrug drei Jahre.
* Ihr Pendant im Norden bildet die in nur 29 Monaten errichtete **Yangpu-Brücke** (1993, Kosten rd. 85 Mio. Euro). Sie ist mit einer Länge von 8,4 Kilometern und einer Spannweite von 602 Metern die längste Hochhängebrücke der Welt. Dank ihrer 223 Meter hohen Pylone, die die Stahlseile tragen, wirke sie, sagen Poeten, wie eine gewaltige Harfe.
* Die **Xupu-Brücke** (1997) führt die äußere Ringstraße über den Huangpu. Die Schrägseilbrücke ist 590 Meter lang.
* Die im Sommer 2003 freigegebene, 8,7 Kilometer lange **Lupu-Brücke** ist die

längste Bogenbrücke der Welt. Mit ihrer Bogenlänge von 550 Metern löste sie eine Brücke in West Virginia (USA) mit 518 Metern ab. Die ursprünglich auf 245 Mio. Euro konzipierte Brücke kostete letztlich rd. 280 Mio. Euro. Finanziert wurde sie von der Shanghai Lupu Bridge Investment Development Co. Sie wird die Brücke für die nächsten 25 Jahre betreiben und dafür von der Stadt 9,7% der Baukosten p.a. erhalten. Während die Autofahrer kostenfrei die Brücke passieren, dürfen Besucher gegen einen Obolus den Bogen erklimmen (täglich 9 bis 17 Uhr, Tel.: 800 6200 888).

* Die erste Phase des **Pudong International Airport** wurde 1999 abgeschlossen (die zweite Phase endet 2008). Die Bauleitung lag bei dem französischen Architektenbüro ADP (Aéroport de Paris) mit dem federführenden Architekten **Paul Andreu** (geb. 1938) und der Shanghaier Firma ECADI. Geschichte schrieb der Pudong International Airport, als hier am 26. Januar 2003 seit 1949 erstmals wieder eine Verkehrsmaschine aus Taiwan landete. Zwar musste die Boeing 747-400 der China Airlines einen Zwischenstopp in Hongkong einlegen, worauf die Regierung in Taibei aus Sicherheitserwägungen bestanden hatte, trotzdem brachte das Ereignis die chinesische Presse zum Jubeln. An Bord waren taiwanische Touristen, die das Chinesische Neujahrsfest auf dem Festland verbringen wollten. Zwei Jahre später durften dann erstmals Maschinen direkt Frühlingsfestbesucher aus Taiwan einfliegen.

Mit zum Ausgleich zwischen China und Taiwan beigetragen hat **Wang Daohan** (1915-2005). Bevor er sich vierzehn Jahre lang als Vorsitzender der halboffiziellen »Association for Relations Across the Taiwan Straits« um eine Verbesserung der oft kritischen Beziehungen bemüht hatte, war er von 1980 bis 1985 Bürgermeister in Shanghai – und vollzog dort u.a. 1982 die offizielle Eröffnung des neuen deutschen Generalkonsulats zusammen mit dem damaligen Bundespräsidenten **Karl Carstens** (1914-1992). Wang Daohan gilt als Entdecker und Ziehvater seines Nachfolgers, des späteren Präsidenten Jiang Zemin. 1995 erarbeitete er den berühmten Acht-Punkte-Plan, in dem die KPCh auf eine kommunistische Ausrichtung eines geeinten Chinas verzichtete. Eine Übereinkunft kam allerdings nicht zustande. Bis heute lehnt die Regierung in Taibei die Ein-China-Politik Beijings ab, während sich die kommunistisch regierte Volksrepublik weigert, die Unabhängigkeit der demokratischen Republik anzuerkennen.

Exkurs: Der Transrapid oder »Sind Sie heute schon geschwebt?«

Seit 2004 können Fluggäste mit dem neuen Transrapid zum Flughafen sausen. Acht Minuten dauert die bis zu 431 Kilometer pro Stunde schnelle Fahrt. Die Vorbereitungen hierzu verliefen ebenfalls in atemberaubenden Tempo. Gut einen Monat nachdem die Stadt Shanghai mit dem Industriekonsortium Thyssen-Krupp und Siemens den Vertrag unterzeichnet hatte, wurde am 1. März 2001 der Grundstein gelegt. Bei diesem Anlass betonte der damalige Bürgermeister Xu Kuangdi den Stolz Shanghais, die erste Transrapid-Stadt der Welt zu sein. Innerhalb weniger Monate errichteten rd. 3.000 Bauarbeiter eine riesige Fabrik, in der insgesamt 2.600 Hybridträger gegossen wurden. Das Kommando führte der persönlich von Premierminister Zhu Rongji eingesetzte Ingenieur **Wu Xiangming**. Zum Jahreswechsel 2002/3 fand unter Teilnahme von Zhu Rongji und Bundeskanzler **Gerhard Schröder** die Einweihung statt. Die Strecke gilt als Abschiedsgeschenk Zhus an die Stadt, der er einst als Bürgermeister vorstand, und an sich selbst, wurde doch die Machtübergabe an seinen Nachfolger nicht schon während des Parteitages im November 2002, sondern erst im März 2003 vollzogen. Die Chinesen zahlten 1,2 Mrd. Euro für die Wagen und die Antriebs- und Signaltechnik. Hinzu kamen die Investitionen in den Bau der etwas über 30 km langen Trasse. Rund 500 Familien mussten wegen des Projektes umgesiedelt werden; sie erhielten eine Entschädigung.

Für die Stadt Shanghai bedeutet der Transrapid zweifellos einen Prestigegewinn (vorausgesetzt, die Bauingenieure bekommen das Problem des »Sinkens« in den Griff; schon kurz nach Betriebsaufnahme erschienen erste Meldungen,

---

Aus Kerstin Lohse: »Hoch gepokert« – Der Transrapid in Shanghai wird zur Bewährungsprobe für die deutsch-chinesischen Wirtschaftsbeziehungen (Produktion ARD Studio Shanghai, Dezember 2002)

Commander Wu

Der kleine grauhaarige Mann mit durchdringendem Blick hat Erfahrungen mit heiklen Projekten. In Rekordzeit hat er einst den riesigen Flughafen Pudong gebaut. Er gilt als kompetenter Ingenieur, der seine Bauvorhaben bis ins kleinste Detail durchdringt. Rund um die Uhr ist er unterwegs, und fast jeden Tag geht er selbst zur Baustelle, um sich von den Fortschritten zu überzeugen, sagt sein alter Bekannter, der Shanghaier Professor für Ingenieurwissenschaften, **Wu Wenqi**.

O-Ton Wu Wenqi (Übersetzer) : »Ich bewundere Wu Xiangming sehr. Er hat sein ganzes Leben dem Bau von Brücken, Straßen und dem Flughafen gewidmet. Er steht zu seinen Grundsätzen. Und er ist durch und durch Chinese, ein wahrer Patriot – und in diesem Punkt kann er auch sehr dickköpfig sein.«

In der Tat. Wenn Commander Wu etwas hasst, dann ist es die Überheblichkeit, die aus seiner Sicht manche der deutschen Experten an den Tag legten. Mehrfach sei es vorgekommen, dass er sie der Baustelle verwiesen und nach Deutschland zurückgeschickt habe, berichten Mitarbeiter von Thyssen-Krupp. Langsam werden die Magnettechnologie-Experten in Deutschland knapp. Doch Protest von deutscher

Seite war bisher nicht zu hören. Aus Sorge, Anschlussprojekte in Gefahr zu bringen, fügt man sich. Möglicherweise wird sich eines Tages jedoch gerade diese Haltung rächen. Denn Duckmäusertum wird in China häufig als Gesichtsverlust interpretiert. Auch die Presse gehört zu Wus Opfern. Zwar hat selten ein deutsches Industrieprojekt im Ausland so viel Aufmerksamkeit von Seiten der Öffentlichkeit erhalten wie der Bau des Transrapid in Shanghai. Doch auch selten war es so schwierig, an Informationen zu kommen.

Bereits in der Endphase der Vertragsverhandlungen verhängte das Transrapidkonsortium auf Druck des chinesischen Kunden eine Informationssperre. Knapp elf Monate nach Baubeginn gelang es der chinesischen Seite erneut, der deutschen Industrie einen Maulkorb zu verpassen. »Wer mit der Presse spricht, wird gefeuert«, flüsterte ein chinesischer Mitarbeiter von Thyssen-Krupp ins Telefon und sagte damit die geplante Besichtigung der Baustelle ab. »Wir dürfen selbst nicht mehr auf das Gelände«, fügte er hinzu – »nur, wenn Politiker zu Besuch kommen.«

Auslöser war ein Artikel, der im Dezember letzten Jahres (2001, d. Verf.) in der Wirtschaftswoche erschien. Dort war von größeren Problemen bei der Zusammenarbeit die Rede, insbesondere aber wurde die Qualität der produzierten Betonträger und damit die Betonkunst der Chinesen in Frage gestellt. Auf diese Weise bekam auch die Zentralregierung in Peking Wind von den Schwierigkeiten. Ein Gesichtsverlust für Wu Xiangming. Der Projektleiter war in Peking fast eine Woche damit beschäftigt, die Wogen zu glätten. Als Finanzminister **Hans Eichel** im Januar nach Shanghai kam, ging Wu in die Offensive.

O-Ton Wu Xiangming (Übersetzer): »Eines will ich erwähnen, ich bedaure es sehr, dass einige Vertreter des deutschen Transrapidkonsortiums die Medien benutzt haben, um Kritik an der Qualität der in China produzierten Fahrwegträger zu üben. Ich will hiermit klarstellen, dass dies nicht stimmt. Sie konnten sich ja eben selbst von dem guten Standard der Träger überzeugen.«

Eichel hatte alle Hände voll zu tun, seinen Gesprächspartner zu besänftigen und gegenüber der Presse den Eindruck zu vermitteln, dass alles wieder nach Plan laufe. (...) Commander Wu höchstpersönlich hat seitdem die Informationspolitik übernommen. Doch Pressepolitik auf Chinesisch heißt Schweigen. Weder Thyssen-Krupp noch Siemens-Vertreter dürfen mehr Stellung nehmen. Bis zur Selbstverleugnung halten sich die Deutschen an diese Vorgaben. Nicht mal zur eigenen Dokumentation des Projektes wagen sie es noch, Bild- oder Videoaufnahmen zu machen.

Als im Sommer in Kassel die Auslieferung der ersten Wagen gefeiert werden sollte, untersagte Wu sogar dort jegliche Zeremonie. Er selbst hat nie wieder Interviews gegeben. Fragen ausländische Journalisten in seinem Büro telefonisch nach technischen Details, so werden sie fast bedroht. Sie sollten endlich damit aufhören, über das Projekt zu berichten, schimpfen Wus Mitarbeiter. Frühestens am 1. Januar, wenn die Testfahrt vorüber sei, dürfe man wieder anrufen.

nach denen die in aller Schnelle in den weichen Boden gerammten Fundamente der Stützpfeiler nachgaben). Jeder, der die erste kommerziell betriebene Magnetschwebebahn sehen will, muss in Zukunft die Hafenmetropole ansteuern. Skepsis ist hingegen bei der Praktikabilität der Anbindung an die Stadt angesagt, lassen sich doch nur die ersten zwei Drittel der Distanz zwischen Airport und Lujiazui

Transrapid-Werbung

»schwebend« überbrücken. Ins »alte« Zentrum von Puxi ist es noch weiter. Weniger Fluggäste als vielmehr Touristen und Technikbegeisterte nutzen die neue Trasse, ansonsten sind die Wagen nach Abklingen der ersten Euphorie und trotz reduzierter Ticketpreise oftmals kaum besetzt. Mit der Endstelle des Transrapid, dem zu 50% den Messegesellschaften von München, Hannover und Düsseldorf gehörenden Shanghai International Expo Center, der Metro-Verkaufsniederlassung und dem neuen German Centre (Fertigstellung 2005, zuvor seit 1994 an der Tongji-Universität) entwickelt sich um den Zhangjiang-High-Tech-Park, für den im Übrigen das Frankfurter Architekturbüro Albert Speer den Masterplan entworfen hat, fast so etwas wie ein »drittes deutsches Eck«.

Aus Heinrich Schliemann: Reise durch China und Japan im Jahre 1865

Über die Schwierigkeiten, in China eine Eisenbahn zu bauen

»Auf jeden Fall werden noch einige Generationen vergehen, bis man die Pfiffe der Lokomotiven im Tal von Peking hören wird. Denn neben dem Widerstand der Regierung und der in China sich ausbreitenden Volksmeinung, die Eisenbahnen würden die Flussschifffahrt völlig zum Erliegen bringen und der Untergang der Arbeiterklasse sein, gibt es auch noch die von alters her geübte Verehrung der Ahnen, die dem Bau von Eisenbahnen eine unüberwindliche Schranke entgegenstellt. Nur die Städte haben einen allgemeinen Friedhof, die Dörfer dagegen keinen.

Jeder Bauer bestattet die Toten seiner Familie auf seinem eigenen Feld und errichtet ihnen statt Grabsteinen kegelförmige Erdhügel, deren Größe der Achtung entspricht, die man dem Toten und dem Gedenken an ihn entgegenbringt. Aus diesem Grund sieht man kein Stück Land ohne einen oder mehrere dieser Privatfriedhöfe, wo man an der Größe der Erdhügel leicht erkennen kann, welchen Rang die Verstorbenen in der patriarchalischen Ordnung der Familie einst eingenommen haben. Diese Grabstätten, in China »Grabhügel der Vorfahren« genannt, sind heilig, und sie zu zerstören wäre ein Frevel, der mit dem Tod bestraft werden würde.

Wie groß auch die Entartung und der Verfall in China sein mögen, man versäumt niemals, die für die »Grabhügel der Vorfahren« vorgeschriebenen Riten zu beachten. Zweimal im Jahr, am Fest der Toten im April und im Oktober, säubert man sorgfältig die Hügel und bringt sie wieder in Ordnung. Man legt auf ihnen Gaben nieder und bringt Brandopfer dar, wie es der Volksbrauch verlangt. Man schenkt auf diesen Festen den Abgeschiedenen Geld und Kleider zum Gebrauch im Reich der Geister, doch in weiser Sparsamkeit wird stellvertretend dafür immer weißes Papier, auf dem diese Dinge aufgezeichnet sind, verbrannt.

Während ich im vergangenen April nach China reiste, traf ich überall auf Zeichen und Zeugnisse dieser Totenverehrung. Da es auf jedem Ackerfeld diese Hügel gibt, kann man wohl verstehen, dass es ganz unmöglich wäre, eine Eisenbahn zu bauen, die nicht, welche Kurven man sie auch nehmen ließe, die Ruhe der Vorfahren stören und gegen die heiligen Bräuche des Volkes verstoßen würde. Allein aus diesem Grund würde tatsächlich jeder Versuch, in China Eisenbahnlinien zu bauen, unweigerlich eine allgemeine Revolution zur Folge haben.«

Tatsächlich hat Schliemann die Lage richtig eingeschätzt. In Shanghai dauerte es bis 1897, ehe die »Wusong Shanghai Railway« längerfristig in Betrieb gehen konnte. Schon in den 1840ern, wenige Jahre nach Erfindung der Eisenbahn in England, diskutierten die ausländischen Kaufleute die Möglichkeiten zur Errichtung einer Schienenverbindung von Kalkutta nach Kanton. Das Ziel war offensichtlich: ein besserer Transport von Opium ins Reich der Mitte. Die Pläne mussten fallen gelassen werden.

Der erste ernsthafte Vorstoß zum Bau einer Eisenbahn wurde während der Taiping-Revolte seitens englischer und amerikanischer Kaufleute an den als progressiv geltenden Gouverneur Li Hongzhang herangetragen. Gedacht war an die Strecke Shanghai-Suzhou. Der Moment schien günstig. General Gordon hatte Suzhou gerade von den Taiping-Aufständischen befreit. Doch die Antwort war negativ. Li beschied der Petition, Eisenbahnlinien könnten China nur von Nutzen sein, wenn China sie selbst errichte und betreibe. Außerdem führte er den Widerstand des Volkes, ihr Land für einen solchen Zweck zur Verfügung zu stellen, ins Feld.

1865 schlossen sich in Shanghai mehrere Geschäftsleute zusammen, um eine Eisenbahnverbindung zwischen dem Hafen Wusong und Shanghai zu errichten. Da die chinesische Regierung dem neuen Verkehrsmittel nach wie vor äußerst ablehnend gegenüberstand, gab man der neuen Gesellschaft den unverfänglichen Namen »Wusong Road Company«. Nur mit der Genehmigung in der Tasche, die bestehende Straße auszubauen, begann die Gesellschaft mit dem Ankauf von Grundstücken. Doch die Kosten schossen derart in die Höhe, dass die ehrgeizigen Pläne vorerst aufgegeben werden mussten. 1867 wurde die »Wusong Road Company« liquidiert.

1872 (andere Quellen 1874) schloss sich das mächtige Handelshaus Jardine, Matheson & Co. mit 26 weiteren Unternehmen zusammen. Die neue Gesellschaft bestellte Schienen, eine Lokomotive und Waggons in England, 1875 kamen die Schienenstränge in Shanghai an und wurden – ohne Genehmigung – verlegt, 1876 traf die Lok ein und am 30. Juni 1876 wurde die erste Eisenbahnverbindung von Shanghai nach Jiangnan eröffnet. Sie war fünf Meilen lang, der Zug fuhr sechs Mal am Tag und war Berichten zufolge stets überfüllt. Die Tageseinnahmen erreichten durchschnittlich 50 Dollar. Die Betreiber waren höchst zufrieden – doch ihre Freude währte nicht lange. Am 3. August 1876 wurde ein Passant auf der Strecke getötet. Ein Engländer kommentierte, die Umstände ließen entweder auf bodenlose Dummheit schließen oder auf die boshafte Absicht, über einen Selbstmord die Vorurteile gegen die Bahn weiter zu schüren.

Tatsächlich reagierte die chinesische Bevölkerung entsetzt und mit Feindseligkeiten auf den Vorfall. Der britische Botschafter aus Beijing, Sir **Thomas Wade** (1818-1895), der sich zur Zeit des Unfalls gerade in Shanghai aufhielt, verfügte einen Betriebsstopp. Als die chinesische Regierung verlauten ließ, sie wolle die Linie aufkaufen, legte Wade den Betreibern nahe, auf dieses Angebot einzugehen. Da die Eisenbahn ohne behördliche Genehmigung errichtet worden sei, könnten sie nicht mit diplomatischem Rückhalt rechnen.

Im Oktober 1877 gingen Land, Schienen und alles bewegliche Material für 285.000 Tael in chinesischen Besitz über. Die Regierung ließ die Anlagen komplett demontieren, nach Taiwan verschiffen, wo sie an einem Strand verrotten konnten, ohne weiteren Schaden anzurichten.

Obwohl in Kanping/Guangdong schon 1881/87 die entscheidenden Schritte zum Aufbau eines innerchinesischen Schienennetzes getan wurden, dauerte es in Shanghai bis 1897, ehe die 15,9 km lange Schmalspurbahn »Wusong Shanghai Railway« ihren Betrieb aufnehmen konnte. Sie endete an der Wusong Station an der heutigen Songhua Lu.

Über die Geschichte der Wusong-Eisenbahn informiert das Shanghai Railway Museum auf dem Gelände des ehemaligen Nordbahnhofs – außerdem kann man bei einer simulierten Eisenbahnfahrt nach Suzhou Lokführer spielen (No. 200, Tianmu Lu, dienstags bis samstags 9 bis 11:30 und 14 bis 16:30 Uhr, Tel.: 51 22 11 30). Vom Nordbahnhof aus verkehrten ab 1909 die Züge nach Nanjing (Huning-Linie), bis japanische Bomben den strategisch wichtigen Verkehrsknotenpunkt 1932 zerstörten (vgl. Kapitel: »Die Schlacht um Zhabei 1932«, S. 253 ff.; das gleiche Los traf im August 1937 den Shanghaier Südbahnhof). 2002 wurde die frühere VIP-Wartehalle nach alten Vorlagen komplett neu wieder aufgebaut.

DAS 21. JAHRHUNDERT – SHANGHAI STREBT ZUR WELTSPITZE

Die Shanghaier Stadtplaner setzen große Hoffnungen in das neue Jahrhundert. Shanghai soll wieder die Metropole werden, die sie einmal zu ihren Glanzzeiten war, Chinas Tor zur Welt und Tor für die Welt nach China. In diesem Sinne betrieb die Stadt ihre Bewerbung um die Ausführung der Weltexpo 2010 mit äußerster Intensität (aber auch, weil Beijing die Olympischen Spiele 2008 ausrichten durfte).

Auf allen relevanten Feldern des wirtschaftlichen und gesellschaftlichen Lebens will Shanghai gleichziehen mit den führenden Großstädten der Welt. Mit Nachdruck verwenden sich die Stadtoberen für die Ansiedlung von High-Tech-Unternehmen, der Dienstleistungs- und vor allem der Finanzsektor werden gefördert. Investitionen in den öffentlichen Nahverkehr – angefangen beim U-Bahnnetz bis hin zum prestigeträchtigen Transrapid – und in den Umweltschutz sollen die Lebensqualität der Bewohner auf internationales – sprich westliches – Niveau heben. Manchem geht selbst dieses Ziel nicht weit genug: »Shanghai ist heute eine Stadt wie auf Speed, unsentimental bis zur Selbstverleugnung und süchtig nach Superlativen, die Vorreiterin für das angeblich schon angebrochene ›chinesische Jahrhundert‹, so Erich Follath.

Gewinner und Verlierer

Die Lebensbedingungen in Shanghai gelten als die besten in ganz China. Nach dem von dem Entwicklungsprogramm der UNO erhobenen Human Development Index (HDI) erreichte Shanghai den Wert 0,89 (für 2003; 2000: 0,80). Die VR China stand mit 0,76 auf Rang 85 unter 177 untersuchten Ländern (2000: 0,72; Rang 96). In den HDI flossen z.B. Daten der Lebenserwartung (2003: 79,8 Jahre in Shanghai, 2000: 79,7 Jahre) oder der Säuglingssterblichkeit (2003: 5,8 pro 10.000 Geburten; 2000: 5,7) ein. Zum Milleniumswechsel 2000 auf 2001 betrug das verfügbare Pro-Kopf-Einkommen in städtischen Familien 12.883 Renminbi (damals rd. 1.600 Euro) im Jahr, in ländlichen 5.850 Renminbi. Nach der Statistik verfügte jeder der rd. 13 Mio. »echten« Shanghaier über Ersparnisse von rd. 22.620 Renminbi. Die Daten für 2005 beziffern das verfügbare Pro-Kopf-Einkommen in städtischen Familien auf 18.645 Renminbi (ca. 1.865 Euro), in ländlichen auf 8.342 Renminbi (835 Euro) und die Ersparnisse auf 61.992 Renminbi (6.200 Euro).

Nicht für alle stellt sich die Situation so rosig dar. Viele Shanghaier sehen die Entwicklung mit großer Sorge, so Zhou Chun: »Ich bummle in diesen Tagen viel durch die Straßen. (...) Ich sehe wirtschaftlichen Fortschritt, unbeschwerte junge

Leute, Leuchtreklamen, Stretchlimousinen. Ich wäre der Letzte, verbesserte Lebensbedingungen gering zu schätzen. Aber ich finde in dieser Stadt nichts wieder von meinen kommunistischen Träumen. Statt Idealen der Gleichheit und Solidarität Konsumgier und Konkurrenzkampf – ist es das, was ich gewollt habe, wofür ich kämpfte, wofür ich litt?« (zitiert nach Follath)

Die Einkommensschere vergrößert sich drastisch. Derweil sich die Jeunesse Dorée mit Gucci und Handy vergnügt, klauben in Lumpen gekleidete Gestalten leere Colabüchsen und brauchbares Altpapier aus den städtischen Mülleimern. Es gibt bereits wieder Tausende von Bettlern in der Stadt. In zahlreichen Discos, Hotel- bzw. Karaoke-Bars und Friseursalons floriert die Prostitution. Mit Geld kann man mittlerweile in Shanghai wieder fast alles kaufen. Zu den Verlierern zählen auch die Mitarbeiter der einst stolzen Staatsbetriebe. In Zeiten zunehmenden Wettbewerbsdrucks müssen diese ihren Personalbestand auf eine rentable Größe abschmelzen. Als Ausgleich legt die Stadt Beschäftigungsprogramme auf. Dazu gehören etwa die ungezählten »Verkehrshelfer«, die mit Fähnchen und Trillerpfeife »bewaffnet« Fußgänger und Radfahrer zur Beachtung der Straßenregeln anhalten. Für sechs Stunden am Tag verdienen die Uniformierten rd. 800 RMB im Monat (etwa 80 Euro; Stand: 2006).

Insbesondere erfasst die Statistik nicht die mindestens vier Millionen Wanderarbeiter, welche in der Stadt ein Auskommen suchen. Sie malochen auf den unzähligen Baustellen der Stadt, schuften in Fabriken, bedienen in Restaurants,

Einer gegen viele – »Traffic Assistant« in Shanghai

massieren Füße, schneiden Haare und putzen die Wohnungen des neuen Shanghaier Mittelstandes. Sprich: Sie erledigen all die Billigjobs, für die sich ein »echter« Shanghaier nicht mehr hergibt. Ohne sie liefe vor allem im Bau- und Dienstleistungsgewerbe der Stadt kaum noch etwas. Schätzungen zufolge tragen sie rd. 20% zum städtischen Bruttoinlandsprodukt bei. Doch ihre Lage ist misslich. Von den meisten Shanghaiern als Menschen zweiter Klasse verachtet, ohne Ansprüche auf medizinische Versorgung, Sozialversicherung und andere staatliche Leistungen, fristen sie schlecht bezahlt ein Leben am Rande der Illegalität, schutzlos den Willkürakten ihrer Arbeitgeber und der Behörden ausgeliefert. Eine wesentliche Ursache hierfür ist das 1958 eingeführte Hukou-System.

Über die Leiden des Hukou-Systems

Was in den 50er- und 60er-Jahren der Bildung von Slumgürteln um die chinesischen Großstädte erfolgreich entgegenwirkte, wird im beginnenden 21. Jahrhundert immer mehr zum sozialen Problem: das Hukou-System.

Ärgerlich und mit Kosten verbunden ist es für hoch qualifizierte Chinesen, die z.B. nach einem Auslandsstudium jetzt in Shanghai einen offiziellen Arbeitsplatz bei einer »guten« Firma gefunden haben, aber ursprünglich aus einer anderen chinesischen Stadt stammen. Seit 1994 können sie zwar die begehrte Shanghaier Hukou erhalten, diese wird aber unabhängig ihres Wohn- bzw. Arbeitsplatzes in der Stadt zentral für alle beim zuständigen Amt in Puxi registriert. Das bedeutet beispielsweise, dass der Kindergartenplatz, auf den jedes Kind einen Anspruch hat, nicht in der Nähe der Wohnadresse vorgehalten wird, sondern im Amtsbezirk der Behörde – und wer will schon einem Dreijährigen einen Anfahrtsweg von einer Stunde und mehr zum Kindergarten zumuten? Was bleibt, ist, selbst einen Kindergartenplatz in der Nähe der eigenen Wohnung zu suchen – und privat zu bezahlen, wofür mindestens 700 RMB, bei höheren Ansprüchen aber bis zu 5.000 RMB im Monat zu berappen sind (80 bis 600 Euro). Bei anderen öffentlichen Leistungen ist es ähnlich. Der einzige Ausweg besteht darin, eine eigene Wohnung zu kaufen. Dann lässt sich die Hukou zur Wohnanschrift verlegen.

Was aus Sicht von White-Collar-Angestellten lästig und kostspielig ist, stellt sich aus Sicht der Wanderarbeiter als existenzielles Problem dar. Denn offiziell gibt es sie eigentlich nicht. Ihre Kinder können keinen Kindergarten besuchen, und, was viel wichtiger ist, keine Schule. Aber welcher Wanderarbeiter könnte sich das teure Schulgeld leisten? Natürlich gibt es in China Schulpflicht – doch der für das Wanderarbeiterkind vorgesehene Schulplatz befindet sich nun einmal hunderte Kilometer entfernt in Anhui, Sichuan oder anderswo. Also sieht man zunehmend kleine Kinder auf der Straße herumstreunen, Passanten anbetteln oder sich durch den Verkauf von Blumen vor den In-Restaurants der Stadt ein paar Yuan verdienen. Wird ein Wanderarbeiter ernsthaft krank, muss er in die Heimat zurückkehren, nur dort ist seine medizinische Versorgung mehr oder weniger gesichert (über Kredite von Freunden und der Familie oder vielleicht noch über die alte Hukou), leichtere Beschwerden werden einfach »ausgesessen«.

Zu den »Schwierigkeiten des Alltags« kommt die absolute Ausgeliefertheit an Arbeitgeber und Behörden. Jemand, der offiziell eigentlich gar nicht anwesend ist, der hat auch keine Rechte. Zum Frühlingsfest, dem wichtigsten chinesischen Feiertag, an dem viele Wanderarbeiter nach Hause fahren, mehren sich in den Zeitungen die Berichte über betrügerische Bauunternehmer und Fabrikanten, die ihren Trupps das Jahr über die Auszahlung der Löhne zum Fest versprochen hatten – und dann auf Nimmerwiedersehen verschwunden sind. Machen lässt sich wenig, die Arbeiter waren ja selbst illegal tätig gewesen. Im Winter 2001/02 hielten sich hartnäckige Gerüchte über einen schweren Unfall bei den Ausschachtarbeiten für den Huangpu-Tunnel Fuxing Lu. Mehrere hundert Bauarbeiter sollen ums Leben gekommen sein. Wie könnten Angehörigen aber nachfragen nach Menschen, die offiziell nie in Shanghai waren?

Unter diesem Aspekt hat Herr Tian (Name geändert) eigentlich noch großes Glück gehabt. Herr Tian kommt aus Jiangsu und verdiente seinen Lebensunterhalt an der Straße mit Fahrradreparaturen. Sein Stand befand sich für mich günstig zwischen Wohnung und Büro. Weil er der einzige war, der mir für Luftaufpumpen nie etwas und für kleinere Reparaturen immer nur den »Chinesenpreis« (und nicht ein Vielfaches davon, wie seine Kollegen) abgenommen hat, habe ich ihm einmal eine Packung Gummibärchen aus Deutschland mitgebracht. Seither waren wir »Lao Pengyou« und ich musste gar nichts mehr bezahlen. Weil dies nicht der Zweck meines Mitbringsels war, wollte ich ihm etwas Gutes tun, als ich ihm eines Tages 2002 mein Rad für diverse größere Reparaturen überließ. Die Kette musste ausgetauscht werden, der Kettenschutz war gebrochen, ich brauchte neue Bremsklötzchen und so weiter.

Herr Tian machte sich sofort mit dem Rad auf, um die erforderlichen Teile zu besorgen. Prompt wurde er von der Polizei gestoppt. Das Rad war zu offensichtlich als »Ausländerrad« erkennbar gewesen. Zur Sicherheit hatte ich ihm für solche Fälle meine Visitenkarte gegeben, um zeigen zu können, in meinem Auftrag zu handeln. Doch das interessierte die Polizisten nicht. Stattdessen konfiszierten sie das Rad, nahmen Tian alles ab, was er an Ersatzteilen und Geld bei sich hatte (nur, was er im Schuh versteckt hatte, übersahen sie), und steckten ihn erst einmal in eine Zelle. Am nächsten Morgen wurde er mit anderen »Kriminellen« in ein Arbeitslager nach Zhejiang verfrachtet. Dort gelang es ihm nach drei Tagen, sich mit den »geretteten« Scheinen frei zu kaufen. Erst jetzt konnte er seine Angehörigen informieren, die die halbe Woche in Angst gelebt hatten.

Mein Fahrrad konnte ich nach einem Tag Rennerei auf einem Polizeiparkplatz abholen – wo ich noch eine Gebühr entrichten musste, weil man so gut darauf aufgepasst habe (wäre Tian nicht aus dem Lager entkommen, stünde es vermutlich noch heute dort, denn offiziell von der Polizei über den Vorfall informiert wurde ich nie).

Grundsätzlich stecken die politisch Verantwortlichen in einem Dilemma. Natürlich kennen sie die Probleme der für die Ökonomie der Stadt so wichtigen Wanderarbeiter, andererseits wollen sie auf keinen Fall die starken Reglementierungen über den Zuzug in die Stadt aufgeben. Im Juni 2003 schrieb der »Shanghai Star« über einen auswärtigen Studenten, der sich in Guangzhou etwas verdienen wollte, von der Polizei aufgegriffen, in ein Auffanglager gesteckt und dort zu Tode geprügelt wurde. Erstmals wurde öffentlich die Frage gestellt: Wie rechtmäßig ist dieses Verfahren überhaupt? »Organized brutality«, titelte das Blatt. In der Tat brachte der Vorfall die entscheidende Wende. Die Gesetze wurden dahingehend geändert, dass Auswärtige nicht mehr »einfach so« von der Polizei abtransportiert werden dürfen. Der Preis der neuen Freiheit ist eine deutliche Zunahme der Straßenbettler, darunter eindeutig gewaltsam missgebildeter Krüppel – insbesondere auch Kinder. Alte Shanghailänder wie Werner Noll fühlen sich bei ihrem Anblick an die 30er- und 40er-Jahre erinnert. Politik und Polizei stehen dem verbrecherischen Geschehen eher machtlos gegenüber.

Auf dem Nationalen Volkskongress 2005 kündigte Hu Jintao endlich die soziale Kehrtwende an. Insbesondere soll die Situation der landesweit schätzungsweise 200 Mio. Wanderarbeiter im Land verbessert und ihren Kindern der Schulbesuch in den Städten gestattet werden.

In Shanghai kümmert sich auf Initiative der Deutschen Handelskammer seit 1999 das Projekt »Integration« um die Finanzierung von Schulplätzen von Wanderarbeiterkindern in Shanghai. Für nur 120 Euro im Jahr lässt sich bereits eine Basisausbildung bestreiten.

Shanghai als »Kunst- und Kulturstadt«

Bereits in den 90er-Jahren gab die Stadt für eine Reihe kultureller Großprojekte viel Geld aus, etwa für die Neugestaltung des Volksplatzes mit dem erstklassigen Shanghai Museum und der Oper. Die unter der Federführung des Shanghai Architectural Design Institute 1996 fertig gestellte Shanghai Library (Huaihai Zhong Lu Ecke Gaoan Lu, vgl. Spaziergang 13, S. 530 ff.) gilt als die mit Abstand beste Stadtbibliothek in ganz China. Das neue Shanghaier Fußballstadion zählt zu den imposantesten des Landes.

»Al be zi« kehrt heim

Zum Saisonende 2004 ging der ehemalige deutsche Nationalspieler **Jörg Albertz** (damals 33) nach zwei Jahren beim chinesischen Erstligisten Shanghai Shenhua nach Deutschland zurück. Er war der erste deutsche Profikicker in China. Grund genug für ein kleines Interview, das ich im Auftrag der bfai am 23.08.04 mit ihm führte.

bfai: Herr Albertz, was war Ihr schönstes Fußball-Erlebnis in China?
Albertz: Fußballer des Jahres zu werden – das ist eine tolle Ehrung für mich gewesen. Und mit der Mannschaft Meister geworden zu sein. Darüber habe ich mich sehr gefreut.
bfai: Werden Sie manchmal auf der Straße erkannt?
Albertz: Ja, sehr oft. Aber die Leute sind nicht aufdringlich. Ich höre dann nur immer mal wieder im Hintergrund »Al be zi. Al be zi«.
bfai: Die Europäische Gemeinschaft ist wichtigster Handelspartner der VR China – und innerhalb der EU steht Deutschland an der Spitze. Auch im Fußball gibt es einen gewissen Import - Export. Shao Jia Yi beispielsweise spielt bei 1860 München, Sie bei Shanghai Shenhua. Wie sehen Sie die Chancen für deutschen »Fußball-Export« nach China?
Albertz: Die Chancen sind nicht schlecht. Das Interesse an europäischen Spielern ist groß. Aber jede Mannschaft darf nur drei Ausländer haben, zwei von ihnen dürfen spielen, einer muss auf der Bank sitzen.
bfai: Früher gingen altgediente Spieler wie Beckenbauer oder Pele in die USA. Ist heute China die angesagte Destination?
Albertz: Die chinesische Liga ist jetzt elf Jahre alt. Vieles entwickelt sich noch. Für Spieler »im gehobenen Fußballalter« ist es sicher eine gute Erfahrung, hier spielen zu dürfen, und in ein paar Jahren werden auch die Superstars herkommen, wenn sie einmal in dem entsprechenden Alter sind. Das Geld ist da für einen Beckham oder einen Figo – und die Fußballbegeisterung ist groß.
bfai: Was erwartet einen Spieler »spielerisch« in der chinesischen Erstliga? Was ist anders oder ähnlich im Vergleich zu Deutschland?
Albertz: Das Niveau entspricht in etwa der 2. Bundesliga in Deutschland. Allerdings ist hier organisatorisch vieles anders. Die Vereine gehören meist Firmen, die investieren die eine Saison mal viel, die nächste weniger. Ein großer Unterschied zu Deutschland sind die langen Distanzen. Für ein Auswärtsspiel ist man immer vier Tage unterwegs, z.B. am Freitag hin, am Samstag Training, am Sonntag das Spiel und am Montag zurück. Auch spielen viele ohne Vertrag. Die Spieler sind zwar nicht glücklich darüber, aber niemand wehrt sich. Es ist eben jeder ersetzbar in China.

bfai: Gibt es noch andere Unterschiede zu Europa?
Albertz: Man hat hier Riesenstadien, aber die meisten sind sehr veraltet. In unserem Stadion kann man gut duschen, aber anderswo möchte ich die Dusche oft gar nicht aufdrehen. Da ziehe ich dann ein frisches T-Shirt an und fahre so ins Hotel. Es ist eben einfach anders hier. Oft spielt man auch mehr auf Sand als auf Rasen. Dann kommt man sich vor wie beim Beach-Volleyball. Aber man macht schon etwas. In Tianjin wurde jetzt für den Asien-Cup ein sehr schönes, neues Stadion gebaut, und in Qingdao wurde das alte renoviert. Es dauert eben, auch wenn der Fortschritt hier schon wahnsinnig ist.
bfai: Wie schätzen Sie den Status des deutschen oder des europäischen Fußballs in China ein?
Albertz: Der europäische Fußball ist hier schon das große Vorbild. Aber irgendwie geht die Entwicklung zwei Schritte vor und dann wieder einen zurück. Wenn z.B. jemand einen Kreuzbandriss hat, dann wird er in Europa operiert und die Sache ist gut. Hier bekommt er vier Wochen einen Gips. Wir haben bei Shenhua einen belgischen Physiotherapeuten, der hat immerhin auch schon die belgische Nationalmannschaft betreut, der ist wirklich gut. Wenn er mit dem chinesischen Arzt spricht, dann heißt es, Europa interessiert uns nicht. Ich weiß nicht, ob die Chinesen denken, wir wollten nur die Besserwisser sein. Dabei geben wir nur unsere Erfahrungen weiter. Aber sie nehmen es nicht an. Das ist wirklich schade. Dabei betrifft das nicht nur die medizinische Behandlung. Es gilt ganz allgemein, also auch für die Trainingsabläufe oder das Merchandising, wobei dabei natürlich das Copyright ein großes Problem ist. Wenn man hier einen Fan-Shop aufmacht, kommt sofort einer und verkauft die Sachen an der Ecke für die Hälfte.
bfai: Was werden Sie am meisten an Shanghai vermissen?
Albertz: An Shanghai vermissen werde ich den herzlichen Umgang der Deutschen untereinander, egal wer du bist. In Deutschland würde doch nie einer im Supermarkt auf die Idee kommen, nur weil er merkt, dass du Deutsch sprichst, dir seine Karte zu geben und anzubieten: Wenn Sie Hilfe brauchen, dann rufen Sie mich an.

Musik und Theater bilden Schwerpunkte des 1998 ins Leben gerufenen jährlichen Shanghai Arts Festival – und locken internationale Stars aus E- und U-Musik in die Stadt. Auf der 2000 ins Leben gerufenen Biennale (Probeläufe 1996 und 1998) präsentieren chinesische Künstler erfrischend junge Werke. Ständig werden neue Museen eröffnet, darunter auch naturwissenschaftlich orientierte wie das Shanghai Science and Technology Museum in Pudong (No. 2000, Shiji Dadao, dienstags bis sonntags 9 bis 17 Uhr, Tel.: 68 62 20 00). Zusätzlichen Glanz verleiht der Stadt das direkt gegenüberliegende Oriental Art Center des französischen Architekten Paul Andreu (2004; No. 425, Dingxiang Lu, Tel.: 38 42 48 00).

Der Komplex greift die Form einer aufgeblühten Magnolie auf (andere sehen eine Orchidee). Der Konzertsaal mit knapp 2.000 Plätzen ist nach dem Vorbild der Berliner Philharmonie gestaltet und verfügt über die landesweit größte Konzertorgel. Darüber hinaus gibt es ein Operntheater mit 1.000 Plätzen.

Eine starke Firgur gab hier die Geigerin **Anne-Sophie Mutter** ab, als sie während eines Konzertes im Juni 2006 plötzlich mitten in einer Mozart-Sonate abbrach und einen Konzertbesucher mit den Worten zurecht wies: »I cannot play while you are photographing.« Der Mann hatte die Musikerin mehrfach mit seinem Handy geblitzt. Während der Störer aus dem Saal hinauskomplimentiert wurde, honorierte das Publikum ihren couragierten Auftritt mit viel Applaus.

Trotz vieler Aktivitäten bleibt die Freiheit der Künste in Shanghai wie in ganz China sehr beschränkt. Die Kulturpolizei entscheidet, was ausstellungswürdig ist und was nicht. Neben politischen Aussagen werden insbesondere frivole oder gar pornographische Tendenzen stark bekämpft. Das Verhältnis der KP zu Sexualität ist ein sehr verkrampftes. Das bekam auch der anerkannte Wissenschaftler **Liu Dalin** (geb. 1932) zu spüren. Sein privates Museum für antike chinesische Sexkultur musste 2001 von der Nanjing Dong Lu im Zentrum in einen abgelegeneren Stadtteil umziehen. Eine Shanghaierin kommentierte: »They moved it. ... Well, they moved it ... They moved it because ... Well, they moved it because of sex.« Auch wurde der für China außergewöhnlichen Privatsammlung zeitweilig Anzeigenwerbung in Zeitungen untersagt. Weitere Querelen machten einen erneuten Umzug unausweichlich. Die Sammlung ist seit 2004 im Wasserdorf Tongli, Provinz Jiangsu, rd. 80 Kilometer von Shanghai entfernt zu sehen (pikanterweise auf dem malerischen Gelände einer ehemaligen Mädchenschule, täglich 7:45 bis 17:15, Tel.: 0512-63 32 29 73). Da sie sich dort mittlerweile zu einem Touristenmagneten gemausert hat, durfte Liu Ende 2005 auch wieder eine Zweigstelle in Shanghai eröffnen: No. 2789, Binjiang Dadao/Pudong am Ausgang des Fussgängertunnels, täglich 8 bis 22 Uhr, Tel.: 58 88 60 00).

Grundsätzlich bekäme manchem chinesischen Paar ein wenig Aufklärung gar nicht schlecht. Nach einer Anfang der 90er-Jahre des 20. Jahrhunderts großangelegten landesweiten Studie von Prof. Liu mit 23.000 ausgewerteten Fragebögen erlebten viele Chinesinnen das »Wolken- und Regenspiel« (yun yu) als Tortur. Seither hat sich nur wenig geändert. Nach einer Untersuchung unter Mittelschülern hatte ein Drittel keinerlei Aufklärungsunterricht erhalten, so die Zeitung »Shanghai Daily« 2003. Von 1.000 Shanghaierinnen im gebärfähigen Alter hätten 66 bereits mindestens eine Abtreibung hinter sich – nicht zuletzt deshalb, weil sie »es« nicht besser wüssten, war 2005 zu lesen. Auch in Sachen der AIDS-Prävention könnte mehr Information nicht schaden. Laut einer Meldung im »Shanghai Star« wissen nur 16% der Shanghaierinnen im gebärfähigen Alter, dass der Gebrauch von Kondomen vor einer Ansteckung schützt.

Kondome aus der Schmuddelecke

Die Moralvorstellungen in der VR China sind strikt. Sex gehört zu den großen Tabu-Themen. Dabei nehmen Aids und andere Geschlechtskrankheiten in China dramatisch zu, und nicht nur ausländische Hilfsorganisationen sehen die geringe Verbreitung von Kondomen mit großer Besorgnis. Diese werden nach wie vor in erster Linie zum Schutz vor ungewollten Schwangerschaften verwendet, stehen aber dafür nach einer Untersuchung der staatlichen Familienplanungskommission mit 5,3% von allen Verhütungsmethoden weit hinten in der Beliebtheitsskala (fast die Hälfte der Frauen benutzt die Spirale, weitere 38% lassen sich sterilisieren, Stand: 2005). Dagegen spielen Kondome zur Aidsprävention erst eine marginale Rolle.

Die Brisanz der Aidsproblematik gelangt nur langsam in das öffentliche Bewusstsein und die Unwissenheit des Großteils der Bevölkerung ist erschreckend. Nach einer Untersuchung der Familienplanungskommission 2003 wussten 75% der Befragten nicht, dass es sich bei Aids um eine Viruserkrankung handelt, gegen die man sich durch den Gebrauch von Kondomen schützen kann. Jeder sechste hatte ohnehin noch nie etwas von dieser Krankheit gehört. Dabei beschränkt sich der Kreis der Infizierten längst nicht mehr auf eine verhältnismäßig kleine Zahl Drogenabhängiger* in den Südwestprovinzen. Prostitution und mangelhaft kontrollierte Blutspenden haben zur Verbreitung von HIV im ganzen Land geführt. Die Angaben zur Zahl der Aidsinfizierten bewegten sich bei etwa 650.000 für 2005, davon rd. 80.000 Erkrankte; in Shanghai wurden in den ersten Jahren nach dem ersten Auftreten der Krankheit in China 1987 bis 2005 insgesamt 1.506 Fälle offiziell registriert, davon waren 164 erkrankt und 77 bereits gestorben. Die UN-Hilfsorganisation UNAIDS geht jedoch davon aus, dass 90% der landesweit Infizierten gar nichts von ihrer Infektion wissen. Tatsächlich hat Aids, so das chinesische Gesundheitsministerium, 2005 Hepatitis B vom dritten Platz unter den Infektionskrankheiten mit den meisten Sterbefällen verdrängt und rangiert jetzt, allerdings mit weitem Abstand, hinter Tuberkulose und Tollwut.

Seit 2000 sieht man in Shanghai immer mehr Verkaufsautomaten für Kondome, bis 2005 über 570 Geräte. Sie sollen – im Gegensatz zum Erwerb in Drogerien oder Apotheken – potenziellen Kunden den Kauf erleichtern. Kritiker befürchten jedoch, dass durch sie junge Leute zum vorehelichen Sex ermutigt würden. Als auf dem Campus einer Shanghaier Universität Automaten aufgestellt wurden, drohten aufgebrachte Eltern, ihre Töchter nach Hause zu holen. Geradezu revolutionär wirkte in diesem Zusammenhang die Existenz von Aids-Aufklärungsplakaten, welche 2004 z.B. den Pudong International Airport schmückten. Dies gilt auch für die ab 2005 zunehmende Berichterstattung in der chinesischen Presse, in der offen die Existenz von Prostitution in Friseurläden oder KTV-Bars diskutiert wird (zuvor »gab es keine Prostitution« in China).

* Landesweit nimmt dabei die Zahl der Drogensüchtigen deutlich zu. 2005 waren nach offiziellen Angaben in Shanghai 24.000 Menschen drogenabhängig – 17% mehr als 2004.

Die erste ausländische Kunstgalerie in China überhaupt durfte 1996 der Schweizer **Lorenz Helbling** eröffnen. Es war ein »langer Marsch« durch die Institutionen gewesen, denn eigentlich war Ausländern das Betreiben von Galerien nicht gestattet. ShangART (No. 50, Moganshan Lu, täglich 10 bis 19 Uhr, Tel.: 63 59 39 23) stellte erst im Szene-Restaurant Sallys aus, musste dann kurzzeitig in Helblings Privathaus ausweichen und wurde im Anschluss Teil eines Souvenirshops in einem Hotel. Doch diese Zeiten sind vorbei. Heute vertritt ShangART etwa zwanzig bedeutende chinesische Künstler und beteiligt sich an den großen internationalen Messen. Shanghaier Künstler, wie **Pu Jie** (geb. 1959), der Vertreter der chinesischen Pop-Art, **Ding Yi** (geb. 1962), dessen Erkennungszeichen kleine Kreuzchen geworden sind, oder der eher impressionistisch orientierte **Wu Yiming** (geb. 1966) erzielen auf den internationalen Märkten hohe Preise – sind aber im Land selbst kaum bekannt. Gut verkaufen sich auch die »Placebo«-Bilder des Shanghaiers **Zhou Tiehai** (geb. 1966), in denen ein Kamel die Hauptfiguren berühmter Meisterwerke ersetzt.

Ein »Altstar« der Shanghaier Kunstszene war **Chen Yifei** (1946-2005). Eines seiner Werke erzielte bereits 1991 bei einer Auktion in Hongkong 162.000 US$ – der höchste Preis, der bis dato je für das Werk eines lebenden chinesischen Künstlers bezahlt worden war. Darüber hinaus gilt er als »Entdecker« des Wasserdorfes Zhouzhuang. Chen war Absolvent der Shanghai Fine Arts Academy.

Die Zentren der Shanghaier Kunstszene bilden gegenwärtig die Galerien am Suzhou Creek und in der Taikang Lu. Beide sind durch »Entwicklungsprojekte« der Stadtteilregierungen gefährdet, denen die alten, großteils aus den 1950er-/60er-Jahren stammenden Industriehallen zu wenig glanzvoll erscheinen. Allerdings scheint der Bereich Taikang Lu zumindest vorläufig gerettet zu sein, so Wu Jiang, Vizedirektor des Shanghaier Stadtplanungsamtes. Ein weiteres interessantes Projekt ist die zum »Shanghai Sculpture Space« umgebaute Stahlfabrik Nr. 10 in der No. 570-588, Huaihai Xi Lu (Tel.: 62 80 78 44; die Hallen aus rotem Backstein stammen aus den Jahren 1958 und 1983).

Aus künstlerischer Sicht führen die behördlichen Restriktionen zu einem gefälligen, unpolitischen und stark kommerziell ausgerichteten Angebot. Den Mangel an »wirklicher Kunst« empfinden mittlerweile auch die politisch Verantwortlichen, die sich infolge der Expo-2010-Vorbereitungen bemüßigt fühlen, Shanghai »internationales Flair« zu verleihen. Doch statt substantiell etwas zu ändern, setzen sie auf zusätzliches »Make-up«, wie noch mehr »dekorative« Figuren im öffentlichen Raum. Dabei kann es eigentlich an der reinen Menge nicht liegen. Das Shanghai Urban Planning Administrative Bureau zählt weit über 1.600 Kunstwerke, Denkmäler und Monumente zur Landschaftsverschönerung (wie etwa die überdimensionale Nadel »Ri Jiu« am Ende der Shiji Dadao).

Ein neuer Trend zeichnet sich bei den Betreibern von Wohnanlagen ab. Im Ankauf teurer Kunst aus Europa und den USA sehen sie eine Möglichkeit, ihren Standard zu heben und sich von Wettbewerbern abzugrenzen. Auf der Shanghai Art Fair 2002 erwarb z.B. die Shanghai Zendai Century Group für knapp

Jin Xing – Vortänzerin für Shanghai

Das kulturelle Aushängeschild Shanghais ist für viele **Jin Xing** (»Goldener Stern«), die »Vortänzerin von Shanghai«, wie »Die Zeit« im Dezember 2002 ihr Dossier betitelte. Jin Xing kam 1967 als Junge zur Welt, hineingeboren in eine Familie der koreanischen Minderheit in Shenyang/Liaoning. Mit neun Jahren bestand der kleine Xing darauf, Soldat werden zu dürfen. Denn die Armee hatte die besten Balletttrainer des Landes. Er brachte es bis zum Oberst. »Das Soldatsein war dem Jungen egal. Er wollte Tänzer werden, ein großer und berühmter und umschwärmter: mit dem Körper die Seele ausdrücken. (...) Als er 14 war, ging seine Trainerin nach Peking und setzte alles daran, dass ihr Liebling ihr folgen konnte. (...) Mit 17, nach acht Jahren Drill, wurde Jin Xing zum besten Tänzer Chinas gekürt.« Aber Jin Xin fühlte sich in einen falschen Körper geboren. Mit 28 Jahren – 1995 – ließ sich der international anerkannte Tanzstar in Beijing operieren. »Es war die erste öffentlich bekannte und offiziell geduldete Geschlechtsumwandlung in China.«

Heute lebt Jin Xing in einer alten französischen Villa in Shanghai. An den Yangtze hatte sie **Cheng Banke***) geholt, der kommunistische Zensor im mächtigen Shanghaier Kulturbüro. »Jin Xing sollte die Avantgarde des Aufbruchs werden« und der Goldene Stern enttäuschte die Hoffnungen nicht. Ihre Choreografien wie »Halfdream«, »Shanghai Tango« oder »Carmina Burana« veranlassen bis heute die 1.800 Zuschauer im Shanghai Grand Theatre zu Ovationen und zu Tränen. Jin Xing »konfrontierte die chinesische Puristik und die Tradition der Gemeinschaftlichkeit mit dem westlichen Individualismus und verschmolz beides mit ihrer Passion. Anzüglichkeit ist traditionell chinesisches Tabu« – dagegen ist »der Tanz des Goldenen Sterns voll erotischer Sinnlichkeit, voller Freiheitslust.«

*) 2003 wanderte Cheng Banke unter dem Verdacht der Korruption ins Gefängnis, zwar wurde er 2004 entlassen, agiert aber seither nur noch als Privatmann. Mit seinem unrühmlichen Abgang verlor nicht nur Jin Xing einen großen Bewunderer, sondern überdies das Shanghai Grand Theatre einen wichtigen Förderer.
Anmerkung: Alle Zitate aus dem Zeit-Dossier von Christian Schüle.

Abrisszone am Suzhou Creek, Blick auf die Foo Sing Flour Mill
(Atkinson & Dallas, No. 120, Moganshan Lu)

315.000 US$ einen »Daumen« des französischen Bildhauers **César Baldaccini** (1921-1998). Außerdem betreibt sie das Zendai Museum of Modern Art (Wechselausstellungen; No. 199, Fangdian Lu, Dienstag bis Sonntag, 10 bis 20 Uhr, Tel.: 68 64 57 83). Zwei Jahre zuvor hatte die Lian Yang Gruppe für eine Kopie des »Denkers« von **Auguste Rodin** (1840-1917) 1 Mio. US$ hingeblättert – und nannte seither ihren Compound »Rodin Square« (No. 300, Fangdian Lu; eine weitere Denker-Kopie steht vor der Shanghai Library, vgl. Spaziergang 13, S. 530 ff.).

Shanghai als »Museum der Weltarchitektur«

Bereits 1986 erstellte Shanghai als erste chinesische Stadt überhaupt einen Denkmalschutzplan für die wichtigsten erhaltenswerten Shanghaier Gebäude. 113 Objekte wurden nach ihrem geschichtlichen, künstlerischen oder wissenschaftlichen Wert unter Schutz gestellt. Dazu gehörten u.a. das einstige Wohnhaus Sun Yatsens, der Standort des ersten Parteitages der KPCh, das Shanghai Post Office und das Bund-Ensemble.

Doch erst mit dem beginnenden 21. Jahrhundert besinnt sich die Stadt ernsthafter ihres baugeschichtlichen Erbes (bzw. dessen, was der Bauboom der

80er- und 90er-Jahre davon übrig gelassen hat). Zur Expo 2010 will sie sich als »Museum der Weltarchitektur« präsentieren. Dass die Metropole im Dezember 2002 den Zuschlag erhalten hat, nahmen die Stadtväter als Bestätigung für ihre Politik. Im gleichen Jahr hatten sie die Shanghaier Denkmalschutzverordnung novelliert und 398 historische Bauten bzw. Ensemble und elf Gebiete in die städtische Denkmalschutzliste aufgenommen. Eine Voraussetzung für Gebäude ist ein Mindestalter von 30 Jahren (damit kann die Liste regelmäßig fortgeschrieben werden). Ziel der »preserved areas« ist es, durch die Kontrolle des Umfeldes (z.B. Höhe neuer Gebäude) die Wirkung der eigentlich geschützten Objekte zu sichern. Von den rd. 1.000 erhaltenen Villen in den ehemaligen ausländischen Niederlassungen sind 400 als schützenswert eingestuft.

Mit hohem finanziellem und technischem Aufwand wurde 2003 die von Robert Fan als Kino erbaute Shanghai Concert Hall (vormals Nanking Theatre, 1929/30) um 66 Meter verschoben, nachdem der Ausbau der Hochstraße verbunden mit ohrenbetäubendem Verkehrslärm, Schmutz und Erschütterungen Musikveranstaltungen unmöglich gemacht hatten. Die Umbaukosten für den am 1. Oktober 2004 wiedereröffneten Konzertsaal beliefen sich auf etwa 8 Mio. Euro, fast doppel soviel wie ursprünglich veranschlagt (vgl. Spaziergang 3, S. 427 f.). 2004/05 versetzte das Kaufhaus Hualian die Fassade des Wing On wieder in den ursprünglichen Zustand, nachdem das Original bei Renovierungsarbeiten

Shanghai Concert Hall nach der Neueröffnung 2004

1987 zerstört worden war (auch Spaziergang 3). Darüber hinaus kündigte die Stadtverwaltung eine detaillierte Untersuchung über den noch existierenden Baubestand von vor 1949 an, um aufgrund der Ergebnisse die neuen Denkmalschutzziele zu definieren und zusätzlich mindestens 200 Gebiete bzw. 2.000 Objekte unter Schutz zu stellen.

Deutsche Firma bringt Shanghai »losgelösten« Musikgenuss

Im Dezember 2002 startete ein in der chinesischen Baugeschichte bislang beispielloses Unterfangen. Nach mehrmonatigen Planungen und Vorbereitungen wurde die 5.650 Tonnen schwere Shanghai Concert Hall von ihren alten Fundamenten und von ihrer Bodenplatte gelöst; die verbliebene »Hülle« wurde mit einer Fachwerkkonstruktion aus Stahl versteift, »ordentlich verpackt« und auf ein eigens hergerichtetes Stahlbeton-»Tablett« gestellt.

59 Hydraulikzylinder, jeder mit einer Tragkraft von 200 Tonnen, lifteten das Gebäude in sechs Tagen um 1,7 Meter auf die zuvor gebauten Verschiebegleise. Das »Translozieren« konnte beginnen. Tagelang bewegte sich die »heikle Fracht« nur zentimeterweise vorwärts, nahm dann langsam Fahrt auf und erreichte am letzten der zwölf Reisetage sogar die Spitzengeschwindigkeit von 16,5 Metern – pro Tag. Am neuen, 66,46 Meter weiter südlich und 3,38 Meter höher gelegenen Bestimmungsort wurde das Gebäude nochmals angehoben und schließlich auf die dort vorbereiteten Stützen und Fundamentteile abgestellt.

Während »rein äußerlich« alles gut gelaufen zu sein schien, gähnte im Inneren ein tiefes Loch. Aus ihm dröhnte in regelmäßigen Abständen ein nicht zu überhörendes Grollen. Die Erkenntnis war niederschmetternd: Man hatte das Konzerthaus direkt über die in zehn Metern Tiefe verlaufende U-Bahn-Trasse geschoben. Damit schien der Traum, der für ihre gute Akustik berühmten Shanghai Concert Hall neues Leben einzuhauchen, endgültig ausgeträumt.

Doch die Berliner Firma Gerb Schwingungsisolierungen wusste Rat. »Entkoppeln« hieß das Gebot der Stunde. Auf dem Keller, in dem heute Kantine und Verwaltungsräume untergebracht sind, zogen Bauarbeiter tragende Wände hoch, platzierten Federelemente und errichteten auf ihnen das neue Hallenfundament. Heute tragen 24 exakt ausgerichtete Federelemente gemeinsam die 960-Tonnen-Last der »entkoppelten« Bodenplatte.

Eingestellt auf eine Eigenfrequenz von 3,5 Hertz kann das Rumpeln der U-Bahnzüge nicht mehr bis in den Saal vordringen – denn deren Frequenzspektrum liegt in den störenden Spitzen zwischen 10 und 50 Hertz – und nach den Erfahrungen von Gerb beginnt die Isolationswirkung bereits beim doppelten Wert der Eigenfrequenz, sprich bei 7 Hertz.

Anfangs interessierten sich fast ausschließlich ein paar »verrückte« Ausländer für den Erhalt der alten Bausubstanz. 1998 gründete **Patrick Cranley** die Shanghai Historic House Association. Mancher Expatriat rettete im Rahmen seiner finanziellen Möglichkeiten das eine oder andere architektonische Kleinod. Auch Auslandschinesen wie der Kanadier Jeffrey Wong engagieren sich. Wong hat vor einigen Jahren begonnen, Abrisshäuser aufzukaufen und sie einschließlich Baumaterial und Innenleben in Lagerhäusern aufzubewahren. Zu seinen Schätzen zählen das Wohnhaus Du Yueshengs ebenso wie die Reste des Jing-An-Tempels (vgl. Spaziergang 4, S. 439) oder das 480 Jahre alte Familienanwesen des Dichters Xu Zhimo aus Zhejiang (vgl. Kapitel »Shanghais Literaturszene setzt Maßstäbe«, 161 ff.). Wong wird die Häuser in den nächsten Jahren in Tongli im Rahmen eines privaten Kulturzentrums wiederaufbauen. Nun entdeckt allmählich auch die chinesische Oberschicht den Charme alter westlicher Villen für sich, und seit etwa 2002 haben die Kaufpreise für alte Villen erheblich angezogen.

Trotz dieser positiven Ansätze ist allen Beteiligten klar: Wo wirtschaftliche Interessen Druck ausüben, stehen die Denkmalschützer regelmäßig auf der Verliererseite. Umgekehrt bedeutet dies, nur dort, wo sich der Nutzen des Denkmalschutzes in Heller und Pfennig berechnen lässt, z.B. im Sinne des Stadtmarketings, gibt es reelle Chancen für den Erhalt alter Gebäude. Bislang fehlt es an finanziellen Anreizen, insbesondere für Privatleute, sich für den Erhalt historisch wertvoller Bausubstanz stark zu machen.

Tendenziell wirkt, obwohl aus denkmalschützerischer Sicht höchst bedenklich, Xintiandi (vgl. Spaziergang 9, S. 492) beispielgebend. Gegenwärtig werden zwölf Häuser, welche in den 30er-Jahren von der Asiatic Petroleum Co., der britischen Tochter von Royal Dutch Shell, für ihre Mitarbeiter erstellt worden waren (No. 890, Julu Lu), in ein weiteres Gastronomieparadies umgewandelt. Am Nordufer des Suzhou Creek soll auf dem ehemaligen Industriegelände zwischen Zhejiang und Wuzhen Lu über eine Länge von einem Kilometer eine hochpreisige Vergnügungs- und Einkaufsmeile »in europäischem Stil« entstehen. Ohnehin bauen die Shanghaier »europäisch« am liebsten »fürs Herz«, z.B. in auf alt getrimmten Einkaufsstraßen mit »altmodischem« Straßenpflaster aus roten Klinkern einschließlich entsprechender Laternen wie der Fußgängerabschnitt in der Yandang Lu (Spaziergang 13, S. 524), nur noch übertroffen vom Tiefgeschoss des Stadtplanungsmuseums (Spaziergang 3, S. 424 f.), oder mit Neo-Neo-Fachwerk für entsprechende Restaurants wie »The Door« (No. 1468, Hongqiao Lu, Tel.: 62 95 37 37). Nach Ankündigung der zuständigen Stadtteilregierung von Zhabei sollen etwa 30 bis 40 schützenswerte alte Strukturen wie die mittlerweile gastronomisch genutzte frühere Union Brewery des Shanghaier Art-Deco-Architekten Ladislaus E. Hudec (No. 130, Yichang Lu) oder Lagerhäuser aus den 20er- und 30er-Jahren erhalten bleiben. Im Schutz der dicken Mauern der

Sihang-Lagerhäuser (No. 21 bis 181, Guangfu Lu) hatten 800 chinesische Soldaten den Angriffen der japanischen Truppen 1937 vier Tage standhalten können.

Shanghai als »Vorreiterin im Umweltschutz«

Umweltverschmutzung ist in Shanghai allgegenwärtig. Um dies zu ändern, haben die Stadtväter einen speziellen Dreijahres-Umweltplan (2006 bis 2008) aufgelegt: 40 Mrd. Renminbi, über 4 Milliarden Euro, sollen in insgesamt 260 Vorhaben fließen, so Bürgermeister **Han Zheng** (geb. 1954). Insgesamt beabsichtigt die Shanghaier Regierung wie bereits während des vorangegangenen Fünfjahresplans (2001 bis 2005) mindestens 3% des städtischen Bruttoinlandsprodukts in den nächsten fünf Jahren in Umweltschutzprojekte zu investieren.

Ein Motor für die Anstrengungen bildet die Expo 2010, in der sich Shanghai mit dem Motto »Ein besseres Leben in einer besseren Stadt« (»Better life in a better city«) als »Gartenstadt« präsentieren will. Vorab soll jedoch ein auf die Jahre 2006 bis 2008 angelegter Drei-Jahres-Umweltplan Entlastung bringen. Schwerpunkte bilden die Bereiche Wasser und Luft. Ferner stehen verbesserte Müllentsorgungssysteme (dazu zählt u.a. der Bau von großen Anlagen zur Verbrennung von Haushaltsmüll in Minhang und Jiading), die Verringerung der Umweltbelastung aus Industrie (etwa über strengere Emissionsvorschriften) und Landwirtschaft sowie das zusätzliche Pflanzen von Bäumen auf der Agenda.

Im Bereich Wasser geht es zunächst um die Renovierung der Abwasserkanäle und den Bau neuer Klärwerke bzw. die Erweiterung bestehender Kapazitäten. Ziel bis 2010 ist die Steigerung der Klärrate von 72 (Stand 2007) auf 80%. Die Inseln Chongming, Hengsha und Changxing erhalten erstmals Abwasser- und Klärsysteme. Darüber hinaus soll die Qualität des Shanghaier Trinkwassers verbessert werden. Dies wird den Flüssen Yangtze und Huangpu entnommen und anschließend aufbereitet. Doch da die Stadt am Unterlauf beider Flüsse liegt, ist sie in starkem Maße abhängig vom Verhalten der »vorgeschalteten« Nachbarprovinzen. Hier dürfte in Zukunft mehr Druck ausgeübt werden.

Die Luftqualität ist das zweite große »Sorgenkind« der Shanghaier Regierung – und dies nicht allein deshalb, weil der Dauersmog jedem Ausländer, der neu in Shanghai eintrifft, mit dem ersten Atemzug auffällt. Nach Schätzungen der Fudan-Universität von 2005 betragen die jährlichen auf Luftverschmutzung zurückzuführenden Gesundheitskosten über 1 Mrd. US$ bzw. 1,8% des Bruttoinlandsprodukts der Kommune Shanghai.

Zu den Maßnahmen zählt insbesondere – neben der Erhaltung der bestehenden Parks – die Neuanlage von Grünflächen. Ganze Stadtviertel müssen neuen

Shanghaier Männer kommen früher in die Wechseljahre

»Male menopause is striking earlier« titelte die «Shanghai Daily« am 9. April 2005. Umweltverschmutzung, Berufsstress, zu viel Alkohol und Zigaretten setzten dem starken Geschlecht der Stadt zu, hieß es darin laut einer Studie des Shanghai Renji Hospital. Statt mit Mitte 50 oder 60 Jahren litten immer mehr Männer von Ende 30, Anfang 40 an typischen Symptomen wie Müdigkeit oder mangelnder sexueller Leistungsfähigkeit. Dies führe zu einer erheblichen Beeinträchtigung der Lebensqualität und drücke auf die ohnhin geringe Geburtenrate in der Stadt, äußerten die besorgten Ärzte – und empfahlen eine gesündere Lebensweise und ggf. eine Hormonbehandlung.

Parks weichen. Auch die historische Altstadtbebauung auf dem Ring, wo sich bis vor knapp 100 Jahren die Stadtmauer befand, hat mittlerweile vielfach Grünanlagen Platz gemacht. Was aus dem Blickwinkel des Denkmalschutzes bzw. in den Augen ausländischer Touristen frevelhaft anmutet, gilt aus Sicht deutscher Umweltexperten als vorbildlich. Nur durch die Anlage von Parks und Wasserflächen in Form von Schneisen im ganzen Stadtgebiet lassen sich die Aufheizung der Stadt (Hochhäuser, Einsatz von Klimaanlagen) reduzieren und das Stadtklima insgesamt verbessern. Dies ist umso wichtiger, da die Einwohner von Shanghai immer älter werden (Lebenserwartung 2005: 80,1 Jahre) – bis 2030 soll der ohnehin bereits hohe Anteil der über 60-jährigen von 19% (Ende 2001) auf über 30% steigen (und wer die neu eröffneten «Parkviertel« betritt, wird feststellen, dass diese von allen Altersgruppen der Bevölkerung sehr angenommen werden).

Ende 2000 standen den Shanghaiern statistisch gesehen pro Person rd. 4,6 Quadratmeter Grünfläche zur Verfügung, Ende 2005 offiziell 11 Quadratmeter. 2006 waren etwa 30% der Stadtfläche mit Parks oder Grünflächen bedeckt (2000: 20%), darüber hinaus soll bis 2010 der »Yangpu Forest« nach dem Vorbild des Stanley Parks in Vancouver Shanghai ein Stück attraktiver machen (dieser hatte nicht unwesentlich dazu beigetragen, dass Vancouver den Titel der weltweit lebenswertesten Stadt erringen konnte). Die 2004 formulierten Pläne umfassen einen zwölf Kilometer langen und 300 Meter breiten Grünstreifens zwischen Qinhuangdao Lu und Gongqing Forest Park entlang des Huangpu-Ufers. Miteinbezogen sind die frühen Industriebauten der Stadt wie das Yangtzepoo-Wasserwerk (1883; vgl. Kapitel »Modellstadt Shanghai«, S. 114 ff.), die Ewo Cotton Mill (1911) und die Riverside Power Station (1913).

Diese positiven Tendenzen macht allerdings der rasant wachsende Automobilverkehr mehr als wett. Je nach Datenquelle gehen 60 bis 90% der Luftverschmutzung in der Stadt auf das Konto von Kfz- und Mopedabgasen. Im Gegensatz zur

Landeshauptstadt Beijing wird dem Boom in Shanghai zwar durch die Versteigerung der privaten Autokennzeichen ein gewisser Einhalt geboten. Trotzdem kommen jeden Monat etwa 6.000 neue Pkw hinzu. Zwar wurden im Jahr 2000 nur 14.000 Kennzeichen an private Automobilbesitzer verauktioniert, doch die Zahlen stiegen rasant bis auf zuletzt 65.000 Stück 2006. Zugleich verzeichnet – trotz offizieller Einschränkung – die Zahl der besonders belastenden Motorräder und Mofas hohe Zuwächse. Die »Wende« scheint im Winter 2004/5 erreicht gewesen zu sein – erstmals überstieg die Zahl der an den roten Ampeln wartenden motorisierten Zweiräder die der Fahrräder – eine Entwicklung, die sich seither fortsetzt: Fahrräder geraten immer mehr in die Minderzahl.

Zum Jahresende 2005 rollten lt. »Shanghai Statistical Yearbook« über 2,2 Mio. Kraftfahrzeuge über Shanghais Straßen (2002: 1,4 Mio.), davon 535.900 Pkw (294.000), 224.100 Busse (157.200), 191.600 Lkw (172.100) und 1,2 Mio. Motorräder (0,7 Mio.). Von den knapp 960.000 Pkw, Bussen und Lkw dürfte mindestens ein Drittel nicht einmal den vorgeschriebenen Euro-1-Emissionsstandards genügen, so die Zeitung »China Daily«. Der Vorsatz, die Dreckschleudern systematisch aus dem Verkehr zu ziehen, scheiterte bislang in der Praxis. Die Verkehrsbehörden greifen nur ausnahmsweise ein. Regelmäßige Inspektionen oder Wartungen finden nur selten statt, obwohl alle Kfz offiziell jedes Jahr überprüft werden sollten. Bislang liegt der Fokus auf der Anschaffung neuer Fahrzeuge. Dabei ist für Neufahrzeuge ab Juli 2006 Euro-3 verbindlich, auch trägt sich die Stadt mit dem Ziel, bis 2008 innerhalb des Inneren Rings nur noch Fahrzeuge zu tolerieren, welche Euro-2 erreichen.

Die Anschaffung eines Privatwagens – kein billiges Vergnügen		
	Zahl der versteigerten privaten Pkw-Kennzeichen	Durchschnittspreis (in RMB)
2000	14.000	14.416
2001	15.900	14.444
2002	31.800	20.956
2003	53.068	34.491
2004	66.800	32.571
2005	67.078	33.899
2006	65.000	38.346 *

Quelle: Shanghai Daily   * entspricht etwa 3.900 Euro

»Wasser, überall Wasser, aber kein Tropfen zu trinken«

Was **Samuel T. Coleridge** (1772-1834) seinen alten Seemann sagen ließ, passt auch auf Shanghai. Die Trinkwasserversorgung bereitet größte Probleme. Zwar umgeben bzw. durchfließen mehrere große Flussläufe die Stadt, doch deren Verschmutzungsgrad ist hoch. Nur etwa 20% des in und um Shanghai vorhandenen Oberflächenwassers (Yangtze-Fluss, Huangpu-Fluss, Taihu-See, Suzhou Creek) sind überhaupt – nach entsprechender Aufbereitung – für den menschlichen Konsum geeignet.

Circa 20% des städtischen Bedarfs werden aus dem Yangtze, 80% aus dem Huangpu bezogen. Dessen Nutzbarkeit wird allerdings von den rd. 5,6 Mio. t Abwässern stark beeinträchtigt, die täglich ungeklärt in den Fluss fließen. Das Wasser aus dem Huangpu weist Gütegrad 4 oder 5 der fünfstufigen Skala zur Bestimmung der Wasserqualität auf, sodass ein Konsum nach der gängigen primär- und teilbiologischen Aufbereitung als gesundheitsschädlich gilt. Die Qualität von Yangtze-Wasser war bislang erheblich besser (Gütegrad 2). 2002 sprach ein Vertreter der East China Normal University allerdings von einer dramatischen Verschlechterung in den letzten zehn Jahren auf mittlerweile Gütegrad 4. Darüber hinaus drückt die See während der Trockenzeit zwischen Oktober und April ins Yangtze-Delta, was zu einer Vermischung von Süß- und Salzwasser führt. Experten befürchten eine weitere Verschärfung dieser Situation nach Fertigstellung des Drei-Schluchten-Damms und des Süd-Nord-Wasserprojekts, über dessen gewaltiges Kanalsystem jährlich rd. 60 Mrd. Kubikmeter Yangtze-Wasser in den trockenen Norden umgeleitet werden sollen. Die Errichtung einer Schleusenanlage, die das Seewasser am Eindringen ins Landesinnere hindern soll, wird diskutiert. Die »Salz-Zeit« überbrücken helfen soll jedoch vorerst das Qingcaosha-Wasserreservoir, mit dessen Bau 2007 in der Yangtze-Mündung begonnen wurde (Fassungsvermögen: 435 Mio. Kubikmeter).

Die Shanghaier Wasserwerke müssen überdies gegen hohe Ammoniak- und Stickstoffwerte kämpfen. Im Entnahmewasser befinden sich etwa fünf Mal so viele Kolibakterien wie erlaubt. Sie stammen überwiegend aus Fäkalienabfällen, z.B. von den über 1.000 Hühnerfarmen im Stadtgebiet. Um Keime und Bakterien abzutöten, wird Chlorgas zugesetzt. Dieses riecht und schmeckt zwar unangenehm, gilt aber in geringen Konzentrationen als akzeptabel für die menschliche Gesundheit. Anders steht es um die Verbindungen, die es mit im Wasser vorhandenen Verschmutzungen eingeht, wie etwa Chloroform. Doch solange zu Chlorgas keine wirksame und preiswerte Alternative gefunden ist, wird es weiterhin zum Einsatz kommen. Immerhin haben die Verlegung der Entnahmestelle am Huangpu an den Oberlauf des Flusses und bessere Wasseraufbereitungsmaßnahmen in den letzten zehn Jahren dazu geführt, dass die Chlorierung auf

Warten auf den Songjiang-Barsch

Schmutzig, stinkend und »angereichert« mit Tierkadavern und Plastiktüten – so präsentierte sich in den vergangenen Jahrzehnten der Suzhou Creek. Mancher Spaziergänger hielt sich die Nase zu, wenn er ihn überquerte, und wer das Pech hatte, an seinen Ufern zu wohnen, musste Tag und Nacht die Fenster geschlossen halten, weil der Geruch nicht auszuhalten war. Es soll sogar mancher potenzielle Selbstmörder beobachtet worden sein, der in letzter Sekunde von einem Sprung in die Fluten Abstand nahm, weil ihm das Wasser zu abstoßend vorkam.

Seit sich ab Beginn des 20. Jahrhunderts immer mehr Fabriken an der 54 Kilometer langen Wasserstraße ansiedelten und auch die Anwohner unbekümmert ihren Müll im Suzhou Creek entsorgten, war der einst idyllische Wasserlauf innerhalb weniger Jahre zur schwarzen Kloake verkommen. Mitte der 80er-Jahre zählte er zu den verschmutztesten Gewässern weltweit.

Ende der 90er-Jahre sahen sich die politisch Verantwortlichen gezwungen, endlich etwas gegen den Schandfleck inmitten der Stadt zu unternehmen, der so gar nicht zu den glitzernden Hochhausfassaden passte, welche man so gerne in- und ausländischen Besuchern vorführte: 1999 wurde die erste mit über 1 Mrd. US-Dollar ausgestattete Phase zur Rettung des Suzhou Creeks gestartet. Mit Unterstützung der Asian Development Bank folgte 2003 die zweite. Sie umfasste Investitionen von rd. 480 Mio. US$. Bis 2010 sollen die Maßnahmen abgeschlossen sein. Diese richten sich in erster Linie auf die Reinigung der in den Creek abgeleiteten Industrieabwässer, den Bau von Regenauffangbecken und die Anlage von Parks an den Ufern des Creeks.

Bereits heute lassen sich die Ergebnisse deutlich erriechen. Auch die Farbe des Wassers wirkt erheblich appetitlicher. In der Folge avancierten die Uferstraßen zur begehrten Wohnlage, auch treffen sich dort im Morgengrauen neuerdings regelmäßig Tai-Ji-Gruppen, um in den Parkpromenaden ihre Übungen zu machen.

Bis jedoch der Songjiang-Barsch in sein angestammtes Gewässer zurückkehren wird, dürften nach Ansicht eines Vertreters des Shanghai Environmental Science Research Centre noch etwa 30 Jahre vergehen.

70% reduziert werden konnte. Zusätzliche Erleichterung mit Blick auf organische Belastungen erhofft sich die Stadt nun durch eine biologische Vorbehandlung des Wassers.

Doch nicht allein die schlechte Qualität des Entnahmewassers stellt ein Problem dar. Selbst wenn die Wasserwerke Wasser von höchster Güte in das städtische Kanalsystem leiten – es kommt trotzdem oft kontaminiert bei den Kunden an. Schuld ist das marode Rohrnetz, das darüber hinaus enorme Leckage-

Wasserturm des Zhabei-Wasserwerks

Filteranlage des Zhabei-Wasserwerks

Dekorative Details der Filteranlage

Shanghai als »Vorreiterin im Umweltschutz«

> **Zhabei-Wasserwerk**
>
> Das Zhabei-Wasserwerk befindet sich in Yangpu (No. 65, Zhayin Lu). Schon zehn Jahre nach der Gründung 1910 in Zhabei am Suzhou Creek auf Höhe der Brücke Hengfeng Lu hatte es umziehen müssen, weil die Wassergüte an der Entnahmestelle zu schlecht geworden war. Seither bereitet es für die Haushalte der umliegenden Stadtbezirke aus dem Yangtze-Fluss sowie, vor allem wenn zwischen Januar und Mai Salzwasser in den Yangtze drückt, aus dem Huangpu Trinkwasser auf. Die ältesten Gebäude – ein als Pagode getarnter Wasserturm (steht heute leer), eine als Lager genutzte Halle (früher Filteranlage) und die noch in Betrieb befindliche Pumpenstation – stammen aus dieser zweiten Erbauungsphase und wurden 1928 fertig gestellt.
>
> Seit 1995 verfügt das Zhabei-Wasserwerk über vollautomatisch gesteuerte Reinigungs- und Absetzbecken. Die Aufbereitungskapazitäten liegen bei rd. 200.000 Kubikmeter am Tag. Eine Wasserprobe vor Ort ergab geschmacklich ein gutes Resultat – der schlechte Beigeschmack des Leitungswassers zu Hause ist Folge von Verunreinigungen »unterwegs«.

verluste verursacht. Denn Shanghai sinkt und zwar jährlich im Durchschnitt um fast 10 Millimeter. Ursachen sind der übermäßige Wasserverbrauch sowie der Bauboom; dem hohen Gewicht der unzähligen Wolkenkratzer ist das aus Schwemmland bestehende Gelände trotz tiefer Gründungen nicht gewachsen. Dass die Stadt seit Jahren zur Stabilisierung Wasser in den Untergrund pumpt, wirkt nur punktuell. Allerdings sackt der Boden nicht gleichmäßig; dies gefährdet nicht nur Gebäude, es lässt auch die Rohre bersten. So gehen täglich Millionen Tonnen von mit hohen Kosten vorbehandeltem Wasser verloren. Bis 2010 sollen etwa 1.000 Kilometer Leitungen ausgetauscht werden. Sie stammen überwiegend aus den 1960er- und 70er-Jahren.

Im Jahr 2001 verfügten gerade einmal 30.000 Haushalte in der chinesischen 16-Mio.-Metropole über einwandfreies Trinkwasser aus der Leitung. Doch die Stadtregierung hat sich höchst ehrgeizige Ziele gesetzt: Bis 2010 soll die Trinkwasserqualität den Normen der Europäischen Gemeinschaft genügen, d.h. alle Shanghaier Einwohner sollen gefahrlos das Wasser direkt aus der Leitung trinken können, ohne es vorher abkochen zu müssen.

Einem Shanghaier stehen statistisch nur etwa 40% des landesweiten Durchschnitts an Wasser pro Person zur Verfügung und nur 10% des Weltdurchschnitts: 880 t. Die prekäre Situation hindert aber nicht an einem exorbitanten täglichen Pro-Kopf-Verbrauch von 350 bis 500 l (Deutschland: rd. 127 l). Bis 2020 rechnen die Verantwortlichen der Shanghai Water Authority mit einem Anstieg der Wassernachfrage von gegenwärtig etwa 7,2 Mio t. auf 9,8 Mio. t pro

Neue Leitungen gegen den Wasserverlust (2004)

Tag (ein Wert, der an heißen Tagen im Sommer 2005 bereits erreicht und 2006 mit über 10 Mio. Kubikmetern deutlich überschritten wurde).

Tatsächlich liegt den meisten Shanghaier Haushalten nichts ferner, als im privaten Alltag Wasser zu sparen. Eingefahrene Verhaltensweisen wie das Spülen des Geschirrs unter laufendem Wasserhahn tragen deshalb zur Verschärfung der Situation bei. Mittelfristig dürfte erst die fortgesetzte Erhöhung der Wasserpreise ein Umdenken bewirken.

Imageschaden durch Stromsparen?

Wie im ganzen Land werden in Shanghai mit den steigenden Temperaturen im Sommer die Klimaanlagen hochtouriger gestellt – und der Strombedarf steigt rasant. Nach Auskunft der Shanghai Electric Company »fehlten« im Sommer 2005 allein in Shanghai etwa 2 bis 4 Gigawatt installierter Leistung an Strom. Trotz des mit Nachdruck betriebenen Ausbaus der Stromerzeugung wird es bis 2008 weiterhin zu Knappheiten kommen. Dann soll nicht zuletzt die komplette Inbetriebnahme der 26 Generatoren am Drei-Schluchten-Staudamm in den Peak-Zeiten für Entlastung sorgen.

Stromsparen – etwa durch eine Beschränkung der beeindruckenden städtischen Beleuchtung – kommt dennoch nicht mehr in Frage. Anders als in den vorangegangenen Jahren, als die Bund-Fassaden nachts etwas spärlicher als sonst angestrahlt wurden, blieb 2005 erstmals alles hell und bunt. Die Stadtregierung hatte beschlossen, dass Sparaktionen dieser Art einer internationalen Stadt nicht angemessen seien. Weder Touristen noch ausländischen Investoren seien »dunkle Nächte« zuzumuten, hieß es in der »Shanghai Daily«. Was die ausländischen Investoren hingegen davon halten, dass sie wegen fehlender Elektrizität am Wochenende, nachts oder gar nicht mehr produzieren können, ließ das Blatt offen. Tatsächlich müssen alle in- und ausländischen Firmen Ausfälle einkalkulieren, nicht zuletzt weil, anders als in der Vergangenheit, Unternehmen mit ausländischer Kapitalbeteiligung nicht mehr bevorzugt mit Strom beliefert werden. Absolute Priorität hat indessen die Versorgung der privaten Haushalte. Während die Strompreise für die meisten industriellen Verbraucher ab 2005 erhöht wurden, blieben Privathaushalte und Bauern aus Gründen der sozialen Stabilität ausgenommen.

2005 verfügte Shanghai über installierte Erzeugungskapazitäten von 11 Gigawatt, darüber hinaus konnte die wichtigste chinesische Wirtschaftsmetropole auf installierte Kapazitäten von etwa 4 bis 6 Gigawatt aus anderen Provinzen zurückgreifen. Während der Spitzennachfrage im Sommer dürfte der Bedarf allerdings für eine halbe bis eine Stunde pro Tag auf 18 bis 19 Gigawatt hochgeschnellt sein.

Weltweit ist die VR China der zweitgrößte Energieverbraucher nach den USA. Das fortgesetzte hohe Wirtschaftswachstum führte bereits 2000 zu vereinzelten Versorgungsproblemen. Diese haben sich in den darauffolgenden Jahren deutlich verstärkt: 2004 berichteten 27 von 31 Provinzen von insgesamt 175.000 Stromengpässen. Besonders betroffen sind die wirtschaftlich boomenden Regionen in den östlichen und südlichen Landesteilen (Yangzte- und Perlfluss-Delta). Ende 2005 betrug die installierte Stromerzeugungskapazität in China rd. 470 Gigawatt. Nach Auskunft eines Vertreters der Shanghai University sollen die installierten Kapazitäten bis 2007 auf 650 Gigawatt wachsen und bis 2020 sogar 1.000 Gigawatt erreichen. Während also mittelfristig mit Stromüberschüssen gerechnet werden kann, hinkt der Ausbau des Netzes dem Kraftwerksbau noch hinterher. Darüber hinaus gehört der Strommarkt nach wie vor zu den staatlich stark kontrollierten Sektoren. Dies betrifft insbesondere den Strompreis, der vor allem für die privaten Haushalte deutlich zu niedrig liegt. Gegenwärtig herrscht in der chinesischen Regierung große Unsicherheit darüber, wie der Kurs in der Stromwirtschaft fortgesetzt werden soll, welche Liberalisierungsschritte eingeleitet werden sollen und inwieweit diesem Bereich mehr Wettbewerb gut tun könnte.

Shanghai als »Herausforderung für Architekten«

China übt auf die internationale Architektenwelt sehr große Anziehungskraft aus. Wo sonst lassen sich heute noch ganze Städte neu planen und realisieren? Um die Shanghaier Innenstadt zu entlasten, sprich die Einwohnerzahl von über 9 Mio. Menschen bis 2020 auf 8 Mio. herunterzuschrauben, sollen um das Zentrum herum in den nächsten Jahren neun Satellitenstädte entstehen (Motto »One City nine Towns«), unter anderem eine von Kanälen durchflossene holländische in Gaoqiao und eine »deutsch geprägte Autostadt« in unmittelbarer Nähe des Volkswagen-Werks in Anting. Der Masterplan für das fälschlicherweise als »Klein-Wolfsburg« titulierte »Neue Dorf« (Anting Xin Zhen) für ursprünglich rd. 30.000 Menschen stammt von Albert Speer & Partner aus Frankfurt. Ende 2004 zogen die ersten Einwohner in die vom Bauhaus inspirierten Gebäude ein. Die mittlerweile ebenfalls in Angriff genommene zweite Bauphase orientiert sich an den Gartenstadt-Ideen von **Bruno Taut** (1880-1938).

Im September 2004 wurde auf der benachbarten 250 Mio. Euro teuren neuen Formel-1-Rennstrecke der Traum von einer »ferraricoten Zukunft« für Shanghai Wirklichkeit. Zuvor musste das deutsche Planungsbüro Tilke zusammengerechnet 800 Kilometer Stahlbetonpfeiler in den weichen Untergrund rammen. Zwischenzeitlich konnten die Architekten stolz von der größten Styroporbaustelle der Welt sprechen, als sie mithilfe des aufgeschäumten und verhältnismäßig leichten Materials den Boden in Anlehnung an das Shanghaier Schriftzeichen »Shang« (上) modellierten. Die Formel-1-Premiere stieß auf großes internationales Interesse. Bei dem trotz horrender Ticketpreise ausverkauften Rennen um den Großen Preis von Shanghai siegte übrigens nicht **Michael Schumacher**, sondern sein Teamkollege **Rubens Barrichello** – der bis dato siebenfache Weltmeister kam nur auf den 12. Platz (in Shanghai ist eben niemand vor Überraschungen sicher ...).

Zugleich bauen das Hamburger Architektenbüro Gerkan, Marg und Partner (gmp) »aus dem Nichts« die neue Stadt Lingang (zuvor unter Luchao Harbour City) für 800.000 Menschen. Sie soll vor allem die Beschäftigten des 2005 offiziell eröffneten Shanghaier Yangshan-Tiefwasserhafens aufnehmen. Die einzelnen Stadtbezirke gruppieren sich – poetisch ausgedrückt, wie von einem Tropfen erzeugte Wellen – in konzentrischen Kreisen um einen kreisrunden künstlichen See. Dieser erinnert nicht zufällig an die Hamburger Binnenalster. 2005 wurde Lingang mit der Insel Yangshan verbunden. Die Donghai-Brücke ist mit 32,5 Kilometern mehr als doppelt so lang wie die berühmte Öresundbrücke zwischen Dänemark und Schweden. In weniger als dreieinhalb Jahren waren 14 Mio. Tonnen Zement und 500.000 Tonnen Stahl verbaut worden. Trotzdem hielt die Donghai-Brücke nur drei Jahre den Rekord »längste Meeresbrücke der Welt«.

2008 wurde sie von der 36 Kilometer langen Hangzhou-Brücke abgelöst, die Shanghai über die Bucht von Hangzhou mit Ningbo verbindet.

Oft kann der Traum von der »perfekten Stadt« für Planer allerdings zum Albtraum werden. »Auf dem Feld der Bauqualität führen wir unsere schwersten Kämpfe, und das leider mit wenig Erfolg,« klagt Professor **Meinhard von Gerkan** (geb. 1935). »Was nützt die beste Planung, wenn dann der Bauherr fast immer der Billiglösung den Vorzug gibt und die Firmen keine qualifizierten Handwerker schicken? Dass es keinen Sinn macht, einfach nur Spiegelglas über den Daumen gepeilt zusammenzukleistern – diese Erkenntnis greift in Shanghai erst langsam um sich, und hat in Rest-China noch Seltenheitswert. Vieles, was heute gebaut wird, ist morgen schon ein gigantisches Bauschaden-Museum. Etwas für die Ewigkeit anzulegen, macht ja auch wenig Sinn, wenn Gebäude in zwanzig oder dreißig Jahren ohnehin durch noch höhere ersetzt werden.« (zitiert nach Follath) »Das Geschäft ist mühsam«, weiß auch Professor **Albert Speer** (geb. 1934). Denn trotz des allgegenwärtigen Baubooms ist die Bereitschaft, für Planungs- und Engineeringdienste Geld auszugeben, gering. Hinzu kommt der ungeheure Ehrgeiz, alles selbst machen zu wollen. Deshalb wird meistens nur auf ausländischen Rat zurückgegriffen, wenn chinesische Lösungen nicht überzeugen. Häufig landen lokale Bieter selbst mit wenig anspruchsvollen Arbeiten ganz vorne, nur weil sie über die entsprechenden Beziehungen verfügen.

Dessen ungeachtet legen die Shanghaier großen Wert auf die Gestaltung ihrer Innenstadt. Neben chinesischen Architekten ist deshalb eine Reihe ausländischer Büros in der Liga der besonders prestigeträchtigen Großbauten stark vertreten (viele im Spaziergang 3 enthalten, S. 410 ff.):

* **Shanghai Portman Centre**, Ende der 80er-Jahre fertig gestellt, No. 1376, Nanjing Xi Lu, Entwurf von **John Portman** (geb. 1924, USA) und ECADI (Shanghai), unter seinem Dach finden sich das Luxushotel Portman Ritz Carlton, ein Theater und Büros. Mit seinen 45 Stockwerken war das Portman bis zur Einweihung des Jinmao 1998 über mehrere Jahre hinweg Shanghais höchster Turm;
* **Broadcasting and TV Building**, Anfang der 90er, No. 651, Nanjing Xi Lu, Entwurf von ECADI;
* **Overseas Chinese Building**, 1996, Yan'an Xi Lu Ecke Wulumuqi Lu, Entwurf von Pei-Keng, A. Peng (Hongkong, Kanada), Bürogebäude. Die blaue Tönung der Fenster symbolisiert das Meer, und die eiserne Dachkonstruktion auf dem Dach erinnert nicht nur an die Garden Bridge über dem Suzhou Creek, sondern soll zudem die Herzen der Chinesen im Mainland mit ihren Landsmännern und -frauen in Übersee verbinden;
* **Shanghai Central Plaza**, 1999, No. 381, Huaihai Zhong Lu, ein weiteres Beispiel neben dem Okura Garden Hotel, bei dem ein bestehendes Gebäude,

POS Plaza mit Fensterputzern

nämlich der ehemalige Sitz des Französischen Stadtrates, in einen Neubau integriert wurde;
* **POS Plaza**, 1999, No. 1600, Shiji Dadao, Pudong, Entwurf von I.M. Pei, Bauherr war der südkoreanische Stahlkonzern POSCO; das POS Plaza besteht aus zwei Teilen, dem konsequent aus Rechtecken konstruierten 148 Meter hohen, 34-stöckigen eleganten Büroturm und dem dreistöckigen runden Restaurantgebäude, beide sind unterirdisch verbunden und symbolisieren das chinesische Prinzip von Erde und Mond. Auf dem Büroturm befindet sich ein Hubschrauberlandeplatz;
* **Kerry Centre**, 1999, No. 1515, Nanjing Xi Lu, Entwurf von Sir Norman Foster (England);
* **Plaza 66**, 2000, No. 1266, Nanjing Xi Lu, mit 288 Metern bzw. 66 Stockwerken höchstes Gebäude in Puxi, Entwurf von Kohn Pedersen Fox Associates (KPF, USA) und ECADI (Shanghai) mit Büros, Geschäften und Restaurants;
* **CITIC-Square**, 2000, No. 1168, Nanjing Xi Lu, Entwurf von Palmer & Turner;
* **BOCOM Financial Tower**, 2000, No. 188, Yincheng Zhong Lu, Lujiacui, Entwurf von Obermeyer Planen mit ABB-Architekten, beide Deutschland, rd. 230 Meter hoch;

Shanghai als Herausforderung für Architekten

Campus der China Europe International Business School« – CEIBS

Generationen des Bauens – vom Shell Building (rechts) zum Bund Centre (links)

Neo-Klassizismus à la »Dallas«

* **Jiushi Tower**, 2001, Zhongshan Dong Er Lu Ecke Dongmen Lu, Entwurf von Sir Norman Foster und ECADI (Shanghai), Bürogebäude mit Doppelglashaut und Gärten im Inneren zur natürlichen Klimaregulierung (Frankfurter fühlen sich an den Commerzbank-Tower in der Main-Metropole erinnert);
* **Ciro's Plaza**, 2001, No. 383, Nanjing Xi Lu, Entwurf von HLW International LLP (USA), 150 Meter hohes Bürogebäude mit markantem Dach; der Name verweist auf den in den 40er-Jahren beliebten Jazzclub Ciro's an dieser Stelle;
* **Bund Centre**, 2002, Henan Zhong Lu Ecke Yan'an Dong Lu, Entwurf von J. Portman, Hotel- und Bürogebäude, schon von Weitem erkennbar an der kitschig-schaurigen Dachblüte, aus der nachts Laserstrahlen herausschießen;
* **Tomorrow Square**, 2003, No. 399, Nanjing Xi Lu Ecke Huangpi Bei Lu, Entwurf von J. Portman, 285 Meter hoch, Marriot-Hotel und Service-Apartments;
* **Brilliance Shimao International Plaza**, 2005, No. 829, Nanjing Dong Lu, 246 Meter hoch.

The Sky is the Limit			
Turm	Stadt	Höhe	Bauende
Bionic Tower	Shanghai oder Hongkong****	1.228 m	kein Termin
Nakheel Tower	Dubai	1.140 m	kein Termin
Millenium Tower	Tokyo	840 m	kein Termin
Burj Dubai	Dubai	818 m	2009
Gardens of the World*	New York	610 m	2013
International Business Center	Seoul	580 m	2013
Taipei Financial Center**	Taibei	508 m	2004
World Financial Center	Shanghai	492 m	2008
International Commerce Center	Hongkong	484 m	2010
Petronas Twin Towers***	Kuala Lumpur	452 m	1996
Greenland Square Zifeng Tower	Nanjing	450 m	2009
Sears Towers	Chicago	442 m	1973
Guangzhou Twin Towers	Guangzhou	438 m	2009
Jinmao Da Sha	Shanghai	420 m	1999
Two International Finance Centre	Hongkong	416 m	2003

* einschließlich Antenne; ** einschließlich 60-m-Antenne; *** einschließlich dekorativem Aufbau von 39 m; **** auch für andere Standorte im Gespräch
Quellen: Tagespresse

Für die meisten Architekten ist Shanghai die Stadt der Zukunft. Entsprechend geben sie ihren Projekten einen möglichst futuristischen Anstrich. Plumpe chinesisch-europäische Mischformen, wie sie z.b. in Beijing gepflegt werden (Hochhäuser mit geschwungenen chinesischen Dächern), gelten für Shanghai als unpassend. Hingegen rufen gelungene Symbiosen Anerkennung hervor. Dies gilt für das Jinmao ebenso wie für den Fernsehturm oder die »China Europe International Business School« (CEIBS; 1999-2004, No. 699, Hongfeng Lu/Pudong). Das New Yorker Büro Pei Cobb Fred & Partners setzte gekonnt traditionelle chinesische Architekturmerkmale modern abstrahiert ein. Der verschachtelte und mit Wasserflächen und Gärten ausgestattete Campus strahlt die Ruhe traditioneller Hofhäuser aus. Die 1994 aus der Taufe gehobene CEIBS ist die einzige Business School in der VR China, die in internationalen MBA-Rankings unter den besten 50 der Welt gelistet ist (2006: Rang 21).

Daneben greifen viele chinesische Architekten gerne großzügig auf den Formenkanon der Antike und der italienischen Renaissance zurück, jedoch ohne Bezüge zur chinesischen Baukultur herzustellen (»Neo-Neo-Stile«). Ihre Ideen gehen zum Teil auf ihre akademische Ausbildung zurück. In erster Linie zeigen sie jedoch den Wunsch nach Wohlstand und Erhabenheit. Diese werden nicht zuletzt durch die neoklassizistische »Spielfilmarchitektur à la ›Dallas‹«, das bereits Mitte der 80er-Jahre im chinesischen Fernsehen lief, mit griechischen Säulen und klassischen Figuren gleich gesetzt. Typisch hierfür ist beispielsweise das Gee House, 1998, von **P. Fung** (Hongkong) und ECADI (Shanghai), ein Wohngebäude Hengshan Lu Ecke Wulumuqi Lu.

Am 13. Februar 2003 wurde der Grundstein für das »World Financial Centre« gelegt. Der amerikanische Architekt **William Pedersen** (geb. 1938) vom New Yorker Architektenbüro Kohn Pedersen Fox Associates (KPF) hatte ursprünglich vorgehabt, die Spitze mit einer riesigen kreisförmigen Öffnung zu verzieren. Die Chinesen interpretierten das »Mondtor« indessen als aufgehende Sonne, das Nationalsymbol Japans. Pedersen musste umplanen. Jetzt gruppieren sich die obersten Stockwerke um eine trapezförmige »Himmelspforte«, durch die eine Brücke führt – was ein wenig an einen Flaschenöffner erinnert. Schon 1997 war mit den ersten Vorbereitungen begonnen worden. Mehr als 2.000 Träger wurden tief in den schwammigen Baugrund gerammt. Doch im Zuge der Asienkrise bekamen die Investoren kalte Füße und stoppten das Vorhaben. Mittlerweile gibt sich die japanische Mori-Gruppe aber wieder zuversichtlich, dass sich das Projekt von mehr als 635 Mio. Euro rentieren wird. Denn trotz eines Investitionsvolumens von rd. 600 Mio. Euro und Betriebskosten von etwa 125.000 Euro pro Tag habe das gegenwärtig zu über 90% ausgelastete Jinmao schon nach drei Jahren Gewinne abgeworfen, heißt es.

Shanghai sieht sich herausgefordert von Taibei, wo 2004 der 508 Meter hohe Taipeh-Tower vollendet wurde. Mit Blick auf die Bautätigkeit in Taiwan wurde das ursprünglich auf 460 Meter und 94 Stockwerke konzipierte World Financial Centre um 32 Meter und sieben Etagen aufgestockt. Die Fertigstellung erfolgte 2008. Damit bleibt Shanghai allerdings immer noch unter Taibei. Deshalb verstummen die Gerüchte nicht, nach denen auf dem Grundstück Z3-2 in unmittelbarer Nachbarschaft des Jinmao Buildings ein deutlich höherer Turm errichtet werden soll, die Spekulationen reichen in Höhen bis über 700 Metern. Gegen Shanghai konkurrieren der SOM-Entwurf für den »Burj Dubai« in den Vereinigten Arabischen Emiraten bzw. der Libeskind-Entwurf für New York Ground Zero um den nächsten Höhenrekord. Die »Gardens of the World« wurden, seit im Sommer 2003 die Hochhausspezialisten von SOM mit ins Boot genommen wurden, ebenfalls von ursprünglich 541 auf 610 Meter (mit Antenne) »gestreckt«. Der Baufortschritt lässt allerdings zu wünschen übrig.

Geographische Spaziergänge

Voraussetzungen: bequemes Schuhwerk, Stadtplan, Lust zum Verweilen und hohe Frustrationsschwelle: Man kann sich beim ersten Mal einfach nicht ALLES merken!

Spaziergang 1 – Der Bund – die Prachtstraße ...

Schnelldurchlauf oder »Hardcore«-Programm –
ganz nach Wunsch

»Spaziergang 1« konzentriert sich auf den Bund (chinesisch: «Wai Tan« bzw. Zhongshan Dong Yi Lu), erst in Süd-Nord-Richtung die Promenade am Fluss entlang, dann zurück in Nord-Süd-Richtung direkt an den Gebäuden vorbei. Dabei folgt »Spaziergang 1« im Wesentlichen dem Kapitel »Architektenwettstreit am Bund« (S. 197 ff.).

Dass der Bund an erster Stelle steht, ist kein Zufall. Er ist zweifellos eines der »Sahnestückchen«, die Shanghai zu bieten hat, und deshalb für alle Besucher ein absolutes Muss. Man kann die rd. 1,6 Kilometer (einfache Strecke) in 20 Minuten durcheilen. Wenn ich eine ausgiebige Besichtigung mit guten Freunden mache, brauche ich allerdings einen kompletten Tag. Alle »Zwischenstufen« sind eine Frage des persönlichen Geschmacks. Wer die Wahl hat, sollte sich aus fototechnischen Gründen einen möglichst klaren Tag aussuchen – er/sie wird mit herrlichen Motiven belohnt werden.

Die Tour beginnt auf der Bund-Uferpromenade ungefähr dort, wo die Yan'an Dong Lu in die Zhongshan Dong Yi Lu einmündet (seit 2007 Bauarbeiten zur Untertunnelung des Bunds mit einem über 4,4 Kilometer langen Tunnelsystem bis auf die gegenüberliegende Seite des Suzhou Creeks). Auf dem Grundstück gegenüber, wo das Hochhaus mit der Industrial-and-Commercial-Bank-Filiale steht (No. 1, Jinling Dong Lu), hatte zur Kolonialzeit das **französische Konsulat** seinen Sitz (vgl. Kapitel »Gründung der ausländischen Niederlassungen«, S.41 ff.). Die heutige Yan'an Lu verläuft auf der ehemaligen Grenze zwischen Französischer Konzession und dem Internationalen Settlement.

Ich beginne meine Besichtigung immer morgens zwischen 6 und 6:30 Uhr. Wenn man jetzt gemütlich die **Uferpromenade** entlangflaniert, hat man nicht nur die Chance, die historischen Gebäude in bestem Morgenlicht fotografieren zu können (ab zehn wird es oft dunstig bzw. alles liegt im Schatten, weil die Sonne zu weit südlich steht), sondern auch, sich in den Bann der zahlreichen Tai-Ji-Gruppen, Fächertänzer, Drachensteiger und anderen Sportive ziehen zu lassen.

Als Entschädigung für das frühe Aufstehen lockt – sofern es die 2007 gestarteten Renovierungsarbeiten zulassen – das Frühstück im **Peace Hotel** (No. 19/20, Zhongshan Dong Yi Lu; vgl. Kapitel »Die Sassoons«, S. 87 ff. und S. 206 ff.; Unterführung bei der **Chen-Yi-Statue**, S. 208 f., auf Höhe der Nanjing Lu benutzen). Vom stimmungsvollen Frühstückssaal bietet sich ein weiter Blick über den Bund sowie auf die Gegenseite in **Pudong** (zu Pudong, S. 335 ff., mit besonderen Erläuterungen zum **Fernsehturm** und **Jinmao Building**). Ohnehin

Spaziergang 1

1. Start (und Ende): Wettersignalstation
2. Revolutionsdenkmal
3. Britisches Konsulat
4. Peace Hotel
5. Zollamt und Hongkong and Shanghai Banking Corporation
6. Macgregor House
7. Shell Building

lässt sich die Gelegenheit gut nutzen, sich nach dem ersten, eher kontemplativen Teil hier bei einer Tasse Kaffee oder Tee ein wenig über das Folgende einzulesen.

Frisch gestärkt geht es die gleiche Unterführung wieder zurück auf die andere Seite zum **Denkmal des Volkshelden** bzw. zum **Huangpu-Park** (S. 202 f.), hier stand bis 1918 das deutsche **Iltis-Denkmal** (S. 203 f.).

An der Spitze des Parks, wo der Suzhou Creek in den Huangpu fließt, blickt man direkt neben der **Garden Bridge** auf das **Russische Generalkonsulat**. Dahinter »blinkt« ein wenig das **Pujiang Hotel**, das einstige Astor hervor. Rechts daneben – heute Seagull-Hotel – befand sich das **kaiserlich-deutsche General-**

Werbung der Firma »Drei Gewehre« – die Ähnlichkeit des Logos mit den von der Firma gestifteten Granit-Stelen des Revolutionsdenkmals im Huangpu-Park ist ganz offenkundig

konsulat und damit das »erste deutsche Eck«. Nicht übersehbar ist auch das markante Gebäude des **Shanghai Mansion** (lange Jahre durch das Bayer-Kreuz gekennzeichnet; zu allen Gebäuden vgl. Spaziergang 2, S. 400 f.).
Nach einem kleinen Rundgang durch das **Bund-Geschichtsmuseum** (täglich 8:30 bis 17 Uhr, Tel.: 53 08 89 87) unterhalb der **Granitstelen** benutzen wir den »East Beijing Road Underpass« (am Parkausgang leicht links halten), steigen auf der anderen Straßenseite den Treppenaufgang rechts nach oben und kommen zum **Britischen Konsulat** (No. 33, Zhongshan Dong Yi Lu, S. 198 ff.). Den besten Blick auf die ehemalige Residenz des Konsuls hat man, wenn man den Zaun ein Stück weiter Richtung Suzhou Creek entlanggeht. Ansonsten ist das Gelände, seitdem 2004 die Bauarbeiten für den Peninsula-Hotelkomplex

Aus Zhou Chun: Ach, was für ein Leben!

Japanische Schildwachen

Bis zum Angriff auf Pearl Harbour im Jahr 1941 hatten die japanischen Eindringlinge die Grenzen zwischen den von ihnen besetzten chinesischen Bezirken der Stadt und dem International Settlement sowie der French Concession noch geachtet. Sie eroberten ganz Shanghai erst nach diesem Angriff.

Deswegen standen vorher immer zwei japanische Schildwachen mit Bajonetten in der Mitte der Garten-Brücke, jeweils an einer Seite. Alle Chinesen, Mann oder Frau, alt oder jung, arm oder reich, die diese Brücke überqueren wollten, mussten zehn Schritte von der Wache entfernt stehenbleiben, sich neunzig Grad tief verbeugen und durften erst wieder aufrecht stehen und weitergehen, wenn sie einen undefinierbaren Laut hörten, wie wenn man einen Hund verjagt. (...)

Es geschah nicht selten, dass ein Chinese, der mit diesem japanischen »Ritual« nicht vertraut war, Fehler machte. (...) Man konnte zu weit oder zu nahe an der Wache stehenbleiben. Oder statt neunzig Grad verbeugte man sich nur fünfundvierzig Grad, ganz unbewusst nach der chinesischen Gewohnheit. Oder man hob eine Sekunde zu früh den Kopf. Oder man schaute willkürlich nach der Wache. Und wehe dem Chinesen, der einen solchen Fehler machte!

Eine Ohrfeige wäre noch sein »Glück« gewesen, denn er konnte wenigstens nur mit einer geschwollenen Wange oder einem blutenden Mund seines Weges gehen. Manche wurden brutal geschlagen, bis ihnen das Blut in die Augen rann. Manche wurden heftig gekickt, so dass sie auf die Brücke fielen und sich vor Schmerz rollten. Manche mussten in der Sonne oder im Regen stundenlang vor der Wache aufrecht stehen und bei jeder unwillkürlichen Bewegung sich selber ohrfeigen. Was einem Mädchen oder einer jungen Frau passieren konnte, will ich hier lieber verschweigen.

begonnen haben, nicht mehr zugänglich. Nun laufen wir systematisch von Nord nach Süd den Bund ab. Lassen Sie sich Zeit und gehen Sie ruhig in jedes Gebäude einmal hinein. Besonders die Schalterhalle der **Everbright Bank** im einstigen Banque de l'Indochine-Gebäude ist sehenswert. Es folgen
* das einstige Grundstück der **Nippon Yusen Kaisha** (No. 31, Zhongshan Dong Yi Lu, S. 204; 2005 für den Peninsula-Neubau abgerissen)
* die **Banque de l'Indochine** (No. 29, Zhongshan Dong Yi Lu, S. 204)
* das **Glen Line Building** (ebenfalls No. 29, vormals No. 28, Zhongshan Dong Yi Lu, S. 205)
* **Jardine's** (No. 27, Zhongshan Dong Yi Lu, S. 205; im Erdgeschoss ein kleines japanisches, nicht allzu teures Sushi-Restaurant)
* das **Yangtze Insurance Building** (No. 26, Zhongshan Dong Yi Lu, S. 205), die Schalterhalle wirkt etwas bemüht auf alt getrimmt
* die **Yokohama Specie Bank** (No. 24, Zhongshan Dong Yi Lu, S. 205 f.)
* die **Bank of China** (No. 23, Zhongshan Dong Yi Lu, S. 206; siehe auch Abschnitt zum einstigen deutschen **Club Concordia**, S. 119 f.)

Das Peace Hotel können wir dafür jetzt auslassen, denn da waren wir schon (außer Sie waren noch nicht auf der Dachterrasse, dann müssen Sie das unbedingt nachholen). Weiter geht es mit
* dem **Palace Hotel** (No. 23, Nanjing Dong Lu, S. 209)
* der **Chartered Bank of India, Australia and China** (No. 18, Zhongshan Dong Yi Lu S. 210)
* der **North China Daily News** (No. 17, Zhongshan Dong Yi Lu, S. 210 ff.); wer dort die Anfänge der AIA genauer kennen lernen will, muss sich vorher telefonisch anmelden und einen Besichtigungstermin vereinbaren (Tel.: 63 21 66 98). Der Rundgang umfasst die Ausstellung im Erdgeschoss und den Dachgarten.
* der **Bank of Taiwan** (No. 16, Zhongshan Dong Yi Lu, S. 214)
* der **Russisch-Chinesischen Bank** (No. 15, Zhongshan Dong Yi Lu, S. 214 f.)
* der **Bank of Communication** (No. 14, Zhongshan Dong Yi Lu, S. 215)
* dem **Zollamt** (unbedingt hineingehen! No. 13, Zhongshan Dong Yi Lu, S. 215 ff.)

Jetzt böte sich eine kleine Pause im »The Bund 12 Café«, dem früheren »**Bonomi**« an (No. 12, Zhongshan Dong Yi Lu, Seiteneingang der **Pudong Development Bank**, Ausschilderung folgen, da etwas kompliziert; saubere Toiletten), wenn einen dessen »mediale Einrichtung« nicht zu sehr nervt. Jedenfalls wäre dies eine gute Möglichkeit, neue Kräfte zu schöpfen und in Ruhe das etwas längere Kapitel zur **Hongkong and Shanghai Banking Corporation** (S. 219 ff.) zu lesen. Übrigens kann man sich auch in der Pudong Development Bank nach Voranmeldung durch das Gebäude führen lassen (Tel.: 61 61 81 82).

An der Fuzhou Lu sollten wir außerdem ein paar Meter nach rechts einbiegen bis zum ehemaligen **Macgregor House** (No. 44, Fuzhou Lu). Das britische

Wein- und Spirituosenunternehmen Calbeck Macgregor & Company, einen Block vom »durstigen« Shanghai Club entfernt, vertrat so exklusive Marken wie Pommery, Martini & Rossi und J. Walker. Es erlebte seine Blütezeit zwischen den Weltkriegen. Für Freunde des Jazz ist das »**House of Blues and Jazz**« eine feste Anlaufstelle in Shanghai (seit 2008 No. 60, Fuzhou Lu, vorher Maoming Nan Lu). Es gehört dem populären Schauspieler und Talkshow-Moderator **Lin Dongfu** (geb. 1956). Mit seinem sonoren Bass ist Lin die chinesisches Stimme von Gregory Peck, Lee Marvin und Charlton Heston.

Gegenüber befindet sich das »**Captain Hostel**« (No. 37, Fuzhou Lu), eine Art Jugendherberge in historischem Gebäude mit der wegen seiner Dachterrasse beliebten »Captain Bar«. Immer ein Gewinn ist ein Besuch bei »Blue Shanghai White«, dem Showroom der Jingdezhen-Keramikkünstlerin **Hai Chen**. (No. 17, Fuzhou Lu, Tel.: 63 23 08 56) bzw. bei der Galerie »Studio Rouge« im gleichen Gebäude (No. 17, Fuzhou Lu, Tel.: 63 23 08 33). Die nächsten Stationen sind:

* **China Merchants' Steam Navigation Co.** (No. 9, Zhongshan Dong Yi Lu, S. 224 f.; schöner Art-Deco-Eingang von 1901)
* **Great Northern Telegraph Co.** (No. 7, Zhongshan Dong Yi Lu, S. 225 f.)
* **Imperial Commercial Bank of China** (No. 6, Zhongshan Dong Yi Lu, S. 226), Chinas erste moderne Geschäftsbank
* **Nisshin Kisen Kaisha Shipping Co.** (No. 5, Zhongshan Dong Yi Lu, S. 226)

Auf der Dachterrasse des **Union Building** (auch: Mercantile Bank of India, London & China. No. 3, Zhongshan Dong Yi Lu, S. 226 f.) kommen Schoko-Süchtige im 2004 eröffneten Café »New Heights« auf ihre Kosten bei einem »serious chocolate cake with serious cream« und wunderbarem Blick (Tel.: 63 21 09 09). Das Union Building beherbergt die erste **Giorgio-Armani**-Boutique der Stadt. Zur Eröffnung am 17. April 2004 reiste der Meister persönlich an. Er nahm

---

China – Hochburg für Produktpiraten

China gehört zu den international bekannten »Fälscher-Hochburgen«, daran hat auch der Beitritts des Landes in die Welthandelsorganisation (WTO) 2001 nichts Wesentliches geändert – und so wundert es nicht, dass bei der Verleihung des »Plagiarius« regelmäßig chinesische Firmen zu den Preisträgern der unbeliebten Auszeichnung gehören.

Die Bedrohung für die Originalhersteller kommt von vielen Seiten. Manchmal kennen die Unternehmen »ihre« Fälscher sehr genau, dann z.B. wenn es sich um ihre eigenen Lieferanten handelt, um ehemalige Lizenznehmer (wie beim »Audi 100«, der nach Lizenzablauf der First Automotive Works – FAW in einem Modell des »Hongqi« ein vom VW-Konzern unbeabsichtigtes Eigenleben entwickelte) oder um frühere Mitarbeiter vor Ort. Oft bleiben die Fälscher aber völlig anonym. In diesem Fall ist es sehr schwierig, den Produktpiraten in ihren Hinterhofwerkstätten das Handwerk zu legen. Ist die »Quelle« einer Warenfälschung endlich gefunden, ist sie mitunter schon versiegt – und die Urheber sind verschwunden. Für manche Produktgruppen ist es ein offenes Geheimnis, dass hinter den gefälschtes Waren (wie CDs, DVDs) armee- oder andere staatseigene Unternehmen stehen, die quasi unangreifbar sind.

Zwischen 85 und 90% der in Unternehmen neu installierten Programme sind Raubkopien, so Schätzungen der Business Software Alliance (BSA). Nach einem Bericht der International Federation of the Phonographic Industry (IFPI) ist die VR China das »Zentrum für Musik- und Videopiraterie mit dem schnellsten Wachstum«.

Trotz umfangreicher Polizeirazzien und öffentlichkeitswirksamer Vernichtungsaktionen von illegal gepressten CDs nehmen die Herstellungskapazitäten nach wie vor rasant zu – es heißt, allein die chinesischen überträfen die Weltnachfrage um das Dreifache. Nur etwa 10% der mit Musik-CDs getätigten Umsätze entfielen auf legale Pressungen.

Unter diesen Bedingungen bieten fliegende Händler Raub-CDs und DVDs konkurrenzlos günstig zu 5 bzw. 10 Renminbi (50 Cent bzw. 1 Euro) pro Stück offen auf der Straße an. Das Geschäft auf den einschlägigen Straßenmärkten der chinesischen Großstädte mit Bekleidung, Uhren und Handtaschen von »North Face« bis »Louis Vuitton« in den verschiedensten Preis- und Qualitätsvariationen floriert, wobei die Top-Ausführungen von den Originalen praktisch nicht zu unterscheiden sind.

Dass die Behörden durchaus gegen den Schwarzhandel vorgehen könnten, wenn sie wirklich wollten, zeigen imageträchtige internationale Großveranstaltungen: Als beispielsweise im Herbst 2001 der APEC-Gipfel in Shanghai tagte, war die Shanghaier Innenstadt eine Woche lang von Straßenhändlern wie leer gefegt. Die findigen Händler des Xiangyang Marktes übernähten derweil die Markennamen der »Fakes« mit einem Flecken Stoff, auf dem ein chinesisches Logo prangte.

Während vormals überwiegend ausländische Unternehmen bevorzugte Ziele chinesischer Fälscher waren, sind mittlerweile auch heimische Markenartikel wie Haushaltsgeräte von Haier, Zigaretten »Rote Pagode« bis hin zum berühmten Maotai-Schnaps nicht mehr sicher. Und die Produktpiraten sind schnell: Buch- bzw. Filmbestseller wie »Harry Potter« oder »Der Herr der Ringe« waren bereits vor ihrem offiziellen Erscheinen als Raubkopien in chinesischer Übersetzung erhältlich. Leidtragende sind die chinesischen Verlage oder Filmverleiher, die die entsprechenden Verwertungsrechte offiziell erworben haben.

Grundsätzlich wird die Tragweite der Produktfälschungen von Branche zu Branche und auch von den Unternehmen selbst unterschiedlich beurteilt. Monetäre Quantifizierungen sind mit einer gewissen Vorsicht zu interpretieren. Denn viele durch Plagiate ausgelöste Schäden vom »Kratzer« am Firmenimage bis hin zu

> Unfällen mit tödlichem Ausgang (etwa bei gefälschten Bremsen) lassen sich nur sehr bedingt beziffern, auch ist der Kauf eines gefälschten Markenprodukts nicht unbedingt gleichzusetzen mit dem Kauf des Originals, das dem Kunden vielleicht doch zu teuer gewesen wäre – er hätte dann eben alternativ eine andere Billigware erstanden. Manche Unternehmen haben Fälschungen sogar als Werbeträger für ihre Originalartikel instrumentalisiert (wie gering wäre der Prozentsatz derjenigen in der chinesischen Bevölkerung, die mit Marken wie »Cartier« oder »Fendi« etwas anzufangen wüssten, gäbe es nicht die entsprechenden Imitate zu kaufen?). Geht es allerdings um Plagiate, die den Technologievorsprung einer Firma gefährden, hört für alle »der Spaß« auf.

es gelassen, dass er die Stadt bereits mit Waren seines Labels überschwemmt vorfand. Während der Pressekonferenz trug er eine gefakte Armani-Uhr zur Schau.
* **Shanghai Club** (No. 2, Zhongshan Dong Yi Lu, S. 227)
* **Shell Building** (No. 1, Zhongshan Dong Yi Lu, S. 227 f.)
* per Überführung auf die andere Seite zur **Wetterstation** (S. 228), wo einige alte Fotos zu sehen sind, u.a. eine wunderbare Panorama-Aufnahme des Bunds, als die Hongkong and Shanghai Banking Corporation in Bau war (täglich 9 bis 12 Uhr und 13 bis 17 Uhr, Tel.: 33 13 08 71). Auf dem Dach befindet sich neuerdings wieder eine nette Kneipe.

Für ganz Unermüdliche wäre zum Abschluss ein feines Abendessen auf der Dachterrasse von »**M on the Bund**« angesagt (ehemals Nisshin Kisen Kaisha Shipping Co., jetzt Hua Xia Bank; Eingang No. 20, Guangdong Lu, Tel.: 63 50 99 88; vielleicht vorher nach Hause fahren zum Frischmachen und Umziehen). Danach bietet sich eine **Promenade bei Nacht** an – angestrahlt wirkt die Kulisse auch nicht schlecht (Achtung: Ein Großteil der Beleuchtung wird gegen 22 Uhr ausgeschaltet!) – außerdem kann man dann schon einmal üben, welche Gebäude man behalten hat .... Anmerkung: Der Wolkenkratzer mit der Blüte auf dem Dach und den Laserstrahlen ist das **Bund Centre** (vgl. »Shanghai als ›Herausforderung für Architekten‹«, S. 382) – es muss einem nicht gefallen ...

Im Anschluss könnte man sich die **Rentner-Jazzband im Peace Hotel** geben. Gegen 23 Uhr wechselt die Besetzung; danach dürfen die »Youngster« ran, von denen die meisten aber auch schon die 50 überschritten haben (Reservierungen entweder noch morgens beim Frühstück erledigen oder unter Tel.: 63 21 68 88; eigentlich sollte man bei so vielen glückverheißenden »Achten« zum Hörer greifen!). Als ultimativen Kick wäre der Abend mit einem Drink in der »**Bar Rouge**« im Obergeschoss des Bund No. 18 abzurunden (Tel.: 63 39 11 99).

Spaziergang 2 – ... und ihr Hinterzimmer

Von der Union Church zum »ersten deutschen Eck«

»Spaziergang 2« steht in unmittelbarem Kontrast zur gerade erlebten Pracht. Nur wenige Schritte vom Bund entfernt, südlich und nördlich des Suzhou Creek und damit im ältesten Siedlungsgebiet des Internationalen Settlements ist der Renovierungsbedarf groß – und die entstandenen Neubauten überzeugen nicht gerade durch Kreativität. Im Rahmen der Expo-Vorbereitungen wird sich bis 2010 vieles ändern. Die Shanghaier Stadtplaner haben Großes vor. 2004 wurde ein entsprechender Vertrag zwischen der dem Huangpu-Distrikt unterstehenden New Huangpu Group und der amerikanischen Rockefeller-Gruppe zur Realisierung des »Waitanyuan-Projektes« geschlossen. Das betroffene Gebiet umfasst das Carrée zwischen Suzhou Creek als nördlicher Grenze und Dianchi Lu im Süden bzw. zwischen Huangpu im Osten und Sichuan Lu im Westen. Die erste konkrete Maßnahme ist der Bau des Peninsula-Hotels auf dem Gelände des ehemaligen Britischen Konsulats (vgl. Spaziergang 1, S. 390 f.).

Ich veranschlage für den folgenden Rundgang je nach Laufgeschwindigkeit circa zwei Stunden. Da wir uns überwiegend im Freien bewegen, wäre trockenes

Blick vom Broadway Mansion auf die Baustelle »Britisches Konsulat« (das Gebäude im Vordergrund mit dem Erker war die Residenz), die Union Church und die Fassaden an der Yuanmingyuan Lu (Aufnahme von 2004)

Spaziergang 2

1. Start: Union Church
2. Abraham Building
3. Gibb Livingston
4. Shanghai Banking Association
5. Hauptpostamt
6. Bridge House
7. Broadway Mansion
8. Pujiang Hotel
9. Russisches Generalkonsulat

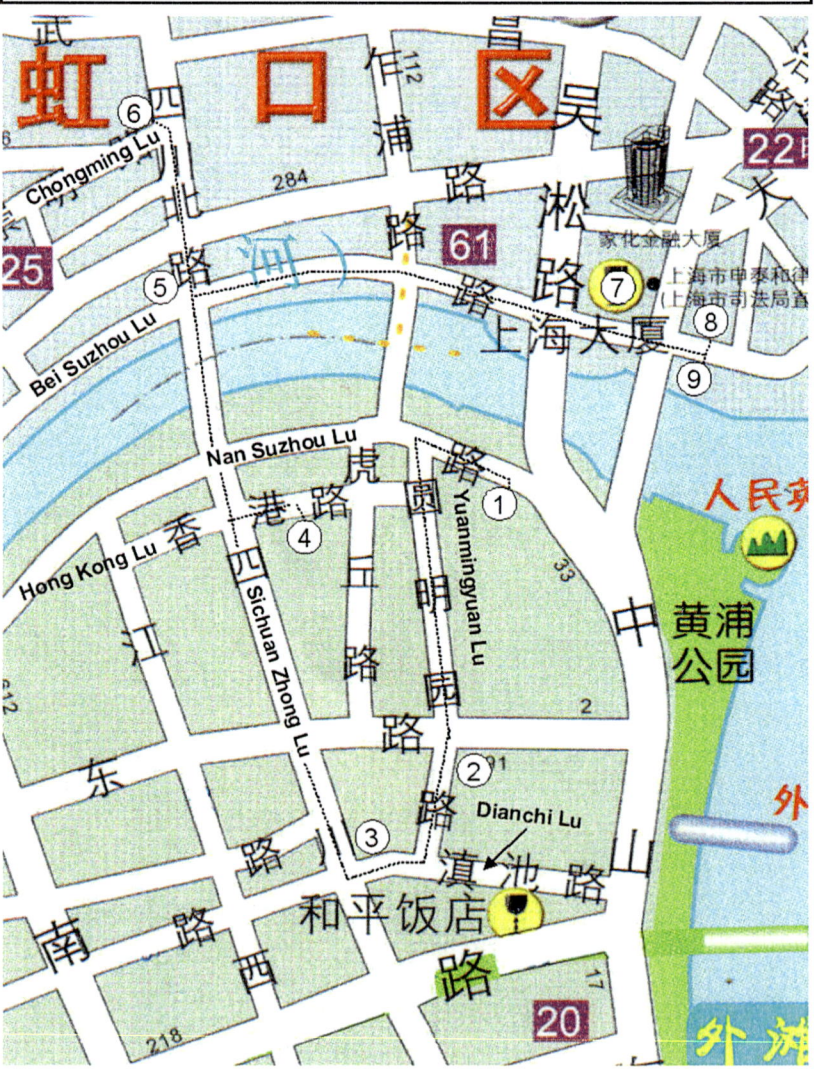

Wetter nicht schlecht – und wenn Sonnenschein die Fassaden etwas aufhellt, ist die Gefahr geringer, in eine morbide Stimmung zu verfallen. Wer sich etwas Besonderes gönnen möchte, sollte so starten, dass er zur Abendessenszeit am Schlusspunkt, dem Shanghai Mansion, ankommt – und sich mit Freunden (man sollte etwa zu zehnt sein) ein Separée (mit Balkon!) im Restaurant im 17./18./19. Stock bestellen mit Blick auf den Bund (Tel.: 63 24 52 21).

Start ist die bis zur Unkenntlichkeit veränderte **Union Church** direkt hinter dem früheren britischen Konsulat (No. 105, Nan Suzhou Lu). In die zu den ersten protestantischen Gotteshäusern der Stadt gehörende Kirche zog nach der kommunistischen Machtübernahme das Hospital einer Leichtindustriefirma ein, dann folgte ein Beleuchtungsinstitut, das die Kirche 1993 bis 1996 an eine Bank aus Beijing untervermietete. Die Bank nutzte den Kirchenraum als Schalterhalle zum Verkauf von Aktien. Vor das Kirchengebäude wurde ein moderner Eingang vorgespiegelt. Nach 1996 ging die Kirche an den Vermieter zurück. Dieser nutzte den ehemaligen Kirchenraum als Vertriebsstelle für Lampen. An den ursprünglichen Zweck erinnerten nur noch die Reste zweier kannelierter Pfeiler. 2006 wurde die Außenfassade zwar wieder ihrem ursprünglichen Zustand angenähert, doch zerstörte 2007 ein Brand den Dachstuhl.

Den Huangpu im Rücken laufen wir weiter und biegen nach wenigen Metern in die Yuanmingyuan Lu ein. Hier folgen nacheinander
* das **Christian Literature Society Building** (auch China Baptist Publication Building), 1930 (No. 209, Yuanmingyuan Lu). Der Haupteingang des von Ladislaus E. Hudec entworfenen Verlagshauses befand sich an der früheren Museum Road, der

Treppenaufgang an der Nan Suzhou Lu

Huqiu Lu (vgl. Spaziergang 7, S. 466). Hudec verwendete das Fassadenmuster als Modell für das spätere Park Hotel (vgl. Spaziergang 3, S. 421 f.). Die Christian Literature Society for China war 1887 in Shanghai von Missionaren, Konsuln und ausländischen Kaufleuten als Publikationsstätte gegründet worden;
* das **Lyceum Building**, 1927 (No. 185, Yuanmingyuan Lu); es war von 1943 bis 1945 Sitz des Deutschen Generalkonsulats – nachdem die ursprünglichen Mieter von den japanischen Besatzern interniert worden waren, stand der Raum günstig zur Verfügung – und beherbergte überdies das Deutsche Nachrichtenbüro;
* das **YWCA Building**, 1930/33 (No. 133, Yuanmingyuan Lu) von **Li Jinpei** (Poy Gum Lee) mit vielen chinesischen Art-Deco-Elementen wie stilisierten Lotusblumen (vgl. Kapitel »Shanghai schwelgt im Art Deco«, S.255 ff.);
* das **Empire Building**, 1908 (No. 97, Yuanmingyuan Lu) von Atkinson & Dallas;
* Der ehemalige Firmensitz der britischen Architekturfirma **Atkinson & Dallas Ltd.**, 1897 (No. 81, Yuanmingyuan Lu). Atkinson & Dallas bauten u.a. die Gebäude der Banque de l' Indochine, der China Merchants´ Steam Navigation Company, der Great Northern Telegraph Co. am Bund, die 1937 während der Schlacht um Zhabei in Mitleidenschaft gezogene Shanghaier Münze am Suzhou Creek (Shanghai Central Mint, 1921/22, No. 17, Guangfu Xi Lu) sowie den Art-Deco-Komplex der China State Bank von 1933 (No. 342, Beijing Dong Lu).

An der Beijing Lu schauen wir nach links, gleich linker Hand befand sich seit 1985 der in den 50er-Jahren »für unsere ausländischen Freunde« eröffnete Shanghaier **Freundschaftsladen**. Mit dem Abriss des Gebäudes 2004 im Zuge des Waitanyuan-Projektes verschwand ein letztes Überbleibsel aus der Ära, als Ausländer hier – und fast nur hier – gegen Ausländerwährung, dem »Foreign Exchange Certificate«, aus einer beeindruckenden Auswahl an chinesischem Kunsthandwerk, Textilien und Gedrucktem auswählen konnten. In diesen Jahren war einheimischen Chinesen – von wenigen Privilegierten abgesehen – der Zutritt verwehrt (was manchen Ausländer an alte Kolonialzeiten erinnerte), während vor dem Freundschaftsladen mehr oder weniger zwielichtige Gestalten hinter jeder »Langnase« hartnäckig »Change money, change money« herzischten.

Gegenüber nimmt das 1911 fertig gestellte **Abraham Building** (No. 43-83, Beijing Dong Lu) fast ein gesamtes Carrée ein. Die Abrahams gehörten zu den wohlhabenden jüdischen Familien Shanghais (auch wenn sich ihr Vermögen im Vergleich zu dem der Sassoons oder Hardoons eher in Grenzen hielt; vgl. Kapitel »Die großen jüdischen ›Nobelhäuser‹«, S. 85 ff.).

Auf der Yuanmingyuan Lu geht es weiter geradeaus bis zur Dianchi Lu, hier wenden wir uns nach rechts. Städteplanerisch bildet die Dianchi Lu eine Ausnahme, heißt sie doch nicht nach einer der großen chinesischen Städte (vgl. Kapitel »Modellstadt Shanghai«, S. 114 ff.). Bis zu ihrer Umbenennung stand **Gibb Livingston**, auf Chinesisch »Jinkee«, Pate. Die britische Firma hatte ihren Sitz unter der heutigen Adresse No. 100-110, Dianchi Lu, und die etwas verwinkelte Jinkee Road war ihr Zufahrtsweg. Direkt daneben befindet sich das **Shanghai Land Investment Building** (No. 120, Dianchi Lu); beide 1908 von Atkinson & Dallas.

An der Sichuan Zhong Lu biegen wir wiederum nach rechts ein. Auf der linken Seite steht das **Christian Association Building** von 1905/07 (No. 595-607, Sichuan Zhong Lu) des Architektenbüros Algar & Co. Bevor wir die Sichuan Zhong Lu weitergehen, machen wir an der Hongkong Lu einen kurzen Abstecher nach rechts zum säulengeschmückten **Shanghai Chinese Banking Association Building** aus dem Jahr 1925 (No. 59, Hongkong Lu). Es repräsentiert den boomenden lokalen Bankensektor zwischen 1914 und 1922 (vgl. Kapitel »Zweiter Boom – das »Goldene Zeitalter«, S. 73 ff.).

Auf der Brücke über den Suzhou Creek fällt der Blick sofort auf das **Shanghai Post Office** Sichuan Lu/Suzhou Creek.

Direkt hinter dem Shanghai Post Office steht das **New Asia Hotel** von 1933 (No. 422, Tiantong Lu Ecke Sichuan Bei Lu). No. 85, Sichuan Bei Lu Ecke

Chinesisches Hauptpostamt

Das 1924 fertig gestellte, mit Turm (aber ohne Antenne) 51 Meter hohe, eklektizistische Gebäude der chinesischen Post ersetzte die sieben Postämter, welche bis dahin die wichtigsten ausländischen Mächte versorgt hatten. Es nahm die Postdienste sowohl für die chinesischen Kunden wahr als auch für die Angehörigen der 48 Nationen, die sich Mitte der 20er-Jahre in Shanghai angesiedelt hatten.

Rechts und links des 17 Meter hohen Turms sind zwei Figurengruppen angebracht, die linke symbolisiert Merkur als Beschützer der Reisenden, die rechte ist eine Allegorie auf den Fortschritt im Kommunikations- und Verkehrswesen: der Herr rechts hält eine Lokomotive im Arm, der Herr links einen Schiffsanker und die Dame in der Mitte ein Telegrafenkabel. Die ursprünglichen Figuren wurden während der Kulturrevolution abgebaut und zerstört, die jetzigen sind Kopien und kamen 1995 an den angestammten Platz. Im Innern ist das Postamt in den Büroetagen bereits teilweise renoviert und beeindruckt mit hohen Gängen, schönen Oberlichtern und alten Kaminen. Die architektonische Federführung hatten **Stewardson & Spence**.

2005 eröffnete das Shanghai Post Museum (No. 250, Bei Suzhou Lu, Mittwoch, Donnerstag, Samstag, Sonntag, 9 bis 16 Uhr, Tel.: 63 93 66 66; der Besuch beinhaltet den absolut lohnenden Aufstieg auf das Dach).

Chongming Lu liegt das **Bridge House**, das berüchtigste Foltergefängnis Shanghais während der japanischen Besatzung (vgl. Kapitel »Japanische Truppen erobern das Internationale Settlement«, S. 279 ff.). Unser Weg führt uns wieder zurück zum Suzhou Creek, den Kanal entlang in östlicher Richtung zur Mündung. Wir passieren **Cheng Sheng-hu's Galerie** (No. 226-228, North Suzhou Lu, Tel.: 63 24 72 34) sowie ein denkmalgeschütztes, aber leer stehendes Backsteinhaus (1907/08), den ursprünglichen Sitz der »Central and North China Godown and Press Packing Co. Ltd«. Nach 1949 beherbergte es vorübergehend das 1864 als Shanghai General Hospital gegründete **Shanghai Red Cross Hospital**. Nächste

---

Broadway Mansion

Der Art-Deco-Bau des 22-stöckigen Broadway Mansion war mit insgesamt 77 Metern Höhe am früheren Broadway (Bai Lao Hui, heute No. 20, Bei Suhou Lu) bei seiner Fertigstellung 1934 die beste Apartment-Adresse der Stadt mit riesigen Zimmern, einem vorzüglichen Blick und besten Fengshui-Bedingungen an der Mündung des Suzhou Creek. Der britische Architekt **Bright Fraser** gestaltete die äußere Form nach dem chinesischen Schriftzeichen »ba« (八 für acht), eine der wichtigsten chinesischen Glückszahlen. Andere sehen vom Bund aus den Block wie einen dicken Buddha am Ende der Straße »sitzen«.

Nachdem 1937 die Japaner die Bezirke Hongkou und Zhabei annektiert hatten, verkauften die britischen Investoren zum Ärger der Bewohner an die Besatzer. Eine für sie glückliche Entscheidung – denn vier Jahre später konfiszierten die Japaner die verbliebenen britischen Besitzungen entschädigungslos.

Nach dem Krieg ging Broadway Mansion an die Stadt Shanghai. 1951 wurde es in Shanghai Mansion umbenannt. Seit der Öffnungspolitik greifen die Marketing Manager der staatlichen Hengshan-Gruppe aber gerne wieder auf den glanzvollen alten Namen zurück.

Gefeierte Künstler wie der Opernsänger Mei Lanfang oder der Akt-Maler Liu Haisu (vgl. Spaziergang 9, S. 481 ff.) nächtigten im Broadway Mansion. Song Qingling zog sich zum Arbeiten in eine formidable Suite zurück. Premierminister Zhou Enlai genoss Anfang der 70er-Jahre mit Staatsgästen wie dem französischen Präsidenten **George Pompidou** (1892-1980), dem jugoslawischen Staatsoberhaupt **Josip Tito** (1892-1980) oder dem äthiopischen Kaiser **Haile Selassi** (1892-1975) auf dem Balkon im 18. Stock die Aussicht über den Bund. Wenigstens letzteres ist noch möglich, wenn man im eingangs erwähnten Restaurant diniert.

In der Lobby hängt im Übrigen ein Foto der Broadway-Mansion-Baustelle, am Bauzaun ist ein großes Werbeplakat für Aspirin zu erkennen – die »Werbeverbindung« der Bayer AG mit dem Gebäude ist demnach keine neue ...

Station ist das **Broadway** bzw. **Shanghai Mansion** (No. 20, Bei Suzhou Lu). In unmittelbarer Nachbarschaft steht nicht nur das älteste westliche Hotel Shanghais, sondern des ganzen Landes: das heutige **Pujiang** und frühere **Astor** oder **Astor House Hotel** (No. 15, Huangpu Lu; Davis & Thomas Architects).

Astor Hotel

1846 hatte der Engländer **Richard Astor** das erste und für lange Zeit einzige europäische Hotel in Shanghai errichtet. Er nannte es Richard's Hotel. 1857 zog das Astor an den heutigen Standort. 1861 übernahm Henry Smith das Haus und benannte es in Astor House Hotel oder kurz Astor Hotel um.

Am 26. Juli 1882 erhielt das Astor elektrischen Strom – die vier Glühlampen brannten im angeschlossenen Garten des Hotels – und 1901 wurde im Astor die erste automatische Telefonanlage Shanghais installiert. Trotzdem entsprach das alte zweistöckige Gebäude bald nicht mehr den Erfordernissen. 1907 wurde der Großteil abgerissen und durch einen Neo-Renaissance-Neubau ersetzt.

Das »neue« Astor war bis zur Fertigstellung des »Cathay« am Bund 1929 das beste Hotel der Stadt in vorzüglicher Lage mitten im Konsulatsviertel am Suzhou Creek mit Blick auf den Huangpu und mit exquisitem Service. Mahlzeiten, für die grundsätzlich »formal dress« vorgeschrieben war, wurden mit Fanfarenklängen eröffnet. Die Übernachtung kostete zwischen 6 und 12 US$, was mehr als doppelt so teuer war wie in vergleichbaren anderen Häusern. Doch die Nachfrage war groß. Besonders amerikanische Touristen bevorzugten das Astor, auch wegen des berühmten Waldorf-Astoria in New York. Unter den illustren Übernachtungsgästen waren Ex-US-Präsident **Ulysses S. Grant** (1822-1885) 1879, Bertrand Russell 1920, **Albert Einstein** (1879-1955) 1922 sowie Charlie Chaplin 1931 und 1936.

Zu den Dauergästen zählten Thomas Millard, der Begründer der »China Weekly Review«, und sein Nachfolger, John B. Powell (Powell siedelte später in die Apartments des American Club über). »Wenn man in der Lobby des Astor sitzt und die Augen offenhält, bekommt man alle Halunken zu Gesicht, die sich an der chinesischen Küste herumtreiben«, notierte Powell bei seiner Ankunft am 3. Februar 1917. Während er auf Millard wartete, las er in einer lokalen englischen Zeitung die Reuter-Meldung, die Vereinigten Staaten hätten ihre diplomatischen Beziehungen zu Deutschland abgebrochen. Zu seiner Verwunderung schien die politische Dimension dieser Maßnahme – immerhin ein weiterer Schritt in die absehbare Katastrophe des 1. Weltkrieges – beim Tischgespräch niemanden zu interessieren. Viel wichtiger war den Anwesenden die Frage, ob sich durch die in den USA diskutierte Prohibition auch die Drinks in Shanghai verteuern würden.

Der im Auftrag der Komintern arbeitende Otto Braun stieg 1932 im Astor ab. »Dadurch erhielt ich den gesellschaftlichen Hintergrund, den ich brauchte, um mich unverdächtig bewegen zu können,« schrieb Braun in seinen »Chinesischen Aufzeichnungen, 1932-1939« (vgl. Kapitel »Shanghai als Agitationsschwerpunkt linker Spione«, S. 264 ff.). Bezeichnenderweise weise gab im gleichen Jahr Max Simon-Eberhard vom Astor Hotel aus die rechtsextremistische »Deutsche Shanghai Zeitung« heraus.

Am 27. Mai 1959 wurde aus dem Astor das staatliche Pujiang Hotel. Ein wenig von der alten Pracht ist im ehemaligen Ballsaal zu spüren, obwohl er 2004/06 zum Frühstückssaal umgebaut wurde. Über viele Jahre waren das originale Glasdach und die Balkone des nach der Dekoration benannten Pfauensaals vermauert gewesen, eine Anzeigetafel für Aktien hatte die Konzertmuschel verdeckt. Denn von 1990 bis zum Umzug nach Pudong 1997 hatte hier die Shanghaier Börse ihren Sitz. Zhu Rongji hatte das chinesische Aktienzeitalter am 19. Dezember traditionell mit dem Schlag auf einen chinesischen Gong eingeläutet. Ganze acht Titel mit einem Aktienkapital von insgesamt nicht einmal 150 Mio. US-Dollar wurden Ende 1990 gehandelt.

Wenn man die Rezeption freundlich bittet, wird einem Zimmer 103 aufgeschlossen. Es befindet sich im ältesten Gebäudetrakt und enthält noch die Original-Holzverkleidung und die alten Einbauschränke aus dem 19. Jahrhundert. Außerdem sollte man in den 3. Stock fahren und die Gänge (vor allem der Zimmer 304/Einstein und 310/Russell) betrachten. Es lohnt sich!

Seit den 20er-/30er-Jahren bis heute dient das Astor/Pujiang als Kulisse für Filmaufnahmen.

Wie groß die Nachfrage nach Unterkünften westlichen Standards war, vermittelt Legationssekretär Joseph Maria von Radowitz in einem Brief an seine Mutter vom August 1862:

Wo bleiben wir?

»Wir waren von der neuen Heimat wenig angeheimelt. Kein Mensch, der nach dem neuen Vertreter des Königs von Preußen im Chinesenlande gefragt hätte. Stundenlang zogen wir (bei drückendster Hitze) zwischen brüllenden, schleppenden, stoßenden, stinkenden Chinesen und der schlimmsten Sorte von Europäern herum. In dem einzigen amerikanischen Gasthofe keine Aufnahme wegen Überfüllung durch ein englisches und französisches Hilfskorps. Brandt (der spätere deutsche Botschafter in Peking) macht sich auf die Suche nach der ›Königlich preußischen Behörde‹, während wir auf offener Straße unser Gepäck bewachen.

Panorama-Blick: Suzhou-Creek-Mündung mit Garden Bridge, linkes Ufer: Revolutionsdenkmal; dahinter versetzt nach links das frühere britische Konsulat mit der Rasenfläche davor; rechtes Ufer: russisches Generalkonsulat direkt am Ausgang der Garden Bridge, links dahinter Broadway Mansion, rechts davor (EPSON) das Seagull Hotel auf dem früheren Grundstück des deutschen Konsulats

Spaziergang 2

Nach zwei Stunden erscheint er wieder mit Herrn Overweg jun. (...). Junior versicherte tröstlich, er wisse kein Unterkommen und gab zu verstehen, es würde dem allseitigen Besten entsprechen, wenn wir wieder sofort nach Hause fahren wollten. Nachdem wir dies abgelehnt hatten, nimmt er freundlich Herrn v. Rehfues (Generalkonsul) in seinen Penaten auf, überlässt uns anderen aber, irgendwo sonst zu bleiben. Brandt findet alte englische Bekannte, die ihn plazieren, Wittgenstein hatte die Chance, einen deutschen Kaufmann zu ermitteln, der sich seiner bemächtigte, ich aber teilte mit Herrn Bismarck bis abends 9 Uhr noch das Schicksal der lieben Vögelein.

Überwältigt von der Hitze und den Beschwerden des Tages ziehe ich zu Herrn Overbeck jun. und eröffne ihm klar, dass ich eventuell auch in seinem eigenen Bette, jedenfalls aber bei ihm die nächste Nacht zubringen würde. Hierauf weist er mir eine Rumpelkammer an und bringt Bismarck bei einem anderen deutschen Kaufmann unter. (...)

Dann nahm mich der deutsche Kaufmann, bei dem Bismarck wohnte, Herr Probst, in seine Behausung. Es hieß nun ein eigenes home zu finden. Kein Haus zu einem Mietpreise unter 1.200 - 1.500 Pfund Sterling, d.h. 8.400 - 10.500 Taler! Und dazu der Generalkonsul mit einem Gehalt von 14.000 Taler inklusiv Wohnungsentschädigung. Alle anderen Preise in dem gleichen Verhältnis; ein Zustand, (...) herbeigeführt durch die Anhäufung von englischen und französischen Truppen, welche die Stadt nicht verlassen können, ohne die ganz in der Nähe stationierten Rebellen zu ihren Meistern zu machen. Dabei ist der Handelsverkehr von Schanghai seit einem Jahr gewaltig gewachsen. 250 große Handelsschiffe liegen hier im Hafen, wo vor 14 Monaten kaum 70 waren. So stehen wir noch heute vor der Frage: wo bleiben wir?

Am 3. September 1862: (...) Herrn von Rehfues Bemühungen, ein eigenes Logis zu bekommen, begannen gleich nach der Ankunft und ließen uns weiter erkennen, dass Schanghai der teuerste Platz geworden, der vielleicht jetzt auf der ganzen zivilisierten Erde existiert. Die niedrigste Miete, die uns geboten wurde, blieb 1.200 Pfund Sterling. Herr v. Rehfues konnte also nur daran denken, ein beschränktes Terrain für ihn und mich zu mieten, mit Verzicht auf dasjenige, was seine Stellung hier mehr als irgendwo erheischen würde. Er hat dies gefunden. Einstweilen wird es gereinigt und mit dem Notwendigsten versehen; dafür hat Herr v. Rehfues etwa 2.500 Taler ausgeben müssen.

Andere Preise: Randt bewohnt eine Stube (vom 4. September ab), daneben in einer Kammer sein Bedienter; Mietpreis 175 Taler monatlich. Kostgeld für einen Diener ohne Getränke 80 Taler monatlich; wer keine eigene Menage hat und im englischen Kommissariat mit den dortigen Offizieren isst, zahlt im Abonnement für Frühstück und Mittag ohne Wein monatlich 190 Taler. Unter einem Dollar (= 1 1/2 Taler) gibt es nicht die geringste Kleinigkeit, keine Handleistung, keinen Barbier.

Alle Dinge, die zum täglichen Lebensbedarf gehören, stehen in diesem Preisverhältnis. Nur einzelne Luxussachen sind verhältnismäßig wohlfeiler, und namentlich die Pferde zu den Preisen wie bei uns in der Heimat.

Anmerkung: Hohe Lebenshaltungskosten gelten im Shanghai heute als Zeichen für den internationalen Aufstieg in die Riege der Metropolen der Welt. Für 2006 ermittelte eine Untersuchung des US-Marktforschungsinstituts Mercer unter 144 Städten weltweit, dass Shanghai mittlerweile auf Rang 20 vorgestoßen ist. Im gleichen Jahr zog Moskau an Tokyo vorbei, es folgten London und Genf. New York stand auf Platz 10, Beijing an 14ter Stelle. Die teuerste deutsche Metropole, Frankfurt, blieb weit abgeschlagen auf Position 61.

Vom ehemaligen Konsulatsviertel an der Mündung des Suzhou Creeks in den Huangpu ist nur noch das **russische Generalkonsulat** geblieben (No. 20, Huangpu Lu, Architekt: Hans Emil Lieb). Als Gebäude erhalten ist ferner der Komplex des ehemaligen japanischen Generalkonsulats (No. 106, Huangpu Lu) von 1911 (Architekt: **Yajo Hirano**, denkmalgeschützter roter Backsteinbau, steht versteckt hinter dem 30er-Jahre Bau der UN Relief General Administration; beide heute genutzt von der Bank of Shanghai).

Russisches Generalkonsulat

Lieb brachte alle konsularischen Funktionen unter einem Dach unter. Die »Far Eastern Review« schrieb 1916: »Der Baustil des Gebäudes ist modern, die Ausstattung im Innern schlicht. Man legte Wert darauf, nur erstklassige Materialien wie Teakholz oder Marmor zu verwenden« (zitiert nach Warner). Von den Wohn- und Repräsentationsräumen des Generalkonsuls bietet sich ein erstklassiger Blick über den regen Schiffsverkehr.

Das Gebäude hat eine bewegte Geschichte hinter sich. Der erste Hausherr hatte sein Amt noch 1911, mithin vor Ausbruch der Oktoberrevolution, angetreten und blieb trotz seines unsicheren diplomatischen Status bis 1924. Dann traf sein sowjetischer Nachfolger ein. Aus dem russischen wurde offiziell das sowjetische Generalkonsulat. Am 14. Dezember 1927 brach die chinesische Guomindang-Regierung die diplomatischen Beziehungen zur UdSSR ab. Die sowjetischen Diplomaten hatten das Land innerhalb von einer Woche zu verlassen. Am 23. Dezember 1927 wurde die sowjetische Flagge eingeholt, und die Sowjets baten das benachbarte deutsche Generalkonsulat, in ihrer Abwesenheit auf das Haus zu achten. Diese dauerte fünf Jahre. Im Dezember 1932 wurden die diplomatischen Beziehungen zwischen China und der UdSSR wieder aufgenommen. Nach gründlicher Renovierung organisierte der amtierende Generalkonsul zahlreiche Veranstaltungen wie 1935 einen großen Empfang zur Feier der Oktoberrevolution mit Gästen wie Song Qingling, den Literaturgrößen Mao Dun, Lu Xun und der amerikanischen Journalistin Agnes Smedley (vgl. Kapitel »Shanghais Literaturszene setzt Maßstäbe«, S.161 ff.). Da die Sowjetunion und Japan während des 2. Weltkrieges weiterhin diplomatische Kontakte unterhielten, blieb das Haus von den Zerstörungen der japanischen Truppen verschont. Die Beziehungen zwischen der VR China und der UdSSR verschlechterten sich in den 50er- und 60er-Jahre stark, schließlich zog Moskau seine Diplomaten aus Shanghai zurück. Während der Kulturrevolution diente das einstige Konsulat als Marineklub, zeitweise sogar als Kommandostelle der Roten Garden. Erst 1986 zog wieder ein sowjetischer Konsul ein.

Vom früheren »ersten deutschen Eck« um das Seagull-Hotel sind keine Überreste mehr vorhanden.

Exkurs: Das »erste deutsche Eck«

Das kaiserlich-deutsche Generalkonsulat (1884/85), die deutsche evangelische Kirche und die Kaiser-Wilhelm-Schule (beide 1901) bildeten das »erste deutsche Eck« in Shanghai.

Den ersten Schritt machte das Deutsche Generalkonsulat (vgl. Kapitel »Der Tag, an dem die Hunde nicht zu bellen wagten«, S. 35 ff.). 1885 zog es vom Quai de France um in die beiden prachtvollen, dreigeschossigen, aber wenig zweckmäßigen Häuser in der Huangpu Road 9-10. Zahlreiche Umbau- und Reparaturmaßnahmen wurden in der Folgezeit notwendig.

1902 musste der von 1902 bis 1906 amtierende Generalkonsul Dr. **Wilhelm Knappe** seiner Exzellenz, dem Reichskanzler Herrn Grafen von Bülow, mitteilen: »Als im Sommer d. J. die Cholera ploetzlich und mit solcher Macht ueber Shanghai hereinbrach, dass wir etwa 200 Todte pro Jahr zaehlten, und als einer der Kulis im Generalkonsulat von der Krankheit ergriffen wurde, habe ich unter Fuehrung des Architekten Becker das Konsulatsgrundstueck besichtigt, um alle solche sanitaeren Massregeln zu treffen, welche die moeglichste Garantie boten, um von der Epidemie frei zu bleiben.

Es stellte sich heraus, dass fuer die 20 chinesischen Angestellten des Konsulats und die 14 im Hause untergebrachten chinesischen Privatdiener nur ein einziger kleiner Abort und ohne jede Spuelung vorhanden war. Es war noethig, diesen Abort zu verbessern, zu repariren und mit der Wasserleitung in Verbindung zu bringen, sowie Ableitung anzulegen, dessgleichen einen zweiten gleich vollkommenen Abort neu zu schaffen. Es schien ferner erforderlich, um den Hof, auf welchem sich der eine Abort befindet, freier und luftiger zu machen, einen alten Wagenschuppen abzubrechen.

Es erschien ferner rathsam, der Kueche, in welcher sich ein grosser Theil der Diener den Tag ueber aufhaelt, mehr Luft zu geben. Obwohl waehrend der Sommermonate der Wind fast ausschließlich von Sueden weht, hatte die Kueche nach Sueden gar kein Fenster. Um Durchzug zu ermoeglichen, hielt der Architekt den Durchbruch zweier Fenster fuer erforderlich; ebenso erachtete er, um die Entstehung schlechter Luft zu verhindern, die Cementierung des Fussbodens und die Anlage eines cementirten Abwaschbeckens fuer nothwendig. Ein solches Becken war garnicht vorhanden; alle Abfaelle wurden bis dahin aus dem Fenster geworfen und verursachten die Ansammlung schlechter Gerueche ...« (zitiert nach Kettelhut).

Damit war das Thema »Toiletten« indessen keineswegs abgeschlossen. Bereits wenige Jahre später, im August 1910, sah sich das Generalkonsulat gezwungen, in Berlin um die Bewilligung der Summe von 437 Taels zu bitten, um die Nachtstühle im Wohnhaus durch eine Wasserklosettanlage ersetzen zu dürfen:

»Im Wohngebäude des hiesigen Generalkonsulats hat sich in dem langen und heissen Sommer dieses Jahres die Herstellung einer Wasserklosetanlage aus hygienischen Gründen als absolut erforderlich und unaufschiebbar herausgestellt. Die bisherige Einrichtung von Nachtstühlen, aus denen die Stoffe durch Räume, die zu Wohnzwecken dienen, ins Freie befördert werden müssen, erscheint für kein anständiges Haus in Europa mehr möglich; unter den hiesigen klimatischen Verhältnissen ist sie geeignet, zu den schlimmsten Folgen zu führen. Es sei dahingestellt, ob die im Generalkonsulat vorgekommenen Typhusfälle (Scholz starb im Sommer 1906 an Typhus, Müller hatte 1909 einen schweren Anfall) auf die unhygienischen Klosetts zurückzuführen sind« (zitiert nach Kettelhut).

Da es um die »stillen Örtchen« der Dienststelle nicht besser bestellt war, ging noch im gleichen Monat ein weiteres Schriftstück nach Berlin: »Die 19 im Dienstgebäude tätigen weissen Beamten und die fünf chinesischen Schreiber des Generalkonsulats sind auf ein einziges Pissoir ohne Wasserspülung, einen einzigen Nachtstuhl und eine einzige Wasserschüssel mit laufendem Wasser angewiesen, welche Gelegenheiten übrigens ausserhalb der Dienststunden auch von den chinesischen Boys und Kulis benützt werden. Alles zusammen befindet sich in einem einzigen kleinen Raum mit Holzfussboden. Der Boden unter dem Pissoir ist ständig feucht, so dass von diesem Winkel ein verpestender Geruch ausgeht. Die Beamten vermeiden natürlich, wenn irgend möglich, den Nachtstuhl zu benützen. Die häufigen Darmerkrankungen, die das Shanghaiklima verursacht, üben aber oft einen unvermeidlichen Zwang aus.« (zitiert nach Kettelhut). Die Kosten der Anlage einschließlich erforderlicher Umbauten betrugen 497 Taels.

Heute befindet sich auf dem einstigen Grundstück des Deutschen Generalkonsulats das Seagull-Hotel. Direkt dahinter war 1900/01 die erste deutsche Gemeindekirche Chinas errichtet worden (Huangpoo Road/Astor Road; heute Huangpu Lu/Jinsha Lu; zwischen 1932 und 1934 abgetragen). Architekt war der Engländer **Robert Moorhead**. Ihr Turm überragte das Generalkonsulat deutlich. Wöchentlich fanden Gottesdienste statt, an denen durchschnittlich zwischen 80 und 90 Personen teilnahmen, davon ein Drittel Mitglieder der kaiserlichen Marine. Die deutsche katholische Gemeinde hatte keinen eigenen Kirchenbau und besuchte daher die Gottesdienste der bereits 1860 errichteten St.-Josephskirche in der Französischen Konzession (No. 36, Sichuan Nan Lu; vgl. Spaziergang 7, S. 458).

Bis 1911 waren der Kirche auch Schulräume der 1895 von dem evangelischen Gemeindepastor Heinrich Hackmann gegründeten Kaiser-Wilhelm-Schule angegliedert (und weil eine Turnhalle fehlte, wurde in der Kirche geturnt). Als diese in ein größeres Gebäude des Architekten Hans Emil Lieb in der Weihaiwei Road umzog (heute Weihai Lu, nicht erhalten), dienten die alten Klassenräume als Mannschaftscasino für Angehörige der deutschen Marine. Bis 1898 hatte sich außerdem das deutsche Postamt in den Räumlichkeiten des Generalkonsulats befunden. Daneben betrieb der Berliner Richard Neumann eine Schlachterei, zu der auch eine »altmodische deutsche Kneipe« und ein Frühstückszimmer gehörten.

Die Huangpu Lu entwickelte sich bald zur bevorzugten Lage für das diplomatische Corps. Rechts neben dem deutschen Konsulat wurde 1908 das amerikanische eingerichtet und daneben 1911 das japanische, 1914/16 kam das russische Konsulat hinzu. Auf dem gegenüberliegenden Ufer des Suzhou Creeks hatten sich schon seit 1843 die Briten niedergelassen.

Nachdem das deutsche Generalkonsulat bereits zwischen 1917 und 1921 im Zuge des 1. Weltkrieges seine Tätigkeit vorübergehend einstellen musste, waren die Diplomaten im Frühling 1937 erneut gezwungen, ihren Sitz zu räumen – diesmal wegen Termitenbefalls. Ab 1. April 1937 residierten sie daher im Glen Line Building am Bund (vgl. Spaziergang 1, S. 391). Das alte Gebäude wurde abgerissen. Am 13. August 1937 besetzten japanische Truppen den nördlich des Suzhou Creek gelegenen Teil des Internationalen Settlements. Der bereits projektierte Neubau konnte daher nicht mehr ausgeführt werden.

Am 8. Dezember 1941 marschierten die Japaner dann auch ins Internationale Settlement ein. Obwohl mit Japan verbündet, sahen die Deutschen im exponierten Glen Line Building ihre Sicherheit nicht ausreichend gewährleistet (bereits während der Bombenangriffe 1937 war man vorübergehend in Räumlichkeiten der Kaiser-Wilhelm-Schule ausgewichen). Zum 1. Juli 1943 erfolgte daher der Umzug ins Lyceum Building (No. 185, Yuanmingyuan Lu, ebenfalls

Spaziergang 2). Das Untergeschoss des siebenstöckigen Gebäudes wurde an das Deutsche Nachrichtenbüro weitervermietet (während die als Abhörstelle fungierende »Nebenstelle Seehaus« in der dem Vichy-Regime unterstehenden Französischen Konzession in der Avenue Petain/Hengshan Lu verblieb). Zu den Aufgaben der Diplomaten zählte u.a. die Mitgestaltung des Programms der Radio-Station XGRS – der China German Radio Station. Angesagt war in erster Linie Propaganda mit Unterhaltungswert. Als Rundfunkattaché entsendete das Auswärtige Amt in Berlin 1940 den jungen **Erwin Wickert** (1915-2008), später in bundesdeutschen Diensten Botschafter in Beijing.

Am 12. Juni 1945 stellte das deutsche Generalkonsulat in Shanghai seine Tätigkeit ein. Die Betreuung – vor allem im Rahmen der Repatriierung – der Deutschen übernahm das im Gemeindehaus an der damalgen Great Western Road untergebrachte Deutsche Amt.

Als erste deutsche Vertretung in Shanghai nach Gründung der VR China errichtete die DDR 1959 ein Generalkonsulat (No. 618, Jiangguo Xi Lu; die denkmalgeschützte Villa aus dem Jahr 1948 beherbergt gegenwärtig das polnische Generalkonsulat), welches jedoch bereits fünf Jahre später angesichts der politischen Spannungen zwischen China und der Sowjetunion geschlossen werden musste. Es konnte erst 1986 wieder eröffnet werden und arbeitete bis zum 3. Oktober 1990, dem Tag der deutschen Wiedervereinigung, in einer Plattenbausiedlung aus den 50er/60ern (No. 1167, Hongqiao Lu, Zhong Hua Bie Shu, No. 7; heute nur noch für Wohnzwecke genutzt). Auf bundesdeutscher Seite dauerte es bis 1982, ehe in Shanghai eine konsularische Vertretung ihre Pforten öffnen durfte. Basis war die Wiederaufnahme der deutsch-chinesischen Beziehungen 1972. Die Entsendung deutscher Diplomaten war gekoppelt an die Eröffnung einer entsprechenden chinesischen diplomatischen Niederlassung in Hamburg. Als Kanzlei dient seither das Gebäude einer Familie Shen von 1935 in der ehemaligen Französischen Konzession (No. 181, Yongfu Lu). In der neben der Kanzlei befindlichen Villa »im spanischen Stil« residiert derweil der deutsche Generalkonsul. Gerüchteweise soll es sich bei ihrem ersten Besitzer um einen als »Meitan Da Wang«, den »Holzkohlekönig«, titulierten Chinesen namens Luo Digong gehandelt haben. Sicher ist, dass sich der Arbeiterführer Wang Hongwen das Anwesen während der Kulturrevolution als eine seiner Wohnstätten erkor (was wohl dazu beitrug, dass die Jugendstilglasfenster und die übrige Hausdekoration unbeschädigt blieben). Seit 1994 steht das von C. Kofar und T.H. Yang entworfene Gebäude von 1941/42 unter Denkmalschutz.

Spaziergang 3 – Nanjing Lu und Volksplatz

Viel Geschichte, Kunst und Kultur

»Spaziergang 3« führt vom Bund über die Nanjing Dong Lu zum Volksplatz, dem heutigen Machtzentrum Shanghais. Günstig ist es, spätestens um 8 Uhr morgens zu beginnen, im Sommer vielleicht sogar schon um 7 Uhr: erstens weil die Lichtverhältnisse dann am besten sind (die Sonne steht immer schön im Rücken), zweitens weil es so früh noch nicht so heiß und drittens auch noch nicht so voll ist, sowie viertens, weil nur dann eine reelle Chance besteht, das Programm tatsächlich an einem Tag zu schaffen. Alternativ besteht natürlich von vornherein die Möglichkeit, sich einen wettermäßig akzeptablen Tag für die Außenbesichtigungen vorzunehmen und die Museen für Regentage aufzusparen.

Start ist am **Peace Hotel**. Wir gehen die **Nanjing Dong Lu** (vor 1949 nur Nanjing Lu, ohne den Zusatz »Dong« für »Ost«) bis auf einen Abstecher immer geradeaus und bewegen uns damit sozusagen im Herzen des einstigen Internationalen Settlements (vgl. Kapitel »Modellstadt Shanghai«, S. 114 ff.). Anfang des 20. Jahrhunderts entwickelte sich die Straße, welche 1908 auf Initiative Silas Aaron Hardoons einen festen Belag bekommen hatte, nicht nur zur wichtigsten und elegantesten Einkaufsmeile der Stadt, sondern des ganzen Landes (vgl. »Reichtum schändet nicht«, S. 179 ff.).

Blick in die Fußgängerzone Nanjing Dong Lu

Spaziergang 3

1. Start: Peace Hotel
2. Shanghai Electric Power Building
3. China Export-, Import-, Banking-Company
4. No. 1 Department Store
5. Volkspark
6. Museum für Schöne Künste
7. Lilong-Anlage mit Davidsternen
8. Park Hotel
9. Stadtplanungsmuseum
10. Shanghai Museum
11. Grand Theatre
12. Große Welt
13. Shanghai Concert Hall

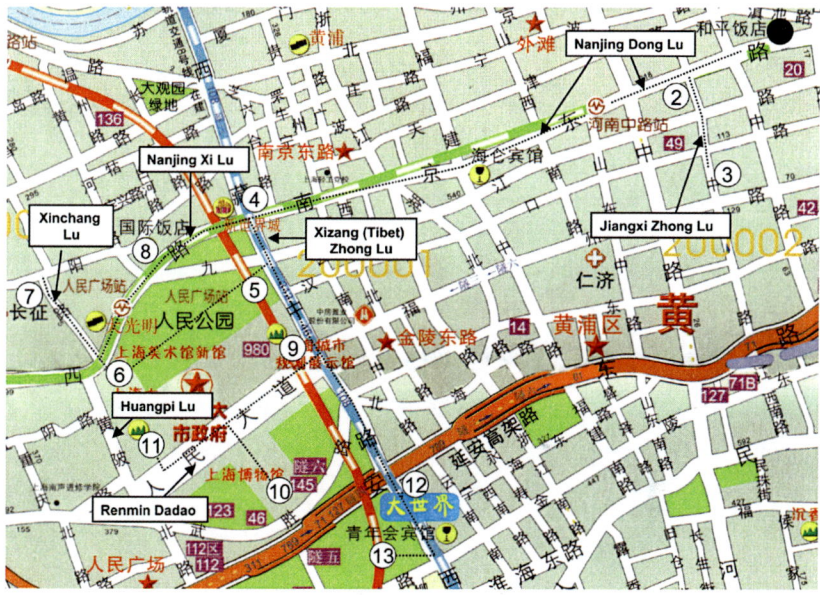

In den vergangenen Jahrzehnten verlor die Nanjing Lu zwar viel von ihrem Glamour (die wirklich exklusiven Geschäfte befinden sich längst anderswo, etwa in der Huaihai Lu), doch ein wenig Flair ist ihr doch geblieben. Auch lockt eine breite **Fußgängerzone**, welche der französische Architekt Jean Marie Charpentier 1999 im Auftrag der Stadt anlegen durfte. Zu ihr sind die politisch Verantwortlichen gekommen wie »die Jungfrau zum Kind«: Nachdem die U-Bahn-Röhre fertig gestellt worden war, stellte sich die Stabilität der Straßendecke als nicht ausreichend für normalen Automobilverkehr heraus.

Doch nun zum eigentlichen Spaziergang. Das Peace- bzw. das Palace-Hotel kennen wir ja bereits von Spaziergang 1 (S. 387 ff.). Immobilienzar Silas Aaron

Hardoon ließ 1937 das **Liza-Hardoon-Building** (S. 90, No. 99, Nanjing Dong Lu) errichten. Deutlich preiswerter, aber immer noch sehr zentral wohnte es sich im **Hotel Continental** (heute »Jeans West«-Filiale; No. 114-142, Nanjing Dong Lu; Architekturbüro Algar & Co. Architects, 1906). Zu den Hotelgästen zählte die antijapanische Widerstandskämpferin **Mao Liyin** (1910-1939; vgl. Spaziergang 9, S. 483).

Weiter geht es mit dem **Shanghai Electric Power Building** von E. Hazzard aus dem Jahr 1929, No. 181, Nanjing Dong Lu Ecke Jiangxi Lu, heute Sitz der Shanghai Municipal Electric Power Co. Direkt gegenüber besagt ein kleines Denkmal als aufgeschlagenes Geschichtsbuch (2002): »Am 26. Juli 1882 nahm die Shanghai Electric Company als erste chinesische Stromgesellschaft ihre Geschäftstätigkeit auf. An dieser Stelle erglühte die erste Lampe in China.«

Dann folgt ein kurzer Abstecher in die Jiangxi Lu Richtung Süden, am Hazzard-Gebäude vorbei zum ehemaligen Geschäftshaus der deutschen Firma **Carlowitz & Co.** (No. 255, Jiujiang Zhong Lu). Über den im typischen Comprador-Stil 1898/99 errichteten und sehr gut erhaltenen Backsteinbau war in der »Deutschen Bauzeitung« 1904 zu lesen: »Auch etwas mehr im Inneren der Stadt befinden sich solche Gebäude, die den Charakter von Geschäfts- und Wohnhaus in recht glücklicher Weise vereinen. Ein besonders großes, indes erst

In der Fußgängerzone sollte man immer wieder einen Blick zu Boden auf die hübsch Gully-Deckel mit wechselnden Motiven zur Shanghaier Stadtgeschichte werfen

neuerdings aufgeführtes Gebäude dieser Art ist dasjenige, in welchem die erste deutsche Firma Shanghais, Carlowitz & Co., ihre Geschäftsräume hat; es ist in Ziegelfugenbau mit Werksteinen und auch mit Terracotten ausgeführt, die zum Teil recht erhebliche Abmessungen zeigen. Bemerkenswert ist es, dass dieses Gebäude außer dem Erdgeschoss bereits drei Geschosse aufweist« (zitiert nach Warner). Es folgen:

* Der jüngste Sitz der **Firma Melchers** vor dem Rückzug des Handelshauses nach dem 2. Weltkrieg befand sich in einem Teil des Nachbargebäudes von Carlowitz & Co. (heute das Restaurant »Cheng Long Hang Xie Wang Fu« mit leckeren Krebsspezialitäten; No. 216, Juijiang Lu, Tel.: 63 21 20 10);
* Gegenüber stehen – etwas versteckt – die äußeren Reste der neogotischen **Holy Trinity Cathedral**. Der viktorianische Architekt Sir **George Gilbert Scott** (1811-1874) hatte das Gotteshaus 1866 anstelle der ersten anglikanischen Bischofskirche Shanghais von 1847 errichtet. Nachdem sie dem Huangpu-Distrikt wie auch der Volksbefreiungsarmee als Aula gedient hatte, war 2004 in der »Shanghai Daily« zu lesen, die Kirche solle wieder ihrem ursprünglichen Zweck zugeführt werden; direkt daneben, No. 219, Jiujiang Lu, das ehemalige **St. Juke's Hospital** von L.E. Hudec (heute zum China Christian Council);
* Zurück zur Jiangxi Lu: auf der anderen Straßenseite auf dem ehemaligen Gebäude der **Bank of Communication** (von Kwan, Chu & Yang, 1935/39, No. 250, Jiangxi Zhong Lu; Bank of Shanghai-Filiale) lassen sich noch die eingemeißelten Schriftzeichen von 1939 erkennen; ebenfalls von Kwan, Chu & Yang die »**Continental Bank**«, 1932, No. 111, Jiujiang Lu;
* Nun folgt der Geschäftssitz der Architekturfirma **ECADI** (No. 151, Hankou Lu) von Allied Architects, 1948;
* Das Carrée Hankou Lu/Jiangxi Lu/Fuzhou Lu war Sitz des **Shanghai Municipal Council** (kleine Ausstellung im Foyer, S. 47 ff.);
* Zum Sassoon-Immobilienreich gehörten das **Metropole Hotel** von 1934 (No. 180, Jiangxi Zhong Lu) mit seinem Schwestergebäude **Hamilton House** von 1933 (No. 170, Jiangxi Zhong Lu), beide von Palmer & Turner (vgl. Kapitel »Die Sassoons«, S. 87 ff.). Im Metropole feierten Chiang Kaishek und Song Meiling ihre Verlobung. Falls möglich, lassen sie sich Zimmer 1002 zeigen: phantastischer Dachgarten-Blick;
* Im Stil angepasst zeigt sich das **Jianshe Building** (ursprünglich Imperial Commercial Bank of China; No. 181, Jiangxi Zhong Lu) von 1934/36 aus der Feder von Davies and Brooke, Civil Engineers and Architects;
* Letzte Station des Abstechers ist die **China Export-, Import-, Banking-Company** (No. 138, Jiangxi Zhong Lu) von Becker/Baedecker, 1907/08 (vgl. Kapitel »Der deutsche Beitrag im architektonischen Völkerwettkampf«, S. 117 ff.).

Carlowitz, Siemssen und Melchers –
drei große deutsche Namen im traditionellen China-Handel

Der 1817 in Dresden geborene und aus altem meißnischen Adelsgeschlecht stammende **Richard von Carlowitz** (1820-1886) gehörte zu den Pionieren des deutschen China-Handels. Er kam 1843 zum ersten Mal mit einer Handelsexpedition nach Asien, um Geschäftsmöglichkeiten in Indien, den Philippinen und China auszuloten. Als einer der ersten wusste von Carlowitz die weitreichenden Folgen der erst zwei Jahre zuvor abgeschlossenen Verträge von Nanjing richtig einzuschätzen. »Der Einfall der Europäer in das Reich wird in wenigen Jahren den tausendjährigen Constitutionen den Todesstoß geben«, schrieb er bereits 1844 (zitiert nach Eberstein in Hinz/Lind).

Am 1. Januar 1846 gründete von Carlowitz in Kanton die Firma Carlowitz & Co. Filialen in Hongkong, Shanghai, Tianjin und an anderen strategisch günstigen Plätzen folgten bald. 1877 wurde der Hauptsitz nach Shanghai verlegt. Um auch in Europa besser agieren zu können, eröffnete das Unternehmen 1886 zusätzlich eine Niederlassung in Hamburg, wo es bislang nur über einen Agenten vertreten war. Carlowitz war unter den großen deutschen Namen im China-Geschäft lange der größte. 1934 betrug der Firmenumsatz 40 Mio. Reichsmark (das entsprach einem Anteil von 34% am deutsch-chinesischen Handel), 1937 sogar 60 Mio. Reichsmark. Grundsätzlich konzentrierten sich Carlowitz & Co. auf den Import deutscher Industriewaren im Auftrag der chinesischen Regierung.

Der Hamburger **Georg Theodor Siemssen** (1816-1886) betrat 1844 im Auftrag eines deutschen Handelshauses mit Sitz in Batavia erstmals chinesischen Boden. Schon zwei Jahre später gründete er in Kanton seine eigene Firma, Siemssen & Co. In schneller Folge kamen weitere Niederlassungen hinzu, so 1855 Hongkong, 1856 Shanghai und 1860 Fuzhou, nachdem 1859 ein Standbein in Hamburg etabliert worden war. Weil Kanton im Zuge der Taiping-Kämpfe seine Bedeutung an Hongkong verloren hatte, verlegte Siemssen den Hauptsitz 1858 in die britische Kronkolonie. Dort gehörte Siemssen & Co. 1865 zu den Mitbegründern der Hongkong and Shanghai Banking Corp. Haupthandelswaren bildeten zunächst Reis und Tee sowie später, mit der aufkommenden Dampfschifffahrt, Bunkerkohle. Siemssen & Co. spezialisierte sich ferner auf die Ausfuhr deutscher Maschinen und technischer Artikel.

1882 kam **Gustav Theodor Siemssen** (1857-1915), ein Neffe des Firmenpatriarchen, als Angestellter von Siemssen & Co. nach Fuzhou. Als die Niederlassung 1885 aufgelöst wurde, machte er sich als Teekaufmann selbständig. Gemeinsam mit **Werner Krohn**, der aber bereits zwei Jahre später verstarb, gründete er schließlich 1895 die Firma Siemssen & Krohn, die sich als Tee-Exporteur etablierte. Nebenbei übte Gustav Theodor Siemssen seit 1894 das Amt des kaiserlich-deutschen Konsuls aus. 1923 übergab er die Leitung seinen Söhnen **Frederick Werner** (1888-1981), genannt Fred, und **Gustav Theodor** (1897-1991). Sie eröffneten 1923 eine Filiale in Shanghai. Nachdem sich das Schwergewicht der Unternehmenstätigkeit immer mehr in die Industriemetropole am Yangtze verlagert hatte, wurde der alte Standort in Fuzhou letztlich aus Sicherheitsgründen 1941 aufgegeben. Siemssen & Krohn gelang es als einziger deutscher Exporteurfirma, sich im britisch dominierten Teegeschäft durchzusetzen. Ferner gehörten Enten- und Gänsebettfedern, Schweinedärme, Wieselrohfelle sowie Büffel- und Kuhhäute zum Warenkatalog.

Während Siemssen & Krohn 1945 zwangsweise und entschädigungslos liquidiert wurden (der letzte Firmensitz war im Lyceum Building, No. 14, Museum Road, heute Huqiu Lu, vgl. Spaziergang 7, S 466), gibt es Siemssen & Co. als einzige Hamburger Handelsfirma neben den alten britischen Unternehmen (wie Jardine, Matheson & Co.) aus der Frühzeit des Chinahandels bis heute, allerdings mittlerweile unter dem Dach des Handelshauses Münchmeyer Petersen & Co.

In der »vollen Blüte« des Geschäfts steht dagegen C. Melchers & Co. aus Bremen. Das Handelshaus wurde am 1. Januar 1806 von **Anton Friedrich Carl Melchers** (1781-1854) gegründet und konzentrierte sich zunächst auf Nord- und Zentralamerika. 1866 etablierte **Hermann Melchers** (1842-1918) die erste Asien-Niederlassung in Hongkong, 1872 expandierte er nach Shanghai und in den folgenden Jahrzehnten nach Hankou, Tianjin, Qingdao, Kanton, Shantou, Beijing und Jinan. Melchers bezog in China u.a. Tierhaar (Kaschmir), Häute und Trockeneiprodukte und verkaufte Gebrauchsgüter wie Lampen, Uhren und Kameras. Des Weiteren widmete sich Melchers der Schifffahrt (Generalvertretung des Bremer Schifffahrtskonzerns Norddeutscher Lloyd) und dem Versicherungsgeschäft. Melchers-Teilhaber **Adalbert Korff** (1860-1943) gründete 1900 die Deutsche Vereinigung, nach dem 1. Weltkrieg umbenannt in Deutsche Handelskammer. Das 1994 eingerichtete Delegiertenbüro der Deutschen Wirtschaft trat quasi in diese Fußstapfen. Es war das erste Büro, das der damalige Deutsche Industrie- und Handelstag (heute Deutscher Industrie- und Handelskammertag) in der VR China etablierte.

Wie die anderen deutschen Firmen verlor Melchers im 1. Weltkrieg seine Besitzungen in China, kehrte aber trotzdem nach Kriegsende erfolgreich zurück, zumal die Kontakte zu den relevanten Geschäftspartnern nie wirklich abgebrochen waren. Den zweiten herben Rückschlag erlebte Melchers nach Gründung der Volksrepublik China. 1952 mussten die in China lebenden Familienmitglieder im Zuge der »Repatriierung« aller Deutschen das Land verlassen, womit zunächst auch die Geschäftstätigkeit zum Erliegen kam. Allerdings nahm der in Shanghai aufgewachsene **Henning Melchers** (geb. 1933) bereits 1955 die ersten China-Reisen wieder auf. Doch bis wieder eine Niederlassung in Shanghai eingerichtet werden konnte, dauerte es noch knapp 30 Jahre. 1982 war es schließlich soweit: Im Peace Hotel am Bund öffnete das Melchers Shanghai Representative Office. Dort wurden die Räumlichkeiten bald zu eng, und nach zwei Zwischenstationen residiert Melchers jetzt im East Ocean Centre an der Yan´an Lu.

Im Gegensatz zu »früher« hat sich die Lieferpalette deutlich verändert: in Richtung China gehen in erster Linie anspruchsvolle Investitionsgüter und auch edle Luxuswaren – wie etwa Uhren von Breitling und Patek Philippe –, während vor Ort Konsumprodukte eingekauft werden.

Emma Bormann (1887-1974): Foochow Road, um 1930; links die Imperial Commercial Bank of China (heute Jianshe Building), rechts der Shanghai Municipal Council (Abdruck mit freundlicher Genehmigung von Uta Schreck)

Metropole Hotel

Blick aus dem Metropole Hotel vom Balkon des Zimmers 1002

Shao Wan Sheng Delicacies Store

Der Gründer des »Shao Wan Sheng Delicacies Store« in der heutigen Nanjing Dong Lu kam einst als Händler aus Ningbo. **Shao Wanxing** siedelte sich zunächst in der Gegend um die Waibaidu-Brücke an, wo bereits eine Vielzahl kleiner Kaufleute aus anderen Provinzen Läden eröffnet hatten. 1852 gründete er in der Woosung Lu sein eigenes Geschäft, den »Shao Wan Xing Delicacies Store«. Das Sortiment konzentrierte sich auf heimatliche Spezialitäten wie getrocknete Fischflossen oder Krabben in Shaoxing-Weinsoße aus eigener Herstellung.

Shaos Produkte erfreuten sich bald so großer Popularität, dass er sich einen Umzug in die Internationale Niederlassung leisten konnte. Dort waren die Ladenmieten dreimal höher als in der Woosung Lu. Die Gelegenheit nahm er zum Anlass, sein Geschäft, den hiesigen Aussprachegewohnheiten anpassend, in »Shao Wan Sheng Delicacies Store« umzunennen. Ferner investierte er einige tausend Dollar in eine angemessene Innenausstattung und ließ den bekannten Kalligraphen **Zhang Nancun** die Worte »Qian shou Yi« aufsetzen: Gewinn durch Bescheidenheit.

Shaos Sohn Juexin trat zunächst in die Fußstapfen seines Vaters, hatte aber ein weniger glückliches Händchen und musste den Laden 1932 an seinen Nachbarn verkaufen. Xu führte »Shao Wan Sheng Delicacies Store« mit Geschick, ehe der Laden nach Gründung der Volksrepublik in Staatsbesitz überging. Mittlerweile scheint das eher bescheidene Eckgebäude fast von den weitaus größeren Kaufhäusern der Moderne »erdrückt« zu werden.

Wir gehen zurück und folgen wieder der Nanjing Dong Lu Richtung Volksplatz. Dabei passieren wir:
* das Kaufhaus **Continental Emporium** von Zhuang Jun, 1932, heute u.a. ein Buchladen, No. 353, Nanjing Dong Lu (vgl. Kapitel »Shanghai schwelgt im Art-Deco«; S. 255 ff., allerdings verschwindet die Art-Deco-Fassade nahezu unter großflächigen Werbeplakaten); im Emporium fand während des Krieges die St. John's University ihr Ausweichquartier;
* den bescheidenen, aber alt eingesessenen **Shao Wan Sheng Delicacies Store**, No. 414, Nanjing Dong Lu;
* die ehemalige »**Shanghai Women's Bank**« (heute ICBC, Nanjing Dong Lu 480); die Gründerinnen des 1924 noch als Kunfan-Bank ins Leben gerufenen Instituts waren **Yan Shuhe** (geb. 1885, Todesjahr unbekannt) und **Xie Yao Zhilian**; die amerikanisch-chinesische **Adeline Yen Mah** setzte ihrer Großtante Yan Shuhe in ihrem Buch »Fallende Blätter« ein Denkmal: »Die Tragweite dieser Leistung war kaum zu überbieten. In einer Feudalgesellschaft, in der schon die Vorstellung von einer Frau, die alle täglichen Entscheidungen allein trifft und wichtige Geschäftsverhandlungen selbständig führt, spöttisches Gelächter hervorrief, bewies meine Großtante ungewöhnlichen Mut. (...) Ihre Bank, die sich den spezifischen Bedürfnissen der Frauen widmen wollte, beschäftigte ausschließlich weibliches Personal. Und sie kamen alle: unverheiratete Töchter mit ihren Erbschaften und Spargroschen, die ersten Ehefrauen, Hauptfrauen genannt, mit ihren Mitgiften und Gewinnen aus dem Mah-Jongg-Spiel, die Konkubinen, sogenannte Nebenfrauen, mit den Geldgeschenken ihrer Männer und die berufstätigen und kindererziehenden Frauen, die sich in anderen, von Männern beherrschten Banken nicht länger bevormunden lassen wollten. Die Shanghai Women's Bank warf von Anfang an Gewinne ab, und das blieb bis zum Rücktritt meiner Großtante 1953 so.« Die Shanghai Women's Bank blieb die einzige »Frauenbank« in ganz China.
* das **Schneidwarengeschäft Shanghai Zhang Xiaoquan daojian shangdian**, No. 490, Nanjing Dong Lu, seit 1990 unter diesem Namen hier ansässig. Das erste Schneidwarengeschäft »Zhang Xiaoquan zhong ji« wurde 1911 in Shanghai gegründet, das Geschäft lief so gut, dass bis 1949 unter diesem oder ähnlichem Namen 257 Läden firmierten (die Problematik ist modernen Franchising-Unternehmen bekannter als ihnen lieb sein dürfte; wenn z.B. Restaurants McKentucky heißen oder das Logo eines Coffee-Shops erst auf den zweiten Blick Unterschiede zur Starbucks-Kette aufweist). Im Rahmen der Verstaatlichungskampagne von 1956 wurden die drei wichtigsten zu Shanghai Zhang Xiaoquan daojian shangdian fusioniert;
* den »**Century Plaza**« mit Omega – »**Jahrtausend-Uhr**« – ein Geschenk der

Schweiz an den Huangpu Distrikt zur Erinnerung an 50 Jahre sino-schweizerische Beziehungen (1950 bis 2000); die 2005 neu gestaltete Grünanlage befindet sich auf dem Grundstück der berüchtigten Louza-Station (Carrée Nanjing Dong Lu, Guizhou Lu, Jiujiang Lu). Diese war Ausgangspunkt der 30.-Mai-Bewegung (vgl. Kapitel »Shanghai wird ›Schlachthof des modernen Imperialismus‹ – die 30.-Mai-Bewegung 1925«, S. 188 ff.);

* das **Seventh Heaven Hotel**, No. 627, Nanjing Dong Lu, gehörte früher zu Wing On; im 7. Stock befindet sich das »Old Shanghai Restaurant« (Tel.: 63 22 07 77), die Bar im 17. Stock mit Panoramablick ist nur abends geöffnet;
* den **Wing On Department Store** (gegründet 1918, Palmer & Turner, heute Hualian Commercial Building; No. 635, Nanjing Dong Lu) gegenüber der **Sincere's Department Store** (gegründet 1917, Lester, Johnson und Morris, heute Shanghai Bekleidungsfirma, No. 640 bis 700, Nanjing Dong Lu, vgl. Kapitel »Reichtum schändet nicht«, S. 179 ff). Beide Häuser lieferten sich über rd. 15 Jahre einen heißen Wettkampf um das höchste Gebäude, bis Wing On mit dem heutigen Seventh Heaven Hotel den Sieg davontrug. Zu Sincere's gehörte von Anfang an das »East Asia Hotel« (No. 680, Nanjing Dong Lu). Während der Kulturrevolution war es in »Zhao Yang Fandian« umbenannt worden: Hotel »Der Sonne entgegen«;
* den **Sun Sun Department Store** (gegründet 1926, C.H. Gonda), heute Shanghai First Food Store, No. 720, Nanjing Dong Lu
* **The Sun** (gegründet 1934, Kwan, Chu und Yang), heute **No. 1 Department Store**, No. 830, Nanjing Dong Lu;
* das **Brilliance Shimao International Plaza** (2005, 246 Meter hoch, somit einige Meter niedriger als Tomorrow Square oder Plaza 66; trotzdem in den Zeitungen als »höchstes Haus in Puxi« gefeiert, da es mit Antenne auf 333 Meter kommt), No. 829, Nanjing Dong Lu. Der Besitzer der Shanghaier Shimao Group, der Immobilienunternehmer **Xu Rongmao** (geb. 1951), war laut Hoogewerf-Liste (Hunrun Report) von 2007 mit einem Privatvermögen von 7,5 Mrd. US$ drittreichster Mann Chinas. Angeführt wurde die Liste 2007 von **Yang Huiyan** (17,5 Mrd. US$; Immobiliensektor). Sie verdrängte **Zhang Yin** (geb. 1957) auf Rang 2, welche sich 2006 als erste Frau an oberster Stelle positionieren konnte. Zhang wies damals ein Vermögen von 3,4 Mrd. US$ auf, das sie mit Altpapierhandel erwirtschaftet hatte (2007: 10,0 Mrd. US$). An die Vermögen der weltweiten Nr. 1 und Nr. 2, **Bill Gates** und **Warren Buffet**, von laut »Forbes« 56 Mrd. bzw. 52 Mrd. US$ reichten indessen alle nicht heran.

Jetzt sind wir am **Volksplatz** (Renmin Gongyuan) angelangt. Er entstand nach 1949 anstelle der ehemaligen Rennbahn. Bauten der 90er-Jahre, wie das Rathaus

(1995), das Shanghai Museum (1995), das Shanghai Grand Theatre (1998) und das Stadtplanungsmuseum (1999) setzen städtebaulich ein markantes Gegengewicht zum alten »kolonialen« Shanghaier Zentrum am Bund. Von dem einstigen Rennplatz ist nur der Turf Club übrig geblieben. Mit Ausnahme des Grand Theatres kamen allein chinesische Architekten zum Zuge. So stammt der Entwurf für das 1995 fertig gestellte 15-stöckige Rathausgebäude vom Shanghai Architectural Design Institute.

Ich empfehle zunächst einen Gang durch den kleinen, aber hübschen **Volkspark**. Am Wochenende treffen sich hier potenzielle Shanghaier Großeltern, um ihre noch ledigen Kinder zu verkuppeln. Ausgerüstet mit Fotos und den notwendigen statistischen Daten (Körpergröße, Gewicht, Einkommen) suchen sie den passenden Heiratskandidaten, weil die im Berufsleben stehenden »Kinder« für so etwas ja gar keine Zeit haben (abgesehen davon, dass ihnen die erforderliche Erfahrung fehlt ...). Jene dürfen natürlich nichts von diesen Machenschaften wissen – und werden, wenn es soweit ist, höchst diskret und rein zufällig, einander vorgestellt.

Vom Volkspark aus lassen sich überdies die Gebäude an der jetzt beginnenden **Nanjing Xi Lu** (vor 1949 Bubbling Well Road, »Xi« für »West«) mit ein wenig Grün im Vordergrund verhältnismäßig gut aufnehmen. Diese sind

* die **Neue Welt** (gegründet 1915), heute das Shopping- und Entertainment Center New World City, No. 68, Nanjing Xi Lu (S. 239), seit 2006 mit Madame Tussauds Wachsfigurenkabinett sowie angeschlossen das 2005 eröffnete Radisson-Hotel (Drehrestaurant in 208 Metern Höhe); direkt davor das monumentale **Denkmal zur 30.-Mai-Bewegung**;
* das **Pacific Hotel** (ursprünglich China United Apartments, Architekt: L. Hudec, No. 108, Nanjing Xi Lu; 1924/26). 1939 mietete sich das Pacific Restaurant in das Hua'an Mansion ein. Nach 1949 wurde das Haus in »Overseas Chinese Hotel« umbenannt;
* das **Sports Mansion** (früher Shanghai Sports Club oder Foreign YMCA, Architekt E. Hazzard, 1926/33), No. 150-152, Nanjing Xi Lu. Da die deutsche Gemeinde über kein eigenes Schwimmbad verfügte, erhielten hier unter anderem auch die Schüler der Kaiser-Wilhelm-Schule Schwimmunterricht. Wie sich der ehemalige KWS-ler Cortum erinnert, war Nacktbaden vorgeschrieben. Nach der »Befreiung« ging der Shanghai Sports Club in den Besitz der Shanghaier Sportbehörde über. Es heißt, Mao Zedong habe in den 50er-Jahren zweimal in dem Schwimmbecken seine Runden gedreht. Der Öffentlichkeit stehen heute ein großes Hallenbad, eine Tanzhalle, Badminton-Felder, Tischtennisplatten und andere Möglichkeiten zur leiblichen Ertüchtigung zur Verfügung.
* das **Park Hotel** (1934), bei Fertigstellung mit 84 Meter höchstes Gebäude in Asien, Architekt L.E. Hudec, No. 170, Nanjing Xi Lu (S. 234 f.);

* das **Grand Theatre** (1932), ursprünglicher Kinosaal mit knapp 2.000 Sitzen, Architekt L.E. Hudec, No. 216, Nanjing Xi Lu (S.244)

Bevor wir fast komplett den Park passiert haben, stoßen wir auf den Glaspavillon des 2005 von der Hongkonger Samuel Kung Foundation gegründeten **Museum of Contemporary Art** (MOCA; Wechselausstellungen; No. 231, Nanjing Xi Lu, täglich 10 bis 18 Uhr, Tel.: 63 27 12 82). Rechts müssten wir jetzt das Starbucks Café sehen, direkt vor uns das **Museum für Schöne Künste (Shanghai Art Museum)** mit dem weithin sichtbaren Glockenturm (Shanghai Meishuguan, No. 325, Nanjing Xi Lu, täglich 9 bis 17 Uhr, Tel.: 63 27 40 30, S. 84) und links das Denkmal von **Zhang Side** (1915-1944). Unsterblichkeit errang der Modellsoldat durch das auf ihn gemünzte Mao-Zitat »Dem Volke dienen!« (Wei renmin fuwu). Zhou Enlai beispielsweise trug den Leitspruch als Anstecker anstelle eines Mao-Portraits am Revers.

Im Shanghai Meishuguan, dem einstigen Rennclub, finden wechselnde, mitunter recht interessante Ausstellungen statt. Fest installiert war bis 2007 eine Skulpturengruppe rechts neben dem Aufgang. Auf sie passten Lin Yutangs Worte: »Der berühmte apathische Blick des Chinesen ist auch eine Art Selbstschutz, gezüchtet in harter Arbeit und Disziplin.« Nach Besucherbeschwerden, die Gruppe schädige das »schöne Bild«, wurde sie beseitigt.

In jüngster Zeit hat der Glockenturm mächtige Konkurrenz bekommen: direkt hinter ihm erhebt sich der raketenförmige **Tomorrow Square** (285 Meter hoch; 2003; Entwurf von J. Portman, No. 399, Nanjing Xi Lu Ecke Huangpi Bei Lu; vgl. Kapitel »Shanghai als Herausforderung für Architekten«, S. 377 ff. bzw. Spaziergang 4, S. 436 f.).

Etwas südlich von dort, wo die Huangpi Bei Lu auf die Nanjing Xi Lu trifft, war 1862 der erste jüdische Friedhof angelegt worden, der **Mohawk-Friedhof** (S. 86). Auf noch existente Spuren jüdischen Lebens trifft man, biegt man von der Nanjing Xi Lu etwa gegenüber Starbucks in die Xinchang Lu ein. Auf der linken Seite (No. 87-135, Xinchang Lu) befindet sich eine frisch restaurierte **mit Davidsternen geschmückte Lilong-Anlage**, die einst zu Silas Aaron Hardoons Immobilienreich gehörte (S. 90).

Wer Lust hat, könnte jetzt im **Park Hotel** die Mittagspause einlegen. In der Lobby zieht ein steinerner Stadtplan mit rot blinkendem Licht die Aufmerksamkeit auf sich: in den 50er-Jahren berechneten die Stadtplaner, dass genau hier auf dem Grundstück des Hotels der geographische Mittelpunkt Shanghais liege. Nicht schlecht ist das chinesische Restaurant »Fengzelou« im 2. Stock (Tel.: 63 27 52 25 ext. 232), Spezialität: Hühnchen mit Walnüssen (Jiangbao Jiding).

Nun geht es zurück zur Xizhang Road. Die neogotische **Moore Memorial Church** (1930, No. 316, Xizang Zhong Lu, Tel.: 63 22 50 69) von Hudec schräg gegenüber dem Stadtplanungsmuseum gehörte zur exklusiven McTyeire School,

Modellsoldat Zhang
Side am Museum
für Schöne Künste

Erinnerungen von Hans-Peter Cortum

Such was life in the Far East

»Um die Wettleidenschaft der Chinesen auszunutzen, gab es fast das ganze Jahr hindurch am Mittwoch, Sonnabend und Sonntag Pferderennen, so zehn Rennen am Tag. In erster Linie wurden diese von Chinaponies bestritten, die in 15 Güteklassen für jeweils Kurz- und Langstrecken eingeteilt waren. Drei Siege ergaben einen Aufstieg in die nächsthöhere Klasse. Die besten, die jährlich für das »Shanghai Derby« und die »Shanghai Champion Stakes« zugelassen wurden, waren also Klasse »1/1«. Ganz vorne liefen die Henchman-Ponies (Henchman war, glaube ich, der Boss von Jardine's). Sie hießen Rye, Northwood, Bagshot und Hindhead. Die besten Pferde in deutschem Besitz waren Remmeles Zeppelin und Thordsens Cherrylight. Cherrylight gewann sogar einmal die »Shanghai Champions«.

Anmerkung: Die Schilderung betrifft die Zeit Ende der 30er-/Anfang der 40er-Jahre.

Stadtplanungsmuseum

Stadtplanungsmuseum

Das futuristische Stadtplanungsmuseum (Entwurf: ECADI) öffnete 1999. Charakteristisch ist nicht zuletzt die zeltartig aufgespannte Dachkonstruktion. Im Innern fasziniert ein Modell des Stadtzentrums (Bereich Innere Ringstraße)
  Parallel zu den atemberaubenden baulichen Veränderungen wird das Modell regelmäßig erneuert. So gab es Ende 1980 in der Stadt gerade 43 Hochhäuser (definiert als Gebäude mit mehr als elf Stockwerken), davon keines höher als 30 Etagen, 1990 stieg die Zahl auf 541, 2000 auf 2.993; 2005 standen 8.651 Hochhäuser, davon 652 über 30 Etagen. Kaum vorstellbar, dass noch zu Beginn des 20. Jahrhunderts in Architekturkreisen die Auffassung galt: »Shanghai can only stand six floors, London sixty floors, New York and Hongkong any number.«

---

in der u.a. die drei Song-Schwestern die Schulbank gedrückt haben (vgl. Kapitel »Die Song-Dynastie«, S. 121 ff. sowie S. 100 ff.). Sonntags finden vier Gottesdienste statt, die alle ausnehmend gut besucht sind. Ohnehin erlebt der christliche Glaube im »Sinn-entleerten«, post-kommunistischen China eine Renaissance. Zwischen 1950 und 2007 ist die Zahl der Katholiken im Land von 2,7 Mio. auf über 5 Mio. gestiegen – einschließlich der vom Staat nicht anerkannten katholischen Untergrundkirche sogar auf schätzungsweise 12 Mio. Die Zahl der Protestanten wuchs von 0,7 Mio. auf etwa 38 Mio. Gläubige.

Das **Shanghaier Stadtplanungsmuseum** (Shanghai Urban Planning Centre, No. 100, Renmin Dadao Ecke Xizang Lu, montags bis donnerstags 9 bis 17 Uhr, freitags bis sonntags 9 bis 18 Uhr, Tel.: 63 18 44 77) vermittelt einen umfassenden Einblick in die urbane Entwicklung Shanghais in den nächsten Jahren. Besonderer Augenmerk gilt dem immer wieder beeindruckenden, riesigen Stadtmodell. Ganz oben befindet sich eine etwas spröde Cafeteria; nur für Gäste besteht manchmal die Möglichkeit, die Dachterrasse zu betreten.

Shanghai Museum

Das Gebäude des Shanghai Museums (1995) entwarf **Xing Tonghe** (geb. 1939). Während Konstruktion und Material modern sind, orientiert sich sein Äußeres an einem der ältesten Gefäße Chinas, dem Ding. Nach den Prinzipien des Fengshui (»Tian yuan di fang«) besteht der Grundriss des Museums aus einem die Erde symbolisierenden Quadrat. Der auf ihm positionierte Kreis steht für den Himmel. Aufgrund der gekonnten Verbindung von chinesischer Symbolik mit moderner westlicher Architektur erhielt das Museum mehrere Architekturpreise.

Die Sammlung selbst wurde 1952 gegründet, wohl auch, um zu retten, was noch zu retten war, hatte doch Chiang Kaishek bei seinem Rückzug nach Taiwan schon wertvollste Kunstschätze »mitgehen« lassen. Im Gepäck vermögender Chinesen auf der Flucht vor den neuen kommunistischen Machthabern war manches weitere Stück »verloren« gegangen. In den folgenden Jahrzehnten haben die Bestände an Bronze, Keramik, Malerei und Kalligraphie, Jade und Möbeln nicht zuletzt durch Donationen und Leihgaben vieler Auslandschinesen deutlich an Qualität und Umfang gewonnen. Viele Kostbarkeiten kamen während der Kulturrevolution als »Schenkungen« hinzu, als die Roten Garden die Privathäuser nach »dekadentem, bürgerlichen Besitz« durchkämmten. Mancher Sammler hoffte so, sich selbst und seine Glanzstücke zu retten.

Dass die wertvollen Stücke nicht nur in einem eindrucksvollen Museumsbau gezeigt, sondern überdies erstklassig präsentiert werden, ist das Verdienst des langjährigen Direktors **Ma Chengyuan** (1927-2004) und seines Stellvertreters **Wang Qingzheng**. Ma hatte 1980 in New York eine Bronzen-Ausstellung im Metropolitan Museum of Art besucht, es war sein erster Besuch in einem modernen Museum. Danach setzte er sich in den Kopf, in Shanghai das beste Museum für chinesische Kunst auf der Welt zu errichten. Er boxte den Standort am Volksplatz durch, trieb Spendenmittel in Höhe von 78 Mio. US$ auf und kalkulierte richtig, dass die Shanghaier Stadtväter direkt unter ihren Augen keine Bauruine sehen wollten, als die Kosten der Planungen um 50% überschritten worden waren. 1996 konnte die Sammlung nach eher bescheidenen Zwischenlösungen aus der Chung Wai Bank umsiedeln.

Shanghai Museum

Falls die Zeit nicht schon zu weit fortgeschritten ist, geht es museal weiter, wir lassen das **Rathaus** (No. 200, Renmin Dadao) mit dem Sitz der Stadtregierung rechts liegen und besuchen das **Shanghai Museum** (No. 201, Renmin Dadao, täglich 9 bis 17 Uhr, Tel.: 63 72 35 00).

Für den Fall, dass Sie sich in den nicht zuletzt wegen der englischsprachigen Erklärungen erstklassig aufbereiteten Sammlungen mehr Zeit als ein bis zwei Stunden nehmen möchten, würde ich empfehlen, an einem Regentag wiederzukommen. Es gibt überdies die Möglichkeit, mit einem Kombi-Ticket sowohl

---

Das Shanghai Grand Theatre

Das Shanghai Grand Theatre mit 1.800 Plätzen wurde 1998 eingeweiht. Es hat kein eigenes Ensemble, zieht aber Stars und Gastspiele aus den berühmtesten Häusern der Welt an. Wie Xing Tonghe nahm Jean Marie Charpentier klassische chinesische Formen wie rund für den Himmel und ein Rechteck für die Erde in dem modernen Bau aus Glas und Chrom auf.

Der französische Architekt war ferner, wie erwähnt, maßgeblich an der Umgestaltung der Nanjing Dong Lu zur Fußgängerzone beteiligt (1999). Auch stammt von ihm der futuristische Komplex der Circus World im Stadtteil Zhabei (unter Mitwirkung von ECADI, ebenfalls 1999; No. 2266, Gong He Xin Lu)

Shanghai Grand Theatre

das Shanghai Museum als auch das **Shanghai Grand Theatre** (No. 300, Renmin Dadao, Tel.: 63 72 87 01) zu besichtigen (letzteres kann Appetit machen auf eine abendliche Aufführung; allerdings darf man nicht enttäuscht sein, wenn sich das Publikum an Handy-Geklingel, Tütengeknister oder Unterhaltungen nicht zu stören scheint).

Nach so viel Anspruchsvollem ist jetzt die Zeit, den Geist ein wenig zu entlasten. Dafür gehen wir zurück zur Xizang Lu, wenden uns nach links und überqueren mit der »Yan´an Lu« die einstige Grenze zwischen Internationalem Settlement und Französischer Konzession. Bis 1946 hieß dieser Abschnitt der Xizang Nan Lu nach dem ersten französischen Konsul »Boulevard Montigny«.

Ein Hauptanziehungspunkt für Vergnügungen bildete die **Große Welt** (Da Shijie, No. 1, Xizang Lu, Tel.: 63 74 67 03). Sie wurde 1917 von Huang Chujiu als harmloses Unterhaltungsetablissement gegründet, 1931 durch den berüchtigten Pockennarben-Huang übernommen und zum »Sündenpfuhl« ausgebaut. Bis 2003 wurden unter freiem Himmel Akrobatik und Varieté geboten, in den oberen Stockwerken konnten sich Besucher eine Hu-Oper anhören oder sich an schaustellerischen Attraktionen erfreuen (S. 235 ff.).

Gehobenere Unterhaltung bietet die für ihre gute Akustik gerühmte **Shanghai Concert Hall** (1929/30, Architekt Fan Wenzhou, S. 364 ff.). Sie ist Heimstätte des 2004 aus dem Shanghai Broadcasting Symphonie Orchestra hervorgegangenen Shanghai Philharmonic Orchestra. Es verdrängte das bis vor der Renovierung dort ansässige älteste Orchester der Stadt, das 1907 gegründete Shanghai Symphony Orchestra, welches in das Oriental Art Center nach Pudong umziehen musste. Shanghai zum Ruf einer Musikmetropole verhelfen konnten beide Orchester bisher nicht – was bei Durchschnittsgehältern von 4.600 RMB (rd. 450 Euro) im Monat für einheimische Kräfte nicht unbedingt verwunderlich ist.

Aus Heinrich Schliemann: Reise durch China und Japan im Jahre 1865

Opernbesuch

Am 28. Mai um viertel nach elf Uhr abends besuchte ich in Begleitung von Mister Michel, dem Besitzer des Kolonialhotels, in dem ich wohnte, das große chinesische Theater in Schanghai. Wir mussten jeder einen Piaster Eintritt und eineinhalb Piaster für die drei Diener bezahlen, die wir mitgenommen hatten. Die Vorführung beginnt um halb zwölf und endet nicht vor halb sechs oder sechs morgens. Der große Saal, 27 Meter breit und 30 Meter lang, war mit etwa 60 Laternen aus Horn oder Glas beleuchtet; außerdem brannten noch etwa 20 Kandelaber mit Talgkerzen. Die großen roten Kerzen waren zwei Zoll hoch und brannten so schnell ab, dass sie binnen kurzem nur noch halb so groß waren. Rings an jeder Laterne hingen sechs 75 Zentimeter lange Quasten aus roter Seide.

Im Parterre standen sechs Tische mit jeweils zehn Stühlen, dann folgte auf jeder Seite eine Reihe mit zwölf Lehnstühlen und zwei Galerien mit jeweils 36 Stühlen. Im Hintergrund des Saales standen zwei Stuhlreihen mit je 44 Sitzplätzen und hinter diesen Bänke und Kanapees für 22 Personen. Hinzu kam noch eine Galerie mit 22 Bänken und Kanapees für Opiumraucher. Das Theater konnte also 320 Zuschauer aufnehmen. Die Zuschauer trafen nur allmählich ein, und der Saal war erst gegen ein Uhr morgens gefüllt.

Im Eintrittspreis sind stets Speisen und Getränke mit enthalten. Sobald wir Platz genommen hatten, stellten Kellner vor uns auf den Tisch Schalen mit grünem Tee, über den sie heißes Wasser gossen, tulpenförmige Gläser mit Santsiu (Reisbranntwein; »sanjiu« d. Verf.), Bibus (kleine apfelförmige gelbe Früchte; hochchinesisch »Piba«, japanische Mispel, d. Verf.), Badschis (Erdkastanien, schneeweiß mit schwarzer Rinde, die man roh isst; hochchinesisch »Biqi«, Wasserkastanie, d. Verf.), kleine Biskuits in der Größe eines Zwei-Sous-Stückes, Kandiszucker, Melonenkerne und Kuchen.

Jede Viertelstunde gingen Diener mit einem Teekessel herum, um die Tassen der Zuschauer rasch wieder nachzufüllen. Auch die Gläser mit Santsiu, die Schalen mit Bibus, Badschis, Biskuits, Melonenkernen und Kuchen füllten sie wieder auf, je nach dem, wieviel der Gast davon verzehrt hatte. Es gab keinen Grund, sich über das Theater zu beklagen, weder über den Mangel an Handtüchern, um sich das Gesicht zu erfrischen, noch über fehlende Getränke und zu wenig Esswaren.

Anfangs waren keine Frauen unter den Zuschauern, aber ab Mitternacht bis ein Uhr morgens erschienen nach und nach etwa 30 Mädchen im Alter von 12 bis 16 Jahren, die beim Gehen derart schwankten, dass sie von den »Mamans cooli« – so nennt man in China die alten Mägde, die ihre Herrinnen massieren und ihnen als Friseusinnen und Begleiterinnen dienen – gestützt werden mussten. Offensichtlich schwankten sie so stark, um glauben zu machen, ihre Füße seien von wunderbarer Kleinheit, und offenbar waren sie auch nur ins Theater gekommen, um ihre Reize zu zeigen. Alle waren in teure Gewänder gehüllt; die einen trugen die Haare in langen, mit roten Bändern geschmückten Zöpfen, die bis zu den Knöcheln reichten; die anderen trugen sie nach Art der verheirateten Frauen in Schiffsform, mit Verzierungen aller Art geschmückt.

Es gab keine Anschlagzettel und Programme; ein Mann, der zur Komödiantentruppe zu gehören schien, legte jedem Zuschauer eine 90 Zentimeter lange und 14 Zentimeter breite Tafel aus Elfenbein vor, auf der in Pinselschrift zu lesen stand, welche Theaterstücke im Laufe der Nacht zur Aufführung kommen sollten. Gleichzeitig zeigte er ein Buch mit 150 blauseidenen Blättern, auf denen 300 Stücke verzeichnet waren, die die Schauspieler beherrschten. Jeder Zuschauer hatte für eine zusätzliche Zahlung von einem Piaster das Recht, die Darbietung auszuwählen, die er sich an Stelle eines der auf den Elfenbeintafeln angekündigten Stücke wünschte.

Tatsächlich fanden sich innerhalb weniger Minuten acht chinesische Kaufleute mit langen Haarzöpfen, die für acht Piaster acht Stücke des Programms gegen sechs Lustspiele und zwei Dramen ihrer Wahl austauschen ließen. Es waren Burlesken in Versform aus dem heroischen Zeitalter, und sie wurden bewundernswert gespielt. Ich persönlich glaube, dass außer den Japanern kein anderes Volk so ausgezeichnet Possen zu spielen versteht wie die Chinesen. Zweifellos tragen die herrlichen, goldbestickten seidenen Kostüme, in denen die chinesischen Schauspieler sogar in den kleinsten Stücken auftreten, wesentlich dazu bei, dass die Darbietungen so großen Beifall finden. Was aber die gleiche Bewunderung verdient, ist das vortreffliche Gedächtnis der Schauspieler, das sie befähigt, Hunderte von Stücken ohne jede Vorbereitung und ohne Hilfe eines Regisseurs und Souffleurs zu spielen, Hilfestellungen, auf die europäische Schauspieler nicht verzichten können, die jedoch in China völlig unbekannt sind.

Sowohl die Inszenierung als auch die Kostüme gefielen mir hier viel besser als in Peking, wo übrigens die allzu große Unsauberkeit des Saales die Aufführung ein wenig beeinträchtigte. Die dramatischen Stücke wurden mit Gesang und Musik aufgeführt, und sie riefen allerseits Beifallsstürme hervor. (...)

Auf jeden Fall muss ich erwähnen, dass die Art des Gesangs wie die der Musik mich erneut davon überzeugten, dass das chinesische Volk keine Spur von Harmo-

> nie- und Melodiegefühl besitzt. Das Orchester, das sich aus einem Gong (einem Instrument in Form einer riesigen Kupferplatte), einer Art Geige, einer Flöte, einer Trommel und einem aus einer Unmasse kleiner Bambusrohre bestehenden Instrument zusammensetzt, machte einen Lärm, der jeder Beschreibung spottete. Dennoch gilt diese Musik in China als Kunst, und es gibt Meister ihres Faches, die mit gleicher Hingabe und gleichem Eifer, wie dies in der zivilisierten Welt geschieht, diese Kunst studieren und – wie viele ihrer berühmten Kollegen in Europa versuchen, durch Dissonanz und Lautstärke zu ersetzen, was ihnen an Musikalität und Gefühl für Melodie fehlt.

Gegenüber liegt das im chinesischen Art-Deco gehaltene **YMCA-Gebäude** aus dem Jahr 1930, an dem neben Fan Wenzhou die Architekten Li Jinpei und Zhao Shen mitgewirkt haben (No. 123, Xizang Zhong Lu, heute Jinjiang YMCA, S. 257).

Man kann den Abend auf der Dachterrasse des Museums für Schöne Künste (»**Kathleen's 5**«, No. 325, Nanjing Xi Lu, Tel.: 63 27 22 21) ausklingen lassen. Wenn die untergehende Sonne die Vorzeige-Fassaden gegenüber der einstigen Rennbahn anstrahlt, sitzt man hier besonders vorteilhaft. Sehr ansprechend ist auch ein **Kino-Besuch** im gegenüberliegenden Grand Theatre. Selbst wenn man wenig versteht, hat die Atmosphäre ihren Reiz (unbedingt Karten für den Großen Saal lösen, am besten Balkon oben, vorderste Reihe; sehr bequeme Sitze).

Spaziergang 4 – Vom Volksplatz zum Jing-An-Tempel

Lilongs, Villen, Glaspaläste

Wie die Nanjing Lu war die einstige Bubbling Well Road (heute Nanjing Xi Lu) vor 1949 bevorzugte Einkaufs- und Vergnügungsstraße der Shanghaier. Hier hatte der American Women's Club seinen Sitz, hier standen die ersten Kinos der Stadt. In einer Seitenstraße befand sich das vornehme Majestic Hotel (heute Majestic Theatre).

Im Gegensatz zur Nanjing Dong Lu hat die Nanjing Xi Lu mit den Trends der Zeit Schritt gehalten. Ende der 80er-Jahre entstand hier das Shanghai Portman Centre, der erste Büro- und Hotelkomplex der Stadt seit der Öffnungspolitik, der den Ansprüchen westlicher Investoren gerecht wurde. Im 21. Jahrhundert präsentiert sich die Nanjing Xi Lu als hochmodische und exklusive Shopping- und Hotelmeile. In eleganten Boutiquen und Kaufhäusern können die Reichen und Schönen der Stadt unter den teuersten Labeln der Welt wählen. Das Faszinierende an der Nanjing Xi Lu ist die einzigartige Durchmischung von

* Lilong-Anlagen (vgl. Kapitel »Die Geburt der Lilongs«, S. 60 ff.),
* europäisch anmutenden Villen (vgl. Kapitel »Reichtum schändet nicht«, S. 179 ff.),
* Apartment-Häusern des Shanghaier Art-Deco (vgl. Kapitel »Shanghai schwelgt im Art-Deco«, S. 255 ff.),
* stalinistischer Zuckerbäcker-Architektur (vgl. Kapitel »Bauen nach dem Vorbild der Sowjetunion«, S. 305 ff.),
* modernsten Wolkenkratzern (vgl. »Shanghai als »Herausforderung für Architekten«, S. 377 ff.) und
* exzentrischen »Neo-Neo-Stilen« (vgl. Kapitel »Shanghais Disneyland oder warum sind viele chinesische Städte so hässlich?«, S. 330 ff.).

Die reine Gehzeit für »Spaziergang 4« beträgt maximal 30 Minuten – mit Gucken und sich vielleicht einmal irgendwo Hinsetzen entsprechend länger. Eine ideale Startzeit gibt es nicht: Macht man den Spaziergang morgens, bevor die Geschäfte öffnen, kommt man verhältnismäßig gut durch. Man hat die Sonne im Rücken und – da noch relativ wenig Verkehr herrscht – die Chance, beim Fotografieren auf der Straße lebend davonzukommen. Außerdem ist es immer wieder faszinierend, die Shanghaier sogar in dieser Hauptgeschäftsstraße beim Frühsport beobachten zu können. Das ist die eine Seite. Die andere Seite ist die, dass eine Hauptgeschäftsstraße ohne Geschäft natürlich nur das halbe Erlebnis darstellt.

Für Spaziergänger, die keine Lust oder Zeit haben, mehrmals zu kommen, und die sich zugleich kulturell etwas Gutes tun möchten, empfiehlt sich »Spaziergang 4« als Nachmittagsvergnügen am Wochenende, unterbrochen vom Besuch

Spaziergang 4

1. Start: Tomorrow Square und Ciro's Plaza
2. Yates Apartments
3. Suzhou Pingtan
4. Majestic Theatre
5. Shanghai Exhibition Centre
6. D.V.W. House
7. Bei-Residenz
8. Jing-An-Tempel

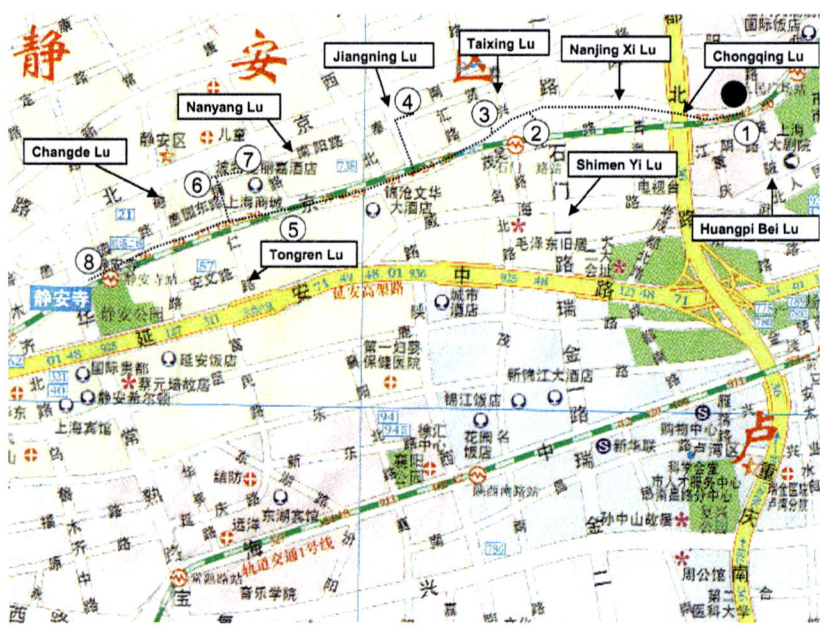

einer Suzhou-Pingtan-Vorstellung in einem kleinen Hinterhof-Theater am Weg. Start wäre dann gegen 13 Uhr. Das Xiangyin-Theater (No. 860, Nanjing Xi Lu, Tel.: 62 56 33 25 oder 62 71 48 52) spielt nur samstags und sonntags nachmittags. Die Karten sind preiswert (30 Renminbi, einschließlich grünem Tee) und sollten im Voraus bestellt werden, denn das Theater ist vor allem bei der älteren Shanghaier Bevölkerung sehr beliebt. Die Zwei-Personen-Aufführungen, bei denen abwechselnd in Suzhou-Dialekt gesprochen und – für meine Ohren – verhältnismäßig melodisch gesungen wird, gehen über mehrere Monate und entsprechen thematisch einer Soap-Opera. Jedes Wochenende wird eine neue Folge gegeben. Viele der Zuschauer haben ein Abonnement, um nichts von der Handlung zu verpassen. Es macht nichts, nichts zu verstehen.

Ausgangspunkt für alle ist die Ecke Nanjing Xi Lu/Huangpi Bei Lu am Volksplatz. Wie überdimensionierte »Torhäuschen« umrahmen zwei Glaspaläste den Ausgang der Nanjing Xi Lu: **Tomorrow Square** (No. 399, Nanjing Xi Lu) von J. Portman (guter Blick auf den Volksplatz von der Lobby des Marriott-Hotels im 36. Stock; empfehlenswerter »High-Tea«) und **Ciro's Plaza** (No. 388, Nanjing Xi Lu) von HLW International LLP (USA). Das Ciro´s Plaza wurde nach dem bekanntesten Nachtclub des Shanghais der 40er-Jahre (»Ciro´s«) benannt, der sich vormals auf diesem Grundstück befand. »Ciro´s« gehörte Victor Sassoon. Es heißt, der Immobilientycoon habe den Nachtclub eröffnet, nachdem er von einem unerfahrenen Angestellten des Paramount gedrängt worden war, seine abendliche Rechnung sofort in bar zu bezahlen – der Multimillionär hatte das Recht, seine offenen Verbindlichkeiten einmal im Jahr zu begleichen. Gekränkt habe Sassoon 1936 seinen eigenen Tanzladen aufgemacht.

Nach Überquerung der Chongqing Lu (Hochstraße) ist links eine chinesische **»Neo-Neo-Jugendstilfassade«** zu bewundern (No. 555, Nanjing Xi Lu), rechts steht das 1998 fertig gestellte **Nanzheng Building** (No. 580, Nanjing Xi Lu; Entwurf aus Hongkong), gleich daneben befindet sich die Lilong-Anlage »**Jing An Xin Cun**« – »Neues Dorf der Ruhe und des Friedens«; in Anlehnung an den noch folgenden Jing-An-Tempel (No. 612, Nanjing Xi Lu). Groß ist der Gegensatz zum **Broadcasting and TV Building**, Anfang der 90er-Jahre von ECADI entworfen (No. 651, Nanjing Xi Lu).

Schräg gegenüber steht eine sorgfältig restaurierte und von einer hohen Mauer umschlossene Villa (No. 722, Nanjing Xi Lu), der ehemalige **Shanghai Jewish Club** (ca. 1910). Seit 2000 hat sich hier der Klimaanlagenhersteller Chun Lan eingemietet. Dann kommen drei denkmalgeschützte Apartmentblöcke aus den 30er-Jahren, die ehemaligen **Denis Apartments** (1928) von **Eric Cumine**, No. 778, Nanjing Xi Lu, die **Yates Apartments** als Pendant gegenüber von H.S. Luke, No. 801, Nanjing Xi Lu, mit ICBC-Filiale (benannt nach der früheren Yates Road, der heutigen Shimen Yi Lu). In den Yates Apartments unterhielt der deutsche Architekt Richard Paulick zusammen mit seinem Bruder das Architektenbüro Paulick & Paulick; vgl. Kapitel »Funktionalistische Architektur gewinnt an Boden«, S. 259 ff.) sowie die **Majestic Apartments**, 1932, No. 882, Nanjing Xi Lu. Durch den Eingang No. 860 kommt man zum erwähnten **Suzhou-Pingtan-Theater**.

An der Kreuzung Taixing Lu steht der zehnstöckige Apartmentblock **Medhurst** (No. 934, Nanjing Xi Lu, chinesisch: Taixing Da Lou).

Von der Denkmalbehörde geschützt ist auch die derzeit als **Kinderbibliothek** und **-kunststätte** (Kurse in Musik, Tanz, Malen etc.) genutzte Residenz, die sich nach Auskunft der Betreiber 1928 ein Banker errichten ließ (No. 962, Nanjing Xi Lu). Die städtischen Einrichtungen sind 1992 eingezogen. Eher »große

Richard Paulick – »Ost-Speer« und »roter Schlüter« der DDR

Richard Paulick wurde 1903 in Roßlau/Elbe geboren. Nach einem Studium in Dresden (1923/24) war er 1925 bis 1927 Schüler bei **Hans Poelzig** (1869-1936) in Berlin und bei Walter Gropius am Bauhaus in Dessau. 1926/27 entwarf er zusammen mit **Georg Muche** (1895-1987) das Stahlhaus in Dessau-Törten. Von 1928 bis 1930 leitete Paulick, nach dem Weggang von Gropius nach Berlin, dessen Architekturbüro in der sachsen-anhaltinischen Stadt. Die Erfahrungen in der avantgardistischen Arbeitersiedlung Törten, wo die Bewohner quasi »aus dem dörflichen Milieu des 19. Jahrhunderts in die Moderne katapultiert wurden« (Thöner), wiederholten sich für Paulick bei seinen Planungen im chinesischen Exil. 1949 schrieb er an Muche: »Die Trennung der Wohnung in spezialisierte Räume ist auf dem Lande noch völlig unbekannt. (...) Der erste progressive Schritt, den wir in Kiawan gemacht haben, war deshalb die Abtrennung der Kochstelle vom Wohn-Schlafraum (...) Ich musste an die Karnickel in den Badewannen der Törtener Siedlung denken.«

Schon 1933 war Richard Paulick nach Shanghai emigriert. Nachdem das Bauhaus 1932 auf Druck der Nationalsozialisten in Dessau hatte schließen müssen, war auch die persönliche Situation des Architekten immer bedrohlicher geworden. Abgesehen von seiner Tätigkeit im Baubüro des »Kulturbolschewisten« Gropius boten seine Mitgliedschaft in der Sozialistischen Arbeiterpartei und die jüdische Herkunft seiner Lebensgefährtin, welche er 1941 in Shanghai heiratete, den Nazis ausreichend Angriffsfläche. Rasch folgte Paulick daher der unverhofften Einladung eines ehemaligen Dresdner Studienkollegen, Rudolf Hamburger. Hamburger war bereits 1930 nach Shanghai gekommen und arbeitete für den Shanghai Municipal Council (Victoria Nurses Home, vgl. Kapitel »Funktionalistische Architektur gewinnt an Boden«, S. 259 ff.). Daneben gründete er 1932 die Inneneinrichtungsfirma The Modern Home, welche sich bald einer hervorragenden Auftragslage erfreute.

Über Hamburger, der mit seiner Frau Ursula, geb. Kuczynski, alias Ruth Werner, nach Shanghai gekommen war, kam Paulick bald in Kontakt mit der linken Szene Shanghais (vgl. Kapitel: »Shanghai als Agitationsschwerpunkt linker Spione«, S. 264 ff.). »Die politische Rolle von Richard Paulick in jenen Jahren war die eines aktiven Sympathisanten, der die Notlage der Flüchtlinge – unabhängig von ihren politischen Bekenntnissen – mit Geld und anderen Hilfestellungen zu lindern versuchte. In seiner Wohnung in der Bubbling Well Road unterhielt er einen ›politischen Salon‹, in dem auch ›ausgewiesene Antikommunisten‹ anzutreffen waren.« (Kögel)

Nach seiner Angestellten-Zeit bei The Modern Home gründete Paulick mit seinem Bruder Rudolf und verschiedenen Partnern mehrere Firmen, darunter Modern Homes (1937) und Paulick & Paulick, Architects and Engineers (1943).

Ab 1942 unterrichtete er an der St.-John's-Architekturfakultät. Schließlich arbeitete er, der sich anfangs als Innenarchitekt abgestempelt gesehen hatte, nach Kriegsende für offizielle Stellen der Nationalregierung zur Stadt- und Regionalentwicklung im Umkreis von Shanghai und der damaligen Hauptstadt Nanjing. »Seine wichtigste Tätigkeit wurde die Mitarbeit bei der Planung von Groß-Shanghai, die er ab 1948 als Direktor im Stadtplanungsamt betreute.« (Kögel) Mit dem Sieg der Kommunisten in China stellte sich für Paulick wie für alle anderen Exilanten die Frage nach dem »Wohin«. Die angestrebte Emigration in die USA scheiterte am Verdacht kommunistischer Umtriebe. Deshalb verließ Paulick Shanghai im Oktober 1949 per Schiff Richtung Europa. Nachdem er weder in Frankreich noch in der Bundesrepublik geeignete Arbeitsmöglichkeiten finden konnte, ging er auf ein großzügiges Angebot der DDR ein. Bald boten sich ihm ungeahnte Bauaufträge, insbesondere wurde ihm die Organisation der Großbaustelle Stalinallee übertragen. Bei der ab 1950 aufflammenden »Formalismusdebatte«, die sich vor allem gegen das Bauhaus richtete, wusste sich Paulick rasch den neuen Regeln des Systems anzupassen. Mit seiner Abkehr vom Bauhaus hin zur ›nationalen Tradition‹ avancierte er »zu einem der wichtigsten, vielleicht sogar dem wichtigsten Staatsarchitekten der jungen DDR, der unter anderem den Aufbau der Stalinallee und der Staatsoper in Ost-Berlin sowie den Neuaufbau von Hoyerswerda, Schwedt und Halle-Neustadt verantwortete.« (Thöner/Müller)
Nachdem ihn »Der Spiegel« 1952 wegen der Monumentalität der Stalinallee als »Ost-Speer« bezeichnet hatte, brachte ihm die Rekonstruktion des kriegszerstörten Opernhauses (1951-55) den Titel »roter Schlüter« ein. Ab 1955 beeinflusste Paulick maßgeblich den Wiederaufbau der Städte in der DDR durch Leitplanungen und die Förderung industrieller Baumethoden nach der sowjetischen Vorgabe »Besser, billiger und schneller bauen«. Trotz dieser Leistungen gehört Richard Paulick seit seinem Tod 1979 in Ost-Berlin eher zu den Vergessenen.

Kinder« lockt das japanische Luxuskaufhaus **Isetan** (No. 1038, Nanjing Xi Lu). Es wurde von dem Hongkonger Architekten **Deng Zhenwei** entworfen und Ende 1998 eingeweiht.

Direkt gegenüber (No. 1025, Nanjing Xi Lu) kann man den ehemaligen **Bubbling Well Road Apartments** (heute: Jing´an Bieshu – Villa der Ruhe und des Friedens), einer klassischen Lilong-Anlage einen Besuch abstatten (Titelbild der »Shanghai-Promenade«). Daneben befindet sich das 1938 in einem französischen Wohnhaus gegründete Mei Long Zhen Restaurant (No. 22, Lane 1081, Nanjing Xi Lu, Tel.: 62 53 53 53). Sehr schön ist überdies die Garten-Lilong-Anlage **An Le Fang** (Dorf des Friedens und der Freude; No. 1127 bis 1131, Nanjing Xi Lu).

Biegt man in die Straße zwischen Isetan und CITIC-Square nach rechts, kommt man nach einem Block zum **Majestic Theatre** (No. 66, Jiangning Lu) von Fan Wenzhou (Robert Fan) aus dem Jahr 1941 (Fan war auch der Architekt der 2003 mit immensem Aufwand verschobenen Shanghai Concert Hall).

CITIC-Square (No. 1168, Nanjing Xi Lu) offeriert von Max Mara über Bally bis Kenzo, was gut und teuer ist. Der von Palmer & Turner entworfene, 193 Meter hohe Glaspalast wurde 2000 fertig gestellt. Er gehört zum Firmenimperium von **Rong Zhijian.** Rong ist Sohn des zwischen 1993 und 1998 als chinesischer Vize-Präsident amtierenden Tycoons Rong Yiren und laut Hoogewerf-Liste von 2006 mit einem persönlichen Vermögen von 1,8 Mrd. US$ der sechstreichste Mann Chinas.

An der Kreuzung Shaanxi Bei Lu haben sich zwei 30er-Jahre Bauten erhalten, das eine an der Südostecke mit einem seit den 50er-Jahren ansässigen Porzellan-Fachgeschäft (**Jingdezhen-Porzellan**; No. 1185, Nanjing Xi Lu).

Plaza 66

Mächtig erhebt sich das Ende der 80er-Jahre fertig gestellte, knapp 100 Meter hohe **Shanghai JC Mandarin Hotel** (Entwurf **Zhao Zian**, Singapur; No. 1225, Nanjing Xi Lu). Schräg gegenüber ragt unübersehbar der 288 Meter hohe Turm des **Plaza 66** von Kohn Pedersen Fox Associates, KPF/ USA und ECADI in den Himmel (No. 1266, Nanjing Xi Lu).

Wir passieren nun die Rückseite des nach sowjetischen Bauprinzipien ausgeführten **Shanghai Exhibition Centre** (vgl. Spaziergang 5, S. 446). Es zeigt dem **Shanghai Portman Centre** des US-Architekten Portman sozusagen seine Kehrseite: 40 Jahre Unterschied – zwei politische Welten. Vor dem Exhibition Centre symbolisiert die 2004 aufgestellte Bronzeplastik »Cavalleria Eroica« (1987) des französischen Bildhauers **Arman**

Pierre Fernandez (geb. 1928) den Aufstieg der Stadt Shanghai: ein sich (Richtung Osten – wie könnte es anders sein?) in die Lüfte aufschwingendes Pferd.

In den **Zwillingsvillen der Gebrüder Guo**, den Gründern des Kaufhauses Wing On, residiert die **Shanghaier Ausländerbehörde** (No. 1418, Nanjing Xi Lu). Dahinter fällt der Blick auf ein kleineres, schon in der Tongren-Lu gelegenes Bürogebäude, hier hat u.a. das Shanghaier **ARD-Radiostudio** seinen Sitz.

Auffällig kontrastiert der »Neo-Neo-Barock« des Restaurants **Tian Hu Garden** (Baujahr 2002; No. 1399, Nanjing Xi Lu) mit den modernen Hochhäusern auf der anderen Seite der Tongren Lu, dem **Kerry Centre** (1999) von Sir Norman Foster an der Südwest- und dem **United Plaza** (2002) von **Zhu Yuan** (Taiwan) an der Nordwest-Ecke der Kreuzung Nanjing Xi Lu/Tongren Lu.

An der Tongren Lu machen wir einen kleinen Abstecher nach rechts, passieren die **Avenue Apartments** (1932, Ladislaus E. Hudec; No. 1341-1383, Tongren Lu) und erreichen das einst ultramoderne **D.V.W. House** von 1938 (No. 333, Tongren Lu). Mit ihm lieferte Ladislaus E. Hudec sein expressionistisches Meisterstück. Das »China Journal« berichtete 1939, es sei eine der größten und reichsten Wohnhäuser im gesamten Fernen Osten und gehöre dem Färbereimagnaten **Mr. Wood**. Obwohl nur vierstöckig, war das D.V.W. House eines der wenigen Privathäuser mit Fahrstuhl. Im Erdgeschoss führte ein Fahrweg von der Tongren Lu (Hardoon Road) in die Beijing Lu durch das Haus. Neben den üblichen Bedienstetenzimmern gab es einen Billardraum und eine Bar zum Garten hin, einen Empfangssaal, eine Schule und eine Ahnenhalle. Mr. Wood war nämlich eigentlich ein Mr. Wo oder Mr. Woo,

Shanghai Portman Centre

D.V.W. House

also Chinese. In dem Haus befand sich bis in die 90er-Jahre das Shanghai City Planning Institute, seither wird es gastronomisch genutzt.

In den Besitz des Grundstückes gelangt war Mr. Wood über die Heirat mit einer Tochter aus der **Bankiersfamilie Bei** (vgl. Kapitel »Reichtum schändet nicht«, S. 179 ff.). In unmittelbarer Nachbarschaft hatte sich 1934 der »Pigmentmagnat« der Familie, **Bei Runsheng** (geb. 1870, Todesjahr unbekannt) sein Domizil in einer gewagten Mischung aus chinesischen und westlichen Elementen geschaffen (No. 170, Nanyang Lu).

Im weiteren Verlauf der Nanjing Xi Lu ist ein Besuch der **Lilong-Anlage** (No. 1522, Nanjing Xi Lu) lohnenswert. Hier locken viele Cafés zum Draußensitzen. Expressionistisch inspiriert mit geschwungenen Balkonen zeigt sich das **Eddington House** (No. 195, Changde Lu; rechts von der Kreuzung Nanjing Xi Lu/Changde Lu zu sehen), ein Apartment-Komplex mit luxuriösen Wohnungen, die zum Teil über zwei Etagen gehen. 1939 und 1942 bis 1948 lebte die Schriftstellerin Zhang Ailing im Eddington (vgl. Kapitel »Eine Stadt trotzt den Zeitläufen«, S. 255 und »Shanghais Literaturszene setzt Maßstäbe«, S. 161 ff.). Die 1920 in Shanghai geborene Zhang hatte ab 1939 in Hongkong Literatur studiert, sah sich aber gezwungen, die britische Kronkolonie mit der japanischen Besetzung zu verlassen und in ihre Heimatstadt zurückzukehren. 1952 emigrierte sie über Hongkong in die USA, wo sie 1995 in Los Angeles verstarb. Sie hinterließ ein anerkanntes Werk aus über 30 Erzählungen und 60 Essays. In der

Filmfassung des taiwanesischen Regisseurs **Ang Lee** (geb. 1954), »Lust, Caution«, errang Zhang Ailings Kurzgeschichte »Se jie« (Gefahr und Begierde) als erotischer Spionagethriller vor der Stadtkulisse des Shanghais der 40-er Jahre auf dem 64. Internationalen Filmfestival in Venedig 2007 den Goldenen Löwen.

Endpunkt dieses Spazierganges ist der buddhistische **Jing-An-Tempel** (No. 1686, Nanjing Xi Lu; täglich 7:30 bis 17 Uhr, Tel.: 62 56 63 66). Der zu den wichtigsten Heiligtümern der Stadt gehörende Tempel durchlitt zwischen 1999 und 2007 tief greifende Renovierungsmaßnamen. Die Arbeiten haben von den wenigen alten Strukturen, welche ein Feuer 1972 und die Kulturrevolution überlebt hatten, nichts mehr übrig gelassen (die wenigen verbliebenen Reste besitzt Jeffrey Wong, der sie in Tongli wiederaufbauen will; vgl. Kapitel »Shanghai als ›Museum der Weltarchitektur‹«, S. 363 ff.).

Die Geschichte des Jing-An-Tempels reicht bis ins Jahr 247 n. Chr. zurück. Damals hieß er noch Hu Du Chong Yuan Si und lag am Nordufer des Suzhou Creek. Während der Tang-Dynastie kurzfristig Yongtai Chanyuan genannt, erhielt er in der Song-Dynastie 1008 seinen heutigen Namen: Jing An Si - Tempel der Ruhe und des Friedens. Bis 1216 hatten die regelmäßigen Hochwasser die Fundamente des Tempels unterspült, die Bausubstanz war bedroht, sodass der amtierende Abt **Zhongyi** den Umzug an den heutigen Standort beschloss. Die Entscheidung erwies sich als glücklich. Der Tempel gedieh und wuchs. 1369 konnte die 600 kg schwere Hongwu-Bronzeglocke gegossen werden (benannt nach dem mächtigen Ming-Kaiser Hong Wu).

Erst die Taiping-Krieger Mitte des 19. Jahrhunderts machten Ruhe und Frieden ein Ende. Bis auf eine Halle wurde die komplette Anlage zerstört, aber ab 1881 wieder aufgebaut. 1966 beraubten die Kulturrevolutionäre den Jing-An-Tempel seiner buddhistischen Statuen und Kunstgegenstände, misshandelten und vertrieben die Mönche und funktionierten das Areal in eine Kunststofffabrik um. 1985 konnte der Tempel erneut eröffnet werden. Zu den Schätzen des Tempels gehört seit 1989 die mit 11 Tonnen Gewicht größte sitzende Sakyamuni-Statue Chinas aus Jade.

»Jing-An-Si-Lu« war der chinesische Name der 1862 erbauten »Bubbling Well Road«. Der Name Bubbling Well stammte von einem Brunnen vor dem Tempel, den die Chinesen »Feijing« – kochende Quelle oder »Hai Yan« – Meerauge nannten (letzteres, weil er nach ihrer Vorstellung unterirdisch direkt mit dem Meer verbunden war). Die Bubbling Well Road wurde nach der »Befreiung« offiziell in Nanjing Xi Lu umbenannt, der Brunnen im September 1966 verfüllt.

Um die Wendezeit zwischen Qing-Dynastie und Republik lag der Jing-An-Tempel zwischen Feldern und Gärten. Insbesondere der Xi-Garten mit Teehaus, der Yu-Garten mit kleinem Zoo, der Shen-Garten mit Billard sowie der Zhang-Garten waren beliebte Ausflugsziele. Heute setzt der schöne Jing-An-Park, ehemals ein Friedhof, diese Tradition fort. Schaut man nach links über den **Jing-An-Park** hinweg, dann fällt der Blick auf drei Hochhäuser: das **Hilton** und das **Equatorial Hotel** – sie markieren das einstige »zweite deutsche Eck« (vgl. Spaziergang 5, S. 444 f.) – sowie das **Overseas Chinese Building** mit der markanten Brücke auf dem Dach (S. 378). Direkt an der Nanjing Xi Lu vor dem Eingang des Jing-An-Parks steht eine alte **Straßenbahn**. Sie erinnert daran, dass von dieser Stelle 1908 die erste Straßenbahn der Stadt ihre Jungfernfahrt antrat.

Wenn wir noch kurz bis zur Huashan Lu vorgehen, sehen wir rechts das 2002 wiedereröffnete **Paramount** (mit den auffälligen blauen »Schleifen« um das Dach, No. 218, Yuyuan Lu, Tel.: 62 49 88 66, S. 307). Wer noch Kraft und Lust hat, könnte dort den Abend ausklingen lassen. Die Attraktion ist der opulente Ballsaal aus den 30er-Jahren. Wie damals schließen Taxi-Dancer die Lücke fehlender Tanzpartner und -partnerinnen. Am Wochenende geht es etwas feiner zu als unter der Woche; wem danach ist, könnte im Smoking bzw. in Gala-Robe erscheinen (es geht aber auch anders).

Weitere Möglichkeiten für den Abend wären der Besuch einer **Akrobatik-Aufführung** im Theater des Shanghai Portman Centre (Tel.: 66 52 77 50) oder ein entspannendes Abendessen am Seerosenteich des Restaurants »**Bali Laguna**« (No. 189, Huashan Lu, Tel.: 62 48 69 70) im **Jing-An-Park**. Für einen Tisch draußen sollte man reservieren.

Spaziergang 5 – Um die Yan´an Zhong Lu

Nicht abschrecken lassen!

»Yan´an Lu« klingt immer nach Hochstraße, nach viel Verkehr, Staub und Dreck. Nicht gerade die besten Voraussetzungen für einen Spazierweg. Kaum zu glauben, dass an der heutigen Yan´an Zhong Lu und insbesondere im weiteren Verlauf der Yan´an Xi Lu, der einstigen Great Western Road, einmal das edle – und vor allem grüne – Shanghaier Westend gelegen haben soll. Dass dem so war, davon zeugen heute noch alte Wohnanlagen und prachtvolle Villen, allen voran die Marble Hall der reichen jüdischen Familie Kadoorie. Gegenüber befand sich das »zweite deutsche Eck« – nicht zuletzt auch deshalb, weil die zentraler gelegenen Grundstücke im Internationalen Settlement für die nach dem 1. Weltkrieg wiederkehrenden Deutschen »verloren« oder schlichtweg zu teuer waren. Also: Lassen Sie sich nicht abschrecken. »Um« die Yan´an Zhong Lu ist wörtlich zu nehmen.

Beginn des Rundgangs ist am **Hotel Hilton** (No. 250, Huashan Lu, Tel.: 62 48 00 00); logistisch optimal gegen 10 Uhr. Wer Lust hat, könnte vorher ganz in der Nähe, bei »a Future Perfect« – eigene deutsche Bäckerei; unbedingt das Thunfisch-Tartar probieren! – frühstücken und dabei in Ruhe die zum nächsten Haltepunkt angegebenen Kapitel über Cai Yuanpei lesen (No. 16, Lane 351, Huashan Lu, Tel. 62 48 80 20, der Beschilderung »Old House Inn« folgen). Richtig strahlendes Fotowetter brauchen wir heute nicht, ein bedeckter Himmel tut es auch; kein Regen und Temperaturen, bei denen man zum Essen gerne im Freien sitzt, kämen aber ganz gut.

Wären wir vor der Kulturrevolution gekommen, hätten wir statt des Hilton die expressive **neue evangelische Kirche** von Hudec bewundern können. Warner schrieb: »Turm und Eingang der 1931/32 errichteten Kirche standen parallel zur Huashan Lu; das kurze, aber hohe Kirchenschiff war um 45 Grad gedreht und zeigte in der Diagonale des Grundstücks auf die Straßenecke. Von hier aus betrachtet wirkte der Turm breiter, verstärkt durch sich verjüngende Mauerscheiben an seinen Kanten. Während die Fassade des benachbarten deutschen Gemeindehauses hell verputzt war, verwendete der Architekt bei der Kirche dunkelroten und schieferblauen Klinker. Dieses in Shanghai ortsübliche Baumaterial wurde von Hudec häufig eingesetzt. An der Westseite der Kirche schloss im gleichen Material ein schmales zweigeschossiges Gebäude mit Flachdach und Bandfenster an. Dort befanden sich weitere Räume der Kaiser-Wilhelm-Schule. Der Innenraum der Kirche war hell verputzt.«

Als kleiner Abstecher bietet sich ein Blick auf den ehemaligen **Haig Court** an, wenn man aus dem Hilton kommt, rechts am Hotel vorbei (Richtung Park-

> **Spaziergang 5**
>
> 1. Start: Hilton Hotel
> 2. Cai-Yuanpei-Gedenkstätte
> 3. Marble Hall
> 4. Jing-An-Park
> 5. Mao-Zedong-Haus
> 6. Shanghai Exhibition Centre
> 7. Si Ming Cun
> 8. Landhaus-Compound der Asiatic Petroleum Co.

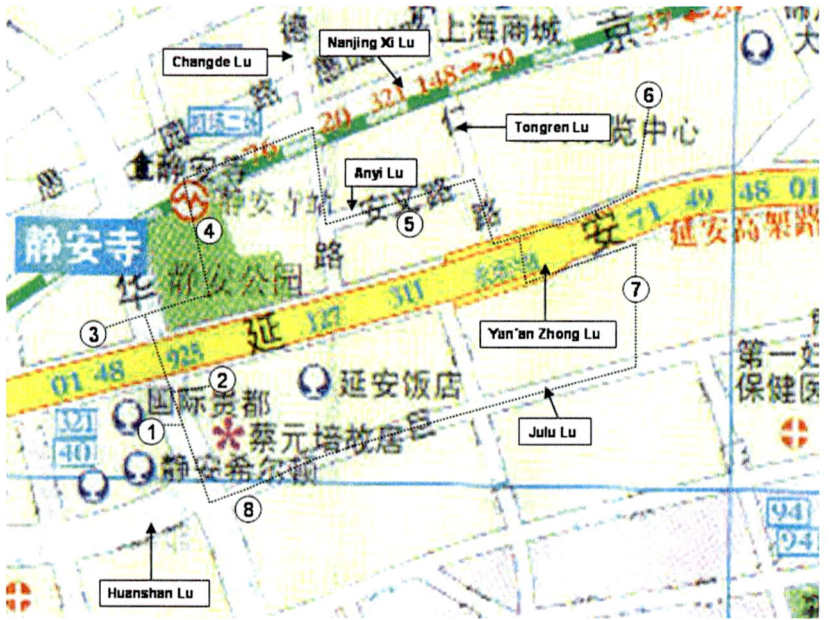

platz). Das Apartment-Haus im »spanischen Stil« stammt von Elliot Hazzard, 1925, heute Jing An Hotel (No. 370, Huashan Lu, vormals Avenue Haig; der Haig Court ist nach dem ersten sephardischen Besitzer auch unter ›Elias Apartments‹ bekannt). Die Huashan Lu etwas weiter hinunter, neben dem Gelände der Theaterakademie, befand sich überdies der einstige deutsche Gartenclub, No. 670, Huashan Lu, vgl. Kapitel »Der deutsche Beitrag im architektonischen Völkerwettkampf«, S. 117 ff.).

Schräg gegenüber dem Hilton-Haupteingang liegt der Zugang zur **Gedenkstätte** für den hochverehrten Initiator der renommierten Beijing-Universität (Beida) und Mitbegründer der Liga für Menschenrechte **Cai Yuanpei**. Cai wird als eine der wirkungsmächtigsten Persönlichkeiten des modernen Chinas an-

Haig Court – Apartments im »spanischen Stil«

gesehen und als der »chinesische Wilhelm von Humboldt« (Osterhammel) bezeichnet (vgl. Kapitel »Qinglings Sonderweg«, S. 129 ff.; »Nora oder der Aufbruch der chinesischen Frauen in die Gleichberechtigung«, S. 153 ff.; »Shanghais Literaturszene setzt Maßstäbe«, S. 161 ff.). Das Haus befindet sich in einer ansprechenden Garten-Lilong-Anlage (No. 303, Huashan Lu, Haus 16, täglich 9 bis 11:00 und 13 bis 16:30 Uhr, Tel.: 62 48 49 96; im gleichen Komplex lebt die mittlerweile hochbetagte Tochter des Bildungsreformers). Cai Yuanpei selbst wohnte zwar nur einen Monat im Jahr 1937 hier, trotzdem gibt es eine Reihe interessanter Exponate, z.B. in Deutsch verfasste Schriftstücke aus seiner Studien-/Forschungszeit 1908 bzw. 1911 in Leipzig sowie 1925 in Hamburg.

Nun wenden wir uns Richtung Yan´an Lu. Von der Überführung haben wir einen guten Blick auf das **Hotel Equatorial** (No. 65, Yan´an Xi Lu). Auf diesem Grundstück befand sich bis 1989 das **deutsche Gemeindehaus** des Architekten **E. Busch** von 1928/29 mit der **Kaiser-Wilhelm-Schule**, eine ab 1932 als höhere deutsche Lehranstalt anerkannte Oberrealschule für Knaben und Mädchen mit Vorschule und Kindergarten.

Auf der anderen Straßenseite kommen wir in linker Richtung zur **Marble Hall** (No. 64, Yan´an Xi Lu, vgl. Kapitel »Die Kadoories«, S. 91 f.). Das Gelände gehört zu einem städtischen Kinderpalast der Song Qingling Foundation. Wie in jedem anderen Shanghaier Kinderpalast können die Kleinen Tanzkurse

Das »zweite deutsche Eck«

Nach ihrer Repatriierung kehrten ab 1919/20 die deutschen Kaufleute nach China zurück. Rund 20 Jahre waren seit dem Bau des Club Concordia vergangen, der fast provozierend die Wirtschaftsmacht Deutschland in Shanghai repräsentiert hatte. Der 1. Weltkrieg hatte große Veränderungen gebracht. 1919 war der Bank of China das Gebäude des Clubs Concordia am Bund als Teil der deutschen Reparationszahlungen zuerkannt worden.

Da es die Alliierten gewesen waren, die die chinesischen Behörden zur Repatriierung der Deutschen im 1. Weltkrieg gedrängt hatten, war das Verhältnis zu den chinesischen Geschäftspartnern unbeeinflusst. Oftmals hatten diese das fremde Eigentum geschützt und die Geschäfte sogar fortgeführt. 1922 erfolgte die Rückgabe der Kaiser-Wilhelm-Schule an die deutsche Gemeinde.

Sun Yatsen hatte übrigens gegenüber Powell in einem Interview auf die Frage, warum China sich Deutschland gegenüber neutral verhalte, erklärt, eine Kriegserklärung könnte zu unvorhersehbaren Konflikten in China selbst führen: »Das chinesische Volk wird kaum in der Lage sein, zwischen Ausländern verschiedener Nationalitäten zu unterscheiden. Falls den ehrlichen und einfachen Leuten gesagt wird, die Teutonen umzubringen, so könnte sie diese Aufforderung dazu verleiten, alle weißen Ausländer im Land abzuschlachten.«

Mit Hilfe alter »Guanxi« (Verbindungen) gelang es den deutschen Geschäftsleuten rasch, wieder Fuß zu fassen. Im Shanghai der 20er-Jahre unterhielten nicht nur die traditionellen deutschen Chinafirmen ihren Hauptsitz. Hinzu kamen Vertretungen der wichtigsten Konzerne wie Siemens, IG Farben (in China als Defag für Deutsche Farben-Handelsgesellschaft Waibel & Co.) oder der europaweit führende Eisen- und Stahlhändler Otto Wolff. Die finanziellen Angelegenheiten wurden von der 1889 gegründeten Deutsch-Asiatischen Bank abgewickelt. Bis Oktober 1930 wuchs die deutsche Gemeinde auf 1.100 beim Generalkonsulat registrierte Personen bzw. 89 Firmen*.

Die veränderten politischen Bedingungen prägten Standort und Ausführung der neuen öffentlichen Bauten der deutschen Gemeinde in Shanghai. Statt protziger deutscher Neo-Renaissance war Nüchternheit gefragt. Weit weg vom Geschäftszentrum am Huangpu-Fluss auf dem Eckgrundstück Yan´an Xi Lu/Huashan Lu (Great Western Road/Avenue Haig) im grünen Westend der Stadt entstand ab 1929 mit dem Gemeindehaus ein neues deutsches Zentrum, »Deutsches Eck« genannt. Im Park hinter dem Gemeindehaus wurde 1929 das Iltis-Denkmal wiederaufgerichtet – es diente als beliebter Hintergrund für Gruppenfotos – sowie 1932 die neue deutsch-evangelische Kirche eingeweiht. Lediglich das deutsche Generalkonsulat blieb bis 1937 an seinem angestammten Platz am Huangpu.

---

* 2007 lebten laut Schätzung des deutschen Generalkonsulats 6.000 Deutsche in Shanghai; über 800 deutsche Firmenrepräsentanzen, Joint-Venture und 100%-Töchter waren in der Stadt ansässig.

Mit dem Krieg hatten die Deutschen nicht allein viele Immobilien, sondern darüber hinaus ihren exterritorialen Status verloren. Deutschland war somit die erste der ehemaligen Kolonialmächte, die ohne koloniale Privilegien mit China als gleichberechtigter Nation Handel trieb. Das ist die glänzende Seite der Medaille der neuen deutsch-chinesischen Beziehungen. Die andere besteht in dem »Arms-Embargo-Agreement«, das die Siegermächte 1919 auf Anregung Amerikas unterzeichneten und nach dem die Einfuhr von Waffen, Munition und Herstellungsmaterial nach China verboten sein sollte, bis sich dort eine stabile Regierung gebildet hätte. Deutschland war als nicht vertragsberechtigt von der Vereinbarung ausgeschlossen – und die deutschen Kaufleute etablierten sich in der Folge als erfolgreiche Waffenhändler für die Restbestände des 1. Weltkrieges. Zum Troste sei hinzugefügt – auch die anderen Staaten hielten sich nicht an das Agreement. So erklärten zum Beispiel die Engländer seelenruhig, als sie die Truppen des nordchinesischen Kriegsherrn **Wu Peifu** (1874-1939) mit britischen Stahlhelmen ausrüsteten, diese Helme seien den Chinesen nur zu dekorativen Zwecken für eine Parade verkauft worden.

Den Waffenschiebereien deutscher Kaufleute ein literarisches Denkmal setzte der Reiseschriftsteller und Mitbegründer des Dadaismus **Richard Huelsenbeck** (1892-1974) mit seinem Roman »China frisst Menschen« von 1930. Die Vorlage lieferte der Fall der »Stadtrat Fischer«. Im »Vorwärts« vom 4. Juli 1925 schrieb Huelsenbeck: »Kürzlich hat ein deutsches Schiff, die ›Stadtrat Fischer‹, ein Dampfer der Hamburger Reederei Schroeder, Hoelken u. Fischer, Munition für Tschangtsolin nach Dalny gebracht; und zwar deutsche Reparationsmunition, die von Livorno aus mit Hilfe italienischer Großindustrieller verschoben wurde. Das ist eine dunkle Affäre. Ich sah den Dampfer, einen richtigen schwimmenden Sarg ...«

belegen, ein Musikinstrument lernen oder Zeichenunterricht erhalten. Besucher dürfen nach Voranmeldung (Tel.: 62 48 18 50) zugucken. Eine Besichtigung der kostspielig renovierten Räume der Marble Hall selbst ist ebenfalls möglich – und wer eine großartige Party feiern will, kann den Festsaal mieten (rund 12.000 Euro/Tag). Die ehemaligen Schlafzimmer waren noch bis 2005 zu Unterrichtsräumen umfunktioniert. Beachten Sie die luxuriösen Bäder!

Zeit zum Mittagessen. Hierfür bietet sich der **Jing-An-Park** an (rechts der Überführung). Er erstreckt sich von der Yan´an Zhong Lu bis zum Jing-An-Tempel. Das gepflegte Areal darf sich stolz Fünf-Sterne-Park nennen. Die herrlichen alten Bäume stammen noch aus der Zeit, als der Park bis Mitte des 20. Jahrhunderts als Bubbling Well Cemetery fungierte. Gleich daneben grüßt uns eine große Statue von Cai Yuanpei. Sehr schön sitzt es sich am Seerosenteich des Restaurants »Bali Laguna« (No. 189, Huashan Lu, Tel.: 62 48 69 70; für Terrassenplätze reservieren!).

Wir verlassen den Park durch den Ausgang Nanjing Xi Lu (»Tor 1«; wenn Sie bei »Spaziergang 4« die Besichtigung des **Jing-An-Tempels** nicht geschafft haben, dann wäre jetzt Gelegenheit dazu), wenden uns nach rechts und biegen gleich wieder nach rechts in die Changde Lu ein. Nach einigen Metern zweigt links die Anyi Lu ab. Zwischen Baugruben und Neubauten scheint ein kleiner Abschnitt Lilong-Häuser quasi vergessen worden zu sein (No. 57-63, Anyi Lu). Das Rätsel lüftet sich, wenn der Besucher auf dem Gedenkstein nachliest, dass 1920 Mao Zedong im Haus No. 61 nächtigte (manchmal wäre zu wünschen, der Große Vorsitzende hätte in viel mehr Betten geschlafen).

Bald stößt die Anyi Lu auf die Tongren Lu. Hier haben sich zahlreiche Bars und Nachtclubs angesiedelt, nachdem sie 2006/7 aus ihren angestammten Domizilen in der bis dato angesagten Maoming Lu vertrieben worden waren. Was Erich Follath über die Szene dort schrieb, gilt auch für hier: »wer als Jugendlicher vor fünf Uhr morgens einen der Tanzpaläste an der Maoming Lu verlässt, gilt schnell als Außenseiter. One-Night-Stands sind üblich, Sex kann in dieser Welt der Instant-Gratifikation so wenig warten wie alles andere.«

Aus Erich Follath: Mythos Shanghai

Chic wie Paris, sophisticated wie New York, futuristisch wie Tokio

Shanghai schläft nicht. Die Stadt glaubt offensichtlich, sich Ruhe und Rast nicht leisten zu können. Aber es ist doch kein souveränes Die-Nächte-Durchmachen wie in Berlin und New York. Shanghai wirkt, als lebe es in fiebriger Angst, etwas zu versäumen, als müsse sich die Metropole durch permanente Anstrengung ihre Zukunftsfähigkeit ständig neu beweisen. (...) Ihre Bewohner benehmen sich, als wollten sie alltäglich, allnächtlich alles ausschöpfen, was geht – weil sie, zumindest im Unterbewusstsein, nicht so ganz sicher sind, wie lange es noch geht.

Wir gehen nach rechts und schließlich nach links in die Yan´an Zhong Lu. Unser nächstes Ziel ist das markante **Shanghai Exhibition Centre** von 1954 (No. 1000, Yan´an Zhong Lu, Tel.: 62 79 02 79; vgl. Kapitel »Bauen nach dem Vorbild der Sowjetunion«, S. 305 ff.). Sollte zufällig gerade eine Messe stattfinden, gehen Sie ruhig hinein, das Gebäude wurde erst jüngst renoviert und zeigt sich von der »weißen« Schokoladenseite.

Schräg gegenüber auf der anderen Seite der Hochstraße (Unterführung Tongren Lu benutzen, auf der anderen Seite links halten) befindet sich die denkmalgeschützte Lilong-Anlage **Si Ming Cun**, No. 913, Yan´an Zhong Lu

Aus Yuan Hong Li: Die Tempelglocken von Shanghai

Pioniere der Freundschaft

Und vor diesem Gebäude fand für meinen Freund Qiang am 1. Mai 1965 ein sehr wichtiges Ereignis statt: Er erhielt das rote Halstuch und die Mitgliedschaft bei den Pionieren der Freundschaft. Davon hatte er schon lange Zeit geträumt. Außer ihm erwarteten noch etwa hundert Kinder von unserer und anderen Schulen das rote Halstuch. Mehr als tausend Schüler wurden mit Bussen dorthin gebracht. Wir setzten uns alle auf den Marmorplatz, die Schüler mit und die ohne rotes Halstuch getrennt voneinander. Bei uns leuchtete es überall rot. Es war ein schönes Bild, wie die Halstücher im Wind tanzten. Das rote Halstuch war ein Stolz für alle chinesischen Kinder. Der Platz war ziemlich groß. Obwohl so viele Schüler und Lehrer gekommen waren, blieben noch viele Plätze frei. Es gab hier zwei künstliche Teiche mit Springbrunnen, im Wasser schwammen Goldfische. Wahrscheinlich war es die Absicht des Architekten gewesen, einen Teil des Hardoon-Gartens wieder entstehen zu lassen. (...)

»Jetzt beginnt die Aufnahmesitzung.« Ein Mann mittleren Alters leitete die heutige Sitzung, vielleicht ein Funktionär der Regierung. Er stand auf der Bühne, bekleidet mit einer Mao-Jacke, die durch häufiges Waschen schon ganz grau geworden war. Die Trompeter spielten einen lauten Marsch. Es waren zehn Jungen, alle gegen zwölf Jahre alt. Sie trugen weiße Hemden, blaue Hosen und ein rotes Tuch um den Hals. Sehr gerade, das Kinn in die Luft gestreckt, hielten sie mit der rechten Hand die Trompete hoch, Richtung Himmel, die linke Hand hatten sie in die Taille gestützt. (...) Die Trompeter spielten ein Stück, dann kamen von der anderen Seite Trommlerinnen hinzu, zehn Mädchen mit kleinen weißen Trommeln am Gürtel. Die Mädchen hatten weiße Blusen und blaue Röcke an und selbstverständlich trugen auch sie das rote Tuch um den Hals. Sie schlugen die Trommeln mit zwei Schlägeln, alle im gleichen Takt. Das sah sehr gut aus, wie zehn Schmetterlinge, die gemeinsam tanzten. Nun wurden alle Schüler aufgefordert aufzustehen.

Wir Pioniere stellten uns den Neubewerbern gegenüber. Ich stand gerade in der ersten Reihe. Lehrerin Chang gab jedem von uns ein neues rotes Halstuch in die Hand. Der Sprecher sagte ins Mikrofon: »Nun erhalten die neuen Pioniere das rote Halstuch«. Wir traten einen Schritt vor und die Versammelten klatschten laut Beifall. (...) »Ich gratuliere dir«, sagte ich, während ich Qiang sein Tuch um den Hals legte. Er war so aufgeregt und glücklich, dass er immerfort das rote Tuch streichelte, das er nun zum ersten Mal trug. »Da Lee, ich danke dir. Ich habe gehört, dass du mich in der Sitzung vorgeschlagen hast. Lehrerin Chang hätte mir das Tuch sicher nicht gegeben, wenn du und Hong euch nicht so für mich eingesetzt hättet.« Er konnte nicht weitersprechen, weil nun die Musik aufhörte und der Redner uns zum Hinsetzen aufforderte. (...)

›Asiatic Petroleum Co.‹-Compound im Landhausstil –
Häuser vor und nach der Renovierung

> Jetzt war der ganze Platz gefärbt wie ein rotes Meer. Sehr schön. Der Redner erzählte uns die Geschichte des roten Halstuches und wir erfuhren, dass es eine Ecke der roten Flagge darstellte. Und warum war es rot? Weil so viele Revolutionäre, die für unser aller Glück gekämpft hatten, als Märtyrer mit ihrem Leben bezahlt hatten. Ihr Blut hatte das Tuch rot gefärbt. Er sagte den neuen Pionieren, dass es eine große Ehre sei, das Tuch zu tragen und dass sie sich seiner würdig zeigen sollten. Sie sollten unter der Fürsorge der Partei gesund heranwachsen und sich moralisch, geistig und körperlich gesund entwickeln. Es folgte großer Beifall, dann spielten wieder die Trompeter und Trommler einen Marsch. Wir waren alle sehr bewegt. Fast alle Kinder spürten einen großen Stolz und dieser Stolz rührte vom »roten Meer« her, der Musik, den lächelnden Gesichtern des Redners, der Lehrer und Direktoren, und auch von innen, von unserem Herzen.

(vgl. Kapitel »Die Geburt der Lilongs«, S. 60 ff.). Das »Vier-Morgen-Dorf« ist typisch für die 20er-/30er-Jahre. Zu den prominenteren Bewohnern zählten der Dichter Xu Zhimo (vgl. Kapitel »Shanghais Literaturszene setzt Maßstäbe«, S. 161 ff.) und die Schauspielerin Hu Die (vgl. »Die Shanghaier Filmindustrie«, S. 242 ff.). Wir können den Hauptweg durchgehen bis zur Julu Lu. An der Julu Lu wenden wir uns nach rechts. Einmal tief durchatmen: Eine der wenigen Gelegenheiten, die Ruhe des Shanghaier Westend im Ansatz nachzuempfinden.

Es dürfte jetzt eigentlich auch schon Zeit für das Abendessen sein. Dafür gibt es mehrere, dem eleganten West End gemäße Möglichkeiten, beispielsweise japanisch – sehr edel, sehr gut – und leider auch teuer: Shintori Null II, No. 803, Julu Lu (Tel.: 54 04 52 52). Ursprünglich handelte es sich bei dem Gebäude um ein altes Theater, das aber bis auf die Außenmauer an der Julu Lu komplett abgerissen und neuerrichtet wurde.

Der Landhaus-Compound No. 889, Julu wurde 1927 von der britischen Asiatic Petroleum Co., einer Tochter von Royal Dutch Shell für Firmenmitarbeiter erbaut. Nach 1949 ging der gesamte Besitz an die chinesische Luftwaffe über. Der designierte Mao-Nachfolger Lin Biao soll hier politische Programme entworfen und sich nebenbei mit diversen Konkubinen vergnügt haben. In jedem Fall ließ sich sein Sohn Lin Liguo hier einen Privatbunker einrichten. Es hat ihm nichts genützt. Er kam 1971 mit seinem Vater bei einem Flugzeugabsturz ums Leben. Grundsätzlich stand den Herren trotz »Großer Proletarischer Kulturrevolution« der Sinn für schöne, nette »Plätzchen«. Lin Liguo hatte sich im heutigen Arts and Crafts Research Institute häuslich eingerichtet (da müssen Sie dann extra einmal hingehen!). Der Compound gehört der Luftwaffe bis heute. Bis 2005 betrieb sie hier ein Hotel mit dem sprechenden Namen »3. Gästehaus des Nanjing Armee-Stützpunktes« (Nanjing Junqu Di San Zhao Dai Suo); das

Arts and Crafts Research Institute

Für den amtierenden Direktor der französischen Industriekammer und Vorsitzenden des französischen Stadtrates wurde 1905 die großzügige Villa mit parkähnlichem Garten in der ehemaligen Route Pichon (No. 79, Fenyang Lu) erbaut.

Insgesamt 16 Direktoren residierten in dem prachtvollen Gebäude im Stil der französischen Renaissance. Nach 1945 zog kurzzeitig die Weltgesundheitsorganisation ein. Ab 1950 diente sie als Wohnhaus für Shanghais ersten Bürgermeister Chen Yi. 1954 wurde das Büro der Gesellschaft für Chinesisch-Sowjetische Freundschaft in der Villa untergebracht. Die Gesellschaft war am 5. Oktober 1949 offiziell gegründet worden. Song Qingling wurde zur Vorsitzenden gewählt, der Dichter **Emi Siao** (Siao San, 1896-1983) zum Leiter der Verwaltung.

Seit 1963 beherbergt die Villa, welche die Shanghaier ihr »Weißes Haus« nennen, das 1956 gegründete Arts and Crafts Research Institute (täglich 9 bis 17 Uhr, Tel.: 64 37 25 09) – allerdings mit einer mehrjährigen Unterbrechung während der Kulturrevolution. Zwischen 1966 und 1971 musste es **Lin Liguo**, Sohn des designierten Mao-Nachfolgers **Lin Biao** (1908-1971), weichen.

Shanghais »Weißes Haus«, das Arts and Crafts Research Institute

Logo zeigte ein startendes Flugzeug. Jetzt will sie ihn – ganz im Stil der Zeit – in ein zweites »Xintiandi« umgestalten.

Die zwölf Häuser des Compound auf der gegenüberliegenden Seite (No. 890, Julu Lu) wurden in den 30er-Jahren ebenfalls von Royal Dutch Shell für Firmenmitarbeiter erbaut.

Spaziergang 6 – Um die Ohel-Moishe-Synagoge

Besuchen Sie das jüdische Ghetto in Hongkou, solange es noch steht!

Das einstige jüdische Ghetto in Hongkou umfasste eine Fläche von rd. 2,5 Quadratkilometern. 1943 hatten die japanischen Besatzer auf Druck des Achsenpartners Deutschland angeordnet, dass sich alle jüdischen Flüchtlinge, die nach

Häuser im ehemaligen jüdischen »Ghetto«

Spaziergang 6

1. Start: Ocean Hotel
2. Huoshan Park
3. Synagoge
4. Gefängnis
5. Xia-Hai-Tempel
6. Geschäftsschilder
7. Xinjiang-Restaurant

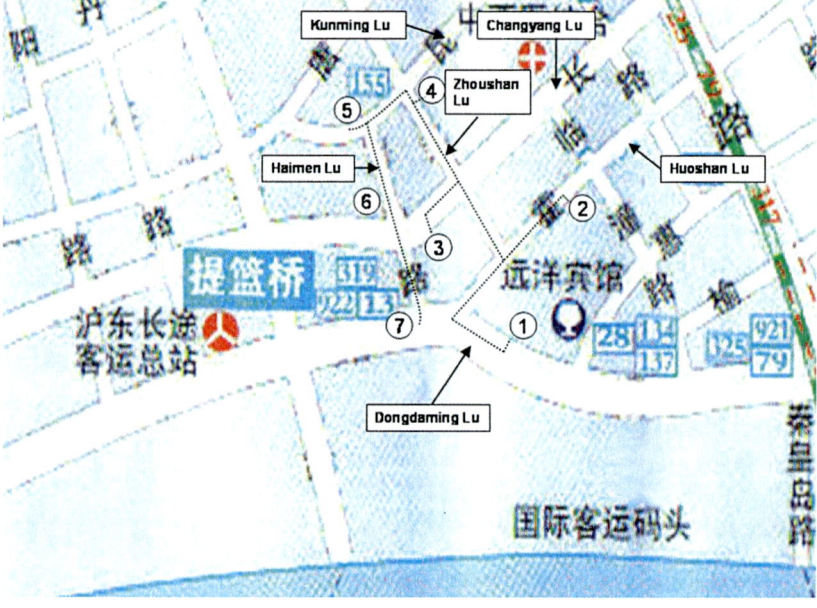

1937 nach Shanghai gekommen waren, auf dem Gelände anzusiedeln hätten (vgl. Kapitel »Shanghai bietet jüdischen Flüchtlingen Rettung«, S. 283 ff.). Das Zentrum des einstigen Ghettos bildete die 1927 von russischen Juden erbaute Ohel-Moishe-Synagoge.

Die Besichtigung beginnt am **Ocean Hotel** (No. 1171, Dongdaming Lu). Gegen 10 Uhr ist eine gute Zeit für den Rundgang, den Besuch der Synagoge (täglich 9 bis 16 Uhr, Tel.: 65 41 50 08) und ein anschließendes Mittagessen in einem Xinjiang-Restaurant (die uigurische Familie spricht zwar nur schlecht Chinesisch, hat aber eine englisch-deutsche Speisekarte, besonders gut sind die scharfen Lammspieße). Wenn man das Ocean Hotel im Rücken hat, sieht man das etwas unscheinbare Restaurant auf der gegenüberliegenden Seite. Zunächst gehen wir aber in die Huoshan Lu (ehemals Wayside Road) hinein. Dabei passieren wir auf der linken Straßenseite ein mehrstöckiges Gebäude aus den 30er-Jahren (No. 57, Huoshan Lu); ganz oben befand sich das berühmte **Mascot Roof Garden Restaurant**, wo an schönen Nachmittagen exzellente Musiker aus Wiener Orchestern aufspielten, um sich ein Zubrot zu verdienen. Etwas weiter rechts folgt der **Huoshan Park** (No. 118, Huoshan Lu). Im einstigen Wayside-Park wurde 1994 zum Dank für die Rettung der Juden ein kleines Denkmal errichtet. In den Backsteinhäusern dem Parkeingang gegenüber (No. 119 und 121, Huoshan Lu) hatte das **Jewish Distribution Committee (JDC)** seinen Sitz. Das JDC war die größte internationale Hilfsorganisation vor Ort. Die Unterstützungszahlungen beliefen sich auf etwa 400.000 US-Dollar.

Wir gehen wieder ein Stück zurück und biegen in die **Zhoushan Lu** (Chusan Road) ein. Rechts und links befindet sich alte Bebauung aus dem beginnenden 20. Jahrhundert. Die Mietshäuser gehörten vor der japanischen Enteignung den großen sephardischen Immobilien-Tycoonen der Stadt. In einem von ihnen verbrachte Michael Blumenthal, der heutige Direktor des Jüdischen Museums in Berlin, seine Jugendjahre.

An der Changyang Lu (vormals Ward Road) wenden wir uns zunächst kurz nach rechts. No. 138, Changyang Lu, befand sich das 1939 erbaute **Ward Road Camp**. In dem größten Shanghaier Auffanglager kamen über 1.000 Flüchtlinge unter. Zurück nach links stehen wir nach wenigen Metern vor dem Eingang der früheren **Ohel-Moishe-Synagoge** (Davidstern über dem Eingang; Mesousa-Symbol im Türrahmen als Schutz vor dem Engel des Todes – und vor allen anderen schlechten Einflüssen). Wer Glück hatte, begegnete in der Ausstellung **Wang Faliang** (1919-2008), der bis 2007 in der Synagoge als Führer gearbeitet hat. Wang hatte im Ghetto während des 2. Weltkrieges gelebt und kannte daher vieles aus eigener Anschauung. Nach Film/Vortrag im zweiten Stock kann man noch eine kleine Dachwohnung mit zeitgenössischen Möbeln, einige Fotos im früheren Gebetsraum sowie eine moderne Kunstausstellung (Stiftung kanadischer Künstler) im neueren Hintergebäude sehen. 2007 wurde die Synagoge einer umfassenden Renovierung nach Originalplänen unterzogen.

Wir verlassen die Synagoge wieder nach rechts und folgen der Zhoushan Lu bis zur Kunming Lu. Fast das gesamte Carré rechter Hand wird durch das riesige **Tilanqiao-Gefängnis** beherrscht. Das damalige Ward Road Prison war zwischen 1913 und 1925 von den Briten als größtes Gefängnis Asiens erbaut worden und erfüllt seither ununterbrochen seinen Zweck (unter wechselnden Herren, versteht sich; die Japaner nutzten es überdies als Munitionsdepot). Vom 3. Oktober 1946 bis 14. Januar 1947 war es Schauplatz des so genannten Ehrhardt-Prozesses. An-

Ohel-Moishe-Synagoge

gestrengt von den Amerikanern richtete er sich gegen 27 primär der Auslandsabwehr des Oberkommandos der Wehrmacht (OKW) und der Informationsstelle angehörende Deutsche (vgl. Spaziergang 7, S. 467 ff.). Ludwig Ehrhardt (eigentlich **Lothar Eisenträger**, geb. 1896, Todesjahr unbekannt) war Geheimdienstoffizier im Dienste Berlins und Leiter der konspirativen »Kriegsorganisation Ferner Osten«. Er erhielt lebenslänglich, der Leiter der Informationsstelle Baron **Jesco von Puttkammer** (1903-1973) eine Haftstrafe von 30 Jahren, die anderen Angeklagten wurden zu Freiheitsentzug zwischen fünf und zwanzig Jahren verurteilt. Nachdem die Gefangenen nach Landsberg in Bayern repatriiert worden waren, wurden alle 1950 frei gelassen.

Die Kunming Lu gehen wir nach links bis zum **Xia-Hai-Tempel** (Hausnummer 173). Der Xia Hai Miao (wörtlich: Tempel unter dem Meer) wurde bereits im 18. Jahrhundert von den Hongkouer Fischern errichtet; der heutige Bau ist neu.

Wir wenden uns wieder links in die Haimen Lu. Hier warten unsere heutigen »Bonbons« auf uns: Die Original-Geschäftsschilder »**Horn's Imbiss-Stube**« und »**Cafe Atlantic**« (No. 159, Haimen Lu). In einer Renovierungskampagne zum chinesischen Nationalfeiertag 2004 sollten alle Häuser der Straße einen neuen Anstrich bekommen und dabei auch die Schilder überstrichen werden (was quasi vor dem ersten Pinselzug verhindert werden konnte).

An der Changyang Lu Ecke Haimen Lu hatte einst der »**Israel's Messenger**«, die wichtigste jüdische Zeitung, seinen Sitz. Das Gebäude musste Anfang der 90er-Jahren einem phantasielosen Hochhaus weichen. Grundsätzlich gehörte Hongkou aber zu den wenigen zentrumsnahen Gebieten, die bis zu Beginn des 21. Jahrhunderts kaum von den »Stadtentwicklern« entdeckt worden waren. Seither ändert sich im Rahmen des so genannten Tilanqiao-Development-Planes vieles. Zwar gehört das Gebiet inzwischen zu den »12 Key Preserved Historical Zones« der Stadt, auch wurde 2005 ein Denkmalschutzplan für das Gebiet erstellt, gedacht ist aber u.a. an ein zweites »Xintiandi« mit jüdischem Touch (z.B. in Form koscherer Restaurants). Für den Erhalt des jüdischen Erbes macht sich besonders der kanadische Künstler und Designer **Ian Lenventhal** mit seinem Projekt »Living Bridge« stark. Wir überschreiten die Kreuzung, folgen der Haimen Lu bis zur Dongdaming Lu und sind bereits beim Xinjiang-Restaurant (No. 9, Haimen Lu) angekommen.

Spaziergang 7 – Die Vierländer-Route

Von der Chinesenstadt bis nach Little Tokyo

In der Sichuan Lu mit den hier beschriebenen Abzweigungen gibt es zwar keine architektonischen Glanzstücke zu bestaunen, keine Ehrfurcht erheischenden Kunstwerke und keine Glaspaläste, die einem die Modernität der Stadt demonstrieren, dafür aber pralles Alltagsleben in den verschiedensten Facetten gemischt mit viel Historie. Am Ende des Spaziergangs lockt das Tang-Yuan-Restaurant »Si Xin« (wobei »Restaurant« fast ein Euphemismus ist – dafür schmecken die Tang Yuan – Reismehlklößchen, salzig mit Schweinefleisch oder süß mit Sesam gefüllt – zum »Hineinsetzen«).

Für die Strecke sind, einschließlich verschiedener Innenbesichtigungen wie z.B. der Baumwollbörse, vier bis fünf Stunden einzuplanen, je früher man startet, desto besser. Da wir viel zu Fuß gehen, wäre trockenes Wetter gut, besser wäre Sonnenschein, denn Fotomotive gibt es unterwegs »Filmeweise«.

Start ist die **Kreuzung Renmin Lu/Sichuan Nan Lu**. Der Torbogen gegenüber führt direkt in das kommerzielle Zentrum des Yu-Gartens (vgl. Spaziergang 14, S. 535 ff.). Die Renmin Lu bzw. ihre »Schwesterstraße«, die Zhonghua Lu, folgen der alten, 1911 abgerissenen Stadtmauer (vgl. Kapitel »Die Revolution

Kreuzung Sichuan Nan Lu/Renmin Lu (Bebauung 2007 dem neuen Huangpu-Tunnel Dongchang-Lu - Renmin-Lu zum Opfer gefallen)

Spaziergang 7

1. Start: Renmin Lu Ecke Sichuan Bei Lu
2. Shanghaier Naturkundemuseum
3. Sanbei Reederei
4. Huqiu Lu (Museum Road)
5. Jingling Kirche
6. Japanischer Schrein
7. Qiu Jin

von 1911 stürzt Shanghais Stadtmauer«, S. 134 ff.).

Die Stadtmauer war im 16. Jahrhundert als Schutz vor Seeräubern errichtet worden und markierte nach Gründung der Französischen Konzession 1849 die Grenze zwischen dem eigentlichen Shanghai und den Franzosen nördlich bzw. westlich der »Chinesenstadt« (vgl. Kapitel »Gründung der ausländischen Niederlassungen«, S. 41 ff.). Nach 1911, also zu Republikzeiten, wurde die heutige Renmin Lu (Volksstraße, Bezeichnung nach 1949) zur Minguo Lu (Republikstraße). Zeitgenössische französische Stadtpläne führen noch die Bezeichnung »Boulevard des deux Républiques«. 2002 ließ die Stadtverwaltung die mittlerweile dort entstandenen Wohnhäuser entfernen und an ihrer Stelle – zumindest an diesem Abschnitt – Parks anlegen (vgl. Kapitel »Shanghai als ›Vorreiterin im Umweltschutz‹«, S. 367 ff.). Wir folgen der an diesem Teilstück mit ihrem alten Baumbestand und ihren niedrigen Häusern sehr malerischen Sichuan Nan Lu (vormals Rue Montauban, benannt nach dem Befehlshaber der französischen Truppen in China) Richtung Norden – und bewegen uns damit im ältesten Teil der früheren Französischen Konzession. Auf der linken Seite, hinter einem großen schmiedeeisernen Tor verborgen, liegt die katholische **St.-Josephskirche** (No. 36, Sichuan Nan Lu, Tel.: 63 36 55 37; der Schlüssel zur Kirche ist im linken Nebengebäude erhältlich). Die Jesuiten aus Zikawei errichteten sie 1860/61 als Pfarrkirche in unmittelbarer Nähe der Rue du Consulat. Die Kirche wurde prachtvoll ausgestattet mit Glasfenstern (zum Teil erhalten) und einem geschnitzten Holzaltar aus Paris (zerstört). 1912 kam die katholische Schule (heute Grundschule) dazu.

Zwischen 1966 und 1980 nutzte eine Kofferfabrik die Räumlichkeiten und ließ eine zweite Ebene einziehen. Diesem Umstand verdankt die Kirche die Rettung der oberen Hälfte ihrer Glasfenster, und auch sonst blieb sie, da sie von der arbeitenden Bevölkerung genutzt war, von den Zerstörungen durch die Roten Garden im Wesentlichen verschont. Nach Auskunft des Priesters gab die Shanghaier Stadtregierung der Fabrik 400.000 RMB, damit diese die Kirche räumen konnte. Am 25. Dezember 1981 fand der erste Gottesdienst nach der Kulturrevolution statt, dann wurde sorgfältig renoviert, ehe das Gotteshaus genau ein Jahr später mit einem feierlichen Weihnachtsgottesdienst wieder eingeweiht werden konnte.

Messen finden unter der Woche 7 Uhr, samstags um 16 und sonntags um 6 und um 7:30 Uhr statt. An Sonntagen kommen etwa 500 bis 600 Gläubige. Der über 85jährige Priester **Jiang Minsheng** hat noch bei den Jesuiten studiert und spricht daher ganz passabel Französisch. Er betreut die Gemeinde seit 1980. Was nach ihm sein wird, steht in den Sternen – für junge Menschen ist der Beruf nicht attraktiv genug.

Auf der Kreuzung Sichuan Nan Lu/Jinling Lu sollten wir kurz innehalten. An der Stelle des Hochhauses links vorne am Bund (No. 1, Jinling Dong Lu) stand einst das alte französische Konsulat. Deshalb hieß die Jinling Lu ursprünglich »**Rue du Consulat**«. Heute vertreibt eine Filiale von »Croissants de France« ihre Backwaren hier. An der südöstlichen Ecke der Kreuzung befand sich das Hotel des Colonies, in dem 1865 Heinrich Schliemann auf seiner China-Japan-Reise übernachtete. Wenn wir nach links sehen, erblicken wir ein Straßenschild, das auf die Xikou Lu (vormals Route Chu Paosan nach dem Kaufmann Zhu Baosan aus Ningbo) hinweist. Vor 1949 war sie als »Blood Alley« eine der verrufensten Straßen der Stadt (vgl. Kapitel »Höchste Hurendichte der Welt«, S. 240 ff.). Zu sehen ist davon freilich nichts mehr.

Als nächstes kreuzt die Sichuan Lu die Yan'an Lu (Hochstraße). Sie stellte die Grenze zwischen der Französischen Konzession und dem Internationalen Settlement dar – und hieß daher je nach nationalem Standpunkt »**Avenue**

St.-Josephskirche in der ehemaligen Französischen Konzession

Edouard VII.« oder »**Avenue Edward VII.**«. Ursprünglich verlief hier das kleine Flüsschen Yang Jing Bang, welches 1914/15 von den Franzosen zugeschüttet wurde. Mit dem »Übertritt« in das frühere Internationale Settlement wechselt auch die Sichuan Lu ihren Namen von Sichuan Nan Lu (Nan = Süden) in Sichuan Zhong Lu (Zhong = Mitte; vormals Szechuan Road). An kaum einer Stelle ist der unterschiedliche Charakter zwischen Französischer Konzession und Internationalem Settlement so direkt spürbar wie hier – auf der einen Seite wurde gewohnt, auf der anderen Seite gearbeitet.

Rechts, Richtung Bund, sieht man direkt hinter dem ehemaligen Shell-Building (vgl. S. 227 f.) ein gründerzeitliches **Bürogebäude** aus dem Jahr 1922 (No. 34, Yan´an Dong Lu) von Davies and Brooke, Civil Engineers and Architects. Bauherr war die Great Northern Telegraph Co., welche das erste Telegrafenkabel nach China hatte legen lassen (vgl. S. 225 f. bzw. Spaziergang 1, S. 392).

Links – erkennbar am rot-weiß-gestuften Turm – etwas durch die Hochstraße versteckt, steht die ehemalige **Chung Wai Bank** des Shanghaier Gangsterbosses Du Yuesheng (vgl. Kapitel »Die Grüne Bande – Du Yuesheng, der Pate von Shanghai«, S. 141 ff.), heute **Zhonghui Building** (No. 143, Yan´an Lu Ecke No. 16, Henan Nan Lu) von 1934 – ein Art-Deco-Bau von Léonard, Veysseyre und Guillet.

In der durch die Hochstraße stark beeinträchtigten ehemaligen **Baumwollbörse** (Cotton Exchange) hat das Shanghaier Naturkundemuseums seinen Sitz (No. 260, Yan´an Dong Lu, dienstags bis sonntags 9 bis 17 Uhr, Tel.: 63 21 35

»Croissants de France«

48). In der ehemaligen Schalterhalle recken Dinosaurier aus Sichuan ihre langen Hälse dem Glasdach entgegen. Ausgestopfte Riesenpandas und ein Yangtze-Alligator komplettieren den Eindruck. Die Sammlungen basieren auf den Beständen der einstigen British Royal Asiatic Society. Diese waren ursprünglich ein paar Häuser weiter in der früheren Museum Road des Internationalen Settlement ausgestellt gewesen (No. 20, Huqiu Lu).

Chung Wai Bank

Anerkannt von der Nationalregierung in Nanjing und mit einem unglaublichen Vermögen im Rücken gründete der »Al Capone des Fernen Ostens« in seinem Streben nach einer achtbaren Stellung in der »legalen Gesellschaft« die Chung Wai Bank an der Avenue Edouard VII. Die Bank verdiente ihr Geld u.a., indem sie Direktorenposten an vermögende Geschäftsleute verkaufte, welche Dus Schutz in Anspruch nehmen wollten. Innerhalb von fünf Jahren hatte Du mehr Direktoren- und Aufsichtsratsposten in Banken, Börsen und Unternehmen angehäuft als irgendein anderer Shanghaier Geschäftsmann. Ganz nebenbei diente die Chung Wai Bank als Hauptquartier für Dus Unterweltaktivitäten.

Nach 1949 richtete sich in dem Gebäude das Shanghai Museum ein (1996 in den repräsentativen Neubau am Volksplatz verzogen, vgl. Spaziergang 3, S.425 f.).

Direkt geradeaus auf der Kreuzung gegenüber (No. 110, Yan'an Dong Lu) befindet sich der Rundbau des ehemaligen **Wheelock Building** (heute: Sichuan Building), zwischenzeitlich Sitz der Caltex Petroleum Corp., aus dem Jahr 1940. Genau dahinter (No. 33, Sichuan Zhong Lu) steht das **Shanghai Bureau of Light Industries** (1931; Architekt: E. Hazzard, ursprünglich Sitz der von Liu Hongson gegründeten China Industrial Bank). Gehen wir weiter bis zur Kreuzung Guangdong Lu. Links – in der heutigen Minsheng-Bank-Filiale (No. 93, Guangdong Lu) – befand sich die frühere **Sanbei Reederei** (vgl. Kapitel »Shanghai Municipal Council«, S. 47 ff.). Sie müssen unbedingt hineingehen und die wunderschönen Glasfenster und Deckenmalereien bewundern. Gegenüber in dem 1912 im neoklassizistischen Stil errichteten Komplex hatte die **Mitsubishi Corp.** (No. 102, Sichuan Zhong Lu) ihren Sitz. Würden wir der Guangdong Lu in Richtung Bund folgen, kämen wir zum ehemaligen Domizil der großen amerikanischen Reederei **Robert Dollar** (No. 51, Guangdong Lu; Gebäude von 1921; Architekt: Henry K. Murphy). Auf der rechten Seite folgt ein Bürogebäude aus dem Jahr 1922 der Architekten Lester, Johnson and Morris (No. 110, Sichuan Zhong Lu) und links das frühere **ICI-Gebäude** aus dem Jahr

Sanbei Reederei-Gebäude (auch Yongnian Dalou oder Peigao Building)

Die China Mutual Life Assurance Co. (Yongnian-Versicherungsgesellschaft) war Ende des 19. Jahrhunderts im Zuge des Versicherungsbooms von einem Briten etabliert worden, hatte aber im 1. Weltkrieg starke Verluste hinnehmen müssen. In der Folge verkaufte sie ihren 1910 Ecke Guangdong Lu/Sichuan Lu errichteten Firmensitz an die 1913 von Yu Qiaqing etablierte Sanbei Reederei. Nachdem das Gebäude im Zuge der Besetzung des Internationalen Settlements von den Japanern okkupiert worden war, konnte Sanbei erst nach dem Krieg die Geschäftstätigkeit wieder aufnehmen. 1953 wurde die Gesellschaft mit der Yangtze Shipping Co. fusioniert.

Das Sanbei-Gebäude diente nach 1955 verschiedenen Zwecken, zeitweise waren eine Weckerfabrik und der Arbeiterclub der Leichtindustriebehörde darin untergebracht. Seit 2000 beherbergt der mittlerweile sorgfältig restaurierte Bau eine Filiale der privaten Minsheng-Bank. Augenfälligstes Merkmal sind die farbenprächtigen Glasfenster und Mosaiken in der Eingangshalle. Die personifizierten Darstellungen – etwa der »Wahrheit« (»Truth«) – sollten den Kunden langes Leben garantieren, so die chinesische Interpretation. Hergestellt wurden sie im katholisch geführten Waisenhaus Tushanwan von Xujiahui (wie auch diejenigen der Kathedrale von Xujiahui und der Kirche in Sheshan, vgl. Kapitel »Von Kirchen, Schulen und Reis-Christen«, S. 93 ff.). Es nahm Kinder zwischen sechs und zehn Jahren auf, welche hier ein Handwerk erlernen konnten (Tischler, Mechaniker, Gerber, Fotograf, Drucker, Maler). Das Waisenhaus war die erste Einrichtung auf chinesischem Boden, die bunte Glasfenster produzierte. Die meisten wurden während der Kulturrevolution zerstört.

1922 (No. 133, Sichuan Zhong Lu). Ganz schwach lassen sich noch die Worte »Imperial Chemical (China) Limited« auf der Fassade erkennen. Die Architekten waren Stewardson & Spence.

An der Kreuzung Fuzhou Lu/Sichuan Zhong Lu dominiert das ehemalige **Mitsui-Gebäude** von 1903, gegenüber hatte die **Kaiserlich-deutsche Post** ihren Sitz (No. 70, Fuzhou Lu). Das Gebäude wurde 1902 bis 1905 von Heinrich Becker errichtet. Die heutige Fassade ist stark verändert; ursprünglich war sie überladen mit Stilelementen der Neo-Renaissance und des Neo-Barock. In der Post befanden sich nicht nur eine 100 Personen fassende Schalterhalle sowie die für den Postverkehr notwendigen Räumlichkeiten, einschließlich des Telegrafenzimmers, sondern auch die Wohnungen für den Direktor und die anderen Postbeamten. Bezeichnenderweise lagen die beiden großen Wohnungen des Postrates und des Direktors im ersten und zweiten Obergeschoss auf der der Fuzhou Lu zugewandten Südseite, die kleineren Wohnungen der Postbeamten im ersten und zweiten Stock entlang der Sichuan Lu; die Zimmer der chinesischen Postbeamten und die der Diener sowie die Küche waren im Dach untergebracht. Allerdings wurden alle Wohnungen mit Bädern und elektrischem Licht ausgestattet, im Sommer kühlten elektrische Ventilatoren.

Eine deutsche Post hatte es in Shanghai seit 1886 gegeben. Zunächst war sie in den Räumen des Generalkonsulats untergebracht gewesen. Der neue Standort ab 1905 befand sich wesentlich zentraler im Geschäftsviertel Shanghais, nahe dem chinesischen und genau zwischen dem englischen und dem französischen Postamt. »Shanghai war auch Sitz der deutschen Postdirektion, der übergeordneten Verwaltungsbehörde für alle deutschen Poststellen in China und im Schutzgebiet Kiautschou. Seit Januar 1901 bestand eine Telegrafenverbindung zwischen Shanghai und Qingdao. Die deutschen Postämter nahmen nur Post für chinesische Destinationen an, in denen sie eigene Postämter besaßen (...). Außer den bereits genannten gab es in Shanghai je ein amerikanisches, japanisches und russisches« (Warner). Die Telegrafenverbindung fiel übrigens, wie die gesamte Kolonie, nach dem Vertrag von Versailles an Japan.

An der Abbiegung Hankou Lu folgt rechts ein Gebäude von Atkinson & Dallas aus dem Jahr 1908 (No. 50, Hankou Lu; No. 264-270, Sichuan Bei Lu). Vom 5. Februar 1912 an bis zu ihrem Umzug 1935/36 in das neue Bank-of-

Kaiserlich-deutsche Post

China-Building (vgl. S. 206) am Bund hatte die **Bank of China** hier ihren Sitz. Sie war als eine der Staatsbanken unter dem Guomindang-Regime aus der vorherigen Da Qing Bank hervorgegangen. Nach 1949 wurde sie in eine der so genannten spezialisierten Geschäftsbanken umgewandelt, während die People's Bank of China die Zentralbank-Aufgaben übernahm.

Auf der anderen Seite der Kreuzung steht das prächtige Art-Deco-Gebäude der **Joint Savings Society Bank** aus den Jahren 1926/28, entworfen von Ladislaus E. Hudec (vgl. Kapitel »Zweiter Boom – das ›Goldene Zeitalter‹«, S. 73 ff.). Es beherbergte ursprünglich noch vier kleinere chinesische Banken: Yienyieh Bank, Kincheng Bank, Continental Bank und China and South Sea Bank sowie Büroräume französischer und deutscher Firmen. Heute hat sich die Guandong Development Bank in dem prächtigen Bau in der Sichuan Zhong Lu Ecke Hankou Lu eingemietet. Daneben zieht das ebenfalls neoklassizistische Zhongnan Building von 1917/21, einst Sitz der **Chung Nan Bank**, die Aufmerksamkeit auf sich (Architekten: Moorhead and Halse).

An der Kreuzung Jiujiang Lu lohnt sich ein Blick auf das 1916 fertig gestellte, ursprünglich vierstöckige neobarocke »**North China Insurance Company Building**« (Entwurf: Stewardson; heute Shanghai Medicine Corp.; No. 89, Jiujiang Lu). Schwach lassen sich die Worte »Deutsch Asiatisch« und die chinesischen Schriftzeichen »Yin hang« (银行) für »Bank« über dem Eingang erkennen – offenbar unterhielt hier einst die **Deutsch-Asiatische Bank** eine ihrer Filialen. Geht man die Straße weiter Richtung Bund, kommt man zur denkmalgeschützten **China Postal and Savings Bank** (1934; No. 36, Jiujiang Lu). Die Wurzeln der Postbank reichen bis ins Jahr 1898; 1930 wurde sie in eine der vier Guomindang-Geschäftsbanken umstrukturiert. Ebenfalls in unmittelbarer Nachbarschaft (No. 50, Jiujiang Lu) befand sich eine Filiale der japanischen **Mitsui Bank** (Palmer & Turner, 1934).

Gegenüber der ehemaligen Deutsch-Asiatischen Bank hatte sich das große deutsche Handelshaus **Arnhold, Karberg & Co.** 1907/08 seinen Geschäftssitz errichtet (No. 320, Sichuan Zhong Lu). Es war der zweite Stahlbetonskelettbau der Stadt nach dem Gebäude der Shanghai Mutual Telephone Co. – und musste daher von den Zeitgenossen viel Spott ertragen. Entwurf und Ausführung oblagen der Detroiter Firma Trussed Concrete Steel Co.: »die ersten Stahlbetonbauten erregten damals noch großes Aufsehen. ›War man anfänglich im Zweifel, ob die aus dem Erdboden emporstrebenden, gitterartigen Eisenstangen Unterkunft für wilde Tiere bilden sollten oder nicht, so sieht man jetzt, wo das Gebäude bis zum ersten Stockwerk gediehen ist, den Zweck jener Stangen schon deutlich.‹« Wie die »Shanghaier Nachrichten« weiter berichteten, wurden aus Stahlbeton »nur eine Reihe von durch alle Stockwerke gehenden Stützsäulen, das Treppenhaus, der große Schornstein und anstelle der sonst üblichen Balkenlage die Decken und

Deutsch-Asiatische Bank

Die Hauptgeschäftstelle der Deutsch-Asiatischen Bank stand seit etwa 1880 am Bund Ecke Hankou Lu. Das Gebäude wurde in den 40er-Jahren abgetragen und durch den Neubau der Bank of Communication von Gonda ersetzt. Seine »Bauweise war englisch, aber beeinflusst vom tropischen Klima, was die Erbauer zu einer Hallenarchitektur der Schauseiten führte, die sich zum Teil an italienische Vorbilder mit Glück anlehnen (..., es) zeichnet sich durch anmutige Verhältnisse seiner Hallen und Säulenstellungen aus,« schrieb die »Deutsche Bauzeitung« 1904 (zitiert nach Warner). 1902 errichtete Heinrich Becker einen Erweiterungsbau im Stil der italienischen Neo-Renaissance. Dabei orientierte er sich an der Architektur des bestehenden Baukörpers.

Sehen kann man einen Original-Geldschein der Deutsch-Asiatischen Bank – mit Reichsadler und Germania – in »The Site of the First National Congress of the Communist Party of China« (vgl. Spaziergang 9, S. 491 ff.). Auf ihm steht »Banknote über 1 $ – einen Dollar – ortsüblicher Handelsmünze zahlt die Deutsch-Asiatische Bank dem Einlieferer dieser Banknote an ihrer hiesigen Kasse. Shanghai, den 1. März 1907, Deutsch-Asiatische Bank.« Zwei Unterschriften.

Es gibt dort auch Banknoten der Yokohama Specie Bank, der Hongkong and Shanghai Banking Corporation, der Sino-Belgian Bank oder der Netherlands Trading Society.

Fußböden zwischen den Stockwerken hergestellt. Die Außenmauern und die einzelnen Zimmerabteilungen werden später dem rohen Gerippe aus anderem Material (Backstein und Holz sowie Glas) eingebaut. Die Vorteile dieser Bauart (...) sind ersichtlich. Das Gebäude hat vor allen Dingen durch das innige Zusammenfassen des Gerippes eine Stütze in sich, sodass die Fundamente weniger umfangreich ausfallen können, ein Umstand, der besonders in der aus Schwemmsand bestehenden näheren

Ehemalige Filiale der Deutsch-Asiatischen Bank

Umgebung des Huangpu sehr erwünscht ist« (zitiert nach Warner). Die Handelsfirma Arnhold, Karberg & Co. war 1866 von **Jacob Arnhold** und **Peter Karberg** in Kanton gegründet worden und gehörte somit im Vergleich zu Carlowitz & Co. zur zweiten Generation deutscher Kaufleute in China. Heute noch zählt die Arnhold Group zu den wichtigen Handelshäusern in Hongkong.

Kurz vor der Nanjing Lu auf der rechten Seite (No. 346, Sichuan Zhong Lu) steht das heutige **Jialing Building** (ICBC-Filiale). Immobilienzar Silas Aaron Hardoon ließ es 1937 von P. Tilley/Graham errichten und nannte es nach seiner Frau Liza-Hardoon-Building (S. 90).

Wir überqueren die Nanjing Lu (vgl. Spaziergang 3, S. 410 ff.), die Dianchi Lu (vgl. Spaziergang 2, S. 398 f.) und biegen nach rechts in die Beijing Lu ein. Gleich links zweigt die **Huqiu Lu** ab. In der früheren Museum Road residierte die **British Royal Asiatic Society**, deren Bestände heute im Shanghaier Naturkundemuseum ausgestellt sind (No. 20, Huqiu Lu; Gebäude von Palmer & Turner aus dem Jahr 1930/32; die Abkürzung »RAS« ist noch im Dachfirst erkennbar). Anstelle des Neubaus No. 50, Huqiu Lu stand bis 1968 die 1927 von Silas Aaron Hardoon gestiftete maurisch-byzanthinische **Beth-Aharon-Synagoge** (vgl. S. 91). Im Hinterhaus des Lyceum Building hatte das deutsche Handelshaus **Siemssen & Krohn** bis 1945 seinen Sitz (No. 104, Huqiu Lu; vgl. Spaziergang 3, S. 414 ff.). Zu Hudecs Oeuvre gehört das **Christian Literature Society Building** (auch China Baptist Publication Building; 1930/33, No. 128, Huqiu Lu; vgl. Spaziergang 2, S. 397 f.). Es reicht bis zur parallel verlaufenden Yuanmingyuan Lu und war das größte Verlagshaus, das westliche Missionare in China je errichteten. Schräg gegenüber liegt das **Youth Association Building** (1919-1924; No. 131, Huqiu Lu).

Zu den großartigen Kinobauten von C.H. Gonda gehört das jüngst noch als Karaoke-Bar genutzte **Kino Capitol** (No. 146, Huqiu Lu; 1928/32) im ehemaligen Shamoon Building. Der ungarische Architekt hinterließ Shanghai mehrere Filmtheater so auch das Cathay (Maoming Lu Ecke Huaihai Lu; vgl. Kapitel »Die Shanghaier Filmindustrie«, S. 242 ff. bzw. Spaziergang 10, S. 495 f.). In den darüberliegenden **Capitol Apartments** wohnte der 1934 zum Shanghaier NSDAP-Landesgruppenleiter ernannte **Siegfried Lahrmann** (1885-1973).

Am Suzhou Creek unterhielt **British-American Tobacco** (No. 161-175, Nan Suzhou Lu; 1920) seinen Sitz, der Konzern, dem wir u.a. die herzige Zigarettenwerbung der 20er- und 30er-Jahre verdanken (vgl. Kapitel »Zweiter Boom – das ›Goldene Zeitalter‹«, S. 73 ff.).

Auf der **Brücke über dem Suzhou Creek** sollten wir uns einen ausgiebigen Rundblick gönnen: Rechts – Richtung Pudong – sehen wir hinter der Wusong-Brücke den Fernsehturm, das Jinmao-Gebäude und davor auf Puxi-Seite das Granit-Stelen-Denkmal der Firma Drei Gewehre sowie jenseits des Suzhou

Creeks das russische Generalkonsulat, das Pujiang Hotel und das frühere Broadway Mansion/heutige Shanghai Mansion (vgl. Spaziergang 2, S. 400 f.). Richtung Sichuan-Lu-Brücke (1924) auf der anderen Seite zieht zunächst die chinesische Hauptpost von 1924 mit ihrem 54 Meter hohen Uhrturm und den Bronzeplastiken rechts und links den Blick auf sich (ebenfalls Spaziergang 2). Rechts davon ist das New Asia Hotel zu erkennen und links davon, der Apartment-Block mit dem Eckturm, das einst zum Sassoon-Reich gehörende Embankment Building (S. 87 ff. – in den 50er-Jahren wurden auf dem 1931 bis 1935 von Palmer & Turner errichteten Komplex eine dritte Etage und der Dachgarten aufgesetzt). Das Backsteinhaus (1907/08) direkt vor uns an der Zhapu Lu war ursprünglich Sitz der Central and North China Godown and

Die deutsche Community und der Nationalsozialismus

Die Deutschen im Shanghai der 20er-Jahre unterschätzten in großen Teilen den in der Heimat aufkommenden Nationalsozialismus. Die mehrheitlich »liberal-konservativ« ausgerichteten Kaufleute verhielten sich in politischen Fragen möglichst neutral. Ein Herr **Neunzert** schrieb am 17. September 1930 an einen Herrn Himmler (vermutlich Heinrich Himmler) aus Shanghai: »Unsere Gruppe Ostasien geht langsam vorwärts, weil hier derartig verschrobene Zustände in den Gehirnen der Deutschen sind, dass man nur noch staunen kann« (zitiert nach Freyeisen). Neunzert stammte aus dem Kreis der deutschen Militärberater um Chiang Kaishek.

Im Vergleich zu anderen Auslandsstützpunkten der NSDAP erfolgte erst verhältnismäßig spät die Shanghaier Gründung durch 21 Deutsche (darunter der spätere Landesgruppenleiter Siegfried Lahrmann) am 4. April 1932. Insbesondere bei den deutschen Taipans stieß der Nationalsozialismus als radikal-nationalistisch und obendrein noch sozialistische Bewegung auf bitteren Widerstand. Für sie war ihr aggressives Gedankengut gefährlich und geschäftsschädigend. Bis zuletzt blieben allerdings nur wenige Deutsche ihrer anti-nationalsozialistischen Haltung treu, allen voran der deutsche »Teekönig« Fred Siemssen (1888-1981).

In ganz China gab es bis zum 30. Januar 1933 nur 83 NSDAP-Mitglieder – bei rd. 5.000 China-Deutschen insgesamt. Erst Hitlers Machtergreifung brachte den Stimmungsumschwung. Ein Polizeibericht aus der Französischen Konzession charakterisierte die Lage im Juni 1934 so: »Seit Hitlers Machtantritt ist die deutsche Gemeinde in zwei Lager gespalten: Eine Gruppe besteht aus Personen, die das neue Regime akzeptiert haben, aber noch den Ideen der Vergangenheit verbunden sind, und die andere Gruppe besteht zu 100 Prozent aus Partisanen des neuen Regimes.

Die erstgenannte Gruppe, die man als »die Alten« bezeichnen kann, setzt sich hauptsächlich aus gemäßigten und einflussreichen Elementen der hiesigen deutschen

Gemeinde zusammen, einschließlich deutscher Geschäftsleute. Die gegnerische Gruppe besteht aus dem lokalen Zweig der deutschen nationalsozialistischen Partei und schließt auch alle extremistischen Elemente ein, etwa Repräsentanten der jüngeren Generation und eine Mehrheit der Mitglieder der Sturm-Abteilungen. Es war diese Gruppe, die zu Jahresbeginn 1934 einen erbitterten Kampf gegen die »Alten« führte, um nicht nur das politische Leben der Gemeinde, sondern auch Fragen der sozialen und ökonomischen Ordnung unter ihre Kontrolle zu bekommen« (zitiert nach Freyeisen).

Am 21. Juni 1934 übernahm mit **Hermann Kriebel** (1876-1941; zuvor Militärberater bei Chiang Kaishek) ein von Hitler persönlich erwählter überzeugter NSDAP-Anhänger das Amt des deutschen Generalkonsuls in Shanghai. Allerdings war dies kein entscheidender Einschnitt. Das Personal hatte sich schon zuvor mit den neuen Machthabern arrangiert – das Hakenkreuzbanner wehte zum ersten Mal am 16. März 1933 am Mast des Konsulatsgebäudes, zweieinhalb Jahre bevor es offizielle Nationalflagge wurde. In den Folgejahren demonstrierten die Diplomaten größte Loyalität gegenüber der Politik in Berlin – und bemühten sich u.a. nach Kräften darum, den Emigranten aus Deutschland den Neuaufbau einer Existenz in China so schwer wie möglich zu machen. Etwa brachte die Intervention Kriebels den aus dem Dienst entlassenen Magdeburger Polizeipräsidenten und Sozialdemokraten **Horst Bärensprung*** (1893-1952) um eine Stellung bei der Shanghai Municipal Police, obwohl T.V. Song Bärensprung angesichts seiner hohen fachlichen Qualifikation sehr gern im Seezollamt zur Schmuggelabwehr gesehen hätte.

Zum Erfolg der NSDAP in Shanghai trug nicht zuletzt ihre aus Deutschland importierte Organisationsstruktur bei (Landesgruppenleiter, Ortsgruppenleiter etc.). Ab 1934 waren die bekannten Jugendorganisationen (Jungvolk, Hitler-Jugend, Jungmädels, Bund deutscher Mädel) etabliert. Für viele Jugendliche besaßen die Sommerzeltlager in den Moganshan-Bergen/Zhejiang oder in den Prinz-Heinrich-Bergen (Laoshan) bei Qingdao/Shandong besondere Attraktivität. Bald war auch, trotz unerwartet hohen Widerstandes, die Deutsche Frauenhilfe auf Linie gebracht. Wie in der Heimat wurde der Tag der Machtergreifung feierlich begangen (z.B. mit der Aufführung des Propaganda-Streifens »Deutschland erwacht« im Capitol-Theater 1934) oder man traf sich zu NSDAP-Weihnachtsfeiern in der Kaiser-Wilhelm-Schule.

Neben gesellschaftlichen «Events« tat die rechte Propagandamaschinerie ein Übriges. 1932 gründete **Max Simon-Eberhard** die rechte »Deutsche Shanghai Zeitung«. Wie Neunzert war Simon-Eberhard ursprünglich als Berater für Chiang

---

* Bärensprung siedelte 1939 in die USA über, wo er sich in verschiedenen Emigrantenvereinigungen engagierte. Zusammen mit Gleichgesinnten trug er 1943 in New York den Wunsch an Thomas Mann (1875-1955) heran, eine gemeinsame Exilvertretung zu bilden. Der Literaturnobelpreisträger winkte jedoch nach erster Überlegung ab.

nach China gekommen und hatte in derselben Abteilung gedient. Seine Redaktion befand sich im Astor Hotel. Die Titel behandelten die »Verjudung und Entjudung des Reiches« (21.11.1933) oder »Das Völkerbunds-theater auf Kosten der steuerzahlenden Weltbürgerschaft« (2.12.1933). Trotz finanzieller Unterstützung aus NSDAP-Mitteln musste das defizitäre Blatt zum 1. Januar 1936 sein Erscheinen einstellen. Der Verzicht fiel leicht. Denn seit 1934 ergänzte ein in Anlehnung an den »Völkischen Beobachter« als »Ostasiatischer Beobachter« firmierendes Medium die rechtsextreme Shanghaier Presselandschaft (ab 1. Januar 1936 als »Ostasiatischer Lloyd«). Sein Sitz war in der früheren Canton Road. Noch 1944 hielt Chefredakteur **Horst Ley** unerschütterlich an der Propagandalinie fest: »Der deutsche Soldat im Osten hat mit seinem übermenschlichen Heldentum die Voraussetzung dafür geschaffen, dass Deutschland den Gefahren des Jahres 1944 voll gewappnet entgegentreten kann« (zitiert nach Freyeisen).

1941 siedelte sich die dem Sonderbeauftragten für Propaganda im Auswärtigen Amt unterstehende Deutsche Informationsstelle (DIS) unter Jesco von Puttkammer in Shanghai an. Sie bezog zunächst eine teure Suite im Park Hotel und 1942 eine elegante Villa in der Great Western Road (Yan'an Xi Lu) in unmittelbarer Nähe des »deutschen Eck«. Ihre Aufgabe war »zersetzende Propaganda« jeglicher Natur unter den feindlichen Nationen und eine »aufklärende Zusammenarbeit« in Kooperation mit Achsen-Partner Japan. Das moderne Park Hotel galt damals als Topadresse. Hinzu kam, dass alle britischen Hotels die Aufnahme der Nazi-Größen verweigerten, während die chinesische Verwaltung des Park Hotels in dieser Hinsicht keine Schwierigkeiten machte. Zu den publikumsträchtigen Aktionen der DIS zählte der Abwurf aggressiver antisemitischer Flugblätter während eines Fußballspiels im Herbst 1941 zwischen dem Jewish Recreation Club und dem portugiesischen Club Lusitano vom Park Hotel aus auf den gegenüberliegenden Rennplatz.

Insgesamt wesentlich erfolgreicher wirkte jedoch Klaus Mehnerts englischsprachige Zeitschrift »The XXth Century«. Sie erschien von Oktober 1941 bis zum Sommer 1945. Mehnert selbst hatte wie von Puttkammer ebenfalls zunächst im Park Hotel gewohnt, war dann aber in die Gascogne Apartments in der Avenue Joffre (No. 1202, Huaihai Zhong Lu; vgl. Spaziergang 13, S. 527 ff.) gezogen.

Abgesehen von ihrer publizistischen Arbeit nahmen von Puttkammer und Mehnert zwar nachrichtendienstliche Aufgaben wahr, dennoch entsandte die Auslandsabwehr im Juni 1940 einen »wirklichen« Agenten nach Shanghai. Ab 1942 übernahm Lothar Eisenträger (Decknahme Ludwig Ehrhardt) mit seinem Büro Ehrhardt die führende Rolle. Daneben war die Gestapo mit einer Reihe Spionageringe vor Ort präsent – und schreckte auch in Shanghai nicht vor Repressalien gegenüber ihren Gegnern und politischen Morden zurück. Unter den jüdischen Flüchtlingen war die Angst vor Spitzeln aus den eigenen Reihen nicht grundlos immer latent.

Press Packing Co. Ltd. und nach 1949 vorübergehend ein Krankenhaus (S. 400).

Wir laufen die Zhapu Lu (vormals Chapoo Road) weiter geradeaus – dieser Abschnitt mit der überwältigenden Straßenreklame erinnert immer ein wenig an Hongkong. An der Kreuzung Zhapu Lu/Tanggu Lu stoßen wir linker Hand auf den gewaltigen Wohnblock der **Pearce Apartments** (1929; No. 419, Tangu Lu). Die Tangu Lu hieß vor 1949 Boone Road und erinnerte an den Gründer des Shanghai American Settlement (1848), Bischof William Jones Boone. Die Amerikaner hatten offiziell keine eigene Niederlassung wie die Briten und Franzosen, sondern siedelten sich »einfach so« nördlich des Suzhou Creek an, ehe ihre »Besitzungen« mit denen der Briten zum International Settlement 1863 »fusionierten«. Auch in den folgenden Jahrzehnten gehörte dieses Areal zu den von den Amerikanern bevorzugten Wohngebieten, auch trieben sie den Ausbau der Suzhou Bei Lu Richtung Norden voran.

Wen wundert es, dass sich gleich um die Ecke die vormals methodistische (heute protestantische) **Jingling-Kirche** befindet (1923, ursprünglich nach ihrem Gründer Young Allen Church; No. 135, Kunshan Lu, Tel.: 63 24 30 21; wenn die Blechtür verschlossen ist, kräftig klopfen!). Zweimal musste die Kirchentätigkeit unterbrochen werden, 1941 nach dem Angriff Japans auf Pearl Harbour

Zhapu Lu

bis zum Kriegsende sowie von 1966 bis 1980, als in der Jingling-Kirche Textilien hergestellt wurden.

In der Literatur heißt es oft, Chiang Kaishek habe hier am 1. Dezember 1927 Song Meiling geheiratet (vgl. Kapitel »Chiang Kaishek inszeniert das Shanghai Masssaker von 1927«, S. 193 ff.). Tatsächlich wollte sich das Paar in der Jingling-Kirche vom »Hauspfarrer« der Familie Song, **Jiang Changchuan**, trauen lassen. Dieser lehnte jedoch ab, weil Chiang Kaishek seiner Ansicht nach nicht rechtskräftig von seinen ersten beiden Frauen geschieden sei. Daraufhin mussten die beiden den Trauakt in die eigenen vier Wände verlegen. Er wurde von **Yu Rizhang** vollzogen, einem gläubigen Protestanten, aber eben keinem Pfarrer.

In der Jingling-Kirche finden sonntags um 7 Uhr, 9:30 Uhr und um 19 Uhr Gottesdienste mit jeweils etwa 1.500 Gläubigen statt. Weil der eigentliche Kirchenraum nur etwa 800 Plätze fasst (übrigens mit sehr schönem Dachstuhl, beeindruckende Holzkonstruktion), müssen die anderen die Messe über den Bildschirm im Gemeinderaum verfolgen. Der Gemeinde gehören rd. 10.000 Mitglieder an, insgesamt gibt es in Shanghai rd. 160.000 Protestanten. Wie sein katholischer Kollege sieht der Pfarrer der Jingling-Kirche ein großes Problem darin, dass die Zahl der Christen zwar steige, die Zahl der Pfarrer aber immer weiter abnehme.

Verlassen Sie nicht das Gelände, bevor Sie einen Blick auf die neogotische Toiletten-Anlage im Hof geworfen haben!

Shikumen-Lilong-Anlage, No. 1545, Sichuan Bei Lu

An der Kreuzung Haining Lu/Zhapu Lu sehen wir das **International Cinema** (No. 336, Haining Lu). Die Fassade ist Filmrollen nachempfunden. Etwa an dieser Stelle stand seit 1908 das erste Kino der Stadt, das Hongkew Motion Picture Theatre des spanischen Geschäftsmannes A. Ramos (vgl. Kapitel »Die Shanghaier Filmindustrie«, S. 242 ff.).
Nach Überquerung der Haining Lu befinden wir uns »optisch« in Little Tokyo (vgl. Kapitel »**Little Tokyo**«, S. 250 ff.). Allerdings wurden die meisten Spuren der verhassten japanischen Besatzer getilgt (vgl. Kapitel »Der ›Shanghai Zwischenfall‹«, S. 250 ff. bzw. »Die japanische Besetzung von 1937 bis 1945«, S. 276 ff.). Ausnahmen bilden das Haus No. 439, Zhapu Lu mit dem japanischen Vordach und dem **Chrysantemen-Schrein** wenige Meter dahinter (gehört jetzt zu einer Fabrik; No. 455, Zhapu Lu). Der Schrein wurde 1931 durch den japanischen Architekten **Okano Shigehisa** errichtet.

Wie schon die letzten Straßenzüge sind auch die folgenden Blocks von Reihenhausbebauung bzw. **Lilong-Anlagen** aus dem beginnenden 20. Jahrhundert geprägt. Investoren waren sehr häufig amerikanische Firmen. Einige der Backsteingebäude stehen unter Denkmalschutz und sind zum Teil erstklassig renoviert. Wir folgen dem weiteren Verlauf der Zhapu Lu, überqueren die Wujing Lu, gehen links, biegen gleich wieder in die Zhapu Lu ein, welche schließlich an einem Park endet. Dieser wurde im Zuge des S-Bahn-Ausbaus 2002 angelegt, für den ganze Straßenviertel weichen mussten. An der Hengshui Lu wenden wir uns nach links, bis wir wieder auf die Sichuan Bei Lu treffen. Die Sichuan Lu trägt seit dem Suzhou Creek den Zusatz »Bei« für Nord (vormals North Szechuan Road).

Wir unterqueren die S-Bahn und machen einen kurzen Stop am Eingang zur Lilong-Anlage No. 1545. In den Vorgängerbauten soll, nach sehr dürftiger Quellenlage, die Frauenrechtlerin und Revolutionärin **Qiu Jin** 1906 hier die erste chinesische Frauenzeitung »Chinese Women's Newspaper« gegründet haben (vgl. Kapitel »Nora oder Aufbruch der chinesischen Frauen in die Gleichberechtigung«, S. 153 ff.). Wie dem auch sei, es handelt sich um eine sehr schöne Shikumen-Lilong-Anlage aus dem Jahr 1927, deren Besuch in jedem Falle lohnt.

Gleich im Anschluss zweigt links von der Sichuan Bei Lu die Dongbaoxing Lu ab. Hier soll sich im Lane-Hause No. 125 das erste japanische **Trosthaus** befunden haben. Über die Errichtung eines Gedenksteins wird diskutiert (vgl. Kapitel »Japanische Truppen erobern das Internationale Settlement«, S. 279 ff.).

Letzte Station ist »**Si Xin**« (No. 1908, Sichuan Bei Lu). Der Name »4 Neue« des Restaurants kokettiert mit dem Verdikt der Kulturrevolutionäre gegen die »4 Alten« (vgl. Kapitel »Die Roten Garden«, S. 313 ff.). Wer anschließend noch eine gepflegte Tasse Tee oder Kaffee trinken will, dem sei das »Old Film Café« in der gegenüberliegenden Duolun-Kulturstraße empfohlen (No. 123, Duolun Lu; vgl. auch den folgenden Spaziergang 8).

Spaziergang 8 – Die Literatur- und Filmroute

Zwischen Lu Xun und Butterfly Hu

Nachdem 1904 die Sichuan Bei Lu von amerikanischen Geldgebern angelegt worden war, erschlossen bald weitere Straßen das Viertel um den heutigen Lu-Xun-Park. Hierzu zählten die Wonglo Lu (heute Huangdu Lu), 1904, die Scott Road (Shanyin Lu), die Darroch Lu (Duolun Lu), beide 1911, oder die Yingkata Road (Xingjiuqiao Bei Lu), 1914. An den neuen Straßenzügen entstanden – je nach Budget – Lilong-Anlagen, Doppelhäuser, Einzelvillen und Apartment-Blocks. Insbesondere die teureren Wohneinheiten bezogen vorwiegend amerikanische, später auch japanische Geschäftsleute mit ihren Familien. Auch unter Großhändlern aus Guangdong war die Gegend beliebt. Maßgebliche Politiker wie der Chiang-Kaishek-Schwager und Finanzminister H.H. Kong, der kurzzeitige »japanische Marionetten-Premier« **Liang Hongzhi** (1882-1946) sowie mehrere Guomindang-Generäle siedelten sich an.

In den 20er- und 30er-Jahren gehörte das Viertel zu den intellektuellen Brennpunkten im damaligen Shanghai. Hier lebten bekannte Schriftsteller, allen voran Lu Xun, die herausragende Gestalt der Shanghaier, um nicht zu sagen, der chinesischen Literaturszene (vgl. Kapitel »Shanghais Literaturszene setzt Maßstäbe«, S. 161 ff.). Im China Arts College etablierte sich 1930 die Liga Linker Schriftsteller. Diese kulturelle Tradition wird bis heute fortgesetzt. 1947 kam an der Duolun Lu die Theatergruppe »Neues China« zusammen, 1956 wurde das Lu-Xun-Literaturmuseum eröffnet, in den 90er-Jahren die Duolun-Kulturstraße eingerichtet (u.a. mit mehreren privaten Sammlungen und seit 2003 einem Museum für moderne Kunst).

Die Dauer von »Spaziergang 8« hängt stark von den persönlichen Interessen ab. Wer sich Zeit nimmt, kann problemlos mit den ersten drei Programmpunkten einen Besuchstag füllen. Da viele Innenbesichtigungen enthalten sind, bietet sich der Rundgang auch gut bei weniger schönem Wetter an. Ohnehin ist es empfehlenswert, »Spaziergang 8« möglichst zu Hause im Sessel zu beginnen, bei einer schönen Tasse Tee und mit den beiden wichtigsten literarischen Werken Lu Xuns, dem »Tagebuch eines Verrückten« und der »Wahren Geschichte des Ah Q«. Die Erzählungen sind kurz, lesen sich sehr gut und überraschen durch ihre Aktualität ...

Start ist **Lu Xuns Wohnhaus** (No. 132, Shanyin Lu, täglich 9 bis 16 Uhr, Tel.: 56 66 26 08). Lu Xun lebte 1933 bis zu seinem Tod 1936 im vorletzten Haus der Garten-Lilong-Anlage »The Continental Terrace«. Originalholzschnitte (u.a. von **Lyonel Feininger**, 1871-1956) und Eichenkranz-Holzmöbel gehören zur Ausstattung. In der gleichen Lane, Haus No. 6, wohnte kurzzeitig Schriftsteller-Kollege Mao Dun.

Spaziergang 8

1. Start: Lu-Xun-Wohnhaus
2. Fuxing Middle School
3. Lu-Xun-Park mit Museum und Grab
4. Duolun-Lu (Kulturstraße)
5. Old Film Café
6. Backsteinhäuser

Wir kehren zurück zur Sichuan Lu und passieren den früheren **Buchladen von Keiza Uchiyama** (No. 2050, Sichuan Bei Lu). Der Japaner war ein enger Freund Lu Xuns. Im Obergeschoss der heutigen ICBC-Filiale befindet sich eine kleine Ausstellung (zu regulären Bankzeiten auf Anfrage geöffnet). Vor der Fuxing Middle School (No. 2066, Sichuan Bei Lu), ursprünglich eine britische Grundschule für ausländische Kinder von 1913, ab 1937 Japanese Primary School, seit 1945 Fuxing Middle School, biegen wir nach rechts Richtung **Lu-Xun-Museum** ab (No. 2288, Sichuan Bei Lu, täglich von 9 bis 17 Uhr, Tel.: 65 40 22 88; der Ausschilderung folgen). Es ist ein Literatur-Museum – naturgemäß sind Vergnügen und »Aha-Effekt« umso größer, je mehr man von Lu Xun gelesen hat.

Vom Museum führt ein kleiner Gang direkt in den **Lu-Xun-Park** mit dem Grab des Schriftstellers. Er wurde zu seinem 20. Todestag 1956 hierher umgebettet. Die Skulptur ist jener des amerikanischen Präsidenten **Abraham Lincoln** (1809-1865) im Lincoln Memorial in Washington nachempfunden; die Kalligraphie stammt aus der Feder Mao Zedongs. Sie ist ein Beispiel für die Heroisierung, der der Dichter und sein Werk durch die KPCh und ihre Vertreter ausgesetzt war. Der ehemalige Hongkow Park wurde bei der Erschließung des Viertels angelegt und erfreut sich großer Beliebtheit bei der Shanghaier Bevölkerung. Es lassen sich gut einige Stunden damit zubringen, den anderen zuzuschauen, wie

Kalligraphie-Übungen im Lu-Xun-Park

> **Gedenkstein für Meiting**
>
> Am 29. April 1932 feierten die japanischen Truppen im Hongkow Park den Geburtstag ihres Tennos. Plötzlich explodierte eine Bombe. Sie tötete General **Shirikawa** sowie weitere hochstehende Militärvertreter. Die Verantwortlichen für das Attentat kamen aus den Reihen der provisorischen koreanischen Exilregierung. In der Folge errichteten die Japaner im Park, ganz in der Nähe der heutigen Fuxing High School, ein Memorial mit einer Pagode und einem Schrein. Das Denkmal wurde 1970 abgetragen.
> An den Attentäter selbst (chinesischer Name: Yin Fengji, kurz: **Meiting**, 1908-1932) erinnert ein Gedenkstein. Der erst 24jährige Mann wurde hingerichtet. Eine Büste von ihm befindet sich in dem kleinen Ausstellungspavillon. Außerdem empfiehlt sich die Besichtigung der Gedenkstätte für die provisorische koreanische Exilregierung (vgl. Spaziergang 9, S. 490).

sie einige Stunden das Gleiche tun. Wenn wir schon einmal vor Ort sind, sollten wir auch nicht vergessen, den Meiting-Gedenkstein und den koreanischen Ausstellungspavillon (zweisprachig: chinesisch und koreanisch!) zu besuchen.

Vom Haupteingang des Lu-Xun-Parks folgen wir der Sichuan Bei Lu Richtung Süden. Quasi schräg gegenüber, dort wo die Sichuan Lu nach links abknickt, liegt eines der beiden Eingangstore zur **Duolun-Kulturstraße** (vgl. Kapitel »Shanghais Disneyland oder warum sind viele chinesische Städte so hässlich?«, S. 330 ff.). Vom Ampelübergang sieht man gut die **Ramos Apartments** (No. 2079-2099, Sichuan Bei Lu); hier wohnte Lu Xun vor seinem Umzug in die Shangyin Lu mit Unterbrechungen von Mai 1930 bis November 1933.

Direkt am Eingang der Duolun Lu fällt links sofort ein stark renovierungsbedürftiges Haus mit Arabesken auf (No. 250, Duolun Lu). Es ist die frühere **Residenz von H.H. Kong und Song Ailing** aus dem Jahr 1924 (vgl. Kapitel »Die zweite Generation« S. 125 ff.).

Ebenso 1924, aber im spanischen Stil (wegen der roten »Fischschuppenziegel«) ließ sich ein kantonesischer Geschäftsmann Haus No. 215, Duolun Lu, errichten. Hier wohnte der im März 1938 von der japanischen Besatzungsmacht eingesetzte Premierminister **Liang Hongzhi** (im Amt bis 1940, danach Vorsitzender der Kontrollkommission).

Aus Guangzhou kamen die Gebrüder Li, die Bauherren des Hauses No. 210 aus den 20er-Jahren. Sie bevorzugten französische Renaissance. Nach der Kapitulation der Japaner 1945 nutzte der GMD-General **Bai Chongxi** (vgl. Speelman-Villa, S. 320) die nach ihm benannte **Bai-Villa**. Sie gehört heute der Volksbefreiungsarmee.

Geht man an der Bai-Villa die kleine Gasse nach links, kommt man zur **Tang-Residenz** (Haus 35, No. 2023, Sichuan Lu), benannt nach dem GMD-General Tang Enbo (vgl. Kapitel »Kriegsende – die Jahre bis 1949«, S. 290 ff.).

Folgt man der Gasse No. 201, Duolun Lu nach rechts, erreicht man »**The Memorial of the Meeting Site of the Establishment of the Left-wing Author's Alliance**« (Haus 2, No. 201, Duolun Lu, täglich 9 bis 16 Uhr, Tel.: 56 96 05 58). Am damaligen, 1924 errichteten Sitz des China Arts College wurde am 2. März 1930 die Liga Linker Schriftsteller aus der Taufe gehoben. Die gut gemachte Ausstellung zeigt neben vielen Fotos z.b. eine Abschrift des von Agnes Smedley nach der Ermordung der fünf Liga-Autoren 1931 initiierten internationalen Aufrufs zum Schutze Lu Xuns. Zu den Unterzeichnern zählten u.a. die deutschen Schriftsteller **Ludwig Renn** (1889-1979), **Anna Seghers** (1900-1983), **Johannes R. Becher** (1891-1958) und Egon Erwin Kisch sowie der Amerikaner **Upton Sinclair** (1878-1968).

Ein Stück weiter in Gasse 201 im Haus 4 wurde 1947 die Theatergruppe »Neues China« gegründet (»Kamel«-Symbol). Schräg gegenüber, im Haus 89, wohnte 1927/28 der Schriftsteller Guo Moruo. Wiederum gegenüber, sozusagen zwischen den Säulen, führt ein Gang in die Lilong-Anlage »Shuang Qing Li« (Doppel-Feier-Gasse). Wenn wir hindurchgehen und am Ende rechts abbiegen, kommen wir wieder auf die Duolun Lu.

Im ehemaligen Wohnhaus (No. 191, Duolun Lu) lebte der kommunistische Arbeiterführer und Li-Peng-Onkel Zhao Shiyan, einer der Befehlshaber des 3. Arbeiteraufstandes gegen Chiang Kaishek 1927 (vgl. Kapitel »Chiang Kaishek inszeniert das Shanghai Massaker von 1927«, S. 193 ff. und Spaziergang 9, S. 490). Heute befindet sich darin ein privates **Stäbchenmuseum** (keine festen Zeiten, Tel.: 56 71 75 28). Der Besitzer **Lan Xiang** (geb. 1929) zeigt gerne seine Schätze – er verfügt über rd. 1.800 Paar Stäbchen, die ältesten Stücke sind aus Silber und stammen aus der Tang-Dynastie (618-907). Allerdings muss man entweder Chinesisch können oder einen Dolmetscher haben. Lan hat 1993 das erste in der VR China publizierte Buch über Stäbchen verfasst.

Lilong-Anlagen aus den 20er-Jahren verbergen sich hinter dem Wohnriegel ab No. 154 (»Yong An Li« – Gasse des ewigen Friedens) auf der linken Seite und den Gassen No. 177 rechts (»Ming De Fang« – Gasse des Verstandes und der Tugend). Im Haus No. 145 von 1920 waren die Schlafsäle der Studenten des **China Art College** untergebracht.

In der rechts bei No. 135 abzweigenden »Jing Yun Li«-Gasse wohnten in den 30er-Jahren die Schriftstellergrößen Mao Dun, Ye Shengtao und der unglückliche Rou Shi. Hier findet sich auch die kuriose private **Keramiksammlung** von Chen Baihua, der, wie er sagt, Stücke vom Neolithikum (rd. 10.000 v. Chr.) bis zur Song-Dynastie (960 bis 1279) sein eigen nennt, darunter auch einige Exemplare

Denkmal für die fünf ermordeten Liga-Autoren
(von links nach rechts: Hu Yepin, Feng Keng, Rou Shi, Yin Fu und Li Weisen)

der für Shanghai wichtigen Majiabang-Kultur (4000 bis 2685 v. Chr., vgl. Kapitel »Als die Welt noch in Ordnung war«, S. 27 ff.; Gebäude 3, No. 135 Duolun Lu, Tel.: 65 87 99 10; Terminvereinbarung erforderlich).

Nach so viel Kultur und Museen haben wir uns eine Pause im **Old Film Café** (No. 123, Duolun Lu, 9:30 bis 1 Uhr (morgens), Tel.: 56 96 47 63) verdient. An dieser Stelle ist es eigentlich an der Zeit, sich mit dem Shanghaier Filmschaffen der 20er- und 30er-Jahre zu beschäftigen (vgl. Kapitel »Die Shanghaier Filmindustrie«, S. 242 ff.). Wer Lust hat, könnte sich hier einen alten Streifen mit einer der gefeierten Shanghaier Schauspielerinnen wie Butterfly Hu (Hu Die), Zhou Xuan oder Ruan Lingyu anschauen (oder später zu diesem Zweck wiederkommen).

Das folgende **Gebäude mit dem Xi-Shi-Glockenturm** (No. 119) stammt aus den 90er-Jahren des 20. Jahrhunderts und wurde anlässlich der Umgestaltung der Duolun Lu zur Kulturstraße als Blickfang erbaut. Mit ihren geschwungenen chinesischen Dächern fällt die ehemals protestantische Fitch Memorial Church (**Hong De Tang**) aus dem Jahr 1928 etwas aus dem Rahmen unter den Shanghaier Kirchenbauten (No. 59, Duolun Lu). Architektonisch in dieser Umgebung noch ungewöhnlicher zeigt sich das 2003 eröffnete moderne

Hong De Tang

Shanghai Duolun Museum of Modern Art (No. 119, Duolun Lu, täglich 10 bis 17:30 Uhr, Tel.: 65 87 69 02).

Um den Rundgang komplett zu machen, folgen wir der Sichuan Bei Lu einige Meter Richtung Norden, passieren die **Dixwell Apartments** (No. 1914-1932,

Sichuan Bei Lu), um dann in die Changchun Lu oder die parallel verlaufende Liyang Lu einzubiegen. Hier stehen die sachlich konstruierten **North End Apartments** (No. 1954-1982, Sichuan Bei Lu) sowie dahinter **North End Court** (Ecke Sichuan Bei Lu/Liyang Lu) von 1928 und gegenüber einige etwas ältere Backsteinwohnhäuser aus der frühen Erschließungsphase der Sichuan Bei Lu.

Spaziergang 9 – Die Revolutionsroute

Von Sun Yatsen bis zur Gründung der Kommunistischen Partei

Die ausländischen Niederlassungen boten besonders zu Beginn des 20. Jahrhunderts chinesischen Andersdenkenden und Revolutionären Zuflucht vor staatlicher Verfolgung. Auch Flüchtlinge aus anderen Ländern, wie Tausende von Angehörigen und Sympathisanten der russischen Weißen Armee, welche nach der Oktoberrevolution 1918 nach Shanghai kamen, fanden in der Stadt Unterschlupf (vgl. Kapitel »Die russische Flüchtlingswelle und wie die Ausländer ihr Gesicht verloren«, S. 148 ff.).

Solange ihre eigenen Interessen nicht berührt waren, sahen die Franzosen, Briten und Amerikaner über die Aktivitäten der Intellektuellen und politischen Aktivisten hinweg. Bevorzugtes Wohngebiet für viele bildete die Französische Konzession. Hier stand die elegante Villa Sun Yatsens, des ersten Präsidenten der Republik China, hier fand 1921 der Kongress zur Gründung der Kommunistischen Partei Chinas statt, hier wohnten und arbeiteten kommunistische Politiker wie Zhou Enlai, linke Publizisten wie Zou Taofen und Agnes Smedley. Auch für den langjährigen Aufenthalt der provisorischen koreanischen Exilregierung unter Führung des späteren ersten südkoreanischen Präsidenten Syngman Rhee gibt es eine Gedenkstätte.

Leider tun uns die Stationen des »Spaziergangs 9« nicht den Gefallen, »chronologisch geordnet« am Weg zu liegen. »Routentechnisch sinnvoll« beginnt der Rundgang in der Sinan Lu, der früheren Rue Massenet. Wenn wir das ganze Programm heute schaffen wollen, müssen wir möglichst um 9 Uhr beginnen.

No. 87, Sinan Lu lebte der berühmte Peking-Opernsänger **Mei Lanfang.** Der hierzulande völlig vergessene Darsteller von Frauenrollen, der Berthold Brechts »episches Theater« entscheidend mitbeeinflusste, war in den 20er- und 30er-Jahren ein von Moskau bis New York gefeierter Weltstar. »Welcher westliche

Spaziergang 9

1. Start: Wohnhaus von Mei Lanfang
2. Sun-Yatsen-Gedenkstätte
3. Wohnhaus von Chen Duxiu
4. St-Nikolaus-Kirche
5. Fuxing-Park
6. Dubail Apartments (Agnes Smedley)
7. Taofen Guju
8. Medizinhochschule Nr. 2
9. Koreanische Exilregierung
10. Gründungskongress KPCh
11. Mao-Grafitti

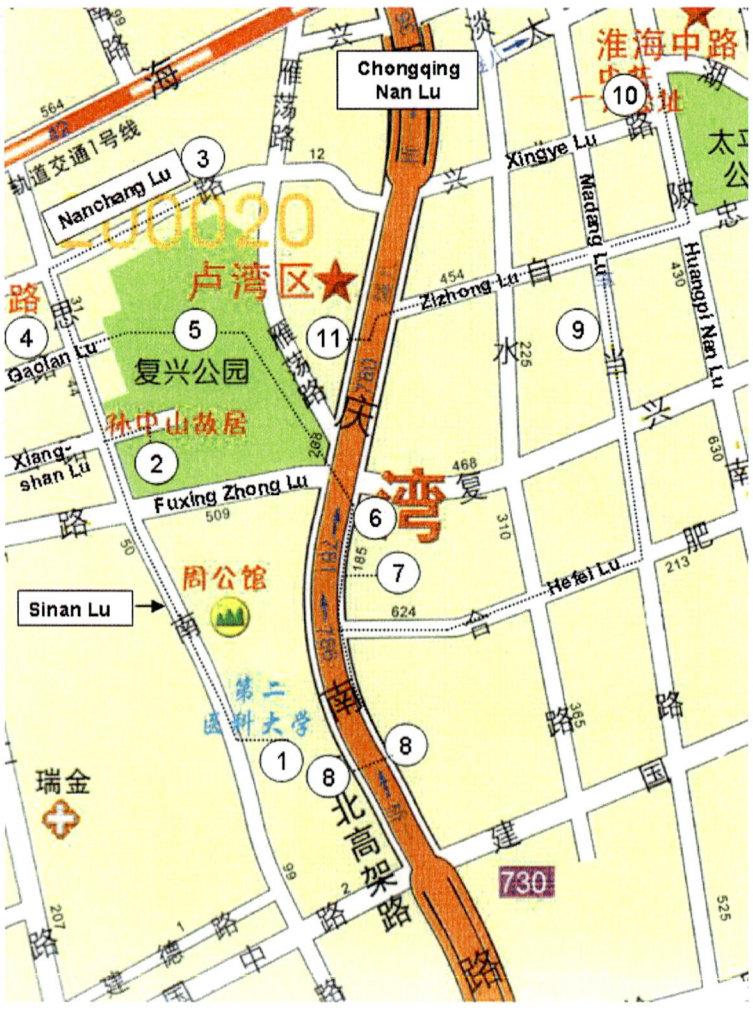

Schauspieler (...) könnte wie der chinesische Schauspieler Mei Lanfang, mit einem Smoking angetan, in einem Zimmer ohne besonderes Licht, umgeben von Sachverständigen, die Elemente seiner Schauspielkunst zeigen?«, schrieb Brecht 1937. Besondere Achtung hatte er sich vor seinen Landsleuten durch seine Weigerung erworben, vor den japanischen Besatzern zu singen.

Im gleichen Compound, No. 73, Sinan Lu, hatte die **Delegation der KPCh** während der Zeit der 2. Einheitsfront ihren offiziellen Sitz. Groß war die Freundschaft auch in Zeiten der Not nicht: Gegenüber in einem Ausguck befand sich der Spähposten der Guomindang. Ferner lebte und arbeitete Zhou Enlai 1946 in der französischen Villa – wenn auch nur wenige Monate. Dennoch Grund genug für ein kleines Schild am Eingangstor: »Gen. Chow En-Lai's Residence« (»Shanghai Patriotic Promotion Site«, täglich 9 bis 16 Uhr, Tel.: 64 73 04 20).

Von hier folgen wir der Sinan Lu Richtung Norden. Die »**spanische Villa**« Kreuzung Sinan Lu/Fuxing Lu (No. 38-41, Sinan Lu) gehörte einem Urenkel Yuan Shikais, dem Mann, dem Sun Yatsen nach nur wenigen Tagen Präsidentschaft 1912 die Macht überlassen musste und der sich gerne selbst als neuer chinesischer Kaiser gesehen hätte (vgl. Kapitel »Yuan Shikai oder das Ende eines Traums vom Neuanfang«, S. 137 ff.). Yuan Shikai kam persönlich nie nach Shanghai (seine politischen Gegner sagen, er habe sich nicht getraut ...). In die Villa ist 1953 das Shanghaier Forschungsinstitut für Kultur und Geschichte eingezogen. Die Büste am Eingang stellt den von Mao ernannten ersten Direktor des Institutes dar, den Publizisten und ehemaligen Präsidenten der Jiaotong University **Zhang Yuanji** (1867-1959). Er selbst wohnte in «Shangfang Garden« (No. 1285, Huaihai Zhong Lu, vgl. Spaziergang 13, S. 529).

Im ehemaligen Wohnhaus (1918) des jungen Revolutionärs Sun Yatsen und der allseits verehrten Song Qingling in der früheren Rue Molière (No. 7, Xiangshan Lu Ecke Sinan Lu; **Sun Yatsen Memorial Residence**, täglich 9 Uhr bis 16:00 Uhr, Tel.: 64 37 29 54) bietet sich die seltene Gelegenheit, großbürgerliches Wohnen im Shanghai der 20er-/30er-Jahre nachzuempfinden. Nach dem Tod ihres Mannes lebte Song Qingling hier mit Unterbrechungen bis zur japanischen Besetzung Shanghais im Jahr 1937. Nun folgt die nach der Vorsitzenden der Liga für berufstätige Frauen benannte **Mao-Liyin-Grundschule**; Mao Liyin, gehört zu den Widerstandskämpfern gegen die japanischen Invasoren und wurde 1939 ermordet.

Wenn Sie Zeit und Lust haben, gehen Sie zunächst geradeaus weiter am Fuxing Park (Gaolan Lu) vorbei bis zur Nanchang Lu. Dort wenden Sie sich nach rechts. Gleich an der Ecke (No. 59, Nanchang Lu) stand das Haus, in dem Sun Yatsen und Song Qingling nach ihrer Rückkehr aus Japan bis zum Umzug in die Rue Molière lebten.

Denkmal für Zhou Enlai im Garten seiner einstigen Residenz

Auf dem Grundstück No. 180 hatte sich zeitweise der Gelehrte und persönliche Freund Mao Zedongs **Guo Moruo** eingemietet. Im gleichen Gebäude befand sich das Shanghai Guomindang Executive Office. In ihm war Mao als Vertreter der KPCh während der 1. Einheitsfront von Februar bis Dezember 1924 tätig.

Ein Stückchen weiter auf der anderen Seite (No. 53, Nanchang Lu) wohnte in den 50er-Jahren der Maler **Lin Fengmian** (1900-1991). Er gilt als der Begründer der modernen Kunsterziehung in China (vgl. Kapitel »Shanghais Kunstszene der 30er oder ›Wellen peitschten gegen den Bund‹«, S. 174 ff.).

Der aus Guangdong stammende Lin hatte Ölmalerei studiert, zunächst ab 1919 in Paris, dann ab 1923 in Berlin. 1926 war er nach China zurückgekehrt, wurde Präsident des Instituts für bildende Kunst in Beijing, legte 1927 sein Amt nieder und beteiligte sich an der Gründung der Nationalen Kunstakademie in Hangzhou. Bis 1938 war er ihr Präsident. Während dieser Jahre engagierte er sich gemeinsam mit Cai Yuanpei und Malerkollegen wie Liu Haisu oder Xu Beihong durch die Organisation von Austellungen zeitgenössischer chinesischer Kunst in Deutschland, Frankreich oder Italien für den kulturellen Austausch mit Europa. (Umgekehrt gab es erstmals öffentliche Ausstellungen westlicher Kunst in China. 1929 eröffnete Cai Yuanpei die erste Nationale Kunstausstellung in Shanghai. Dies war insofern revolutionär, weil Werke der Malerei traditionell nur im geschützten Kreis enger Freunde und sachkundiger Gäste präsentiert wurden. Erst solche allgemein zugänglichen Ausstellungen ermöglichten überhaupt die Entstehung einer öffentlichen Debatte über künstlerische und kulturelle Fragen in China.)

Nach Shanghai zog sich Lin Fangmian 1951 zurück. Bereits in den frühen 50ern verschwanden seine Werke, in denen er traditionelle chinesische Formen mit westlichen Techniken zu einem eigenen modernen Stil verbunden hatte, mit der »Kritik-Aktion gegen die Malerei der Neuen Schule« aus den Akademien. Während der Kulturrevolution wurde er denunziert und zwischen 1968 und 1972 in Haft gesetzt. Seine Gemälde waren als »schwarze Malerei« diffamiert. 1978 gelang Lin Fengmian die Ausreise nach Hongkong.

Fast in unmittelbarer Nachbarschaft (No. 47, Nanchang Lu) residierte ab 1914 der **Cercle Sportif Francais** bis zu seinem Umzug in den Deutschen Gartenclub (vgl. Spaziergang 10, S. 497). 1926 wurde das Gelände in eine Französische Schule umgewandelt. Nach 1949 taufte Shanghais erster Bürgermeister Chen Yi das Hauptgebäude in Science Hall um.

Noch etwas weiter, etwas versteckt in der Lilong-Anlage No. 100, Nanchang Lu, im Haus Nr. 2 wohnte der chinesische Aufklärer und Publizist **Chen Duxiu**. Von hier gab er die Zeitschrift »Die Jugend« heraus, mit der er die chinesische Alltagssprache literaturfähig machte (vgl. Kapitel »Shanghais Literaturszene setzt Maßstäbe«, S. 161 ff.).

Eine revolutionäre Trouvaille ist der ehemalige **Da Tong Kindergarten** (No. 48, Nanchang Lu). In ihm spielten Anfang der 30er unter anderem die Mao-Söhne Anying, Anqing und **Anlong** (1927 bis zwischen 1933 und 1936). 2005 wurde das Gebäude deshalb als »Can't Be Moved Historical Building« klassifiziert. Die Mao-Söhne waren 1931 nach Shanghai verschickt worden, nachdem ihre Mutter Yang Kaihui 1930 in Hunan vom dortigen Kriegsherrn **He Jian** ermordet worden war. Der Vater, zu sehr im revolutionären Kampf verstrickt, konnte sich nicht um die drei Jungen kümmern. Ab 1933 blieben die Unterstützungszahlungen der nunmehr von Ruijin aus agierenden, durch Chiang Kaisheks Terror stark geschwächten KPCh aus – und die Kinder mussten auf der Straße leben. In diesen Jahren verstarb Anlong, der jüngste der Brüder. Die beiden älteren wurden schließlich 1936 zunächst nach Paris, dann in die UdSSR gebracht. Während Anying, der Älteste, 1950 im Korea-Krieg fiel, verstarb der letzte von Mao Zedongs Söhnen, Anqing, erst 2007 in Beijing. Politische Ambitionen hatte er, der zeitlebens mit mentalen Schwierigkeiten zu kämpfen hatte, keine.

Nach diesem Abstecher kehren wir über die Sinan Lu zur Gaolan Lu (Rue Corneille) zurück, wenden uns nach Westen und stoßen nach wenigen Metern auf die frühere russisch-orthodoxe **Militärkirche St. Nikolaus** (geweiht 1933, gestiftet von einem General Glebow; No. 16, Gaolan Lu). Viele kennen noch das Mao-Portrait, das über dem Eingang hing. Es heißt, ein besorgter Nachbar oder Hausmeister habe es als Schutz vor »revolutionären Zerstörungen« anbringen lassen. Seit 2005 ist es »verschwunden«. Im Innern sind, auch wenn zwischen den 60er- und den 90er-Jahren in der Kirche Waschmaschinen gefertigt wurden und danach das Restaurant »Ashanti-Dome« hier seine Gäste verwöhnte, einige originale Glasfenster erhalten.

In entgegengesetzter Richtung der Gaolan Lu liegt der Fuxing Park. Rechts am Eingang (No. 1, Gaolan Lu), besaß der Kriegsherr und General **Zhang Xualiang** ein Haus. Zhang war maßgeblich an der Entführung Chiang Kaisheks im Dezember 1936 beteiligt, welche schließlich zur Bildung der 2. Einheitsfront von Guomindang und KPCh führte (vgl. Kapitel »Die Vorboten des ›Shanghai Zwischenfalls‹ «, S. 251 ff.).

Der heutige **Fuxing Park** diente anfangs als französisches Militärcamp, bevor ihn der französische Stadtrat ab 1909 zum Pendant des Huangpu-Parks im Internationalen Settlement umgestalten ließ. Zwei Jahre später stürzte der Flugpionier **René Vallon** (1880-1911) bei einer Vorführung über dem Park ab. Der Franzose war im Norden der Stadt gestartet und wollte, nachdem er eine eindrucksvolle Schleife über dem ehrfürchtig staunenden Publikum gezogen hatte, auf der Pferderennbahn landen. Unglücklicherweise verfehlte er sein Ziel. Vallon war der erste, der mit einem Doppeldecker von Frankreich nach China geflogen war. Zu seinem Gedenken wurde in dem damaligen Französischen Park ein Stein aufgestellt und in der Nähe der Absturzstelle die Route Vallon benannt (heute Nanchang Lu).

Ebenfalls im Fuxing Park steht ein **Doppel-Denkmal** aus der 80er-Jahren für die Vordenker des Kommunismus **Karl Marx** (1818-1883) und **Friedrich Engels** (1820-1895). Marx hatte die Situation Chinas 1853 wie folgt analysiert: »Bis 1830 wurde, da die Handelsbilanz ständig aktiv für die Chinesen war, ununterbrochen Silber aus Indien, Großbritannien und den Vereinigten Staaten nach China eingeführt. Seit 1833 indessen und besonders seit 1840 hat die Ausfuhr von Silber aus China nach Indien solche Ausmaße angenommen, dass sie das Reich des Himmels zu erschöpfen droht. Daher die energischen Erlasse des Kaisers gegen den Opiumhandel, die mit einem noch energischeren Widerstand gegen seine Maßnahmen beantwortet wurden. Neben dieser unmittelbaren ökonomischen Auswirkung hat in den Südprovinzen die mit dem Opiumschmuggel verbundene Korruption die chinesischen Staatsbeamten völlig demoralisiert. So, wie man den Kaiser als den Vater ganz Chinas anzusehen pflegte, wurden seine Beamten als Wahrer der väterlichen Rechte in ihren jeweiligen Gebieten betrachtet. Aber diese patriarchalische Autorität, das einzige moralische Bindeglied, das die ganze ungeheure Staatsmaschinerie umfasste, ist allmählich durch die Korruption der Beamten zerfressen worden, die sich durch Begünstigung des Opiumschmuggels große Gewinne verschafft haben.«

Zu der Handvoll westlicher Journalisten und Intellektuellen, die die Welt in den 20er-/30er-/40er-Jahren des 20. Jahrhunderts auf das Elend und den Widerstandskampf des chinesischen Volkes aufmerksam machen wollten, gehörte **Agnes Smedley** (vgl. Kapitel »Shanghais Literaturszene setzt Maßstäbe«, S. 161 ff. und »Shanghai wird ›Schlachthaus des modernen Imperialismus‹ – die 30.-Mai-Bewegung 1925«, S. 188 ff.). Zwischen 1929 und 1931 lebte sie in dem Apartment-Haus No. 185, Chongqing Nan Lu (»Dubail Apartments«, da vormals Avenue Dubail). Dorthin gelangen wir, wenn wir den Fuxing-Park in südöstlicher Richtung zum Ausgang Fuxing Lu Ecke Chongqing Nan Lu durchqueren. Der Block liegt direkt auf der schräg gegenüberliegenden Seite.

Smedleys Wohnung war ab 1930 mindestens einmal im Monat Treffpunkt für Ozaki Hotsumi und Richard Sorge, welcher Ozaki gegenüber zu dieser Zeit noch unter dem Decknamen »Johnson« auftrat – Ozaki erfuhr die wahre Identität Sorges erst Jahre später. Besondere Bedeutung bekam der japanische Journalist für den sowjetischen Spion vor allem durch den »Zwischenfall von Zhabei«. Sorge schrieb in seinem nach seiner Verhaftung in Tokyo aufgesetzten »Geständnis«: »Der Ausbruch der Kämpfe in Shanghai im Jahr 1932 deutete auf eine neue Richtung in der japanischen Politik hin, obwohl wir damals natürlich noch nicht genau wussten, ob es sich einfach um ein plötzliches Geplänkel handelte oder ob es eine (neue) Anstrengung der Japaner war, nach der Annexion

Doppel-Denkmal für Karl Marx und Friedrich Engels im Fuxing Park

der Mandschurei auch noch China zu erobern. Ebenso wenig ließ sich sagen, ob die Japaner nordwärts nach Sibirien oder südwärts nach China vorstoßen würden. Durch die Vorfälle in Shanghai war meine Arbeit noch wichtiger geworden. Ich musste versuchen, die wahren Pläne der Japaner herauszufinden und im Kampf um Shanghai die Kampfmethoden der Japaner in allen Einzelheiten zu studieren« (zitiert nach Deakin/Storry). Im Februar 1932 wurde Ozaki von seinem Arbeitgeber nach Tokyo zurückbeordert; Sorge verließ die Stadt im Dezember.

Schräg gegenüber von Smedley (No. 512, Fuxing Zhong Lu) lebte der gefeierte und höchst umstrittene Maler **Liu Haisu**. Der 1896 in Jiangsu geborene Liu war 1909 nach Shanghai gekommen und gründete dort 1912 die Shanghai Art School, wo er – trotz Protesten von vielen Seiten – die Aktmalerei in die chinesische Kunst einführte. 1914 fand der erste Kurs im Aktzeichnen statt, erstes Modell war ein fünfzehnjähriger Junge namens He Shang. Als erstes weibliches Nacktmodell verdingte sich 1920 eine Russin; 1926 verbot die lokale Stadtregierung die Arbeit an Nacktmodellen, doch Liu ließ sich bis in die 50er-Jahre von solchen Restriktionen nicht einschüchtern. Für Furore sorgte 1935 ein Foto, auf dem sich 22 junge Männer und Frauen zu einem Gruppenbild zusammenfanden, alle trugen westliche Freizeitkleidung, bis auf eine Frau in der Mitte: sie war nackt und wendete ihren Kopf nach hinten. Ein sehr treffendes Portrait des großen Intellektuellen Cai Yuanpei aus Lius Pinsel hängt in der Cai-Yuanpei-Gedenkstätte (vgl. Spaziergang 5, S. 442 f.). Überdies ist das Liu Haisu Art Museum nach ihm benannt (wechselnde Präsentationen; No. 1666, Hongqiao Lu, dienstags bis sonntags 9 bis 16 Uhr, Tel.: 62 70 10 18).

Politisch aufrütteln wollte das Volk der 1895 geborene Journalist und Herausgeber der »Shenghuo Shudian« (Life Weekly), **Zou Taofen**. Die »Shenghuo Shudian« war die erfolgreichste Wochenzeitung Chinas mit einer Auflage von bis zu 155.000 Exemplaren. Nach dem »Zwischenfall von Mukden« schrieb Zou mutig gegen die japanische Besatzung und prangerte die Untätigkeit der Guomindang-Regierung an. Als die Japaner Shanghai angriffen, rief er zu Spenden für den Widerstand auf. Darüber hinaus stiftete er das »Life Hospital« für Verwundete. Sein »Life-Bookstore« (ab 1932) trug zum Verkauf marxistischer Literatur bei. 1933 musste Zou Taofen vor der Guomindang fliehen, kehrte 1935 zurück, gehörte 1936 mit Song Qingling und anderen Gleichgesinnten zu den Gründern der Shanghaier »Organisation zur Nationalen Rettung«, wurde im gleichen Jahr verhaftet, aber bereits 1937 wieder freigelassen. Danach publizierte er mehrere anti-japanische Bücher. Zou starb 1944 an einem Hirntumor. Seine Gebeine ruhen im Märtyrer-Gedenkpark (vgl. Spaziergang 12, S. 517 ff.).

Zou Taofen wohnte mit Unterbrechungen von 1930 bis 1936 ein paar Meter südlich der »Dubail Apartments« in der Anlage »Auvergne Terrace« (**Zou-Taofen-**

Gedenkstätte, No. 205, Chongqing Nan Lu, 53 und 54; täglich 9 bis 11 Uhr und 13 bis 16 Uhr, Tel.: 63 84 28 11). Einrichtungsgegenstände sind noch vorhanden, auch die originale Badewanne mit Heißwasserzufluss und das »Wassercloisette«; wer einen schönen Tingzijian sehen möchte, ist in Zous Arbeitszimmer genau richtig, vgl. Kapitel »Die Geburt der Lilongs«, S. 60 ff.).

Noch ein paar Schritte weiter südlich hat die **Shanghai Medizin-Hochschule Nr. 2** ihren Sitz (guter Überblick von der Fußgängerüberführung). Sie ist 1952 aus der **Université de l'Aurore (Zhendan Daxue**, S. 97) hervorgegangen. Die Zhendan (1903) war Vorgängerinstitution der heute so berühmten Fudan University (1905). Gegründet hatte beide der chinesische Jesuit Ma Xiangbo. An den christlichen Hintergrund erinnert die St.-Peter-Kirche (am Standort des ursprünglichen Gotteshauses 1996/97 neu aufgebaut, regelmäßig katholische Gottesdienste, auch in englischer und deutscher Sprache, No. 270, Chongqing Nan Lu, Tel.: 64 67 80 80).

Der Hefei Lu (gegenüber von St.-Peter) folgen wir bis zur Madang Lu, in die wir nach links abbiegen. Hier befindet sich eine kleine Gedenkstätte für die **provisorische koreanische Exilregierung** (No. 306, Madang Lu, täglich 9 bis 17 Uhr, Tel.: 53 82 95 54). Die Exilregierung hatte von 1919 bis zum Attentat im Hongkou Park 1932 ihren Sitz in der Französischen Konzession. In jenen dreizehn Jahren musste sie neunmal umziehen. In dieser Lilong-Anlage arbeitete sie unter ihrem Präsidenten Syngman Rhee (1875-1965) von 1925 bis 1932. Der Komplex wurde 1993 mit koreanischen Privatspenden erworben, renoviert und 2001 eröffnet.

Die Madang Lu stößt etwas weiter auf die Zizhong Lu. Zunächst gehen wir kurz nach links (schöne Lilong-Anlagen). Am Haus Nr. 363 erinnert ein Schild daran, dass von hier aus die Befehle zum 3. Arbeiteraufstand 1927 erteilt wurden. An der Spitze standen Zhou Enlai, Wang Shouhua, Zhao Shiyan und Luo Yinong. Unsere Revolutionsroute führt uns jedoch in erster Linie in die entgegengesetzte Richtung nach rechts zur letzten Station, dem Ort des Gründungskongresses der chinesischen Kommunistischen Partei. Bevor wir hierfür an der Huangpi Lu nach links abbiegen, sollten wir noch einen wehmütigen Blick auf das rechts vor uns liegende Carrée Huangpi Lu/Zhizong Lu/Shunchang Lu werfen. Hier befand sich einst in einer Lilong-Anlage (No. 225, Zizhong Lu) der Sitz der **Shanghai Machinery Union**. Dies war die erste, im November 1920 von Shanghaier Kommunisten gegründete Industriegewerkschaft (ein Foto des Gebäudes ist im Museum »The Site of the First National Congress of the Communist Party of China« zu sehen).

Zweifellos war die Gründung der Kommunistischen Partei 1921 eines der wichtigsten Ergebnisse der revolutionären Bemühungen (vgl. Kapitel »Der Kommunismus fasst Fuß – die Gründung der KPCh 1921«, S. 187 ff.). Deshalb

Die koreanische Exilregierung in der Französischen Konzession

Im Jahr 1910 annektierte Japan den kleinen nordwestlichen Nachbarn Korea und unterstellte ihn einem Generalgouverneur. Erklärtes Ziel war die Ausbeutung des Landes im Sinne der eigenen Wirtschaftsinteressen.

Am 1. März 1919 proklamierten daraufhin bedeutende koreanische Persönlichkeiten die Unabhängigkeit Koreas von Japan und lösten damit eine gewaltfreie Volkserhebung aus. Sie wurde von den japanischen Besatzern brutal niedergeschlagen. In der Folge konstituierte sich noch im gleichen Jahr unter der Führung von Syngman Rhee in Shanghai die provisorische koreanische Exilregierung. Ihr Ziel war der Aufbau einer antijapanischen Widerstandsbewegung. Rhee blieb bis 1941 ihr Präsident.

Aus dem Kreis ihrer Sympathisanten ging der Attentäter des Anschlags auf die japanische Militärführung im April 1932 im Hongkou Park hervor. Der Koreaner Meiting bezahlte seinen Mut mit dem Leben (vgl. Spaziergang 8, S. 477). Die Exilregierung, die bislang in der Französischen Konzession Zuflucht vor den japanischen Besatzern ihres Heimatlandes gefunden hatte, floh zunächst nach Hangzhou, im November 1935 nach Jiaxing, im April 1937 nach Zhenjiang, im November nach Changsha, im Juli 1938 nach Guangzhou und im Oktober weiter nach Liujiu, im März 1939 nach Jijiang und schließlich im September 1940 nach Chongqing. Von hier aus erklärte sie Japan und Deutschland den Krieg.

Auf den Konferenzen von Kairo (1943) sowie Jalta und Potsdam (beide 1945) sicherten die Kriegsgegner Japans Korea die staatliche Unabhängigkeit zu. Mit der Kapitulation Japans am 15. August 1945 besetzten sowjetische Truppen gemäß den Beschlüssen von Jalta Korea nördlich, amerikanische südlich des 38. Breitengrades. Nach dem Scheitern der sowjetisch-amerikanischen Verhandlungen über eine gesamtkoreanische Regierung (1946) beraumte die UNO 1947 geheime und freie Wahlen an, die 1948 unter ihrer Aufsicht in Südkorea durchgeführt wurden. Auf dieser Basis bildete sich am 15. August 1948 die Republik Korea unter ihrem ersten Präsidenten Syngman Rhee.

gehört »**The Site of the First National Congress of the Communist Party of China**« (No. 76, Xingye Lu Ecke Huangpi Nan Lu, täglich 9 bis 16 Uhr, Tel.: 53 83 21 71) seit 1952 als revolutionäre Gedenkstätte zum Pflichtprogramm ideologiefester Shanghai-Besucher. Sie krönt auch unseren Rundgang.

Das zum 80-jährigen Parteijubiläum auf die Höhe der Zeit gebrachte Museum (zweisprachig, Katalog!) präsentiert z.B. Originalgrenzsteine zwischen Britischem bzw. Internationalem Settlement und der Chinesenstadt, den Stuhl eines SMC-Stadtrates oder Gummiknüppel und Lederpeitschen der ausländischen Polizeikräfte.

1999 schrieb Jiang Zemin den Genossen ins Stammbuch:»Ohne Kommunistische Partei kein Neues China« («Mei you gongchandang, jiu mei you xin zhongguo»). Das Zitat hat eine kuriose Geschichte hinter sich. Im März 1943 veröffentlichte Chiang Kaishek in Chengdu ein Buch mit dem Titel »Zhongguo zhi mingyun« (Das Schicksal Chinas), in dem er seine politischen Vorstellungen darlegte. Darin heißt es: «Mei you guomindang, na jiu mei you le zhongguo« – Ohne die Guomindang gäbe es kein China mehr. Daraufhin titelte die Shanghaier Zeitung »Jiefang Ribao« am 25. August 1943:»Mei you gongchandang, jiu mei you zhongguo« – Ohne die Kommunistische Partei kein China. Von diesem Leitartikel fühlte sich der damals neunzehnjährige **Cao Huoxing** (1924-1999) inspiriert; er dichtete und komponierte ein Lied mit dem gleichen Titel. 1948 machte der KP-Sympathisant **Zhang Naiqi** (1897-1977) den Vorschlag, der zweiten Verszeile das Wort »xin« (neu) hinzuzufügen. Mao Zedong wiederum griff diese Idee sofort auf. Seitdem hat das Lied unter dem Titel »Mei you gongchandang, jiu mei you xin zhongguo« – Ohne Kommunistische Partei kein Neues China – landesweite Bekanntheit erlangt und wurde vor allem in den 50er- und 60er-Jahren viel gesungen.

In unmittelbarer Nachbarschaft befindet sich das Vergnügungsviertel **Xintiandi** (vgl. Kapitel »Shanghais Disneyland oder warum sind viele chinesische Städte so hässlich?«, S. 330 ff.) – trotz aller Künstlichkeit ein guter Platz, den Tag zu beschließen (und zu beobachten, wie die heutigen Shanghaier zu ihrer kommunistischen Vergangenheit stehen ...).

Auf diejenigen, die wieder an den Ausgangspunkt müssen, wartet noch ein kleiner »Abschlussleckerbissen«: Die Zhizhong Lu zurückgehen, die Chongqing Nan Lu an der Fußgängerampel überqueren – zwischen Hausnummer 198 und der öffentlichen Toilette (etwa auf Höhe der Bushaltestelle) grüßt huldvoll aus einer kleinen Lane von einer Mauer ein **kulturrevolutionärer Mao**.

Spaziergang 10 – Die Maoming Lu

Sehen und Gesehen werden

Maoming Lu ist nicht gleich Maoming Lu. »Sehen und Gesehen werden« galt in den 20er-/30er-Jahren des 20. Jahrhunderts nur für die einstige Rue Cardinal Mercier in der Französischen Konzession, das heißt für die heutige Maoming Nan Lu. Die nördlich der Yan'an Lu verlaufende Maoming Bei Lu im Internationalen Settlement war hingegen immer eine eher biedere Wohnstraße mit einfachen Lilong-Anlagen. An dieser Zweiteilung hat sich bis heute wenig geändert. Während sich im Südteil der Straße seit den 90er-Jahren wieder die Reichen und Schönen der Stadt vergnügen, herrscht im Nordteil eher Alltag. Die Zweiteilung war auch der Grund dafür, dass Mao Zedong in seiner kommunistischen Frühphase 1924 kurze Zeit in der Maoming Bei Lu eine Wohnung bezog oder dass sich schräg gegenüber der ebenfalls nicht üppig mit Geldmitteln gesegnete Jewish Recreation Club der russischen Flüchtlingsgemeinde einquartierte. Derweil »tobte« in der Rue Cardinal Mercier »der Bär«. Vorwiegend die französische Ausländer-Gemeinde traf sich im Le Cercle Sportif Francais auf dem Gelände des ehemaligen deutschen Gartenclubs. Die wohlhabenden Chinesen besuchten das Lyceum-Theater. Man wohnte in einem der neuen und eleganten Art-Deco-Apartment-Häusern wie dem »Astrid«, dem »Cathay« oder dem »Grosvenor House«. Beliebt waren Besuche im Canidrome, dem Hunderennplatz am Ende der Straße im Süden, wo sich in direkter Nachbarschaft der »North China Daily News«–Erbe Morriss jun. ein weitläufiges Anwesen hatte anlegen lassen.

Da sich viele Gebäude in der Maoming Nan Lu am schönsten bei Nachmittagslicht aufnehmen lassen, ist es am vorteilhaftesten, diesen Spaziergang gegen 14 Uhr an der **Gedenkstätte für Mao Zedong** zu beginnen und nach deren Besuch die Straße gemächlich in Nord-Süd-Richtung entlangzuwandeln. Mao lebte 1924 im Dienste der 1. Einheitsfront zwischen Guomindang und KPCh kurzzeitig mit seiner ersten Frau Yang Kaihui, seinen beiden kleinen Kindern und der Schwiegermama in diesem bescheidenen Shikumen-Lilong (Gedenkstätte, No. 120, Maoming Bei Lu, dienstags bis sonntags, 9 Uhr bis 11:30 Uhr sowie 13 bis 16 Uhr, Tel.: 62 72 36 56).

In einem der Wohnhäuser rechter Hand hatte der **Jewish Recreation Club** seine Räumlichkeiten.

Wir überqueren die Yan'an Lu und sind nun in der ehemaligen Französischen Konzession. Das **Lyceum-Theater** (No. 57, Maoming Nan Lu, S. 239 f.) aus dem Jahr 1931 war eines der bedeutendsten Theater der Stadt und diente den großen Opernensembles, Balletttruppen, Orchestern und Zirkussen aus

Spaziergang 10

1. Start: Mao-Zedong-Gedenkstätte
2. Lyceum
3. Cathay
4. Astrid
5. Ehem. Blumenmarkt
6. Ruijin Guesthouse

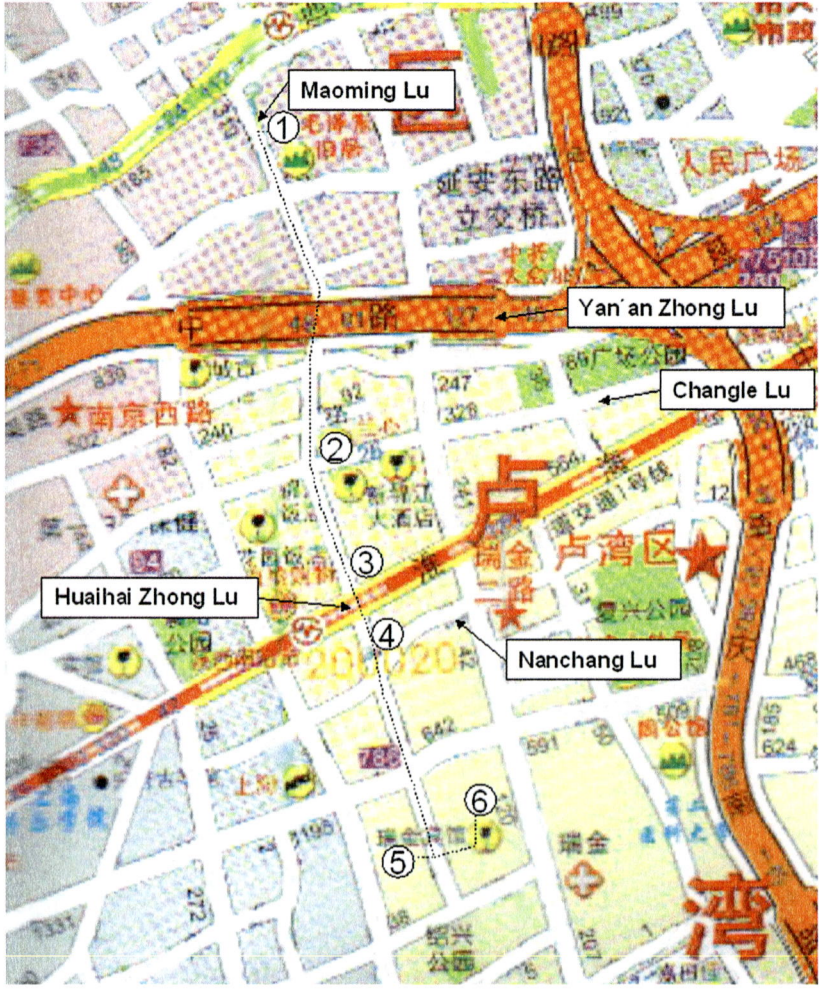

Europa und Amerika als Gastspielort. Mit dem Aufkommen des Films fungierte das Lyceum zusätzlich als Lichtspielhaus. Zu den Glanzpunkten zählten die Auftritte des berühmten Pekingopern-Stars Mei Lanfang (vgl. Spaziergang 9, S. 481 ff.).

Die zwischen 1925 und 1929 erbauten **Cathay Mansions** waren mit ihren 57 Metern Höhe das erste Hochhaus in Shanghai. Der unsichere Baugrund stellte das ausführende Architekturbüro Algar & Co. vor besondere Herausforderungen. Zwar hatten sich **Albert Edmund Algar** (1873-1923) und **Percy Montagu Beesley** bereits mit dem Christian Association Building (No. 595-607, Sichuan Zhong Lu; vgl. Spaziergang 2, S. 399) einen Namen gemacht. Gleichzeitig entstand die bekannte Lilong-Anlage Verdun Terrace, No. 247-199, Changle Lu Ecke Shaanxi Nan Lu. Dennoch konnten Algar & Beesley das baldige Einsinken des Cathay um etwa einen Meter nicht verhindern.

Der wirtschaftliche Erfolg veranlasste die im Besitz von Victor Elice Sassoon stehende Cathay Real Estate Company deshalb Palmer & Turner mit der Ausführung des mit 78 Meter noch höheren und noch luxuriöseren **Grosvenor House** zu beauftragen. Die Federführung hatte – wie auch beim Peace Hotel oder der Hongkong and Shanghai Banking Corporation am Bund – der in London geborene **George Leopold Wilson** (1880-1967). Nach einem Jahr Bauzeit wurde das Grosvenor House 1935 fertig gestellt. Noch im gleichen Jahr folgten die niedrigeren und etwas preiswerteren Apartments im Grosvenor Mansion (heute Boutiquen- und Restaurantstraße; je angesagter das Restaurant, desto kleiner die Portionen und umso höher die Preise). Alle drei Anlagen gehören zum Jinjiang Hotel (No. 59, Maoming Nan Lu).

Der Name »Jinjiang« geht zurück auf **Dong Zhujun** (1900-1998). Die Shanghaierin hatte sich bereits in den 30er-Jahren einen Namen als erfolgreiche Geschäftsfrau gemacht und unter anderem das »Jinjiang Sichuan Restaurant« und das »Jinjiang Tea House« eröffnet. 1949 wurde ihr die Leitung der Cathay Mansions als staatliches Gästehaus übertragen, in das ein Jahr später ihre beiden Restaurants einzogen. Mit ihnen »kam« der Name Jinjiang »an die Tür«. Sassoon verkaufte seinen Besitz 1951 an die Shanghaier Stadtregierung.

In den 70er- und 80er-Jahren beherbergte der Komplex vornehme Gäste. Den Anfang machte 1972 US-Präsident **Richard Nixon** (1913-1994). Er unterzeichnete in der 1959 im Garten errichteten Jinjiang Grand Hall das »Shanghai Kommunique«. Die Vereinbarung, in der die Vereinigten Staaten Taiwan als Teil Chinas anerkannten, bezeichnete den Wendepunkt in den chinesisch-amerikanischen Beziehungen und war ein Signal für die außenpolitische Öffnung der VR China. Um Gesicht zu wahren, hatte Premierminister Zhou Enlai persönlich angeordnet, die zum Schutz vor den Roten Garden ausgelagerten wertvollen Kalligraphien, Gemälde und Kunstgegenstände aus dem Hotelinventar wieder hervorzuholen. Auch gab es während der Nixon-Visite plötzlich Gemüse und Fisch im Überfluss in den Läden – nur zum Anschauen, nicht zum Kaufen! In der »Ahnengalerie« der Lobby im Grosvenor House erinnern Fotos an die Besuche des japanischen Premierministers **Nakasone Yashiro** (1973), des französischen Staatspräsidenten **George Pompidou** (1973), der britischen Premierministerin **Margaret Thatcher** (1977), des französischen Staatspräsidenten **Francois Mitterrand** (1916-1996, 1983), des australischen Premierministers **Robert Hawke** (1984), des US-Präsidenten **Ronald Reagan** (1911-2004, 1984) und des deutschen Bundeskanzlers **Helmut Kohl** (1984). Dann reißt die Kette plötzlich ab – und andere neu eröffnete Häuser in der Stadt – wie z.B. das Shangrila bzw. das spätere Ritz Carlton im Shanghai Portman Centre (vgl. Spaziergang 4, S. 436) – erwiesen sich als geeigneter für hochkarätige ausländische Delegationen.

Gefragt war das Jinjiang erneut während der SARS-Epidemie (vgl. Spaziergang 14, S. 535 ff.), welche die VR China 2003 in Atem hielt. Während die Seuche in Beijing mehrere Hundert Todesopfer forderte, sei eine Vielzahl hoher Kader aus der Landeshauptstadt mit ihren Familienangehörigen ins »sichere« Shanghai »geflohen« und habe sich im Jinjiang einquartiert, hieß es unter der Hand.

Unübersehbar auf der anderen Straßenseite direkt gegenüber erhebt sich der Tower des **Okura Garden Hotels** (No. 58, Maoming Nan Lu). Die Architekten des japanischen Luxushotels haben in der Lobby die alte Bausubstanz des 1924 bis 1926 von **Alexandre Léonard** und **Paul Veysseyre** ausgeführten, vornehmen **Cercle Sportif Francais** integriert. Mit Ende des 2. Weltkrieges richtete sich die US-Army in dem Gebäude ein und nach 1949 wurde die Anlage in einen Volkskulturpalast umfunktioniert, der Garten wurde zum Sportplatz. Im Jahr 1959 nutzte Mao Zedong die Räumlichkeiten. Ihm zu Gefallen erhielt einer der Bankettsäle im zweiten Stock ein Stuckmuster nach den Wellen des Yangtze-Flusses. Dieser Ära soll auch eine unterirdische Tunnelanlage entstammen, die den Sportclub mit dem Jinjiang Hotel auf der anderen Seite der Maoming Lu verband.

Nach dem Weggang Maos fiel der frühere Cercle Sportif Francais über viele Jahre in einen sorgfältig von der Armee bewachten Dornröschenschlaf, bevor er Ende der 70er-Jahre als Jinjiang Club der gleichnamigen Hotelgruppe angeschlossen wurde. 1985 startete der japanische Okura-Konzern mit den Renovierungs- und Bauarbeiten. Die originale Art-Deco-Ausstattung wurde sorgsam restauriert, im zweiten Stock der Bankettsaal nach historischen Aufnahmen originalgetreu neu erschaffen und darüber ein 32-stöckiger Turm errichtet (1989 fertig gestellt). In der ehemaligen Bowling-Bahn befindet sich heute der Frühstücksraum, im Schwimmbad der Coffeeshop und auf der Terrasse lässt sich wunderbar das vornehme Leben der 30er-Jahre nachempfinden. Der weitläufige Garten ist der Öffentlichkeit frei zugänglich. Als Treffpunkt beliebt unter Shanghaier Frühsportlern weckt er so einen Hauch Erinnerung an den vormals auf dem Gelände befindlichen **Deutschen Gartenclub** (S. 118 f.). Kinovergnügen bietet bis heute das 2003 gründlich renovierte **Cathay** (No. 870, Huaihai Zhong Lu Ecke Maoming Nan Lu; vgl. Kapitel »Die Shanghaier Filmindustrie«, S. 242 ff.). Das 1932 von C.H. Gonda entworfene Haus gehörte einst ebenfalls zum Immobilienimperium von Victor Elice Sassoon.

Eines der schönsten Beispiele für Shanghaier Art-Deco-Architektur ist die Fassade des Apartment-Blocks No. 151, Maoming Nan Lu Ecke Nanchang Lu (vgl. Kapitel »Shanghai schwelgt im Art-Deco«, S. 255 ff.). Die Nähe zum exklusiven Cercle Sportif Francais machte das »**Astrid**« (1933 von **W. Levin**) zur bevorzugten Wohnlage für junge Jet-Set-Angehörige der internationalen Gemeinde (der Club nahm keine Chinesen auf). In der Tat stand auf der Mieterliste von 1939 nur ein chinesischer Name. Auf einer Ebene ist heute ein chinesisches Krankenhaus untergebracht. In den übrigen Wohnungen leben »lao bai xing« – Angehörige

Aus Y. C. Kuan: Mein Leben unter zwei Himmeln

Keine Gerechtigkeit

Ganz in unserer Nähe (...) befand sich der opulente Bau des Cercle Sportif Francais, also der französische Sportclub. Chinesen hatten dort nur in Ausnahmefällen Zutritt. Mehrere Sikhs in ihrer typischen Haar- und Turbantracht bewachten den Eingang. Dabei gingen sie gegen Neugierige, die einen Blick durch die Tür werfen wollten, äußerst rüde vor. Da ich den Klub jeden Tag passierte, schenkte ich ihm keine große Aufmerksamkeit, aber als ich einmal in Begleitung zweier Mitschüler war, reckten die beiden neugierig den Hals, um einen Blick nach drinnen zu erhaschen. Sofort zückten zwei Sikhs ihren Gummiknüppel und schlugen auf uns ein. Ich entkam ungeschoren, doch die beiden Mitschüler waren nicht flink genug und erlitten Blutergüsse und Schwellungen auf dem Rücken. Die Eltern der beiden waren empört und suchten uns abends zu Hause auf, um sich mit meiner Mutter zu beraten, ob sie nicht Anzeige erstatten sollten.
Ein Kollege meiner Mutter, der gerade zugegen war, riet davon ab: »Hier gibt es keine Gerechtigkeit! Unsere Beamten biedern sich bei den Ausländern an. Mit einem solchen Fall vor Gericht zu ziehen, ist völlig aussichtslos.« Resigniert gaben die Eltern ihr Vorhaben auf.

Anmerkung: Der Vorfall ereignete sich um 1947, d. Verf.

der »alten 100 Namen« – d.h. ganz normale Leute. Geradezu lauschig sitzt es sich im Restaurant »**1931**« (No. 112, Maoming Nan Lu, Tel.: 64 72 52 64).

Wir gehen jetzt durch den Hintereingang des **Ruijin Guesthouse** auf das frühere Gelände von Morriss Estate. Anfang der 20er-Jahre hatte **Maurice Benjamin Morriss** (geb. 1883, gest. zwischen 1953/55), Enkel des Begründers der »North China Daily News« (vgl. S. 210 ff.), das Gelände an der ehemaligen Avenue Père Robert (No. 118, Ruijin Er Lu) erworben. Es erstreckte sich fast über den gesamten Block. Morriss ließ drei Einzelhäuser und mehrere Nebengebäude errichten, die über elegant geschwungene Wege verbunden waren.

1928 gelang es ihm in Kooperation mit Du Yuesheng, Huang Jinrong und französischen Bankvertretern genügend Gelder zur Errichtung eines Hunderennplatzes zu sammeln. Der Hausherr selbst züchtete Greyhounds. Durch den Hinterausgang an der heutigen Maoming Nan Lu verfügte er über einen direkten Zugang zum **Canidrome** auf der gegenüberliegenden Straßenseite (erst Kulturplatz – Wenhua Guangchang, bis 2005 Blumenmarkt, jetzt Baustelle für ein neues Musical-Theater; No. 180, Maoming Nan Lu; vgl. auch Spaziergang 11, S. 510). Im alten Hotelteil hängt ein Foto, das Morriss in der ehrenwerten Gesellschaft von Du Yuesheng und Wang Jinrong mit ihren Hunden auf dem Rennplatz zeigt.

Während des 2. Weltkrieges zog das italienische Konsulat in eine der Villen. Nach 1949 wurde Morriss-Estate verstaatlicht, Maurice Benjamin übergab 1953 das letzte Haus (No. 3) der Shanghaier Stadtregierung und verstarb wenig später. Der neue Name »Ruijin Guesthouse« erinnert an die revolutionäre chinesische Sowjetregierung in Ruijin (Provinz Jiangxi) von 1931. Diese hatte schon 1932 – wenn auch nur symbolisch – Japan den Krieg erklärt. Das Anwesen diente fortan als staatliches Gästehaus für hochrangige kommunistische Führer. Insbesondere übernachteten hier Chen Yi und Deng Xiaoping kurz nach der »Befreiung« Shanghais. In den Folgejahren sah das Haus als Staatsgäste Jawaharlal Nehru (1889-1964), **Indira Gandhi** (1917-1984), **Ibrahim Suharto** (geb. 1921), **Kim Il Song** (1912-1994), Ho Chi Minh sowie König **Norodom Sihanouk** (geb. 1922).

Seit 1979 ist das Ruijin Guesthouse der Öffentlichkeit zugänglich. Um es profitabler zu gestalten, wurden die Häuser an verschiedene Restaurants untervermietet und ein Teil des Parks in den 90er-Jahren mit amerikanischen Fertighäusern im Landhausstil »ergänzt«. In den alten Gebäuden sind noch viele ursprüngliche Ausstattungsgegenstände vorhanden, auch finden sich einige Glasfenster aus der Produktion des Waisenhauses von Xujiahui (Haus Nr. 3; vgl. auch Sanbei Reederei, S. 50)

Besonders schön am See sitzt es sich im »Colours« (Villa 11, Ruijin Guesthouse, No. 118, Ruijin Er Lu, Tel.: 54 66 55 77) oder im thailändischen »Lan Na Thai« (»Face«; Villa 4, Ruijin Guesthouse, No. 118, Ruijin Er Lu, Tel.: 64 66 43 28).

Spaziergang 11 – Die Shaanxi Lu

Vom Jadebuddha-Tempel zur Cité Bourgogne

»Spaziergang 11« beginnt am Jadebuddha-Tempel (Yufo Si; No. 174, Anyuan Lu, täglich 8 bis 17 Uhr, Tel.: 62 66 36 68) und führt fast die gesamte Shaanxi Lu entlang in Nord-Süd-Richtung bis zur Lilong-Anlage Cité Bourgogne (Shaanxi Nan Lu Ecke Jianguo Lu). Umgekehrt ginge es natürlich auch, jedoch bietet die Gegend um den Tempel herum nur wenige Möglichkeiten, den Spaziergang bei einer schönen Tasse Tee oder Kaffee angenehm ausklingen zu lassen. Die Strecke ist recht lang, einen halben Tag sollte man daher schon einplanen – und, da es kaum Innenbesichtigungen gibt, nach Möglichkeit einen trockenen. Als Einstieg bewährt hat sich ein Mittagessen im vegetarischen Restaurant des Tempels, entweder noch vor oder nach dessen Besichtigung (No. 999, Jiangning Lu, Tel.: 62 66 55 96).

Der **Jadebuddha-Tempel** (Yufo Si) wurde 1918 bis 1928 im Stil der Song-Zeit (ca. 960 bis 1279) errichtet, um zwei Buddha-Figuren aus wertvoller weißer Jade aus Burma aufzunehmen. Der Mönch **Hui Gen** aus einem Kloster der heiligen Insel Putuoshan (bei Shanghai) hatte sie – neben drei weiteren – 1882 von einer Pilgerreise mitgebracht. Sie stellen den historischen Buddha Shakyamuni dar, einmal sitzend im Moment seiner Erleuchtung, einmal liegend beim Eintritt in das Nirvana. Die Sitzstatue misst 195 cm, die liegende 96 cm.

Am 8. Januar 1963 besuchte Premierminister Zhou Enlai zusammen mit der damaligen Premierministerin Sri Lankas **Sirimawo Bandaranaike** (1916-2000) den Tempel. Im Anschluss ließ Zhou seine Erhaltung anordnen. Er wurde zum »Kulturgegenständeschutzgebiet« (Wenwu Baohu Qu) erklärt. Zhou trug so dazu bei, dass weder der Tempel noch die Buddhafiguren und die anderen Kunstgegenstände während der Kulturrevolution ernsthaft beschädigt wurden. Etwas anders schildert der 1957 in Shanghai geborene und in Deutschland lebende **Yuan Hong Li** in seinem autobiografisch geprägten Roman »Die Tempelglocken von Shanghai« die Begebenheit.

Zur Bauzeit befand sich der Jadebuddha-Tempel – wie Fotos in einer seiner Hallen zeigen – inmitten von Feldern. Die Felder sind zwar inzwischen einer dichten Wohnbesiedlung gewichen, trotzdem liegt der Tempel nach wie vor eher »etwas ab vom Schuss«. Nach der Besichtigung müssen wir daher erst eine ganze Ecke gehen, ehe wir die nächste Station erreichen, die **Ohel-Rachel-Synagoge** (No. 500, Shaanxi Bei Lu). 1920/21 hatte sie Jacob Elias Sassoon von Stewardson & Spence in Erinnerung an seine verstorbene Frau Rachel als erste Synagoge Shanghais an der damaligen Seymour Road im Internationalen Settlement errichten lassen. Zuvor hatten sich die Juden mit einem Provisorium begnügen

Spaziergang 11

1. Start: Jadebuddha-Tempel
2. Synagoge
3. Moller Mansion
4. Eros Garden
5. Tongji Medizin- u. Ingenieurschule
6. Ehem. Blumenmarkt
7. Cité Bourgogne
8. Old China Hand Reading Room

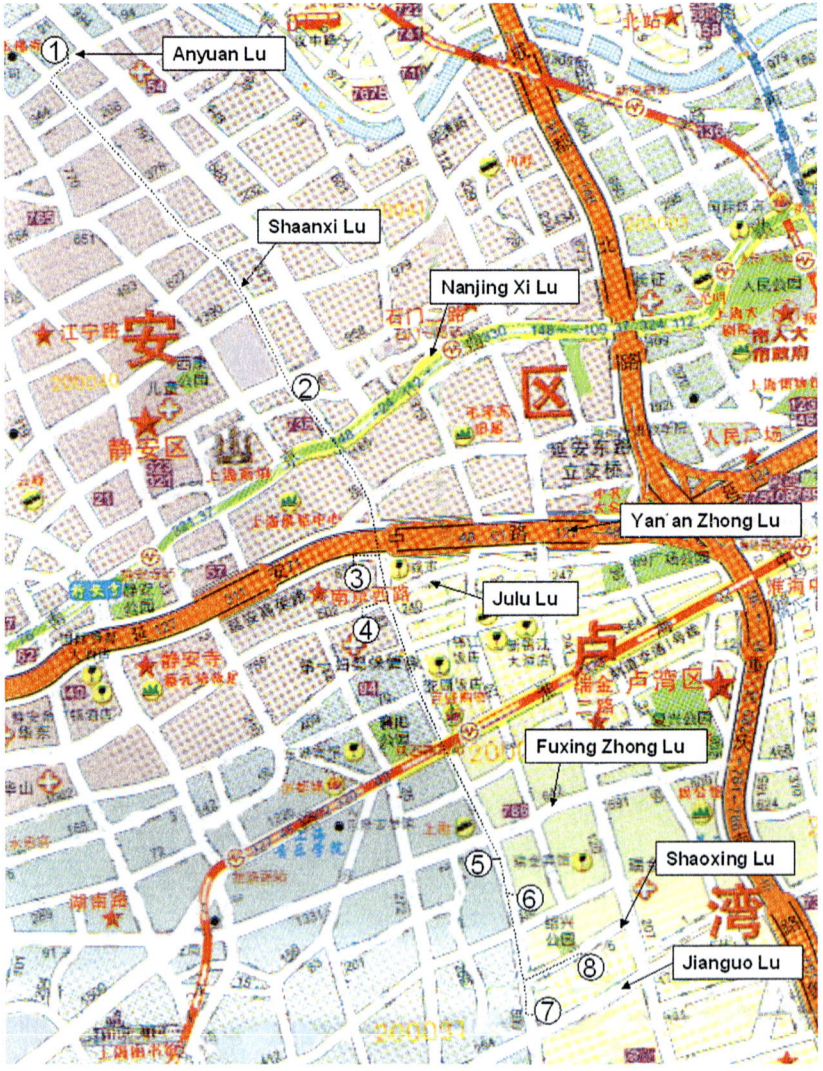

Aus Yuan Hong Li: Die Tempelglocken von Shanghai

Jadebuddha-Tempel

Der Jadebuddha-Tempel liegt im Westen von Shanghai mitten in einem Industrie- und Wohngebiet. (...) Damals kam ein Mönch namens Hui Gen mit fünf Jadebuddhas aus Burma nach China zurück. Er war auf dem Weg zu einem heiligen Berg, um dort für die Buddhas einen Platz zu suchen. Als er und seine Helfer an der Stelle vorbeikamen, wo heute der Tempel steht, blieben die Pferde, die den Wagen zogen, stehen. Die Leute versuchten mit allen Mitteln, sie zum Weitergehen zu bewegen. Doch egal, wie sie zogen und schoben oder die Pferde schlugen, sie gingen einfach keinen Schritt mehr weiter. Der Mönch wunderte sich darüber. Er bat die Leute, ihre Bemühungen einzustellen, und kam selbst zu dem Wagen, auf dem zwei der fünf Jadebuddhas verpackt waren. Der Mönch stellte sich mit zusammengelegten Händen vor die beiden Figuren. »Buddha, ehrfurchtsvoll bitte ich Euch, mir Eure Meinung zu sagen. Warum wollt Ihr nicht weitergehen?« Dann verbeugte er sich tief, mit geschlossenen Augen, die zusammengelegten Hände vor der Stirn haltend. Plötzlich erschien ihm im Geiste ein goldgelbes Licht. Das Licht wurde immer größer und heller. Schließlich hatte er die Vision eines Tempels mit gelben Mauern; hinter den Mauern sah er eine riesige Metropole mit vielen Häusern. Er öffnete seine Augen, doch in Wirklichkeit gab es nur ein paar Felder und einige einfache Fabrikgebäude. Doch sobald er die Augen wieder schloss, war das Bild des Tempels und der Stadt wieder zurück. Da verstand er, was ihm die Vision sagen wollte: »Ja, die Buddhas wollen hier bleiben. Sie wollen den Leuten hier Glück bringen.«

müssen. Neben diesem säulengeschmückten Prachtbau nach dem Vorbild der Lauderdale Road Synagogue in London wurden 1932 die Shanghai Jewish School von Horace Kadoorie (heute Verwaltungsgebäude) sowie eine Bibliothek und eine Mikwe für rituelle Bäder erbaut (vgl. Kapitel »Die großen jüdischen ›Nobelhäuser‹«, S. 85 ff.).

Während des 2. Weltkrieges wurde die Ohel-Rachel-Synagoge 1943 bis 1945 von japanischen Truppen besetzt. Die jüdische Gemeinde bekam sie 1945 zurück und nutzte Ohel-Rachel bis 1952 für Gottesdienste. Dann musste die Synagoge den Behörden übergeben werden. Die letzten Torah-Rollen konnten noch nach Israel überführt werden. Das Gelände gehört jetzt der Shanghaier Erziehungsbehörde; der Tempel selbst ist nicht frei zugänglich. Der Umbau in eine Gedenkstätte ist im Gespräch. konkrete Termine gibt es jedoch keine.

Wandzeitungen schützen den Jadebuddha

»Lies bitte diesen Brief, den der Kommandant der Roten Garden geschickt hat.« Er legte den Brief offen auf den Tisch, sodass ich ihn auch lesen konnte. »Wir werden nach der Idee des Vorsitzenden Mao, dass es berechtigt ist, ›gegen die Reaktion zu rebellieren‹, morgen im Jadebuddha-Tempel mit den Monstern und Dämonen aufräumen. Der Vorsitzende Mao hat gesagt: ›Religion ist das Opium des Volkes.‹ Deshalb werden die Mönche, die seit langer Zeit unrevolutionäre Ideen propagieren und Aberglauben verbreiten, morgen angeklagt. Die Anklagesitzung findet im Tempel statt.« Unterschrieben war der Brief mit »Revolutionäres Kommando«. (...) »Wie viele Leute werden wohl morgen kommen?«, fragte Fang Zhan (der Abt, d. Verf.). »Hundert oder auch tausend«, sagte Meister Yun sehr ruhig. Der oberste Mönch saß kraftlos, wie gelähmt, auf seinem Stuhl. »Omito Fo. Morgen ist Nirvana für uns alle.« Er hielt mit beiden Händen seinen Rosenkranz vor die Augen und schaute hoffnungslos auf das Dach.

(...) »Meister Yun! Haben Sie eine Idee?« Fang Zhang ging zu ihm hin. »Nein, nicht ich, Buddha hat uns eine Idee gegeben. Das ist eine sehr hohe, intelligente Strategie. Die Frage ist, ob Sie den Mut haben, diese Idee zu verwirklichen.« Meister Yun wirkte jetzt wie ein großer Kommandant vor dem Kampf. Er richtete seine Augen ganz scharf auf den Abt. »Um dieses Kloster zu beschützen, tue ich alles.« (...)

»Gut.« Mit drei großen Schritten ging Meister Yun zum Tisch, der an der rechten Seite des Saales stand. Solche Tische kann man in jedem Kloster sehen. Normalerweise stehen sie zu Füßen großer Buddha-Figuren. Darauf liegen immer ein dicker Stapel Papier und ein Pinsel für die Spender, die ihren Namen aufgelistet haben wollen. (...) Mein Meister nahm einen großen Pinsel, tauchte ihn in Tusche und schrieb dann auf ein großes Papier mit ganz dicken und kräftigen Zeichen eine Losung: »Nieder mit Buddha!«.

Er nahm das Papier in die Hand und drehte sich zu Fang Zhang um. »Sie, Sie kleben dieses Papier auf Buddhas Gesicht!« (...) »Sünde, Sünde, Omito Fo!« Der Abt sank auf den Boden (...). »Nein, nein, ich kann das nicht tun.« Er wehrte mit beiden Händen ab und rutschte auf dem Gesäß Stück für Stück nach hinten, als wäre die Losung darauf der Teufel persönlich. »Ich glaube, das ist eine sehr gute Methode, um die Taten der Roten Garden zu verhindern. (...)« Onkel Wu zog seinen Abt vom Boden hoch. (...) »Überlegen Sie einmal: Wenn wir überall im Kloster die revolutionären Wandzeitungen und Losungen hinkleben, was können die Roten Garden morgen noch gegen uns vorbringen?« (...) »Wir müssen schnell schreiben und alles ankleben, je mehr, desto besser!« (...) Bis zur Nacht war das ganze Kloster von revolutionären Papieren bedeckt. Auf jeder Buddha-Figur klebten dicke Papiere mit kritischen Worten. Keine einzige Wand war frei geblieben, entweder war etwas darauf geklebt oder mit roter Farbe darauf geschrieben. Ein Mönch hatte roten Stoff gefunden. Er zerschnitt ihn in viele kleine Stücke. Darauf schrieb er: »Revolutionär«. Dann verteilte er die Stücke an die anderen Mönche, damit sie sie als Armbinden tragen konnten. »Zieht alle eure Kasaya aus!«, rief Meister Yun. Die Mönche folgten seinen Worten, alle waren nun normal bekleidet.

Niemand wollte in dieser Nacht schlafen. Im Osten wurde es langsam hell und die Geräusche der Menschen vor der Tür wurden immer lauter. Die Roten Garden versammelten sich dort. (...)

Gegen acht Uhr morgens wurde das Megafon installiert. Die Rotgardisten mussten sich beim Führer anmelden. Er zählte zwölf Schulen, von jeder Schule waren mehr als achtzig Rotgardisten gekommen. »Gut, meine Genossinnen und Genossen.« Seine Worte drangen über das Megafon ganz deutlich bis in den Tempel. »Jetzt lassen wir sie zuerst die Worte des Vorsitzenden Mao lernen. Unser großer Führer hat uns gelehrt: Was reaktionär ist, fällt nicht von selbst, wenn man es nicht schlägt. Das ist wie beim Kehren: Wenn man den Besen nicht bewegt, geht der Staub auch nicht von selbst weg. Meine revolutionären Kolleginnen und Kollegen! Die Kulturrevolution hat im ganzen Land schon große Siege errungen. Fast alle Ungeheuer und Dämonen sind schon verjagt. Nur hier, vor unseren Augen, steht dieser Tempel, bei dem sich noch gar nichts verändert hat. Er ist ein Symbol des feudalistischen Aberglaubens und hundertprozentig antirevolutionär. Sollen wir das noch länger zulassen?« »Nein!«

Das Kloster erzitterte, so laut dröhnte die Antwort, die tausend heißblütige junge Leute gleichzeitig dem Anführer entgegenschrien. (...) »Gut!« Draußen erklang wieder die Stimme aus dem Megafon. »Jetzt ist der Zeitpunkt gekommen, wo wir unser revolutionäres Bewusstsein beweisen können. Angreifen!« Die Haupttür erdröhnte wie von einem Donnerschlag. Ein Mönch wollte gehen, um die Tür zu öffnen, doch das war gar nicht mehr nötig. Innerhalb weniger Sekunden war die Tür unter den gewaltigen Hammerschlägen der Revolutionäre eingeschlagen.

Die Rote Garde marschierte ein wie eine Flut. Keiner von ihnen kam mit leeren Händen, entweder hatten sie einen Hammer oder einen Stock, zum großen Teil trugen sie Eisenstangen. Schreiend rannten die jungen Leute ins Kloster herein (...). Doch dann war es schlagartig ruhig. Was sie sahen, war so unglaublich, dass sie ihren eigenen Augen nicht trauen wollten: Überall im Kloster, von oben bis unten, von links nach rechts, hingen nur revolutionäre Losungen und Wandzeitungen. Auf dem Platz war ein riesiges Plakat aufgehängt: »Ein herzliches Willkommen für die revolutionäre Rote Garde.« Daneben standen gegen zehn Männer, jeder von ihnen hatte eine Mao-Bibel in der Hand und trug eine rote Armbinde. »Was ist denn hier los?« Der junge Chef stand mit seinem Megafon zwischen den beiden Gruppen. Er konnte überhaupt nicht verstehen, was er sah. »Wo sind die Buddha-Figuren?« (...) »Wir haben hier schon seit langem mit der Revolution begonnen. Was die Buddha-Figuren betrifft, die kann man vergessen.«

Onkel Wu stellte sich vor seinen Abt. »Schauen Sie, hier ist alles schon auf der proletarischen revolutionären Linie des Vorsitzenden Mao.« Er zeigte den jungen Leuten die Umgebung, voll mit Bergen von revolutionären Papieren. (...) »Und wo sind die Mönche?« »Wir waren Mönche, doch jetzt sind wir keine mehr. Wir sind aufgestanden, jetzt sind wir Revolutionäre.« Er zeigte auf seine rote Armbinde. (...) Der Anführer der Roten Garde lachte. »Lernt von den revolutionären Mönchen!«, schrie er in sein Megafon. »Lernt von den revolutionären Mönchen!«, schrien alle Schüler mit, ich auch. »Lernt von der Roten Garde!«, schrie Meister Yun. »Lernt von der Roten Garde!«, schrien alle Mönche mit, ich auch. (...)

Einige Jahre später, als die Lage wieder relativ ruhig war, entfernte man die ganzen Wandzeitungen und Losungen wieder und die Buddha-Figuren tauchten erneut auf. Es waren einige hundert Stück und keine einzige von ihnen war zerstört.

Liegender Buddha im Jadebuddha-Tempel

Wir passieren einige ansprechende Apartment-Häuser und Shikumen-Lilong-Anlagen aus den 20er- und 30er-Jahren, ehe wir kurz an der zwischen 1940 und 1942 errichteten **Grace Baptist Church** Halt machen (No. 375, Shaanxi Bei Lu). Sie dient nach wie vor als Gotteshaus.

In unmittelbarer Nachbarschaft (No. 369, Shaanxi Bei Lu) befand sich ein ehemaliges **Wohnhaus der Familie Song**. Die Songs zogen nach dem Tod ihres Familienpatriarchen Charlie in das großzügige Anwesen. Diesem hatte selbst immer Bescheideneres genügt (vgl. Kapitel »Charlie Song – der verdrängte Revolutionär«, S. 121 ff.). Wenn sich der gesellschaftliche Rang der Bewohner an der Höhe des Zaunes ablesen lässt, dann leben hier nach wie vor hochgestellte Persönlichkeiten.

Nun geht es weiter, vorbei an **Plaza 66** (rechter Hand) bzw. **Isetan-Kaufhaus** (linker Hand; vgl. Spaziergang 4, S. 435 f.) über die Nanjing Xi Lu hinweg bis zur Yan'an Lu. Beachten Sie die schöne **Villa No. 186, Shaanxi Bei Lu** aus dem Jahr 1927. Der Taipan Rong Zongjing erwarb sie von ihrem ursprünglichen deutschen Besitzer als Wohnhaus für seine Familie, auch sein berühmter Neffe, Rong Yiren, verbrachte hier einige Jahre seiner Kindheit (vgl. Kapitel »Reichtum schändet nicht«, S. 179 ff.). Nach 1949 ging das repräsentative Anwesen in den Besitz der Stadt Shanghai über. Diese vermietete es erst an die Demokratische Partei, eine der chinesischen »Blockflötenparteien«; seit kurzem ist eine zur Unternehmensgruppe des australischen Medientycoons **Rupert Murdoch** gehörende Firma eingezogen. Der Eingang war traditionsgemäß nicht nach Westen zur Straßenseite hin, sondern nach Süden, wo jetzt ein Hochhaus den einstigen Park der Villa verbaut. Gegenüber, versteckt in einer Lane, stehen die imposanten **Cosmopolitan Apartments** (No. 173, Shaanxi Bei Lu; 1934) im »spanischen Stil« von Li Jinpei (Poy Gum Lee).

Analog zur parallel verlaufenden Maoming Lu von Spaziergang 10 ändert die Shaanxi Lu ihren Namen ab Yan'an Lu von Shaanxi Bei Lu (nördlich der Yan'an Lu) in Shaanxi Nan Lu (südlich von ihr). Zugleich verlassen wir mit der Unterquerung der Hochstraße das frühere Internationale Settlement und kommen nun auf das Gebiet der einstigen Französischen Konzession. Ab hier hieß die Shaanxi Lu nicht Seymour Road, sondern Avenue du Roi Albert.

In diesem Stadtteil befand sich – heute angesichts des starken Verkehrsaufkommens kaum noch nachvollziehbar – eine der feineren Wohnlagen Shanghais. Das extravagante **Moller Mansion** (No. 30, Shaanxi Nan Lu, Tel.: 62 47 88 81) zeugt noch heute davon. Im Übrigen bestünde die Möglichkeit für eine kleine Kaffeepause. Schauen Sie unbedingt in den Garten, von hier hat man den besten Blick auf das geheimnisumwitterte Anwesen (beliebt bei chinesischen Hochzeitspaaren als Hintergrund für Fotoaufnahmen).

Beides gilt allerdings nur, sofern die 2006 eingeleitete «Renovierung» abgeschlossen ist. Allerdings sollen die »Verschönerungsarbeiten«, heißt es unter der

> **Moller Mansion**
>
> Moller Mansion an der früheren Avenue du Roi Albert war das Werk des schwedischen Kaufmanns und Großreeders **Eric Moller**. Bei seiner Ankunft in Shanghai sei er völlig mittellos gewesen und habe sein Vermögen beim Pferde- und Hunderennen gewonnen, heißt es – eine hübsche Geschichte, nur leider frei erfunden. Als »Taipan« brauchte er ein angemessenes Domizil. Während der Planungen, so geht die Legende, träumte seine Tochter von einem Schloss, das ihr Vater nach ihren Beschreibungen realisierte. Das Ergebnis ist eine märchenhaft anmutende Mischung aus neogotischen, neobarocken und verschiedenen anderen Stilelementen, gekrönt von einem norwegischen Turm.
>
> Angeblich hatte ein Wahrsager Moller ein schreckliches Unglück prophezeit, sobald das Haus fertig gestellt sei, und riet deshalb, das Bauende so lange wie möglich hinauszuzögern. In der Tat dehnten sich die Arbeiten Jahr um Jahr von 1929 bis 1939 in die Länge. Als kurz nach »Schlüsselübergabe« die Japaner in das Internationale Settlement einmarschierten, wurde Familie Moller interniert, und ihre Villa wurde umfunktioniert zum Club für japanische Soldaten. Nach 1945 konfiszierte die Guomindang das Anwesen, und als 1949 die Kommunisten an die Macht kamen, zog zunächst der chinesische Geheimdienst ein, ehe sich Mitte der 50er-Jahre die Kommunistische Jugendliga in das mysteriöse Gebäude einquartieren durfte.
>
> Seit 2002 ist es ein kleines, aber feines Hotel und gehört zur Hengshan-Gruppe. Die wenigen Zimmer wurden mit viel Liebe zum Detail und sehr individuell hergerichtet. Wenn es möglich ist, schauen Sie hinein – auch für den Fall, dass Sie einmal einen besonderen Gast unterzubringen haben (bei dem es nicht so auf den Yuan ankommt; allerdings sollte er nicht zuviel Wert auf ein ordentliches Frühstück legen).

Hand, andauern. In Wahrheit haben sich nämlich mehr als hundert Ermittler der aus der Hauptstadt Beijing gegen die Machenschaften der Shanghaier KP-Spitze entsandten Disziplinarkommission in den feinen Räumlichkeiten einquartiert. Prominentestes Opfer der Kampagne, bei der vordergründig gegen Korruption und Amtsmissbrauch gekämpft wird, wurde im September 2006 Politbüromitglied Chen Liangyu, der Parteichef der Stadt und zwischenzeitlich ihr Bürgermeister. Chen ist in die Veruntreuung von Geldern des städtischen Pensionsfonds verwickelt (offiziell ging es um umgerechnet rd. 400 Mio. Euro). Auch begünstigte er Familienmitglieder und Geschäftsfreunde. Allerdings dürfte dies in einem Land, in dem Nepotismus und Bestechlichkeit an der Tagesordnung sind, kaum den Ausschlag für das harsche Vorgehen gegeben haben. Denn so berechtigt die Vorwürfe sind, so sehr treffen sie auf viele andere Stadtoberen zu. Entsprechend kommentierte Georg Blume in der »Zeit«: »Die Korruptions-

Moller Mansion

vorwürfe sind zumindest nach KP-Maß lächerlich. (...) Zudem wollten sich die jetzt angeklagten Kader in ihrer überwiegenden Zahl nicht selbst bereichern – sie wollten als Fondsmanager der Pensionskasse nur höhere als die von Peking erlaubten Gewinne erzielen .... Hätte Peking tatsächlich den wirklich größten Korruptionsskandal beim schwierigen Aufbau eines chinesischen Sozialsystems ausheben wollen, hätte es nach Norden, in die Provinz Liaoning schauen müssen: Dorthin flossen jahrelang riesige Summen für einen sozialstaatlichen Modellversuch – und verschwanden spurlos. Doch dort herrscht ein Parteijugendfreund Hu Jintaos.« Wahrer Grund der »Inspektionsreise nach Shanghai« war also offensichtlich der Machtkampf zwischen der Shanghai-Clique um Ex-Staatspräsidenten Jiang Zemin, dessen Einfluss seit seinem Ausscheiden aus dem Amt allmählich schwindet, und seinem Nachfolger Hu Jintao. Es heißt, Chen habe es gewagt, Premierminister Wen Jiabao für seine Wirtschaftspolitik zu kritisieren. Die Maßnahmen, mit denen Beijing das galoppierende Wachstum dämpfen will, gefährdeten den Aufstieg Shanghais.

Hinter dem Moller Mansion empfiehlt sich ein kleiner Abstecher nach rechts in die Julu Lu. Versuchen Sie am Wachposten vorbei in den Innenhof des Eingangs No. 675, Julu Lu zu gelangen. Sie werden mit einem großartigen Blick auf eine säulengeschmückte Villa und den verborgenen »**Eros Garden**« belohnt. Der ursprüngliche Inhaber, Liu Jisheng, war ein erfolgreicher Geschäftsmann und

Eros Garden

verdiente sein Geld u.a. mit Streichhölzern und Zement. Als Ausdruck seiner großen Liebe hatte er das Land gekauft, um es seiner Frau zum 40. Geburtstag mit einer großen Summe Geldes zu überlassen, damit sie dort nach eigenem Geschmack ein Haus errichten konnte. **Chen Dingzhen** beauftragte daraufhin 1926 den berühmten L.E. Hudec. Der Architekt vollendete den Garten 1931 im Stil italienischer Renaissance und ließ als Symbol für die Liebe des Paares eigens eine Psyche-Statue aus Italien ordern.

Liu und Chen verließen Shanghai 1947 Richtung Kanada und kehrten nie mehr zurück. Sie verstarben 1962 bzw. 1964.»Eros Garden« selbst wurde 1952 verstaatlicht und »Psyche« überdauerte die schlimmen Jahre der Kulturrevolution gut versteckt im Garten. Heute nutzen die Shanghai Writers´ Association sowie mehrere Verlage und Institute das Grundstück.

Nun folgen wir der Shaanxi Lu bis zur denkmalgeschützten Garten-Lilong-Anlage **Verdun Terrace** (No. 247-199, Changle Lu Ecke No. 39-45, Shaanxi Nan Lu), zwischen 1925 und 1929 von Algar & Co. Architects errichtet (vgl. Kapitel »Die Geburt der Lilongs«, S. 60 ff.). Man sollte ruhig einmal durch die Häuserreihen mit ihren kleinen Vorgärten gehen. Im Haus Nr. 93 lebte **Feng Zikai** (1898-1975). Der aus Zhejiang stammende Künstler war einer der führenden Zeichner der 20er- und 30er-Jahre. Überhaupt wurden seine Bildgeschichten 1925 erstmals – in Anlehnung an den japanischen Begriff »manga« – als »manhua«, d.h. als »Karikatur« bezeichnet, zuvor sprach man in China nur von Spott- oder Witzbildern (feng- bzw. xiehua). Etwas weiter, ebenfalls linker Hand, folgt der etwas kleinere **Beverly Garden** (No. 39, Häuser 1-118, Shanxi Nan Lu).

Unsere nächste Station an der Ecke Fuxing Lu sind die gewisserweise gleichsam zu den Garten-Lilongs zu rechnenden ehemaligen **King-Albert-Apartments** – so benannt nach dem früheren Straßennamen der Shaanxi Nan Lu (heute Shannan Cun, No. 151 bis 185, Shaanxi Nan Lu; vgl. hierzu ebenfalls Kapitel »Die Geburt der Lilongs«). Der Komplex aus dem Jahr 1930 besteht aus sechzehn vierstöckigen Apartment-Häusern, ursprünglich mit zwei Wohnungen pro Etage. Besonders beliebt war die Anlage unter Ausländern mit Kindern. Abgesehen von den längst für Wohnzwecke umgebauten Garagen – es gab Unterstellmöglichkeiten für 85 Privatautos – blieben die King-Albert-Apartments im Wesentlichen unverändert.

Schräg gegenüber, No. 1195, Fuxing Zhong Lu, auf dem Campus der heutigen University of Shanghai for Science and Technology befand sich das erste eigene Gebäude der deutschen »**Tongji Medizin- und Ingenieurschule**« (vgl. Kapitel »Die deutsche ›Tongji Medizin- und Ingenieurschule‹«, S. 108 ff.), der Vorgängerinstitution der heutigen Tongji-Universität. Daher hieß dieser Straßenabschnitt der heutigen Fuxing Lu nach ihrem Gründer vormals Erich-Paulun-Straße. Der zwischen 1908 und 1916 von Carl Baedecker konzipierte Komplex ist offen zugänglich.

Als nächstes stoßen wir auf die Baustelle für das neue **Musical-Theater** der Stadt. Es ist das Gelände des einstigen Hunderennplatzes, des Canidrome. Bis zu seinem Abriss 2005 befand sich an dieser Stelle der beliebte Shanghaier Blumenmarkt (No. 225, Shaanxi Nan Lu).

Letzte Station für heute ist die **Cité Bourgogne** (Bu Gao Li) an der Kreuzung No. 287, Shaanxi Nan Lu/Jianguo Lu. Es handelt sich dabei um eine bis in die jüngste Zeit gut erhaltene, aber mittlerweile unsachgemäß restaurierte Shikumen-Lilong-Anlage aus dem Jahr 1930.

Wer Lust hat auf eine kleine Pause, sollte ein paar Meter zurückgehen bis zur Shaoxing Lu und in einem der geistvollsten Café Shanghais, dem **Old China Hand Reading Room** (No. 27, Shaoxing Lu, Tel.: 64 73 25 26) noch ein wenig die Seele baumeln lassen. Selbst gebackenen Kuchen gibt es nebenan im **Vienna Café** (No. 25, Shaoxing Lu, Tel.: 64 45 21 31).

Spaziergang 12 – Um die Longhua-Pagode

Chinesische Klassik neben modernem Grauen

Die Longhua-Pagode im Südwesten der Stadt lag einst weit vor den Toren Shanghais. Ein bisschen lässt sich die Distanz vom alten Stadtkern nachspüren, wenn man die Pagode im Modell des Stadtplanungsmuseums sucht. Fehlanzeige! Longhua liegt außerhalb der ersten Ringstraße – und damit außerhalb des Modells. Wo einst Getreide und Gemüse angebaut wurden, stehen heute moderne Wohnblocks, die meisten erst nach 2000 errichtet. Um die altehrwürdige Pagode mit ihrem zugehörigen Tempel ist eine »Ming-zeitliche« Einkaufsstadt »gewachsen«, wenn auch weitaus weniger belebt als am Yu-Garten.

In der Nähe gab es zu Beginn des 20. Jahrhunderts ein Pfadfinderlager, wo die ausländischen Jugendlichen Wochenenden und Ferien in der Natur verbrachten. Hier draußen zwischen Feldern war Platz für die Anlage eines Flugplatzes und auch für ein großes Guomindang-Gefängnis. Während der japanischen Annektion Shanghais befanden sich hier und in der Umgebung Internierungscamps (vgl. Kapitel »Japanische Truppen erobern das Internationale Settlement«, S. 279 ff.). Im Gegensatz zu den Staatsangehörige der Alliierten, die noch halbwegs zivil behandelt wurden – als prominentestes Opfer verstarb hier 1943

Buddha im Glück

Spaziergang 12

1. Start: Longhua-Pagode
2. Märtyrer-Park
3. Longhua-Airport

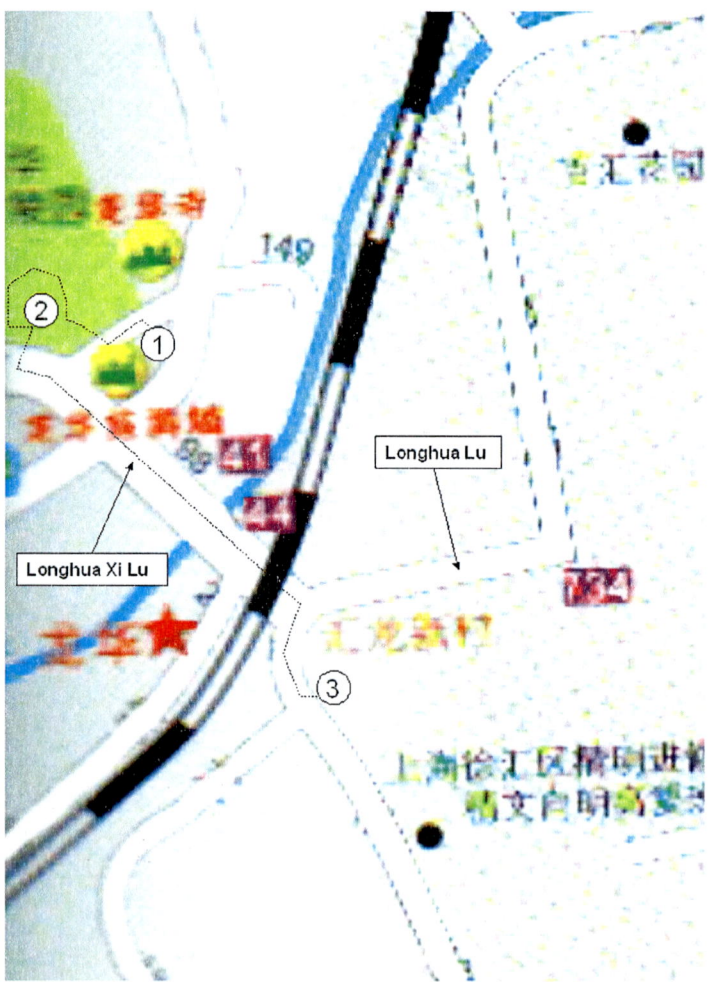

der Architekt Elliot Hazzard –, dachten sich die Japaner für chinesische »Dissidenten und Saboteure« immer neue Torturen aus. Berüchtigt war die »Bambusfolter«. Nach den Erinnerungen von Zeitgenossen, wurden die Gefangenen dazu nackt, mit dem Bauch über einem etwa drei Inch großen Bambusschößling, auf dem Boden festgebunden. In der nassen Jahreszeit bohrte sich der scharfe Sporn bald in die Innereien des Opfers, das einem qualvollen Tod entgegensiechte. Das den Tempelbezirk in nördlicher Richtung umschließende Gefängnisgelände wurde in den heutigen Märtyrer-Park mit angeschlossenem Museum umgewandelt.

Der Spaziergang ist gut in einem halben Tag zu schaffen. Die erste Konstruktion des **Longhua-Tempels** (Longhua Si, No. 853, Longhua Lu, täglich 7 bis 17 Uhr, Tel.: 64 56 60 85) geht auf das Jahr 242 zurück, die zugehörige Pagode auf 274 n. Chr. (Zeit der Drei Streitenden Reiche). Initiator war der Wu-Kaiser **Sunquan** (reg. 229-252). Er ließ den Tempel für seine Mutter erbauen. Der Name Longhua (Prächtiger Drache) weist auf die Erleuchtung Buddhas unter dem Bodhi- (chinesisch: Longhua-) Baum vor 2.500 Jahren hin. Die gegenwärtige Anlage der zwischenzeitlich mehrmals restaurierten, 40 Meter hohen Pagode wird auf das Jahr 977 datiert. 1403 bis 1420 erfolgte ein grundlegender Neuaufbau des Tempels. Er wurde während der Taiping-Revolution (1851-1864; vgl. Kapitel »Die Taiping-Rebellen erschüttern das Land«, S. 54 ff.) zerstört, aber zwischen 1875 und 1899 wiederhergestellt.

Longhua-Tempel

Longhua-Pagode

Chinesische Pagode in Oranienbaum/Wörlitzer Gartenreich

Aus Steffi Schmitt: Wie eine Pagode nach Sachsen-Anhalt kam

Wie eine Pagode aus Shanghai nach Sachsen-Anhalt kam

Es war einmal ein Kaufmann. Dieser Kaufmann war, obwohl in Schweden geboren, ein Engländer. Er hieß **William Chambers** (1723-1796) und brachte es in seinem Leben bis zum Hofarchitekten König Georgs III., der ihm schließlich sogar den Titel »Sir« verlieh (übrigens besagter Georg, welchem Kaiser Qianlong die Handelsbeziehungen versagt hatte). Als Kaufmann schickte ihn jedoch zunächst die schwedische Ostindienkompagnie nach Bengalen und China. Das war in den Jahren 1740 bis 1749. Eine dieser insgesamt drei Fahrten könnte Chambers auf der »Götheborg« unternommen haben. Ebenfalls dreimal war die »Götheborg« ab 1740 nach China gesegelt, bevor sie 1745 auf der Rückreise kurz vor der schwedischen Küste versank.

Eine Replik des Dreimasters wurde 2004 in Schweden nachgebaut und erreichte Shanghai 2006. Mit der historischen Fahrt nach China (2005-2007, Informationen unter www.soic.se) feierten die Schweden die historischen Wirtschaftsbeziehungen zwischen beiden Ländern.

Chambers interessierten nicht nur ökonomische Fragen. »Auf diesen Reisen studierte ich in meiner freien Zeit Sprachen, Mathematik und die freien Künste, aber an erster Stelle die zivile Architektur«, schrieb er an einen Bekannten. Die geschwungenen chinesischen Brücken, die Teehäuser mit ihren verspielten Dächern, die Pavillons und die vielstöckigen Pagoden – alles faszinierte ihn. Er zeichnete wie ein Besessener und trug die Blätter wie einen Schatz nach Hause. Auch die geheimnisvollen Schriftzeichen kopierte er – unglücklicherweise vermochte später keiner seiner Freunde in England, ihm ihre tiefgründige Bedeutung zu erklären.

Doch aus den Architekturzeichnungen ließ sich durchaus etwas machen, dazu war Chambers Kaufmann genug. Nach einer Zwischenstation in Frankreich veröffentlichte er 1757 in London sein erstes »China-Buch«, und nannte es »Designs of Chinese Buildings«, 1772 folgte »Dissertation on Oriental Gardening«. Sie machten ihn bekannt als echten China-Kenner, und das war wichtig. Denn »China« war »in« bei den Adeligen in ganz Europa. Jeder Fürst, der etwas auf sich hielt, ließ sich in seinem Schloss ein Chinazimmer mit ausgesuchten und teuer bezahlten Porzellanen einrichten – und was war ein Garten ohne den exotischen Reiz eines Teepavillons?

Indes – was wussten die Maler und Baumeister jener Zeit von China? Keiner hatte sich auf die lange und gefährliche Reise gemacht und das Land, aus dem Seide und Porzellan kamen und wo die Menschen mit Stäbchen aßen, selbst besucht. Zugleich verlangte es die Herrschaften sehnsüchtig nach »Chinoiserien«. Wer im Geschäft bleiben wollte, musste seine Fantasie spielen lassen ...

Chambers bot mehr. Er hatte selbst das »Reich der Mitte« besucht, war in Kanton über richtige chinesische Holzbrücken gewandelt und hatte in Shanghai, die berühmte Pagode zum Prächtigen Drachen gezeichnet (...). In der Tat rief ihn der damalige Prince of Wales zu sich und ließ ihn Kew Garden bei London anlegen. Chambers baute dort eine Pagode, einen chinesischen Ting-Pavillon, aber auch eine Moschee und die Alhambra. Die Wirkung war überwältigend – und sein Auftraggeber höchst zufrieden mit ihm. Fürsten kamen von überall her, um den neuen Garten zu bewundern.

Einer von ihnen war Fürst **Leopold III. Friedrich Franz von Anhalt-Dessau** (1740-1817; ...). Die authentischen chinesischen Bauten taten es ihm an. So etwas musste er unbedingt haben! Was stellte dagegen das vergoldete Teehaus seines Onkels in Sanssouci dar, um das so viel Aufhebens gemacht wurde? Einen Abklatsch! Er aber würde seinen Untertanen zeigen, wie es wirklich auf der Welt aussieht! Und so wies er seinen Architekten **Friedrich Wilhelm Freiherr von Erdmannsdorff** (1736-1800) an, ihm eine solche Chambers-Pagode in Anhalt-Dessau aufzuführen, (...) und es entstand in Oranienbaum zwischen 1793 und 1797 der erste anglo-chinoise Garten in Deutschland mit chinesischem Teehaus, zierlich gewundener Brücke und Schlängelwegen.

Als Belvedere dient bis heute die Oranienbaumer Pagode – die Kopie der Kopie aus Shanghai.

Bewacht wird der Longhua-Tempel, wie alle buddhistischen Tempel, von vier Furcht erregend dreinblickenden Kriegergestalten, den vier Himmelskönigen. Sie stehen mit ihren Füßen auf nackten, kleinen, schwächlichen Teufeln. Es sind Überreste eines in die chinesische Kultur eingedrungenen Dämonenkultes aus Indien und Tibet. Jeder Himmelskönig trägt ein für ihn typisches Attribut, der Himmelsgott des Südens ein »Schwert« (scharfe Spitze heißt auf Chinesisch »feng«, genauso wie »Wind«), der des Ostens »spielt« (»tiao«) Piba, der nördliche trägt einen »Regen«-(»yu«)-Schirm und der westliche hält eine Eidechse in der Hand, die angeblich die Wünsche der Menschen »gehorsam« (»shun«) erfüllen soll. Die Silben »feng - tiao - yu - shun« (风调雨顺) heißen zugleich »Wind - milde - regen - gehorsam«, woraus sich der Segensspruch ableiten lässt: »Möge der Wind milde und der Regen deinen Wünschen folgsam sein« oder, auf eine höhere Ebene übertragen: »Wenn der Wind milde ist und der Regen zur rechten Zeit fällt, wird der Staat gedeihen und das Volk in Ruhe leben.«

Östlich und westlich der Halle mit den Himmelskönigen stehen ein Glocken- und ein Trommelturm. Seit 1991 wird hier jedes Jahr am 31. Dezember eine Glockenschlag-Zeremonie abgehalten.

Wir verlassen den Longhua-Tempel durch den Haupteingang und wenden uns nach rechts. Der Weg an den Einkaufsbuden vorbei führt direkt zum **Märtyrer-Gedenkpark** (No. 180, Long Hua Xi Lu, täglich 8:30 bis 16:30 Uhr,

Märtyrer-Grab (von links nach rechts): He Linli, Luo Shibing, Tang Shiquan, Fei Dafu, A Gang, Feng Keng, Rou Shi, Wu Zhongwen, Wang Qingshi, Long Dadao, Li Qiushi bzw. Li Weisen, Lin Yunan, He Mengxiong, Li Wen, Ouyang Li´an, Hu Yepin, Yin Fu, Yun Yutang, Cai Bozhen, Tang Shilun, Peng Yangeng, Liu Zheng (nicht für alle Personen Fotos vorhanden)

Tel. 64 68 59 95). Bis 1995 ließ die Stadtregierung über 1.300 im Kampf für die Revolution gefallene Linke auf das weitläufige Areal überführen.

Das Massengrab, in dem die fünf 1931 auf Betreiben Chiang Kaisheks hingerichteten Intellektuellen aus der Liga Linker Schriftsteller mit den mit ihnen gemeinsam ermordeten 19 weiteren Opfern bestattet wurden, befindet sich in der ersten Reihe links bei den Märtyrer-Gräbern (Hauptweg links von der Mittelachse folgen, dabei die Pyramide rechts hinter sich lassen).

Unter den vielen weiteren Ehrengräber eine kleine Auswahl weiterer Namen:

* **Zou Taofen** (vgl. Spaziergang 9, S. 489 f.)
* **Zhao Shiyan** und dessen Kampfgefährte **Luo Yinong** (vgl. Kapitel »Chiang Kaishek inszeniert das Shanghai Massaker von 1927«, S. 193 ff. sowie Spaziergänge 8 und 9, S. 478 und S. 490)
* **Yun Daiying** (vgl. Kapitel »Der heimliche Bürgerkrieg zwischen Guomindang und chinesischen Kommunisten«, S. 272 ff.)

Die Ausstellung in der Glaspyramide informiert mit zahlreichen Fotos über die Geschichte der Revolution mit ihren Helden vom Opiumkrieg bis zur Gründung der Volksrepublik China – allen voran natürlich die Gründerväter der Kommunistischen Partei Chinas und die Führer der Arbeiteraufstände.

Wenn wir jetzt der Ausschilderung »Tunnel« folgen, erreichen wir zunächst das mutmaßliche Erschießungsgelände des **Husong-Polizeihauptquartiers**. Die

Husong-Polizeihauptquartier

Guomindang-Regierung errichtete ab 1916 den Polizeistützpunkt. Insbesondere zwischen 1927 und 1937 wurden hier Tausende politisch Andersdenkender in dem angeschlossenen Gefängnis festgehalten und exekutiert (vgl. Kapitel »Der heimliche Bürgerkrieg zwischen Guomindang und chinesischen Kommunisten«, S. 272 ff.) Berüchtigt waren die landesweiten Verfolgungen von Regimegegnern durch den GMD-eigenen Geheimdienst, die »Blauhemden«. Während des Zweiten Weltkrieges nutzten die Japaner das Gelände als Internierungscamp. 1945 ging es zunächst wieder an die GMD und wurde nach 1949 von den kommunistischen Behörden übernommen. Diese richteten in den 90er-Jahren, nachdem zahlreiche Leichen exhumiert worden waren, die Gedenkstätte ein – einschließlich Gefängnisauto und (wieder aufgebautem) Zellentrakt.

Überirdisch kehren wir nun wieder zum Hauptausgang des Märtyrer-Gedenkparks zurück, folgen der Longhua Xi Lu Richtung Süden und stoßen, nachdem wir einen Kanal und eine Bahnlinie überquert haben, auf den einstigen **Longhua-Flugplatz**. Das im modern sachlichen Stil der 40er-Jahre errichtete Terminal, die Start- bzw. Landebahn und die zugehörigen Gebäude lagen bis etwa 2004 in einer Art Dornröschenschlaf. Danach erfolgte der Umbau des Haupttraktes in ein Entertainment-Center. Die streng-funktionale Auffahrt wurde mit einer neobarocken Ballustrade »verschönt«, dem Lotsentower eine Krone »aufgesetzt« und die fächerförmige Glas-Lobby vermauert. Der Vorgang löste böse Schlagzeilen in der Presse aus, offenbar hatte die Stadtteilregierung, welche die Genehmigung zum Umbau erteilt hatte, ihre Kompetenzen überschritten. Das Shanghaier Denkmalschutzamt ordnete daraufhin an, die Investoren hätten den Bau wieder in den ursprünglichen Zusatnd zurückzuversetzen, 2006 wurde der Gastronomiebetrieb amtlich geschlossen. Seither ist Abwarten angesagt.

Spaziergang 13 – Die Huaihai Lu

Quer durch die Französische Konzession auf der Avenue Joffre

Die Avenue Joffre bzw. Huaihai Zhong Lu war mit 5 Kilometern die längste Straße in der einstigen Französischen Konzession. Unser Spaziergang erstreckt sich sogar über 5,4 Kilometer, weil er die ehemalige Rue Ningpo, die heutige Huaihai Dong Lu, miteinschließt. Wir starten dort, wo die Huaihai Lu an der

---

Spaziergang 13

1. Start: Huaihai Dong Lu Ecke Renmin Lu
2. Missionskirche
3. Donghu Hotel
4. Musikkonservatorium
5. Gubbay House
6. Empire und Savoy
7. Magy und Boissezon
8. Song Qingling's Residence
9. Normandie Apartments

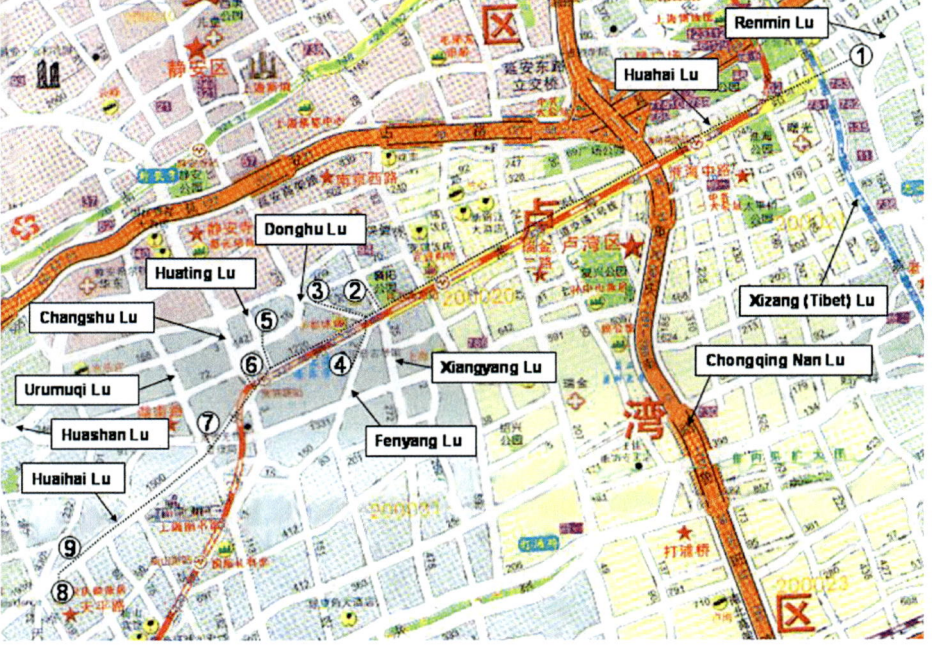

Shikumen-Lilong-Anlagen an der Huaihai Dong Lu

Renmin Lu abzweigt, und enden an den Normandie Apartments (No. 1858, Huaihai Zhong Lu) bzw. an der Huashan Lu, die einst als Avenue Haig den westlichen Abschluss der Französischen Konzession bildete. Dafür ist ein langer Tag einzuplanen; wer alle Stationen in Ruhe schaffen will, muss gegen 8 Uhr losgehen, um der vorletzten Station, »Song Qingling's Residence«, noch einen Besuch abstatten zu können. Die Gedenkstätte schließt 16:30 Uhr. Ansonsten empfiehlt es sich, nach Belieben zu stückeln.

Gleich zu Beginn der Huaihai Dong Lu stößt man noch auf einige schöne **Shikumen-Lilong-Anlagen** (z.B. No. 4, Huaihai Dong Lu). Denkt man sich die Hochhäuser ringsherum weg, könnte man das Gefühl haben, in dieser Häuserzeile sei die Zeit stehen geblieben.

Guangming Middle School

Etwas weiter auf der rechten Seite, lohnt ein Blick auf die **Guangming Middle School** (No. 70, Huaihai Dong Lu bzw. No. 179, Xizang Nan Lu; errichtet 1913, erweitert 1923). Der bereits 1886 vom Französischen Stadtrat gegründeten Schule vertrauten u.a. der Shanghaier »Opiumkönig« Du Yuesheng und sein Partner, der Kriegsherr Zhang Xiaolin, ihre Söhne an. Auf dem Lehrplan standen gerade einmal vier Stunden Chinesisch-Unterricht, dagegen wurden Französisch, Mathematik, Physik und Chemie gepaukt – in französischer Sprache, versteht sich. Ziel war die Ausbildung chinesischen Personals für die Verwaltung, die Polizeikräfte und die Unternehmen der Französischen Konzession.

Mit Überquerung der Xizang Lu ändert die Huaihai Lu ihren Namen von »Dong« (Ost) in »Zhong« (Mitte). Ursprünglich hieß dieses Straßenstück Avenue **Paul Brunat** nach einem frühen Mitglied des Französischen Stadtrats. Ab 1915 wurde Marschall **Joseph Jacques Césaire Joffre** (1852-1931) nach seinem Sieg in der Marne-Schlacht während des 1. Weltkrieges 1914 die Ehre zuteil, Namensgeber der berühmtesten Straße der Französischen Konzession zu werden. Die Avenue Joffre endete an der damaligen Avenue Haig (heute Huashan Lu), bis heute erkennbar am Namenswechsel in Huaihai Xi Lu (Xi für West), hier begann die Rockhill Avenue.

Ursprünglich prägten Lilongs diesen Straßenabschnitt. Ein großer Teil der alten Bebauung musste modernen Einkaufszentren und Hochhäusern weichen. Die Bagger machten trotz Anwohnerprotesten (vgl. Kapitel »Die Geburt der Lilongs«, S. 60 ff.) weder vor deren angestammten Häusern noch vor dem ehrwürdigen **Empire Theatre** von 1921 Halt (No. 85, Huaihai Zhong Lu). Neben Konsumtempeln wie dem Shanghai Time Square (No. 111, Huaihai Zhong Lu) wurde ein kleiner Alibi-Park angelegt.

Noch erhalten ist die 1911 errichtete französische **Feuerwehrwache** (No. 193 bis 245, Huaihai Zhong Lu). Für den achtstöckigen Ausguck kam der Denkmalschutz 2003 zu spät, er verschwand schon in den 1980er-Jahren. Dann passieren wir den 2002 fertig gestellten, 278 Meter hohen **Hong Kong New World Tower** (No. 300, Huaihai Zhong Lu).

Historisch bedeutsam ist der letzte Sitz des **Französischen Stadtrates** von 1936 (No. 375-381, Huaihai Zhong Lu, vgl. Kapitel »Shanghai Municipal Council – SMC«, S. 47 ff.). Nachdem 1949 eine Schule in das funktionslos gewordene Gebäude eingezogen war, übernahm der Kaufhauskonzern Central Plaza in den 90er-Jahren den Komplex. Die Hongkonger Investoren ließen die Fassade stehen und bauten dahinter komplett neu, einschließlich eines 37-stöckigen Büro-Turmes (Fertigstellung 1999; vgl. Kapitel »Shanghai als Herausforderung für Architekten«, S. 377 ff.).

Direkt gegenüber (No. 358, Huaihai Zhong Lu) befindet sich die Lilong-Anlage »**Shangxian Fang**« von 1924 mit leicht barocken Einschlägen.

Von der **Überführung über die Chongqing Lu** bietet sich sowohl nach Osten als auch nach Westen ein guter Blick in den Verlauf der Huaihai Lu.

Direkt an der Ecke folgen links die mächtigen, über 40 Meter langen **Bearn Apartments** (No. 449-479, Huaihai Zhong Lu) des Architekten-Teams Léonard/Veysseyre/Kruze von 1923/30. Rechts biegt die schmale Old Chongqing Zhong Lu ab und führt zu einer ebenfalls 1930 erbauten **Shikumen-Lilong-Anlage** (No. 64, Lao – d.h. Alte – Chongqing Zhong Lu).

An der zu einer Art Fußgängerzone gestalteten Yandang Lu stehen die 1932/33 errichteten **Young Apartments** (No. 481-501, Huaihai Zhong Lu) von Moorhead and Halse.

Es folgen weitere sehenswerte Lilong-Anlagen (No. 526, 528, 542, Huaihai Zhong Lu) und schließlich der **»Yuyang Li«-Komplex** (No. 567, Huaihai Zhong Lu) von 1918. Im Haus No. 6 wurde am 22. April 1920 die **Shanghai Socialist Youth League** gegründet (Gedenkstätte; täglich 9 bis 11:30 und 13 bis 16:30 Uhr, Tel.: 53 82 33 70).

In der Grundschule No. 650, Huaihai Zhong Lu, einem gut erhaltenen graublauen Backsteinbau, wohnte **Sun Yatsen** 1911, bevor er nach Beijing reiste, um dort zum vorläufigen Präsidenten der neu gegründeten Republik China gewählt zu werden. Sein Zimmer kann montags bis freitags, 9 bis 11 Uhr und 14 bis 16 Uhr besichtigt werden.

Ein Schmuckstück stellen die denkmalgeschützten **Estrella Apartments** dar (No. 758, Huaihai Zhong Lu Ecke Ruijin Yi Lu). Gebaut hat sie 1926/27 Ladislaus E. Hudec.

Ebenfalls auf der rechten Seite folgen das **Cathay Theatre** des ungarischen Architekten C.H. Gonda von 1932 (No. 870, Huaihai Zhong Lu) sowie der Garten des Okura Garden Hotels (ehemaliger Deutschen Gartenclub; vgl. Spaziergang 10, S. 496 f.).

Wenn Sie die Einfahrt vor dem Mason Hotel nach links einbiegen, gelangen sie in die Lilong-Anlage »Huaihai Fang« (ehemals »Joffre Terrace«, 1924, No. 927, Huaihai Zhong Lu; vormals Xiafei Fang). Im Haus No. 59 lebte 1937 bis 1957 der berühmte Dichter **Ba Jin** (vgl. Kapitel »Shanghais Literaturszene setzt Maßstäbe«, S. 161 ff).

Wer Lust hat, kann an der Xiangyang Lu einen Abstecher nach rechts machen und kommt nach wenigen Metern zu einer der beiden in Shanghai erhaltenen ehemaligen russisch-orthodoxen Kirchen, der **Missionskirche** von 1932/34 (No. 55, Xinle Lu, vgl. Kapitel »Die russische Flüchtlingswelle und wie die Ausländer ihr Gesicht verloren«, S. 148 ff.).

Gegenüber befindet sich das edle **Mansion Hotel** von 1932 (wunderschöne Dachterrasse; No. 82, Xinle Lu, Tel. 54 03 66 92), einstmals die Privatresidenz von Du Yueshengs Partner **Jin Tingsun** (geb. 1884, Todesjahr unbekannt; vgl.

Direkt vis-à-vis der Porsche-Vertretung (No. 191, Huai Hai Zhong Lu) fand eine Skulpturengruppe Aufstellung: ein Pärchen im Gespräch mit einer Radfahrerin – pikanterweise ist seit 2001 Radfahren auf der Huaihai Lu untersagt.

Shangxian Fang mit Hong Kong New World Tower

Kapitel »Die Grüne Bande – Du Yuesheng, der Pate von Shanghai, S. 141). In Dus Besitz befand sich das in der nächsten Seitenstraße gelegene **Donghu Hotel** (No. 70, Donghu Lu, Tel.: 64 15 81 58, gewohnt hat er darin allerdings nie. 1922 hielt der ein Jahr zuvor mit dem Physiknobelpreis ausgezeichnete Albert Einstein im Donghu Hotel einen Vortrag.

Wem es nach einer gediegenen Pause in einer alten Villa (Baujahr 1921) gelüstet, kann im »**The 7**« eine Mittagspause einlegen (Eingang No. 7, Donghu Lu benutzen, ansonsten No. 1110, Huaihai Zhong Lu, Tel.: 64 15 66 66). Das Anwesen gehörte ursprünglich einem jüdischen Geschäftsmann, **Ray Joseph** (s. die weiter unten genannten Hanray Mansions) bevor es über Mittelsmänner als »Geschenk« in Du Yueshengs Hände überging.

Erheblich preiswerter ist das **Gästehaus** auf dem **Campus des Musikkonservatoriums** (No. 20, Fenyang Lu, Tel.: 64 37 25 77; die Fenyang Lu zweigt gegenüber der Donghu Lu nach links von der Huaihai Lu ab). Ist das Wetter schön, kann man draußen sitzen. Vormals beherbergte die Villa das belgische Konsulat. Das Gebäude direkt gegenüber der Einfahrt mit dem Säulen-Übergang zur benachbarten **He Luting Concert Hall** war in den 30er-Jahren Sitz des **Russisch-Jüdischen Clubs** (vgl. Kapitel »Shanghai bietet jüdischen Flüchtlingen Rettung«, S. 283 ff.). Jetzt hat darin der Direktor des Musikkonservatoriums sein Arbeitszimmer. Das **Museum for Oriental Instruments** wird gegenwärtig renoviert; es ist offen, ob die Sammlungen nach der Renovierung wieder der Öffentlichkeit zugänglich sein werden. Ebenfalls zum Gelände des Musikkonservatoriums gehört die vom deutschen Architekten-Duo **Becker/Baedecker** errichtete **Villa** (No. 1131, Huaihai Zhong Lu), Bauzeit etwa zwischen 1905 und 1911. Zwischenzeitlich war die Bibliothek der Hochschule darin untergebracht, dann wurde sie kommerziell genutzt.

An die modern-sachlichen **Hanray Mansions** (No. 1160-1164, Huaihai Zhong Lu) von 1939, benannt nach ihren einstigen Besitzern, dem jüdischen Ehepaar Hannah und Ray Joseph, schließen sich die **Gascogne Apartments** (No. 1202, Huaihai Zhong Lu) an. Sie wurden 1934 von der französischen Architekturfirma Léonard, Veysseyre und Guillet erbaut. Obwohl in den Gascogne Apartments über mehr als 50 Jahre nahezu keine tief greifenden Renovierungsarbeiten durchgeführt worden waren, galt die Wohnqualität bis zuletzt als ausnehmend gut. Die einstigen Luxusapartments verfügten über Zentralheizung, Parkettböden und Einbauschränke. Im Jahr 2002 mussten alle Mieter das Haus verlassen, da sie einer Generalüberholung unterzogen werden sollten. Seitdem steht das Gebäude leer.

Zur bewaffneten Volkspolizei gehört heute das **Ezra Mansion** der jüdischen Familie Ezra (nicht zugänglich; No. 1209, Huaihai Zhong Lu, vgl. Kapitel »Die großen jüdischen ›Nobelhäuser‹«, S. 85). Die eindrucksvolle mehrstöckige Villa

Klaus Mehnert

Zu den ersten Mietern der Gascogne Apartments zählte **Klaus Mehnert** (1906-1984), Journalist und in Shanghai Herausgeber der rechts gerichteten englischsprachigen Zeitschrift »The XXth Century«. Der 1906 in Moskau als Kind deutscher Eltern geborene Mehnert hatte in Berlin und in den USA studiert, dort eine amerikanische Kommilitonin kennen gelernt und geheiratet. Zwei Jahren als Auslandskorrespondent in Moskau folgte von 1937 bis 1941 eine Lehrtätigkeit an der Universität von Hawaii. Im Juli 1941 siedelte der Journalist nach Shanghai über.

Mehnert sagte nach dem Krieg gegenüber dem amerikanischen Geheimdienst aus, der Diplomat Adam von Trott zu Solz (1909-1944) habe ihn für den Posten in Shanghai empfohlen. Trott gehörte zu den führenden Figuren des deutschen Widerstandes gegen Hitler und war für seine Teilnahme am gescheiterten Attentat auf den Diktator im Juli 1944 hingerichtet worden. Der Historiker Bernhard Wasserstein vermutet hinter dieser Angabe eine Schutzbehauptung. Eine Spezialeinheit der Shanghaier Polizei hielt Mehnert nach seiner Ankunft in Shanghai im Juli 1941 unter Beobachtung. Ihre Berichte beschreiben den Journalisten als »begeisterten Nationalsozialisten« – während er sich selbst später allenfalls als Mitläufer darstellte. Sein Magazin, so heißt es weiter, wurde aus Nazi-Geldern finanziert, um für deren Politik und gegen die Alliierten Stimmung zu machen. Aufgrund dieser Zuschüsse konnte die Zeitschrift sehr preiswert abgegeben werden und erreichte weite Leserkreise. Mehnert selbst erhielt – entgegen den Angaben in seiner 1981 erschienenen Autobiographie von 2.000 RM – in den ersten drei Monaten das stattliche Gehalt von 5.000 RM und im Anschluss 3.000 RM im Monat ausgezahlt (zum Vergleich: der Top-Gestapo-Offizier Josef Meisinger 4.760 RM, 1942).

In seinen Erinnerungen widerspricht Mehnert, der in der Bundesrepublik eine geachtete Position als Kommentator beim Rundfunk erwarb und als gern gesehener Gast zu Werner Höfers »Frühschoppen« eingeladen wurde, vehement dem Vorwurf einer nachrichtendienstlichen Tätigkeit (»In meinem ganzen Leben bin ich nie Spion oder Agent irgend eines Staates gewesen, weder des meinen noch eines fremden, und habe nie eine Tätigkeit ausgeübt, die auch nur entfernt mit Spionage in Verbindung gebracht werden könnte.«). Auch legt er Wert darauf, nie »Hitler oder seine Partei gepriesen« zu haben. »Sachlich berichtete sie (die Zeitschrift, d. Verf.) über die deutschen Erfolge, wie auch später über die Misserfolge, allerdings nicht über die deutschen Greuel, die gegen Kriegsende ruchbar wurden und die wir zunächst für schamlose Übertreibungen hielten.« Allerdings bleibt die Frage unbeantwortet, warum sich das Auswärtige Amt, von dem Mehnert bezahlt wurde, einen so teuren Auslandskorrespondenten halten sollte, ohne, wie Mehnert schreibt, Einfluss auf seine publizistische (oder sonstige) Tätigkeit zu nehmen.

war mit Louis-quinze-Möbeln eingerichtet und besaß einen Ballsaal für 150 Tänzer, einen Musikraum für 80 Zuhörer und einen 25 Morgen großen Garten mit Swimming-Pool und Tennisplatz.

Der »**Xinkang Garden**« (»Jubilee Court«, No. 1273, Huaihai Zhong Lu) von 1933/34 ist ein typisches Beispiel für Lilong-Etagenwohnungen. Die niedrigen Häuser sind im spanisch-mediterranen Stil, die hohen sachlich gehalten (vgl. Kapitel »Die Geburt der Lilongs«, S. 60 ff.).

Unter Denkmalschutz steht auch die Garten-Lilong-Anlage aus europäisch anmutenden Einzelhäusern No. 1276 bis 1282, Huaihai Zhong Lu.

Als dritte Garten-Lilong-Anlage folgt »**Shangfang Garden**« (No. 1285, Huaihai Zhong Lu aus den Jahren 1938/39; wie Xinkang Garden von Moorhead, Halse and Robinson und ebenfalls im spanisch-mediterranen Stil). Im Haus No. 24 wohnte der Publizist Zhang Yuanji (vgl. Spaziergang 9, S. 483). Ursprünglich hatte das Grundstück der jüdischen Familie Sopher gehört (»Sopher Garden«; vgl. Kapitel »Die großen jüdischen Nobelhäuser«, S. 85 ff.). 1933 erwarb es die Zhejiang Xingye Bank, um in der vor den japanischen Angriffen vermeintlich sicheren Französischen Konzession Wohnraum für ihre Angestellten zu schaffen (einer von diesen war ein Sohn Zhangs).

Ein Abstecher rechts in die Huating Lu führt direkt zum **Gubbay House** (No. 130, Yanqing Lu/Huating Lu). Das Domizil der jüdischen Familie Gubbay ist Teil eines Krankenhauses und steht leer (nicht zugänglich).

Die **Empire Mansions** (No. 1300-1326, Huaihai Zhong Lu) errichtete 1934 der chinesische Architekt **Huang Yuanji**. Heute heißt es »Maison Mode« – die vermeintlich französische Kette stammt aus Hongkong. Während der Kulturrevolution, erinnert sich der Shanghaier Fotograf **Deke Erh** (geb. 1959), befand sich hier der einzige Lebensmittelladen der Stadt, in dem noch Käse erhältlich war. Die »Marseiller Villa« direkt gegenüber war ursprünglich ein von den Franzosen eingerichteter Polizeiposten, der Poste Pottier (No. 1317-1323).

Geht man die Changshu Lu, d.h. die ehemalige Route de Sayzoong, nach rechts, dann stößt man nach wenigen Metern auf das »**Savoy**« aus dem Jahr 1928 (No. 193-207, Changshu Lu). Der Entwurf zu dem zwischen Art-Deco und Bauhaus angesiedelten Apartmenthaus stammt vom 1897 in Genf geborenen Architekten **René Minutti**. Minutti gestaltete auch das Picardie von 1935 (heute Hengshan Hotel, No. 534, Hengshan Lu).

Dort wo die Huaihai Lu die Fuxing Lu kreuzt, befindet sich ein kleiner, von der älteren Generation gern frequentierter Park, der frühere **Parc Paul Brunat**, nach besagtem Stadtrat. Das Denkmal ist **Nie Er** (1912-1935) gewidmet, dem Komponisten der chinesischen Nationalhymne. Dessen französischer Plattenfirma »Pathé« (chinesisch: »Bai dai« für »100 Generationen«) gehörte als Residenz für leitende Angestellte seit 1921 die »rote Villa« in der nahe gelegenen Hengshan

Lu, der damaligen Avenue Petain. 1928 musste Pathé/Paris infolge der Weltwirtschaftskrise und der darniederliegenden Plattenverkäufe aufgeben. Die 1931 in London als Electric and Musical Industries gegründete EMI übernahm das Traditionsunternehmen 1934. Aus der Shanghaier Filiale wurden 1952 die »China Records«. Die Villa beherbergt heute ein französisches Restaurant (»La Villa Rouge«, No. 811, Hengshan Lu, Tel.: 64 31 66 39). Neben Nie Er stand beispielsweise auch die »Goldene Stimme«, Zhou Xuan, bei Pathé/EMI unter Vertrag.

Linkerhand, in einem roten Backsteinbau (1933), zeigt das Xuhui Art Museum Wechselausstellungen (täglich 9 bis 12 Uhr und 13 bis 16:30 Uhr; No. 1413, Huaihai Zhong Lu, Tel.: 64 33 65 16). Der Kommentar der »Shanghai Daily« zur Eröffnung im Dezember 2005 verrät viel über die materiellen Prioritäten der Shanghaier: Eigentlich sei es aus Sicht vieler Leute doch ein zu großer Luxus, in einem solchen Ambiente ein Museum einzurichten, zumal bereits viele ähnliche Villen in schicke Bars oder Restaurants umgewandelt worden seien.

Wir stehen jetzt mitten im diplomatischen Viertel mit der **Residenz des französischen Generalkonsuls** (1921; ursprünglich das Wohnhaus der Familie Basset; Vater Lucien arbeitete als Broker; später gehörte es dem Textiltycoon **Tang Xinghai**; No. 1431 Huaihai Zhong Lu), dem **Generalkonsulat der USA** (No. 1469, Huaihai Zhong Lu, ebenfalls 1921, ursprünglich Anwesen von Jardine, Matheson & Co, von 1930-1945 Schweizer Konsulat, dann Wohnhaus der Familie Rong, nach 1949 verstaatlicht, seit 1980 Sitz der US-Diplomaten) und dem **iranischen Generalkonsulat** (No. 17, Fuxing Xi Lu).

Nördlich blickt man Fuxing Xi Lu Ecke Urumqi Lu auf zwei weitere Apartment-Gebäude, das ehemalige **Magy** von Paul Veysseyre mit geschwungenen Balkonen von 1936 (No. 24, Fuxing Xi Lu; dieser Abschnitt der Urumqi Lu hieß Route Alfred Magy) und das etwas einfachere **Boissezon** (No. 26, Fuxing Xi Lu) gegenüber. An beiden Häusern sieht man überdeutlich: Shanghai sinkt (vgl. Kapitel »Wasser, überall Wasser, aber kein Tropfen zu trinken«, S. 370 ff.).

Die heutige Residenz des japanischen Generalkonsuls (1900, No. 1517, Huaihai Zhong Lu) war Wohnhaus des Politikers, Gründers der Jiaotong-Universität und der ersten modernen chinesischen Bank **Sheng Xuanhuai** (vgl. Kapitel »Bank of Communication«, S. 215).

Weitaus jüngeren Datums ist der 1996 fertig gestellte Komplex der **Shanghai Library** (No. 1555, Huaihai Zhong Lu) – mit etwa 50 Mio. Büchern eine der zehn größten Bibliotheken der Welt (vgl. Kapitel »Shanghai als Kunst- und Kulturstadt«, S. 356 ff.). In Asien wird sie nur von Beijing und Tokyo übertroffen. Die Kopie von Rodins »Denker« stiftete 2004 ein französischer Kunsthändler. 1999 wurde hier von Bundeskanzler Gerhard Schröder der »Deutsch-

Jiaotong-Universität

Die Jiaotong-Universität (No. 1954, Huashan Lu) wurde 1896 als Nanyang College durch Sheng Xuanhuai gegründet. Der Minister war ihr erster Rektor. Sein Ziel war es, das traditionelle konfuzianische Ausbildungsideal zu durchbrechen, indem er die Lehrpläne mit modernen, westlichen Inhalten anreicherte. Wie notwendig dies war, verdeutlicht die Feststellung des chinesischen Aufklärers Lin Yutang aus den 30er-Jahren: »Man muss wissen, dass es in China, mit Ausnahme der seriösen beiden Wissenschaften Klassische Philologie und Geschichte, in denen höchst gewissenhafte Arbeit geleistet wird, keine eigentlichen Spezialwissenschaften gibt. Die Astronomie fällt, wenn man von den Arbeiten der Jesuiten-Zöglinge absieht, beinahe ganz mit der Astrologie zusammen, und Zoologie und Botanik stehen in nächster Nähe der Disziplin Kochkunst, weil so viele Tiere, Früchte und Pflanzen essbar sind. Die Medizin nimmt in den meisten Buchläden dasselbe Fach ein wie die Zauberei und Wahrsagekunst.«

Ihren heutigen Namen erhielt die Hochschule 1921, als sie offiziell dem Verkehrsministerium unterstellt wurde (»Jiaotong« für Verkehr). Seit 1959 besteht sie in ihrer jetzigen Form. Auf dem Campus befindet sich in der Alten Bibliothek (1918) eine kleine, zu den üblichen Bürozeiten geöffnete Ausstellung zur Geschichte der Lehranstalt. Zu ihren berühmtesten Studenten gehören der Dramatiker **Hong Shen** (1894-1955, vgl. Kapitel »Die Shanghaier Filmindustrie«, S. 242 ff.), der Erfinder der chinesischen Schreibmaschine **Zhou Houkun** (Lebensdaten unbekannt, an der Jiaotong von 1900 bis 1909), der Publizist Zou Taofen (vgl. Kapitel »St. John's University«, S. 98 f.) und der »Vater der chinesischen Raumfahrt« **Qian Xuesen** (geb. 1911). Qian Xuesen war 1935 zum Studium in die USA gegangen und hatte es dort zu einem der führenden Raketeningenieure am California Institute of Technology gebracht. Er gehörte zur handverlesenen Schar von Wissenschaftlern, die die deutsche Raketentechnologie direkt nach dem Krieg in Augenschein nehmen durften. Kommunistischer Kontakte verdächtigt musste Qian jedoch bald das Programm verlassen. 1955 kehrte er nach China zurück. Dort arbeitete er an einer Verbesserung der sowjetischen R-2-Rakete, einer weiterentwickelten Version der deutschen V-2 von **Wernher von Braun** (1912-1977). Auf Basis seiner Arbeiten konnte die VR China 1970 ihren ersten Weltraumsatelliten ins All schießen.

Das jugendliche Konterfei mit Doktorhut des ehemaligen chinesischen Staatspräsidenten Jiang Zemin bildet den krönenden Abschluss der Präsentation.

Ältestes Gebäude auf dem Campus ist das »Zhong Yuan« von 1899. Es diente dem Nanyang College als Hauptgebäude. Sehenswert sind ferner die Sporthalle (1925), das Studentenwohnheim Nr. 1 (1930), das Ingenieurgebäude von Ladislaus E. Hudec (»Gong Cheng Guan«, 1932) und das dem Kaiserpalast in Beijing nachempfundene Eingangsportal (1934/35; die Brücke davor wurde der Erweiterung der Huashan Lu in den 90er-Jahren geopfert). Von 1954 stammt das »Xin Shang Yuan«; in ihm findet sich eine Büste von Sheng Xuanhuai.

Shanghai Library

Chinesische Rechtsstaatsdialog« aus der Taufe gehoben. Zum Rechtsstaatsdialog hielt der damalige Bundespräsident **Johannes Rau** (1931-2006) an der Universität in Nanjing 2003 eine denkwürdige Rede, bei der er mit Bezug auf Konfuzius (»Ohne das Vertrauen des Volkes kann kein Staat bestehen.«) sehr deutlich machte, dass es sich beim »Eintreten für Menschenrechte« nicht um ein spezifisch ›westliches‹ Anliegen handele, mit dem ›westliches‹ Gedankengut der übrigen Welt aufgedrängt werden soll.

Direkt gegenüber lohnt ein Blick auf das Art-Deco-Gebäude No. 1558-1568, Huaihai Zhong Lu. Es steht wie die in unmittelbarer Nachbarschaft befindliche **Yicun**-Villen-Anlage (No. 1610, Huaihai Zhong Lu) von 1942 unter Denkmalschutz. Dies hinderte 2004 eine »Entwicklungsgesellschaft« jedoch nicht, eine der acht »Yicun«-Villen im Zuge von »Renovierungsarbeiten« einzureißen. Immerhin berichtete die »Shanghai Daily« über den Vorfall auf ihrer Titelseite.

Die hier kreuzende Gaoan Lu, vormals Route Cohen, war benannt nach dem britischen Juden Morris Cohen (1887-1970). Der Abenteurer mit dem Spitznamen ›Two-Gun‹-Cohen brachte es bis zum persönlichen Leibwächter Sun Yatsens. Nicht weit von hier, No. 20, Haus 10, Gaoan Lu, wohnte Rong Desheng, Vater des »roten Tycoons« Rong Yiren. Der 1939 im Shanghaier Art-Deco errichtete Bau dient heute als Kinderpalast des Xuhui-Bezirks; Besichti-

Normandie Apartments (oder I.S.S.-Apartments) von Ladislaus E. Hudec

gungen sind möglich (am Wochenende ganztags, unter der Woche abhängig von den stattfindenden Kursen, Tel. 64 73 45 83). Auf dem Weg zurück zur Huaihai Lu versäumen Sie nicht, einen Blick in den stilvollen Eingangsbereich der **Amyron Apartments** zu werfen (1941; No. 14, Gaoan Lu).

Ebenfalls unter Denkmalschutz steht die Garten-Lilong-Anlage No. 1768, Huaihai Zhong Lu aus den 30er-Jahren. In einem der Häuser lebte Emily Hahn (vgl. Kapitel »Kein Paris ohne Vergnügen«, S. 228 ff.) mit ihrem Geliebten Shao Xunmei (1906-1968). Shao gehörte zu den alternativen und später als dekadent verschrienen Dichtern Shanghais. Während Hahn schon 1939 in die USA zurückgekehrt war und dort erfolgreich insbesondere über die Songs publizierte, verbrachte Shao seine letzten Jahre im Gefängnis und starb verachtet und verarmt. Eine weitere denkmalgeschützte Einzelhausanlage folgt auf der gleichen Straßenseite (No. 1818, Huaihai Zhong Lu).

Wer gerne einmal ein Foto des gesamten Song-Clans mit den Eltern Charly und Guizhen und ihren sechs Kindern sehen möchte, hat hierzu in »**Song Qingling´s Residence in Shanghai**« Gelegenheit (No. 1843, Huaihai Zhong Lu, täglich 9 bis 16:30 Uhr, Tel.: 64 74 71 83, vgl. Kapitel »Charly Song – der verdrängte Revolutionär«, S. 121 ff.). In der angegliederten Ausstellung sind zwei Fotografien von besonderem Reiz, beide zeigen aus dem gleichen Blickwinkel die Sitzecke im Wohnzimmer mit Blümchensofa, Couchtisch und Stehleuchte. Am 1.11.1957 empfing Song Qingling eine Delegation aus Indien, am 10.10.1958 Mitglieder der Gesellschaft für Chinesisch-Sowjetische Freundschaft. Bei der ersten Aufnahme hängt ein großes Mao-Portrait über dem Sofa, beim zweiten eine Landschaft in Öl ...

Das Haus selbst hatte ursprünglich dem deutschen Arzt Dr. Virnich gehört. Dieser war nach dem Krieg 1945 enteignet worden, woraufhin Freunde von Chiang Kaishek einzogen, welche das Haus wiederum an die Kommunisten abgeben mussten.

Schlusspunkt des Spaziergangs 13 bilden die **Normandie Apartments** von Hudec (oder Intersavin Society – I.S.S. – Apartments, No. 1858, Huaihai Zhong Lu; vgl. Kapitel »Funktionalistische Architektur gewinnt an Boden«, S. 259 ff.). Das abgerundete, längliche Gebäude, das in dieser Weise genau so in Chicago oder in Paris stehen könnte, wurde 1924 fertig gestellt. In sechs für Wohnzwecke vorgesehenen Stockwerken waren 76 individuell geschnittene Wohnungen untergebracht sowie 30 Quartiere für Bedienstete. Aktuell bewohnen ein Vielfaches der ursprünglich geplanten Personen den von außen nahezu unveränderten Komplex.

Spaziergang 14 – Alt-Shanghai

Innerhalb der alten Stadtmauergrenzen

Shanghai ist – im Vergleich zu Beijing oder gar zu Xi´an – arm an klassischer chinesischer Architektur. Das Wenige lässt sich an einer Hand abzählen. An vorderster Stelle steht der Yu-Garten mit dem berühmten »**Hu Xing Ting**«**-Teehaus** in der chinesischen Altstadt. Beide sind ein »Muss« auf der Agenda eines jeden Shanghai-Besuchers. Entsprechend überlaufen präsentiert sich das kleine Areal – besonders während der Feiertage, wenn sich Gruppe an Gruppe, angespornt von den Megaphonen der Reiseleiter, durch die Gänge schiebt. So makaber es klingen mag – richtig genießen ließ sich die erlesene Schönheit des Yu-Gartens während der SARS-Wochen im Frühsommer 2003, als die Touristengruppen ausblieben.

Der SARS-Virus hält Shanghai in Bann

Der eine bis dato unbekannte Form der Lungenentzündung hervorrufende SARS-Virus (SARS für schweres akutes respiratorisches bzw. Atemwegs-Syndrom) war erstmals im November 2002 in der südchinesischen Provinz Guangdong aufgetreten. In den Folgemonaten hatten die politisch Verantwortlichen die Krankheit, welche überwiegend in Guangdong, Hongkong und Beijing grassierte, systematisch bagatellisiert. Erst als die Situation nicht mehr schön geredet werden konnte, leitete Staats- und Parteichef Hu Jintao am 17. April 2003 die konsequente Kehrtwendung ein. Hu gab die Parole der »Vier früh« (»Si cao«) heraus: »Fälle früh entdecken, früh berichten, früh unter Quarantäne stellen und früh behandeln«. Verspätete und vernebelnde Berichte seien verboten. Auf einer Pressekonferenz in Beijing wurden ausländische Journalisten, noch zwei Wochen zuvor der Verbreitung von Falschmeldungen bezichtigt, sogar um die Mithilfe bei der SARS-Aufklärung gebeten.

Zugleich wurden auf lokaler Ebene unzählige Maßnahmen getroffen, um die Verbreitung des Virus einzudämmen. Viele waren sinnvoll, andere zeugten von aufgeregtem Aktionismus, wie z.B. die im April 2003 erlassene Shanghaier Regelung, alle Einwohner, die aus SARS-betroffenen Gebieten stammten, hätten sich zwei Wochen in Hausquarantäne zu begeben. Dies bedeutete zweimal täglich Fiebermessen und Berichterstatten an das Nachbarschaftskomitee, das auch für die Verpflegung der »Internierten« zuständig war. Zu den SARS-Gebieten wurde auch Deutschland gezählt, was manchem aus der Heimat zurückkehrenden Deutschen eine unliebsame Überraschung bescherte. Ebenso panisch reagierten umgekehrt viele deutsche Firmenzentralen. Nicht wenige weigerten sich, ihre Angestellten aus China zu empfangen. Mancher fühlte sich behandelt wie eine »wandelnde Biobombe«.

SARS-Aufklärung

Temperatur-Check

Während der »heißen SARS-Phase« vom April bis Juni 2003 blieb die 16-Millionen-Stadt Shanghai auf geradezu wundersam anmutende Weise von dem Virus verschont. Nur acht Patienten zählte die offizielle Statistik bis Mitte Juni 2003. Von ihnen konnten drei als geheilt entlassen werden, zwei weitere erlagen der Krankheit. Die politisch Verantwortlichen rechneten sich die niedrigen Zahlen als Verdienst an, z.B. wurden bis zum 1. Juni 2003 über 28.700 Menschen unter Quarantäne gestellt. Auch wurde das an die Zeiten der Kulturrevolution gemahnende Überwachungssystem der Nachbarschaftskomitees erfolgreich reanimiert.

Die Furcht war groß, die Krankheit von außerhalb in die Stadt hineinzutragen, denn »in normalen Zeiten« kommen täglich im Schnitt 80.000 Menschen über die Straße, die Schiene, per Schiff oder Flugzeug in die wichtigste chinesische Industriemetropole. Da eindeutige Tests für Virusträger, die noch nicht das typische Krankheitsbild entwickelt hatten, fehlten, wirkten die mit Mundschutz und Gummimänteln ausgerüsteten Ärzteteams, welche an den Stadtgrenzen allen Einreisenden Fieber maßen, indessen allenfalls als Beruhigung für die Shanghaier Bevölkerung und nicht als Abschreckung für den Virus.

Außenstehende Gesundheitsexperten sprechen daher schlichtweg von Glück, dass es in der Stadt – im Gegensatz zu Hongkong oder Beijing – keine so genannten Superspreader gegeben habe, also hoch infektiöse SARS-Patienten. Insgesamt hatten die vorangegangenen Fehlinformationen das Vertrauen in die offiziellen Daten der Regierung in Beijing zerstört. Auf umso größere Aufmerksamkeit stieß der kühne Werbeslogan der »Shanghai Daily«: »The best means to fight SARS is reliable information«. Viele Bewohner halfen sich selbst, gingen nur noch mit Mundschutz auf die Straße und mieden Restaurants oder die U-Bahn. Fahrstühle und Büros wurden mehrmals täglich desinfiziert, Besucher von Wohnanlagen oder Office-Towern genau registriert. Die Verwaltung des Jinmao Buildings schloss den Turm sogar einige Tage lang gänzlich für Kundenverkehr.

Gespuckt wurde in den ersten »SARS-Tagen« nur noch selten, zumal die Strafen hierfür auf 200 RMB (damals rd. 25 Euro) erhöht worden waren (zum Bedauern vieler hielt diese Verhaltensänderung nur kurz an; gleiches galt für öffentliches Urinieren). In Shanghai normalisierte sich der Alltag bereits wieder nach zwei Monaten. Letztlich erwiesen sich die medizinischen Folgen von SARS als weitaus weniger schwerwiegend als die ökonomisch-sozialen.

Der internationale China-Tourismus brach ein, chinesische Exporte waren weniger gefragt, Direktinvestitionen verzögerten sich. Dabei war die SARS-Infektionsgefahr, auch wenn die realen Krankheitszahlen die offiziellen – für ganz China mit 1,3 Mrd. Menschen 5.328 Patienten und 348 Todesfälle – um ein Vielfaches übertroffen haben mögen, im Vergleich zu anderen, ebenfalls lebensbedrohlichen Infektionskrankheiten wie Hepatitis oder Aids deutlich geringer. Rolf Cremer, Ökonomieprofessor an der CEIBS, berechnete die Mittel, die zur Ver-

»Shanghai Daily« vom 31.5./1.6.2003

hinderung eines einzigen SARS-Opfers aufgewendet worden waren, auf 20 Mio. US$ – Gelder, welche zur allgemeinen Verbesserung des Gesundheitswesens deutlich sinnvoller verausgabt gewesen wären.

Wie schnell in Shanghai Ereignisse »historisch« werden, belegt eine Meldung der »Shanghai Daily«. Sie berichtete bereits am 1. Oktober 2003 von einer Spende an das Shanghaier Geschichtsmuseum von über hundert »SARS- typischen« Gegenständen einschließlich einer Industrienähmaschine, mit der Masken hergestellt wurden.

Die Verantwortlichen für Yu-Garten und Teehaus nutzten die Gelegenheit und unterzogen letzteres einer Renovierung. Renovierung ist »das« Stichwort. Heute lässt sich der alte Kern Shanghais nur noch erahnen. Die Stadtmauer wurde bis auf die erwähnten Reste bereits 1911 abgetragen, die chinesischen Reformkräfte sahen in ihr ein Symbol für die Rückständigkeit der Stadt und des ganzen Landes (vgl. Kapitel »Die Revolution von 1911 stürzt Shanghais Stadtmauer«, S. 134 ff.). Ihren früheren Verlauf markiert die Ringstraße Renmin Lu/Zhonghua Lu. Die heutigen Modernisierer reißen systematisch den alten Häuserbestand innerhalb dieses Areals ab, um ihn durch Hochhäuser, überdimensionierte Einkaufszentren im »Qing-Dynastie-Stil« (vgl. Kapitel »Shanghais Disneyland oder warum sind viele chinesische Städte so hässlich?«, S. 330 ff.) oder bestenfalls durch öffentliche Grünanlagen zu ersetzen. Wer noch ein paar alte Straßenzüge sehen möchte, befindet sich im Wettlauf mit den Abrisstrupps. Für eine denkmalgerechte Restaurierung der alten Wohnhäuser und deren zeitgemäße Ausstattung, z.B. mit sanitären Anlagen, fehlt es an Geld und Ideen.

Viele Liebhaber des »alten Shanghai« packt daher bei einem Gang durch die einstige »Chinesenstadt« (vgl. Kapitel »Gründung der ausländischen Niederlassungen«, S. 41 ff.) fast das Grauen, weshalb »Spaziergang 14« mit der Shanghaier »Haupt-Touristenattraktion« an letzter Stelle des Buches steht.

Der Rundgang beginnt an der östlichen Kreuzung Renmin Lu/Fangbang Zhong Lu (Vorsicht: es gibt auch eine westliche!) und dauert je nach der Kauf- und Schaulust, sowie abhängig davon, wie lange man im Teehaus verweilt, etwa vier bis fünf Stunden. Eine gute Startzeit ist zwischen 9 und 10 Uhr morgens. Je schlechter das Wetter, umso weniger stark ist der Andrang. Nicht empfehlenswert ist der Besuch während der Goldenen Wochen (Frühlingsfest, 1.Mai, Nationalfeiertag).

Wie das Schild auf dem Torbogen besagt, kommen wir in die **»Shanghai Lao Jie«** – die »Shanghai Alte Straße«, eine für Autos gesperrte Einkaufszone mit kleinen, bunten Geschäften. Hervorzuheben ist gleich rechts die 1783 gegründete **»Tong Han Zhou Tang«-Apotheke**. Wir passieren links **»Si Pai Lou«**, einen

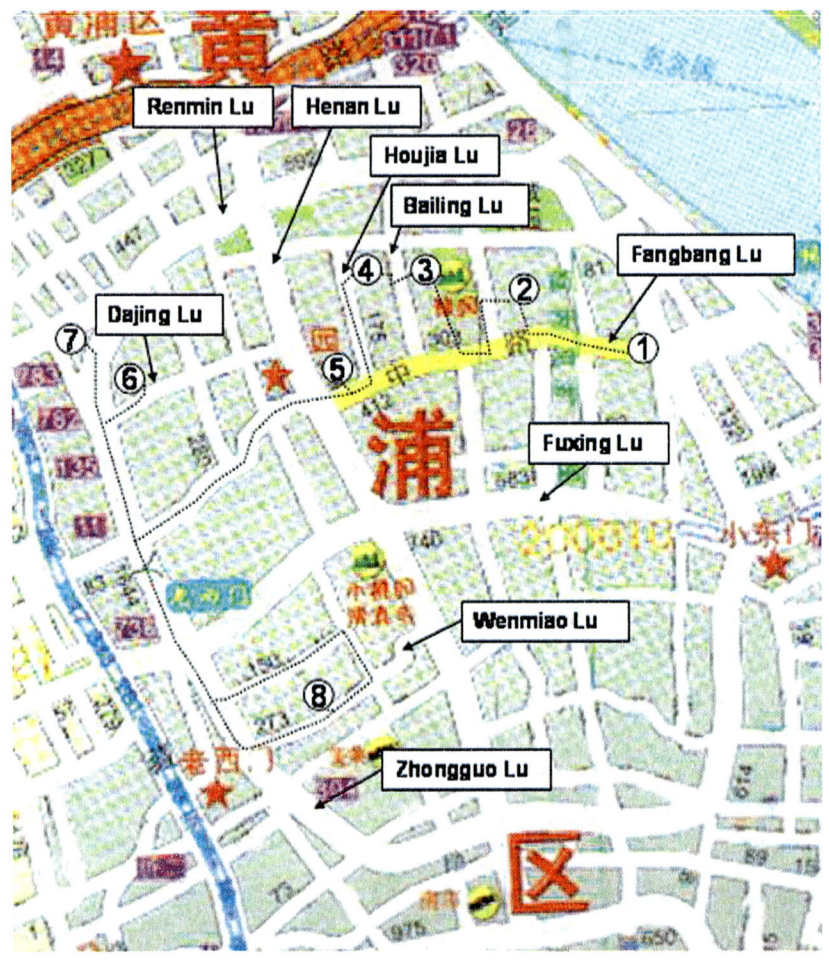

Spaziergang 14

1. Start: Fangbang Lu Ecke Renmin Lu
2. Wutong Lu (nicht im Plan)
3. Yu-Garten
4. Chenxiangge-Tempel
   (Straße nicht im Plan)
5. Trödelmarkt
6. Stadtmauermuseum und
   Tempel zur Weißen Wolke
7. Ningbo-Gilde (Tor)
8. Konfuziustempel

neuen Betonbogen, der an vier 1397 während der Herrschaft des mächtigen Ming-Kaisers Zhu Yuanzhang an anderer Stelle errichtete Ehrenbögen erinnert (sein Regierungsmotto »Hong Wu« für »starke Militärmacht« war Namensgeber der Geheimgesellschaft Hong Bang, der auch Charlie Song angehörte). Die vier Original-Bögen gibt es nicht mehr. Wer möchte, kann hier einen Abstecher nach rechts zur parallel zur Shanghai Lao Jie verlaufenden Wutong Lu machen. In einem Hinterhof finden sich die Reste der ältesten katholischen Kirche Shanghais, der Jingyi Tang von 1640 (No. 137, Wutong Lu; vgl. Kapitel »Von Kirchen, Schulen und Reis-Christen«, S. 93 ff.).

Etwas weiter in der Shanghai Lao Jie kommen eine alte Theaterbühne, eine Abrisszone und schließlich rechter Hand (schräg gegenüber der Skulptur) der Eingang zum Shanghaier **Stadtgott-Tempel** (No. 249, Fangbang Zhong Lu, täglich 8:30 bis 16:30 Uhr, Tel.: 63 86 86 49; vgl. Kapitel »Von Hu und Shen und Shang«, S. 27 ff.). Seiner Bedeutung gemäß befindet sich eine machtvolle Figur des Generals Huo Guang in der ersten Halle, während der eigentliche Shanghaier Stadtgott Qing Yubo in einem bescheidenen Schrein in der zweiten Halle thront.

Im Verlauf seiner Geschichte wurde der Stadtgott-Tempel von etlichen Plünderungen und Bränden heimgesucht. Die heutigen Hallen stammen aus dem Jahr 1926, die Ausstattung ist deutlich neuer.

Tor zur Altstadt

Eine Stadt – zwei Götter: der Stadtgott-Tempel

Die Aufgabe eines Stadtgottes besteht darin, seine Stadt zu beschützen und den Einwohnern Frieden, Wohlstand, Glück und eine gute Ernte zu sichern. Die Karriere zum Stadtgott stand insbesondere verdienten Generälen, geschätzten Mandarinen oder berühmten Helden offen. Voraussetzung war die Aufnahme in den daoistischen Götterpantheon per kaiserlichem Dekret.

Im Shanghaier Stadtgott-Tempel steht allerdings weniger der Shanghaier Stadtgott **Qin Yubo** (1295-1373) im Mittelpunkt als vielmehr General **Huo Guang** (um 130-68 v. Chr.). Huo diente in der Han-Dynastie unter den drei Kaisern **Han Wudi** (eigentlich Liu Che, reg. 140-87 v. Chr.), **Han Zhaodi** (Liu Foling, reg. 86-74 v. Chr.) und **Han Xuandi** (Liu Xun, reg. 73-49 v. Chr.). Die Legende besagt, der Geist Huo Guangs gewährte den Anwohnern Shanghais im Kampf gegen die regelmäßig angreifenden Piraten Hilfe. Deshalb ließ der zuständige Kaiser **Sun Hao** (reg. 264-280) aus dem Königreich Wu der Streitenden Reiche (475-221 v. Chr.) ihm zu Ehren den Jinshan Shensi (Goldberg-Tempel) mit seiner Statue darin errichten.

Konkurrenz bekam Huo Guang während der Ming-Dynastie (1368-1644). **Zhang Shouyue**, Kreisgouverneur des Yongle-Kaiser **Ming Chengzu** (reg. 1403-1424) veranlasste die Ernennung Qing Yubos zum Shanghaier Stadtgott. Qing war Gelehrter und Beamter unter dem ersten Ming-Kaiser Zhu Yuanzhang. Mehrmalige Rufe an den Hof hatte er abgelehnt und sich erst dem ausdrücklichen Befehl des Kaisers gebeugt. Am Hof oblag Qing die Abnahme der höchsten Staatsprüfungen. Seine Unbestechlichkeit beeindruckten den Kaiser und seine Nachfolger so sehr, dass er Qing Yubo, der zusammen mit seiner Frau in Shanghai begraben wurde, schließlich zum Shanghaier Stadtgott avancierte. Offenbar sollte sein starker Wille auch noch im Tod der Stadt ein Schutz sein.

Den britischen Truppen, die den Tempel 1842 zu ihrem Hauptquartier auserkoren, konnte Qing Yubo allerdings nicht mehr Paroli bieten – und manches wertvolle Ausstattungsstück ging verloren. Exquisite Holzschnitzereien wurden verheizt, Gold- und Silbergegenstände mitgenommen (vgl. Kapitel »Der Tag, an dem die Hunde nicht zu bellen wagten«, S. 35 ff.).

Wenn wir den Stadtgott-Tempel rechts hinter uns lassen und uns durch das Gewirr der Fress- und Souvenirbuden durchgekämpft haben, erreichen wir das **»Hu Xin Ting«-Teehaus** mit der berühmten **Zickzack-Brücke** (gegen die bösen Geister). Die alte Holzkonstruktion wurde längst durch haltbareren Beton ersetzt. Gleich dahinter befindet sich der Eingang zum **Yu-Garten** (No. 218, Anrenjie, täglich 8:30 bis 17 Uhr, Tel.: 63 28 32 51). Als prominenterer Besucher vor uns

Yu-Garten

Der Yu-Garten vereint auf kleinstem Raum alle Elemente, die einen gelungenen traditionell-chinesischen Garten ausmachen. Angelegt wurde er während der Ming-Dynastie 1559 von **Pan Yunduan** (1525-1601), dem zweiten Sohn eines hohen kaiserlichen Beamten. Aus dieser Zeit stammt noch ein 400 Jahre alter Gingko-Baum. Als die Familie verarmte, verwahrloste auch der Garten, bis Mitte des 18. Jahrhunderts einige reiche Shanghaier das Geld für seine Renovierung aufbrachten. Mitte des 19. Jahrhunderts ließen sich die Anführer der Kleinen Schwerter in der Frühlingshalle (Dianchun Tang) nieder. Die Kleinen Schwerter waren eine von vielen chinesischen Geheimgesellschaften. Die meisten waren zunächst zur gegenseitigen Hilfe gegründete, oft gegen die Qing-Dynastie agierende Bruderschaften, welche aber in vielen Fällen zu kriminellen Organisationen mutierten. Während der Taiping-Rebellion hatten sie unter ihrem Anführer **Liu Lichuan** (1820-1855) kurzzeitig die Herrschaft über den chinesischen Teil der Stadt übernommen. Die Roten Garden schätzten die Erinnerung an ihre revolutionären Vorgänger, sodass der Yu-Garten während der Kulturrevolution von Zerstörungen verschont blieb.

In der Frühlingshalle sind zeitgenössische »kleine Schwerter« und Münzen der Geheimgesellschaft ausgestellt. Auf deren Rückseite symbolisieren Mond und Sonne den Sturz der Qing-Dynastie und die Wiederbelebung der Ming-Herrschaft. Kurios ist die Grabinschrift für zehn französische Soldaten, die im Kampf gegen die Kleinen Schwerter ihr Leben lassen mussten: »Ad Memoriam Gallorum qui vendicando justitiae et humanitatis jura contra piratas civitate Chang-Hai potitos pro patriae decore VI. die januarii MDCCCLV cecidere hoc monumentum commilitones convives et amici erexerunt.« (Zur Erinnerung an die Franzosen, die, indem sie das Recht auf Gerechtigkeit und Menschlichkeit gegen Piraten schützten, die sich der Stadt Chang-Hai bemächtigt hatten, für die Ehre des Vaterlandes am 6. Januar 1855 fielen, errichteten Kameraden und Freunde dieses Monument.)

Der Yu-Garten wird von so genannten Drachenwänden in fünf Bereiche unterteilt. Ihre Mauerkronen sind wie sich windende Drachenkörper gestaltet und schließen mit einem Drachenkopf ab. Landesweite Berühmtheit erlangte der Gartenarchitekt **Zhang Nanyang** für den Großen Künstlichen Hügel (Dajia Shan) aus Klippen, Überhängen, Plattformen, Höhlen und schmalen Pfaden. Kenner bewundern den wegen seiner gewaltigen Größe seltenen Taihu-Fels im Seenteil und die Felslandschaft bei der Halle der Stillen Betrachtung (Jingguan Tang).

Das Theater im hinteren Gartenteil (1888) stand ursprünglich in der Gildehalle der Geldwechsler (Qian Ye Huiguan) in Zhabei. Hin und wieder wird es bespielt. Originell ist die Bodenplatte davor, ein so genannter Goldziegel (123 x 123 cm), der beim Anschlagen einen besonderen, metallischen Klang von sich gibt. Aber: Berühren verboten!

Stadtgott-Tempel

hinterließ Jiang Zemin 1999 gleich am Eingang eine in Stein gemeißelte Kalligraphie: »Hai Shang Ming Yuan« – Berühmter Garten über dem Meer.

Nach dem Gang durch den Garten wäre jetzt Gelegenheit, sich zu stärken. Im »**Nanxiang Steamed Bun Restaurant**« (No. 85, Yuyuan Lu, Tel.: 63 55 42 06) gibt es die besten gedämpften »Krabben-Xiao-Long-Bao« der Stadt – entsprechend lang ist die Schlange im Erdgeschoss, wo Kunden die Köstlichkeiten zum Mitnehmen erstehen können (und beim Warten den Köchen quasi über die Schulter gucken dürfen). Wer sitzen will, muss nach oben gehen. Es gibt drei Restaurants mit unterschiedlichen Öffnungszeiten (zwischen 7 und 20 Uhr). Am günstigsten und einfachsten ist die »Pleasure Boat Hall«. Größere Auswahl und bessere Qualität bietet das »Ding Xing«. Die Nachfrage ist groß. Es empfiehlt sich, früh zu kommen (spätestens 11:30 Uhr zur Mittagspause), man kann ja dann im Anschluss im Teehaus noch gemütlich eine Tasse Tee nehmen.

Wir verlassen das Yuyuan-Shopping-Zentrum Richtung Westen über die Bailing Lu, biegen nach rechts in die Jiu (das heißt ›Alte‹) Jiaochang Lu ein und gleich wieder nach links in die Chenxiangge Lu, wo wir nach wenigen Metern auf den kleinen, wenig frequentierten buddhistischen **Chenxiangge-Tempel** stoßen (No. 29, Chenxiange Lu, täglich 7 bis 16 Uhr, Tel. 63 20 34 31). Pan Yunduan, dem wir den Yu-Garten verdanken, ließ sich den Tempel als private Bethalle errichten; in den folgenden Jahrhunderten wurde er immer wieder vergrößert. Während der Kulturrevolution arbeiteten hier gleich drei Fabriken

Drachen-Mauerkrone im Yu-Garten

des Nachbarschaftskomitees. Die Wiedereröffnung als Tempel erfolgte 1981. Ihm ist ein Nonnenkloster angeschlossen.

Kurz nach dem Tempel biegt links von der Chenxiangge Lu die Houjia Lu ab. Sie mündet wieder auf die Fangbang Zhong Lu, der wir nach rechts folgen. Wer ein Faible hat für chinesische »Kuriosa« ist hier in seinem Element. Ein Laden reiht sich an den nächsten. In No. 457, Fangbang Zhong Lu, befindet sich ein mehrstöckiger **Trödelmarkt**, wo sich manches nette (wenn auch nicht unbedingt wertvolle) Teil finden lässt. Am Wochenende (und dann insbesondere morgens in aller Frühe) ist die Auswahl am größten.

Wir überqueren die Henan Lu und bleiben auf der Fangbang Zhong Lu. 2006 verschwand hier eines der letzten authentischen Altstadtviertel mit verwinkelten Häuschen (ohne Toiletten), Obst-, Gemüse- und Imbissständen. Schien die Sonne, brachten die Anwohner ihre Bettdecken ins Freie zum Lüften. Doch dies ist nun vorbei.

Mit dem Erreichen der Renmin Lu haben wir die ursprüngliche chinesische Altstadt einmal der Länge nach in Ost-West-Richtung durchschritten. Zunächst gehen wir kurz nach rechts und stoßen am Ende der Dajing Lu auf das **Stadtmauer-Museum** (No. 269, Dajing Lu, täglich 9 bis 16:00 Uhr, Tel.: 63 85 24 43). Es zeigt u.a. ein Modell der Altstadt, ist aber vor allem als Bau in einem ehemaligen Wachturm interessant. Rechts neben dem Eingang steht ein kleiner Torbogen, er soll einmal in das Museum miteinbezogen werden (Aufschrift: Da

Leben in der Shanghaier Altstadt

Kuixing-Turm des Konfuzius-Tempels
(»kui« steht für den »Prüfungsbesten« in der obersten Beamtenprüfung; »xing« für »Stern«)

Qing Daoguang shiqi nian shi yue guan shen shi shang jing li – Im Oktober des 17. Jahres des Kaisers Daoguang (Amtszeit 1821-1850, d.h. um 1837) wurde dieses Tor von den Beamten, Honoratioren, Gelehrten und Geschäftsleuten gestiftet. Man beachte die Hierarchie! Tatsächlich galten Kaufleute für mehr als 2000 Jahre als die dubiosesten Mitglieder der Gesellschaft, ihr Gewerbe als das unproduktivste und niedrigste. Eine ehrenwerte Familie betätigte sich nicht in Handelsgeschäften oder in ähnlich verachtungswürdigen Unternehmungen.

Direkt daneben in der Dajing Lu hat 2005 der daoistische **Tempel der Weißen Wolke** (Baiyunguan) ein neues Domizil gefunden (ursprünglich aus dem Jahr 1882; täglich 8 bis 16:30 Uhr, Tel.: 63 28 72 36). Der bis 2004 in der Xilin Houlu Nähe Xizang Lu angesiedelte Tempel hatte im Rahmen der Expo-Vorbereitungen umziehen müssen.

Noch etwas weiter, No. 858 Renmin Lu, steht wie vergessen ein Torbogen. Er markierte den Eingang zur einst stolzen Gilde der Kaufleute aus Ningbo (vgl. Kapitel »Erster Boom und Stabilisierung« S. 70 ff. sowie » ... und die chinesische Alternative«, S. 230 ff.).

Konfuzius-Tempel

Der ursprünglich einzige Konfuzius-Tempel der Stadt geht auf das Jahr 1294 der Yuan-Dynastie (1271-1368) zurück. Seine Gründung hing eng mit der Erhebung Shanghais zur Kreisstadt 1292 zusammen – denn von nun an bedurfte es einer Schule für künftige Beamte. Sie fand ihren Sitz in dem Tempel und war in vorrepublikanischer Zeit die wichtigste Shanghaier Bildungsstätte für Klassisches Chinesisch und damit zur Vorbereitung auf die Staatsprüfungen – daher der chinesische Name »Wenmiao« für Tempel der Wissenschaft.

Der heutige Bau des Konfuzius-Tempels datiert auf das Jahr 1855. Wie im Yu-Garten nutzte die Geheimgesellschaft der Kleinen Schwerter die Hallen, welche im Verlauf der folgenden Kriegshandlungen zerstört wurden. Auch im Kampf gegen die japanischen Besatzer in den 30er- und 40er-Jahren des 20. Jahrhunderts trafen sich auf dem Gelände chinesische Widerstandsgruppen. Viele Gebäudeteile und Kunstgegenstände fielen dennoch der Zerstörungswut der Roten Garden zum Opfer. Zwischenzeitlich diente der Tempel als Vergnügungsstätte.

Ende der 90er-Jahre fanden mehrjährige und grundlegende Renovierungsarbeiten statt. Komplette Gebäudeteile wurden neu ergänzt (wie der Pavillon zum Lauschen des Regens). Die 1,5 t schwere große Glocke stammt aus dem Jahr 2000. Am Auffälligsten ist der 20 m hohe Kuixing-Turm (ursprünglich 1730; heutiger Bau von 1855). Zu sehen sind ferner eine Ausstellung chinesischer Teekannen und eine weitere mit grotesken Steinen.

Rote Wunschstreifen warten auf Erfüllung

Nun gehen wir den gleichen Weg wieder zurück, folgen der Renmin Lu, die nach Überquerung der Fuxing Lu »Zhonghua Lu« heißt, bis zur Wenmiao Lu (Eingangsportal). In ihr finden wir nach wenigen Metern den bis ins 13. Jahrhundert datierenden **Konfuzius-Tempel** (No. 215, Wenmiao Lu, täglich 8:30 bis 16:30 Uhr, Tel.: 63 77 98 26), das einzige konfuzianische Heiligtum des alten Shanghai. Haben Sie spezielle Wünsche, können Sie diese gegen einen kleinen Obolus auf rote Schleifen schreiben lassen und an den »Wunschbaum« hängen. Vor den gefürchteten Universitätseintrittsexamina nutzen Schüler und Eltern »den Service« in der Hoffnung auf bessere Prüfungsergebnisse. Ebenfalls in Anlehnung an die konfuzianische Bildungstradition findet am Wenmiao sonntags morgens ab 7 Uhr ein großer Second-hand-Buchmarkt statt.

Gleich hinter dem Tempel zweigt die Xuegong Jie nach links ab. Nachdem wir linker Hand die »Kong Yiji«-**Weinstube** passiert haben (nach dem Titelhelden der gleichnamigen Erzählung des Dichters Lu Xun; No. 36-40, Xuegong Jie, Tel.: 63 76 79 79) kommen wir auf die Menghua Jie. Wenn wir diese nach links abbiegen, gelangen wir wieder auf die Zhonghua Lu, gehen Sie nach rechts, können Sie auf eigene Faust noch ein paar kleine Gässchen erkunden.

Literaturverzeichnis

Alekseev, Vasilij Michailovic: China 1907. Ein Reisetagebuch, Leipzig und Weimar 1989
Balfour, Alan/**Zheng**, Shiling: Shanghai. Worldcities, Chichester 2002
Baum, Vicki: Hotel Shanghai, Köln 1997 (Erstausgabe 1949)
Bickers, Robert: Britain in China, Community, Culture and Colonialism 1900-1949, Manchester und New York 1999
Birnie Danzker, Jo-Anne/**Lum**, Ken/**Zheng**, Shengtian (Hrsg.): Shanghai Modern 1919-1945, Ostfildern-Ruit 2004
Birnie Danzker, Jo-Anne: Shanghai Modern, S. 18-71, in Birnie Danzker/Lum/Zheng (a.a.O.)
Blume, Georg/**Yamamoto**, Chikako: »Wir verändern das Land gerade«, in: Die Zeit vom 4.3.2004
Blume, Georg: Schlag gegen Shanghai, in: Die Zeit vom 28.9.2006
Braun, Otto: Chinesische Aufzeichnungen (1932-1939), Berlin 1973
Brockhaus Enzyklopädie
Bong, Ng Chun et al.: Chinese Woman and Modernity: Calendar Posters of the 1910s to 1930s, Hongkong 1996
Bundesagentur für Außenwirtschaft – bfai (Hrsg.): Sagenhaft – Kulturelle Kostbarkeiten weltweit, Köln 2002, Abdruck mit freundlicher Genehmigung der bfai
Chen, Danyang: Neun Leben. Eine Kindheit in Schanghai. Jugendroman. Aus dem Chinesischen von Barbara Wang, (c) 1997 Nagel & Kimche im Carl Hanser Verlag, München-Wien, alle Abdrucke mit freundlicher Genehmigung des Verlags
Cheng, Nien: Leben und Tod in Schanghai, (c) 1999 Ullstein Buchverlage GmbH, Berlin, Abdruck mit freundlicher Genehmigung des Verlages (Erstausgabe 1986)
Chinese Woodcutters' Association (Hrsg.): Woodcuts of Wartime China. 1937-1945, Shanghai 1946
Cortum, Hans-Peter: Such was life in the Far East. Erinnerungen eines damals Jugendlichen, unveröffentlichtes Manuskript, Hamburg 2004
Cremer, Rolf: SARS and the Price of Freedom and Prosperity, unveröffentlichtes Manuskript, Shanghai 2003
Crow, Carl: Vierhundert Millionen Kunden, Berlin, Wien, Leipzig 1937
Deakin, F.W./**Storry**, G.R.: Richard Sorge. Die Geschichte eines großen Doppelspiels, Gütersloh 1965
Deke, Erh/**Sun**, Jiwei et al.: The Heart of the French Concession, Hongkong 2003
Denison, Edward/**Guang**, Yu Ren: Building Shanghai. The Story of China's Gateway, Chichester/West Sussex 2006
Dethlefsen, Knut: Britische Herrschaft in China. Shanghai in der Zwischenkriegszeit, 1919-1937, unveröffentlichte Magisterarbeit, Berlin 1999
Ding, Ling: Das Tagebuch der Sophia, Frankfurt 1987 (Erstausgabe 1928)
Domenach, Jean-Luc: Der vergessene Archipel. Gefängnisse und Lager in der Volksrepublik China, Hamburg 1995
Dong, Stella: Shanghai – The Rise and Fall of a Decadent City (1842-1949), New York 2000

Eberstein, Bernd: Kaufleute, Konsuln, Kapitäne: Frühe deutsche Wirtschaftsinteressen in China, S. 49-60 in Hinz/Lind (a.a.O.)
Fan, Wenyuan (Hrsg.): Selected Archival Treasures of Shanghai, Shanghai 1996
Findeisen, Raoul David: Lu Xun. Texte, Chronik, Bilder, Dokumente, Basel, Frankfurt 2001
Fluck, Hans-R. et al.: Historic Postcards, Shanghai 1993
Follath, Erich/**Johaentges**, Karl: Mythos Shanghai, München 2005
Franke, Wolfgang: Das Jahrhundert der chinesischen Revolution 1851-1949, München 1958
Freyeisen, Astrid: Shanghai und die Politik des Dritten Reiches, Würzburg 2000
Frick, Heike: Karikatur, S. 367-368, in Staiger/Friedrich/Schütte (a.a.O.)
Fu, Jialing: Die haipai-Erzählliteratur, Wiesbaden 2000
Fülling, Oliver: Shanghai, Köln 1999
Gao, Da: The Bund then and now, Shanghai 1995
Graf Kessler, Harry: Das Tagebuch 1880-1937, zweiter Band 1892-1897, Veröffentlichungen der Deutschen Schillergesellschaft, Bd. 50.2 , (c) 2004 Klett-Kotta Stuttgart, Abdruck mit freundlicher Genehmigung des Verlags
Hai, Minli/**Erh**, Deke: The Old Villa Hotels of Shanghai, Hongkong 2001.
Häring-Kuan, Petra: Meine chinesische Familie. Dreißig Jahre Wandel in China, Frankfurt 2004
Heppner, Ernest G.: Fluchtort Shanghai, (c) 1998 Weidle Verlag Bonn, alle Abdrucke mit freundlicher Genehmigung des Verlags
Hinz, Hans-Martin/**Lind**, Christoph: Tsingtau. Ein Kapitel deutscher Kolonialgeschichte in China 1897-1914, Berlin 1998
Hua, Ping et al. (Hrsg.): Soong Ching Ling in Shanghai, Shanghai 1992
Huelsenbeck, Richard: China frisst Menschen, München 2006 /(Erstausgabe 1930)
Ders.: China in Aufruhr, in: Vorwärts vom 4.7.1925)
Ders.: Das Spiel um China, in Vorwärts vom 10.11.1925
Industrial and Commercial Bank of China (Hrsg.): Treasure Houses. Historic Buildings of the Industrial and Commercial Bank of China, Hongkong 2004
Institut für Asienkunde (Hrsg.): Shanghai. Chinas Tor zur Welt, Hamburg 1996
Jessen, Johan H.: Only Trees Need Roots, unveröffentlichtes Manuskript, o. J.
Johnston, Tess/**Erh**, Deke: A Last Look – Western Architecture in Old Shanghai, Hongkong 1993
Dies.: Frenchtown Shanghai. Western Architecture in Shanghai's Old French Concession, Hongkong 2000
Dies.: Shanghai Art Deco, Hongkong 2006
Kaltenbrunner, Robert: Minhang und Hoyerswerda, S. 231-239 in Vöckler/Luckow (a.a.O.)
Karres, Detlev: »Über den Buckel« – amerikanische Luftbrücke in Asien. Strategische Versorgung Chinas von Indien aus, in: Neue Züricher Zeitung vom 24.8.05
Kettelhut, Silvia: Geschäfte übernommen. Deutsches Konsulat, Shanghai. Impressionen aus 150 Jahren, Shanghai 2005
Kisch, Egon Erwin: China geheim. Eine illustrierte literarische Reportage, Nördlingen 1986 (Erstausgabe 1933)
Kludas, Arnold: 150 Jahre Rickmers 1834 / 1984, Herford 1984

Kögel, Eduard: »The Glamourboy of Hongkew« – Richard Paulick in Shanghai – Emigration und Politik (1933-1949), S. 44-63, in Thöner/Müller (a.aO.)
Ders.: Zwei Poelzigschueler in der Emigration: Rudolf Hamburger und Richard Paulick zwischen Shanghai und Ost-Berlin (1930-1955), Weimar 2006
Krieger, Wolfgang: Die Bedeutung der Geheimdienste im Zweiten Weltkrieg, S. 9-21 in Timmermann/Kondraschow/Shirai (a.a.O.)
Kuan, Y. C. (Guan, Yuqian): Mein Leben unter zwei Himmeln. Eine Lebensgeschichte zwischen Shanghai und Hamburg, (c) Scherz Verlag, Bern 2001. Alle Rechte vorbehalten S. Fischer Verlag GmbH, Frankfurt am Main; alle Abdrucke mit freundlicher Genehmigung des Verlages
Küffner, Georg: Erst verschoben, dann gefedert, in: Frankfurter Allgemeine Zeitung vom 18.1.2005
Landsberger, Stefan: Chinesische Propaganda. Kunst und Kitsch zwischen Revolution und Alltag, Köln 1996
Lane, Charles: Shanghaied, in: The Green Bag, 2D Series, Vol. 7, No. 3, Spring 2004
Lin, Yutang: Mein Land und mein Volk, Berlin 1936
Ders.: Ein wenig Liebe ... Ein wenig Spott, Zürich 1943
Lou, Rongmin (Hrsg.): Waitan. Lishi he bianqian. (The Bund, History and Vicissitudes), Shanghai o. J.
Lu, Xun: Werke, Beijing 2002
Ders.: Die Methode, wilde Tiere abzurichten, Berlin 1979 (Erstausgabe 1934)
Luo, Xiao Wei et al.: Shanghai Lao Hongkou Beibu. Zuotian – jintian – mintian. Baohu gengxin yu fazhan guihua yanjiu (Der alte Hongkouer Norden. Gestern – heute – morgen. Planung und Forschung für Schutz, Erneuerung und Entwicklung), Shanghai 2003
MacKinnon, Janice/**MacKinnon**, Stephen: Agnes Smedley: The Life and Times of an American Radical, Berkeley und Los Angeles 1988
Mader, Julius/**Stuchlik**, Gerhard/**Pehnert**, Horst: Dr. Sorge funkt aus Tokyo, Berlin 1970
Malraux, André: Conditio Humana, Zürich 1948 (Erstausgabe 1933; auch unter dem Titel »So lebt der Mensch«)
Mao, Dun: Schanghai im Zwielicht, Berlin o. J. (Erstausgabe 1933)
Ders.: Enttäuschung, zitiert aus mimima sinica. Zeitschrift zum chinesischen Geist, Nr. 1/2003, S. 99-126
Martin, Helmut/**Hammer**, Christiane (Hrsg.): Die Auflösung der Abteilung für Haarspalterei. Texte moderner chinesischer Autoren. Von den Reformen bis zum Exil, Reinbek 1991; Abdruck mit freundlicher Genehmigung von Frau Tienchi Martin-Liao und Christiane Hammer
Martin, Helmut (Hrsg.): Bittere Träume. Selbstdarstellungen chinesischer Schriftsteller, Bonn 1993
Marx, Karl: Revolution in China und Europa, in: Marx-Engels-Gesamtausgabe, Bd. 9, S. 95-102 (Erstveröffentlichung als Leitartikel in der »New York Daily Tribune«, 14.6.1853)
Mayhew, Bradley: Shanghai, Hongkong 2001
Mehnert, Klaus: Ein Deutscher in der Welt. Erinnerungen 1906-1981, (c) 1981 Deutsche Verlags-Anstalt GmbH, Stuttgart, Abdruck mit freundlicher Genehmigung

des Verlags
Min, Anchee: Rote Azalee. Ein Frauenleben in China, Verlag Kiepenheuer & Wietsch, Köln 1994; mit freundlicher Genehmigung von Sandra Dijkstra Literary Agency, Del Mar und Agence Hoffman, München
Möring, Maria: Siemssen & Co. 1846-1971, Band 33 der Veröffentlichungen der Wirtschaftsgeschichtlichen Forschungsstelle e.V., Hamburg, Hamburg 1971
Mühlberger, Sonja: Geboren in Shanghai als Kind von Emigranten, Berlin 2006
Naß, Mathias: Die »Stimme des Volkes« verlangt mehr Freiheit, in: Die Zeit vom 2.1.1987
Ders.: Chinas hässliche Seite, in: Die Zeit vom 21.4.2005
Ni, Xingxiang (Hrsg.): The Site of the First National Congress of the Communist Party of China, Shanghai 2001
Novelli, Luigi: Shanghai. Architecture Guide. 100 Years / 100 Buildings, Shanghai 2001
NZZ-Folio: China, November 1994
Ostasiatischer Verein Bremen (Hrsg.): Die Preußische Expedition nach Ost-Asien 1860-1861, Bremen o. J.
Osterhammel, Jürgen: Shanghai, 30. Mai 1925. Die chinesische Revolution. Erschienen in der Reihe »20 Tage im 20. Jahrhundert«, hrsgg. Von Norbert Frei, Klaus-Dietmar Henke und Hans Woller (c) 1997 Deutscher Taschenbuch Verlag, München; alle Abdrucke mit freundlicher Genehmigung des Verlages
Pan, Guang (Hrsg.): The Jews in China, Guangdong 2001
Pan, Lynn: Shanghai. A Century of Change in Photographs 1843-1949, Hongkong 1993
Pott, F.L. Hawks: A Short History of Shanghai, Shanghai 1928
Powell, John B.: My Twenty-Five Years in China, New York 1945
Pringle, Henry F.: The Experiences of a Civilian Prisoner-of-War in Shanghai & Beijing, China 1942-1945, Canberra 2005
Qiu, Xiaolong: Tod einer roten Heldin, Wien 2003 (Originalausgabe »Death of a Red Heroine«, New York 2000)
Rheims, Bettina/**Bramly**, Serge: Shanghai, Göttingen 2004
Scharlau, Winfried (Hrsg.): Gützlaffs Bericht über drei Reisen in die Seeprovinzen Chinas. 1831-1833 (c) 1997 Abera Verlag Hamburg, Abdruck mit freundlicher Genehmigung des Verlages
Schliemann, Heinrich: Reise durch China und Japan im Jahre 1865, Konstanz 1984 (Erstausgabe 1867)
Schmidt-Häuer, Christian: Der Funke zündet in den Städten, in: Die Zeit vom 22.-26.5.1989
Ders.: Apostel der Chinesen, in: Die Zeit vom 8.1.1998
Schmitt, Steffi: Wie eine Pagode nach Sachsen-Anhalt kam, in Bundesagentur für Außenwirtschaft – bfai (a. a. O.); Abdruck mit freundlicher Genehmigung der bfai
Schüle, Christian: Die Vortänzerin von Shanghai, in: Die Zeit vom 17.1.2002
Schliemann, Heinrich: Reise durch China und Japan im Jahre 1865, Konstanz 1984 (Erstausgabe 1867)
Seagrave, Sterling: The Soong Dynasty, London 1985
Shen, Ji: Old Shanghai Nanjing Road, Shanghai 2003

Shen, Kuiyi: Die Bewegung des Neuen Holzschnitts im China der 1930er Jahre, S. 262-289, in Birnie Danzker/Lum/Zheng (a.a.O.)
Shi, Minfang (Hrsg.): Peace & Prosperity. Classical Buildings of Jing'an District, Shanghai, Shanghai 2004
Siao, Eva: China. Mein Traum, mein Leben, München 1999 (Erstausgabe 1990)
Siemssen, Fred: Erinnerung von Fred Siemssen, unveröffentlichtes Manuskript, Reinbek 1978
Sieren, Frank: Von reichen Firmen und plumpen Häusern, S. 299-305 in Vöckler/Luckow (a.a.O.), (c) 2000 Campus Verlag, Frankfurt/New York, Abdruck mit freundlicher Genehmigung des Verlages
Sievernich, Gereon: Das Geheimnis des V-Effekts, in: Die Zeit vom 10.8.2006
Smedley, Agnes: China blutet. China kämpft, Berlin 1958 (Erstausgabe 1949 bzw. 1951)
Staiger, Brunhild/**Friedrich**, Stefan/**Schütte**, Hans-Wilm (Hrsg.): Das große China-Lexikon, Darmstadt 2003
Sternberg, Josef von: Ich. Josef von Sternberg, Velber 1967
The Jewish Communitiy of Shanghai (Hrsg.): Directory & Guide to Jewish Shanghai, Shanghai 2001
Thöner, Wolfgang/**Müller**, Peter (Hrsg.): Bauhaus-Tradition und DDR-Moderne. Der Architekt Richard Paulick, München, Berlin 2006
Thöner, Wolfgang/**Müller**, Peter: Richard Paulick – Wiederentdeckt, S. 10-21 in Thöner/Müller (a.a.O.)
Thöner, Wolfgang: Zwischen Tradition und Moderne, S. 22-43, in Thöner/Müller (a.a.O.)
Timmermann, Heiner/**Kondraschow**, Sergej A./**Shirai**, Hisaya (Hrsg.): Spionage, Ideologie, Mythos – der Fall Richard Sorge, Münster 2005
University Press (Hrsg.): All About Shanghai and Environs. A Standard Guide Book, Shanghai 1934
Vöckler, Kai/**Luckow**, Dirk (Hrsg.): Beijing, Shanghai, Shenzhen, Frankfurt/New York 2000
Wagner, Rudolf G.: Das moralische Zentrum und das Triebwerk des Wandels, S. 33-45, in Vöckler/Luckow (a. a. O.)
Wang, Jin Hai: The Ugly Old Shanghai, Shanghai 2002
Warner, Torsten: Deutsche Architektur in China. Architekturtransfer, Berlin 1994
Wasserstein, Bernhard: Secret War in Shanghai. Treachery, Subversion and Collaboration in the Second World War, London 1999
Wei, Hui: Shanghai Baby, München 2001 (Erstausgabe 1999)
Werner, Ruth: Sonjas Rapport, Berlin 1979 (Erstausgabe 1977)
Westphalen, Joseph von: Willkommen im Superlativ, in Shanghai, Merian-Heft vom August 2003, S. 30-33
Wiesemann, Jörg: Auslandshandelskammern. 100 Jahre Dienstleister für die Wirtschaft, Berlin o. J.
Wiethoff, Bodo: Grundzüge der älteren chinesischen Geschichte, Darmstadt 1971
Winkler, Margaretha: China ganz privat gesehen. Reisebericht meiner Chinareise vom 22.4.-17.5.66, unveröffentlichtes Manuskript, Berlin 1966
Wu, Jiang: Bauhausprinzipien in der Architektur Shanghais, S. 219-229, in Vöckler/Luckow (a. a. O.)

Wu, Liang: Old Shanghai. A Lost Age, Beijing 2001
Yang, Jiayou: Shanghai. Lao Fangzi de Gushi (Shanghai). The Stories of Classic Houses), Shanghai 1999
Yang, Taiyang: Die »Storm Society«, S. 242-249, In Birnie Danzker/Lum/Zheng (a.a.O.)
Yatsko, Pamela: New Shanghai. The Rocky Rebirth of China's Legendary City, Singapur 2003
Yen Mah, Adeline: Fallende Blätter. München und Zürich 1999
Yuan, Hong Li: Die Tempelglocken von Shanghai, (c) 2002 by Nymphenburger Verlag in der F.A. Herbig Verlagsbuchhandlung GmbH, München
Zhang, Guowei: Die Shanghaier Zeitung »Shenbao« – ein Überblick, im Newsletter »Hamburg-Shanghai Network« vom Mai 2006
Zheng, Dongtian: Shanghai und der Film, S. 298-307, in Birnie Danzker/Lum/Zheng (a.a.O.)
Zheng, Shengtian: Wellen peitschten von Westen gegen den ›Bund‹. Die Kunstszene im Shanghai der 1930er Jahre, S. 174-199, in Birnie Danzker/Lum/Zheng (a.a.O.)
Zimmer, Thomas: Von Mäusefängern und Millionären. Thesen zum Wirtschaftsverhalten im modernen China, in: Orientierungen 1/2003, S. 1-18
Zuckmayer, Carl: Geheimreport, München 2004
Zhou, Chun: Ach, was für ein Leben! Schicksal eines chinesischen Intellektuellen, (c) 2001 Abera Verlag Hamburg, Abdruck mit freundlicher Genehmigung des Verlages

Zeitungsartikel der »Shanghai Daily«, »Shanghai Star« u.a. Presseberichte, insbesondere »Social Shanghai. A Magazine for Men and Women«, Shanghai Jahrgänge 1906 bis 1912

Eigene Begehungen, Befragungen und Recherchen